# História dos camponeses franceses

*Emmanuel Le Roy Ladurie*

# História dos camponeses franceses

da Peste Negra à Revolução

Volume I

Tradução de
*Marcos de Castro*

CIVILIZAÇÃO BRASILEIRA

Rio de Janeiro
2007

COPYRIGHT © Editions du Seuil, 2002

TÍTULO ORIGINAL
*Histoire des paysans français*

CAPA
*Evelyn Grumach*

PROJETO GRÁFICO
*Evelyn Grumach e João de Souza Leite*


CIP-BRASIL. CATALOGAÇÃO-NA-FONTE
SINDICATO NACIONAL DOS EDITORES DE LIVROS, RJ.

Le Roy Ladurie, Emmanuel, 1929-
L626h    História dos camponeses franceses: da Peste Negra à Revolução, v. 1
v.1      / Emmanuel Le Roy Ladurie; tradução de Marcos de Castro. – Rio de
         Janeiro: Civilização Brasileira, 2007.
         2v.

         Tradução de: *Histoire des paysans français*
         Inclui bibliografia
         ISBN 978-85-200-0644-3 (v. 1)

         1. Camponeses – França – História. I. Título

                                          CDD – 305.560944
06-1523                                   CDU – 316.343.644(44)

Direitos desta tradução adquiridos pela
EDITORA CIVILIZAÇÃO BRASILEIRA
Um selo da
EDITORA RECORD LTDA.
Rua Argentina 171 – 20921-380 – Rio de Janeiro, RJ – Tel.: 2585-2000

PEDIDOS PELO REEMBOLSO POSTAL
Caixa Postal 23.052 – Rio de Janeiro, RJ – 20922-970

Impresso no Brasil
2007

*Para Jean Jacquart,*
*Alain Molinier,*
*Hugues Neveux*

*In memoriam*

# Sumário

## Nota do tradutor
## Sobre o título, etc...

Quando aceitei o trabalho proposto pela Editora de traduzir o magnífico Le Roy Ladurie de que o Brasil dispõe agora, fiz uma imposição: nada de prazos. Não seria possível meter ombros a tarefa de tal porte (o original, em volume único, tem 802 páginas, porém o mais importante de tudo é a auto-exigência ao lidar com obra dessa grandeza) trabalhando sob pressão. Aceitas as condições, decorridos bons 15 ou 16 meses, pouco mais, pouco menos, devo agradecer o cumprimento da promessa por parte dos editores brasileiros. Nem uma única vez me foi cobrada a entrega, nunca me pressionaram exigindo rapidez. E essa tranqüilidade foi fundamental, porque as dificuldades não seriam poucas. Felizmente, pude enfrentá-las sempre "de cuca fresca", sem ninguém a me atormentar com a exigência de correria.

As dificuldades de que falei começaram pelo título. Ora, "camponeses" é termo que assumiu um sentido restrito no Brasil na segunda metade dos anos 50 do século passado, designando exclusivamente os trabalhadores rurais como oposição aos patrões, a partir do movimento das "Ligas Camponesas" de Francisco Julião, no Nordeste — divulgado com tanta dignidade pelo saudoso Antônio Calado, na imprensa (*Correio da Manhã*, Rio, diversos dias de setembro, novembro e dezembro de 1959) e através de livro (*Os industriais da seca e os "galileus" de Pernambuco*, Rio, desta mesma Civilização Brasileira, 1960). Certo, antes disso o termo já era indesligável do vocabulário marxista, portanto essencialmente político. O mesmo se dá com *paysans* na França, com a diferença que lá nunca se chegou ao exclusivismo semântico voltado para "trabalhador rural", como aqui. Tanto que, neste livro, extraordinária obra de pesquisa, o Autor trata de *paysan* também um nobre como Gouberville (se bem que um "nobrezinho de província") e até o dono de fazenda por excelência, como é o caso de Edme Rétif, pai do escritor setecentista Rétif de La Bretonne. Fala também em "camponês rico" (*"riche paysan"*) e em "rica família camponesa", no Capítulo VIII. No Brasil, pelo menos no último meio século, jamais chamamos um fazendeiro de "camponês", por isso mesmo não temos por aqui camponeses ricos. Relutei um pouco, desse modo, em usar "camponeses" no título. Não seria melhor usar "homens do campo" para englobar os trabalhadores, os arrendadores e os donos da terra? Seria, entretanto, um título de total fragilidade.

Acabei, como se vê, por optar pela tradução do título ao pé da letra. Encorajou-me a isso, indiretamente, o próprio Autor, quando se refere a Gouberville como "quase camponês", em subtítulo do Capítulo II, ou quando fala em "camponeses propriamente ditos", no Capítulo IX. Outras passagens, que não vamos enumerar para não nos tornarmos cansativos, deixam claro que a força da palavra em francês — embora não a exclusividade — também se volta muito mais para o trabalhador braçal, para os "jacques", de história tão rica na França, de tantas sofridas revoltas que precederam a Revolução de 89, todas elas descritas aqui. Assim, ficamos mesmo com *História dos camponeses franceses*, que, apesar da rima, é a melhor solução.

Uma palavra sobre as notas de pé de página. Bem sei que virão críticas, classificando-as de excessivas — e o sei "c'um saber só de experiências feito" (*Lus.*, IV, 94), como o Velho do Restelo. A minha experiência se deu com a tradução que fiz de um outro livro acadêmico francês (Jacques Le Goff, *São Luís*, Rio, Record, 1ª reimpressão, 1999). Ilustre professor universitário saiu furibundo pelas folhas de um jornal paulistano a desancar as notas. Gosta com toda a certeza o mestre irritadiço que livros fiquem restritos a uma elite intelectual. Conheço bem esse espírito. Acontece que a Editora pretende que a divulgação do livro seja a maior possível. Sabe-se, de toda maneira, que a maior parte de seus leitores estará entre estudantes e professores universitários. Ninguém ignora (a não ser talvez aquele professor) que o estudante universitário brasileiro não é rico, em sua grossa maioria, como rico não é o país. Nem são as notas de pé de página tola demonstração de erudição, primeiro porque não a tenho, depois porque seria impossível a quem quer que fosse discorrer sobre tantos assuntos quantos são os versados nas notas. É evidente que ignoro quase tudo contido nelas, que a mim não me custaram mais do que meia dúzia de passos até a velha estante da sala para consultar uma ou outra enciclopédia, uma ou outra obra de história. Como também é evidente que pouquíssimos de nossos estudantes (e até professores, universitários ou secundários) dispõem de enciclopédias de muitos volumes ou demais obras caras em suas bibliotecas, tantas vezes em princípio de formação.

Meu objetivo foi poupar-lhes a interrupção da leitura em busca de esclarecimentos suplementares naquele momento. As notas representam apenas isso, mais nada. E creio que são um incentivo para um aprofundamento posterior em pontos específicos. Tudo muito simples, exceto para quem vê chifre em cabeça de cavalo.

Não posso encerrar esta nota introdutória, que já vai se alongando mais do que eu desejava, sem uma palavra de agradecimento. Ligeira, mas há de ser calorosa. Ao saudoso amigo Irineu Guimarães (1929-2005), que tinha o francês como uma segunda língua e não se cansava de ser explorado a cada novo trabalho meu. À professora Roseana Martins (aqui, sim, cabe o termo erudição), tão sábia como pronta a ajudar o próximo com inexcedível generosidade. Felizes de seus alunos do Lycée Molière — no velho bairro das Laranjeiras —, onde deve ser mais gostoso dar aula, pois fica exatamente no trecho em que Pereira da Silva é quase bucólica sob as árvores centenárias, ainda que a ladeira não seja das mais suaves. E à minha mestra de sempre para latinismos, Amelinha (nunca se sabe se é uma pessoa, se é um anjo), a quem faço agradecimento específico numa das notas.

M. C.

# Apresentação

Esta obra se situa, sem falsa modéstia, como prolongamento de alguns grandes livros, entre os quais *Les Caractères originaux de l'histoire rurale française*, de Marc Bloch; *Histoire de la France rurale*, dirigida por Georges Duby;[1] e *L'Identité de la France*, de nosso mestre Fernand Braudel. À semelhança desses historiadores de alto nível, e quaisquer que sejam nossas opções políticas pessoais, de modo algum antipatrióticas *a priori*, não nos anima, na empreitada, nenhuma preocupação de chauvinismo franco-francês. Simplesmente pretendemos apresentar aqui vastas fontes documentais que se abrem a qualquer pesquisador francófono interessado no passado rural. Como os que nos precederam, isolamos e delimitamos, a partir do quadro confortável do Hexágono, uma imensa amostra do mundo camponês, já trabalhado em todos os sentidos. Mas uma visão de fundo é que não nos falta: não nos interessava absolutamente, segundo a frase de Lucien Febvre, fazer meteorologia num jardinzinho, mesmo que se tratasse de um adorável jardinzinho provinciano. A reflexão acima, quanto à ausência de qualquer preconceito tricolor de nossa parte, sabe a declaração inútil. Mas de qualquer forma é melhor fazê-la.

Acabamos de lembrar os nomes respeitados de Fernand Braudel e Georges Duby. Eles não estão ausentes da origem de nosso trabalho. De início, nós o tínhamos concebido como um todo. Mas as circunstâncias da vida de um pesquisador forçam, de tempos em tempos, as diversificações, as cissiparidades... às vezes dolorosas, e das quais esperava o autor, ao entrar por esses caminhos, que fossem provisórias. Duas terças partes do texto que se vai ler foram publicadas primeiro na *Histoire économique et sociale de la France*,[2] dirigida, na parte que nos tocava, por Fernand Braudel. Incluíam o período que vai de 1340 a 1660. A terça parte restante (1660-1789) é inseparável do segundo volume da *Histoire de la France rurale*, editada sob a direção de Georges Duby.[3] A boa vontade das PUF e das Éditions du Seuil permite hoje que surja *a posteriori* uma reunificação, rigorosamente lógica. Complementações e correções de toda ordem tiveram de ser feitas, claro, durante os anos 1990-2001, no conjunto assim reconstituído. A obra final traz, desse modo, a marca da época em que foi concebida, e a característica de nosso tempo, sem exclusão do início do século XXI.

ELRL

# Introdução

Inscreve-se na origem deste livro e até em sua "fábrica", como dizem os anglo-saxões, a noção de *grande ciclo agrário,* desenvolvida pela primeira vez em *Les Paysans de Languedoc;*[1] vali-me, para fazer isso, de minhas próprias pesquisas (cadastros, registros de dízimos, etc), e, depois, dos trabalhos de Michael Postan, Wilhelm Abel e, afinal, do tão esquecido Édouard Perroy.[2] *Grande ciclo agrário* é o modo de indicar através de uma única expressão uma poderosa demografia rural, e estruturas econômicas correlativas ou concomitantes em relação a ela. Tudo se choca, num longo prazo, depois de um número considerável de gerações, com obstáculos inevitáveis, incontornáveis, que os fenômenos limitadores de todo tipo erguem pelo caminho. São os filhos ou os frutos, eventualmente negativos ou contraproducentes, dessa expansão subjacente. Entre eles, citemos os problemas de subsistência, ou antes, de insuficiência de subsistência, tão caros a Malthus; mas também, e não menos essenciais, as epidemias exterminadoras, pestes e outras; elas têm a ver com o excesso de promiscuidade encontrado nos desenvolvimentos urbanos, comerciais, ou encontrado simplesmente no crescimento demográfico, sempre ele, que aproxima inevitavelmente os homens uns dos outros e os torna mais suscetíveis de contrair essa ou aquela infecção contagiosa. Também é preciso levar em consideração outros obstáculos que se erguem de quando em quando contra o crescimento, como as guerras, não menos devastadoras: guerras de Cem Anos, de Trinta Anos conforme o caso...; elas levam ao combate as pequenas e grandes potências cujo próprio crescimento prévio tinha sido revigorado, mas que essas guerras acabarão afinal por quebrar, por anular... O efeito bumerangue...

Os grandes ciclos agrários desse gênero não deixaram de florescer, de desabrochar, mas também de desandar, quando está em causa um passado mais ou menos longínquo. A época romana, em sua fase imperial, corresponde inicialmente a um apogeu, especialmente um apogeu demográfico, do mundo rural da Gália, no quadro de uma abundante predominância das *villae* e das *vici*.* E depois, em sentido inverso, no tempo das invasões germânicas (do século III ao século V) e seguindo-se a elas, as florestas avançam sobre uma grande parte dos terrenos que o campesinato galo-romano tinha valorizado. Esse episódio antigo e pós-antigo, por mais evidente que seja, está, entretanto, fora de nosso assunto.

Será preciso datar da época merovíngia a retomada posterior, como pensará Fossier, quando de sua defesa de tese, uma ampla tese sobre a Picardia? Ou, mais simplesmente, deveremos nos ater a uma cronologia mais tradicional: a das grandes arrancadas do século IX, das proximidades do ano mil com os arroteamentos que vão se seguir, culminando com a excelência do século XIII? Quanto a esse *culmen*** da idade gótica, todo mundo está praticamente de acordo. Quanto ao resto, a fase anterior, é um problema mais complexo, um problema de calendário alto-medieval, do qual Georges Duby e Dominique Barthélemy trataram muitas vezes, não sem contradições.[3]

Mas a presente obra trata de período posterior: tratará, depois disso, do ciclo baixo-medieval e moderno, *early modern*, contemporâneo, em outros termos, da primeira modernidade. A França de 1320-1340 ainda era "cheia como um ovo", quer dizer, em outras palavras, cheia de seres humanos, rurais e outros, sobretudo rurais. Seguir-se-á uma queda, devida às pestes, a partir de 1348, assim como às guerras

---

*Vici (*vicus,* no singular) são as aldeias da época romana. Quanto às *villae* (singular *villa*) são as pequenas terras de cultivo. (N. do T.)

**Palavra latina que significa o cume, o ponto mais alto, o auge. (N. do T.)

inglesas, na óptica das *Wüstungen*.[4]* Como conseqüência, caracteriza-se uma queda no número de habitantes, atingindo um mínimo (10 milhões de franceses, ou menos do que isso?) por volta de 1440. Desse ponto baixo, o ciclo, nosso segundo grande ciclo agrário, partirá de novo cheio de vigor depois dessa data: chegam, de fato, os crescimentos de todo tipo do excelente século XVI, mas já desiguais entre si, até mesmo desequilibrados, contraditórios. Por fim, o ponto máximo do século XVII (máximo demográfico, e especialmente rural).

Um novo ciclo, ultrapassando o anterior e enraizando-se nele, acentua-se no século XVIII, principalmente depois de 1713-1715. Culminará, por sua vez, depois de quatro gerações, por volta de 1850 e mais além. Desabrocha totalmente no fim de Luís Filipe, na segunda República e nos primórdios de Napoleão III: a França Rural, mais do que nunca se revela povoada "até a borda", e cultivada como um jardim, pela força do braço humano, do cavalo ou do boi. Depois virá a queda demográfica dos campos: "a terra que morre"... e não se rende, uma vez que mesmo as "áreas agrícolas úteis", quase vazias de homens e mesmo de mão-de-obra, entre 1960 e 2000, ainda assim terão simultaneamente uma produtividade máxima, carregadas dos mais variados fertilizantes, de herbicidas e inseticidas derramados sobre os nitratos. Morte das borboletas, das joaninhas...

Esse ciclo moderno e contemporâneo, desenvolvimento e decadência, só o acompanharemos, aqui, ao longo de seu curso ascendente, inicial, e ainda incompleto (o do século XVIII), uma vez que daremos uma parada, faremos um corte artificial, à véspera ou na época da

---

*Wüst em alemão é "deserto". Uma boa tradução para Wüstungen, segundo Kristina Michaëlis, jornalista e tradutora de primeira água (pois desde o berço é bilíngüe), é "áreas desertificadas", "regiões desertificadas" no sentido humano, isto é, "despovoadas". Será mantido o termo alemão, como está no original, nas dezenas de vezes em que aparece pelo livro afora. Porque, mais que alemão, Wüstung (esta é a forma de singular) transformou-se numa palavra universal. Ver-se-á, entretanto, que aqui e ali o Autor emprega o termo também com o sentido de "ação de desertificar", "movimento de desertificação", "movimento de abandono da terra", como há de ficar claro para o leitor. Quero deixar aqui meu melhor agradecimento a Kristina, pela enorme boa vontade com que atendeu ao meu pedido de socorro. (N. do T.)

Revolução Francesa. É verdade que a Revolução absolutamente não bloqueou o desenvolvimento demográfico dos campos. O desenvolvimento prosseguirá, dizíamos, até a fase inicial e mesmo quase completa do segundo Bonaparte. E entretanto a Revolução Francesa marca uma notável mudança social, e isso, no mínimo, justifica o papel de ponto final que lhe damos neste livro. Ela certamente não inverte o sentido, o *trend** populacionista, ascendente desde 1715 e que assim continuará na seqüência, incluído o período que vai de 1800 a 1850. Mas destruiu,[5] e isso não é pouco, o senhorio, essa velha instituição rústica, herdada talvez de uma longínqua proto-história; a estrutura senhorial, a partir dos anos 1789-1792, é engolida pelo *tsunami*** revolucionário. Ofélia*** de nosso passado sociológico, o senhorio se revela a partir da Revolução, incapaz de retomar sua caminhada. Afogamento definitivo! Em resumo, "um grande ciclo e meio" é que se apresenta muito à vontade nesta obra. Damos primeiro uma visão completa, tentando uma síntese ampla, do ciclo medieval-moderno (desde o século XIV "central" até o fim do século XVII, e mesmo até o começo do século XVIII). Encontrar-se-á a seguir um apanhado inicial relativo ao último ciclo, o ciclo moderno-contemporâneo, limitado aqui ao primeiro segmento de sua curva ascendente, aquele que vai da Regência à Revolução...

---

*Palavra inglesa que significa "tendência", "orientação". Em estatística, especificamente, significa "movimento de longa duração". (*N. do T.*)

**Palavra japonesa que significa "onda enorme de tempestade". É o nome de maremotos típicos de determinada região do Pacífico. (*N. do T.*)

***Personagem de *Hamlet*, uma das mais inspiradas tragédias de Shakespeare. Ofélia é apaixonada pelo príncipe Hamlet, o qual, quando crê estar matando o rei, trespassa Polônio, pai de Ofélia, com sua espada. Uma suave loucura domina Ofélia, que se afoga num riacho, querendo enfeitar-se com as flores de um salgueiro que se debruça sobre as águas. Parece que essa loucura mansa de Ofélia que a levou à morte é a comparação que o Autor faz com o fim da instituição feudal do senhorio na França. (*N. do T.*)

CAPÍTULO I    A destruição do "mundo cheio"

No século XII, a terra chamada La Cicogne,[1] com suas construções de exploração, era o centro de uma povoação agrícola e de um domínio senhorial;[2] os cônegos de Saint-Martin de Tours tinham construído lá uma capela. Duzentos anos mais tarde, por volta de 1440, nada restava da povoação. O desastre. No lugar chamado La Cicogne não havia mais *nenhumas edificações, nem madeiras de construção, nem terras que produzissem*. A guerra, a peste, a crise, o abandono do lugar tinham matado o povoado; os velhos campos estavam cobertos de espinheiros, de arbustos.

Veio a paz: por volta de 1450, a pedido de um pároco da vizinhança, que levou aquelas terras a leilão, apresentou-se Perrin Bordebure, do lugarejo de Villouette. Um simples trabalhador agrícola: seus amigos, mais tarde, lembrar-se-ão de tê-lo visto, na juventude, a receber diárias por trabalhos de colheita em terras alheias. Forte, ambicioso, Perrin assumiu as terras de La Cicogne, e prometeu, como compensação, pagar à paróquia "30 *sous**" como renda anual e perpétua". Construiu ali uma choupana, erguida com *madeira bifurcada*, e com teto de palha, caniços e giestas. Por duas vezes a choupana se incendiou. Perrin a cada vez a levanta de novo, a reconstrói e, sem desfalecimento, *desbasta as terras, das quais põe algumas para lavoura e outras como campos para seus bois; e outra porção das terras deixou com arbustos e moitas para pastagem de seus animais, e deixou cinco ou seis* arpens**

---

*Moeda de cobre ou de bronze que na França medieval valia a vigésima parte da libra. (N. *do T.*)
**Arpen (atualmente a grafia é *arpent*) é uma antiga medida agrária de superfície cujas dimensões variavam na França medieval de acordo com as regiões, mas, em média, tinha cerca de 50 ares ou pouco menos. É encontradiça a tradução "jeira", que preferimos não usar, porque da jeira romana antiga até a brasileira os valores são enormemente variáveis e isso poderia causar confusão. (N. *do T.*)

*para madeiras, carvalhos e outras grandes árvores para construção.* \*
Dez anos depois de se ter estabelecido lá, ei-lo como *rico lavrador:* sua
casa nova já está coberta de telhas; seu paiol tem um teto de ripas. A
partir de então, Perrin já podia morrer tranqüilo, pois deixaria a sucessão garantida em sua obra: um filho e quatro genros vão dar continuidade ao trabalho no local, transformar o "pequeno domínio rural" de
La Cicogne em uma aldeia; desde 1493, as cinco famílias brotadas do
pai fundador eventualmente irão se unir contra a senhoria da paróquia, pelos laços de uma coalizão fraterna.

No contexto francês (um caso único não passa de uma exceção), a
história de Bordebure é exemplar: o decênio de 1440 situa-se de fato
por quase todo o país no contexto ou no fim de uma formidável depressão rural, que torna esse período naturalmente bem característico
se se fizer uma comparação com a superpopulação da época anterior e
com a volta do crescimento no período seguinte.


## DEMOGRAFIA SUPERABUNDANTE DOS ANOS 1320

Longa e longínqua, a fase anterior merece um breve esboço. Na verdade, um século antes das constatações de ruína da primeira metade do
século XV, a França camponesa, aí por 1330 ou 1340, regurgitava de
gente. A região parisiense, a alta e a média Normandia, a Picardia, o
Dauphiné,\*\* o Languedoc central revelavam densidades de população

---

\*Todo o trecho em grifo é transcrição de francês antigo, no original, bem como a citação
também em grifo do parágrafo anterior. (*N. do T.*)

\*\*Num primeiro momento, pode parecer ao leitor uma incoerência a tradução dos nomes
de algumas regiões francesas enquanto para outras fica mantido o original. O critério
adotado é traduzir quando o termo aportuguesado circula habitualmente no Brasil (em
Portugal traduzem-se praticamente todos os nomes de lugares), como nos casos de
Normandia e Picardia, e manter o original nos outros casos, como em Dauphiné, província histórica raramente mencionada a não ser em contextos específicos, como o do presente livro. Lembremos, entretanto, que Mestre Antenor Nascentes em seu precioso
*Dicionário Etimológico* (volume II, Nomes Próprios) traz "Delfinado", tradução, ou adaptação, que, parece, até onde podemos julgar, não vingou. (*N. do T.*)

camponesa que já equivaliam às correspondentes aos recenseamentos nas mesmas regiões quatro ou cinco séculos depois, sob Luís XIV; ou algumas vezes sob Bonaparte. O Rouergue, a Provença, a Sabóia, a região de Nîmes não chegavam por volta de 1330 a tetos tão altos: seu nível de população era um pouco inferior ao que seria homologado no século XVIII; bem superior, em todo caso, ao nível demográfico mais baixo a que desceram essas regiões no período de 1440. O estágio dos lares de 1328, de resto, confirma, no quadro global do reino, a correção dos dados locais que acabamos de citar. E primordialmente quanto às comunidades de habitantes: recensearíamos em números redondos 24.000 paróquias[3] em 1328, nos territórios *diretamente controlados pelos agentes do rei*. Esse número altíssimo indicava uma forte densidade demográfica; constituía, por sua vez, uma espécie de "teto" que nunca mais seria ultrapassado. No mesmo quadro territorial, enumeraríamos, de fato, 23.000 paróquias por volta de 1585; de 21.000 a 22.000 no fim do século XVIII; 23.117 em 1794-1795. Quanto ao número de lares, contados em 1328, atingiria (sempre na parte controlada pelos agentes do rei) 2.470.000; ou seja, 84,6% do número obtido no fim do século XVII nos mesmos limites territoriais (2.919.316 lares). Um outro método de cálculo, baseado no efetivo médio da paróquia típica (99,93 lares em 1328; 114,27 lares em 1720), daria uma porcentagem muito próxima: segundo esse tipo de estimativa, a população da França, nas regiões recenseadas em 1328, seria de 87,5% do recenseamento correspondente de 1720. Para ser exato, nesse terreno cheio de armadilhas, convém antes de tudo fugir da precisão absoluta: diremos então, *grosso modo*, e levando em conta o fato de que as províncias anexadas mais tarde (Provença, Dauphiné, Sabóia, Alsácia) eram também povoadas ou mesmo superpovoadas no início do século XIV, que as avaliações propostas no quadro a seguir estão razoavelmente próximas da verdade. (Notar-se-á que neste quadro partimos de uma comparação com os números antes revelados por Vauban para os anos 1690-1700. Não se trata certamente de números imunes a críticas, entretanto criam condições para que se faça uma estatística à base da exploração regressiva [dados em milhões de habitantes].)

|  | A | B |
|---|---|---|
|  | População da França por volta de 1700 nas fronteiras do fim do séc. XVII | Estimativa por volta de 1328 nas mesmas fronteiras da coluna A |
| Hipótese alta* | 20,9 | 18,3 |
| Hipótese média | 19 | 16,6 |
| Só como indicação, hipótese baixa (a menos provável) | 17,1 | 15 |

*Pierre Goubert, em *Histoire économique et sociale de la France*, t. II, Paris, PUF, 1975.

Diante desse "pêndulo", dessa variação, de modo algum parecerá absurdo pensar que em 1328, época das superpopulações, depois do impulso demográfico um tanto delirante do século XIII, a "França", nos limites aproximados do Hexágono atual, tinha 16 ou 17 milhões de habitantes. Nesse caso, desses 16 ou 17 milhões de pessoas, sem dúvida 90% são habitantes rurais em tempo integral; ou, às vezes, em meio tempo; penso, a propósito, naqueles numerosos e pretensos habitantes "urbanos" do século XIV, que são, na verdade, agricultores ou jornaleiros* agrícolas: povoam os arrabaldes e até o centro das aldeias e das cidades medievais, pequenas ou grandes.

Dezesseis ou 17 milhões de homens (e de mulheres) nos limites atuais da França. Publicamos esses números com prudência, ou, antes, propusemos esses números prudentes por ocasião da primeira edição do presente texto, em 1977. Porém, doze anos mais tarde (1988),** os medievalistas profissionais mostrar-se-ão claramente mais audaciosos do que o fomos. Certamente, confirmarão de modo cabal nossos pontos de vista quanto à França dos anos 1320, vista como um "mundo cheio". Mas esse "mundo", a crer em Henri Dubois, era ainda mais cheio do que se acreditava! Julguemos nós: reto-

---

*Camponeses que trabalham por dia, ou jornada de trabalho. (N. do T.)
**Bem feitas as contas, são onze anos, mas é assim — "doze anos" — que está no original. (N. do T.)

mando e retrabalhando, de modo perfeitamente convincente, os números de Ferdinand Lot,[4] o professor Dubois acha um total de 12.119.000 habitantes para a parte do reino recenseada em 1328; e 16.396.000 para o conjunto do reino, o que daria 21.250.000 no correspondente à França atual. Um segundo método de cálculo (utilizado pelo mesmo pesquisador), um tanto diferente do precedente, indicaria para as mesmas bases respectivamente 12.653.000, 17.815.000 e 22.143.000 habitantes. Mas como este último número está um pouco inchado, pois fez-se uma conta ("extrapolada") que incluía vastas regiões montanhosas na verdade de população muito rarefeita, o mais simples, no estágio atual dos conhecimentos, é concluir que a "França" de 1328 (territórios atuais) tinha 21.250.000 almas, ou seja, num sentido amplo, tanta população, ou quase tanta, quanto no século XVII ou no início do século XVIII, e principalmente tanta população rural. Crescimento demográfico zero em quatrocentos anos (1300-1700). Mas obtido a que preço... e deixando vazar no início desse período uma vasta flutuação intermediária, poderosamente negativa. Refiro-me ao despovoamento profundo, ainda que numa consideração a longo prazo apenas momentâneo, no fim do século XIV e no primeiro terço ou nos dois primeiros quartos do século XV (cerca de 10 milhões de almas ainda vivendo ou sobrevivendo por volta de 1450)... Não valorizemos muito, em conseqüência, esse "crescimento zero" de 1300-1700: ele foi obtido através de meios freqüentemente muito penosos, sobreviveu a uma terrível catástrofe intermediária na sua primeira parte; e afinal não representa tanto um conceito "positivo" de nossos demógrafos, mas um ideal abstrato... por justificável que seja numa consideração a longo prazo do futuro humano, planetário, tal como se apresenta diante de nós.

Vinte e um milhões de habitantes em 1328, mais exatamente 21.250.000, o que representa 19.125.000 de habitantes rurais; e, número verossímil, 16.734.000 de lavradores, incluídas aí as famílias.[5] A terra da França está portanto "arada", cultivada na maior parte possível de sua superfície e por sua mão-de-obra em atividade; mas absolutamente não explorada, seria preciso muito mais, no ponto máximo de suas possibilidades de rendimento...

*

Essa massa humana de 1328 é gigantesca quando se pensa nos frágeis meios disponíveis para sustentar a vida: há falta evidente não apenas das fontes de uma agricultura muito produtiva como é a nossa, mas até mesmo, no todo ou em parte, dos simples reforços que, durante o século XVIII, darão subsistência a 20 milhões, posteriormente a 28 milhões de franceses; entre esses "reforços", alguns dos quais certamente são apenas auxiliares e outros fundamentais, figurarão especialmente: o comércio exterior e colonial, a massa monetária, a indústria urbana e agrária, as redes urbana, viária, administrativa, populacional; e ainda, impossíveis de recensear, porém estimulantes, a habilidade e a competência dos agentes econômicos... Todos esses fatores, frágeis e por vezes até mesmo ausentes no início do século XIV, e que, no século XVIII, terão tanto peso, provocarão uma virada da economia, sem nenhuma assombrosa revolução tecnológica, no sentido do crescimento.

Sobre esses povoamentos tão numerosos dos anos 1300-1340, cai a ação destruidora, além do morticínio de homens provocado pelas fomes de tempos em tempos, pelas maldições mais lógicas. Admiráveis desempenhos regionais, como os da viticultura bordelesa ou das amplas áreas de trigo da Bacia de Paris, não impedem que no conjunto as situações às vezes sejam sombrias. Os grandes arroteamentos, havia muito tempo prontos, encontram obstáculo nos solos das margens, ou nas florestas cuja sobrevivência considera-se indispensável às necessidades de carpintaria e de combustível. A "fronteira" medieval, cujo avanço permitira por longo tempo a expansão de um mundo agrário, agora estanca. Os rendimentos dos grãos chegam a um teto, e essa estabilidade prejudicial a que novamente se chegou é fácil de explicar: a revolução agrícola vivida na alta Idade Média, e que deu o arado, o aproveitamento do cavalo nesse tipo de trabalho, a propagação do moinho, tinha tornado fecunda por muito tempo, com suas conseqüências benéficas, a economia dos períodos romano e gótico. Mas a economia rústica daí em diante, e por algum tempo, padecerá da falta de inovações decisivas...

O início do século XIV, com seu povoamento superabundante enfrentando o fato de que o produto bruto não se ampliava, é o tempo não de uma crise, no sentido vago dessa palavra que serve para tudo, mas certamente é o tempo de uma sociedade um tanto bloqueada, em suas profundas camadas agrárias. E grandemente vulnerável aos acidentes conjunturais, como por exemplo a fome de 1315 com seu furor inédito. Nesse meio ambiente desfavorável, os camponeses vergam e por vezes morrem sob a tripla opressão, tipicamente ricardiana e malthusiana, que faz cair sobre eles o peso dos rendimentos, o miserabilismo previsível dos salários e a exigüidade das propriedades agrícolas. Os donos do solo, em verdade, aproveitam a ocasião da procura de terra, nascida da expansão demográfica rural, para elevar as taxas territoriais, sejam as dominiais sejam as senhoriais. A oferta de braços, abundantíssima, contribui, por sua vez, para esmagar o salário sob todas as suas formas: monetárias, em produtos naturais ou mistas. Por fim, o impulso demográfico dos séculos anteriores induziu, como uma reforma agrária permanente, uma divisão em propriedades pequenas demais; que aliás coexistiam, não sem gerar frustrações, com a vasta reserva de terras exploradas diretamente pelo senhor ou por seu arrendatário. Reserva que talvez não seja tão extensa como outrora se acreditou,[6] mas cuja amplitude de qualquer maneira não é desprezível.

## DESPOVOAMENTO DA BAIXA IDADE MÉDIA: A GÊNESE DE UM GRANDE CICLO AGRÁRIO, O QUAL PREVALECERÁ POR MUITOS SÉCULOS

Esses males que se acumulavam, bem pesadas as coisas, não eram necessariamente insuportáveis. Os homens do campo da França conhecerão muitos outros males, por exemplo, no decorrer das piores fases de um século XVII difícil, sem que, por isso, desmorone a sociedade da qual se tornarão membros. Ai deles, lá por 1340 os deuses estarão contra o homem ligado à terra. Uma peste (que para piorar tudo atacará os pulmões, quer dizer, será apocalíptica) dá seus primeiros sinais em 1338-1339. A doença grassa nesses anos na Ásia central, de onde procede: "o mal que espalha o terror" havia muito tempo se plantara de fato no coração do mais velho dos continentes, entre os ratos, as marmotas, os humanos e suas pulgas, seus meios favoritos para que uma doença atinja o estado de endemia. Assim como assim, o acontecimento em si teria tido pouca importância para as massas humanas do Mundo Antigo se o desenvolvimento das conquistas mongólicas e a expansão comercial dos séculos XII e XIV não tivessem proporcionado as condições para um curto-circuito planetário. A peste iniciada em 1339* expande-se livremente ao longo da rota da seda que, desde o século XIII e da *pax mongolica,* une a China ao Turquestão e o Turquestão aos balcões genoveses da Criméia. A epidemia chega então a Feodóssia em 1346; de lá, pula para Gênova e Marselha no inverno de 1347-1348. De saída, as populações provençais e languedocianas — cidades e campo — são atingidas em cerca de 50% de seus efetivos. As regiões de Forez** e da Borgonha, no percurso do flagelo subindo para o norte, perdem uma terça parte de sua população. Os efeitos da pandemia só se atenuam (uma atenuação muito relativa) em Île-de-France e na Normandia rurais. Às pestes seguintes, que se sucederam quase a cada decênio, acrescentar-se-ão os efeitos deletérios das guerras de Cem Anos, e da espiral deflacionária que acompanha de modo lógico toda a recessão desencadeada, desde que esta seja profunda. Tudo isso, uma coisa puxando a outra, acaba por perturbar a economia e a demografia dos campos, no curso de quase um século, o período que vai de 1348 a 1440. Sem dúvida as cronologias regionais podem ser divergentes: Provença e Languedoc desabam, a despeito dos sobressaltos posteriores, desde o desastre de 1348. Île-de-France e Normandia

---

*Ou em 1338, quando já dera seus "primeiros sinais", como se viu neste mesmo parágrafo, pouco acima. (*N. do T.*)
**No Maciço Central. (*N. do T.*)

só periclitam totalmente muito depois de 1400... Mas, em termos glo-bais, o resultado final é sensivelmente análogo na maior parte das pro-víncias, no Norte como no Sul: por volta de 1440, empobrecida sob os pontos de vista de solos e de dinheiro, sofrendo uma sangria quanto a seus homens, a França camponesa parece grandemente enfraquecida.

A medida do fenômeno é essencialmente demográfica. As tendên-cias gerais, que durante esse período levam à escassez e à baixa, são bem conhecidas. Mas ainda assim é bom fornecer alguns números, em busca de uma visão global dos povoamentos da França, do nadir de seu declínio, caminhando no sentido do meado do século XV, conside-rado esse meado de modo amplo: um "meado" que pode mesmo in-cluir o segundo terço ou o terceiro quarto desses cem anos. Será possível, assim, cobrir rapidamente o espaço francês do sul ao norte.

Na Provença, em territórios comparáveis, contam-se 70.000 lares antes da Peste Negra; 30.000 chefes de família em 1471; 130.000 ca-sas em 1765. As "unidades" em questão (lar, chefe de família, casa) estão longe de ser rigorosamente compatíveis. Nota-se como uma cons-tante que o mínimo da baixa Idade Média, na grande província do extremo Sul, é claramente inferior a uma boa metade das máximas supracitadas dos séculos anteriores, e posteriores. No Languedoc tam-bém, todos os dados convergem para uma apreciação semelhante. Quer se trate de listas eleitorais, das relações dos que freqüentam a santa comunhão ou das funções dos contribuintes, a documentação do sécu-lo XV (entre 1410 e 1480) atesta sempre efetivos humanos inferiores em 50%, *grosso modo*, aos de antes da peste ou de depois do Renas-cimento (a expressão Renascimento incluindo a segunda metade do século XVI, o século XVII, mesmo como época ruim, e, claro, o século XVIII). A esperança de vida languedociana, no fim do século XV, pa-rece, aliás, ter sido das mais baixas, o que explica a estagnação demo-gráfica muito longa: em Nîmes, cidade pouco sadia e "construída com tábuas", um viajante alemão, por essa época, acha que nenhum habi-tante chega a ultrapassar a idade de sessenta anos! Ainda que seja exage-rada, essa afirmação pressupõe um pesado déficit local de sexagenários, septuagenários e outros idosos.

Na diocese de Genebra (uma parte da qual se estendia sobre os territórios atuais da Sabóia), há estatísticas do número de lares correspondente, de acordo com as datas, a um total que vai de duzentas a quinhentas aldeias. O índice 100 referindo-se aos anos do quase mínimo demográfico (1443-1445), há dois métodos de cálculo — o primeiro com base em dados de 1470, e o segundo abandonando esses dados — que permitem reconstituir, através de uma série de índices, o movimento da população de 1339 a 1518 (ver quadro logo adiante).

Esses números mostram sem mistério a baixa em "queda livre" de 1339 a 1411; a seguir essa baixa continua até 1443 (a população diocesana, nesse meado do século XV, não ultrapassa os 42,6% do que era em 1339). Na seqüência, uma estagnação, ou uma estabilização, dê-se o nome que se preferir, instaura-se até em torno de 1470-1482. A ligeiríssima retomada da baixa que se esboça no decênio de 1470 se transforma num inegável impulso de 1482 a 1518: nesta última data, as aldeias da região de Genebra estão longe de ter recuperado — continuava faltando muito — os altos níveis de 1339.

### Diocese de Genebra

| Anos | Índice do nível da população (1º método) | Índice do nível da população (2º método) |
|---|---|---|
| 1339 | 234,8 | 234,8 |
| 1411-1414 | 115,2 | 115,2 |
| 1443-1445 | *100* | 100 |
| 1470 | 98,5 | |
| 1481-1482 | 99,5 | 101,2 |
| 1518 | 128 | 130,1 |

Fonte: L. Binz (1963).

Para voltar ao período de declínio, depois de estagnação, que se desenha na região do lago Léman durante o século XV, deve-se observar que o essencial das desgraças que causaram esse declínio praticamente não pode ser imputado aos conflitos armados. A diocese de Genebra de qualquer modo não conheceu nossas "guerras de Cem Anos" como agentes de destruição durante esse período de depressão demográfica, que vai do meado do século XIV até 1475. Assim, o declínio do povoamento dos campos pode e deve ser explicado por outras causas. O êxodo rural não é senão uma pequena parte da explicação (a cidade de Genebra se desenvolve no século XV, mas, pequena ainda, não conseguiu absorver mais do que uma pequena parte do déficit humano que nos preocupa). É preciso portanto culpar (como antecedente praticamente insubstituível da baixa) as pestes e outras epidemias: e também o ciclo infernal de decadência econômico-demográfica que se desenvolve um pouco por toda a Europa nesse tempo; por fim, a recessão drástica dos mercados, provocada pelos cortes sombrios que produzem no povoamento as mortalidades incessantes. No que diz respeito ao fator pestilento, basta lembrar as observações espantosas de um pequeno camponês da região montanhosa, Platter, então uma criança, que testemunha na Suíça a saúde precária persistente constatada por ele no início do século XVI: "Meu pai pegou a peste e morreu. [...] De meus irmãos e irmãs, conheci duas irmãs, Elsbett e Christina. [...] Christina morreu em uma epidemia de peste; e nove pessoas ao todo, com ela, no mesmo lugar." A região de Genebra fornece uma curva detalhada ao historiador que busca um *trend* preciso. O caso genebrino, além de tudo, parece muito típico (até mesmo como percentual de queda) do que houve no conjunto dos Alpes do Norte. No Dauphiné, por exemplo, o vale alpestre de Grésivaudan, que tinha 15.757 lares em 1339, não tinha, em 1475, mais do que 7.140, ou seja, 45,3% do total precedente: as montanhas, ao longo do vale do Isère, figuram entre as regiões mais esvaziadas, porque seus habitantes que sobreviveram às epidemias e outros desastres preferiram abandonar suas terras pobres; instalaram-se na planície mais rica; lá preencheram os vazios criados, também nessa região, pelas epidemias (Alfred Fierro).

Mais ao norte, na Borgonha, as numerosas *pesquisas de famílias* iriam permitir, num prazo curto, a explicação de uma síntese de demografia da baixa Idade Média, como a conseguida por Édouard Baratier em relação à Provença. Desde já, sabe-se que a região borgonhesa foi muito castigada pela Peste Negra que, na aldeiazinha de Givry, matou uma terça parte dos habitantes. Mais tarde, no século XV, alguns dados muito dispersos, porém convergentes, testemunham a existência previsível de uma "base" de povoação em relação ao "teto" do fim do século XVIII. Em quatro aldeias da castelania de Saint-Romain (atual departamento da Côte-d'Or), havia um total de 120 lares em 1285, ou seja, em números redondos, meio milhar de habitantes. Ora, essas mesmas localidades contavam somente 36 lares em 1423, e se limitavam a um total de 40 a 50 lares no período que se estende de 1430 a 1460. Portanto, uma baixa que vai além da metade, em comparação com 1285. Em Ouges, outra aldeia borgonhesa, havia de 70 a 80 lares em 1268; meia centena (da qual de uma quarta parte a dois quintos são lares mendicantes) entre 1375 e 1400; 13 lares (dos quais apenas 3 financeiramente independentes) em 1423, após alguns anos particularmente desastrosos; e depois 15 lares em 1430; 28 em 1436, e 34 em 1444, subindo para 42 em 1450; meia centena outra vez, afinal, por volta de 1470... o fundo do poço, desse modo, situa-se no período 1420-1430; e, de algum modo, até mais ou menos 1445, não resta senão a metade dos pontos demográficos mais altos do fim do século XIII. Feitas as contas, quer se trate das cinco aldeias supracitadas ou dos subúrbios de Chalon-sur-Saône despovoados durante três quartas partes do péssimo século XV, a Borgonha rural e suburbana está completamente "vazia" por volta de 1425; tornara-se a "parte ruim" ainda (apesar de um reerguimento plausível em alguns lugares), de 1425 a 1460 (segundo Jean-Marie Pesez e O. Martin-Lorber).

Esses números brogonheses, de resto, foram inteiramente confirmados pelo levantamento de Marie-Thérèse Caron: em dez aldeias do Tonnerrois, ela achou 352 lares em 1423 (total claramente em baixa em relação a 1400-1402). Ora, essas localidades terão, como pude verificar de acordo com Saugrain, 940 lares por volta de 1700.

A base mínima da baixa Idade Média em Tonnerrois é portanto de 37,4% do nível de um dos "tetos" modernos, e não do mais elevado deles.

Na região parisiense (para cerca de oitenta paróquias, repartidas entre o deado — ou decanato — de Montmorency e o arcediagado de

Josas), o despovoamento de 1328 a 1470 chega a índices de menos de dois terços; atinge taxas análogas, e da mesma forma "duras", no bailiado de Senlis, e em Beauvaisis (Fourquin e Guenée). Na Normandia, é pior ainda: por volta de 1450, a região de Caux, segundo um de seus historiadores mais recentes, teria perdido quase três quartas partes dos efetivos humanos que lá se contavam em 1315. A causa imediata dessa queda quase inacreditável é a guerra nas imediações de Paris: à medida que ela dissemina os outros fatores de morte, espalhando a epidemia e a fome... Uma, na verdade, veiculada pelas pulgas dos militares e dos mendigos; a outra estimulada pelo assalto às colheitas e pela destruição do capital agrícola.

Preços do trigo no "cartão" (medida de Toulouse),
em libras, no início do mês de abril (1371-1450)

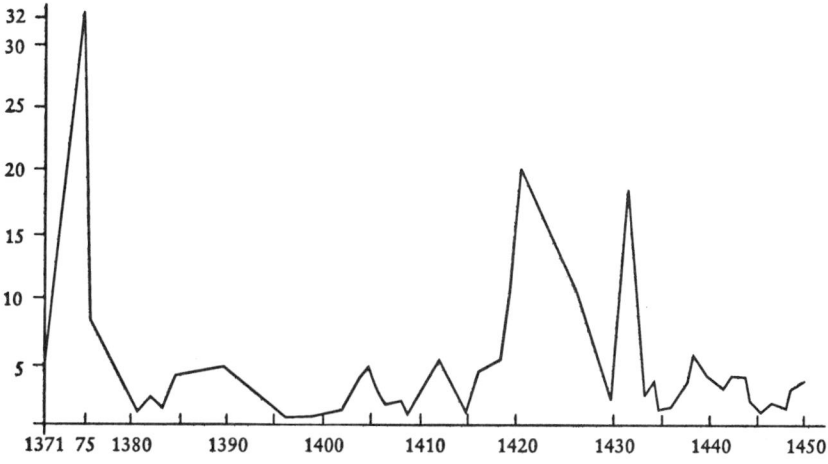

Fonte: P. Wolff, *in* G. Frêche (1967), p. 95.

Guy Bois, que publica um estudo importante sobre essa região da alta Normandia, impressionou-se com a expansão cada vez mais devastadora das catástrofes que se abatem sobre as regiões marítima e parisiense do Sena de 1415 a 1440. A cada alta do trigo (1423, 1433) e até o apocalipse final de 1438-1439, os preços do grão, como que levados pela onda, sobem mais do que na oportunidade anterior, sem que entretanto se desenhe, muito pelo contrário, qualquer movimento de verdadeira alta "de longa duração". Não é sem propósito pensar que nessas condições as sombrias garras da morte estendam sua devastação no mesmo ritmo das poderosas máximas cíclicas das cotações do grão. Enquanto isso vão ficando cada vez mais restritos os poucos mercados com os quais ainda podia contar a agricultura, ela própria privada de mão-de-obra. A guerra, causa e efeito, está no centro dessa alta de preços infernal. Ainda por volta de 1420, as guarnições inglesas, observa Guy Bois, compravam seu alimento dos camponeses: os soldados que se entregavam ao saque eram enforcados. Aí por 1430, *a falta de dinheiro é o mal primeiro*, o caso não é mais de comprar: saqueia-se, vive-se no campo à maneira dos ladrões, que não se afastam dos saques, também eles. Dez anos mais tarde, cerca de 1440, a região está exaurida, a ponto de a própria pilhagem deixar de ser rentável. O capital agrícola — moinhos, cavalos — está destruído ou sumiu. A classe dos trabalhadores, a única capaz de alimentar o "corpo social", está morta ou arruinada. Despovoamento e empobrecimento chegam a tal nível que Guy Bois, para descrever essa implosão de uma região pela erradicação de suas capacidades produtivas, chega a usar a imagem de um "modelo de Hiroxima". E o termo não é exagerado, pois o fenômeno encolheu a população da região parisiense em dois terços e a Normandia teve diminuído em quase três quartos seus efetivos humanos.

No sentido oeste, a Bretanha (região que não se situa, como a Normandia ou Île-de-France, no coração desse "caldeirão de feiticeiro" que é a França das guerras de Cem Anos), tinha entre 1.000.000 e 1.250.000 habitantes por volta do ano de 1390 (não se conhece o número do período de "antes da peste"). Lá por 1450 esse efetivo baixara possivelmente em uma quarta parte: uma casa em cada quatro está vazia. Compare-se esse milhão de bretões do meado do século XV com os 2 milhões de habitantes que a mesma província terá no século XVI (Jean Meyer).

Quanto à região de Bordelais, não há números precisos para o fim da Idade Média. Mas o levantamento de 1459, dirigido pelo arcebispado de Bordeaux, indica para a amostra de trezentas e trinta paróquias que uma quarta parte delas em matéria de população está em estado de deserto absoluto, ou pelo menos em estágio avançado nesse sentido. A maior parte dessas comunidades aldeãs voltará a florescer pouco adiante. Mas como não pensar, nessas condições, que em 1459 o nível de povoamento era bem inferior àquele atingido tempos antes da guerra e da peste, no período da dominação dos ingleses... É possível, de acordo com certas pesquisas, que a população tenha diminuído em dois terços.

Guardei para um novo parágrafo os problemas especiais que concernem, no século XV, ao extremo norte das regiões francesas ou "francófonas". Tudo indica que, lá, a crise, às vezes menos pronunciada do que entre os outros territórios, não foi absolutamente desprezível. Longe disso! Em Artois, para trinta e duas aldeias, contavam-se 2.121 casas de família em 1229; elas serão apenas 1.222 em 1469. A redução é menos drástica do que em Île-de-France ou na Normandia, onde as perdas são de 66% ou de 75%. Isso implica, de qualquer maneira, uma regressão de 42,4% em relação à *bela* Idade Média. Em Cambrésis, o povoamento do século XV é mais baixo do que o do século XVI: em doze aldeias, contam-se 495 lares em 1444, contra 563 em 1469 e 640 em 1540. Ver-se-á, entretanto, mais uma vez, que a baixa do século XV (em relação ao século XVI por inteiro) está longe de ser tão rigorosa em Cambrésis como na Provença ou no Languedoc.

Em Hainaut, bons historiadores chegaram a acreditar que deviam minimizar as perdas consecutivas nas *Wüstungen* (nos abandonos de aldeias) no fim da Idade Média. Na verdade, essas perdas provavelmente foram pesadas: durante a Peste Negra, diversas aldeias, das quais se conservam recenseamentos, perdem a metade de seus lares (segundo Gérard Sivery). Mais tarde, a população de Hainaut continuará imperturbavelmente numa curva descendente, ainda que num grau moderado: cai, de fato, de 31.000 lares em 1365 (data do primeiro, e já baixo, patamar conhecido no pós-peste) para 22.000 lares durante os dois períodos ruins (falando-se localmente) do século XV (1400-1424 e 1479-1501). Esses dois períodos, é verdade, estão separados um do outro por uma recuperação bastante feliz, que reconduz a população de Hainaut, momentaneamente, por volta de 1450, a 28.000 lares. Nível próximo do de 1365. Mas bem inferior ao nível anterior à Peste Negra.

Apesar das variações supracitadas, Artois e mais ainda Hainaut foram portanto, elas também, regiões atingidas pela crise. Quem quiser encontrar populações menos desfalcadas pela crise, tem de ir diretamente para o norte. Em Brabante, praticamente imune à Peste Negra, parece, o número de lares cai de 92.000 no meado do século XIV para 75.000 quase no fim do século XV. Ou seja, uma perda, bem pesadas as coisas, moderada, de 18%.

Em resumo, parece claro que será necessário distinguir dois modelos ou, se se preferir, dois setores de despovoamento diferencial. Na maior parte dos territórios da França, occitana e d'oil — no sul da região de Artois e ao longo de um eixo Beauvais-Montpellier —, as perdas, de 1300 a 1450, atingem ou mesmo ultrapassam 50% dos efetivos. Ou ainda, outro critério: as "bases mínimas" do século XV, nessas mesmas regiões, não chegam nem à metade dos "tetos" do século XVII. Muito ao norte desenha-se uma outra zona, na qual as reações não foram tão violentas: é a zona de Artois e de Brabante (a região de Hainaut formando uma transição com o Sul). Os déficits humanos, por impressionantes que possam ter sido, são inferiores nessas regiões (e às vezes mesmo muito inferiores) a 50% dos efetivos (18% falando-se apenas de Brabante). Aproxima-se, no caso, do extremo de crescimento, ou de resistência à crise, que teria existido nos Países Baixos.

Não é impossível uma "tomada global", diante de documentações tão diversas. Seguramente com reservas e com as aproximações normais. E levando-se em conta uma escala das catástrofes, menos implacável para o extremo Norte (ver quadro logo a seguir).

Para ler esses números, e ao cabo de uma avaliação de conjunto, é lícito arriscar, quanto ao povoamento da França, algumas sugestões: essa população, em seus períodos de maior ou menor plenitude, atingiu, como se sabe, o mínimo de 17 milhões de habitantes (por volta de 1330) ou 19 milhões (por volta de 1700).[7] No ponto mais baixo da queda demográfica, ali por 1440-1470, essa população não podia ultrapassar 10 milhões de pessoas, se é que não tenha ficado abaixo desse número: 10 milhões, quer dizer, uma baixa de 41% calculada com total moderação; muito subestimada por nós, verossimilmente, em relação ao teto provável de 1328.

População em "época de baixa" do século XV

| Região situada hoje no todo ou em parte no "Hexágono" | "Baixa" relação ao período anterior à peste | Inferioridade em relação à idade clássica (século XVII) |
|---|---|---|
| Provença | 57% | |
| Languedoc | 50% | 50% |
| Grésivaudan | 55% | |
| Diocese de Genebra | 57% | |
| Borgonha | mais de 50% | |
| Região parisiense | 66% | |
| Normandia | mais de 75% | |
| Bretanha | | 50% |
| Artois | 42% | |
| Hainaut | provavelmente 50% | |

Dez milhões de almas (das quais 9 milhões de habitantes rurais), essa é a aproximação razoável, e de qualquer maneira o grande máximo (ou antes mínimo!) que se pode esperar dessa baixa demográfica do ponto extremo do fim da Idade Média.

*

Tal era, nesse caso, nossa apreciação numérica, prudentemente motivada, de 1977. Os trabalhos mais recentes de Henri Dubois e de Arlette Higounet-Nadal (1988) deveriam levar-nos a uma revisão arrasadora? Não parece que seja assim: podemos entretanto, graças aos dois autores, e isso será muito oportuno, mostrar antes combatividade, audácia quanto à estimativa da "catástrofe" da baixa Idade Média (pois "minorála" não está mais minimamente em questão). O número "Dubois" do povoamento francês (fronteiras atuais) situava-se, observamos, em 21.250.000 habitantes em 1328. Uma baixa verossímil de 50%, ao fim de um declínio secular atingindo seu nadir por volta de 1445-1450, faz com que esse número caia para 10.675.000 pessoas "francesas", das quais 9.607.000 rurais. Mas não está excluída a possibilidade (segundo o "duo" de historiadores citado) de que a baixa tenha ultrapassado (em pouca coisa) os 50%. E, por exemplo, uma queda demográfica de 53,5%, perfeitamente possível, levaria o povoamento "francês" de 1445-1450 a 10 milhões de almas, 9 milhões das quais rurais; e 7.875.000 de pessoas das famílias de lavradores "estritos". Haveria, em uma tal conjuntura, menos "franceses" nessa época do que belgas na Bélgica hoje. E entretanto, de acordo com esses mesmos dados, contam-se mais lavradores, sempre com o ano de 1450 como base, no conjunto do Hexágono à época tão despovoado, do que os temos hoje dentro do mesmo quadro geográfico. É verdade que nossos campos no ano 2000 estão incrivelmente vazios de camponeses...; e isso, de modo inversamente proporcional ao fantástico crescimento contemporâneo da produtividade agrícola, no quadro das últimas gerações camponesas, tanto mais produtivistas, é verdade, quanto menos numerosas.

\*

A grande culpada, posta em evidência pelos pintores de danças macabras, é a morte, porque não há nenhuma razão para pensar que o século XV francês se caracterize, quanto à fecundidade, por uma recusa sistemática à vida. A idade do casamento (que quase não se conhece nessa época) provavelmente não era muito diferente do que seria entre 1600 e 1800. Ora, o fato de que nesse segundo período as moças achem bom, em muitos lugares, casar-se por volta dos 25 anos, ou até um pouco mais velhas, não impedirá a população (graças a uma mortalidade muito baixa) de aumentar consideravelmente: pelo menos no século XVIII. Não é portanto, voltando ao século XV, a idade tardia do casamento — a supor-se que assim foi efetivamente — que fazia as populações estagnarem ou que as lançava no abismo.

Não contando esse fator, seria uma recusa a procriar, nascida de uma contracepção primitiva, ou uma amenorréia provocada por fome, miséria ou angústia, que explicaria os baixos níveis demográficos do século XV? O pouco, o pouquíssimo que se conhece não leva a pensar que tenha sido assim. Em Cambrésis, Hugues Neveux, que utiliza para isso as datas de distribuição de víveres às puérperas, pôde calcular, numa aldeia, o intervalo médio entre os nascimentos. À falta de melhor, é um índice aproximado de fecundidade. Esse intervalo é de 29,5 meses na época do baixo povoamento (1468-1482), contra 30,5 meses no período 1559-1575, quando a população conhece tempos melhores. Vê-se que a fecundidade das cambresianas, no declínio da Idade Média, não perde em nada para a das mulheres de Beauvais, tão férteis, na época clássica. Ora, apesar desses louváveis esforços, as mulheres da região cambresiana, ao tempo do nosso Luís XI, não chegam absolutamente a sustar o declínio nem a frear a estagnação demográfica; há portanto em jogo um fator que contraria esses esforços. Esse fator é a mortalidade; é a esperança de vida muito encurtada; a mortalidade provoca a ruptura precoce das uniões conjugais, antes que a esposa tenha tido tempo de percorrer o essencial de seu período de fecundidade. Assim é que, a despeito de uma fecundidade absolutamente normal e "pré-malthusiana", o número de nascimentos por lar (índice grosseiro de "natalidade"), na citada aldeia de Cambrésis, é de 2,2 de 1476 a 1481-1482, contra 3,1 de 1559-1560 a 1574-1575. Rompidas muito rapidamente, as uniões conjugais do século XV, a despeito de sua alta "fertilidade", produziam menos filhos no total do que os casais das épocas seguintes.

A morte é a grande culpada dos recuos do povoamento. E entre as causas de morte, a peste, sempre ela, nunca deixa de dar as mais altas contribuições. A peste da baixa Idade Média desenvolveu-se através dos vermes e das pulgas, responsáveis pela contaminação homem a homem (ou mais exatamente homem-pulga-homem). Os ratos, cuja importância é às vezes superestimada, não desempenham, pelo menos no Ocidente, senão um papel acessório na difusão do flagelo, provavelmente quase nulo. (É preciso lembrar, a propósito disso, a historinha das religiosas de Limoges que, para fugir da peste, instalaram-se provisoriamente numa aldeia suburbana: ratos as perseguiram de todas as maneiras, chegando a desconcentrar aquelas santas mulheres no momento da oração; e a se precipitar na sopa, na hora da refeição. As freiras, apesar de tudo, não foram absolutamente contagiadas pela peste. De um modo geral, entre as inumeráveis histórias de peste que existem, não há menção a um único rato morto, exceto em algumas ilhas gregas, em 1349.)

Em uma dada área, a peste, no século XV, pode atacar aproximadamente a cada dez anos (região de Chalon-sur-Saône); ou mesmo a cada dois, três ou quatro anos, até mesmo anualmente: é o caso da região tolosina que, como todo o Sul, é mais pestilenta do que a França do Norte. No conjunto, as cidades provavelmente são mais atingidas, mas os campos absolutamente não são poupados. No caso francês, a peste do século XV está presente de modo permanente: a cada ano, sem exceção, ela grassa em cada cantão do reino. A partir dessa verdade (no plano nacional), o ciclo da doença só apresenta breves tréguas (nunca mais de dois ou três anos no período 1350-1540); tréguas que, de qualquer maneira, nunca são totais: resta sempre um pequeno lar empestado em alguma parte, perto de Caen, de Béziers ou de Beauvais, variando o lugar segundo os anos. Esse ritmo infernal que mantém as pestes como permanentes, e que as faz recrudescer com força a cada decênio ou lustro, é o mesmo que ainda conhecerão, muito depois que a doença tiver desaparecido no Ocidente, alguns países islâmicos até 1840. Pouco antes ou pouco depois dessa data, medidas profiláticas muito simples (quarentena, etc) que já tinham sido adotadas na Europa desde a metade do século XVI, tornarão as epidemias pestilentas mais espaçadas em tal ou qual país muçulmano.[8] A impressão que se tem, a julgar por essa comparação, é que no século XV as populações européias, e especialmente as francesas, ainda estavam muito despreparadas diante do flagelo (vão combatê-lo, ao contrário, na época clássica, de maneira racional e finalmente vitoriosa). Pelo fim da Idade Média, muito ainda se confiava, para superar o problema, nas procissões de São Roch,* mas havia também os que se limitavam a fingir que não se importavam com a doença; agia-se muitas vezes como se não houvesse nada; nem sempre se tomavam medidas enérgicas de desinfecção, de expulsão, de isolamento, que cada vez mais passaram a tomar os postos de saúde das cidades, depois os funcionários e finalmente os militares, no século XVI e principalmente nos séculos XVII e XVIII. O resultado disso é, a cada decênio da baixa Idade Média, novas e múltiplas hecatombes que atacavam os efetivos humanos, e prolongavam, como que a fogo baixo, a estagnação demográfica; sem que entretanto conseguissem impedir o ato final, que se deu numa data variável segundo as regiões, no curso da segunda metade do século XV.

A peste é então gravemente responsável. Mas e quanto à fome? É um hábito, fundamentado em velhas litanias da alta Idade Média (*a fame, peste et bello libera nos, domine* ["livra-nos, Senhor, da fome, da peste e da guerra"]), considerar a fome, a peste e a guerra como fatores de explicação decisiva para a deflação do povoamento durante o século XV. Em se tratando das causas imediatas, essa análise é válida. As crises de subsistência em torno de Paris e de Rouen em 1421, 1432 e 1433, e sobretudo em 1437-1439, literalmente não acabam nesses anos; elas se encavalam, uma sobre a outra; aparecem segundo um ritmo decenal ou intradecenal do qual não se vai achar equivalente nos piores períodos do século XVII. Mas essas crises de fome que ocorrem

---

*Ao contrário da maioria absoluta dos outros nomes do hagiológio católico, São Roch (1295 [?]-1327 [?]) não parece ter nome correspondente em português (pelo menos não consegui encontrar um). Nascido em Montpellier, foi muito popular entre os humildes nas reincidências da peste do fim da Idade Média. Sua biografia é cheia de lendas, mas parece que ele fez várias peregrinações, sobretudo a Roma, curando os pestilentos pela estrada. Seu culto se expandiu por toda a Europa no século XV, quando o invocavam contra a peste e doenças contagiosas. Veneza guarda relíquias que seriam suas. Festa a 16 de agosto. Na iconografia, costuma aparecer como um peregrino, com seu chapeuzinho de palha e seu cachorro, descobrindo uma parte da perna para mostrar sua chaga. Deixou sua marca na fraseologia francesa porque os artistas sempre o pintaram acompanhado de seu cachorro: *Saint Roch et son chien* ("São Roch e seu cão"), para designar duas pessoas inseparáveis. (N. do T.)

Um teste de mortalidade: número de testamentos registrados
a cada ano pela oficialidade de Lyon de 1310 a 1510.

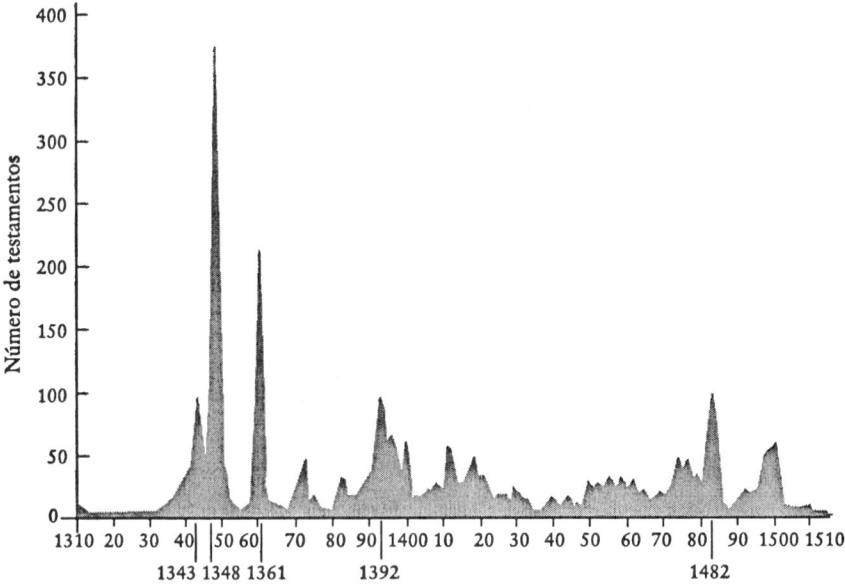

Fonte: M.-T. Lorcin (1974).

são filhas da guerra: são na verdade um revezamento, mais que uma
causa profunda. Verifiquemos: desde o decênio de 1440 (que marca a
volta progressiva à paz) e praticamente até mais ou menos 1504, talvez mesmo até 1520, tudo ficará estável quanto aos preços correntes
dos grãos na região parisiense, uma calma quase horizontal, havendo
no máximo pequenas carestias sem conseqüências, que se anulavam.[9]
Nada de surpreendente nisso. No estado de despovoamento em que
está mergulhada a França durante uma grande parte do século XV,
evitar a penúria de víveres não é difícil; pelo menos em tempo de paz,
de trocas normais, de agricultura adequada. Só com os horrores da
guerra e do banditismo, com as colheitas queimadas, as fazendas e os
moinhos destruídos, os cavalos e os bois desaparecidos, as trocas para-
lisadas é que aparecem os sintomas da duríssima fome do período 1420-
1440. Desde a volta da paz, a partir do decênio de 1450, revive-se um

período de relativa abundância de trigo, de modo visível, e praticamente por três gerações. (Observemos de passagem que sublinhando
esse papel da guerra não introduzimos em nossa análise uma variável
exógena: desde o início do século XIV até o início do século XV, a
guerra, européia ou civil, faz efetivamente *parte do sistema,* como meio
de fato, prodigiosamente eficaz e cruel, de limitar a população. É lógico, assim, integrar o fenômeno guerreiro ao grande modelo explicativo
completo.)

**Variações do coeficiente de família segundo 650 testamentos da
planície lionesa (1330-1509). Número de crianças vivas e
legítimas citadas nos testamentos dos leigos casados (média decenal)**

Fonte: M.-T. Lorcin (1974).

No total, o povoamento francês do meado do século XV é portanto vítima da peste (sobretudo no Sul) e da guerra (sobretudo no Norte),
esta provocando as fomes e multiplicando as epidemias preexistentes.
O conjunto desses processos, associado às regressões econômica e
demográfica, tendendo ambas a tornar-se em si mesmas causas de fuga
das famílias, produz a crise dos povoamentos; esta se agrava, alimen-
tando-se, se assim se pode dizer, de seus próprios desastres. Logo que
volte a paz, entretanto, que um processo de *feed-back* ou de reequilíbrio

se desenhe nas profundezas da sociedade, ver-se-á como se criam lentamente as condições que farão aumentar, num momento ou noutro, o nível geral da população dos campos.

## ABANDONO DE ÁREAS HABITACIONAIS

O despovoamento é acompanhado pelo abandono de áreas habitacionais. Fez-se um estudo a propósito disso no quadro nacional, talvez europeu;[10] desde o seu aparecimento, suscitou algumas monografias de importância; esse estudo permite fixar um ponto de afirmação segundo o qual, no conjunto, a despeito de algumas brechas, "a rede das aldeias francesas manteve-se bem": saiu da crise da baixa Idade Média menos desgastada do que na Alemanha e na Inglaterra.

Deixemos de lado, primeiramente, as regiões do Leste, por nela serem diferentes os problemas, e dada a fragilidade de suas casas de madeira e de taipa; áreas habitacionais atualmente pertencentes a território francês, elas se espalhavam bem mais, no século XV, pela nebulosa germânica: na Alsácia, por exemplo, constata-se, quanto ao desaparecimento de aldeias nessa época, serem as taxas muito elevadas; são comparáveis às registradas na Alemanha, que perdeu 23% de suas localidades nos últimos séculos da Idade Média. Em determinadas partes da alta e da baixa Alsácia, por exemplo, cento e trinta e sete aldeias foram abandonadas para sempre dos anos 1340 ao fim do século XV (essa taxa é mais elevada ainda, e se aproxima de 25%, numa pequena região bem estudada como o condado de Montbéliard...). É preciso dizer que as casas de madeira e de taipa dos vilarejos (Renânia alsaciana e outros lugares) mantiveram-se bem mais precariamente do que os vilarejos que agrupavam casas construídas de pedras, como as de Île-de-France ou as da região de Champagne... Em volta das cidades ou pequenos burgos alsacianos, como Guebwiller e Colmar, desenham-se significativos "cinturões" de cidades mortas: os camponeses que as povoavam abandonaram o campo para se instalar na zona urbana mais próxima; e para aí cobrir as brechas abertas pela epidemia entre as populações das cidades. Quanto aos territórios abandonados, parece que se transformaram em terras incultas, em pastagens, às vezes em lavouras mantidas para sustento das comunidades vizinhas e sobreviventes.

Incidentemente, esses exemplos alsacianos corroboram, como as outras *Wüstungen* da Alemanha, que no caso deles o conflito belicoso não foi o catalisador insubstituível; na terra germânica, sabe-se, numerosas habitações desapareceram no fim da Idade Média como conseqüência da peste, da crise econômica e do êxodo rural; sem que a guerra, que nessas regiões não teve a mesma intensidade que na terra francesa, lá chegasse a ter muito peso.

Na metade norte da França atual, são precisamente as guerras, em compensação, que criam as "zonas vermelhas"; a ponto de que dezenas de aldeias ficam desabitadas durante anos ou dezenas de anos, com possibilidades de ressuscitar algum tempo depois. No atual departamento de Pas-de-Calais no século XV, no trecho de Langle, por exemplo, os próprios equipamentos coletivos ficaram abandonados como conseqüência das guerras; o mesmo ocorreu em relação aos canais de drenagem; as terras foram inundadas e se perderam; o documento de uma recebedoria local, de 1438-1439, mostra que a região não produziu nenhum rendimento *porque lá não morava ninguém, por causa dos ingleses que andam na dita região e aí se espalham dia após dia.* (Uma das brincadeiras de maior efeito no século XV consiste, afinal, em entrar na igreja de uma aldeia, cheia de fiéis,[11] e gritar com toda a força *Lá vêm os ingleses*: num instante a igreja se esvazia!) O mesmo texto referente a Langle observa que *as terras estão gastas e ninguém quer cultivá-las ou nelas trabalhar, e até mesmo as pessoas da dita região estão ausentes e lá só permaneceram algumas pobres mulheres.*\* Essas "pobres mulheres" sem dúvida tinham filhos... ou então os camponeses ausentes finalmente voltaram. Porque em diversas regiões da França do Norte (entre as quais Pas-de-Calais), o total dos esvaziamentos

---

\*Como o trecho anterior em grifo, no mesmo parágrafo (imediatamente antes dos parênteses), também este é transcrição em francês antigo, no original. (*N. do T.*)

definitivos é muito menos impressionante do que poderia fazer crer o texto horripilante que acabo de citar. Em quatro departamentos, por exemplo, uns mais atingidos pela catástrofe (Marne e Pas-de-Calais) e outros menos (Aube, Haute-Marne), o percentual de cidades perdidas para sempre, no fim da Idade Média, está entre 3% e 10% do total das comunidades de habitantes: quer dizer, uma centena de localidades no total, para as quatro circunscrições em questão.

Essa relativa solidez da rede de aldeias da língua d'oil (em comparação com a Alemanha e a Inglaterra) se verifica claramente quando entram em questão as regiões mais densamente povoadas de antes da peste, entretanto duramente esfoladas, no século XV, pelos homens em armas: na zona de Coutances, Caen, Falaise, muito atingidas pelo flagelo por volta de 1450, *nenhuma paróquia* desapareceu definitivamente de 1365 aos Tempos Modernos. Dir-se-á que se trata de uma região de áreas habitacionais freqüentemente dispersas, onde muitos lugarejos podem mergulhar no nada sem que a rede das próprias paróquias, cada uma das quais é uma sede de distrito de muitas vilazinhas, seja por isso sensivelmente afetada? Nesse caso, tomemos o exemplo da região parisiense: as áreas habitacionais, nela, são, de modo claro, mais densamente agrupadas do que na Normandia; ora, apenas três paróquias, no arcediagado de Jouy-en-Josas que conta com cinqüenta e uma delas, são declaradas desaparecidas em 1450-1460. E todas três voltarão a desabrochar durante o Renascimento! É verdade que lá também, em volta de Paris, enquanto o grosso das áreas habitacionais agrupadas suporta bem o golpe, as vilazinhas são riscadas do mapa, ou transformadas algumas delas em fazenda isolada; ou então seu solo é recuperado por uma fazenda vizinha, ou até mesmo recoberto pela floresta.

A França occitana oferece, por sua vez, interessantes exemplos de *Wüstungen*, mais freqüentes talvez do que na região da língua d'oil: fortemente sinistrada pelas pestes, as guerras inglesas, a pilhagem à mão armada e as recessões, sua doença mais grave naquele momento são os incontáveis esvaziamentos. Em Quercy (que o padre Denifle, autor de obras volumosas sobre a desolação das igrejas da França no século XV, considera a província mais martirizada do reino nessa época), setenta e oito aldeias e, levando-se em conta as pequenas comunidades, cento e cinqüenta paróquias, são destruídas ou ficam desertas em torno do ano de 1400. Na região vitícola de Bordeaux, que tinha sido tão rica (ali por 1300) com suas exportações de vinho para a Inglaterra, suas aldeias vazias se contam às dezenas depois de cada duro episódio guerreiro (1375, 1405, anos de 1440...). Entretanto, na região de Quercy como na região de Bordeaux, todas essas aldeias por um momento perdidas, com exceção de duas ou três no total delas, ressurgirão sem problemas a partir do início do Renascimento: aqui, graças a uma certa recuperação vitícola, e lá como conseqüência de uma importante imigração provinda do Maciço Central, que "levará água à bomba outra vez" fornecendo mão-de-obra indispensável para uma ressurreição de Quercy. Nessas regiões do Sudoeste, há então um contraste marcante entre a abundância de esvaziamentos provisórios e a insignificância das que serão irremediáveis. A causa dessa estabilidade final deve ser procurada, parece, no caráter muito sedentário do sistema agreste.

Haverá entretanto decadências *definitivas* na Occitânia do Sudeste; em certos casos acompanhadas exatamente de uma mudança qualitativa de implantação agrícola. Veja-se o exemplo da Provença: nessa região, em 1470, de 25% a 33% das aldeias são abandonadas. Muitos esvaziamentos são irrecuperáveis, afetando por exemplo uma quarta parte das localidades em diversas regiões de montanhas ou de colinas rochosas: nessas áreas citadas abandonadas desse modo no século XV, o povoamento não renascerá nunca mais. Esses abandonos de áreas habitacionais na Provença nascem sem nenhuma dúvida das pestes sucessivas, especialmente atrozes na França mediterrânea, que a ofensiva dos bacilos atinge em cheio e que reinfecciona constantemente o comércio com o Levante (Oriente). Entretanto, também surgem na Provença mecanismos muito semelhantes aos da Alsácia. Nas cercanias de Aix, por exemplo, em determinada aldeia sujeita ao esvaziamento, os camponeses que pura e simplesmente não tomaram o caminho do cemitério escaparam até a cidade para lá se estabelecer nos postos disponíveis, deixados vagos pelas mortalidades. A área rural de Aix, num raio de 30 a 50 quilômetros em volta da sede do distrito, fica assim com uma dezena de localidades exauridas pelo êxodo rural. Uma vez iniciados pela sangria de homens no sentido do túmulo ou da cidade, esses esvaziamentos em Aix parece que se auto-alimentam por si próprios: os territórios das paróquias perdidas de fato recuaram um furo na escala da rentabilidade. As hortas, vinhas, pomares situados nos contornos imediatos das áreas habitacionais mortas, que os fertilizavam com seus detritos e seus vazadouros, tornaram-se muito auspiciosamente terras para cereais. Essas terras a que nos referimos, um pouco mais afastadas do centro morto, transformaram-se em campos de carneiros, cuja lã e principalmente a carne achavam facilmente compradores, graças a uma composição melhorada da dietética popular, mais rica em proteínas do que antes. Enfim, os solos marginais, estéreis, mal situados sobre as encostas rochosas das montanhas e colinas foram pura e simplesmente abandonados. Grandes fazendas e domínios isolados, as comunas ou cidades novas a que chamaram *bastides*, ocuparam, de maneira estratégica, as fronteiras e o acesso ao solo: condenaram assim o velho aglomerado aldeão (a partir de então enfraquecido, apesar das tentativas precárias de reocupação) ao abandono definitivo. Nessas condições, os próprios senhores provençais, sem serem tão agressivos como os senhores ingleses que fazem "os homens serem comidos pelos carneiros" (no dizer de Thomas More, ou Morus, nome latinizado pelo qual também é conhecido esse santo inglês), vêem mais de uma vantagem na obliteração das velhas áreas: o senhor leigo, cuja origem freqüentemente é urbana, deixa de ser, com efeito, quando morre sua aldeia, o gordo parasita de uma comunidade camponesa; torna-se o *empresário* ou *administrador* eficiente de uma grande *bastide*, tal como o pintará mais tarde Olivier de Serres. Quanto ao senhor eclesiástico, a partir desse momento pôde poupar, graças ao desaparecimento da paróquia, encargo mais oneroso das despesas de um pároco: esse senhor (bispo ou cônego) dispôs então do dízimo por inteiro; e tem todo interesse em desencorajar os aldeões que mantinham a pretensão de se reagrupar como comunidade camponesa nas velhas terras do aglomerado extinto. Assim nasce em boa parte, no tempo do rei Renato, o panorama atual da Provença da região de Aix, com seus mistos de *bastides*, de propriedades isoladas, de grandes pastagens nas encostas dos montes, cercadas de pinheiros e ciprestes; esse panorama local, que durará sem mudança até o século XX, só começa a retroceder em nossos dias, por causa dos incêndios de verão. No baixo Languedoc também estão presentes, com pequenas variantes (como a influência mais importante dos acontecimentos da guerra), as mesmas situações da Provença: os esvaziamentos mais característicos entre as regiões de Camargue e Narbonne se dão no litoral e nas áreas dos lagos palustres: as doenças dos pântanos (como a malária, ou maleita, etc) e o encolhimento parcial do comércio com o Levante (tão florescente antes, no século XIII) contribuem fortemente para desenraizar os habitantes. No norte do Languedoc mediterrâneo, nos limites dos matagais e das montanhas, a mediocridade do solo leva os habitantes a se retirarem para as cidades despovoadas, na tentativa de se tornarem braços de reposição. Como na Provença, algumas extensas fazendas, propriedades ou pastagens aproveitam para modificar o sistema agrário: Abel vence Caim.

Tentemos um balanço: a França, *nos limites atuais do Hexágono,* tinha provavelmente de 30.000 a 35.000 aldeias por volta de 1330. É certo que no pior momento das guerras inglesas (1420 aqui, 1450 ali), muitas dessas localidades perderam momentaneamente a totalidade de seus homens; em paz, o Renascimento chegou, trazendo de volta os habitantes. Quanto ao número das aldeias definitivamente desaparecidas, superior ao milhar, é certamente inferior a 10% do efetivo das paróquias (contra 23% na Alemanha). Pode-se dizer, sem grande risco de engano, que de mil a três mil aldeias foram para sempre varridas do mapa, no espaço francês, na esteira da crise da baixa Idade Média. Números tão modestos dizem pouco da amplidão das transformações *irreversíveis* que afetaram nossa agricultura na seqüência dessa depressão, longa de um interminável século.

Na escalada de uma ou duas gerações, entretanto, tão fascinante quanto seja isso para Clio, não há como deixarmos de ver agora com clareza o que ainda permanecia indecifrável para os contemporâneos: aos olhos deles, o provisório valia tanto quanto o definitivo. E esse provisório era o abandono momentâneo não apenas de uma grande quantidade de aldeias, mas também de uma vasta extensão de campos que não serão recuperados de maneira progressiva a não ser depois de devastações, estendendo-se essa recuperação de 1445 a 1500, e até mesmo depois disso. Há sem dúvida um exagero no caso lembrado por Thomas Basin,* segundo o qual, na véspera do estabelecimento da paz, muitos camponeses franceses, fechados na fortaleza de uma cidade ou simplesmente de um pequeno burgo, ou ainda nas muralhas de uma aldeia, não ousavam pôr o nariz de fora, e deixavam seu trabalho arruinar-se, por falta de coragem e principalmente por falta de bois ou de cavalos. A historinha deixa, de todo modo, entrever a existência de amplos terrenos não cultivados, a um tempo lamentáveis e tentadores. São os responsáveis (e existem igualmente no além-Reno, pelo testemunho dos polens), na França do Norte e do Sul, parisiense e tolosina, durante o intervalo crítico constituído pelos anos 1420-1440, pela penúria dos grãos e as gigantescas crises de subsistência. Restabelecida a paz, esses terrenos sem cultivo desenvolvem a dialética bem conhecida da infelicidade e da felicidade. Os sobreviventes e linhagens sobreviventes do imenso naufrágio, iniciado em 1348 e consumado no terceiro e no quarto decênios do século XV, acham-se de fato, ao cabo de cem anos de infortúnio e de uma última geração de catástrofes... à testa de um formidável capital territorial, inutilizado em grande parte, e em

*Cronista e clérigo francês (Caudebec, 1412-Utrecht, 1491), foi convidado pelos ingleses, que tinham fundado a universidade de Caen, a nela ocupar a cátedra de direito canônico, mas pouco depois, em 1447, o papa o nomeou bispo de Lisieux, também na Normandia. Quando o exército de Carlos VII cercou a cidade, Basin propôs aos ingleses a capitulação, que eles aceitaram. Com isso todos os bispos da Normandia também se submeteram ao rei francês. Basin foi nomeado conselheiro de Carlos VII, tornando-se um dos bispos encarregados do inquérito preparatório da revisão do processo de Joana d'Arc, e foi quem redigiu uma *Memória* em 1453 justificando um pedido de reabilitação. Nomeado arcebispo de Cesaréia, teve de se exilar em Utrecht por causa da perseguição movida por Luís XI aos que tinham sido servidores de seu pai. Deixou uma *História dos reinados de Carlos VII e de Luís XI,* seu trabalho mais conhecido. (*N. do T.*)

estado notório de subemprego. Disse-o bem: de um "capital"; porque os terrenos incultos dos anos 1450 não se parecem, pelo contrário, com a floresta virgem do século X. Raramente tendo de volta as grandes árvores, geralmente recobertos de simples arbustos cuja extirpação não é muito cara, os terrenos não cultivados da baixa Idade Média e de origem recente ainda trazem em si o traço fecundo dos trabalhos do passado ou, em outras palavras, dos grandes arroteamentos da Idade Média fecunda. Abandonadas pouco antes, essas terras acabaram cercadas de todos os lados por denominações curiosas de uma toponímia sempre viva, que carrega em si o peso não superado da memória coletiva. O terreno inculto invoca portanto *ipso facto* a necessidade de ser posto de novo em condições de cultivo, como o pára-raios atrai o raio. Alguns exemplos com números, aliás, permitirão, mais do que um longo discurso, avaliar a medida do fenômeno. Digamos que, conforme as estatísticas, nesse ponto unânimes, a superfície cultivada com cereais era por volta de 1780-1820, para todo o Hexágono, no Antigo Regime econômico, de meio hectare por cabeça, contando-se habitantes de todo tipo. *Não* estão incluídos aí os alqueives, que são as terras de descanso. Na França menos povoada dos anos 1300-1330, na qual o espaço disponível era um pouco mais vasto, e as produções dos "trigos" um pouco menos elevadas do que em 1780-1820, esse cociente espacial de meio hectare era de qualquer maneira um mínimo, e constitui portanto um número-base sólido. Se trabalharmos com 20 milhões de habitantes, número aproximado, nos limites do atual Hexágono, por volta de 1330, é preciso levar em conta que a superfície efetivamente semeada com cereais era de uma dezena de milhões de hectares (sempre sem contar os alqueives) no primeiro terço do século XIV. Os 10 milhões de franceses (número máximo), na ocasião muito mal alimentados, e sujeitos a horríveis crises de subsistência, que emergem, cem anos mais tarde, no decênio de 1430, o mais duro e de números mais baixos do século XV, deviam contar, por baixo, com 5 milhões de hectares semeados (exceto os alqueives). A diferença entre essas duas avaliações, de 1330 a 1440, chega a 5 milhões de hectares. E não incluímos, nessa apreciação global de um déficit, o recesso concomitante (em proveito também das terras não cultivadas), dos alqueives cultivados,* dos quais se sabe que cobriam uma superfície situada entre a terça parte e a metade do total de terras efetivamente semeadas. E também, menos importante em relação às superfícies de que tratamos, o recesso das vinhas, dos pomares e das hortas, de 1350 a 1440. O número de 5 milhões de hectares de terras não cultivadas é de qualquer modo uma estimativa razoável.[12] São esses 5 milhões de hectares — tão facilmente aráveis, tão ao alcance da mão-de-obra, a partir da rede quase intacta de aldeias esvaziadas[13] — que primeiro vão servir de reserva disponível, depois de alavanca de crescimento, por um processo vivo de impulso-recuperação-renascimento: processo que ocupará os agricultores durante a segunda metade do século XV.

## REFLORESTAMENTO?

Nessa "reserva" disponível, as terras não cultivadas e as terras de matos e arbustos não são, evidentemente, os únicos elementos a serem levados em conta! As florestas, os bosques, os "grandes matos" figuram entre eles como pontos úteis; "lá onde costumam estar os belos solares, domínios e heranças estão os grande matos", afirma, na província de Saintonge, um texto de 1463. E John Fortescue cita o ditado do povo simples: "Os ingleses é que trouxeram os bosques para a França." O imperialismo das árvores, que no fim da Idade Média voltaram a ocupar uma parte, certamente minoritária e difícil de definir em números, do terreno que tinham perdido três séculos antes, justifica, como demonstrou Michel Devèze, a omissão e a incúria dos reis, que, tão exigentes, ao contrário, em outros domínios, durante todo o século XV se desinteressaram totalmente pelo problema florestal. Depois das grandes ordenações de 1376, 1388 e 1402, não se promulgará mais,

---

*Como se trata de terras de descanso, no caso desses alqueives cultivados de que fala o Autor a referência deve ser ao chamado primeiro cultivo, depois do descanso. (N. do T.)

na verdade, até o início do reinado de Francisco I (1515), nenhuma legislação "silvestre". Por ser a oferta de madeira superabundante, não pareceu necessário durante mais de um século regulamentar-lhe a demanda. Uma poderosa massa florestal teve assim todo tempo disponível para se conservar, se reproduzir e até mesmo para se desenvolver. Essa massa de árvores contribuirá, quando a paz estiver de volta, para sustar a mortalidade hibernal e pulmonar fornecendo de graça aos que habitam ao longo da floresta a madeira morta; e (aqui é preciso cuidado para não fazer confusão) a "morta madeira"* (salgueiro, espinheiro, sabugueiro, amieiro, giesta, zimbro, sarça, aveleira, ligustro, briônia...). Como mostrou André Plaisse, cujas belas análises sobre este ponto sintetizo, essa floresta abundante do século XV dá também aos porcos o terreno de engorda com bolotas e com os frutos da faia; e aos bovinos o abrigo de uma estabulação livre, permanentemente aberta... exceto no mês de maio (durante o qual esses estábulos a céu aberto ficam interditados para que não sejam destruídos os brotos das árvores nem perturbado o nascimento de filhotes das corças e cabras monteses). A floresta é, além disso, para a maior parte dos homens rurais, a segurança de um direito de caça muito freqüentemente livre de fato, mesmo depois que as ordenações do fim do século XIV diligenciaram no sentido de reservá-lo aos senhores; mais ainda, a floresta é também a possibilidade para que os *bigres*** ou especialistas "em mel" se entreguem, "carregando a colméia", à perseguição das abelhas, refugiadas nos troncos das árvores; igualmente é possível colher, nas florestas, a pêra, a nêspera, a sorva, as bagas do lódão, a noz, o abrunho e a maçã; em outras palavras, quanto à maçã, há sempre a possibilidade, desde que se trate de um habitante da floresta, de poder fabricar para bebê-la a detestável "sidra do bosque", que afinal no século XVI desbancará a sidra de granja... Se pularmos da maçã para os cachos de uva, vere-

---

*Nome que dão os franceses ("mort bois") à madeira de pouco valor, de um modo geral proveniente de arbustos. (*N. do T.*)
**Nome dado na Idade Média aos guardas-florestais que, além das funções de vigilância, tinham, entre outras obrigações, a de recolher nos troncos o mel das abelhas silvestres. (*N. do T.*)

mos que as áreas arborizadas são além de tudo fornecedoras inesgotáveis para os vinhateiros de "varas, cabos, forcados, latadas, estacas"; e os camponeses simples tiram da floresta o azevinho, a sarça e a aveleira que lhes servem para a urdidura das cercas. Também tiram ao mesmo tempo o "adubo branco" e o "adubo preto", também chamados marga e lama dos charcos. Madeira de construção para os navios, troncos para as bigornas dos ferreiros, cabos para as picaretas, eixos para as carroças, peças avulsas para os arados e para todo tipo de uso ligando, afinal, a floresta ao artesanato: a ponto de que em pleno meio do bosque funcionam oficinas de tornos, de carroças, de baús, cofres e tabuleiros de madeira, de produção de lambris e obras diversas de marcenaria, de fabricantes de tigelas e canecos de madeira. Por sua vez, "borralheiros" e carvoeiros preparam no local produtos silvestres, quer para suas reformas, quer para as forjas e vidraçarias locais nas quais pululam nobres trabalhando com as próprias mãos. Cerâmicas e olarias sob as folhagens erguem seus fornos e escavam a argila. A casca do carvalho fornece a matéria-prima para a preparação dos couros; a da tília, para os cordoeiros. Os boticários vêm aos bosques colher as plantas medicinais: os artesãos de vime vêm colher a giesta; os calafates, o musgo com o qual se calafetarão os navios. Por fim, uma estrutura completa de oficiais da floresta, "inspetores de matas, tenentes, sargentos, guardas, vigias de apriscos, de reservas de coelhos, de porcos, e observadores", floresce sob as sombras, e vela para que os trabalhadores da selva respeitem o compromisso que constitui para o senhor e para os aldeões o costume florestal da paróquia. Incidindo sobre milhares de contribuintes da região, as multas e principalmente as taxas de todo tipo, pagas em madeira, em produtos agrícolas, em dinheiro ou às vezes em serviços de corvéia prestados pelo camponês ao senhor (importantes nos dois primeiros casos, quase nulos nos outros dois), indenizam e até enriquecem o proprietário titular da floresta que, em trechos diversos, tira proveito da venda dos cortes efetuados pelos lenhadores por sua conta. Esse proprietário é sempre ou quase sempre uma personagem senhorial ou real: a floresta se torna assim um dos elementos fundamentais dos senhores da baixa Idade Média, e os ajuda substancialmente a sobreviver durante os períodos difíceis do século XV. O lucro tirado das árvores, através dessa grande baronia normanda, no finzinho do século XIV, ascende a 1.155 libras num total de receitas de 2.615 (Plaisse). Praticamente, se forem excluídas as receitas de origem não agrícola (direitos de mercado, pedágio, etc), pode-se dizer que a metade dos lucros agrícolas arrecadados por essa baronia provém da floresta: as florestas tinham portanto um papel eminente no produto senhorial bruto (que, levando-se em conta a "reserva", constituía uma porção importante do produto total da agricultura francesa do século XV). Mais abertas, sob o ponto de vista do acesso, mais utilizadas do que suas predecessoras do século X, as florestas constituirão um ativo essencial na retomada que se seguiu ao ano de 1450. Ao mesmo tempo, como produtoras de bens e como fontes para a volta dos arroteamentos.

## A OFERTA DOS PRODUTOS AGRÍCOLAS

População reduzida. Esvaziamento momentâneo das aldeias e das terras (que serão seguidos, é verdade, mais ou menos a longo prazo, de recuperações quase completas). Com que produção agrícola, com que oferta de bens alimentares pode então contar essa população ainda rarefeita, no período compreendido entre 1450 e 1500? E mais amplamente: que oferta variável pode ela esperar no século XV, levando-se em conta que esses cem anos foram afetados, também no domínio da economia agrícola, por flutuações maiores? Comecemos pelo Sul, ou ao menos pelo Sul conhecido: na Provença, em Limagne, em Forez, dispomos, como documentos *ad hoc*, das arrecadações provenientes de dízimos, os quais certamente são válidos como indicadores de *tendência;* à falta de números *absolutos*, que não temos, em relação ao volume *global* das colheitas. Os dízimos sugerem que o ponto mais baixo da produção agrícola occitana situa-se ali por 1400-1430. Confirmação dessa insuficiência de oferta: as fomes, por volta de 1420, apesar de um despovoamento bem desenhado, são penosas na França meridional.

Depois, repete-se a ascensão viva: o produto dos dízimos em grão aumenta em 87% na Provença arlesiana entre 1420-1429 e 1470-1485, o essencial dessa alta estando em 1430-1450 (Stouff). Em Limagne e Forez (Charbonnier, Fournial), a alta é ainda mais forte; e o produto dizimista em "trigos" passa, em volume, do índice 100 (em 1400-1420) ao índice 250 (em 1480-1490). Recuperação evidente. Nesse período inicial da idade moderna, retoma-se um alto teto antigo, medieval e mal conhecido, da produção bruta, anterior à Peste Negra. Um tal crescimento da produção, que volta a atingir, depois de 1450, os picos de épocas anteriores, tem, para o momento, alguma coisa de unilateral e de benéfica. As populações occitanas estão longe de progredir ou de recuperar o mesmo ritmo no período que vai de 1420 a 1470, até mesmo a 1490 (Noël Coulet). Há mesmo uma estagnação nessas terras. Os baixos níveis demográficos parecem ter sido por longo tempo a regra, a decolagem meridional do número de habitantes só se fazendo sentir, aliás muito lentamente, no decorrer do último terço do século XV. Nessas condições, dobrar, ou até mesmo mais que dobrar a oferta global de cereais (por instisfatória que possa ser para nós a mensuração pelos dízimos), corresponde, é indubitável, a uma viva valorização das terras por um momento perdidas; corresponde, principalmente, como assinala Claude de Seyssel, a um aumento *per capita* das quantidades produzidas; e (o que, pelo menos no caso, dá no mesmo) das quantidades consumidas. Daí a atenuação que assim se explica perfeitamente da escassez e das fomes, na França do Sul, de 1435 a 1504 (e a volta desses flagelos, também perfeitamente compreensível, depois de 1505, quando as "classes abastadas" de uma humanidade meridional outra vez transbordante atingirão, de novo, os tetos malthusianos da produção). Quanto a essa abundância de grãos do Sul, antes de 1504, as autoridades locais (por exemplo, nos Estados do Languedoc) estão plenamente conscientes disso: encorajam de todas as maneiras, durante o intervalo 1460-1504, a exportação e a livre circulação de cereais. Simultaneamente, as cotações dos grãos estão calmas (Georges

Frêche). As dificuldades certamente existem quanto aos cereais (Provença, 1473-1474): mas não têm um caráter tão freqüentemente trágico como no século XIV.

Apesar de algumas diferenças cronológicas, o esquema de conjunto da oferta de cereais na região parisiense não é muito diferente daquele que tinha vigorado no Sul: em Paris e cercanias também se afirma uma base mínima da baixa Idade Média, base mínima totalmente reprimida: isso fica especialmente claro por volta de 1440 (ou seja, vinte anos mais tarde em relação à Provença e a Limagne, por motivos que talvez se liguem, no Norte, à defasagem das calamidades no tempo, num sentido descendente). Depois essa base mínima é substituída pela ascensão-recuperação setentrional, igualmente clássica: há em torno de Paris quase que uma duplicação da produção de cereais de que se tomou conhecimento (segundo diversos índices) entre 1450 e 1500; essa progressão sendo tanto mais notável quando se sabe que começou lá embaixo. De imediato, a diminuição de tensão é espetacular no que diz respeito aos alimentos. Os grandes períodos de escassez e fomes, tão atrozes até 1440, desaparecem totalmente das cotações e das realidades, parisienses e normandas, depois de 1440 e até 1504. Esse fim das penúrias, extensivo a dois terços do século (e não haverá equivalente a esse período a partir de 1505 e até 1740) é sinal de um recuo do mercado, sob pressão de uma oferta generosa; oferta que se tornou capaz de abastecer corretamente as cidades e aldeias, ainda não excessivamente povoadas.

A abundância e o farto mercado de trigo permitiam de qualquer maneira aos especuladores e aos consumidores orientar respectivamente a oferta e a procura para outros setores especulativos, fugindo do grão; e especialmente para o gado. Pelo menos no Sul: a criação de carneiros florescia nas montanhas do Languedoc e da Provença, onde as pastagens atingiam por volta de 1470-1480 e até 1515 seu ponto máximo de povoamento ovino; máximo secular, talvez mesmo multissecular... O homem dos campos da Provença que abandonava assim, à falta de mão-de-obra e de mercado, a cultura marginal do trigo das montanhas, para se lançar à criação ovina, fazendo circular a transumância, entregava-se acima de tudo, para além do que há de pitoresco nos rebanhos, a um cálculo econômico muito lúcido, ainda que apenas formulado. Posto diante de variáveis para ele exógenas, de cujo comportamento ele nada podia esperar, nosso homem do campo, como mostrou Marczewski a propósito de um outro exemplo, adaptava-se; com sucesso e um mínimo de despesas. As "variáveis exógenas" que assim se ofereciam tinham como base essencial o despovoamento rural e a desvalorização dos preços do grão, bem mais reprimidos no fim da Idade Média — em comparação com os preços do gado — do que seriam na época moderna (fim do século XVI e séculos XVII e XVIII). Diante dessas duas ordens de valores ("depressão da mão-de-obra e pressão descendente nos preços de cereais"), o homem do campo da região d'oc, seja o do leste seja o do oeste do Ródano, procurava dentro de toda lógica minimizar suas perdas, substituindo pelos animais a cultura dos grãos. Claro, ele não queria nem podia praticar essa nova criação *intensivamente*, a qualquer preço, à base de alfafa e de estabulamento. Uma solução assim, em vigor desde essa época nos Países Baixos, quase não era possível para a alta Provença. É na criação extensiva, com base no serpilho-do-monte e no terreno inculto para carneiros que se achava, entre 1450 e 1500, a solução nas províncias do Sul. Através desse emprego da "extensividade" diminuía-se sem qualquer dificuldade, numa região despovoada que em si mesma se prestava a essa experiência, o custo marginal de produção. Tal empreendimento era tanto mais justificado na medida em que o mercado de grãos, por falta de demografia adequada, se tornara pouco flexível; enquanto se abriam interessantes possibilidades para a carne (graças ao aumento do consumo individual), para a lã (em razão das manufaturas de tecidos de lã languedocianas) e para o esterco (utilizado localmente). Certamente, em tais condições (e apesar do esterco!), a produtividade da terra por hectare devia necessariamente diminuir, pelo menos nas supracitadas lavouras convertidas em pastos. Mas, no ambiente de uma demografia rarefeita, a produtividade por cabeça (a única que conta... para o indivíduo) e, simultaneamente, a produtividade marginal do trabalho estavam ambas em curva crescente. Como, de resto, demonstra o alto nível dos salários reais nessa época.

Boi ou carneiro aqui, peixe mais adiante... Em Sologne, na Gâtine (província de Poitou) e na região que corresponde à atual Seine-et-Oise, a queda da pressão demográfica entre 1350 e 1500 permite operar um outro tipo de substituição: através da contenção de barragens e retenção de águas, inundam-se terras antes utilizadas para a produção de grãos. De 1375 a 1500, uma monografia regional fez um levantamento de 29 instalações de novos açudes em Sologne, 17 dos quais entre 1450 e 1500, durante o primeiro momento do Renascimento econômico (Isabelle Guérin), o que coincide com um tempo de população não muito alta. Em 1460-1465, por exemplo, um oficial da coroa de França mandou construir perto de Lassay um grande açude, com barragem de 40 metros, invadido pelos ratos d'água. Essa barragem exigiu três comportas, um *nurelin*, e retém uma superfície aquosa de 54 hectares: verdadeiramente um pequeno lago! Povoadas por milhares de peixes, as águas, nele, chegam a uma profundidade de 6 metros. Além dos juncos ou *gluies* (colmos de centeio) que dão, e que servem para a cobertura das casas, esses açudes de Sologne e de outros lugares possibilitam a cada três ou quatro anos pescas verdadeiramente milagrosas: de fato, são esvaziados de tempos em tempos, abrem-se todas as comportas, no ritmo demorado dessa alternância de culturas plurianual, sobre os roçados previamente ceifados do campo da vizinhança. Recupera-se assim, num lance só, todo tipo de "pescada" e de "pequenas carpas" que os mercados de peixe das vilas ou aldeias vizinhas compram numa verdadeira disputa de lances. A diversidade de preços dessa época tornava rentáveis os planos dos açudes, na medida em que as cotações do peixe como as da carne provavelmente estariam em alta em relação às do grão. Os açudes, nessas condições, podiam produzir até a metade da receita de um grande domínio (52% das colheitas na castelania de Romorantin, em 1462). De tempos em tempos, as superfícies dos açudes provisoriamente esvaziados serviam de pasto para os animais, ou então lá se semeava aveia, com grande rendimento. No lodo, trabalhava-se à base do arrastão. O lucro dessas diversas especulações, aquáticas ou não, era suficientemente alto para fazer com que os senhores desistissem de entregar seu pesqueiro a arrendatários e para levá-los, ao contrário, a se empenhar na exploração direta dos açudes em suas reservas.

De modo que também a água doce constituía, num tal ambiente, uma das formas interessantes de investimento de capital, numa época em que não as havia muito diversificadas. É impressionante constatar que em Sologne, em 33 transações[14] referentes aos açudes, de 1375 a 1500, apenas duas incluem lavradores (entre os quais um "lavrador-moleiro"). Quase todas as outras incluem apenas comerciantes, nobres, padres que são, uns e outros, geralmente gente da cidade, quase sempre gente de penacho alto. Será, aliás, fácil realizar a contraprova. No século XVI, quando o preço relativo dos hidrocarbonetos (trigo) alcançará o das proteínas (carne e peixe), muitos açudes, por exemplo no atual departamento de Seine-et-Oise,* serão secos, a fim de que se possa produzir grão no local, sem que houvesse qualquer preparação, a partir daí, do alqueive aquático (Omer Tulippe). Hoje, os especuladores imobiliários, movidos pela regra de ouro do aproveitamento, substituirão nas cidades superpovoadas tal piscina, legado de uma época mais amena, por um imóvel de dez andares "grand standing". O resultado é diferente, mas o cálculo de base é muito semelhante àquele feito pelos proprietários do século XVI quando semearam trigo num antigo reservatório d'água; sendo o próprio açude, em si mesmo, legado de um século anterior no qual os homens menos numerosos, enriquecidos à custa da infelicidade dos tempos, aproveitavam a flexibilidade momentânea da oferta e da procura de peixe, e comiam mais solhas.** Maravilhosas solhas de outrora, cujo corpo, ao contrário do que acon-

---

*É o departamento em que estão encravados Paris e sua região metropolitana, esclarecimento que poderá ser útil para bem compreender a consideração que virá logo na frase seguinte. (N. do T.)
**Peixe de água doce extremamente voraz, devorador de peixinhos, hoje muito comum na pesca esportiva e na pesca de lazer, mas secularmente apreciado à mesa. (N. do T.)

tece com os peixes de hoje, poluídos pelos dejetos industriais, não continha nem cádmio, nem mercúrio.

No total, é preciso admitir que existe, em todo o período de 1450-1500, um crescimento do produto agrícola animal e vegetal disponível por cabeça de habitante do campo, ou, simplesmente, por cabeça de habitante.

Occitânia e Bacia Parisiense propõem assim os lineamentos para um modelo francês (que será conveniente desenvolver, por meio de averiguações posteriores). Parte-se de uma situação altamente desesperadora quanto aos cereais no início ou no meado do século XV para chegar, cerca de 1480, a uma posição de oferta abundante, até mesmo pletórica.

Mais ao norte, entretanto, um "modelo belga" se desenha. Modelo que avança, num processo natural, sobre a área que corresponde aos territórios atuais da França ultra-setentrional. Esse modelo, de interesse relativo no espaço que este livro tem em vista, caracteriza-se vantajosamente, se comparado ao seu homólogo francês, por seu bom desempenho progressivo, melhor ainda, seu desempenho na produção de cereais no século XV. Na região de Antuérpia, por exemplo, pólo de crescimento situado bem distante dos focos das "guerras de Cem Anos" e relativamente poupado pela grande depressão da baixa Idade Média, o produto das terras semeadas, em volume, de 1430 a 1475, é igual em média, e sem quebras maiores, aos 85% daquilo que será durante o período mais florescente do "belo século XVI" (1500-1570).[15]

Em Cambrésis, região "destinada" mais tarde à anexação, e que Michel Morineau e Hugues Neveux estudaram com mão de mestre, os dízimos são um reflexo fiel, em miniatura, dos produtos do campo. Provam que nessa região, do ponto de vista da oferta, o fim da Idade Média é de nível ainda mais alto do que nos campos de Antuérpia. O século XV cambresiano, no ponto mais baixo das curvas decimais (1460), está certamente em ligeira descendência (menos 15%) em relação ao ponto mais elevado (1380) do segmento terminal, o único de que temos conhecimento, do século XIV.[16] Mas o século XV acima mencionado, em compensação, só difere infimamente (3% a mais ou a menos, dependendo dos anos) dos bons níveis atingidos mais tarde, no século XVI. Praticamente, os tetos do produto decimal do século XV em Cambrésis (tetos entretanto ligeiramente mais baixos em relação ao fim do século XIV) só serão afinal ultrapassados, assim mesmo pouquíssimo ultrapassados, bem mais tarde, entre 1745 e 1790.

A "crise" da baixa Idade Média nas regiões de solo úmido do extremo norte da França permanecia relativamente perceptível quanto ao povoamento (ver *supra*). Constata-se, em compensação, que absolutamente não há crise no que se refere à oferta de produção agrícola. Em pleno período de relativa rarefação demográfica, a feliz região de Cambrésis conhece a abundância de cereais e o tempo dos enormes biscoitos cohecidos como *galettes*. Os preços, com toda a certeza, que desabam diante de tamanha oferta, não são remuneradores, sobretudo quando os cálculos são feitos em gramas de prata (Génicot); mas o produto-grão por cabeça é muito elevado. E, quando se diz por cabeça, a referência não é apenas por cabeça de habitante. Por cabeça de cavalo também. Batendo todos os *records* multisseculares — desta vez, o século XVIII também está incluído — os níveis muito elevados da produção de aveia em Cambrésis confirmam que, com a ausência da pressão demográfica paralisante, os trabalhadores puderam operar as condições necessárias e dar ao conjunto da população eqüina todo o grão necessário; conseguem tirar assim, do motor animal, durante quase um século, o máximo de eficiência.

Esses desenvolvimentos, de resto, revelam-se inseparáveis da "revolução agrícola" que, no essencial, esboça-se, nos séculos XIV e XV, ao norte da fronteira francesa contemporânea, em Flandres e nos Países Baixos; ainda assim, e apesar dessas limitações geográficas, com algumas "saliências" felizes que se referem também a nossos solos setentrionais, situados dentro dos limites atuais da França. Convém, resumidamente, evocar essa revolução. É verdade que só marginalmente ela diz respeito ao espaço de tempo de que trata este livro. E principalmente ela desenha o futuro, ainda longínquo, que espera os descendentes de nossos camponeses. Porque ela transbordará, tarde, das fronteiras flamengas; no sentido da Inglaterra a partir do século XVII; no sentido da França a partir do século XVIII, e sobretudo no século XIX. Sentido inverso ao dos ponteiros de um relógio...

O processo de inovação da região de Flandres absolutamente não se limita (diferença importante em relação às célebres transformações da tecnologia da alta Idade Média) a uma epopéia dos trabalhadores miúdos de todo tipo. Arado, moinho, correia para atrelar animais... o que foi feito não está mais por fazer. As únicas inovações de importância do mundo flamengo do fim da Idade Média, desse ponto de vista "mecânico", são a adoção, certamente fundamental, da foice de longo cabo para cortar as espigas no pé, substituindo a pequena foice; e, menos importante, a invenção de um arado ligeiro com uma rabiça, bem adaptado às necessidades dos pequenos lavradores de Brabante ou da Holanda. Pouca coisa no total — o gênio flamengo, nos séculos XIV e XV se manifesta numa direção bem diferente. À moda chinesa (mas ignorando totalmente, é claro, essa analogia), ei-lo que põe em andamento uma verdadeira "revolução verde". Revolução nascida, neste caso, de um povo de trabalhadores, de horticultores, talvez de geneticistas empiristas... Desprezando eruditos tratados de agronomia, dos quais ignoram até mesmo a primeira palavra, esses homens desenvolvem, por um método totalmente experimental, os usos e a produção de diversas plantas já conhecidas; e principalmente (num domínio no qual, em compensação, tendem a se afastar do precedente chinês do século XI)[17] se lançam de corpo inteiro na produção de forragens artificiais e também na cultura do capim (*ley-farming*) para os diversos tipos de gado.

O conjunto dessa empresa implica, em primeiro lugar, um corte drástico nos alqueives de Flandres. Tornando-se pouco a pouco quadrienais, qüinqüenais, sexenais, finalmente nulas, essas terras de descanso se encolhem grandemente desde o século XIV e sobretudo no século XV. Em muitos casos, estarão totalmente desaparecidas no fim do século XVI. No lugar delas, empurrando para trás as magras e provisórias pastagens para os ovinos (havia apenas um ou meio carneiro por hectare de alqueive e por ano), instalam-se, mais produtivas, leguminosas (ervilhas, vagens e, a partir do século XVI, principalmente trevo): estas dão alimento para os homens e para o gado e, sob forma assimilável, azoto para as raízes e as plantas. O alqueive cede, um pouco por toda parte, terreno à giesta cultivada (um tipo de junco chamado aliaga), ao trigo mourisco, às plantas rasteiras (rabanete); dupla utilidade, estas engordam o gado e limpam a terra (depois de capinada).

Não esqueçamos que essas transformações se operam numa Flandres que, apesar de seu povoamento maior do que em outras terras, também está em fase de pressão demográfica muito baixa, ao menos até 1490, pouco mais ou menos. Então — de certa forma como na Inglaterra do começo do século XVIII — a Flandres da baixa Idade Média poderá diversificar a demanda: em função de uma renda por cabeça alta e crescente; e sem que uma onda incessante de crianças suplementares venha perturbar a festa com uma barulheira, reclamando com vistas ao futuro: "Trigo, sempre mais trigo!" Em Flandres, mais ainda que em outros lugares durante esse *Quattrocento* carnívoro, é possível permitir-se um aumento do consumo de carne, lã, adubo, couro, sebo; e, para isso, desenvolver a criação. Daí o segundo caminho proposto nos Países Baixos para a revolução agrícola do Renascimento (um caminho que quebra, ele próprio, o círculo vicioso do "totalitarismo" dos grãos): dar impulso à pastagem temporária. O agricultor escolhe, para isso, um campo que por alguns anos esteve voltado para a rotatividade dos cereais e outras culturas; esse campo, quem o explora o "prepara com capim" (nos séculos XVI e XVII chegará a "prepará-lo com trevo"!). Durante algumas temporadas (de três a seis anos) as vacas se alimentam nesse novo pasto. Depois, no fim desse tempo, "roça-se" o capim, assim estrumado e fertilizado abundantemente, a fim de entregar esse campo aos trabalhos de lavoura. E assim sucessivamente. Porém o mesmo trabalho de criação pode levar não mais a essa relativa "extensificação", mas, ao contrário, a uma intensificação da valorização: trata-se então da cultura dissimulada, ou dos rabanetes. Desconfortavelmente colhidos na rotação normal, os rabanetes são semeados e colhidos a toda velocidade, imediatamente após a colheita de centeio ou de linho, e antes dos trabalhos que prepararão a terra para a alternância de cultura dos meses de março.

Além dos rabanetes e de diversos tipos de ervas, a diversificação da procura põe também em primeiro plano os vegetais industriais, ou simplesmente os vegetais fora da classificação de cereal: linho, cânhamo, garança, colza, mostarda; lúpulo, por fim, para melhorar a cerveja. Na Holanda e em Flandres, a ascensão dos preços do lúpulo, desde que se manifesta pela primeira vez no século XIV, segue de perto o desenvolvimento rápido das produções de cevada para cervejaria (enquanto que, ao contrário, no sul da França a partir de então entregue ao trigo e ao centeio, a produção de cevada para *pão* fracassa na mesma época por causa da melhoria do nível de vida). Em Flandres, entretanto, todos esses procedimentos são inseparáveis de um movimento evidente que começa, de especialização das regiões. De fato, a chegada dos grãos do Báltico se faz sentir no Mar do Norte desde o século XV; quebrando a tirania local da cultura dos grãos, permite a uma região voltar-se mais para a criação leiteira, a outra que antes se especialize na cerveja (daí a *borra da cevada* ser utilizada, incidentalmente, como torta para a criação).

Todos esses progressos, na Holanda e na região de Flandres atualmente belga ou francesa, parecem se desenrolar quase em limites fechados; apesar de tudo, com algumas "aberturas" para o mundo exterior, e especialmente para o Cotentin* e a Bretanha! De modo que a adoção do trigo mourisco, constatada pela primeira vez mais ou menos em 1460 em volta da baía do Monte Saint-Michel, terá sido muito provavelmente não um mérito dos siberianos (?), como algumas vezes se acreditou, mas claramente dos flamengos, que o levaram normalmente por via marítima aos normandos e aos bretões (o trigo mourisco, com efeito, era conhecido na Bélgica desde a alta Idade Média, como demonstraram os estudos dos polens; era amplamente cultivado por volta de 1420). A agricultura bretã, com seus altos rendimentos e sua

---

*Pequena península da Normandia, na região do Canal da Mancha, na qual está situado o porto de Cherbourg. (*N. do T.*)

insistência nas pastagens, no cânhamo, nos legumes e hortaliças e nas vacas oferece, de resto, desde o início da época moderna, semelhanças impressionantes com a de Flandres; semelhanças que puderam facilitar os transplantes de determinadas culturas. A Bretanha é um pouco como Flandres, menos a planície e o sucesso. Mas, apesar desses casos de exportação cultural muito localizados, os métodos flamengos, no conjunto, não se propagarão facilmente na Inglaterra e depois na França a não ser no século XVII, e sobretudo (na França) nos séculos XVIII e XIX.

De um ponto de vista mais geral, Flandres, e também a Valônia e Artois, justificam, assim como algumas partes da Itália do Norte, a insistência de seus historiadores, como Heers e Fossier, nos aspectos criadores da "grande depressão" dos séculos XIV e XV (remodelação das estruturas agrárias, diversificação das atividades no campo...). Mas essas observações de Heers e Fossier, por mais judiciosas que sejam, devem ser vistas apenas *cum grano salis:* * a menos, com efeito (o que não entra na cabeça de ninguém!), que se faça a apologia do genocídio, a menos, por outro lado, que se generalize para todo o Ocidente o que só vale para algumas regiões privilegiadas, não poderiam ficar esquecidas em benefício de qualquer aspecto positivo, quanto à França toda, as características, que a uma primeira análise são catastróficas, da evolução rural da baixa Idade Média. Essas características estão longe de esgotar o problema. É através delas, entretanto, que se deve fazer a abordagem inicial.

---

*Expressão latina que já foi muito citada (os médicos costumavam empregá-la acompanhando determinados componentes cujo uso exigia parcimônia, nas receitas a serem aviadas), mas como hoje as expressões latinas cada vez mais mergulham num passado distante e não se estuda mais nem mesmo o bê-á-bá do latim em curso algum, talvez não seja demais esclarecê-la aqui: "com uma pitada de sal", "com um certo cuidado". Foi usada por Plínio, o Velho, em sua *História Natural*. (N. do T.)

## AS DIVISÕES EM PARCELAS

Até aqui, nossa análise se limitou, em grandes linhas, a confrontar produto global e povoamento camponês. Disso resulta uma impressão de relativa abundância, por volta de 1480, quando começam a ser sentidos os resultados de um longo período de paz. Sobre os solos ainda disponíveis, os homens, não muito numerosos, beneficiavam-se de uma produção (por cabeça) importante e diversificada. Mas essa produção, como se sabe, não é repartida em bloco, nem importa saber como era repartida. A distribuição (até mesmo no nível mais rústico, dizendo respeito à agricultura de subsistência) é regulada, entre os homens da terra, sobre duas bases. Uma é horizontal e constitui um fundo: trata-se da rede de possessões, concessões perpétuas, pequenos terrenos ou autênticas propriedades que recortam a superfície das terras. A outra base é vertical e hierárquica: surge a exploração dos frutos da terra por grandes tipos de rendimento: retiradas senhorial, dizimista ou fiscal; arrendamento ou aluguel; rendimento por empreendimento; salário ou coisa que o valha. (Não é preciso dizer que muitas fusões podem se dar ao longo desta base: fusão da retirada com o rendimento por empreendimento no caso do nobre que vive da terra; ou fusão do salário e do rendimento por empreendimento no caso da terra de exploração familial camponesa, quando se tratar de empreendimento pequeno ou mesmo médio.)

É preciso lembrar, de saída, algumas considerações, prejudiciais, no que diz respeito à base horizontal de solos de proprietários. Isso se expressa, na verdade, essencialmente, nos lineamentos de uma estrutura agrária: os limites de parcelas e de concessões são demarcados, no Oeste e no Centro, por cercas vivas de espinheiros ou moirões; no Norte e no Nordeste pela abstração geométrica dos *openfields** em "tábuas de assoalho". Em outros lugares ainda, como no Sul, pelos campos estreitos e miúdos da Aquitânia; e pelas "teclas de piano", que subdividem, especialmente no baixo Ródano e perto de Béziers, as antigas divisões em centúrias legadas pelos romanos.

---

*"Campos abertos", isto é, desprovidos de cercas. Em inglês no original. (*N. do T.*)

A história dessa paisagem rural, no século XV, foi soberbamente esboçada por alguns pintores. Nos Alpes do Norte, Konrad Witz, em pleno período do despovoamento da diocese de Genebra, durante o segundo quartel do século XV, pintou (em sua *Pesca milagrosa*) um dos mais espetaculares conjuntos de *enclosures**como nunca se representou. Apertada entre o Lago de Genebra e o Monte Branco, que fecham o horizonte, uma variedade de cercas se descortina diante de nossos olhos, no quadro de Witz, um parcelamento de campos e prados irregulares. Pastagens para carneiros, para bovinos, para cavalos e árvores frutíferas. Campos rodeados por cercas e ainda subdivididos em setores de lavouras por "tábuas de assoalho". Fazendinhas isoladas administradas provavelmente por burgueses ou habitantes de Genebra — essas fazendinhas se individualizam na interseção das cercas. Em pontos mais altos, nos íngremes penhascos que constituem o início da verdadeira montanha, cercas se alongam marcando o lado direito do quadro. Para a esquerda, outra área com cercas abundantes e anárquicas fecha seculares microarroteamentos. A montanhazinha em que se situa essa área está hoje reflorestada. Dominando o primeiro plano, afinal, os pescadores recolhem sua rede, sob o olhar de Jesus; simbolizam maravilhosamente a "aliança" alimentar do peixe de água doce com a carne de gado vinda do pasto; essa aliança é possível ao menos para os consumidores abastados de Genebra, dadas as condições tão particulares do século XV. Ao ver esse quadro revelador de *enclosures* triunfais, parece que o cercado norte-alpino, do qual subsistem hoje algumas relíquias imperfeitas, tenha dominado muito mais o período do fim da Idade Média do que as épocas recentes. Isso se deve muito à importância momentânea que a criação tinha adquirido; a criação exige uma considerável posição de defesa, em relação ao exterior; e de defesa contra os animais no sentido do interior das parcelas.

---

*A palavra inglesa *enclosure*, que corresponde a "cerca", "cerco", "cercado" é usada normalmente por historiadores para designar as terras fechadas por cercas (não raro formadas por edificações), resultantes da divisão agrária em terras menores. Justifica-se o uso do termo inglês porque na Inglaterra a divisão foi precoce (baixa Idade Média) e muito ampla. (*N. do T.*)

Mais ao norte, o trecho de bosques cercados reunindo em largas malhas o maciço de Morvan e a antiga província francesa de Nivernais, ao qual John Locke se refere, em 1675, e que lá permanece até nossa época, também atrai, no tempo de Luís XI, a visão de um grande pintor: o Mestre de Moinhos, por volta de 1480, em seu *Natal do cardeal Rolin*, mostra, para além de uma pastagem com casebres (além, também, de uma terra inculta senhorial ou comunal para carneiros, não cercada), uma paisagem mais distante, muito semelhante à que ainda hoje se pode observar em Morvan. Em volta de uma aldeia dominada por um campanário monumental, evidentes cercas, em segundo plano, formam cinturões em torno das enormes parcelas de terra: a maior parte dessas terras é visivelmente constituída por campos (formados como defesa contra o gado de fora); outros talvez sejam pastagens (nos quais os animais, ao contrário, estão fechado por dentro).

Nos grandes *bocages* do Oeste, afinal (Normandia, Bretanha...), à falta de iconografia, falam os textos. Não tanto os do século XV, que apenas marcam como um fato constatado por volta de 1440 a existência normanda de fossos tipicamente silvestres, limitados por cercas de árvores vivas. Mas leiam-se, por exemplo, correspondendo ao período 1550-1570, os dois volumes (publicados) do jornal diário de Gouberville, relativo ao Cotentin: não são mais do que cercas muito antigas, nas quais tudo o que é preciso incessantemente não é plantar (havia muito tempo que se fazia assim), mas conservar, calçar com troncos vivos; numa palavra, "fechar as brechas". Esse *bocage*, em 1550, é secular, não haja dúvida. É certíssimo que sua manutenção era renovada regularmente por iniciativa de algum arrendatário, como mostrou Louis Merle a propósito da Gâtine.* Mas sua continuidade em relação às cercas medievais (*cil del bocage e cil del plaine*,** século XV), e até

---

*Com inicial minúscula, Gâtine é uma designação geológica caracterizando determinado tipo de terreno (em geral pantanoso e estéril). Com maiúscula, compõe o topônimo de regiões específicas nas quais predomina esse tipo de terreno, particularmente a Gâtine Poitevine (ou de Parthenay), quer dizer, da província de Poitou, e a Gâtine Tourangelle, isto é, da Touraine. (*N. do T.*)

**Em francês medieval, designando tipos de cercas das pastagens silvestres (*bocages*) e das campinas. (*N. do T.*)

da alta Idade Média (*bocage* bretão do cartulário de Redon, século IX), permanece inegável.

No século XV está bem caracterizada a França das cercas vivas, armoricana, herciniana, alpina. E a ênfase conjuntural, espalhada um pouco por toda a parte em relação à criação, tende até a reforçar, nesse sentido, aqui e ali, as estruturas preexistentes e do tipo cercado (*bocage*). Também está caracterizada a região dos *openfields*, cobrindo a Bacia de Paris, desde a região de Chartres até as fronteiras atuais do Nordeste da França. Certamente, a própria planura dos campos abertos fez com que essa região fosse longamente desprezada pelos grandes artistas da pintura: o primeiro *openfield* pintado, de que eu tenha conhecimento, é o de Louis Le Nain, cerca de 1630 (região do Leste: *Paisagem com camponeses*, National Gallery of Art, Washington). Essa obra, cujos dados correspondem bem aos textos contidos nos arquivos agrários, com toda a certeza não indica a existência de cercas vivas; mas tampouco indica a divisão autoritária das lavouras em três grandes alternâncias de culturas; um pastor, à esquerda do quadro, guarda carneiros, sobre terras de alqueives. Na região parisiense, por outro lado (cantão de Pontoise), o cadastro de Cergy, precocemente preparado, por volta de 1528, dá testemunho das estruturas agrárias do fim do século XV: tal cadastro cita as "tábuas de assoalho" dos campos abertos, que esbarram algumas vezes, como rara exceção, na sebe isolada de um amplo cercado (Guy Fourquin, *Les Campagnes de la région parisienne...*).

França dos bosques fechados (*bocages*) e França dos *openfields* se opõem portanto desde a primeira hora do Renascimento, ao longo das fronteiras que variaram um pouco, especialmente nos Alpes, mas que, no conjunto, não são muito diferentes daquilo que vieram a ser na idade clássica (os avanços das *enclosures*, inegáveis em certas regiões francesas do século XV, neste caso são menos marcantes do que na mesma época na Inglaterra das *lost villages*). Afinal de contas, o que dá às possessões territoriais, aí por volta de 1450-1500, seus aspectos originais, não é tanto o fechamento ou não das parcelas, que continua decididamente de acordo com os costumes; mas certamente a superfície das ditas possessões, em contraste muito claro, neste caso, com outras épocas.

No Languedoc, no quadro de uma pesquisa anterior, é que esse fenômeno foi detectado primeiro: os registros de propriedades (cadastros) e os documentos fiscais exigidos permitiram-nos, efetivamente, a classificação das propriedades[18] (*alódios*, ou então concessões perpétuas) ao longo de histogramas,* e de comparar os histogramas de um período e do outro. Essas comparações proporcionam o aparecimento das alterações na distribuição dos solos de lavoura através dos séculos. Essa distribuição, na verdade, não é a mesma no vazio da depressão demográfica do século XV, que tem as costas quentes, e na "cheia" do início do século XIV... ou da época moderna (1550-1790). No despovoado século XV, os proprietários médios, donos de uma dezena de hectares, e amplamente capazes de suprir a própria alimentação, sua e de sua família, e até de produzir um pequeno excedente, desempenham um papel importantíssimo: chegam a constituir, nas aldeias conhecidas, a metade dos cadastrados. Assim se revela, no início do Renascimento, a força momentânea de uma *yeomanry*** languedociana, solidamente plantada sobre suas possessões reagrupadas; fazendo da infelicidade felicidade, essa burguesia tira seu bem-estar, e seu acervo de bens, do genocídio perpetrado contra seus antecessores pelos bacilos, pela crise, os bandidos e os ingleses. Esses senhores do campo renascentes bem providos de lavouras mostram um vivo contraste em relação aos dos anos 1300, que impulsionavam o "retalhamento" de terras até o absurdo e superpovoavam as lavouras transformadas em migalhas. Contrastam também com as massas humanas que se amontoarão de novo sobre essas mesmas terras na época clássica. As amplas conces-

---

*Termo de estatística designando um gráfico constituído por uma série de retângulos de mesma base situados uns ao lado dos outros e cuja altura é proporcional à quantidade a ser representada. Quer dizer, mostra uma série de freqüências. Sinônimos: diagrama ou gráfico de freqüência. (*N. do T.*)

**Pequena burguesia rural inglesa do fim do século XVIII que acabou por se organizar num corpo de cavalaria uniformizado. (*N. do T.*)

sões de uma dezena de hectares dos *yeomen* ou *administradores* do século XV desaparecerão parcialmente depois de 1550, uma fração delas tendo se volatilizado em conseqüência de um fatiamento de sucessões nas quais se praticaram os meios mais arbitrários, e uma outra fração tendo sido engolida pelos grandes domínios dos nobres e burgueses urbanos, concentradores de terras.

Assim, conheceu-se na segunda metade do século XV languedociano o triunfo momentâneo de uma propriedade média... e rural. Evolução favorável: permite repartir, sem muita injustiça, para um povoamento escasso os frutos de um produto bruto importante.

Na Normandia, num contexto tantas vezes diferente, a longa movimentação da propriedade não é tão dessemelhante de seu homólogo do baixo Languedoc. Para uma ampla amostragem de seis aldeias, que dependem da baronia do cantão de Neubourg (A. Plaisse), há três cortes cronológicos quanto à distribuição das terras rurais: o primeiro é de 1397-1398; o segundo, de 1496-1497; o terceiro é de muito mais tarde, 1775.

No ponto de partida, em 1397, a Normandia ainda está "de pé" (Guy Bois). A população rural, algumas vezes atingida por diversas catástrofes guerreiras ou pestíferas, conserva entretanto a maior parte de suas forças. Essa relativa plenitude demográfica se traduz por um grande aumento na divisão de terras. Em 1397-1398, contavam-se nas seis aldeias normandas em questão 465 "dependências" (grupos de parcelas pertencentes a um fazendeiro), a grande maioria das quais (em números exatos, 349) não passava dos 3 hectares (ou seja, menos de 4 acres, nas medidas da época). Ora, em 1496-1497, apesar de meio século de paz, a população mal se recuperara, quanto aos efetivos, da violenta amputação que sofreu entre 1415 e 1445: o número total das dependências caiu então de 465 (número de 1397) para 409. As cartas de propriedade foram redistribuídas em favor dos fazendeiros grandes e médios. Sobre o "histograma" das propriedades e posses, todas as categorias de dependências cuja área individual é inferior a 4 acres (de 0 a 1 acre, de 1 a 2, de 2 a 3, de 3 a 4 acres) decresceram em efetivo populacional e portanto em superfície apropriada total: restam apenas, entre essas áreas de "menos de 4 acres", 275 dependências (em vez de 349); ocupam 248,74 hectares no total, em vez de 321,84 hectares para os "poucos" 349 do ano de 1397. Inversamente, as áreas de "mais de 4 acres" (mais de 3 hectares), que não passavam de 116 em 1397-1398, são 134 em 1496-1497; sua "fatia do bolo" passa de 955,9 hectares em 1397, para 1.004,88 hectares em 1497. Notar-se-á que as próprias dimensões do "bolo" variaram muito pouco de um fim de século a outro: as seis terras de lavoura estudadas nas respectivas aldeias cobriam no total 1.277,74 hectares que correspondiam às possessões parcelares em 1397; e 1.253,62 hectares em 1497. Ou seja, houve uma perda desprezível (cicatriz provocada pela ação das guerras inglesas meio século antes) de 24 hectares mais ou menos. O que mudou não foi a área total do bolo, mas a maneira de cortar ou de distribuir migalhas, as "fatias de torta". A regressão demográfica deu uma parada secular no processo de fragmentação de terras; mudou essa fragmentação, mesmo que com moderação, no seu contrário; encorajou na região de Neubourg a formação de "blocos de concessão", essencialmente no nível e em proveito das propriedades médias (de 4 a 20 acres, em outras palavras, de 3 a 15 hectares): são as únicas, afinal, que verdadeiramente crescem, durante esse século XV.

De modo oposto, a expansão demográfica da idade moderna trará um golpe fatal a essa recomposição momentânea dos maiores domínios rurais da baixa Idade Média. Em 1775, enquanto os grandes domínios continuarão a ocupar respeitáveis superfícies, as pequenas e médias terras de lavoura, por sua própria multiplicação, não serão desfiadas em *minifúndios*: 62% das concessões de Neubourg terão menos de um acre; contra apenas 31,2% em 1497, no tempo de uma população menos fervilhante nos campos (Plaisse).

Claro, o processo de concentração que está em curso no século XV vai às vezes muito além dessa simples cristalização em concessões médias... Às vezes, como conseqüência do despovoamento ou da pressão de um senhor mais ávido, um território de lavoura todo, ou consideráveis frações de um território, cai nas mãos de um importante acumulador de terras, destruidor de antigas concessões: na Gâtine Poitevine, grandes meeiros de pastagens silvestres recuperam por volta de 1460-1480 as *"gaigneries"** dos pequenos exploradores de terras (Louis Merle). Na Provença, um terreno semeado nas propriedades lá denominadas *bastides* (fazendas isoladas, freqüentemente grandes) faz com que se obliterem as supracitadas "aldeias desaparecidas", das quais o parcelamento foi varrido; perto de Aix, por exemplo, Louis Valence, comerciante da cidade, rico herdeiro de uma família fabricante de panos, funda em 1443 uma grande exploração de terras, drena os solos, nas proximidades da área abandonada da paróquia de Saint-Antonin.**

A evolução assim constatada, no sentido da média ou até da grande ou grandíssima molécula territorial, parece ter se generalizado em escala considerável no território da França. Pelo menos no que diz respeito à *propriedade*. Quanto à *exploração*, que, segundo a boa lógica, terá se conformado a esse processo de *remembrement* [reagrupamento] das terras divididas em pequenas parcelas, as coisas não devem ter se passado com tão grande simplicidade. Em primeiro lugar, é certo que nos piores momentos da crise do século, quando era difícil achar grandes fazendeiros em condições de arcar com despesas, numerosos domínios extensos, conservando totalmente sua unidade "no papel" (de todo modo, permanecendo como propriedades unificadas), foram momentaneamente divididos em terras de exploração mais exíguas, até mesmo em parcelas, que os pequenos lavradores, donos de um cavalo ou de uma "meia junta de bois", tinham logo prazer em arrendar. O caso surgiu, de modo muito claro, na região de Béziers ali pelo ano de 1400. Passada a tempestade, os que dominavam a terra

---

*Campos abertos em contraste com as pastagens ou bosques cercados (*bocages*) típicos da região do Oeste da França. Também se encontra a grafia *gagneries*. (*N. do T.*)

**Santo Antonino, no calendário católico de língua portuguesa. Bispo e confessor da ordem dominicana, Antonino nasceu em Florença e foi arcebispo dessa cidade, nomeado por Eugênio VI. Morreu em 1459. Portanto, era vivo e, assim, não poderia ser santo, ainda, em 1443, quando Louis Valence começa a explorar as terras daquela área "abandonada". Provavelmente deve ter sido abandonada depois de ter tido Antonino como pároco. Mais tarde, em homenagem à canonização de Antonino é que deve ter se tornado conhecida como paróquia "de Saint-Antonin". Talvez não seja a correta, mas é uma explicação possível, diante das datas da fundação do empreendimento de Louis Valence e da morte do santo. (*N. do T.*)

(neste caso, os cônegos de Béziers) não terão outro trabalho a não ser voltar, no quadro que permaneceu cuidadosamente intacto da grande propriedade, ao sistema de arrendamento único sob o comando de um grande fazendeiro, capitão de cultura e única voz ativa da região. O triste tempo dos feitores de lavoura e da divisão da fazenda em pequenos sítios não será mais, para os ricaços do campo, do que uma incômoda lembrança.

Em certas regiões, entretanto, a divisão em pequenas áreas de exploração atingiu, no fim da Idade Média, um ponto de não retorno. Em *Flandres*, especialmente, nas fronteiras atuais da França nortista e da Bélgica, observa-se, no século XV, mesmo nos períodos de regressão ou estagnação demográfica, que as terras de exploração vão se transformando em retalhos de modo lento e contínuo (mas não as propriedades e posses perpétuas: o número de concessões pagas em pensões anuais ao senhorio, ao contrário, diminui no século XV, em Flandres como na França).

Em outros termos, o *remembrement* das propriedades flamengas parece encontrar uma compensação na pulverização das valorizações. Como prova, durante o século XIV, na região de Gand, achavam-se ainda numerosas terras de exploração de mais de 10 hectares. Depois de 1400, ao contrário, a "fazenda" média dada em arrendamento cai, nos histogramas, a tamanhos cada vez menores, de 0 a 1, 2, 3 ou 4 hectares. Um tal parcelamento das pequenas fazendas prosseguirá no século XVI: no conjunto, de 1400 a 1600, esse parcelamento coincide com o desabrochar da "revolução verde", assunto de que se tratou anteriormente.

Não parece, nessas condições, que essa volatilização das tomadas de arrendamento signifique um empobrecimento dos homens do campo. A revolução verde, na verdade, não é compatível com produções que estagnaram. Distribuem-se rendimentos crescentes e rendas em alta por hectare, com a revolução verde. Com isso, a diminuição da superfície média entregue ao arrendamento corresponde, como mostrou Herman Van der Wee, a uma espécie de otimização do trabalho do fazendeiro, à base de uma horticultura intensiva à flamenga, até mesmo à chinesa. Os economistas atuais sublinham com razão as vantagens que apresenta, num certo tipo de meio ambiente histórico, a pequena empresa de agricultura: menos deslocamentos do fazendeiro, portanto maior eficiência graças ao olho do dono, e diminuição dos desperdícios de tempo (sobretudo nas regiões de moradias dispersas, nas quais as terras estão próximas da sede da fazenda); minimização dos riscos de epizootia, graças à redução de efetivos do gado dos parcelamentos, o que permite cuidar com atenção maior de cada cabeça... Parece certo que fenômenos dessa ordem tenham ocorrido em Flandres no século XV: a porção de hectares ou mesmo a fração de hectare do fazendeiro flamengo, com sua cultura intensiva e limpa, suas vacas, suas vias de ligação com a cidade, representa localmente a célula ideal: e também no sentido da atualização e da difusão da revolução agrícola. Flandres, matriz dessa transformação capital, como a Inglaterra será mais tarde da revolução industrial, beneficiou-se, em resumo, da conjunção de diversos fatores, raramente reunidos em outros lugares: grandes mercados urbanos, favorecimento em relação à indústria e ao comércio marítimo, depressão demográfica moderada; fatiamento ideal da terra explorada (que contrasta com o *remembrement* dos proprietários, vigorando principalmente mais ao sul). A plêiade dos trinta agrônomos europeus do século XVI — nenhum deles flamengo! — falará de modo incontido sobre a revolução agrícola, considerada desejável; os pequenos exploradores de terras competitivos e competentes de Flandres, não lhes tendo lido os livros, *realizam* essa revolução entre 1400 e 1600.


## RENDA TERRITORIAL E RENDIMENTOS SENHORIAIS

Esse primeiro apanhado (sobretudo regional) dos problemas de exploração do solo conduz naturalmente ao assunto da divisão hierárquica e "vertical" do rendimento da terra: renda territorial, rendimento de quem a explora, salários e penhores. Cada uma dessas categorias econômicas interessa por excelência, ainda que não exclusivamente, a determinado grupo social: nobreza e privilegiados, entre os quais se recrutam, para o essencial, os proprietários territoriais; arrendatários e meeiros; assalariados integrais ou parciais.

Inicialmente, a renda territorial: nos anos 1400, e até bem depois, ela fica estagnada em níveis muito reprimidos. Constata-se de saída que se deve tentar interpretá-la em sua expressão mais simples: medindo a quantidade de grãos, ou a porcentagem da colheita, que um arrendatário entrega ao proprietário por um hectare de lavoura, arrendada por determinada quantia durante um curto espaço de tempo (três, seis ou nove anos, por exemplo). Na aldeia de Vierzay (Soissonnais),[19] uma fazenda de lavoura, de cinqüenta hectares, estava alugada, em 1448, à razão de meio hectolitro de grão[20] por hectare, o que, dadas as boas produções da região, equivalia a cerca de um trigésimo da colheita bruta. Esse valor passa a quase 2 hectolitros por hectare em 1511 (a sétima ou oitava parte da colheita); a 2,5 hectolitros por hectare em 1569; a 3 hectolitros por hectare em 1646 (um quinto da colheita, proporção muito mais elevada do que dois séculos antes).

Na região parisiense, os dados disponíveis não são tão antigos; mas a série estabelecida por Jean-Paul Desaive para oito fazendas, que cobrem, elas todas, quinhentos hectares nos domínios de Notre-Dame de Paris, indica para as proximidades de 1475 (uma época em que a taxa de arrendamento está um pouco mais alta do que em 1450), uma taxa de arrendamento de 0,45 sesteiro por *arpent;** isso quer dizer 1,75 hectolitro por hectare (mais ou menos 10% ou 11% da colheita bruta, levando-se em conta os altos rendimentos em vigor nessa época na região parisiense). Essa taxa ainda mínima passará a ter em seguida um aumento contínuo, se bem que mais ou menos regular; culminará, em seu período máximo (1645-1690), à razão de 1,4 sesteiro por *arpent*; isso quer dizer 5,5 hectolitros por hectare: mais ou menos um terço da colheita bruta.

---

*O sesteiro é antiga medida de capacidade para os grãos, na França medieval, valendo de 150 a 300 litros, dependendo da região (segundo o dicionário *Robert*). Quanto a *arpent*, medida agrária, já foi citada antes, sob a forma medieval *arpen*, e vimos que valia pouco menos de 50 ares. (N. do T.)

Por que, por volta de 1440-1480, essa brandura original da renda, incomodando tão pouco o arrendatário de fazenda? Os estragos da guerra (diminuindo o produto bruto, e por tabela o produto líqüido, confiscado antecipadamente pelos que viviam das rendas da lavoura) constituíam apenas uma explicação circunstancial. De qualquer maneira, a guerra terminara por toda parte (salvo na região de Guyenne) a partir de 1450; ora, a renda territorial permanece baixa depois dessa data, durante trinta anos, cinqüenta anos e até mesmo mais. É portanto o estado geral da economia — poucos homens para muita terra — que tem de ser responsabilizado. Se se aceitar, por definição, que a renda territorial "é a porção do produto agrícola paga ao proprietário da terra pelo direito de utilizar os poderes originais e indestrutíveis do solo de lavoura",[21] não há como deixar de considerar que a França dos 10 milhões de habitantes de 1450 está mais próxima do que nunca, em sete séculos, da situação-limite (claro, totalmente utópica em relação ao Ocidente) que Ricardo pintará: "Num país em processo de nova colonização, dotado de terra abundante e fértil, da qual apenas uma parte é cultivada para alimentar a população [...] *não haverá renda territorial*" — escreveu Ricardo. "Porque ninguém quererá pagar para obter o usufruto de determinada terra, uma vez que exista por toda parte uma extensão abundante [...], à disposição de quem decidir cultivá-la. Esses princípios gerais da oferta e da procura excluem, nesse caso, como no do usufruto do ar e da água, o pagamento de uma taxa." O exemplo francês do século XV, de que aqui me ocupo, não chega, já se vê, ao extremo da situação descrita pelo economista inglês. Digamos simplesmente que nos reinados de Carlos VII e de Luís XI a demografia em queda levava à letargia da demanda do solo e, portanto, a um marasmo quanto às rendas territoriais.

Quanto às fortunas senhoriais, essa fragilidade da renda nelas repercute em todos os níveis. Nível de arrecadações globais, em primeiro lugar: as rendas da abadia de Saint-Denis caem de 30.000 mil libras *parisis**

---

*Nome da moeda cunhada em Paris, por oposição à moeda medieval cunhada em Tours, a libra tornesa (*tournois*). (N. do T.)

por volta de 1340 para 15.000 libras em 1403-1404. Queda nominal de 50%, que se torna mais dura ainda se calculada em declínio real: a libra *parisis* comprava 2,4 sesteiros de aveia no decênio de 1330; não vale mais do que 1,6 sesteiro por volta de 1400-1410. Nessas condições, o equivalente-grão das receitas-dinheiro da abadia cai de 72.000 sesteiros de aveia por volta de 1340 para 24.000 sesteiros por volta de 1404 (queda de dois terços em valor real).

A queda da renda de dinheiro "são-dionisiano",* senhorial e dominial (calculada em sua expressão monetária, ou, melhor ainda, real) foi então especialmente marcante; mais grave até do que a que afetou nas mesmas datas (1343 e 1404) as populações de Île-de-France, nas vizinhanças dos vastos domínios de Saint-Denis; a pior hemorragia demográfica no campesinato *circum*-parisiense será efetivamente, no essencial, posterior a 1404, e compreendida entre 1415 e 1445: é verdade que se vai fazer acompanhar outra vez de um desmoronamento mais do que proporcional em relação aos valores dos arrendamentos do solo, que decididamente serão os mais sacrificados em todas as oscilações.

A renda territorial é realmente a grande sacrificada das *Wüstungen*: sua queda é a um tempo reveladora das infelicidades antigas, cujo impacto ela repercute e amplifica, e anunciadora das infelicidades que virão, que ela própria contribui para preparar, uma vez que reduz a demanda exercida pelos ricos que vivem de renda; prefigura, com isso, uma nova *krach*** da produção comercializada.

Paralelismo: as rendas em produção natural de Saint-Denis (freqüentemente pagas também como taxas periódicas) evoluem do mesmo modo que as receitas em dinheiro; os recebimentos em grão caem, de fato, entre 1343 e 1404, de 560 para 270 moios*** (queda de 52%);

*Referente a *Saint-Denis*, a abadia. (N. do T.)
**Palavra alemã masculina (sem grifo no original) que significa barulho. No sentido comercial muda de gênero, passa a ser feminina, significando quebra, ou, ainda, catástrofe financeira. (N. do T.)
***Antiga medida de capacidade para os líqüidos, o grão e o sal (*muid*, em francês): no fim da Idade Média, valia, em Paris, o que corresponderia hoje a 268 litros para o vinho e 1.868 litros para os secos (sempre segundo o dicionário *Robert*). O próprio Autor confirmará essa correspondência, no caso do vinho, em nota ao Capítulo IV (nota 23). (N. do T.)

em vinho, de 2.000 para 797 moios (baixa de 60%); esse declínio do produto dos vinhedos mostra perfeitamente, em Paris como em Bordeaux, a crise especialmente acentuada da viticultura e, de um modo geral, da agricultura voltada para o mercado; mais tarde, no pior momento das guerras inglesas (decênios de 1420 e 1430), a renda territorial em produtos naturais (grãos) prossegue sua baixa em queda livre, até uma quebra de 90% em relação a seu nível de antes da guerra e de antes da peste! Quer dizer que uma vez mais, por transposição de uma espécie de "lei de Gresham",* a dita renda exagera as tendências do declínio, em comparação com as que afetam a demografia: a quinta de Mortières (dependente de Saint-Denis) estava alugada por 80 moios (metade de trigo, metade de aveia) em 1343, e por uma quarentena ou uma cinqüentena de moios em 1374-1375; esse aluguel não passa de 8 moios, em média, no período que vai de 1424 a 1429, quer dizer, apenas 10% da taxa do século anterior.

Que a renda territorial tenha permanecido ainda muito baixa durante a segunda metade do século XV é o que indicam, sem deixar margem a dúvida, os dados sobre os contratos de arrendamentos em grãos por hectare precedentemente evocados. Nos níveis de compatibilidades globais, as coisas também são muito claras: em 1520, ao cabo de um longo e poderoso movimento de lenta retomada dos aluguéis que durou duas gerações (1450-1520), as receitas totais em dinheiro de Saint-Denis ainda não atingem mais do que 19.000 libras *parisis*, ou seja, o equivalente, pelos preços correntes, a 23.750 libras tornesas, ou 16.000 sesteiros de aveia[22] (comparar *supra*).

De qualquer maneira que a consideremos, a renda territorial no século XV e mesmo no início do século XVI está bem longe de voltar a atingir seus "tetos" de 1340: os arrendatários, uma vez reinstaurada

---

*"Quando em um país circulam duas moedas, uma considerada boa pelo público e a outra má, a moeda má expulsa a boa" é a lei enunciada por *Sir* Thomas Gresham (Londres, 1519-1579: foi o grande financista da coroa na época da rainha Isabel e consagrou sua fortuna à construção de uma bolsa de valores para os comerciantes de Londres, a Royal Exchange, inaugurada em 1571). Embora enunciada por Gresham, na verdade tal lei já circulava antes dele nos meios financeiros. (*N. do T.*)

a paz (segunda metade do século XV), conhecem com isso anos muito favoráveis.

A crise das rendas territoriais atinge todos os tipos de rendimentos que decorrem, de um modo ou de outro, de um direito de propriedade, útil ou eminente, sobre o solo: não afeta apenas os aluguéis, mas também o rendimento senhorial propriamente dito, apesar de seu fixismo teórico. Como alguma coisa poderia conservar todo seu valor nominal ou real num mundo em que tudo em torno dela desaba? Como o senhor, ao qual freqüentemente faltava força coercitiva, poderia obrigar os camponeses a lhe pagarem foro, direitos sobre as colheitas ou "de censo" e multas de justiça cujas taxas eram elevadas, se por toda parte terra disponível se oferecia a quem ousasse fugir do senhorio feudal? Dessa situação insustentável para o dono derivam, mais ou menos no período 1400-1450, as "moderações" de censo (ou foro); as transformações de pesados direitos sobre as colheitas (até então pagos em forma de grãos) em módicas prestações em dinheiro. E depois, as transmutações do direito de censo (elevadas taxas sobre a produção de vinho bordelês): com essas transmutações, os direitos de censo, aqui e ali, eram fixados em uma terça parte da colheita das uvas postas nas cubas do senhor (1390), depois em uma quarta parte (1395), finalmente em uma sexta parte (1416). Esses fenômenos se verificam um pouco por toda a parte, na região de Gironde, na região de Île-de-France e também na região lionesa, nas propriedades senhoriais de Jean Joussard (1430-1463). Em nenhuma parte, sem dúvida, pode ser mais bem medido esse declínio da renda especificamente senhorial do que quando se lança um olhar sobre a contabilidade de uma *"seigneireusse"** como Jeanne de Chalon, em Tonnerrois, na primeira metade do século XV. Essa pequena grande senhora, que administra do jeito que pode, no tempo de Carlos VII, a gorda fortuna entretanto deteriorada dos Chalon-Tonnerre, possui um rendimento cujo essencial não provém de uma "reserva senhorial", mas dos direitos de justiça, ou de registro, de coisas miúdas, cartoriais, direitos de caça (campos de coelhos) e taxas

---

*Mulher proprietária de um feudo. (N. do T.)

pessoais sobre os camponeses, cuja origem se enraíza numa antiga franquia de servidão (Marie-Thérèse Caron). Ora, esses rendimentos, a julgar pelos que são, entre eles, diacronicamente comparáveis, elevavam-se, em total monetário, ao índice 100 em 1343; caem para o índice 35,0 em 1405 (baixa de 65%); e ao índice 23 em 1421 (baixa de 77%). Calculada em valor real, e levando-se em conta a desvalorização da moeda em relação aos bens mundanos (em relação aos grãos, no caso), a baixa é ainda maior. Por volta de 1420, o poder de compra em cereais dos rendimentos de Jeanne de Chalon oscila entre 15% e 20% daquele de seus avós em 1343. Em datas comparáveis, a terra senhorial eminente foi ainda mais atingida em suas obras vivas do que o aluguel da reserva. Donde as compreensíveis reações de Jeanne: recolher-se a sua aldeia; lá confinar-se em pequenas devoções, através de uma participação nos exercícios piedosos da paróquia que implicava poucos gastos; comer toicinho em vez de carnes mais finas; de tempos em tempos vender na bacia das almas uma terra para sobreviver; utilizar objetos simples; dispor de poucos móveis, principalmente camas... Em casa dessa mulher que "vive de rendas" na semi-insolvência, a fortuna doméstica passa a ser então em grande parte de vestuário (19% da fortuna) e prataria (38% da fortuna), porque a moeda nominal tende a se pulverizar como conseqüência das desvalorizações; o entesouramento da "*seigneuresse*" volta-se então para o metal prata, que se valoriza progressivamente em relação aos grãos e outros produtos agrícolas. Com base nisso, e lançando mão de todos os recursos, a senhora Chalon-Tonnerre conseguiu sobreviver parcamente; transmitiu a seus herdeiros algumas bugigangas do patrimônio.

Em situação pior ainda, outras famílias, antes nobres, e dilapidadoras de rendas territoriais, em Bourbonnais por exemplo, deixam de existir como tais: massacradas nos combates; ou mesmo fisicamente sobreviventes, mas dilaceradas e voltando a mergulhar nas classes inferiores, dão lugar a uma nova nobreza, de origem plebéia e burguesa. Quanto às linhagens de tronco antigo que chegam de um modo ou de outro a se manter no estrato nobre e proprietário, conseguem isso ou através de uma estratégia de avareza sistemática, em Chalon-Tonnerre;

ou então através da entrada de seus membros ao serviço do Estado francês, borgonhês ou provençal, permitindo esse artifício astucioso que muitos se agarrassem às tetas da corte, às sinecuras, ou simplesmente a salários modestos, porém mais ou menos seguros, da categoria dos funcionários. Tudo isso era muitas vezes medíocre, porém mais substancial e menos frágil do que a renda da terra.

Coisa lamentável (do ponto de vista dos nobres), é precisamente essa manutenção pelo setor estatal que, a despeito das catástrofes, desmoronamentos ou desdobramentos momentâneos que o afetam, dá um toque final ao eclipse (certamente provisório) da renda territorial e senhorial. Em outros tempos (bem no início da Idade Média dos polípticos) ou em outros lugares (Europa oriental da "segunda servidão"), os nobres e os que anterior ou posteriormente viviam das rendas da terra mostram-se capazes de atenuar o inconveniente que representa para eles a desproporção ridícula entre a superabundância da terra e a insuficiência da mão-de-obra: uma vez que o espontaneísmo da oferta de homens e da procura da terra não lhes permite extrair, com base nos grandes domínios, a renda territorial a que teriam direito na qualidade de magnatas das terras de lavoura, esses grandes proprietários (pouco importa, no caso, que se chamem Irminon ou Czartoryski) se vingam utilizando-se da força ou dos constrangimentos jurídicos. Impõem aos camponeses, graças ao seu prestígio, ao seu poder militar, ou à delegação de poder dada por um estado que dobra a espinha, uma pressão "extra-econômica": conseguem assim, do servo, em troca de sua proteção ou simplesmente de seus belos olhos, pagamentos diversos em trabalho, em víveres ou em dinheiro. Substituem, em suma, a oferta e a procura pela opressão de classe e a prestação forçada. Parece, desse modo, que os senhores franceses da época das *Wüstungen* pressionados pela baixa da renda territorial tenham imaginado, também eles, num momento ou outro, alguns projetos do mesmo gênero, comparados àqueles que, em outras circunstâncias, deram ou darão a primeira e a segunda servidão. Na década de 1350, por exemplo, os fidalgos de Île-de-France e de Beauvaisis, no coração da primeira grande crise de suas rendas, tiveram de enfrentar a enorme despesa que representou para eles a participação na guerra e a necessidade de pôr em condições de defesa as fortalezas; alguns deles tentaram então impor aos camponeses prestações obrigatórias e novas em função de um pretenso "direito de tomar", mais odiado que o diabo. Os habitantes das aldeias responderam, como se sabe, pela *Jacquerie* (1358): queimaram castelos, esquartejaram castelões, sodomizaram as damas nobres. A lição, tão odiosa quanto tenha sido, pesou. E isso apesar da derrota final da revolta. Não foi mais o caso, no decorrer das fases seguintes das *Wüstungen,* de impor aos camponeses o jugo, oficial ou oficioso, de uma segunda servidão. Muito pelo contrário: em Sologne* (I. Guérin), os últimos camponeses sujeitos à corvéia e os últimos servos da gleba desapareceram na maior parte entre 1350 e 1405. "Étienne Garreau, senhor de Châteauvieux, dispunha, em 1351, de 24 jornadas de homens a executar o trabalho de cavar em suas vinhas: seu filho não tinha mais do que 5 em 1389 e essas jornadas/homem haviam desaparecido de modo absoluto em 1404. [...] Em Villebrosse, em 1352, os subarrendatários forneciam 82 corvéias para trabalhos com bois e 41 para ceifeiros ou 82 para secadores de feno. Em 1405, os números não passam de 33 para o primeiro caso e 15 para o segundo." As corvéias, já muito reduzidas em relação à alta Idade Média, caem sob efeito da depressão à metade ou à terça parte em relação a seu nível anterior, ou mesmo a zero. Quanto à servidão ou ao que dela resta, também em Sologne, regride de modo notável desde 1430. Muitos servos da região fogem; ou morrem sem deixar posteridade sobrevivente. Um dia apresentam-se trabalhadores de enxada que querem roçar a antiga concessão servil, na qual o mato crescera. Não se dá o caso de o senhor exigir que esses candidatos, por sua vez, se reconheçam como homens de seu corpo de trabalho: eles virariam as costas para tal senhor. A baixa ou debandada geral, verdadeiramente, nesse contexto, espalha em torno de si uma simpática atmosfera de liberdade, que destina à derrota as tentativas de implantação pura e simples de restauração senhorial. Em Forez, por exemplo, os senhores, no século XIV e no iní-

---

*Região ao sul do Vale do Loire. (N. do T.)

cio do século XV, tentaram desesperadamente, repetidas vezes, reajustar ou reindexar os foros (que recebiam em moeda): os foros, na verdade, caíram enormemente, como conseqüência da depreciação das moedas de pequeno valor; ora, essas tentativas mais ou menos frustradas de indexação, a longo prazo, não estancaram de modo algum a queda dos foros... quase tão evidente em Forez como na região parisiense.[23]

Sem dúvida, a senhoria, que de qualquer maneira conserva alguma teimosa sobrevivência, erguer-se-á muito depressa de suas ruínas depois de 1450 e mais ainda depois de 1500. Porém em bases muito diferentes das suas condições antes do mergulho no abismo. E aqui é que intervém o papel do Estado para o qual já se chamou a atenção!

O longo terremoto de 1348-1440 afetou mesmo, seriamente, as fundações do corpo social. Mas, ó paradoxo, não destruiu as superestruturas, pelo menos as mais elevadas, as que dizem respeito ao governo dos homens! Durante os séculos XIV e XV, através de diversos ciclos (burocrático, depois "democrático", depois de novo burocrático),[24] o setor estatal e seus funcionários (aqueles enraizados nas pequenas cidades, às vezes enfraquecidas, mas sempre vivas) perseveram em manter essas superestruturas, chegam mesmo a ampliá-las. Às vezes elas crescem, de qualquer maneira não se perdem os poderes de direito público da nobreza; até mesmo os poderes antigos de senhoria "banal",* de tempos mais remotos, foram mantidos sobre seus dependentes. O Estado do século XV, como mostra uma monografia sobre a região de Tonnerrois,[25] continua de fato a perturbar cada vez mais as justiças locais. Preserva ou confisca, em conseqüência, o exercício desse "constrangimento extra-econômico" que — supondo-se que as classes senhoriais o tivessem conservado em uma medida suficiente — teria conseguido apenas o enfraquecimento da economia propriamente dita, realimentando, por assim dizer, do exterior a renda da senhoria. A

---

*Poder "banal" era o que a senhoria mantinha sobre certos serviços: por exemplo, moer o trigo, assar o pão. O servo tinha de levar seu trigo a um moinho coletivo, pagando uma taxa ao senhor para obter farinha, levar a massa de pão a um forno coletivo, pagando uma taxa ao senhor para assá-la, etc. Eram serviços chamados de *moulin à ban, four à ban*, etc, donde "banal", quer dizer, "de todos", "comum". (*N. do T.*)

senhoria perde, portanto, algumas de suas presas, arrancadas pelas crises... ou aparadas em suas arestas pelos legisladores do rei! Ora, no exato momento em que é reduzido no vértice, o poder da senhoria é contestado na base: em Tonnerrois por exemplo as comunidades dos homens do campo, dignificadas pelo Estado que lhes confia o cuidado de aumentar os impostos, recuperam, por outro lado (graças à compra ou à usurpação) o uso dos rios e a posse dos fornos, outrora detida pelos senhores. No conjunto, os senhores, atingidos, por um lado, em seu poder e em sua riqueza, tiveram a base de suas rendas territoriais fragilizadas. Os maiores ou os mais espertos bem ou mal compensam essas perdas passando para o serviço do Estado. Os mais delinqüentes se voltam para o banditismo. Mas esta é outra história...

Essa estagnação ou esse marasmo da renda territorial faz contudo contraste com o alto nível da taxa oficial do juro do dinheiro (rendas constituídas, etc). Na Normandia rural, por exemplo (segundo Guy Bois e André Plaisse), essa taxa — que representa, seja como for, a "base mínima" acima da qual os usurários situam suas extorsões, superiores, estas, à décima parte do capital! — permanece habitualmente fixada em 10% durante os séculos XIV e XV, como também esteve durante o século XIII e continuará durante a maior parte do século XVI. Deixemos de lado diversas oscilações insignificantes, na vigência das quais a taxa de juro, por alguns meses ou um par de anos, se afasta, para cima ou para baixo, dos 10% fatídicos; como regra normal, essa porcentagem durável, estabelecida, é de supor-se, sobre o dízimo, apresenta-se como uma espécie de invariável na história econômica dos Antiqüíssimos Regimes, sobretudo agrários (porque na cidade, em Antuérpia, por exemplo, as taxas oficiais podem chegar a 20%). Uma invariável desse tipo, multissecular, põe em evidência (quanto à oferta das moedas de pagamento) a raridade da moeda e a organização draconiana e deficiente do crédito; uma coisa e outra são benéficas aos emprestadores de todo tipo, que se mostram ativos nessa época, nas transações entre detentores de capital e aldeões individados, com intermediação dos notários (Philippe Wolff). Essa deficiência e essa raridade fiduciária e monetária que favorecem os que vivem da renda do dinheiro contrastam com a abundância momentânea das terras disponíveis, abundância que, *ipso facto*, arruína os que vivem da renda da terra. Apenas a partir do fim do século XVI e sobretudo do começo do século XVII (numa época classificada às vezes de "período de crise", preparando a pretensa "fome monetária") é que a abundância de moeda e uma melhor organização do crédito começam a fazer desabar a taxa de juro; até chegar, durante a época "post Law"* de um longo século XVIII dourado, à taxa inacreditavelmente baixa de 3%, que nos levará a pensar num tempo de sonho, quando vierem os ciclos do dinheiro caro do século XX.

Quem diz baixa da renda da terra diz também declínio dos preços da terra. Por que se pagaria caro por uma propriedade que naquele momento rendia pouco? É verdade que as "séries longas" nesse sentido quase não abundam... Sabe-se apesar de tudo que na baronia de Neubourg o preço nominal do acre de terra que se mantinha no índice 100 em 1400 cai para o índice 53,3 em 1445-1446. Ora, nas mesmas datas e no mesmo lugar, o preço nominal da libra** de pimenta permanece estável a 8 *sous*; o da libra de cominho, estável em torno de 3 ou 4 *sous*; o preço da dúzia de ovos passa de quatro para seis denários;*** o do sesteiro de trigo, de 25 *sous* a 40 *sous* (de acordo com os anos).

---

*Referência ao financista escocês John Law (1671-1729), de vida aventurosa, que dissipou sua fortuna em Londres nos últimos anos do século XVII e acabou expatriado após um duelo mortal. Demonstrando a superioridade do papel moeda, preconizava a criação de um banco do Estado que abriria a possibilidade de um crédito ilimitado para atender às necessidades agrícolas, industriais e comerciais. Com apoio do Regente (o duque de Orléans, primeiro regente durante a infância de Luís XV; o segundo seria o duque de Bourbon) pôde aplicar suas idéias na França a partir de 1716. Em sua época fundaram-se grandes empresas estatais no país, mas um choque com os irmãos Paris, dos quais tinham sido seqüestradas fazendas, acabou por derrubar o seu sistema, apesar de Law ter tido sempre o Regente a apoiá-lo. A situação tornou-se enormemente tumultuada e ele teve de fugir em meio a um motim. Asilou-se em Bruxelas e depois em Veneza, onde morreu levando vida miserável. (*N. do T.*)
**Unidade de peso que variava, na Idade Média francesa, de 380 a 550 gramas, segundo a província, de acordo com o dicionário *Robert*. (*N. do T.*)
***O denário ou dinheiro, antiga moeda romana (diz-se que Judas entregou Jesus por 30 dinheiros), como moeda francesa tinha o valor baixíssimo de um-duzentos e quarenta avos da libra, sempre segundo o *Robert*. Para uma comparação, relembremos que o *sou* valia a vigésima parte da libra. (*N. do T.*)

Em outras palavras, a terra que se deprecia em relação à moeda desvaloriza-se ainda mais (e isto é que conta) em relação aos bens reais.

Esse aviltamento do valor da terra de lavoura comporta algumas conseqüências previsíveis: estimula, durante a segunda metade do século XV, a corrida à terra, uma ofensiva dos ricos da cidade ou simplesmente dos ricos, de modo geral (penso nos nobres da Gâtine, em Poitou, desde essa época compradores e acumuladores de terras através do sistema meeiro, totalmente novo). Em torno de Lyon (segundo os estudos de Maraninchi e Bosc), habitantes urbanos dos mais variados ofícios de arte, gente ligada aos comércios de hotelaria e de alimentação, os homens da lei, os grandes negociantes compram terras cultiváveis por 60.000 libras tornesas, de 1446 a 1493. Nas cercanias de Paris, numa região (Hurepoix) na qual, desde 1550, mais de metade da terra arável deixará de ser dos habitantes rurais, parece certo (segundo os trabalhos de Jacquart que, nesse ponto, modifica as idéias herdadas) que uma parte dessa conquista da terra se dá durante a fase de reconstrução (1450-1500), porque o preço da terra, praticamente estabilizado até 1501, ainda continuava ao alcance dos negócios. Em resumo, os habitantes ricos das cidades não deixaram de explorar a ocasião estratégica (casos de Lyon e Paris) que lhes oferecia o bom mercado provisório do solo arável; buscavam assim um abastecimento garantido...; e faziam um investimento de "avô" do qual mais dia menos dia seus descendentes iriam usufruir.

## SALÁRIOS

Oposto ao da renda imobiliária, tributo momentaneamente mal dividido da parte que cabe à classe dominante, é o caso do salário, a parte dos pequenos. Não que a condição de assalariado seja majoritária no século XV, no mundo rural. Mas, considerando-se os pagamentos em produtos naturais, ou os pagamentos mistos, ou os pagamentos em percentuais sobre o trabalhado (aos ceifeiros, colhedores), o salário está difundido em amplos meios rurais, nos quais ultrapassa o grupo relativamente pequeno dos trabalhadores estritamente agrícolas, para abranger os trabalhadores que, perto das cidades, são pagos, unicamente ou quase, em dinheiro. Mais que isso, o salário dá testemunho muito além de si mesmo; esclarece indiretamente as condições do conjunto dos trabalhadores da terra, mesmo os não assalariados, mesmo os donos de retalhos de terra. E isso na medida em que é o indicador por excelência da abundância ou da escassez da mão-de-obra; e da produtividade marginal do trabalho.

No Languedoc, nenhum problema para um levantamento salarial: os arquivos forneceram graciosamente informações sobre todos os tipos de pagamento possíveis no campo. Em dinheiro. Em produtos naturais e dinheiro. Ou os pagamentos em percentuais sobre o total trabalhado. Ora, tudo isso existe simultaneamente: por volta de 1480, o gerente de lavouras de um grande arrendamento narbonês recebe em dinheiro, em grãos, em vinho, vinho avinagrado, quartos de porco, sal, azeite de oliva e conservas de ganso, o equivalente a 31 hectolitros de trigo, contra 17,2 hectolitros recebidos por seu sucessor do ano de 1590, ao fim de um século de empobrecimento. (Com o objetivo de tornar possível a comparação entre si das categorias de produtos incluídos no salário *in natura*, também de tornar compatíveis entre si os valores salariais em diferentes épocas utilizo o método divulgado por Colin Clark e Margaret Haswell em *Economics of Subsistence Agriculture*: método que consiste em converter tudo em "equivalente-grão".) Tudo discriminado, o trabalhador agrícola do "século XV despovoado" podia contar com uma ração de azeite de oliva, de carne e de vinho superior à que receberiam seus homólogos pauperizados do fim do século XVI. Seu pão era mais branco, seu vinho não era tão azedo como virá a ser mais tarde. Provavelmente ele comia, incluído o toicinho, não muito menos do que uns trinta quilos de carne por ano, ou seja, tanto quanto um grego nos anos 1960, ou até um pouco mais. E mais do que um assalariado languedociano dos anos 1550-1600 que, tendo a carne de porco como base, consumirá uns vinte quilos de alimentos compostos de carne por ano, ou menos ainda.

Quanto à remuneração dos trabalhadores agrícolas pagos em dinheiro, não evolui de modo diferente daquelas que acabamos de tratar. (Seja dito de passagem, essa convergência dinheiro-produtos naturais confirma que o aviltamento salarial decorre de todo um complexo econômico-demográfico, e não somente do fator específico que é a inflação monetária.) Em equivalente-grão, o pagamento diário que o empregador entrega, sob a forma de moedinhas, a seu foiceiro ou podador de parreiras representa de 12 a 14 litros de grãos por dia ali por 1480. Esse pagamento cairá, pelo fim do século XVI, à metade de tal valor. Por fim, para fechar a lista dos diversos tipos de pagamentos, o salário pago em percentual sobre o total trabalhado, o da equipe de colhedores ou *ceifeiros*, sempre no Languedoc, passa de 10% da colheita em 1480 para 9% a partir de 1525, 8,2% a partir de 1546, 5,5% ali por volta de 1600-1630...

Em Forez, é possível comparar o nível dos salários em seus bons momentos do século XV não mais com o período "depois" (como fiz em relação ao Languedoc), mas com a época anterior (Étienne Fournial). Em 1290-1310, os salários em dinheiro, agrícolas e artesanais, dos campos e dos pequenos burgos da região equivaliam, em valores diários, a uma quantidade de grãos que variava (segundo a qualificação do trabalhador) entre 0,12 e 1,44 de *métier* de centeio (o *métier* sendo uma medida local). Em 1380-1420, quando Forez já mergulhava em plena *Wüstung*, esse "pêndulo" já atingia de 0,12 a 2,57 *métiers* de centeio. O leque de salários alastrou-se, então, para atingir, a partir de uma base estabilizada (0,12 de *métier*), uma certa valorização quanto aos pontos médios ou altos do "leque". Mas, é claro, mais ou menos no período 1380-1420, em plena miséria geral, o pico da idade de ouro dos salários, mesmo em Forez, ainda é coisa para o futuro!

Os trabalhos de Stouff (1971) permitem que se torne mais concreto este estudo sobre a evolução dos salários e, no fim das contas, sobre a melhoria bastante generalizada (porém mais ou menos provisória) do nível de vida popular (salarial ou não) na Occitânia do século XV. Os boiadeiros provençais que trabalham na reserva dos senhores, em 1338, alimentavam-se então apenas de um pão muito grosseiro, basicamente feito de cevada (no Languedoc, Provença ocidental e marítima); ou de centeio (Provença setentrional). A partir da grande peste, e com maior razão depois de 1400, a cevada passa a ser considerada boa apenas para a fabricação do *canino* (*cannine*), um pão de cevada para os cachorros encarregados de guardar os rebanhos de carneiros, enquanto que os trabalhadores cujo pagamento é feito em ração têm direito ao pão de trigo, ou pelo menos, de centeio e trigo. Eis uma alta apreciável do nível de vida, uma vez que aquilo que já foi alimento para os homens, agora mais bem alimentados, passa a ser bom apenas para os cães. Essa melhora é, afinal, bem generalizada; criou, para os grãos do tipo trigo um mercado não tão fechado; e muito necessário nesse tempo de baixa das vendas! Foi assim que os provençais das cidadezinhas (Brignoles) alcançam, a partir dos anos 1420, a moda do pão branco das grandes cidades (Aix): o pão preto ou pão integral (pão *en tot,* * tão caro hoje aos maníacos da dietética) era típico, naquele tempo, apenas das paróquias mais afastadas, no fundo, bem no fundo dos campos perdidos. Salvo em tempos de escassez, naturalmente, tempos em que todo mundo, de novo, mastiga seu pão preto.

No que diz respeito aos vinhos, o século XV evidentemente acabou com a escassez; e isso apesar de um certo recuo das grandes colheitas comercializadas, recuo que se dá em proveito do "tinto barato", de consumo local e corrente. Nas pequenas cidades provençais, por volta de 1420-1425, a metade dos habitantes é de vinhateiros; 80% dos chefes de família, entre os quais muitos proletários, agrícolas ou não, possuem no mínimo seu pequeno tonel: com uma provisão de vinho que totaliza, por baixo, 55 litros ou mais.

Em relação a todos esses víveres, pão e vinho, mas também carne, e azeite de oliva, para as frituras da Quaresma, o período dourado dos salários pode ser traduzido por comparações e por números: em 1338, os boiadeiros dos criatórios do hospital de Arles gastavam de 56% a 71% de seu orçamento alimentar com pão, contra de 12% a 22% com o *acompanhamento* (sobretudo carne) e de 13% a 26% com vinho. Enquanto que, situados em ponto mais alto na escala social, os frades

---

*Provavelmente uma forma apocopada da locução adverbial antiga *en total*, hoje desusada e substituída por *au total*, que quer dizer ao todo, de modo integral. (*N. do T.*)

do mesmo hospital tinham um orçamento alimentar menos escraviza-
do ao grão; gastavam, nesse seu orçamento, de 38% a 46% com o
grão, apenas, contra de 20% a 25% com o vinho, e de 30% a 40%
com o acompanhamento. Os frades — e isso era comum na estrati-
ficação social daquele tempo — consumiam mais carne do que seus
trabalhadores.

Ora, em 1457, o pão (que, afinal, é mais branco do que no passado),
só representa 45% do valor da ração aumentada do boiadeiro; mas a
parte da carne ou do acompanhamento, e principalmente do vinho, cresceu, tanto em números percentuais como em quantidade absoluta.

### Consumo dos boiadeiros (em litros)

|  | Grão | Vinho |
|---|---|---|
| 1338 | 652 litros de *conségal* (nome provençal da mistura de trigo e centeio) | 230 litros de vinho |
| 1457 | 652 litros de trigo | 240 litros de vinho avinagrado 360 litros de vinho |

Como escreveu Stouff, "o simples guarda de uma propriedade passou a ter um orçamento alimentar comparável ao que tinha um frade
de hospital no início do século XIV".

Em Poitou, os estudos extremamente precisos de Paul Raveau permitem estabelecer os números da idade de ouro dos salários agrícolas,
e a descida aos infernos (ou pelo menos ao purgatório) que a sucedeu:
em 1467-1472, os ceifeiros, da senhoria de Vasles que dependia da
abadessa de Sainte-Croix de Poitiers ganhavam, alimentados, 19 denários por dia (1 *sou* e 7 denários). O preço do trigo era então de 8 *sous*
o hectolitro. Seriam precisos, então, cinco dias a um trabalhador para
embolsar, em poder de compra, o equivalente a um hectolitro de trigo.
Ora, em 1578, um edito regulamenta os salários para a região de Poitou
e de Niort: fixa o valor da jornada do ceifeiro alimentado em 4 *sous*;

quer dizer, duas semanas de trabalho para conseguir um hectolitro de trigo cujo preço estava estabelecido em 55 ou 60 *sous* no mercado de Poitiers. O poder de compra para cereais do ceifeiro de feno era na ocasião quase três vezes mais elevado do que seria um século mais tarde. Certamente, os grãos, cujos preços durante o século XVI chegam ao máximo por causa do impulso demográfico, exageram a impressão de empobrecimento. Mas essa impressão também pode se basear em outros índices importantes: a melhoria de nível do assalariado de Poitou na exploração do domínio agrícola, por exemplo, em outras palavras, sua promoção social, era mais fácil em 1480 do que nas épocas seguintes. A parelha de bois valia, com efeito, 11 libras no período 1470-1480, ou seja, 139 dias de trabalho do ceifeiro, em números precisos. Enquanto valia no mínimo 80 libras no último quarto do século XVII, ou seja, 400 dias de trabalho do ceifeiro.

Em La Rochelle, os salários em dinheiro dos trabalhadores diaristas sem qualificação e os dos que preparavam a vinha para uma segunda colheita quadruplicaram entre 1470 e 1600, enquanto os preços subiam sete vezes (vinho), ou dez vezes (trigo), no mesmo espaço de tempo. O poder de compra alimentar do assalariado, pelo menos quanto a esses dois itens, foi portanto cortado pela metade em cento e trinta anos...

Por fim, na região parisiense, os salários já tinham subido razoavelmente em valor real, entre 1330 e 1405, na esteira da vaga inicial das grandes desgraças, e dos primeiros cortes sombrios que a peste e sobretudo a guerra, e a crise concomitante, tinham levado a efeito no número de homens.

Esse aumento salarial representava uma perda brusca para os empregadores e os proprietários? É muito possível, uma vez que a produção global também tinha diminuído; e que a produção média por trabalhador quase não aumentara (apesar da alta da produtividade *marginal* do trabalho que motivava, essa sim, a alta do salário).

Como quer que seja, os números falam: nas vindimas (colheitas), "em 1330-1335, aos podadores nos domínios de Jeanne d'Évreux tocavam de 6 a 10 denários por dia, e aos carregadores de uvas e os que as pisavam nos lagares de 10 a 16 denários torneses; ora, no início do século XV (1404-1405), os primeiros recebiam 8-12 denários *parisis*, e os outros 2 *sous parisis* em média nos domínios de Saint-Martin-des-Champs, e respectivamente 8-12 denários *parisis* e 20-24 denários *parisis* nos domínios da controladoria de bens de Saint-Denis" (Guy Fourquin, *Les Campagnes de la région parisienne...*, p. 278). Levando-se em conta a relação dinheiro *parisi*-dinheiro tornês, o cálculo das médias... e o preço do grão (no caso a aveia, que fornece nos dados de Fourquin as únicas séries sistemáticas comparáveis entre o decênio de 1330 e o de 1400... mas que isso não me leve a escrever que os proprietários viticultores naquele tempo alimentavam seus trabalhadores como cavalos!), levando-se em conta todos esses dados, vê-se que o poder de compra dos trabalhadores das vindimas, calculado em grão, passa de 0,063 sesteiro de aveia em 1330-1335, a 0,067 em 1404-1405. Alta insignificante. Mas o dos carregadores de uvas e os pisoteadores é realmente significativo no mesmo espaço de tempo, passando de 0,101 a 0,153. Parece então que se assiste na região de Paris (como em Forez), durante essa fase ainda muito "miserabilista" de despovoamento-revalorização, a uma simples abertura do leque dos salários, a qual favorece apenas a alguns dos salários que, como os dos apanhadores e pisoteadores, já eram relativamente elevados no período precedente.

Por volta de 1450-1490, no momento específico "do intervalo dourado dos salários", a reavaliação se generaliza, e, desta vez, de alto a baixo do leque. Levando-se em conta a evolução dos preços (em baixa) e dos salários nominais (estáveis ou em alta), o poder de compra dos podadores de parreiras (pagos a partir dessa época a 12 denários *parisis* por dia) oscila em torno de 0,101 a 0,120 sesteiro de aveia. Quanto ao poder de compra dos carregadores de uvas-pisoteadores, que ganhavam sempre 2 *sous parisis* por dia, está em alta real um pouco menor, passando a 0,220 sesteiro de aveia. No conjunto, esses trabalhadores vitícolas se tornaram mais exigentes, a ponto de seus empregadores, nas vindimas, deverem alimentá-los com pernas de carneiro, ovos e peixes do mar, como cavalas. As coisas só se deterioram no século XVI. Então (por causa da alta dos preços e da alta menor dos salários), podadores, carregadores e pisoteadores da região parisiense terão nova queda de seu poder de compra comprimido no início do século XV, depois da situação do século XIV.

No que concerne à comparação parisiense com a "queda" cronológica, comparação destinada a valorizar (em relação ao século XVI) o "intervalo dourado dos salários" que se dá na segunda metade do século XV, os trabalhos de Micheline Baulant são os mais tópicos; esclarecem com precisão os salários urbanos (operários em construção de Paris) que (calculados em grão) atingem um nível muito elevado entre 1450 e 1470. Uma degradação lenta, com níveis ainda decentes, até por volta de 1500, termina por uma queda progressiva que leva, por volta de 1540, o salário do operário a sua base mínima multissecular (base de 1540-1720: a série se interrompe nesta data). Do "teto" à "base", a queda é do quádruplo ao simples: os salários urbanos, especialmente favorecidos em torno de 1460, são depois esmagados mais duramente, no período seguinte marcado pelo empobrecimento, do que os rurais. Claro, o preço do grão que, no caso, é utilizado aqui como deflator, constitui um índice altamente dinâmico. Outros preços não são tão elevados como os do trigo no século XVI: medido em seu máximo, o teto salarial do século XV não pareceria tão alto como aparentemente indica nossa primeira análise. Assim é que ainda por volta de 1510, confrontado com o de 1580, o salário parisiense do operário está bem situado quanto aos grãos naturalmente; muito bem situado, simplesmente, quando medido por seu poder de compra comparado, nas mesmas datas, com as madeiras, os tecidos, ovos, carvão, gesso, telhas. Gêneros de deflação, todos esses, para os quais a expressão "idade de ouro dos salários" mantém algum sentido, porém menos marcante do que na comparação com os cereais.

Na agricultura da região parisiense, as investigações da história quantitativa são menos favoráveis em comparação com os salários urbanos que acabo de mencionar. Mas tudo indica que ainda em 1510, nos últimos suspiros da idade de ouro, os salários, em Créteil, do trabalhador das vinhas, pago por *arpent*, conservavam um poder de compra mais elevado do que durante a seqüência do século XVI até 1600;

não apenas quanto ao trigo (fato previsível!). Mas também quanto ao sal, ao moio de vinho, à madeira, ao carvão de madeira e à carne de carneiro. Digamos que a remuneração monetária do trabalhador de enxada dos vinhedos de Créteil (provavelmente muito mal aquinhoados: os cortadores de feno, quanto ao *trend*, terão menos de que se queixar) dobrará, em valor nominal, entre 1510 e 1595; enquanto que o índice do custo de vida — excluídos os cereais — para os gêneros alimentícios conhecidos (carne de carneiro, madeira, carvão, sal, vinho) mais do que quadruplicará; quanto ao preço dos grãos, será multiplicado por sete; o vinhateiro de Créteil, empobrecido em mais de 50% depois de 1550, não foi convidado para a festa, é o mínimo que podemos dizer. Em contraste, seu predecessor do fim do século XV, ou do início do século XVI, aparecia como homem feliz que podia se alimentar, se vestir, ter um teto, aquecer-se em condições decentes; os trabalhos de Bezard, Fourquin, Jacquart indicam, também eles, que os salários rurais da época "Carlos VIII" (1483-1498) tinham um poder de compra em grão, mas também em vinho, manteiga, madeira, vacas, mais elevado do que depois de 1550.

Que não se pense, quanto a isso, que a alta de emprego, diminuindo o número dos dias de desemprego, compensará, sob Henrique II e seus sucessores, a baixa do salário diarista, porque o crescimento da população no século XVI desenvolverá o desemprego. O salário alto da segunda metade do século XV, ao contrário, denunciava a escassez de mão-de-obra; significava também, tautologicamente, o alto nível da produtividade marginal do trabalho, sobre a qual, em última análise, regulavam-se os índices de todos os salários; num mundo em que o número de operários era insatisfatório e em que a terra estava por ser explorada, o último assalariado empregado, numa área a ser preparada para cultivo, ou numa fazenda mal explorada por falta de braços, detinha uma produtividade altíssima; aliás, efetivamente, ele se matava no trabalho, como notou Fortescue, o inglês, que viajou pelo sul do Canal durante os anos 1460. A situação diferirá em 1550, 1620, 1750, na França "cheia como um ovo", na qual os candidatos se acotovelavam pela contratação e na qual a adição de um *input* suplementar de trabalho, sobre um estoque de terras não flexível, produzirá não mais do que um suplemento insignificante de *output*. Nada é mais walrasiano,* em qualquer época, do que o Antigo Regime econômico. Essas observações não valem apenas para o assalariado *stricto sensu* ou *lato sensu*. O Jacques Bonhomme** de 1470, o pequeno explorador cujo aporte de capital era fragílimo, e cujo *status* diferia pouco em relação ao assalariado simples, também ele, por volta de 1470, estava no direito de exigir de seu proprietário uma remuneração alta por seu trabalho; em outras palavras, que o dito proprietário lhe adiantasse uma renda territorial mínima. E isso na medida em que as soluções de reposição inexistiam, uma vez que, no mercado de arrendamento, a oferta de pequenos exploradores, susceptíveis de substituir Jacques Bonhomme, era baixíssima.

Salários languedocianos em percentual de
colheita para o corte dos trigos

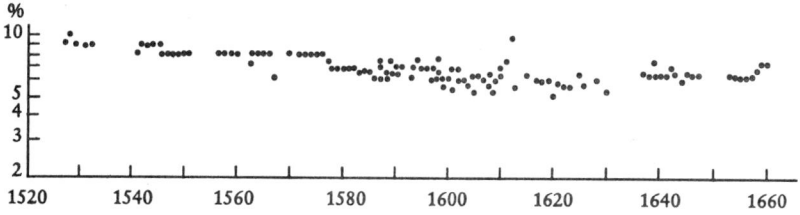

Fonte: E. Le Roy Ladurie (1966), t. II, p. 1006.

---

*Referente a Léon-Marie Esprit Walras, economista francês (1834-1910) que foi catedrático de Economia Política na universidade suíça de Lausanne. Foi o criador da economia matemática e é considerado o chefe da chamada escola de Lausanne. Suas principais obras são *Elementos de economia pura*, *Teoria matemática da riqueza social* e *A Paz pela justiça social e o livre comércio*. (N. do T.)

**Era o nome que os nobres franceses davam, por ironia, ao camponês, querendo dizer com isso que se tratava de gente muito conformada, boba, que se deixava explorar. "Jacques" porque esse nome (Tiago, em português) era o mais comum na roça. "Bonhomme" porque esse substantivo designa não apenas o homem bom e simples, porém, mais do que isso, o homem ingênuo, simplório mesmo. (N. do T.)

Isso não significa que os operários agrícolas de todo tipo, digamos mais amplamente os camponeses mais humildes, ali por 1470, vivam como papas; nem que comam carne em todas as refeições. No Sul, já o vimos, a ração com carne, toicinho incluído, quase não devia ultrapassar uns trinta quilos por ano por volta de 1470, contra vinte na idade moderna e uns sessenta em nossa época. Na França do Norte, o consumo de alimentos azotados de origem animal, entre as classes populares, caiu para um mínimo durante a primeira metade do século XV: os rebanhos de porcos na Normandia, por exemplo, tinham diminuído muito durante as guerras de Cem Anos (só 430 porcos na floresta de Neubourg em 1444-1445, contra mais de 2.000 em 1397-1398). É apenas nos anos 1470-1480 que na França da língua d'oil, como de resto no Sul e no Maciço Central, a ração com carne conhece sua temporada de apogeu. Sem que isso permita, entretanto, pintar o trabalhador rural francês de 1470 como um comedor desenfreado de carne! Aos olhos de um Fortescue, viajante através da França no decênio de 1460, o camponês da região d'oil, comparado com seu homólogo inglês, tem uma ração diária muito pobre de carne animal. (Mas também é preciso levar em conta o chovinismo insular: ainda na véspera da Revolução Francesa, Arthur Young visita as fazendas mais bem administradas e mais produtivas da Bacia Parisiense; conclui, ora, ora, imperturbável, com um ronronar de auto-satisfação: "Na minha terra é melhor!") Para voltar à época de Carlos VIII, os textos franceses dessa época, quanto ao consumo de carne, dão uma impressão mais favorável do que a registrada por Fortescue; sobretudo quando esses textos tratam de camponeses-operários, que, por ocasião dos grandes trabalhos, vão à forra na casa de seu empregador de um dia-a-dia normalmente mais pobre em casa deles: "Os podadores e carregadores de uvas das vindimas de Thiais em 1484, a acreditar-se nas contas, objetivas, de um proprietário viticultor, podiam comer ovos ou carne com possibilidade de escolha, cavalas e perna de carneiro, e punham-se duas libras de manteiga em sua sopa." Nas vindimas de Wissous, em 1539, o cardápio, à base de carne de boi no sal grosso, sempre terá carne, como é de hábito nas vindimas, mas mostrar-se-á claramente simplificado, "empobrecido" em relação à vindima de 1480. Mesmo fora dos luxos das vindimas, as refeições dos trabalhadores dos campos parecem muito aceitáveis no fim da Idade Média. Nos anos 1480, os homens que trabalham com o arado em Saint-Germain-des-Prés, quando estão de serviço, comem ovos às sextas-feiras; e, nos outros dias, carne, no jantar como na ceia. Noël du Fail, que publica seu livro em 1548, situa de 1490 a 1500 a idade de ouro da alta Bretanha: por essa época, *era difícil ver passar uma simples festa em que alguém do campo não tivesse convidado todo mundo para comer seu frango, seu ganso, seu presunto. Mas [...] hoje [1548] frangos e gansos mal chegam à idade ideal já são vendidos por dinheiro na mão...* *

## PROBLEMAS DA EXPLORAÇÃO AGRÍCOLA

Lá pelo período 1450-1490, observa-se portanto um excelente nível de consumo entre os camponeses, e um salário elevado, ao lado de uma renda imobiliária de nível baixo. Assim sendo, quais seriam os problemas específicos da exploração agrícola?

Sobre esse ponto, o século XV deixou testemunhos importantes, visuais mesmo, relativos a diversos tipos de explorações: cerca de 1480, Jean Colombe, encarregado de terminar as *Très Riches Heures du duc de Berry* [Riquíssimas Horas do duque de Berry], representa, na miniatura intitulada *La Cananéenne* [A Cananéia], uma aldeia francesa (da província de Berry? com segundo plano pseudo-saboiano?). Não longe de uma igreja, desfiam-se como frágeis arbustos casas que não passam de pequenos blocos, com paredes de taipa, janelas minúsculas e situadas em plano alto, tetos de palha; às vezes um poço, sempre um jardim, uma cerca viva e um canteiro de couves em volta de cada choupana. Com esse tipo de exploração familiar (corrompida pela conjuntura do século XV que avança, no qual crescem os lotes de terras, aumentam os salários e baixam as rendas de foros anuais) não há gran-

---

*Em francês antigo, no original. (*N. do T.*)

des problemas, que só virão mais tarde no século XVI e sobretudo no XVII. Por volta de 1480, na exploração familial que acabamos de descrever, há uma quantidade de terras adequada para a subsistência de um lar. Não emprega mão-de-obra assalariada, contenta-se com o trabalho dos membros da família, gratuito por definição. De tempos em tempos, aliás, os membros da família vão ganhar um bom salário no grande explorador ao lado. Se eles mantêm sua terra por contrato de arrendamento, o baixo nível da renda territorial joga a seu favor: ainda gozam de uma facilidade incontestável, ou, de qualquer modo, de uma certa "não-pobreza" alimentar pelo menos; condição mais garantida ainda se se tratar de proprietários ou concessionários perpétuos, que não têm de pagar mais do que uma taxa módica.

Essas *Très Riches Heures* descrevem também, com uma data um pouco mais antiga (mais ou menos 1415), um tipo de exploração importante e isolada, distante da igreja e da aldeia: terreiro de fazenda clássico, fechado, e tendo em dois de seus lados choupanas de taipa; no fundo do quadro estão o estábulo ou o celeiro; e, em primeiro plano, a casa de moradia, da qual só se vislumbra, lá dentro, o essencial: a cama grande, o banco, a lareira, diante da qual um casal de gente do campo aquece sem pudor as partes baixas; há roupa secando em varais fixados na parede. No terreiro se ergue, em estilo de arquitetura da região de Berry, o "curral de ovelhas", com espaço para 30 animais: isso indica, considerando-se a carga de ovelhas entregues ao pasto, uma importante área de exploração para a época, de uns trinta hectares. Colméias e um burro completam o pouco que se sabe sobre o tipo de arrendamento dessa fazenda. As *Très Riches Heures*, por fim, terceira visão, esboçam em dois traços de creiom o perfil de uma grande área de exploração. Trata-se, no caso, das dependências "comuns" do castelo de Poitiers: grandes construções ao longo do desenho (estábulos? estrebarias? celeiros?) com paredes de taipa em armações de madeira e teto de ardósia; no primeiro plano, os trabalhadores agrícolas, em mangas de camisa, ceroulas e chapéu de palha cortam com a foice os feixes de grãos colhidos; pastores e pastoras tosquiam as ovelhas (de um modo geral, se na pintura as casas de taipa são o denominador

comum de todas as fazendas do século XV, grandes, médias e pequenas, as ovelhas são caracteristicamente sua exploração mais importante).

Essas duas grandes fazendas, a da região de Berry e a da região de
Poitou, que ultrapassam, ambas, em graus diversos, o quadro de uma
exploração familial, não são esmagadas pela renda imobiliária que devem pagar — nem em 1415, data na qual as pintaram os irmãos Lim-
bourg, nem mesmo em 1450 e 1490. Em compensação, não têm como
limitar-se (pelo menos no sistema restrito da família nuclear) a utilizar
a mão-de-obra fornecida gratuitamente pelo conjunto ou pelos filhos
do arrendatário. Precisam, de modo permanente ou de tempos em
tempos, contratar empregados por ano para a família, sazonais para os
trabalhos em andamento, diaristas para roçar o terreno das vinhas ou
podá-las. Ora, essa mão-de-obra por temporada é seguramente muito
cara. Que soluções adotar para minimizar as despesas?

A exploração rural em sua grande época (durante o século XVII e
mais ainda no tempo de Quesnay, Smith e Ricardo), é um jogo que se
joga a três: explorador (arrendatário ou meeiro); mas também proprietário territorial; e assalariado. Esse exercício tripartido, com suas variedades arrendada e meeira, floresceu já dessa maneira, e com base
em uma tradição antiga, desde a segunda metade do século XV: as
zonas rurais parisienses, desde o século XIII no mais tardar, são regiões
de arrendatários. O Oeste e sobretudo o Sul também têm arrendatários;
porém muito mais terras de arrendamento a meia, ou arrendadores de
terra excluindo seus frutos, que surgem por volta de 1200 nos primeiros textos cartoriais, textos, aliás, que não faziam senão transcrever,
nos pergaminhos, realidades consuetudinárias que lhes preexistiam e
que se assemelham muito (ao menos no Sul occitano e catalão) às que
descreviam, dez ou doze séculos antes, os agrônomos do Império Romano,
para os países do Mediterrâneo ocidental... É difícil imaginar que entre a época romana e a da Idade Média tenha existido, nesse ponto,
solução de continuidade, ou interrupção.

Diante dessa persistência de um longo termo, excluídas as inovações fundamentais, o século XV, em suma, não podia apresentar origi-

nalidade muito marcante: sufocado pela insuficiência do produto bruto, pelo déficit dos rendimentos e pelo crescimento dos salários, o que
ele tentou foi sobretudo simplificar o jogo, fazer com que fosse jogado
momentaneamente, quando isso fosse possível, por dois parceiros em
vez de três. Algumas vezes até mesmo por um único. O que, por definição, levava a vantagem de diminuir o número de partes envolvidas.
No Languedoc, por exemplo, ali por volta de 1480, os cônegos de
Narbonne passaram a gerir diretamente, sem a intermediação de um
arrendatário, seus celeiros da região da Bastide-Redonde e de Védilhan.
Entre eles e os trabalhadores ou *boiadeiros* ("boieiros") nenhum intermediário: simplesmente um contramestre, chefe de lavoura assalariado, chamado *bayle*, faz a supervisão, para dar conta aos padres da
rotina dos "trabalhos domésticos" dos campos. Tal sistema parece satisfazer os cônegos: tipicamente *acumulativos*, juntando em seus cofres,
de modo implícito, o produto do rendimento e a renda do explorador,
eles chegam, apesar dos altos salários que pagam, a unir as duas pontas... No século XVI e principalmente no século XVII, em compensação, quando o arrendamento terá afinal encarecido, caminhando bem,
eles se darão o luxo de se tornarem simples recebedores da renda. O
mesmo procedimento era encontradiço, aliás, nos arredores de Paris,
no fim do século XV, e para dizer a verdade, em todo tempo, pelos
proprietários de vinhedos. A viticultura era um jogo de azar, por causa
da formidável loteria que constituem, sobretudo em clima setentrional,
a irregularidade das colheitas e também dos preços, por isso se tem
todo interesse, se se quiser faturar alto, em manter na própria mão o
bilhete premiado. Esse bilhete é a colheita mesmo — em outras palavras, o cuidado com a vinha. Portanto, as grandes abadias, como Saint-
Germain-des-Prés, durante os anos 1480 e, na outra ponta da escala,
os pequeno-burgueses parisienses, nos tempos de Luís XI e Carlos VIII,
ocupam-se diretamente de seus vinhedos: supervisionam, no momento das vindimas, o exército de apanhadores e carregadores; assumem a
guarda do desenvolvimento do trabalho... Nesse ponto, nenhuma diferença entre os graves cônegos que tratam do vinho para vender e
para beber, e uma proprietária mulher como é a nobre senhora Poignant,

esposa do senhor de Athis: ela vai e vem de Paris até suas vinhas de Athis-sur-Orge e de Louhans; dirige a colheita das uvas, paga os trabalhadores com sua mão branquinha; observa com os próprios olhos o estaqueamento e o adubamento das vinhas, ou a limpeza dos pastos; tudo em 1495.

Cuidar dela diretamente, valorizando-a, não é a única solução. O proprietário territorial, quando fica privado, como no caso do século XV, das alegrias de uma alta renda, pode adotar o método — como, acabamos de ver, em Narbonne — de exploração feita totalmente por ele: mas pode igualmente limitar-se a dirigir pessoalmente (e em proveito próprio) uma só parte da exploração, pelo sistema de arrendamento excluindo os frutos da terra. Em Hurepoix, por exemplo (região parisiense), o arrendamento, na época moderna, gozará de um monopólio quase absoluto como sistema de fazer valorizar a terra; ora, o sistema de meias, ou meação (calculando-se menos de 50% dos frutos da terra para o dono, muito freqüentemente), surge contudo como uma aparição passageira nessa zona durante o período de baixas rendas que vai de 1450 a 1500! Essa "aparição" é maciça no que concerne ao gado arrendado (excluindo-se as crias que aumentam o número de cabeças); é mais efêmera, mas inegável, no caso do arrendamento de terra. A concorrência inesperada que desse modo o sistema de meias faz ao arrendamento é o sinal de uma estratégia momentânea dos proprietários: eles fornecem tanto por cento do material, do equipamento animal de tração e das sementes: recuperam tanto por cento das colheitas, e esperam atingir, dessa maneira, não apenas a renda, tão magra então, mas também, como suplemento, uma pequena meta de lucro ou de ganho para quem explora a terra. Essa abertura provisória feita pelo sistema de meias parisiense é também o índice anterior a 1500 de uma impotência momentânea do grupo dos grandes arrendatários, mal constituído ou mal reconstituído ainda: esse grupo, nessa data, não é capaz de assumir, sozinho, todas as despesas da exploração nas centenas de domínios importantes que circundam Paris, como entretanto saberá fazer mais tarde.

O proprietário, para não expor tanto a fraqueza de seu lucro específico, pode então entregar-se também à exploração e transformar o jogo a três num jogo a dois... ou a dois e meio (respectivamente: trato direto da terra ou exploração a meias).

Também há possibilidade de uma outra solução, que consistiria pura e simplesmente em abandonar o jogo. Esse abandono por parte do senhor do domínio é freqüente no caso de terras antes entregues ao descaso, e que exigem uma "limpeza" para recuperação do valor! Mas também se dá em relação aos domínios até então em condições de serem tocados: esse abandono, ou quase abandono, pode consistir, por parte do dono, em entregar sua terra para rendimento por uma geração ou duas de arrendatários;* ou mesmo arrendá-la perpetuamente. Essa espécie de "transação" tornou-se muito comum de 1450 a 1500 ou 1520. Fica muito mais rara depois dessa época, quando o mercado de terras estará numa temporada muito menos favorável para os arrendatários. Trata-se de um tipo de negócio que dispensa o proprietário em maior ou menor grau de participar das reformas dos imóveis e da conservação normal das valas, das encostas, etc. Sobretudo, deixando de ser o dono, ele recebe pela terra, em contrapartida, a segurança de uma renda baixa mas durável, até mesmo perpétua; um pouco à maneira dos 3% garantidos (!) do burguês francês de antes de 1914... (Nos dois casos há a recusa em acreditar num futuro inflacionário.) Ao mesmo tempo, esse tipo de negócio atrai os arrendatários de fazendas seduzidos por esse sistema de concessão: eles se tornam, na verdade, quase que possuidores; a longo prazo, confere a sua família uma participação, parcial ou total, na renda imobiliária do fundo arrendado. É, para esses arrendatários, senão a acumulação imediata, pelo menos a perspectiva de acumulação entre a posição de proprietário e a de arrendatário. Chega-se, por um caminho diferente, a uma das soluções antes evocadas (simplificação do "jogo"). Na alta Provença, no Languedoc, tais tendências se concretizam pela via do *acapt*, tão impressionante entre 1471 e 1493. Em 1476, por exemplo, os co-

---

*Poderia haver uma pequena variação de contrato para contrato, mas, de um modo geral, considerava-se de "uma geração" um tempo de 30 anos (no máximo 35) num contrato de arrendamento desse tipo. (N. do T.)

senhores da terra de lavoura de Corbières (alta Provença) dão em *acapt* a certos arrendatários dessa aldeia cinco unidades de terrenos, mais ou menos abandonados, cada uma das quais pode receber, em sementes, a carga (de grão) de uma mula, ou *carregamento*; lá reúnem seis instrumentos de roçar os campos contíguos ao bosque mal afamado de Bousquet, um carregamento de azeitonas miúdas e a área onde estão situadas seis casas em ruínas, situadas fora das muralhas de Corbières, no antigo arrabalde, abaixo da casa abacial. Os que fizeram esse arrendamento perpétuo pagarão um foro irrisório de alguns *sous*; mais uma *tasca* (equivalente, em língua d'oc, ao *champart*, direito feudal sobre a colheita), fixada definitivamente em um-onze avos dos grãos. Tasca que, bem mais tarde, quando a memória da doação inicial estiver apagada, parecerá bem pesada aos descendentes. Mas, no momento, e para o século futuro, representa uma carga mais leve do que seria uma renda territorial ou preço de arrendamento, constantemente sujeito a aumento e a "indexação".

Na região parisiense, os arrendamentos por duas, às vezes por três gerações, e os contratos perpétuos que evoquei há pouco começam a resultar no desmembramento da reserva senhorial, e a concentrar cuidados de valorização e praticamente a posse entre as mãos do arrendador. Situados para o essencial entre 1450 e 1520, esses contratos estão na origem da fortuna multissecular — pelo menos até o século XVII — de mais de uma dinastia de grandes arrendatários-lavradores. Em 1456, por exemplo, um certo Pierre Hersent "recebia das religiosas de Villiers-Cerny as terras de la Norville arrendadas através de um contrato por três gerações e seus herdeiros consideraram tão claramente que elas lhes pertenciam que delas fizeram partilha" (Jean Jacquart). Ora, esse Hersent, a partir de então dono de terras, e afinal rico, seria o ponto de partida de um tronco de descendentes destinados a tornar-se grandes administradores de fazendas na região de Arpajon, depois camareiros na corte de Luís XIV e gentis-homens na corte do rei de Espanha... Em 1481, da mesma forma, o sogro do lavrador Pierre Lucas recebe por arrendamento perpétuo 60 *arpents* em Hurepoix; seu genro, depois os herdeiros deste, por assim dizer quase proprietários de terras, tornaram-se sólidos lavradores e grandes arrendatários de terras de Saint-Germain-des-Prés, do Hospital de Paris, do capítulo de Notre-Dame... Quanto à fortuna da dinastia dos Harineau, outro viveiro de poderosos arrendatários, nasce de um arrendamento para duas gerações que uma abadia cedeu em 1500 a seu ancestral epônimo: sobre os 34 *arpents* que lhe foram assim alugados por seis dezenas de anos, pagando a metade de um aluguel fixo e alguns sacos de grãos, Michel Harineau, transformado simultaneamente em explorador e proprietário *de facto*, soube construir uma fortuna sólida, e transmissível, de grande arrendatário.

Assim, as condições tão particulares que reinam mais ou menos até 1500 terminam por favorecer, na região parisiense e alhures, a fórmulas que parecem mutuamente contraditórias: ora um sistema a meias, ora um arrendamento longuíssimo.[26] O objetivo é reunificar mais ou menos, desta ou daquela maneira (em proveito de uma ou de outra das "altas partes contratantes"), exploração e propriedade. A fim de minorar o efeito de uma renda baixa, e o inchaço do salário. Que a renda baixa suba e o salário baixe é o que se quer: ver-se-ão desde então recuar, pelo menos em torno de Paris, na região mais progressista, a partir de 1520, o sistema de meias quanto aos frutos da terra e as locações intermináveis.

No Centro e no Sul, os mesmos problemas; mas soluções diferentes: nessas regiões há um esforço para conter a alta dos salários, não contra o arrendamento ou contra a renda pela exploração. É, em todo caso, uma das causas das iniciativas que tendem, ao sul do Loire, um pouco por toda a região, a restaurar nas explorações do campo a família dilatada.

## EXPLORAÇÃO FAMILIAL E ESTRUTURAS DA FAMÍLIA

Sob essa forma de organização familial aborda-se um assunto "de longuíssima duração" que interessa tanto ao fim da Idade Média como ao Renascimento. A questão que realmente surgia quanto aos que explo-

ravam terras nos anos 1450-1500, importando muito pouco no caso
se se tratava de arrendatários, meeiros ou proprietários buscando a
valorização, era a seguinte: como manter a exploração, nas condições
"intrinsecamente contraditórias" deixadas pela demografia da baixa
Idade Média? Havia, de um lado, superfícies de domínios senhoriais
ou de concessões que, além do jogo de *remembrement* dos herdeiros
em período de despovoamento, tendiam a crescer: em boa lógica, as
forças de trabalho da família nuclear não mais satisfaziam e dever-se-
ia ter em vista uma valorização salarial em benefício dos criados... O
mais importante, no período 1450-1490, era o arroteamento ou a reposição da terra em estado de produzir, em ambos os casos uma grande exigência de mão-de-obra. Ora, precisamente no momento em que
os assalariados se faziam mais necessários do que nunca, ficavam acima dos preços possíveis! Seus salários chegavam a níveis astronômicos, em relação aos quais não se encontrará equivalente real, em pão
ao menos, a não ser no século XIX. Que fazer, nessas condições, para
que as terras de exploração tornadas muito vastas pudessem unir as
duas pontas?

Uma solução: a família dilatada. Um genro em casa, eis aí um trabalhador a menos para pagar. Daí a voga durável das grandes famílias
"de muitos núcleos", "patriarcais", e das "sociedades fraternais", especialmente no século XV.

Essa voga, na realidade, diz respeito essencialmente à França meridional (em sentido amplo). No Norte, na verdade, a desintegração
dos clãs e, mais geralmente, das grandes moléculas familiais, tinha
chegado desde o século XIII a um ponto de não-retorno: depois de
1200, assistiu-se no planalto de Mâconnais, na região de Beauvaisis,
na Picardia e também por toda a zona setentrional da França da língua d'oil, ao triunfo irreversível das famílias nucleares: elas representavam, no sistema da aliança de parentesco, a menor combinação
possível, e a forma daí em diante padronizada do grupo co-residencial
(em compensação, sem levar em consideração o próprio sistema da
residência e do *lar*, os laços de linhagem mantinham evidentemente
uma importância primordial, mesmo na França d'oil). Certamente,

conhecem-se alguns exemplos de grandes famílias dilatadas no século XV, em plena Normandia: é o caso da grande sociedade fraternal de 10 lares e 70 almas estabelecida em Luc, perto de Caen, em 1480 mais ou menos, a fim de fraudar o imposto, concentrando-o nas costas de um único chefe de família. Mais globalmente, nas províncias da Bacia de Paris, do velho domínio capeto e do Maciço Armoricano, o fenômeno da sociedade fraternal não "fincou" ou "refincou" raízes no tempo das *Wüstungen*. A que encontramos, por exemplo, em Touraine, por volta de 1480, é uma "falsa" sociedade fraternal, estabelecida simplesmente para formar um "consórcio" *ad hoc*, a fim de pagar as taxas senhoriais e os arrendamentos. Não constitui uma verdadeira unidade de residência comum, nem uma cooperativa de trabalho agrário.

Donde as conclusões às vezes um tanto incisivas, mas no conjunto judiciosas, de Peter Laslett: nas regiões desenvolvidas da Europa Ocidental, Países Baixos, Inglaterra, norte da França e oeste da Alemanha, a família dilatada, mesmo durante os Antiqüíssimos Regimes (fim da Idade Média, início da época moderna), tem alguma coisa de mito; tem um quê desse tema agrário e rousseauísta da nostalgia ocidental, do qual os primeiros utopistas, entre os quais Rétif de la Bretonne é o nome básico, tirarão modelos excitantes, mas fictícios, para a construção do socialismo! Para voltar a nossas *Wüstungen*, os grandes exploradores rurais do século XV, na França d'oil, pressionados por problemas de dinheiro por causa da alta exagerada do salário, não tinham condições de buscar uma solução para seu problema numa estrutura familial vasta e "hipermolecular" cujo arquétipo já quase não existia desde 1200 no coração do contexto cultural.

No sul era diferente. O Mediterrâneo há muito tempo se tornara o mar dos patriarcados, dos consórcios, das sociedades fraternais verdadeiras; no século XV, por exemplo (anos 1420), pululam em Florença grandes moléculas parentais; associam num mesmo lar muitas famílias, agrupadas em torno de um eixo vertical (casais de pais e de filhos casados); ou horizontal (irmãos e irmãs respectivamente casados, formando casais que vivem em comum no mesmo arrendamento). Vale a pena evocar um exemplo bem conhecido, a imemorial *zadruga* iugos-lava, com seus quinze ou vinte membros, suas múltiplas famílias, seus chefes, homens ou mulheres, eleitos; e sua posição "de base" na gra-nulação segmentária da sociedade; seus vilarejos-*zadrugas* formavam as unidades primárias do tecido antropológico, eles próprios federados em clãs ou aldeias.

O que menos se sabe, sem dúvida, porém já se sabe, seja como for, há alguns anos, é que a França do Sul, os Alpes, até mesmo o extremo sul germânico, no fim da Idade Média, participam igual-mente, como é normal, dessas estruturas "mediterrâneas", ou mais exatamente meridionais, sul-européias e arcaicas: Carpentras em 1473 e Friburgo em 1447 têm uma porcentagem de famílias dilatadas cla-ramente mais elevada do que Ypres em 1412 ou Dresden em 1447. Das aldeias do Périgord estudadas pelo Dr. Biraben, a porcentagem dos lares de famílias com múltiplos núcleos (completos ou incomple-tos) é quatro vezes mais elevado do que nas paróquias do mesmo gabarito da planície francesa de Beauce e da Inglaterra. Assim, Mont-plaisant (Périgord), aldeia inteiramente deserta durante as *Wüstungen*, tinha sido repovoada, a partir de 1453, por imigrantes; estes (prova-velmente para facilitar a burocracia da legalização da entrega da ter-ra de lavoura) foram implantados por equipes, sob a forma de famílias dilatadas. Em 1644 ainda, 40% dos "lares" de Montplaisant se apre-sentavam "dilatados" e tinham respectivamente em suas famílias di-versos membros, ascendentes ou colaterais, casados ou não, além da célula nuclear; no seio dessas unidades, o avô, quando ainda vivia, era regularmente designado, no livro das almas, ou registro do recen-seamento mantido pelo pároco, como chefe da família. A mesma si-tuação podia ser encontrada em Laguiole (Aveyron), aldeia patriarcal de criadores queijeiros, segundo um documento tardio, também do século XVII.

Em Auvergne, em Bourbonnais, em Nivernais, trabalham no fim da Idade Média e no século XV, e trabalharão ainda através de sobrevivências marcantes até o fim do século XIX, grandes comunidades familiais, fundadas com base no sistema da concessão à *bordelage** ou da coletividade *participante*. O jurista Guy Coquille, na época do Renascimento, descreve esses sistemas, num texto, aliás, em que se refere à situação anterior a 1500: "Segundo o antigo estabelecimento doméstico dos campos nessa região de Nivernais, o qual estabelecimento doméstico dos campos é o verdadeiro núcleo e origem da comunidade do tipo *bordelage*, muitas pessoas devem se reunir numa família para lutar por esse conjunto doméstico que é altamente laborioso e consiste em muitos trabalhando na região, que em si mesma é de cultura penosa. Uns funcionam na lavoura e para tocar os bois, animais morosos, e comumente acontece que os arados sejam puxados por seis bois; os outros para guiar as vacas, as éguas no campo; os outros para guiar as ovelhas e carneiros, os outros para conduzir os porcos." Essas famílias, desse modo compostas por muitas pessoas, todas com empregos, cada uma de acordo com sua idade, sexo e possibilidades, são dirigidas por um único que nomeiam "mestre de comunidade", eleito para essa função pelos outros, "o qual comanda todos os outros, apresenta-se para os negócios que aparecerem nas cidades, ou feiras e alhures...".

Confirmação pelos arquivos: nas paróquias de Magny e de Cours perto de Nevers,[27] essas comunidades muito numerosas estão perfeitamente atestadas desde o século XV, desde 1415. Os de Auvergne, por exemplo os de Quittard-Pinon (na região de Thiers, dotada de fortíssimas tradições folclóricas), ou os de Nivernais, como a grande família dos Jault; algumas dessas comunidades resistem até os séculos XVIII, XIX e são descritas por testemunhos tardios, porém criteriosos. Parecem ter sido ligadas, pelo menos originalmente, a formas de dependência arcaica: servidão, concessão paga através de pensão anual

---

*Tipo de arrendamento usado um pouco por todo o centro da França, pelo qual o arrendador pagava parte em dinheiro (áreas que não comportavam lavoura, como as regiões madeireiras, os vinhedos e as pastagens), parte em trigo (áreas de lavoura) e parte em aves (pelas áreas de aves domésticas e gado). (N. do T.)

em várias espécies; a mão-morta* incita os herdeiros a co-residir com o pai, para evitar que, na morte dele, seu pedaço de terra vá para o senhor; essas comunidades utilizam-se muitas vezes de modelos de arrendamento tradicionais, como o sistema a meias (ver, ainda no início do século XVI, as tratativas difíceis de determinado grande proprietário, em Nivernais, com as comunidades familiais dos meeiros que povoam seus domínios).[28]

Estruturalmente, as comunidades de Auvergne e de Nivernais estão organizadas, em 1500, como em 1780, sob a forma de verdadeiras *zadrugas* (essa semelhança, freqüentemente muito exagerada, com o arquétipo iugoslavo, pode ser explicada seja por pura coincidência, seja, a um ponto de rigor extremo, por uma comum e longínqua origem indo-européia). Como quer que seja, as *zadrugas* da França central chegam a ter umas vinte pessoas em quatro ou cinco residências; são efetivamente dotadas de um chefe e de uma chefe, eleitos pelos respectivos cabeças das residências, e não podem ser marido e mulher. O chefe dirige a parte agrícola do trabalho, a chefe se ocupa dos panos, do galinheiro e das roupas. Democraticamente destituíveis, o chefe e a chefe nunca são proprietários dos bens indivisíveis da comunidade (moinho, campos, castanhal, construções), que pertencem coletivamente ao conjunto das famílias co-residentes. Outras características, algumas das quais também podem ser encontradas na longínqua *zadruga*: a separação dos homens e das mulheres (as mulheres servindo os homens nas refeições e não se sentando nem comendo a não ser depois deles ou fora da mesa deles); a endogamia, com casamentos consangüíneos na comunidade quando isso for possível; a exclusão da herança das moças com dote que se casam fora do grupo; a supervisão cuida-

---

*A mão-morta (*mainmorte*) é um direito feudal pelo qual os bens do servo passam todos ao senhor, por sua morte. Os bens, portanto, são indisponíveis para a família, inalienáveis: pertencem todos ao senhor da terra, ao qual o servo também pertence. Também se dá o nome de mão-morta aos bens de corporações, como conventos, hospitais, etc, permanentemente indisponíveis porque a morte de quem quer que seja não acaba com a corporação, ou seja, os bens permanecem sempre com ela. No direito medieval português (consuetudinário) a instituição da mão-morta parece ser encontrada apenas no último sentido, que não é o que está em causa. (N. do T.)

dosa pelo grupo (ou ao menos, como também dizem os textos, "pelo conselho e opinião de muitos parentes e amigos reunidos ao grupo") dos casamentos que introduzem na coletividade um cônjuge vindo do mundo exterior. A moça, assim admitida pela aquiescência de todos, traz com ela, nem é preciso dizer, seu dote: vestido, saia de lã, chapéu, cofre ou arca de carvalho com chave, cama com colchão de penas, almofadas e lençóis, louças, pratos e canecas, que pouco a pouco passarão a ser de estanho, no século XVI, um touro, ovelhas, uma vaca cheia ou com bezerro, uma quantia em dinheiro ou, eventualmente, terra. O conjunto todo será mais ou menos reembolsável se mais tarde a mulher, tendo enviuvado, resolver deixar, levando seus trastes, a comunidade à qual se integrara ao casar-se.

Essas diversas disposições supõem, é claro, a co-residência (até dezesseis casas, por exemplo, na comunidade dos Petiot, dissolvida em 1764) tendo como base o lugarejo epônimo, com casas separadas, mais ou menos ordenadas, e refeições tomadas em comum. Uma mistura, curiosamente "remexida", de elementos folclóricos e cristãos parece ter constituído o ingrediente cultural que acompanhava esses conjuntos de famílias. A comunidade dos Jault, por exemplo, em Nivernais, remontava provavelmente ao fim da Idade Média; tinha seu gênio protetor e fecundo na imagem de uma cobra, instalada perto da lareira; mas contrabalançava a presença desse réptil uma estatueta da Virgem, ao pé da qual se fazia como sociedade fraternal a oração da noite; a oração da manhã, em compensação, era "nuclear", pronunciada separadamente em cada casa.

Economicamente, a comunidade pretendia-se, se possível, autárquica; tentava produzir tudo, tecer tudo que usava, e só comprava sal e os metais, sobretudo o ferro. Membros da comunidade e famílias se especializavam em diversas tarefas, uns se encarregavam dos 80 carneiros, os outros das 30 vacas e dos três pares de bois que pertenciam ao grupo.

Tornadas na época moderna muito raras em Auvergne, onde restaram apenas em estado de sobrevivência na região de Thiers, essas comunidades, antes realidades da baixa Idade Média, mostraram-se, por outro lado, mais resistentes em Boubonnais e em Nivernais. Nessas áreas, formavam, ainda no século XVIII, um elemento importante nas estruturas de arrendamentos, sem exceção para os sistemas de meeiros; constituem-se mesmo, em certas zonas, uma sensível minoria da população: em Pougues (Nivernais), "a cláusula da comunidade co-residencial entre pais e filhos aparecerá ainda, entre 1791 e 1806, em 118 contratos de casamento num total de 355", quer dizer, na terça parte dos casos. A proporção (a julgar pelos testemunhos de primeira mão dados por Guy Coquille e os cartórios) era no mínimo igual, até mesmo superior, à do fim da Idade Média e do século XVI.

Mais ao sul, as comunidades familiais são muito importantes nas regiões montanhosas de língua occitana e basca. Constroem-se com base num modelo um pouco diferente daquele que inspirou a "quase-*zadruga*" de Auvergne e de Nivernais. A chefiá-las está um *paterfamilias* que por definição não é eleito; reina por direito divino, a partir de sua posição na genealogia: essa estrutura pode mesmo permitir uma certa dose de matriarcado nos Pireneus occitanos, gascões e sobretudo bascos. Historicamente, essas comunidades, típicas do nosso Sul, enraízam-se num velhíssimo sistema consuetudinário da época medieval, atestado desde o século XII no Languedoc, desde a alta Idade Média ao sul dos Pireneus; os trabalhos de Aubenas e principalmente os de Hilaire permitem, além disso, constatar que essas comunidades conheceram, na metade meridional do Maciço Central e dos Alpes, e na planície da região de Montpellier, uma última e específica "idade de ouro" durante a dolorosa época das *Wüstungen*, nos séculos XIV e XV.

Foi no decorrer desses períodos, de fato, que o hábito de coabitar das famílias dilatadas transbordou dos velhos ares montanheses (Cévennes), seu domínio tradicional, para invadir os campos que margeiam o golfo do Lion.* Expus mais detalhadamente numa obra sobre o Languedoc rural as diversas astúcias jurídicas graças às quais a institui-

---

*Golfo do Mediterrâneo, na costa sul da França (preferi não traduzir para golfo do Leão, porque nunca encontrei essa forma, pelo menos no português do Brasil). Nada a ver com a cidade de Lyon que, como se sabe, fica longe do mar (sem falar na diferença ortográfica). (N. do T.)

ção específica que é a família ampla chegou a se implantar e a crescer para o bem ou para o mal. Entre essas astúcias jurídicas pode-se citar, por exemplo, a doação fictícia aos filhos casados da terça parte ou da metade dos bens paternos, dos quais o pai, na verdade, num regime de co-residência, conserva o usufruto; a coabitação é a três famílias, uma dos pais e as outras de dois filhos; e algumas vezes — mas o caso é raro, dada a frágil esperança de vida — a co-residência chega a três gerações; a dominação quase senhorial do patriarca, especialmente forte na Provença, onde o genro que se casa e vai viver na casa da moça fica sob tutela do sogro (tal subserviência é especificamente occitana e quase inimaginável no Centro, onde a própria comunidade tácita,* como se viu no caso de Nivernais, não traz consigo nenhuma *diminutio capitis* do marido da filha, quando ele coabita). Claro, essas grandes famílias meridionais prevêm a vida comum de fogão e panela, de dinheiro, vinho e pão repartidos. Tensões dramáticas, à maneira de Dominici, nascem às vezes nas imediações, ou na intimidade do pequeno grupo; podem redundar em crimes; ou em expulsão dos jovens pelos velhos; ou em opressão dos velhos pelos jovens, quando os velhos se tornam senis, e quando se pode, sem que eles reajam, vender sua cama ou suas cobertas, e reduzir sua ração de vinho. Quanto aos dotes, incorporam-se à massa comum, no caso de chegada de uma esposa; ou, ao contrário, justificam a exclusão da herança da moça que leva dote, quando se casa fora do grupo — exclusão, aliás, consagrada pelos estatutos de Provença de 1472-1473, que a adotam com a finalidade específica de lutar contra a pulverização da terra de lavoura em pequenas parcelas. As "comunas" que assim se formam são praticamente indissolúveis. Afinal, quando a velha geração está morta, as sociedades fraternais são constituídas muito freqüentemente pelas comunidades de vários filhos casados: prolongam num plano "horizontal" a antiga coletividade vertical dos pais e dos filhos crescidos que se somam ao trabalho domés-

---

*Communauté taisible*, no original: sociedade de bens, reconhecida no direito medieval, que se formava entre camponeses, parentes ou não, com o objetivo único de habitação comum durante um ano e um dia. (*N. do T.*)

tico. A fraternidade assim valorizada pode prejudicar tanto os laços conjugais (jovens casados "se irmanam" e prometem se tratar dia e noite como irmãos e irmãs!) como a amizade pura e simples: dois homens que o parentesco absolutamente não aproxima mas que são lançados um nos braços do outro pelo interesse, pela afeição ou até por uma verdadeira paixão em torno de alguma coisa constituem uma "fraternidade artificial" que os une mutuamente; estarão assim em condições de desbastar (porque não será suficiente a força reunida de seus braços ou de suas parelhas de animais) o mesmo trecho de montanha tomado outra vez pelo mato desde as *Wüstungen*; ou irão administrar juntos uma loja de cabeleireiro ou de especiarias. A origem de todos esses entendimentos, patriarcais ou fraternais, ou pseudofraternais, assenta-se claramente sobre um desejo lancinante de segurança, muito natural numa sociedade tornada delinqüente, na qual tudo desmorona. Mas os procedimentos comunitários nascem também, mais prosaicamente, das necessidades de uma agricultura que precisa retomar, preservar, reconstruir. Decorrem, num contexto de salários de tal forma elevados que se tornaram delirantes, da exigência implacável surgida de absorver a nova mão-de-obra a partir desse reservatório de trabalho gratuito que a família dilatada propõe generosamente. Decorrem, enfim, das oportunidades que a ampliação das concessões oferece, pelo *remembrement* em benefício dos arrendatários de pequenas propriedades ou dos médios proprietários. Como os lotes se tornaram maiores do que antes, também fica mais fácil neles instalar um filho casado junto com o casal, ainda em vida dos pais. Na Occitânia, em Auvergne, em Béarn, e também em algumas latitudes sul da França d'oil (Nivernais), as comunidades familiais, cujo arquétipo tinha sido preservado durante o apogeu da Idade Média pela tradição autóctone — mais previdente a esse respeito do que as comunidades correspondentes da França do Norte —, passam por uma segunda juventude durante as *Wüstungen*. Contribuem assim, durante o período estudado por este livro, para relançar a exploração rural de fazendas grandes e médias. Algumas relíquias que sobreviverão aqui e ali no século XVIII, e principalmente a imensa documentação que deixaram, no tempo de seu esplendor, permitem estudá-las simultaneamente *in vitro* e *in vivo*.

## SOBRE ALGUNS ALDEÕES

Para além dos tipos de família, para além das categorias territoriais ou econômicas que acabamos de citar (salário, renda de exploração), nosso estudo gostaria de ver, ou antes, de deixar ver os arrendatários agrícolas como realmente eram, os aldeões "em carne e osso" no século XV. Ainda que a façamos puramente metafórica, essa reconstituição é difícil. As fontes pictóricas (*Três Riches Heures du Duc de Berry*) mostram algumas vezes trabalhadores de opereta, um tanto irreais, a despeito da exatidão incontestável de alguns elementos do cenário. (Talvez, afinal, as personagens assim pintadas pelo criador das imagens sejam as que recebiam senhoria, originárias da camada mais aristocrática e a menos típica do mundo rural) Deixando de lado essa iconografia, as fontes mais legítimas — arquivos e arqueologia — freqüentemente tratam do assunto com um certo preconceito. Como exceção, os trabalhos de Jean-Marie Pesez e Françoise Piponnier chegam a reconstituir a aldeia da baixa Idade Média, graças às escavações realizadas nos locais; e graças aos inventários de mortos recolhidos nos velhos registros; esses dois autores conseguem então reproduzir as antigas populações rurais como que vivas, populações que foram as grandes vítimas das *Wüstungen*. Se bem que os dados por eles estudados se refiram sobretudo ao fim do século XIV, basicamente não diferem muito, *ao menos na tipologia* (porque as "doses" variaram), dos dados que vigorarão cinqüenta anos depois, no início do período enfocado por nosso livro: a arqueologia e principalmente os inventários (na região borgonhesa, objeto das pesquisas de Pesez-Piponnier) dão assim a imagem plausível dos diversos níveis sociais do mundo agrícola.[29] Nível superior em primeiro lugar: arrendatário e padre, o pároco Berthier, falecido em 1377, em sua paróquia de Challevoisin, é um homem rico, marcado entretanto como nascido de servos, o que sujeitará seus bens ao direito

conhecido como de mão-morta [*mainmorte*], quando de seu faleci-
mento. Sua fortuna se caracteriza pela abundância de gado, à maneira
de Hesíodo. No estábulo da casa presbiteral, ao longo dos grandes
cochos, alinham-se, como que numa exibição ostentatória, 24 vacas, 6
bezerros de leite, 6 novilhas que ainda não tiveram cria, 3 bois e 1
novilho. Esse pároco, em compensação, tem apenas um cavalo (um
potro): porque, nessa região de trabalho bovino, os "eqüinos" pertencem como privilégio de fato aos nobres ou aos ricos que estão fora, ou
por cima, do mundo camponês. Além dos animais que cria em seu
domínio territorial, Berthier ainda é dono de 714 carneiros entregues
em arrendamento a 46 pessoas diferentes, 46 camponeses, claro. Pode-
se então considerá-lo como um capitalista de aldeia, investindo num
capital móvel do tipo primitivo. Além de tudo, sua qualidade de eclesiástico, grande queimador de velas para Deus, faz dele, como de muitos
padres, um especialista em apicultura. Uma bateria de 48 colméias ro-
deia sua casa. No conjunto, a fortuna mobiliária de Berthier (530 libras) corresponde, dada sua estrutura, às duplas exigências da época:
entesouramento e empréstimos, em longo período de baixa dos preços (o pároco deixa 280 libras em dinheiro líqüido e créditos); a parte
maior em produção animal (tem 118 libras em gado doméstico e 132
libras em gado ovino entregue a arrendamento). Sua adega também
não é desprezível: em tonéis grandes e pequenos ("caudas" e "punções",
segundo a terminologia específica) ela dispõe de duas caudas e um
moio... um moio que afinal será bebido de uma só vez, em família e
entre amigos, para celebrar dignamente o enterro do pároco. Outros
estoques: sacos de cevada, uma carrada de feno. Fio e tecido de cânhamo para o trabalho têxtil das domésticas. Pano guardado em arcas (10
varas)* para a confecção de roupas para a gente da casa. Na cozinha,
onde além do fogão há grandes ganchos, a riqueza do dono fica evidente pelos utensílios de cobre (6 panelas) e pela abundância de esta-

---

*Medida antiga equivalente, na França (*aune*, também existe em português a forma "ana"),
a 1,188m. (*N. do T.*)

nho, num total de 20 tigelas e 5 panelas. Em compensação, apenas 3 canecos de madeira. Porque o equipamento de cozinha de madeira é bom para os pobres, humilde demais num confronto com o estanho. Fora duas boas camas com colchões de penas, guarnições (colchas e lençóis), e dúzias de guardanapos, a mobília e a roupa branca, em casa de Berthier, camponês entretanto muito abastado, são ao contrário reduzidas. Não há mais do que quatro depósitos de grãos, por sobre os quais está o aparelho (*maiz*) para preparar a massa do pão; duas mesas; e algumas cadeiras de forma indeterminada. A vida "intelectual" está presente apenas através do breviário, previsível em casa de um padre. Não há crucifixo. Nem imagens, nem estatuetas piedosas. Esse tipo de objetos só aparecerá em casa de ricos homens do campo no século XVI, ou até muito mais tarde.

Um furo abaixo, na escala social dos homens do campo, está Perrenot de Malestat, falecido em 1368, o qual, também, por ser bastardo, está preso ao instituto da mão-morta como dependente do duque de Borgonha. Perrenot, que hoje corresponderia a um pequeno agricultor, pode ser considerado um arrendatário médio nas condições do parcelamento de terras de sua época. Semeia, efetivamente (em parte, parece, em terras concedidas), 9 jornadas de terra em terrenos de repouso para os grãos de inverno e 7 em terrenos das semeaduras de março (cinco das quais de aveia, uma de ervilha e a última de uma planta forrageira). Suas duas casas — uma no hospital público, a outra no "Moustier" da aldeia de Pouilly-sur-Saône — são provavelmente fruto de heranças acumuladas que, em período de despovoamento, tendem a concentrar os bens imóveis nas mãos de um menor número de herdeiros. São cobertas de palha; cada uma delas dispondo de um terreno agricultável de meia jornada, pequena fração de terra cuidadosamente adubada. Num dos terrenos está a estrumeira ou *monte*. Além de 7 colméias, um ganso e algumas galinhas, o conjunto de animais de Perrenot compreende 6 porcos e 8 bovinos (6 vacas, um bezerro e um boi), para cuja alimentação estão reservadas três carradas de feno. Os estoques de grão guardados em sete depósitos que se seguem à sala, fechados a chave, chegam a 14 alqueires,* a metade dos quais com centeio; o resto com cevada e aveia (5 alqueires); e com ervilha e lentilha (um alqueire e meio). Possuidor de um par de tesouras de costureiro, Perrenot talvez exerça em tempo parcial uma atividade de alfaiate rural; Marion, sua mulher, fia, talvez teça: é o que se pode deduzir dos estoques de cânhamo (pesando 7 libras), de fio (4 libras). Quanto aos utensílios, não falta o ferro: além de suas tesouras, Perrenot também tem enxada, machado, foice e podadeira; e ainda "um saco de velhas ferramentas". A bateria de cozinha é completa (frigideira, trempe, baldes de madeira com aros de ferro); em compensação, falta o material de estanho (exceção feita a dois "pequenos pesos quadrados"). As panelas rústicas abundam, sem dúvida: as escavações, em várias partes da Borgonha, desenterram fragmentos de panelas de couro, amplas tigelas, cântaros de terra bruta não envernizados, ou com verniz verde, ou com decorações verdes e marrons, sobre fundo creme-claro. Mas, pelo seu pequeno valor, o escriba que redigiu o inventário nem mencionou esses utensílios.

Além da ausência do estanho e do cobre, em casa de Perrenot le Malestat havia uma relativa pobreza de roupa branca: diferente de Berthier nesse ponto, Perrenot, cuja família sem dúvida era menos higiênica do que o pessoal doméstico do pároco, dispunha apenas de quatro ou cinco guardanapos. Em compensação, estava razoavelmente servido de lençóis: oito pares, ao todo, ou seja, um ou dois por pessoa. Deitavam-se dois em cada cama, sobre três colchões de penas: mas não existiam colchas para cobrir as camas; e um dos acolchoados de pena tinha sido penhorado por 7 moedas de valor, na seqüência de um período momentâneo de escassez de dinheiro. Supõe-se que essas "camas" eram, na verdade, sacos de palha estendidos no chão mesmo, e sem armação de madeira. Com exceção das arcas, a mobília não tinha originalidade: o pequeno aparador de madeira sobre o qual se comia, o guarda-louças para arrumar a baixela, a mesa, por fim, que não se fazia acompanhar de nenhuma cadeira digna de ser mencionada pelo

---

*Antiga medida de capacidade, equivalendo a pouco mais de um decalitro. (N. do T.)

inventário. Fica, afinal de contas, da casa de Perrenot, uma impressão que é um misto de falta de conforto e de vida relativamente folgada — a despeito de sua condição de bastardo e de servo, nosso homem, moldado à sua maneira pela conjuntura original das *Wüstungen*, deixa para a viúva gado, duas casas e 14 florins em dinheiro. Bens que ajudariam Marion a pagar a parte da herança devida ao duque pela mãomorta.

Com Jeannot d'Esparvans, da aldeia de Sancey (falecida em 1361), desce-se claramente a um nível mais baixo, até o nível maciço e degradado do povo rural: para toda sua família Jeannot não tem mais do que uma "cama" e um único lençol. Seus utensílios de cozinha são de madeira e de cerâmica; de metal, o inventário menciona apenas duas frigideiras e um caneco de beber. As reservas de grãos, no celeiro, são reduzidas: 40 feixes de trigo e centeio. Sem contar com seis arcas baixas, a mobília consiste, apenas e exclusivamente, em um pequeno aparador. Jeannot, que não dispõe de uma única grama de estanho, não tinha chegado ainda à idade do ferro! Pelo menos no que concerne a seus próprios utensílios. Em sua casa, nem uma pequena foice, nem enxada, nem podadeira (essas carências quanto a metais estabelecem, afinal, um contraste com o período moderno: no século XVI, por volta de 1550, muito raro será o trabalhador agrícola que não terá sua pá ou sua podadeira). Deve-se considerar francamente que o trabalhador diarista, ou jornaleiro, do tempo das *Wüstungen* (caso do nosso homem que certamente não utilizava a pedra polida), pedia emprestado utensílios de vizinhos menos pobres quando ia ganhar a vida trabalhando nos campos dos outros; ou então fabricava precárias ferramentas de madeira, indigentes demais para figurar num inventário. Essas carências metálicas muito comuns agravam claramente a crise da baixa Idade Média, da qual também são um dos efeitos...

Os diversos índices de pobreza que acabamos de observar — acrescente-se ainda o fato de que Jeannot, ao morrer, parece não ter deixado um tostão furado a seus herdeiros — não significam, entretanto, miséria absoluta. Nosso homem tem lenha para queimar (três carroças) que retira provavelmente pelos direitos comunais na floresta senhorial; tem cânhamo (três *barcaças*), que conseguiu de uma pequena lavoura desse vegetal, bem adubada, em sua roça; principalmente em matéria de gado, tem alguma coisa apreciável: duas vacas, para produção leiteira e talvez para o trabalho; uma bezerra; "três porquinhos ainda mamando", de cerca de um ano, para o toicinho da família. Todos esses animais alimentados pelas bolotas e pelo capim conseguidos também lá através dos direitos comunais, as florestas e os pastos abandonados com as *Wüstungen*. Contudo, nada de galinhas, porque elas comeriam o grão. E Jeannot, homem pobre, não produzia cereais suficientes para dar-se ao luxo de transformar uma parte deles em... dúzias de ovos. Seu nível de "fortuna", em capital inventariado, não representa, afinal, mais do que uma sexta parte do capital de Perrenot.

Eis aí três modelos, ou antes três cortes — Berthier, Perrenot, Jeannot — em diferentes estágios do mundo rústico. Cronologicamente, é plausível considerar que os anos 1430, nos piores momentos da crise, levaram uma grande parte do campesinato a baixar até o nível "Jeannot". Enquanto que o bom período do primeiro Renascimento (1460-1480) eleva um forte contingente de homens do campo até o estágio "Perrenot", estágio que comporta, como vimos, muita falta de conforto, mas também incontestáveis elementos de riqueza... Tudo isso *cum grano salis*, pois os inventários utilizados são do fim do século XIV e descrevem uma vida material um pouco diferente daquela que vai progressivamente se instaurar de 1460 a 1560.

Estratigraficamente, a hierarquia retrocitada dos três cortes evoca aquela... definida por especialistas em pré-história e proto-história! De cima para baixo: o terceiro estágio é o daqueles que, como Berthier, chegaram amplamente à posse do estanho e do cobre. No segundo estão os camponeses que, como Perrenot, conseguiram pelo menos ter utensílios de ferro. No primeiro estágio, afinal, estão aqueles que, a exemplo de Jeannot, praticamente não dispuseram de instrumentos metálicos, pelo menos como propriedade pessoal.

A arqueologia confirma e vivifica essas observações. Sobretudo no que concerne aos níveis baixo e médio que as fontes escritas, sim, freqüentemente haviam negligenciado.

A casa dos agricultores dos tipos de Jeannot e Perrenot, cada um em seu gênero, foram verdadeiramente construídas à imagem provável daquelas cujas subestruturas foram exumadas perto de Drancy (na Côte-d'Or) pelas escavações do saudoso Jean-Marie Pesez. A casa de Drancy é uma construção sem argamassa de taipa, com paredes de pedra (contígua a uma outra construção análoga). Compõe-se de dois quartinhos, cujos lados respectivos, de comprimento e largura, têm de 4 a 5 metros. Ou seja, uma construção do tipo "dois cômodos" de 40 a 50 metros quadrados para uma família camponesa. A vida coletiva se desenvolvia no cômodo da frente, que não tinha janela, mas recebia a claridade pela luz intermitente da porta de entrada: ali se cozinhava a sopa sobre um fogo central, desprovido de chaminé; a fumaça saía, sem maiores cuidados, por um buraco no teto. Ali se comia, ali se dormia sobre os colchões e sacos de palha estendidos no próprio chão, chão de terra batida. A mulher, à noite, ali mesmo conversava e ali mesmo costurava. (Tesouras, fragmentos de pano e dedais foram achados *in situ*.) No fundo desse quarto-cozinha havia uma porta aberta num tabique pela qual se entrava no segundo cômodo. Esse cômodo não passava de um simples depósito. Ali ficavam guardadas, amontoadas: as moringas, as tigelas de bronze, a lamparina de óleo; as foices, as podadeiras para as vinhas, as pequenas podadeiras e utensílios diversos; e ainda o pequeno tesouro escondido, com moedinhas e anéis de cobre; as arcas para os grãos e outros gêneros perecíveis. Esses móveis eram ciumentamente fechados a chave, mesmo e sobretudo entre as pessoas pobres. O medo das delinquências, violentas ou não, e da ladroeira universal, parece ter atingido muita gente nessa época... Jean-Marie Pesez, desse modo, pôde detectar com evidência 12 arcas fechadas a chave numa única casa camponesa![30]

Esses dados permanecem regionais: a casa da Borgonha não é a casa francesa "em geral", e é necessário considerar que, graças às escavações *ad hoc*, conhecemos muito melhor o "jeito de morar" dos caçadores magdalenianos de Pincevent (8800 antes de nossa era) do que o dos camponeses franceses de 1450, que entretanto nos precederam por tão pouco no túmulo!

*

Quanto à arqueologia das mentalidades camponesas, na baixa Idade Média, permanece um campo de pesquisas quase tão indecifrável como esse das casas sombrias. Uma certeza, entretanto: a despeito da predominância das formas de pensamento tradicionais, e apesar do papel dirimente, entre os trabalhadores rurais, da cultura oral e maravilhosa (fadas, faia das fadas, mandrágora e bosque sagrado...) da qual dá testemunho, no processo de Rouen, a narração da infância de Joana d'Arc, um primeiro movimento de escolarização se processou nos séculos XIV e XV. Robillard de Beaurepaire, que estudou esse fenômeno na Normandia, ligou-o à ampla difusão do *papel*, tão evidente nas contas senhoriais e nos registros dos notários: porque, um bom século antes que a França (no fim do século XV) se introduzisse na "galáxia de Gutenberg", a regressão do pergaminho, muito caro, e o uso sempre mais expandido de um novo material sobre o qual se escrevesse deram andamento a um primeiro e poderoso multiplicador da informação. Esse multiplicador por sua vez criou (mesmo nas aldeias) uma procura de alfabetização, discreta, mas incontestável. Na diocese de Rouen, pelo menos 19 escolas rurais, algumas das quais de ensino gratuito, aparecem em igual número de aldeias entre 1362 e 1500 (e principalmente de 1397 a 1440). Numerosos homens do campo, clérigos ou não, tonsurados ou não, mas que, claro, são minoria na massa rural, sabem ler e até escrever. Algumas aldeias contam com até 10 clérigos, para 30 chefes de família. O ensino assim dispensado se refere quase que unicamente aos meninos (as meninas, à falta de escolas específicas, continuam mergulhadas no analfabetismo: elas se limitam à transmissão do folclore). Tão modesto, restrito a um grupúsculo e majoritariamente (mas não unicamente) masculino que seja esse progresso no sentido da escolarização e das luzes, constituirá, quando vier a hora da retomada econômica, depois de 1450, um fator inegável de crescimento.[31]

## CAPÍTULO II

O Renascimento rústico:
uma recuperação

## IMPULSO OU "REENCONTRO" DEMOGRÁFICO?

O impulso demográfico francês no "século XVI", mais exatamente no período 1450-1560, não precisa mais ser demonstrado. Na Lorena (rural), segundo os trabalhos de Rose-Villequey, o aumento do número de homens é de 70% a 80% no tempo que vai de 1500 a 1560: aumento que então está provavelmente próximo do dobro, ou talvez até seja superior ao dobro quanto à época total do renascimento (1450-1550, pouco mais ou menos). Na região parisiense, em Jouy-en-Josas, havia 24 lares em 1467, 64 censitários (que pagavam censo ou foro) no período de maior retração populacional, em 1503, e 94 censitários (domiciliados) na mesma aldeia em 1550. Qualquer que seja a diferença entre *lar*, de um lado, e *censitário residente*, de outro lado, não se contestará que a população de Jouy-en-Josas pelo menos dobrou entre o imediato pós-guerra (das guerras de Cem Anos) e imediato pré-guerra (das guerras de Religião). As pesquisas, criticáveis no detalhe, mas válidas quanto ao *trend* de conjunto, feitas por Yvonne Bezard para 16 localidades, e também o levantamento de Guy Fourquin, confirmam que uma verdadeira onda de aumento demográfico, na região rural que circunda Paris, preencheu, em um século (1450-1550), o vazio pelo qual tinham sido responsáveis as grandes crises de 1340-1440. A julgar pelos registros de impostos dos senhores que recebiam o foro ou censo de Saint-Germain-des-Prés, essa onda populacional que se esboçava exatamente entre 1458 e 1470 (Yvonne Bezard) cresce em vigor e se dinamiza entre 1484 e 1511 (coletoria de foro de Issy e de Vaugirard). Lá por 1540-1560, os campos das vizinhanças de Paris chegam mesmo a um nível claramente superior àquele que terão em todo o século XVII! Em 1543, para oito paróquias do bailiado* de La Ferté e do ducado de Étampes, havia 970 lares; não totalizarão mais do que 660 ou 670, de acordo com os anos, de 1709 a 1720. A situação se repete em Avrainville (81 chefes de residências em 1550, contra 41 censitários em 1660; e de 50 a 60 lares em 1700-1710). Em Bagneux, Arcueil e outras paróquias da região de Hurepoix, o número de batizados no período 1542-1550 era superior em pelo menos 50% àquilo que será em diversos períodos do século XVII. Tudo bem considerado, pode-se dizer que os campos da região parisiense estão claramente superpovoados por volta de 1540; a seguir, inicia-se, ao contrário, através das crises mais ou menos trágicas do século XVII, um "sensato" êxodo rural, que criará uma separação mais moderna entre as populações urbanas, essencialmente concentradas na capital, e as populações rurais daí em diante reduzidas a dimensões mais justas, senão mais modestas. Aí por 1540 se está bem longe ainda desse "bom senso" e dessa modernização... forçada.

Na região do rio Yonne e em Anjou, Sologne, Touraine, Beauvaisis, baixa Normandia, Bretanha (segundo os trabalhos de Pierre Goubert, Alain Croix, François Lebrun, Pierre Gouhier), os *trends* são análogos. Os registros paroquiais indicam em geral, nessas regiões, números notavelmente crescentes de batizados e de casamentos: apesar disso, na maioria dos casos são números inferiores à duplicação entre 1490-1500 e 1550-1570 (a duplicação é entretanto plausível entre 1450 e 1560). A população das cidades, em compensação (em Nantes, por exemplo, impulsionada pelo crescimento do comércio vinícola e salino), pode crescer a um ritmo muito mais vivo que o dos campos. No cômputo geral, um pouco por toda parte, os níveis de população rural à altura de 1550, conhecidos diretamente, ou grosseiramente, mas legitimamente presumidos pelo número de batizados e de casamentos,

---

*Território sob a jurisdição de um bailio, figura feudal remanescente, responsável pela justiça do rei ou do senhor nessa área determinada, o bailiado. Talvez uma correspondência próxima, mas não exata, em português seja "comarca". (*N. do T.*)

## Nascimentos e mortes em duas aldeias ao sul de Paris

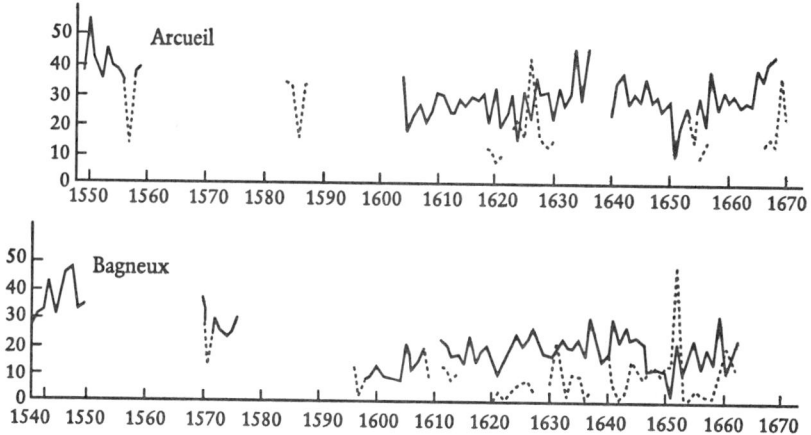

As mortes estão representadas pelos traços pontilhados (linha inferior).
Fonte: J. Jacquart (1974), p. 776.

são, no mínimo, superiores em 20% e 30% aos que prevalecerão durante o século XVII; até mesmo durante o século XVIII.

Nas regiões de língua occitana ou franco-provençal, as tendências não parecem muito diferentes daquelas da região de oil: na Provença, os altos níveis demográficos de 1320 são alcançados e mesmo ultrapassados por volta de 1540, enquanto que a grande província do Sudeste tinha caído, por volta de 1471, a registros abaixo da metade daqueles. Na diocese de Genebra, a população rural tinha perdido mais da metade de seus efetivos entre 1339 e 1443; a população volta a subir a partir dos decênios de 1470-1480; em 1518, a recuperação, já sensível (+ de 30% de aumento em relação a 1440-1470), está longe de ter acabado... Um pouco mais ao sul, oito paróquias da Sabóia, que atingiam 411 lares em 1347 e 346 lares em 1352 (depois da peste), culminam com o total de 587 lares, teto da idade moderna, em 1561. No Jura e no Franche-Comté, a febre de construção dos moinhos entre 1540 e 1580 parece realmente constituir, à falta de provas estatísticas diretas, o índice de um aumento sustentado do número de bocas a alimentar, necessariamente consumidoras de farinha. Em diversos distritos do Franche-Comté, mais ou menos em 1580, a população global se situa em um nível que totaliza 66% em relação aos 100% correspondentes, número mais alto, de 1896. Mais a oeste, e sempre na França do "sul do Loire", a diocese de Toulouse, desde 1536, no apogeu já francamente começado da idade do pastel,* divulga o "ponto mais alto": recenseia-se na verdade o povoamento máximo, superior a todos os níveis do século XVII (Georges Frêche). Nesse caso também, que contraste entre essa plenitude humana, no fim de um Renascimento, e o Tolosino** exangue e despovoado dos anos 1450, descrito com precisão por Philippe Wolff. A expansão demográfica languedociana, no período que vai de Carlos VII a Francisco I e depois Henrique II, é visível através da duplicação progressiva do número dos que pagavam talha*** (contribuintes domiciliados, registrados no livro de talhas), nas dezenas de aldeias da província. Essa duplicação de "contribuintes" chega, na verdade, com um atraso de um ou dois decênios em relação ao crescimento efetivo do número de homens; o tempo em que os recém-nascidos em número excepcional, frutos do impulso demográfico, crescem e se tornam por sua vez pagadores de talha e eventualmente proprietários.

Outros estudos regionais confirmarão, mas esbatendo-a, essa impressão de crescimento do efetivo das populações que fica para o período 1450-1560. Já sabemos, por exemplo, que em Cambrésis e em Hainaut (onde a "maré baixa" da demografia do século XV tinha sido menos comprimida do que em outros pontos), o impulso-recuperação do período seguinte também é menos marcante do que na França d'oil

---

*Planta que produz uma tintura azulada de cujo ciclo econômico se vai tratar mais adiante. (N. do T.)

**Nome de uma região do condado de Toulouse, administrativamente independente até o século XIII, quando passou a integrar o condado, e logo, junto com ele, foi absorvida pela coroa. (N. do T.)

***Imposto cobrado dos plebeus. Há a talha senhorial, a mais comum, paga pelos servos da gleba (e pelos plebeus arrendatários) aos senhores, aos nobres. E a talha real, paga pelos plebeus donos de terra ao tesouro do reino. (N. do T.)

e na França d'oc, situadas mais ao sul. Hugues Neveux (Cambrésis) e Maurice-A. Arnould (Hainaut) só detectam em suas regiões respectivas uma ascensão de 30% a 50% da população entre 1400-1450 e 1540-1550. Constatação normal: menos rude tenha sido a queda, menos abrupta será a rampa de subida.

Quaisquer que possam ser essas divergências legítimas entre apreciações regionais, o essencial é, contudo, obter uma ponderação global e uma visão de conjunto do fenômeno do impulso demográfico em escala nacional. Quantos habitantes tinha, *grosso modo,* "a França" nos anos 1560-1580, em seus limites de então, ou, melhor ainda, em suas fronteiras já quase hexagonais da época Vauban, mais propícias às comparações interseculares? Existem "estatísticas" ou "pré-estatísticas" durante os dois decênios que se seguem às preliminares, ali por 1560, das guerras de Religião. Essas estatísticas valem o que valem! Algumas delas são tão fascinantes como indemonstráveis. Outras, como as de Froumenteau, apresentam um caráter altamente (mas não totalmente) mistificador: nem por isso, e até hoje, são menos doutamente comentadas pelos demógrafos!

Comecemos então por aquela que parece ser a mais séria... e a que menos pode ser conferida: em 1568, um embaixador de Veneza na França (*Rel. des ambass. vénitiens... au XVIe siècle,* publ. por N. Tommaseo, t. II, 1838, p. 149, em *Coll. des doc. inéd. de l'hist. de France*) escreve que o reino da França é "*tutto abitato e tutto pieno; e per certe descrizioni che fechero alcuni Genovesi che volevano prendere l'imposizioni delle doti, si crede che siano circa quindici i sedici millioni d'anime.*"* Esse testemunho dos financistas genoveses, se bem que totalmente inacessível às verificações diretas pelo historiador, certamente não deve ser jogado pela janela — os cobradores de impostos das fazendas e outros funcionários arrecadadores foram de fato os melho-

---

*"... totalmente habitado e totalmente cheio; e por determinada descrição feita por alguns genoveses que pretendiam assumir a imposição dos dotes, acredita-se que sejam cerca de quinze e dezesseis milhões de almas." (*N. do T.*)

res pré-estatísticos do reino (ainda que os mais secretos): eles sobreviverão até a aparição do primeiro "aritmético político" digno desse
nome: Vauban, que deles aproveitará muita coisa.

De modo que, a acreditar-se nos genoveses que pretendiam taxar
os dotes com impostos, a França teria em 1567-1569, depois das primeiras provações extremamente desagradáveis já no início das guerras
de Religião, de 15 a 16 milhões de habitantes. Ou seja, no mínimo 17
milhões de almas, levando-se em conta os acréscimos territoriais, nessas mesmas fronteiras nas quais Vauban achará 19 milhões de pessoas.
Já se voltou, portanto, em 1568, praticamente a atingir o efetivo provável do ano de 1328; e o aumento demográfico global que ainda continuará, entre 1568 e 1700, fica nesse ponto mínimo na longa duração
que se deve legitimamente considerar, a propósito da França barroca,
pós-clássica, a França desse quase *zero population growth\** que constitui hoje o ideal de numerosos demógrafos no mundo.

O testemunho seguinte, o de Froumenteau, merece, a não ser por
umas poucas coisas, ser jogado na lata de lixo da historiografia: se bem
que se apóie, ao menos por um lado, sobre apreciações que não são
necessariamente inexatas e que provêm talvez dos genoveses (ver *supra*), dos auxiliares de direção nos estabelecimentos agrícolas, ou dos
responsáveis pelos departamentos de cobrança de talhas; mas o próprio Froumenteau se comporta como um monstruoso irresponsável.
Em seu *Secret des finances de France* ("Segredo das finanças da França"), de 1581, no qual além de tudo enumera gravemente as putas dos
padres e os sodomitas do clero — com efetivo exato minuciosamente
por diocese —, declara, "cifras de apoio", que há na França, nos limites do reino, 3.500.000 famílias ou casas, incluídos aí os pobres e os
miseráveis. A variação nacional, nessas condições, situar-se-ia entre 14
e 17 milhões de habitantes, ou cerca de 15 a 16 milhões de almas,
consideradas as fronteiras de 1580. Portanto exatamente o mesmo
número calculado pelos genoveses de 1568. Porém, é uma pena, há

---

\*"*Crescimento populacional zero*" (a expressão inglesa se tornou internacional entre os
demógrafos). (*N. do T.*)

um ponto em que surge um problema. Refaço as somas de Froumenteau, a partir do número de lares que ele gentilmente fornece diocese por diocese: a máquina de calcular, mais exata que o velho autor de 1581, dá não 3.500.000, mas um total de 4.463.916 lares! O "erro" é considerável: um milhão de lares desapareceram. Tratar-se-á, realmente, da parte de Froumenteau, de um equívoco? Seria um equívoco grande demais: é de supor-se que essas discrepâncias dissimulem manobras suspeitas estatístico-governamentais. O número "nacional" de "3 milhões de lares" (restam 500.000 lares a mais, ou melhor, a menos, "perdidos na natureza") era desde 1576-1577 um número *político* que se discutia, segundo Lestoile, no Gabinete do rei e nos estados de Blois: jogavam com esse número as diversas facções do poder e os financistas para a fixação dos impostos, cujos proveitos eram grandes demais para que pudessem ser arbitrados com toda a imparcialidade.

Deve-se considerar então que esses 3 milhões de lares (duque de Nevers, citado por Lestoile, em 1576-1577), ou 3,5 milhões de lares (Froumenteau, 1581), constituem uma avaliação subestimada? O efetivo de 4.463.916 lares, reencontrado por mim a partir dos números de base de Froumenteau, seria melhor? Neste caso, dever-se-ia considerar que a França, em suas fronteiras da segunda metade do século XVI tinha de 18 a 22 milhões de habitantes em 1581! Tão plausível quanto possa ser, considerado em si mesmo, o primeiro desses dois números (ver as estimativas totalmente congruentes propostas a esse respeito por Jacques Dupâquier), é preciso reconhecer que também neste caso mergulha-se, como conseqüência, às vezes, em pleno Absurdo. Porque os números de Froumenteau, por diocese, que servem de base a esses 4.463.916 lares são freqüentemente fantasiosos; e fixados de maneira arbitrária pelo autor do *Secret des finances* em 52.000 ou 58.000 lares, com uma predileção bizarra pela casa dos cinqüenta mil, e pelos números pares: "Diocese de Troyes, 58.000; de Sens, 52.000; de Orleãs, 58.000; de Angers, 52.000; de Tours, 52.000; de Poitiers, 58.000; de Nantes, 58.000; de Rennes, 58.000..." A pequena diocese de Lodève, que chegará aos 30.000 habitantes apenas no século XVIII, na época do apogeu de suas manufaturas de tecidos para uniformes militares, recebe realmente uma bonificação de Froumenteau aparecendo com... 46.000 lares, quer dizer, por baixo, 180.000 habitantes! Seria um nunca acabar se fosse preciso enumerar as falsidades contidas nessa pretensa estatística de lares, bem indigna desse nome, quando comparada, por exemplo, à mais séria, de que dispomos para 1328. Nem tudo é falso, sem dúvida, nas centenas de números diocesanos de Froumenteau. Mas a soma de críticas e de buscas que seriam necessárias para separar a partir desses dados o eventual bom grão do joio é tal que se deve perguntar se vale a pena gastar tanta vela com esse defunto.

Parece que, para chegar a uma "codificação" global bastante exata, e já conhecida pelas estimativas prévias da época, Froumenteau elaborou ou confeccionou uma adição *post festum* ou *post factum* cujo total *grosso modo* está correto, ainda que exagerado, mas cujos números de base (diocesanos) freqüentemente são falsos, porque imaginados *a posteriori* para a circunstância, e para justificar o total mencionado.

Voltemos então às boas fontes, na medida do possível; tentemos fazer o balanço dos dados sérios: as estimativas convergentes que podem ser tiradas dos registros paroquiais, das contagens de lares diocesanos ou casas administrativas e as estimativas dos financistas auxiliares, de talhas ou de gabelas* permitem sugerir que a França, na véspera dos grandes sangramentos das guerras de Religião, tinha reencontrado pelo menos, nas fronteiras convencionais que serão aquelas com as quais trabalhará Vauban, o número de 19 milhões de almas já atingido aproximadamente por volta de 1328, antes das catástrofes da baixa Idade Média. (Esses números antigos de novo atingidos devem ser entendidos como média, e em um nível nacional; porque algumas regiões, como a alta Normandia, por exemplo, segundo Guy Bois, não chegavam ainda, por volta de 1560, aos *records* de população, em patamares altíssimos, é verdade, que tinham atingido uma primeira vez em 1330.)

*Antigo imposto sobre o sal, cobrado até a Revolução Francesa. (*N. do T.*)

Apesar desses desempenhos desiguais, parece mesmo que a cifra de 19 milhões de almas em 1560, nas (futuras) fronteiras de Vauban deve ser considerada como uma avaliação mínima. Digamos, de todo modo, que em Sologne, na região parisiense, em Touraine, Beauvaisis, baixa Normandia, alto Languedoc (mas não na região de Montbéliard), as populações rurais em 1560-1580 são às vezes superiores a seu nível do século XVII, em qualquer ponto em que este seja tomado (1630 ou 1700). Em fronteiras comparáveis, é então legítimo pensar que a França, com seu povoamento, lá pelos anos 1560-1570, chegava no mínimo a igualar os 19 milhões de almas calculadas por Vauban à altura de 1690-1700. Jacques Dupâquier, cuja competência demográfica ninguém contestará, pôde propor, por exemplo, a título indicativo, um efetivo de 19.500.000 habitantes para a "França" de 1560 em seu território de 1700.

Pode-se agora formular algumas proposições quanto ao *trend* secular do Renascimento demográfico: a "França", em suas fronteiras consideradas por Vauban, tinha nessa época cerca de 10 milhões de habitantes, talvez, em um ponto máximo, 10.675.000 (dos quais 9 milhões de rurais, ou pouco mais) quando do nadir humano de 1430-1440. Cento e vinte anos mais tarde, no zênite de 1560, tem perto de 20 milhões; com grande precisão, sempre segundo Dupâquier,[1] já citado a esse propósito, 19.500.000 habitantes, dos quais 17.550.000 rurais, entre os quais 15.356.000 lavradores. Entre esses dois períodos, em um lapso de tempo de 12 decênios, registrou-se assim, pouco mais ou menos, uma quase duplicação de efetivos da demografia nacional.

Essa duplicação representava, em boa parte, a pura e simples recuperação do alto nível de antes das guerras inglesas (21.250.000 almas, segundo as últimas informações);[2] a parte de inovação, de verdadeiro crescimento demográfico na escala intersecular, era em tudo isso um frágil elemento; até mesmo hipotético ou nulo. De qualquer modo estava definido, por volta de 1560, um teto: uma vintena de milhões de homens, destinada a permanecer, até pouco antes ou pouco depois de 1720, a norma demográfica do reino (em suas fronteiras luís-catorzianas, é claro); esse teto, no fim do Renascimento (1560), manteve portanto seu pleno populacional por mais de um século e meio.

## AS ESTRUTURAS DE BASE DO MOVIMENTO POPULACIONAL

O que tinha de ser levado em consideração, para além dos níveis e dos *trends* do povoamento, são as estruturas demográficas: estruturas que, no século XVI, não se deixam mostrar tão claramente quanto nos séculos XVII e XVIII, nos quais dezenas de estudos de aldeias, com base na reconstituição de famílias, daí em diante prevaleceram. Dispõe-se, contudo, de alguns pontos de referência estruturais também para o século XVI.

### Admissões no leprosário de Nîmes

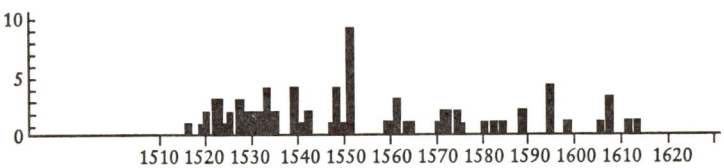

### A peste em Toulouse e na região tolosina

▮: ano em que se assinala menção de epidemia de peste. Depois de 1680, desaparecimento da peste na região do alto Languedoc.

Fonte: E. Le Roy Ladurie (1966), t. II, p. 942.

Parece, como observação inicial, que a demografia popular e rural do Renascimento francês pode ser definida por uma mortalidade ligeiramente mais baixa do que aquela que castigou o século XVII, e especialmente no decorrer dos piores decênios (anos 1640, 1690...). Os bons números das safras de cereais do Renascimento, a longa ausência de períodos de fome, o regime alimentar relativamente bom de que gozavam as classes inferiores, simbolizado pelos altos salários, contribuíram durante algum tempo para manter essa mortalidade relativamente baixa. Pode-se supor, para os melhores momentos da segunda metade do século XV e a primeira metade do século XVI, uma taxa de mortalidade geral um pouco superior à de 30,6% que irá vigorar durante os períodos bons do século XVIII, também em pleno impulso demográfico (por exemplo durante os anos 1766-1768).[3] É verdade que a partir de 1520-1522 mais ou menos, data marcante, os períodos de grave escassez de víveres, crises de subsistência e crises de mortalidade (1522, 1531, 1546, 1557 na região parisiense) voltam com força. Entretanto, e por lamentáveis que sejam esses novos recrudescimentos, seu impacto não é tão grande a ponto de frear a expansão demográfica: a expansão parece ser mantida muito claramente no norte como no sul na época de Francisco I e de Henrique II; talvez até conheça um segundo alento, e assim se prolongue ainda por alguns decênios, graças, entre outros fatores, à permanência das pestes em níveis estáveis. Certamente, esses níveis arrasam, depois de 1520, de maneira às vezes espetacular (em torno de 1530) esta ou aquela região; e não houve um único ano, de 1520 a 1560, em que as pestes não persistissem em rebentar violentamente aqui ou ali nos limites do Hexágono, que constitui o quadro das pesquisas históricas do Dr. Biraben. Mas existe apesar de tudo uma enorme diferença. Antes de 1520-1530, entre as regiões freqüentemente infectadas do Sul, a peste, como um dado demográfico negativo, podia explodir todos os anos ou a cada dois anos no raio de influência de uma determinada cidade (Toulouse). Depois de 1525, essas explosões que, afinal, tomadas como tais, tornam-se em si mesmas muito mais terríveis, passam a se repetir apenas a cada dez anos ou mesmo a intervalos ainda mais espaçados. É uma grande vitória para a vida, conseguida, parece, a partir de medidas simplíssimas de polícia urbana e interurbana:[4] melhor eliminação das imundícies, medidas de quarentena mais severas e mais eficazes. Chega-se assim a diminuir um pouco os contágios urbanos, multiplicadores das epidemias, e a salvar a cada ano dezenas, talvez centenas de milhares de vidas em todo o país, sem exclusão dos campos. Trata-se, é claro, de um progresso apenas parcial da higiene e da saúde; progresso ao qual deve ser acrescentada a atenuação radical da lepra a partir de 1536-1552. Quanto à erradicação definitiva das pestes, só atingirá o conjunto do reino depois de 1655-1670 (somente depois de 1720 para a região marselhesa e o Gévaudan).*

No total, o balanço da mortalidade nacional, mesmo durante o período bom do século XVI, nada tem de idílico. Parece simplesmente que, de 1450 a 1560, a escalada da morte não foi suficientemente forte para exigir medidas de contenção, como será muito bem contida no século XVII, com o amplo impulso demográfico de longa duração.

Mas nem só a morte, ou a morte mínima, está em questão. "A idade tardia do matrimônio", diz Pierre Chaunu, "será a arma contraceptiva por excelência da Europa clássica." Ora, essa "arma", em muitas províncias, aproximadamente no período 1540-1560, parece ter sido manejada de maneira menos pesada e menos eficaz do que nos séculos XVII e XVIII, quando as moças se casarão regularmente com 25, até com 27 ou 28 anos. Na alta Normandia, por volta de 1550 (Guy Bois), a idade feminina para o casamento parece ter se situado nas proximidades dos 21 anos, em vez dos 25-26 anos de cerca de 1650-1780. Automaticamente, as moças casando-se assim três ou quatro anos mais cedo, por volta de 1550, em um regime sem contracepção, ou que não a comportava senão em baixíssimo grau, estavam destinadas a ter um filho ou até mesmo dois a mais do que suas descendentes em torno de 1700. Revela-se assim, nisso, uma das chaves do impulso-recuperação

---

*Antiga região do Maciço Central, correspondente ao atual departamento de Lozère. (N. do T.)

demográfico do Renascimento; na Normandia, esse impulso prolongar-se-á até mais ou menos 1570. Tudo se passa, em resumo, como se as candidatas normandas ao casamento, em pleno século XVI, tivessem mantido o costume do matrimônio precoce, nascido, aqui e ali, talvez, das mortalidades intensas de uma Idade Média sombria: consistia isso, originariamente, para uma pessoa qualquer, dado o tempo provável de uma morte em idade baixa, em se casar cedo, a fim de ter tempo de produzir, depois de criar filhos para que sucedessem a essa pessoa em tempo útil na terra da família, sem solução de continuidade. Bastou que esses hábitos de se casar cedo e formar, portanto, um par mais fecundo, rotineiros depois de 1450, viessem a coexistir com um regime de mortalidade menos severo para que se desencadeasse um processo de impulso e de recuperação espetacular do povoamento. Pouco a pouco, porém, entre 1560 e 1650, esses jovens normandos se deram conta do perigo de progenitura excessiva afinal intrínseco a esses casamentos consumados em idade muito baixa; e assim passaram a um regime razoável de nupcialidade mais tardia, que estabilizará a população no teto. (Observar-se-á, por outro lado, que, segundo dados, é verdade que fragmentários, em Cambrésis, o casamento, nos séculos XV e XVI, parece ter permanecido sempre na faixa muito tardia: seria porque os movimentos demográficos dessa região nem cresceram de modo tão amplo nem sofreram a influência da violência bissecular e contrastada que existiu mais ao sul, na Normandia e na região parisiense? Mais uma vez, seja como for, os nortistas constituem um caso à parte.)

Terceiro dado do tríptico demográfico: a fecundidade. Segundo o pouco, o pouquíssimo que se conhece e segundo as informações que — ai de nós! — dizem respeito sobretudo a Cambrésis, região atípica, não parece que a fecundidade, *por grupos de idade,* tenha sido tão mais elevada no século XVI, o do impulso, do que o será no século XVII, na época da estagnação do povoamento. As mulheres de Cambrésis tinham por volta de 1470 como de 1550 intervalos intergenésicos de cerca de 25 meses, quer dizer, com muita exatidão, iguais aos que serão medidos por volta de 1700, um pouco mais a oeste, em Beauvaisis. Dá-se o mesmo na Bretanha, onde, nos piores decênios de um século

XVIII que aqui e ali será localmente deplorável, as mulheres serão extraordinariamente fecundas (intervalos intergenésicos inferiores a 24 meses): há portanto poucas possibilidades de que a fertilidade materna tenha sido mais elevada ainda durante o século XVI, por mais prolífico que este se tenha demonstrado. Fisiológica e estatisticamente é quase impossível.

A propósito da fecundidade, parece, afinal, que alguns "truques" (à base da austeridade agostiniana), pobres pequenos truques, que os casais dos séculos XVII e XVIII terão à sua disposição, à falta de um verdadeiro *birth control** para limitar o número de nascimentos, já eram empregados na primeira metade do século XVI. Por exemplo, a abstinência sexual da Quaresma, que permite, dentro dos piedosos e influentes conselhos da Igreja, chegar "objetivamente" a diminuir um pouco o total estarrecedor dos nascimentos anuais, não é uma invenção da Contra-Reforma do século XVII. Na Bretanha, o vazio das concepções na Quaresma já constitui uma forte marca por volta de 1550. Trata-se de um índice, diga-se de passagem, da prodigiosa religiosidade dessa província, na qual a Contra-Reforma barroca e depois algumas macerações jansenístico-agostinianas de ação retardada no século XVIII acharão terreno propício, adubado pelos hábitos anteriores.

Em compensação, outras regras de austeridade moral, que no século XVII contribuirão para limitar os nascimentos (penso por exemplo nas baixíssimas taxas de ilegitimidade em algumas regiões rurais da França clássica), não estavam presentes no mesmo grau no "belo" século XVI — as famílias nobres em particular, incluindo-se as rústicas (Gouberville, etc), mais ou menos de 1500 a 1580, parecem ter gerado um número importante de bastardos. De fazer empalidecer de inveja Luís XIV, tão generoso, entretanto, com as uniões livres, com o concubinato, num século que estatisticamente não prestigiou muito esse tipo de liberação. Com a família de Fontanges, por exemplo, em Cropières (alta Auvergne), temos, aí por volta de 1500-1550, 24 bastardos (números mínimos), para três homens de duas gerações: Antoine

---

*"Controle da natalidade", em inglês no original. (*N. do T.*)

de Fontanges, prior de Brommat, gera 6 filhos ilegítimos; seu irmão Annet, senhor de Cropières, gera 10 deles; o filho legítimo de Annet, Petre Jean, no mínimo 8. Os homens do campo de Auvergne, cujas filhas serviam de concubinas a esses terríveis Fontanges, imitavam, parece, o "modelo" de virilidade prolífica proposto pela classe senhorial (Claude Grimmer).

Mas deixemos esses floreios. Como um todo, o impulso do Renascimento demográfico, em contraste com a estagnação do século XVII, parecia se explicar antes por uma mortalidade um pouco mais baixa e por uma nupcialidade um tanto mais precoce do que por uma fecundidade (legítima) que seria, por hipótese, mais elevada no século XVI do que no século XVII, em cada grupo de idade qüinqüenal das mulheres casadas. A fecundidade legítima, até onde se sabe, parece ter constituído senão o invariante, pelo menos a variável menos flexível, nesse jogo de três componentes — nascimentos, casamentos, mortes — que diferencia as demografias de um século para outro.

Último ponto: procedi até aqui como se "o impulso do povoamento do fim das guerras inglesas ao início das guerras de Religião" fosse um bloco, uma fase totalmente homogênea de expansão, por oposição ao longo século de estagnação que assume feições mais claras de 1570 a 1720. Não é preciso dizer que uma tal concepção seria absurda, porque ultra-simplista. De fato, a progressão demográfica de 1450 a 1560 deu-se através de oscilações diversas; as fases de ascensão galopante alternaram-se com períodos de desaceleração e até mesmo de bloqueamento (mas nunca, parece, houve época decenal ou interdecenal de recuo profundo, como haverá no século XVII, lá por 1640-1655 ou 1690-1715).

Esses "nós" e essas "barrigas" das curvas do século XVI que constituem a trama de um *trend* simultaneamente oscilante e ascendente, adivinhamos, por exemplo, na alta Normandia e em Cambrésis: por volta de 1500-1520, essas regiões conhecem um claríssimo afrouxamento do avanço demográfico, o qual anuncia talvez uma primeira tensão do mercado de alimentos, sob o impacto do número de pessoas.

PRODUÇÃO E CONSUMO

Essa população sobe, a despeito do número de avatares que, afinal, não têm mais do que um tempo; ela consome, ela produz. E, tratando-se aqui do povoamento rural, consome em boa parte o que ela própria produz: 80% no que concerne aos grãos (a porcentagem de autoconsumo é menor nos setores do vinho e dos alimentos com índice mais baixo de calorias).

Nessa ordem de idéias, as curvas de consumo (especialmente alimentar) e de produção agrícola constituem um índice de importância básica quanto ao funcionamento da economia rural do século XVI. Subiriam essas curvas mais rapidamente, tão rapidamente, ou menos rapidamente do que a população rural; e rural-urbana; e global? Esses ritmos diversos, cada um dos quais tem sua lógica própria, implicam respectivamente o crescimento pelo menos teórico das disponibilidades por cabeça; ou sua estagnação; ou sua diminuição. Claro, é apenas em alguns casos isolados, felizmente maciços (caso do sal e sobretudo dos grãos), que se pode dar um início de resposta a essas questões.

Apresenta-se de saída um índice precioso, ainda que muito isolado, de consumo maciço: o sal. Conhecemos, graças às pesquisas cuidadosamente críticas de Jean Tanguy sobre o comércio de Nantes, a avaliação gráfica da *ascensão* dos carregamentos de sal produzido nas gigantescas salinas pantanosas do Atlântico, as de Pouliguen e da baía de Bourgneuf. Trata-se mesmo, no caso, muito negligenciado até aqui, de um dos mais belos diagramas da história em série que se desenrolou no século XVI francês. O sal em questão não fazia mais do que subir, em sua caminhada, até o porto de Nantes. Em seguida transita, em chatas, pelo rio Loire, em direção aos mercados da França do Norte e do Centro-Norte; isso em função da redistribuição em uma grande parte da Bacia Parisiense, organizada pelos arrendatários de fazendas cobradores de gabelas... e também sem dúvida por alguns fraudadores. Nantes, como escreve Tanguy, podia então ser considerada "como uma das grandes portas de entrada do sal na França". Para além desse grande centro, é preciso vislumbrar os milhões de indivíduos urbanos, mas também majoritariamente rurais, que, para o dia-a-dia de sua cozinha e para temperar a carne de porco, esperavam a cada ano pelo sal atlântico.

Em 1355-1356, no começo da grande crise do século (guerra inglesa e início do período pós-peste), Nantes despachou, via rio Loire, 11.688 moios de sal para as terras interiores. Por volta de 1490, o número correspondente oscila em torno de 8.000 a 10.000 moios, nível típico ainda de um período de baixa conjuntura.

Durante a primeira metade do século XVI, a expectativa era de uma alta no consumo do sal de Nantes, dado o aumento dos povoamentos; e pelo fato de haver uma grande euforia econômica em todos os países da língua d'oil, fregueses do sal de Nantes. Ora, coisa curiosa, não houve nada disso. Dever-se-ia essa estagnação do comércio do sal a uma pauperização dos consumidores? Ou a uma fraude maciça que, nessa primeira metade do século, tornaria nossas estatísticas inadequadas? Não sabemos.

Afinal, por volta de 1550, deu-se a inevitável decolagem. Em 1547, o volume de sal que subia para o interior do território, partindo de Nantes e percorrendo as águas do Loire, ainda estava no nível ridículo de 8.800 moios, ou seja, menos do que em 1355, e até menos do que em 1490! Ora, em sete anos, de 1547 a 1554, o volume transportado passa a 16.000 moios, montante no qual se mantém em seguida, de 1555 a 1565 — os danos e estragos da primeira guerra civil são sem dúvida responsáveis por esse patamar momentâneo. Depois, de 1565 a 1572, em uma atmosfera acaso menos agitada, o crescimento do transporte interior de sal não pára mais: em 1567, 20.000 moios desse produto são conduzidos para a imensa região interior da França continental. O dobro, e até mais, do que em 1490-1547. Esse montante se mantém, ou quase, até 1572, data depois da qual chegará, nos decênios de 1580 e 1590, o colapso final dos transportes, desta vez devido ao recrudescimento das guerras de Religião. Mas, antes dessas catástrofes, chegou-se bem, de 1550 a 1570, a um soberbo crescimento (pelo menos aparente) do consumo de sal na França do Norte e do Centro. Que esse crescimento corresponde parcialmente, seja como for, a uma subida do consumo (inclusive e sobretudo rural, majoritária), é indiscutível. Na Lorena, da mesma forma, o preço de mercado do sal tinha apenas duplicado entre 1430 e 1540, e isso apesar da inflação dos preços generalizada depois de 1500: esse preço tinha passado, com efeito (ao longo de uma curva estável, depois ligeira e progressivamente ascendente a partir de 1470 e sobretudo de 1520), de 96 *gros*\* o moio em 1430 a 144 *gros* em 1540. Ora, bruscamente, a partir de 1540, o preço do sal da Lorena *dobra* em uma geração, passando de 144 *gros* por volta de 1542 a 300 *gros* aí por 1575. Essa duplicação é um sinal: à demanda bruscamente aumentada dos consumidores e também, claro, à pressão fiscal, que cai direta ou indiretamente sobre o preço do sal, geralmente já carregado com o imposto chamado gabela, acrescentaram-se os efeitos da inflação metálica e nominal para criar inopinadamente esse impulso para cima do valor de um grande produto. Sobre um mercado repentinamente mais nervoso, os comerciantes do vale do Loire não fizeram mais do que despejar seus carregamentos, engolidos pelas panelas e saleiros dos consumidores continentais. De 1550 a 1570 houve simultaneamente uma subida dos preços e uma subida dos negócios. E isso não apenas em torno de Paris como no Nordeste.

Sempre a propósito do exemplo do sal, mas desta vez a longo prazo, por todo um século, é possível voltar agora ao problema essencial: a comparação entre impulso demográfico e crescimento do consumo. Viu-se, precedentemente, que a população francesa, especialmente na metade norte do reino, deve pelo menos ter dobrado entre 1450 e o período 1560-1570. Ora, ao todo, num intervalo de tempo mais breve (1490-1572), durante o qual, por definição, o impulso demográfico

---

\**Gros* é o nome da moeda de prata criada por São Luís em 1266. Cunhada em Tours (*gros tournois*), trazia a imagem de Luís VIII, pai e antecessor de São Luís, e valia 12 denários torneses ou nove denários *parisis* e meio. Não há tradução correspondente em português nas várias fontes consultadas, embora um dicionarista como João Fernandez Valdez dê "dragma" (dracma) como correspondente, certamente pelo único fato de ser também de prata a moeda grega dracma, não se justificando, entretanto, tal tradução. (Cf. Valdez, *Nouveau Dictionnaire Français-Portugais et Portugais-Français*, 9ª ed., Rio de Janeiro-Paris, Livraria A. Garnier, s/d [1928].) (*N. do T.*)

não chegava à duplicação, as entradas de sal pelo interior do país, a partir das "bacias salineiras" mais representativas, duplicaram de volume. Não existe então razão para pensar que na escala do ótimo ou no mínimo menos mal século XVI (1490-1570, datas amplas), o consumo de sal *por cabeça de habitante* tenha diminuído na França do Norte e do Centro. Essa ração, pouco mais, pouco menos, parece, ao contrário, que se manteve, no mínimo quando estão em causa as duas extremidades do período (1490 e 1570). Apenas... essa média de consumo finalmente só se pôde afirmar através de pesadas flutuações, negativas e momentâneas, cuja amplitude real e, *a fortiori*,\* as causas não estão totalmente claras para nós em parte como conseqüência da insuficiência de documentos.

Depois de 1550, afinal, a partir da fase de euforia econômica que coincide com o reinado de Henrique II, a oferta do sal acaba por se ajustar positivamente às necessidades dos consumidores cada vez mais numerosos: atinge então, por volta de 1570, levando-se em conta o divisor demográfico e o dividendo das quantidades oferecidas, seu nível honroso, ou antes "cociente *per capita*", do fim do século XV.[5]

Porém não por muito tempo, ai de nós! Essa recuperação levada a efeito em vinte anos (1550-1570) não durará. Vai se esboroar quando do mergulho no abismo que marcará os anos dos partidários e opositores da Liga (década de 1580-1590).\*\* Nesse período, a curva do sal de Nantes, ainda que deformada pelas fraudes, é eloqüente.

RENDIMENTOS AGRÍCOLAS

Por mais interessantes que sejam as informações do gráfico de Nantes quanto ao comportamento dos consumidores de sal do vasto interior continental, entretanto permanecem monográficas: algumas pitadas

---

\*Expressão latina que significa "com tanto mais razão". (*N. do T.*)
\*\*Liga, ou Santa Liga, é, nas guerras de Religião, o movimento político católico formado por Henrique III para combater os protestantes. (*N. do T.*)

de sal, para o toicinho e para a sopa, não chegam a fazer um cardápio. A curva de Nantes não poderia, em hipótese alguma, prejulgar quanto ao futuro do conjunto desse vasto bloco que formam "as duas faces": a produção agrícola e o consumo global (e especialmente o auto-consumo camponês, tão maciço no caso dos grãos). No centro desse "bloco", a personagem essencial não é o sal, marginal e vindo de muito longe, mas o grão, produzido no próprio lugar para ser consumido em grande parte *in situ,** e que pode constituir amplamente mais da metade de um orçamento de um homem do povo ou de um assalariado. Este trigo, sem nenhuma dúvida, traz alguns problemas aos historiadores.

Primeiro problema: o impulso demográfico do século XVI teria vindo acompanhado de uma retomada da produtividade dos cereais, quanto à extensão do terreno plantado ou quanto à semente, retomada em si muito útil, claro, para fazer face ao crescimento do número de bocas a alimentar? Uma rápida visão dos dados, que implica a confrontação do século XVI com os períodos que o precederam ou que se seguiram, possibilitará uma resposta?

Neste caso, convém nos determos sobre um método muito simples, e famoso. Esse método abre amplas perspectivas quanto a esse componente essencial da renda agrícola que é a renda proveniente dos cereais. E vale como um bom testemunho para diagnosticar o eventual crescimento dessa renda. Permite, além disso, ao fim de uma primeira etapa, através de perspectivas sumárias, mas que abrem caminhos, trazer esclarecimentos quanto aos períodos anteriores e às regiões até então pouco conhecidas: quero falar aqui da história do rendimento pela semente, que os trabalhos de Slicher Van Bath ilustraram.

A base de um estudo nesse sentido na verdade continua a ser constituída pelos belos artigos desse autor sobre os "Yield-ratios" publicados em *A.A.G. Bijdragen.* Porém esses artigos são mais do que uma

---

*Locução latina que significa "no lugar", ou, mais especificamente, "no mesmo lugar". (*N. do T.*)

soma de resultados encontrados; constituem um convite à pesquisa ativa. Isso fica especialmente claro em relação à França, da Idade Média aos séculos XVII-XVIII, na qual os métodos propostos pelo mestre holandês são simplesmente alicerces: não permitem prejulgar a configuração final do edifício, que as pesquisas exaustivas exigidas um dia erguerão.

Falaremos de passagem de alguns detalhes de "longa duração" necessários a esta exposição: para o século IX, ponto inicial de sua série francesa, Slicher Van Bath propõe um único dado, judiciosamente fixado em 2,7 por 1 (2,7 grãos colhidos para cada semente plantada). Para os séculos X e XI, nada. Para o século XII, temos — e é tudo que temos — alguns dados, todos de Cluny, todos localizados na Borgonha, e relativos a más colheitas. Sua representatividade nacional e no século em que se situa é extremamente frágil. E, lamentavelmente, sua dispersão estatística é muito forte. Três delas produzem 2 e 2,5 por 1. As outras são de 4 por 1; e mais para os cereais secundários. Ou seja, do modo mais simples possível, esse rendimento de 4 por 1 que é tão típico dos textos sobre a "pequena cultura" na França, da Idade Média ao século XVIII, nas terras situadas fora das regiões de aluvião. Seria muito temerário, utilizando esses únicos dados, traçar, mesmo em linha pontilhada, a "curva", ainda que limitada a um único segmento, que mostraria os "progressos da cerealicultura francesa" do século IX ao século XII.

Continuemos nesse exame. Passam-se duzentos anos. Saltamos de Cluny (Borgonha, século XII, pequena cultura, 4 por 1) para Saint-Omer, Béthune e Douai no século XIV, onde reencontramos de saída o jogo dos maravilhosos rendimentos das terras de aluvião do Norte, 8, 10, 12 por 1, uma constante nessa região desde que se tornou bem conhecida, quer dizer, desde o século XIV, e até o século XVII. Esses números não autorizam a previsão de um crescimento; muito pelo contrário, anunciam uma estabilidade, nos longuíssimos prazos do Antigo Regime. Entretanto, o século XIV francês, tal como o vê Slicher Van Bath, é excessivamente contrastado: das terras de aluvião do

Norte passemos às zonas provençais nas quais achamos, em 1338, o rendimento habitual de 4 ou 5 por 1, generalizado nessas regiões até o início do século XVIII. Nada autoriza a afirmar que esse nível mediterrâneo de 4 ou 5 por 1 represente um progresso em relação aos séculos anteriores, ou um recuo em relação a progressos futuros, talvez modestos, daquilo que virá a ser a idade *early modern*. Quanto ao terceiro número indicado por Slicher Van Bath para o século XIV, e que se refere a Ouges, perto de Dijon, o autor que o propôs só o obteve depois de cálculos excessivamente alambicados, que pulam do século XIV para o século XVII e vice-versa. Se o número se revelar válido, é preciso considerá-lo como um rendimento muito bom, o dobro daquele que será encontrado em média na mesma região no século XVII. Esse dado medieval, de qualquer maneira, não pode ser considerado um ponto baixo, numa descendente que em seguida se tornará ascendente.

O século XV francês, tal como pode ser visto nos quadros estatísticos de "Yield-ratios", nos introduz, uma vez mais, a terras de lavoura das quais não encontramos precedentes, mesmo regionais, na série: Neubourg, Grésivaudan, Lauragais. Entre esses três grupos, os dois últimos (dados norte-alpinos e tolosinos) "combinam" bem com o que se sabe de rendimentos de cereais, em longuíssimo prazo, na França do Sul: 4 por 1; 5 por 1 nas boas terras, como dirão ainda, um ou dois séculos mais tarde, Olivier de Serres e John Locke — lá também, há impressão de estabilidade multissecular. Essa impressão é uma hipótese provável, ainda que documentalmente frágil, do século XIV para o século XV (ver *supra* os rendimentos provençais em 1338). Está solidamente fundamentada do século XV ao século XVII.

Quanto ao rendimentos de Neubourg, na Normandia (no início do século XV), é inacreditavelmente baixo: a 3,2 por 1 quanto ao trigo, e menos ainda quanto aos cereais secundários. Inacreditavelmente baixo... sobretudo quando se pensa nessas maravilhosas terras de Neubourg, essas terras de aluvião sem pedregulhos, profundas de uma espessura de um metro, e que são "as mais belas da Europa". Não se conclua, entretanto, que esses números de Neubourg, na Idade Média, sejam contestáveis, *of dubious value\** (Slicher Van Bath). Estão, ao contrário, mesmo subestimados, entre os estabelecidos com mais segurança de que dispomos, quanto a esse gênero de dados, em relação à França medieval. E merecem todo crédito que se costuma dar geralmente à excelente pesquisa de Plaisse. Como, nessas condições, pode-se explicar que estejam em nível tão baixo? Estarão os motivos prováveis na conjuntura política e demográfica? Um fato é certo, desse ponto de vista: Neubourg nos anos 1400 conheceu um terrível período de despovoamento, fruto das pestes e das guerras inglesas amplamente iniciadas. Pode-se tratar, nessas condições, em Neubourg, de um período e de uma situação excepcionais. Pode-se imaginar que os camponeses de Neubourg desse tempo, tão rarefeitos, vendam pouco e que, facilmente alimentados, quase não cuidem de estimular a produção até o máximo das possibilidades tecnológicas da época. Hipótese? Claro, mas, confirmada, ajudaria a explicar a aberração de Neubourg: é na verdade constante que na mesma época (1411), perto de Paris se encontre um rendimento de 8 por 1, rendimento que já consta da rotina invariavelmente atestada nos séculos seguintes das regiões da grande cultura cerealista (Guy Fourquin).

Passemos ao século XVI: o alto Poitou e a Provença entram em cena (ou voltam à cena). No alto Poitou, colhe-se (no tempo de Francisco I) na base de 4 a 5 por 1, ou seja, o rendimento habitual das regiões medíocres de pequena agricultura, atestado a partir dessa época, já o vimos, durante centenas de anos (Paul Raveau). Em compensação, os números da baixa Provença, obtidos por Bernard Slicher Van Bath em P.A. Février, provocam discussão. O autor dos "Yield-ratios" dá a seguinte tabela:

---

*Literalmente, "de valor incerto". Em inglês, no original. (*N. do T.*)

## Baixa Provença, 1540

| | |
|---|---|
| Apt | 3,0-4,0 |
| Forcalquier | 3,0-4,0 |
| Grasse | 3,0-4,0 |
| Draguignan | 3,0-4,0 |
| Taradeau | 7,0 |
| Palaison | 10,0 |
| Villepey | 7,0* |
| Roquebrune | 10,0 |
| Vallée de la Siagne | 10,0 |
| Brovès, Var | 7,0 |
| Caussols, Alpes-Maritimes | 5,0 |
| Roque-Esclapon | 7,0 |

*Freqüentemente 10,0 e 12,0.

Esses rendimentos (de 7 a 10 por 1, na maioria) parecem simplesmente magníficos. Espantam até alguém que conheça os arquivos agrícolas do Sul francês. Não é que sejam inverossímeis, como desempenhos locais. Mas são surpreendentes, na medida em que, por sua freqüência, tendem a elevar demais o patamar das médias regionais. Também nós fomos consultar a fonte original, quando da publicação de um artigo de P.A. Février, em 1958. Constatamos imediatamente que o quadro anterior não é homogêneo: por um lado, refere-se a vigararias,* a circunscrições e a regiões inteiras que comportam centenas de aldeias: por exemplo, as vigararias de Apt, de Forcalquier, de Grasse, nas quais o rendimento médio é muito normalmente de 3 ou 4 por 1. E, por

---

*Vigueries, no original: referência à jurisdição de um viguier, juiz delegado do conde ou do rei, sobretudo para ações criminais, em certas províncias do sul da França, na Idade Média e até a Revolução. Como os termos "vigueria" e "viguer" são desusados em português (embora constem do já citado Fernandez Valdez), e o termo vicariato está muito ligado à função eclesiástica de vigário, preferimos usar a tradução vigararia, palavra que, embora rara, está viva e é de boa formação. Há ainda, a justificar a escolha, o fato de existir uma correspondência não desprezível entre ela e o termo que está no original: é que viguerie, da mesma forma, é de uso muito restrito em francês. Talvez viscondado também fosse uma tradução razoável, mas tem defeito semelhante a vicariato: está muito ligado à idéia de visconde, ausente do contexto. (N. do T.)

outro lado, o quadro em questão apresenta (no mesmo plano das vigararias), aldeias isoladas, como Palaison, Brovès, etc. Por diversas razões — fertilidade do solo ou fantasia de um escriba — o rendimento dessas aldeias é astronômico (de 7 a 10 por 1) em relação às condições gerais da região mediterrânea naquela época. É unicamente o fato de se levar em consideração esses rendimentos astronômicos, e de integrá-los, assim como estão, a uma média "nacional" esquelética que faz os rendimentos da "França" pularem, entre 1450 e 1550, de 5 por 1 a 7 por 1.

Brovès e Palaison, que nem mesmo têm vocação para representar a Provença, devem *a fortiori* ter seus números sabiamente tratados com ponderação, quando se quer construir uma visão nacional representativa. Quer se trate de ponderações geográficas ou de cálculos de média, o "grande salto para a frente" de + 2 por 1 sob o Renascimento não resiste a um exame cuidadoso. Pois que se trata apenas de algumas aldeias provençais, totalmente isoladas mesmo que em relação unicamente à Provença.

Conclusão quanto a este ponto: toda curva em linha pontilhada de Slicher Van Bath, que sugere prudentemente uma ascensão magnífica dos rendimentos na França do século IX aos séculos XV-XVI, repousa, com efeito:

• sobre a inclusão de alguns rendimentos muito frágeis da ordem de 2 por 1 no início da curva: um caso no século IX, dois casos isolados em um ano ruim do século XII;

• sobre o fato de se levar em consideração *records* extremos na Provença do século XVI, e na Borgonha, no baixo Languedoc e França em geral do século XVII (no que se refere ao último período, um rendimento de 15 por 1, que Vauban considera absolutamente excepcional, é levado em conta por Slicher Van Bath na sua média francesa do século XVII, a qual se acha automaticamente inchada).

Uma crítica atenta dos textos e das fontes permite repor em seu devido lugar, que é um lugar marginal, esses casos extremos. Quanto aos rendimentos comuns, antes aparecem como estabilizados dos séculos XIII-XV ao século XVI, situando-se essa estabilização a um pouco mais de 5 por 1 nas boas terras de aluvião do Norte, e a menos de 5 por 1 no Sul. De um modo geral, os rendimentos franceses médios de 6,9 ou 6,8 por 1 que Slicher Van Bath propõe para o período 1500-1700 e que marcam o pico da escalada multissecular parecem claramente inchados. São válidos sem dúvida para as melhores regiões da grande cultura nórdica, mas quase não são representativos em relação à maioria da agricultura francesa, aquela que se fixa no 5 por 1. No século XVIII, afinal, tudo se esclarece, sob este ponto de vista: as bases para o cálculo se tornam muito mais amplas e Slicher Van Bath pode a partir daí basear seus cálculos sobre dezenas e mesmo sobre centenas de dados, e não mais sobre algumas unidades, como era o caso para os séculos anteriores. De golpe, as médias dos rendimentos caem. Não por haver uma regressão na agricultura, mas porque os fundamentos estatísticos de repente se tornam representativos. Finalmente, é uma miragem numérica, mais do que uma realidade histórica, a onda de crescimento triunfal em que importariam, para o lucro cerealista, os dados do "Yield-ratios".

Mais cheia de defeitos ainda do que os métodos de Bernard Slicher Van Bath e Jean-Claude Toutain é a técnica utilizada por Michel Morineau. Ele recusa a um tempo o segundo desses autores, que se baseia em estimativas nacionais, e o primeiro, que tenta alcançar num lance as realidades nacionais fundamentando-se em rendimentos locais. "Só se pode chegar à nação", diz Michel Morineau, "pouco a pouco." Partidário de uma visão regional, esse autor, por sua vez, age segundo o método regressivo, caro a Marc Bloch. Em vez de partir do século IX ou do século XII, cujos dados são pouco confiáveis, Michel Morineau prefere rodar o filme ao contrário. Começa então pelo fim: parte da excelente estatística francesa de 1840. De saída, essa estatística propõe, grosseiramente, uma divisão em dois blocos do território nacional. Os altos rendimentos (15 hectolitros por hectare) situam-se ao norte de uma linha Longwy-Les Sables-d'Olonne. Os baixos rendimentos (menos de 10 hectolitros por hectare), estão no centro da França, e no sul, o *Midi*. Uma parte inteira do território, na ausência de uma revolução agrícola considerável, fica estagnada ainda por volta de 1840, em uma variação de rendimentos muito medíocres.

E em seguida, fase ulterior do estudo de Michel Morineau, chega-se ao momento da história propriamente regressivo, do *flash-back*. É a propósito de Hainaut que nosso autor, nesse domínio, obtém os resultados mais espetaculares. Em 1840, as vizinhanças de Valenciennes e de Avesnes colhem de 19 a 21 hectolitros por hectare: uma beleza para a época. Um século ou um século e meio antes, segundo os cálculos dos subdelegados dos intendentes (1698-1750), os rendimentos de então (que flutuavam entre 15 e 20 hectolitros por hectare) já eram muito elevados: há então pouquíssima, no caso dessa província, e no período que vai de 1700 a 1840, progressão real de uma produtividade, progressão que se dá, seja como for, na base de um sucesso antigo. Ora, é nesse ponto que as coisas se tornam apaixonantes para um historiador de longo curso, esse sucesso vinha se preparando desde muito tempo. Michel Morineau se baseia em terras de lavoura (Quarouble e Onnaing, cerca de 150 hectares) em relação às quais dispõe dos dízimos, das colheitas e das áreas; estabelece, sem que seja possível duvidar, que os rendimentos muito elevados do período 1698-1740 já se anunciavam em 1407-1440. E reaparecem, com altos e baixos, durante o período intermediário. Depois nosso autor, que utiliza constantemente esses diferentes tipos de fontes (avaliações múltiplas dos administradores, contas de dízimos e contas de domínios com boa base territorial), estende progressivamente suas conclusões a outras regiões. Consumado em Hainaut, o "anúncio" dos rendimentos do século XVIII, precursores daquilo que serão os rendimentos do século XIX até 1840-1850, vai se repetir em Caux, Picardia, Vexin; em Brie, provavelmente e, afinal, em Île-de-France. Nesta última região, os rendimentos dos séculos XIII, XV e XVI (segundo Budé, e também, acrescentarei eu, segundo as pesquisas de Fourquin) já prefiguravam de certa forma aqueles, elevados, do século XVIII e do início do século XIX. Na Lorena, de modo semelhante, os rendimentos do século XVII seriam, parece, "os da antiga agricultura". O mesmo dar-se-ia na Bretanha (em relação à qual Morineau mais sugere que demonstra). Deux-Sèvres e Franche-

Comté ficariam estáveis também, pelo critério que nos preocupa, do século XVIII a 1840. Quanto ao Languedoc, Michel Morineau, que não conhece nada nessa região, leva muito longe sua doutrina paradoxal; na verdade, a produtividade languedociana do trigo cresceu, desde os anos 1676-1685 (talvez particularmente asfixiados) até os anos 1730-1820, nos domínios bem gerenciados que rodeiam Béziers. A alta em questão fez o rendimento subir de um nível inicial de 4 por 1 até praticamente 5 por 1. Essa subida, no meu modo de ver, não representa um índice de revolução. Trata-se simplesmente de um desses progressos que, pela acumulação de seus efeitos, aos poucos permitiram aos agricultores quebrar os grilhões da economia da pobreza.

O fato capital é que o mundo dos homens do campo da França aparece, do século XV à época *early modern*, como um universo de produtividade modestamente crescente ou às vezes estabilizado, quer se trate do produto por semente ou do produto por hectare. É um universo nem sempre malthusiano, mas que tende para o malthusianismo no sentido amplo do termo, e no qual os habitantes, camponeses ou administradores que vivem de seu trabalho, estão expostos ao perigo da pauperização em caso de expansão demográfica. Com efeito, se homens cujo número cresce (por quilômetro quadrado) devem repartir um lucro real de bom grado estabilizado (por hectare), crescem para esses homens e seus descendentes perigos graduais de redução da renda individual, e também, observemos, de desemprego: se o produto bruto (por hectare) tende às vezes a permanecer invariável, é evidente, na verdade, que o número de dias de trabalho disponíveis por hectare para um dado trabalhador terá tendência a decrescer, uma vez que a oferta de braços disponíveis (por hectare) terá aumentado no mesmo espaço de tempo.

Um outro ponto é que as rendas do tipo capitalista ou fiscal, na medida em que são sacadas antecipadamente sobre uma produção em via de estabilizar-se, também tenderão, se aumentarem, a provocar uma pauperização do trabalhador produtivo, cuja fatia já raquítica essas rendas comprimem necessariamente, pelo simples fato de crescerem à custa de um produto bruto imóvel.

## PRODUÇÃO AGRÍCOLA, DÍZIMOS E PRESTAÇÕES DOS ARRENDAMENTOS

Na falta de um grande impulso da *produtividade* de cereais, pelo menos houve alta do produto dos grãos? Alta em relação à qual restaria saber, uma vez comprovada, se foi aproximadamente proporcional ao crescimento do povoamento.

Só podemos estudar essa alta de maneira indireta, através do montante variável dos dízimos; e também, ainda que de maneira infinitamente mais imperfeita ou imprecisa, através da movimentação do pagamento dos arrendamentos. A crítica quanto a essas fontes foi apresentada e discutida num livro anterior.[6] Limitar-me-ei aqui a lembrar as conclusões a que se chegou nessa obra, precisamente, quanto ao andamento dos montantes dos dízimos; e também (mais difícil de inferir), quanto às perspectivas da produção agrícola, e principalmente cerealista. De 1450 a 1560. Em primeiro lugar, considerando-se a região. Depois, com a circunspecção que se impõe, tratando-se do "bloco" nacional.

Nas redondezas de Paris, primeiro, as curvas dos dízimos ou das prestações dos arrendamentos, que derivam, com maior ou menor fidelidade, da produção agrícola sobem vivamente, uma vez atingido o ápice da crise catastrófica, 1420-1440. Entre 1450-1470 e 1550-1570, as curvas registram, de fato, aumentos que podem atingir e ultrapassar o dobro em relação aos níveis de base. Esse fenômeno fica bem claro e representa, de determinado ponto de vista, uma recuperação, que pouco a pouco se torna assintótica, em relação a um teto outrora atingido, antes das pestes e das guerras inglesas.

Quanto à cronologia exata desse impulso num período secular, os historiadores não chegaram a estabelecê-la num primeiro momento. Por muito tempo se tinha considerado, dando-se crédito às pesquisas de Guy Fourquin, que a recuperação das terras de lavoura "pós-guerra dos Cem Anos", terminara por volta de 1520. Mas uma investigação conduzida por Jacques Dupâquier permitiu estender esse corte no tempo até a desembocadura. Mostrou que o impulso agrícola da região parisiense prosseguiu lentamente, bem depois de 1520; especialmente ao norte de Pontoise e na parte sententrional e ocidental da região conhecida como Vexin.

Pode-se eventualmente supor que em certo momento esse impulso já deixara de ser uma recuperação pura e simples em relação a um recuadíssimo pós-guerra. E que pouco a pouco mudou, num verdadeiro cruzamento com o montante dos dízimos pagos *in natura*: cruzamento que tinha como base talvez alguns arroteamentos suplementares; e também um aumento impensável da produtividade. Tal aumento entretanto se beneficiava da variação das altas produtividades parisienses, que se manifestavam de longa data graças a rendimentos muito bons de sementes desde o século XIII. De um modo geral, essa expansão agrária de fôlego considerável, durante o Renascimento, na região de Île-de-France e redondezas, está de acordo com o que se conhece, por outro lado, quanto ao papel estimulante da aglomeração parisiense e quanto à riqueza da Igreja dizimista durante esse período.

Se se pretender, a esta altura, fazer um balanço, parece que devem ser levados em conta, por exemplo, em relação a esses dízimos *in natura* de Vexin, dois períodos:

• Um caracterizado pela reconstrução rápida: 1450-1500. Os crescimentos das entregas de dízimos *in natura* em relação à época que se situa em torno de 1450 podem se aproximar do dobro por volta de 1500.

• O segundo período (1500-1560) é de impulso mais lento (a produção começa a se aproximar dos tetos da idade moderna); o que esta segunda tendência revela é, em suma, uma certa quebra do crescimento a partir de 1500 e até mais ou menos 1540. A desaceleração que assim se mostra com evidência constitui claramente um terreno fértil para a explosão das crises de subsistência, tão clara em Paris pela altura do decênio 1520-1530.

Acrescento por fim que em matéria de cronologia mais precisa, interdecenal, e não mais simplesmente centenária, parece que a alta dos dízimos, especialmente em Vexin, se tenha acentuado notadamente nos anos 1480-1500 e 1540-1560.

Um outro "modelo" do movimento do produto dizimista-cerealista está situado mais ao sul, em Limagne, Forez, Languedoc e Provença (pesquisas de Etienne Fournial, Pierre Charbonnier, Joseph Goy e Louis Stouff). Lá também as flutuações a longo prazo das receitas de dízimos do grão recebidas *in natura* se organizam como em torno de Paris, segundo o esquema clássico: depois dos desastres das guerras inglesas, o Renascimento! Entretanto, em diversos pontos, a cronologia e as taxas de crescimento, nessas regiões meridionais, podem ser diferentes do que são na região de planície de Île-de-France.

Primeiro matiz: o ponto de partida da fase de recuperação-crescimento que reconstruirá pouco a pouco o antigo "ecossistema" agrícola de antes da peste não se situa, como é o caso da vizinhança de Paris, no período aproximado de 1440-1450. Porém um pouco mais cedo: digamos que esse ponto de partida coincida com o fim do desmoronamento "sulista", por volta de 1420-1430. Depois dessa década, desde o segundo terço do século XV, produzem-se em primeiro lugar fenômenos de viva expansão agrícola: em Auvergne, por exemplo, o produto em dízimos dos grãos multiplica-se por 2,5 entre 1410-1420 e 1480-1500. O ritmo do crescimento das subsistências por essa época parece provavelmente mais rápido do que o do aumento ou antes da recuperação demográfica. E eis que contribui para explicar a situação alimentar antes boa, ou não muito má, que reina nas regiões occitanas durante o último terço do século XV.

Em compensação (e, quanto a este ponto, a despeito de nuanças cronológicas, a concordância parece muito clara com a região parisiense), assiste-se na Auvergne dos dízimos, a partir de 1500, a esse fenômeno clássico, quanto aos cereais, que é a quebra ou pelo menos a desaceleração do crescimento. Dispõe-se, por sorte, a propósito disso, nas regiões que cercam Auvergne, de uma documentação que, para a época, é importante, uma vez que se refere a não menos do que nove aldeias. Seis delas produzem, de 1490 a 1565, curvas decimais cujas altas, muito disparatadas, não chegam a atingir, salvo em um caso, o dobro; e até são, em quatro casos, notavelmente inferiores a isso. Em três outras paróquias (que, geograficamente e quanto ao dízimo, formam um conjunto à parte, e cujas séries estão, na verdade, cheias de lacunas), haveria mesmo baixa do produto dizimista dos grãos entre 1498-1500 e 1560-1569! No conjunto, os fenômenos de perspectiva de um teto malthusiano do produto bruto depois de 1500 são por essa época mais sensíveis na vizinhança de Clermont-Ferrand, assim como na região d'oil. O ecossistema rural na Occitânia tende a uma estabilização que será atingida, não sem miséria, por volta de 1560.

Não é possível entretanto negligenciar, qualquer que seja a preferência que se tenha pela história sistemática, os fatos da conjuntura: em Auvergne, as crises agrárias de 1520-1530, devidas aos acidentes climáticos nas colheitas e às disparidades que se agravam entre agricultura às vezes letárgica e demografia naturalmente crescente, se tornam piores. Isso é suficiente para interromper durante uma dezena de anos o crescimento cerealista entretanto modesto, e destinado a um estancamento, desse século XVI. Essa brutalidade, mais ou menos centrada no ano de 1529, numa enxurrada de colheitas ruins, vai se repetir também na Alsácia, na província de Lyonnais, na Borgonha, no Languedoc e na região parisiense.

De um modo geral, parece, com base em grandes sondagens realizadas nas redondezas de Paris e na região d'oc, que é possível, a despeito das várias divergências intranacionais, comprovar a existência de uma tendência "francesa" para o desconto prévio do dízimo; e também, subjacente, uma tendência "francesa" para a produção de cereais, tendência tomada em sentido amplo durante o Renascimento; essa tendência pode ser constatada através de uma viva recuperação, entre 1450 e 1500, seguida (ao cabo de uma "quebra" do impulso, por volta de 1500) por uma fase de ascensão mais modesta durante o "ótimo" século XVI (1500*-1560, mais ou menos). Essa segunda fase propriamente é interrompida por uma série de crises, desdobradas em períodos intradecenais ou mesmo em períodos interdecenais, de 1520 a 1533 (datas variando ligeiramente segundo as províncias).

Essa tendência "francesa" não chega a constituir, porém, um modelo único que se possa encontrar no quadro de nossas fronteiras; no extremo Norte e na fronteira de Flandres, onde as grandes crises das *Wüstungen* foram bem menos marcantes do que no coração do reino da França, a recuperação-crescimento do produto cerealista, no período do Renascimento, dá-se, em boa lógica, e como contrapartida, de modo muito menos marcante, também, do que na França propriamente dita; em outras palavras, a volta a um estado de ecossistema, mais consistente do que em outros lugares, é, já se vê, uma realidade não tão ampla quanto nas regiões situadas mais ao sul. Em Flandres por exemplo (documentos Van der Wee sobre a região de Lier), o produto cerealista, tal como se pôde medir em alguns domínios, não ultrapassa em mais do que 15%, na metade do século XVI (1531-1550), os níveis da metade do século XV (1430-1454): isso muito simplesmente porque esses níveis antigos já eram elevados, não tendo sofrido o impacto de um apocalipse à francesa. Em Hainaut e Cambrésis, os desempenhos do século XVI, muito bons em valor absoluto, tornam-se entretanto medíocres, também, se comparados aos do século XV: não ultrapassam os do século XV senão em 12%, de acordo com os níveis do produto de dízimos em grão. Estamos longe das duplicações seculares, ou de níveis até superiores à duplicação, conseguidos pelo produto cerealista segundo os registros na região d'oc ou na Bacia Parisiense. Repitamos muito simplesmente que, no extremo Norte de Cambrésis, na Valônia ou na região de fala flamenga, o teto eventualmente malthusiano do século XVI, quanto à produção cerealista, atingiu o fim

---

*O ano de 1500 pertence, como se sabe, ao século XV, mas é preciso levar em consideração que o Autor fala sempre em datas aproximadas: portanto, o "ótimo" século XVI iria do último ou dos últimos anos do século XV até por volta de 1560. (*N. do T.*)

de uma alta mais do que modesta, porque os "patamares mínimos" do século XV que se contavam como ponto de partida do impulso situavam-se em ponto muito mais baixo do que na "pobre França" (vítima da peste... e de uma guerra centenária).

Mas fiquemos nos períodos... posteriores: a noção geral de teto ricardo-malthusiano, que se impõe progressivamente segundo ritmos variáveis do século XVI, parece, afinal, pertinente também para uma boa parte do período seguinte. Porque as máximas do produto cerealista atingidas de maneira penosa por volta de 1550-1560 têm um alcance multissecular. Salvo exceção regional, de resto importante e significativa (penso especialmente na região parisiense), as máximas não serão realmente ultrapassadas, "rompidas", senão muito depois de 1700, ou até mesmo bem mais tarde. Importantes exemplos provinciais vão nos permitir evidenciar a solidez e a constância longa desses "tetos" cujo esplendor incontestável não nos deve levar a esquecer o caráter longamente ascensional, e "insuperável" (para cima) no sentido preciso desse adjetivo.

Na Alsácia, em primeiro lugar: nessa província que, das guerras de Religião, não conhecerá mais do que alguns focos esparsos no fim do período ("guerra dos ladrões", 1587), os desempenhos dos dízimos em grão, desde 1560-1583, atingem os 90% daquilo que atingirão no "período ótimo" de 1600-1630, antes do desastre das guerras dos Trinta Anos.

Na Borgonha, os dois tetos do século de ouro (1500-1515 e 1540-1560) batem todos os *records* "dízimo-cerealistas" da idade moderna, até o século XVIII, inclusive. No Languedoc, por fim, e de um modo geral em todo o Sul mediterrâneo, as numerosas séries locais de dízimos pagos em moeda e em grão, respectivamente concretizadas por curvas correspondentes a dinheiro calculado pelo equivalente em grãos e a grãos *in natura*, permitem avançar algumas conclusões sólidas:

1) O século XVI pacífico de 1500*-1560, o ótimo século XVI languedociano de antes das guerras civis, é no conjunto um tempo de

---

*Nunca é demais insistir no fato de que o ano de 1500 pertence ao século XV e está incluído aí apenas por aproximação: no caso, em benefício do arredondamento de datas. (N. do T.)

ligeiro crescimento do produto dizimista *in natura* ou calculado pelo equivalente em grãos; sendo esse crescimento, parece (salvo na vizinhança de Aigues-Mortes), inferior à alta demográfica, e sem que haja medida comum em relação a essa alta. Trata-se sobretudo, entre 1540-1560 (ao fim de investimentos realizados durante o Renascimento), de um período de culminância, no qual as curvas de dinheiro calculado pelo equivalente em grãos ou pelos grãos *in natura* estão em estado de permanência em teto horizontal e altissimamente situadas. A situação é igual na Borgonha; ou mesmo (nos antípodas nacionais, ou até fora das fronteiras) no extremo Norte: Cambrésis, Bélgica ou Flandres.[7] O decênio de 1540 no Sul agrícola (mas o problema vinícola deve ser considerado à parte) iguala todos os *records* futuros quanto ao produto dizimista; salvo os do período 1649-1678, que serão um pouco superiores.

2) Essa bela prosperidade da época de Francisco I — Henrique II[8] é reveladora por si mesma, e também reveladora da ausência de uma revolução agrícola que impressionasse no decorrer dos dois séculos e meio que se seguiram. (Mas essa ausência global não exclui a possibilidade, no quadro da tecnologia existente, de iniciativas que serão capitais, nos séculos XVII e XVIII, especialmente quanto à viticultura.) Observo também, segundo os trabalhos de Joseph Goy, que as curvas expurgadas do produto líqüido dos dízimos calculados pelo equivalente em grão, em outras palavras, neste caso, calculadas em equivalente-grão, segundo o método preconizado por Colin Clark) incluem *todos* os produtos animais e vegetais, eles próprios incluídos no fornecimento dizimista: carneiros, trigo, vinho, azeite de oliva; trata-se, assim, de uma visão *de conjunto* da estabilidade multissecular do produto dos dízimos depois de 1540 que esses dados ultrameridionais nos oferecem.

3) Estudado em si mesmo, o ótimo período languedociano (1490-1560) é visto claramente cortado em dois, quebrado em seu centro por uma crise violentíssima, já mencionada, que localmente corresponde a uma série de colheitas ruins ali por volta de 1527-1533. Trata-se, já se viu, de um período de crise nacional, uma vez que se manifesta

igualmente nas regiões de Lyon, de Auvergne, da Borgonha, de Île-de-France; não se pode entretanto considerá-la uma crise universal de modo absoluto, uma vez que ela não aparece nas curvas de dízimos, de resto tão precisas no extremo Norte cambresino. No Languedoc, a crise corresponde a más colheitas de grãos e de azeitonas; mas também a epizootias gravíssimas, que inutilizam talvez mais da metade do rebanho ovino. E isso sem esperança de reconstituição integral para esse rebanho; sem esperança, com mais forte razão, de crescimento posterior. Porque a "despecuarização" do século XVI e a orientação cada vez mais nítida da procura popular pelos grãos frearão a retomada languedociana da criação de gado depois de 1535.

Como quer que seja, para todo o Hexágono, sem exclusão da região mais ao norte (período 1500-1560), pode-se falar da tendência a estabelecer-se um teto do produto dos dízimos (*in natura* ou calculado pelo equivalente em grãos) que culmina em escala multissecular; esse teto corresponde muito provavelmente a um alto patamar homólogo da produção agrícola, em particular no setor dos grãos. A culminância assim obtida recupera os esplendores defuntos de antes de 1348, sem necessariamente ultrapassá-los em muito, longe disso; e freqüentemente antecipa, igualando-os ou se aproximando muito deles, os *records* do século, ou mesmo dos séculos que virão: assim acontece na Borgonha, no Languedoc, em Auvergne e, em medida menor, na Alsácia (mas na região parisiense, de modo diferente, o século XVII cerealista, e naturalmente o século XVIII, serão melhores do que o século XVI).

A curva da produção cerealista, que lenta mas seguramente, depois de 1500, se torna assintótica na horizontal,[9] exprime assim, afinal de contas, a saturação progressiva das possibilidades das terras de lavoura disponíveis, num sistema em que a produção por hectare quase não aumenta; e em que os proprietários de florestas, assim como as exigências intocáveis do aquecimento e da carpintaria, não permitem estender além da medida os arroteamentos, uma vez retomadas as culturas nas terras que, de 1348 a 1440, tinham sido antecipadamente abandonadas.

Quanto a essa curva cerealista, é preciso lê-la agora em perspectiva e compará-la ao crescimento demográfico; ao aumento rural e urbano do número de bocas a alimentar: desse ponto de vista, parece que ao cabo de uma visão ampla, abrangendo todo o corte cronológico que vai de 1440 a 1560 e mais além, pode-se propor uma periodização que levará em conta, no tempo, as relações variáveis entre homens e grãos, pessoas e coisas.

Primeiro tempo: antes de 1440, viu-se que a população tinha caído a um nível muito baixo; mas a produção cerealista e sua comercialização tinham caído mais ainda. É a época (o quarto de século que vai de 1415 a 1440) das grandes e mesmo gigantescas fomes nas regiões normanda e parisiense. O Sul não ia muito melhor; ainda que a cronologia local fosse um pouco diferente nessa região.

Segundo tempo (1440-1505): é o verdadeiro Renascimento. A população começa a se recuperar, mais ou menos lentamente. Mas a produção cerealista, aproveitando os terrenos não cultivados de época recente, verdadeiro convite para novas culturas, recupera-se muito mais depressa, num ritmo especialmente acelerado nas províncias que têm muitas terras ribeirinhas (Auvergne, Forez), ou terras que ficaram arruinadas porém são rapidamente reparáveis (Île-de-France). Então é a abundância, em certa medida. Já não há fomes. Quase não faltam víveres. Não há mais (ver as curvas traçadas pelos preços dos gêneros alimentícios) crises de lavouras de subsistência; ou, quando elas se esboçam, não passam de "crisezinhas".

E, por fim, terceiro tempo, terceiro estágio do tríptico do trigo, a partir de um período de transição (1505-1520), a produção dos cereais aumenta lentamente, uma vez que se vive cada vez mais uma situação-limite: limite das terras de lavoura e limite dos rendimentos da produção. Mas o impacto da alta demográfica começa a ser sentido duramente. *Alta demográfica global*: prossegue de um modo ou de outro durante a primeira metade, até as duas primeiras terças partes do século XVI; com ela surgem alguns problemas, uma vez que as crianças nascidas em número acima do esperado, e sobrevivendo em altos percentuais, tornam-se, crescendo, trabalhadores braçais consumidores de substanciais rações de calorias, portanto comedores de muito pão. E sobretudo é preciso levar em conta a *alta demográfica urbana*, em Paris, Lyon, Rouen, Nantes, Toulouse, e em numerosas cidades médias e pequenas: essa ascensão dos povoamentos urbanos é uma das mais difíceis de suportar para o mercado dos produtos de subsistência; e isso na medida em que essa ascensão do povoamento exige a organização, na verdade longamente deficiente, de uma boa rede de transportes dentro de cada região ou mesmo inter-regional. Na medida também em que essa ascensão se expande até um período de penúria, que atinge os produtores e os mercados de cereais, um poder de compra urbano que incha os preços, criação da estocagem especulativa e do mercado negro, faz renascer a fome nesta ou naquela zona rural de dinheiro escasso.

Tudo isso — choque do número de pessoas e choque das cidades — explicará as bruscas tensões do mercado dos trigos depois de 1520. Vai-se notar depois de 1440 que o preço de mercado dos cereais praticamente não se movimenta; mas a partir de 1500-1520 há, ao contrário, uma nova escalada violenta e perigosas oscilações.

Entra-se, então, a partir dessas datas em um período bissecular de crises de bens de subsistência com repetição (cinco ou dez crises por século, uma emendada na outra), período que se acreditou seria pouco a pouco superado de 1440 a 1500; e do qual não se saiu a não ser muito mais tarde... depois de 1710, até 1740, mesmo. A produção de cereais ascendente dos anos 1520-1560 assume assim os traços que serão sua característica por muito tempo na idade clássica, ou seja:

1) Uma adequação aproximada da oferta dos grãos à demanda em fase normal (há mesmo — por se ter produzido uma bonita série de ótimas colheitas não perturbadas pelas guerras internas ou pelo clima

— verdadeiros períodos de abundância e de preços baixos: ver no século XVII a época de Colbert,* depois de 1662, claro).

2) Uma inadequação incômoda e até mesmo dramática dessa oferta em período de colheitas ruins: em conseqüência da insuficiência, neste caso, do volume da produção global, levando-se em conta as necessidades intocáveis das massas; em conseqüência também da ausência de um bom sistema de estocagem; em conseqüência, por fim, da carência da rede de estradas, de carroças e de canais, única capaz de garantir com pouca despesa uma distribuição justa das colheitas de região a região, em caso de incapacidade local. Muitos celeiros do século XVI ainda são casebres de barro, vulneráveis aos ratos e aos vermes; muitos sacos de trigo viajam penosamente em lombo de burro ou de égua, em caminhos que são verdadeiras picadas. Tudo isso não mudará para melhor, pelo menos no caso da Bacia Parisiense, a não ser depois de 1715-1740, quando serão construídas simultaneamente a rede de estradas do correio e ótimos celeiros de pedra; e quando uma produção cerelista mais robusta terá enfim boa distribuição. À altura de 1530 ainda não se chegou exatamente a isso...

Na verdade, o que está em causa, mais do que o sobe-e-desce desenfreado do mercado de preços em geral depois de 1520, é todo o problema da alta além das proporções dos preços dos grãos no século XVI, em relação aos outros gêneros alimentícios, no quadro geral da "revolução dos preços". No decorrer dos anos 1540, em relação aos anos 1510, nos quais se situa o índice 100, o fluxo do trigo, segundo os trabalhos de Micheline Baulant (*Annales*, março de 1971), ultrapassa na corrida todos os demais preços na região parisiense; em 1540

---

*Jean-Baptiste Colbert (1619-1683), homem forte das finanças no primeiro período do reinado de Luís XIV, ao qual foi recomendado por Mazarino, no ano da morte do cardeal (1661). Impôs-se rapidamente ao rei, que se entusiasmou com sua competência na solução do caso Fouquet, cujas malversações conhecia muito bem. A partir daí e até sua morte acumulou títulos e cargos na corte. Administrou tudo, salvo os Negócios Estrangeiros e os da Guerra. O longo reinado de Luís XIV pode ser dividido em duas partes: com Colbert e sem Colbert. (*N. do T.*)

seu índice já é 220, contra 140 para o carneiro, 142 para o vinho, 161 para o carvão, 182 para os ovos, 185 para o gesso, 186 para o linho, 190 para o azeite, 199 para as telhas... e 240 para a madeira, único gênero doméstico a superar os grãos nessa competição — o que, entre parênteses, diz muito sobre a sólida posição dos proprietários e exploradores de florestas dessa época. De 1540 a 1580, o trigo mantém, boa dianteira: passa ao índice 284 (índice 100 desta vez situado por volta de 1840), enquanto que os índices correspondentes e respectivos, em 1580, para a madeira, o linho, o vinho, os ovos, o cordeiros são 182, 235, 248, 249, 261; apenas alguns produtos industriais (como o gesso, o carvão e as telhas), que incorporam salários nominais em alta, os quais a partir dessa época resistem mais do que no passado à pauperização real, sobem mais do que o trigo de 1540 a 1580.

Dízimos e *terrages**  de Saint-Julien a Anneux, Graincourt, Cuvillers e Sailly-Saint-Olle. Taxas em trigos pagas ao fisco

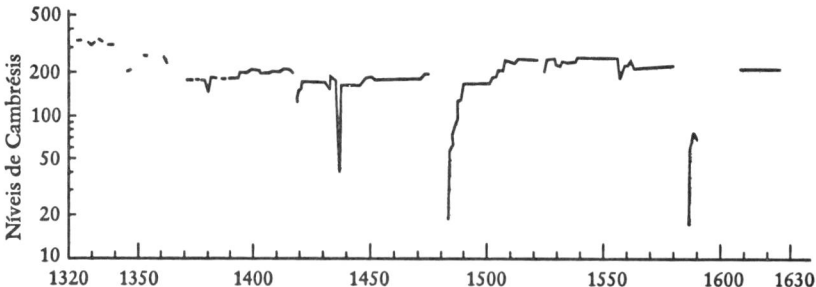

Fonte: H. Neveux (1974), p. 137.

Claro, se o preço do grão sobe mais do que todos os outros preços, ou do que quase todos, de 1510 a 1580, é porque "a reprodução dos seres humanos", e portanto a procura incontida de alimentação, está

---

*"Terrage" é a parte do total de grãos colhidos (especialmente quanto ao trigo) a que os senhores feudais tinham direito. O mesmo que *champart* (ou *tasca*, em língua d'oc). Parece não haver denominação correspondente em português. (*N. do T.*)

acima da produção dos meios de subsistência. Desde 1957, em um grande artigo em *Scandinavian Economic History Review*, Ingrid Hammarstrom denunciou a insuficiência radical — que entretanto não significa irrelevância total — da teoria quantitativa da moeda (mesmo com as galas do prestígio de Jean Bodin ou de Milton Friedman) para explicar a revolução dos preços no início da idade moderna. Porque a prata de Potosí,* que de qualquer maneira só chega maciçamente à França a partir de 1560, talvez 1570, enquanto as altas do mercado de preços dos gêneros alimentícios começaram em 1500, não pode[10] ter "criado" a subida dos preços no século XVI, assim como os créditos à base de eurodólares não "criaram" o crescimento econômico da Europa ocidental dos anos 1960. Prata ou papel são, em cada caso, tanto o efeito como a causa, uma vez que são objeto de demanda antes de se constituírem em valores de troca: é preciso portanto reinseri-los num sistema global dentro de um quadro mais geral. No que diz respeito mais particularmente à alta vertiginosa dos preços do grão, dominando todos os outros no século XVI, deve-se levar em conta:

• a exaltação já mencionada da procura dos trigos, tal como se dá tanto pelo aumento do número dos consumidores-produtores como por estarem as cidades em pleno crescimento;

• a formação de um teto relativo à oferta de grãos, que acaba por levar, depois de 1560-1570 e com o agravamento do quadro das guerras civis, a uma conjuntura típica de estagflação (estagnação da produção acompanhada de inflação persistente dos preços);

• a alta dos custos marginais das produções e da circulação de mercadoria, que se explica pelo retorno à produção das terras medíocres, em situação geográfica de fronteira, e pelos fretes encarecidos do transporte dos grãos: esse transporte, rumo às cidades cada vez mais vorazes, tende a se tornar mais pesado e a percorrer caminhos sempre mais longos.

---

*Departamento boliviano no qual ficava a mina de prata de Cerro Rico, que os incas já conheciam, mas a partir de 1545 foi explorada pelos espanhóis (que lá fundaram a cidade de Potosí). As toneladas de prata que começaram a chegar à Europa tiveram profunda repercussão na economia do continente na segunda metade do século XVI. (*N. do T.*)

Assim é possível compreender que os preços do grão, gênero alimentício não substituível, aumentem mais no período 1510-1580 do que os dos outros produtos agrícolas e (até 1540) industriais: a oferta das boas terras para grãos revela-se, de fato, a longo prazo, muito menos elástica do que a da mão-de-obra; menos elástica também do que a das terras ruins pedregosas das quais sempre se pode tirar, se houver bom sol, um delicioso vinho.

## AS PRODUÇÕES NÃO CEREALISTAS E A CRIAÇÃO

Não estão em cena apenas os grãos. Depois de 1520-1540, sua produção tende a se estabilizar num teto; e por longo tempo. Mas e quanto aos outros produtos agrícolas? A resposta, em relação a eles, arrisca-se a ser incompleta; e, sobretudo, tem de ser uma resposta qualitativa.

No Sul mediterraneano, observei num livro anterior (*Les Paysans du Languedoc*, 1966) que no período 1500-1570 apreciáveis plantações de oliveiras acompanham, no entanto, paralelamente, uma ascensão vinícola mínima. Esses pequenos fenômenos (aos quais seria preciso acrescentar, no Comtat e nas Cévennes de Nîmes, a atração de uma pequena sericicultura) não são desprezíveis. Mas não chegam a remediar totalmente — pelo advento de especulações não cerealistas e pela entrada de receitas em dinheiro em função da venda — a estagnação do produto dos grãos.

### Dízimo de azeite de oliva (em carregamentos)

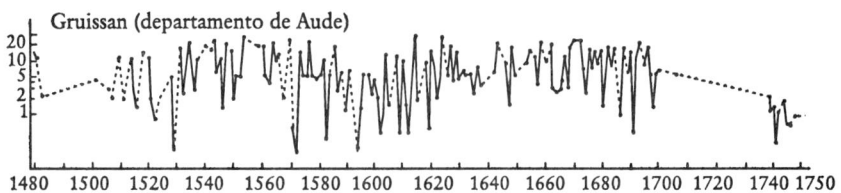

Fonte: E. Le Roy Ladurie (1966), t. II, p. 990.

No Sul da região da Aquitânia, em compensação, um grande sucesso: o do pastel. Essa planta empregada para tinturaria faz furor primeiro de 1475 a 1510, em função das necessidades da indústria têxtil espanhola que compra a tintura dos tolosinos via Burgos. A partir de 1510-1520, entram na jogada, como um efeito de crescimento, os mercados do Norte, de Flandres, da Inglaterra e da Normandia, cuja demanda penetra até a pequena região de Lauragais, no Languedoc, através do porto de Bordeaux e dos portos fluviais do Garona; desde esse momento, um grande retângulo da cultura do pastel, de 40 quilômetros de comprimento por 20 quilômetros de largura, desenha-se claramente ao sul e sudeste de Toulouse, nos terrenos pesados argilosos: o pastel da Aquitânia se impõe durante a primeira metade do século XV, e culmina na glória dos grandes comerciantes tolosinos, como Bernuy e Assézat, de 1540 a 1561.

Depois disso, as guerras de Religião, mais tarde a concorrência do indigo levarão o pastel ao declínio. Os milhos americanos, depois de 1637, porém, introduzir-se-ão pouco a pouco, geograficamente, nas localidades acima citadas da madeira de tinturaria. E entretanto, mesmo em sua grande época (1540-1560), o pastel nunca foi, sem exclusão de sua região privilegiada, mais do que um produto minoritário, incapaz de destronar a preponderância que os cereais sempre mantiveram. Sabemos que o valor de mercado desse produto "pasteleiro" atingia, mais em um ano, menos no outro, a dezenas de milhares de libras tornesas no Tolosino. Mas, a despeito dessas "cifras" (muito imprecisas!), permanecia-se, de todo modo, com o pastel, no domínio estreito de um consumo de luxo, desejado pelas clientelas ricas, recrutadas entre os espanhóis ou entre os litorâneos do Canal da Mancha e do Mar do Norte. Quanto aos homens do campo, mesmo os fidalgos do campo, a julgar pelo diário de Gouberville, tão bem informado sobre os costumes da região do Cotentin, recusavam-se a se vestir de azul, e portanto não utilizavam o pastel importado de Toulouse. Se se admitir com Keynes que é o consumo das massas, e não de um punhado de arrendatários, por mais ricos que sejam, que determina a arrancada de uma economia, vê-se que o pastel, grande segregacionista por

# As possessões lionesas nas regiões de planície em 1517-1518

Fonte: R. Gascon (1971), t. II, p. 815.

# O vinhedo da antiga província de Lyonnais no século XV.
## Posição da vinha nas terras de concessão servil

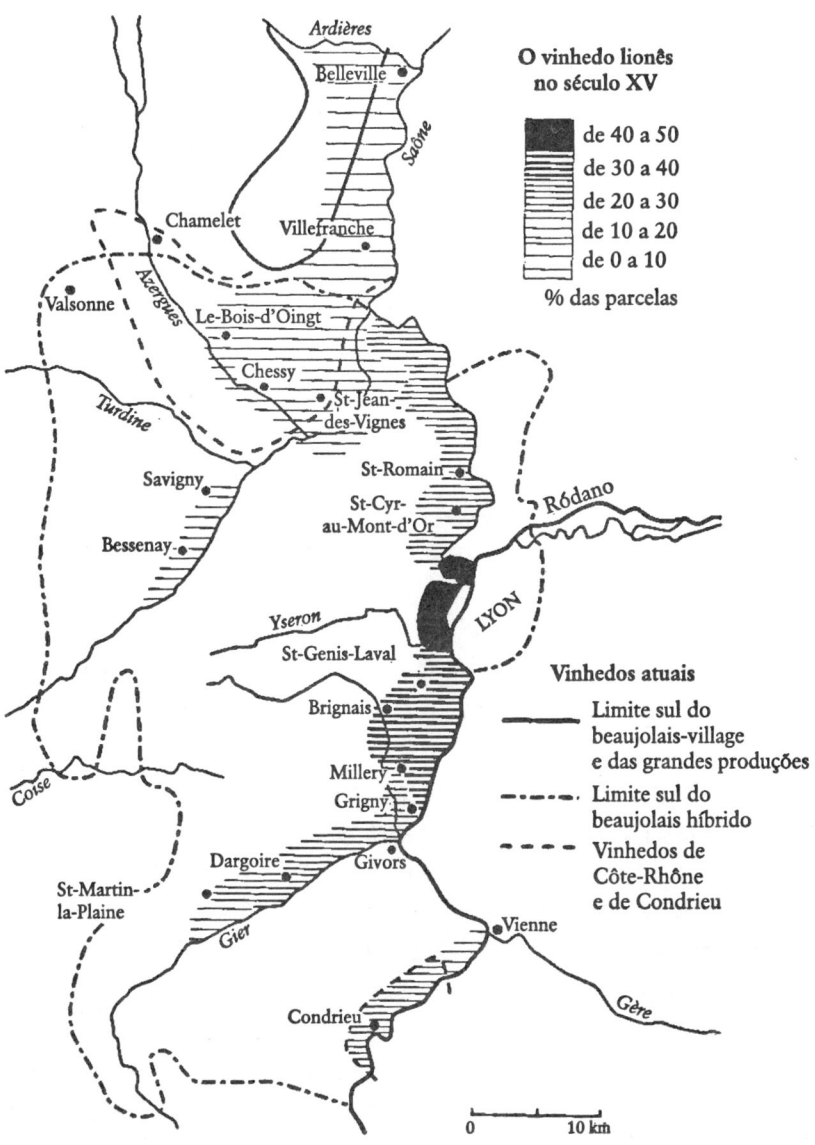

O vinhedo lionês
no século XV

de 40 a 50
de 30 a 40
de 20 a 30
de 10 a 20
de 0 a 10

% das parcelas

Vinhedos atuais

Limite sul do
beaujolais-village
e das grandes produções

Limite sul do
beaujolais híbrido

Vinhedos de
Côte-Rhône
e de Condrieu

Fonte: M.-T. Lorcin (1974).

seus clientes, não se constituiu senão em um catalisador de crescimento muito modesto. E destinado, afinal, a declinar depois de 1560.[11]

De qualquer maneira, a planta tintureira do Tolosino, apesar de sua presença espetacular em escala local, não constitui mais do que uma fatia pequeníssima do produto nacional agrícola aí por volta de 1550. De uma importância muito maior, por outro lado, é o lugar ocupado pelo vinhedo: 15% das terras de lavoura, em valor de solo, no conjunto da diocese de Nîmes-Alès à altura de 1550; 12,1% das superfícies cultivadas da diocese de Uzès, na mesma época; de 5% a 7% das superfícies totais, quase todas cultivadas, na região de Hurepoix, também por volta de 1550. Certamente, alguns vinhedos ultramarginais (Louvain, Mortain, 1520-1530) estão em processo de abandono no século XVI, como conseqüência de um início de especialização dos terrenos segundo suas vocações climáticas; e em conseqüência de um aumento crescente das importações de vinho originário do Sul ou do Centro (Roger Dion, *Histoire de la vigne...*, 1959). Mas, no conjunto, mesmo os vinhedos setentrionais como os de Paris, em condições de se beneficiar de um clima tolerável, passam por um processo de manutenção e de expansão no século XVI. Mais ao norte, por fim, o vinhedo se extingue; na Normandia, porém, é funcionalmente substituído pela macieira destinada à produção de sidra, cujo impulso é fenomenal no século XVI.

Algumas províncias, como o (baixo) Languedoc, onde já se cultivam amplamente os vinhedos, mantêm, dizíamos, desenvolvimento moderado em sua já vasta viticultura no século XVI, em comparação com o dinamismo local das plantações de oliveiras. Mas, em outras regiões favorecidas pelo comércio do Atlântico ou dos grandes rios (Sena, Loire), plantou-se com intensidade durante o Renascimento econômico. Proporcionava-se, dessa maneira, a possibilidade de beber, e principalmente de fazer com que os clientes pudessem saborear um líqüido estéril, graças ao álcool; e não poluído, como a água de beber, tão freqüentemente contaminada. O vinho era a saúde. Conseguiam-se novas fontes de renda, e assim se compensava, pelo menos monetariamente, utilizando-se a vocação vitícola das terras ruins para o trigo, a produção estagnada dos grãos. Na região de Hurepoix, por exemplo, o percentual de 5% a 7% da superfície global consagrado às vinhas se explica, apesar do nevoeiro e das geadas, pela proximidade de uma grande cidade: Paris, por volta de 1550, reúne, num cálculo modesto, 100.000 bebedores de vinho, levando-se em conta que todos os menores estão em regime de seca e que há gente que só bebe água, sobretudo entre os mais pobres. Biologicamente, o vinhedo parisiense e da alta Normandia (Gaillon) se renova, aí por 1510-1520, pela importação das mudas de vinhas do Sul, originárias das Côtes du Rhône, da Borgonha e da Chalosse. Economicamente, o vinhedo da região de Île-de-France vende bem; mas também se autoconsome, à medida que muitos pequeno-burgueses e sobretudo burgueses parisienses tentam ter suas próprias vinhas nas redondezas da capital e beber o que produzem. Cronologicamente, esse vinhedo ainda está em plena expansão entre 1540 e 1560; dois decênios nos quais se planta sem parar em Chevilly e em Haÿ-les-Roses, por exemplo.

Também a costa atlântica do reino se lança à expansão dos vinhedos. Quanto à produção, ou antes, quanto aos produtores, chegam, nessa região, sobretudo a bons índices qualitativos, ou indiretos. Sabe-se, por exemplo, que a imigração dos "Gavaches" (a partir do Périgord, do Limousin, de Agenais, de Poitou e da antiga província de Marche) coincide com a retomada da produção de Entre-Deux-Mers e dos vinhedos bordeleses em 1470-1480. Mas os dados com base no comércio (uma vez que o vinho atlântico tem alto valor de negócio) fornecem indicações muito mais precisas, ainda que também indiretas, sobre a produção vinícola regional. Em Nantes, em 1355-1356, no decorrer de um período já marcado pela crise, é verdade, 1.347 tonéis de vinho originário da região foram reexportados por via marítima. Em 1446-1447 são apenas 152 os tonéis de vinho da região reexportados. E 454 em 1447-1448. Ora, o total chegará a 10.000 e 12.000 tonéis à altura de 1555 e culminará com 32.000 tonéis em 1572, apesar da guerra civil: este número é importante, pois equivale, em medidas atuais, a 290.000 hectolitros (o tonel, como medida local, continha no mínimo 900 litros). Estamos diante de um crescimento impressionante do vinhedo do Oeste da bacia do Loire; e até hoje os pequenos vinhos brancos ácidos do baixo Loire conservam nostalgicamente a lembran-ça dessa expansão vinícola comum ao Vale de Loire e à região de La Rochelle. Em torno de Bordeaux, em compensação, o crescimento das vinhas não chega a ser tão notável. Certamente, nota-se um bom au-mento no comércio de vinho a partir de 1475; mas esse crescimento não atinge nunca, seria preciso muito mais, os picos outrora atingidos no florescente início do século XIV, quando Bordeaux exportava 100.000 tonéis de vinho; quantidade tão grande, na verdade (pela metrologia local, o correspondente a 850.000 hectolitos!), que será muito difícil em Nantes chegar de novo a tais números, *a fortiori* ultra-passá-los será mais difícil ainda. Aos anos mais expressivos da segunda terça parte do século XVI, essa marca de 100.000 tonéis só ocasional-mente será atingida; a norma de exportação do vinho bordelês parece estar situada aí pelos 20.000 ou 30.000 tonéis. Ao crescimento nantês, impressionante porém precário, se opõe a modéstia bordelesa. A jul-gar pelos números que se seguirão no comércio de vinho, os vinhedos girondinos irão se contentar com uma recuperação muito incompleta em relação ao auge do Renascimento, não passando dos níveis, certa-mente muito elevados, atingidos muito antes, no começo do século XIV. Lá como em outras regiões, os números de Nantes continuam sendo uma exceção: os tetos decididamente não são ultrapassados, fica-se no limite dos pontos máximos, sem mesmo chegar a isso na maioria dos casos.

Quanto às hortas e plantações de legumes, na região de Nîmes (179 localidades), próxima das férteis campinas de lavouras, o vere-dicto dos cadastros diocesanos não tem apelação: os canteiros amorosa-mente irrigados não passam no total de 2% do valor da lavoura diocesana (153 libras cadastrais sobre um total de 7.653). O tempo das "frutas e legumes" para todos (a palavra "legume" tomada no sen-tido atual, e não com o significado de leguminosa ou fava que então tinha) ainda não tinha chegado no século XVI... Isso não significa que não haja novidade nos limites dos pequenos canteiros! Muito pelo con-trário. As hortas e plantações de legumes e frutas, sobretudo nas terras dos grandes e dos ricos, são palco de uma revolução genética: as novas *espécies*, vindas da África, da Ásia e agora da América (feijão), e as novas *variedades*, que, chegadas via Mediterrâneo, substituem na França aquelas cujas safras os invernos rudes matam de tempos em tempos, são objeto dos cuidados dos hortelãos; principalmente nas grandes terras férteis de produção-revezamento (pelas quais passam os grãos e os enxertos vindos do Sul), encontradiças em Comtat, Touraine e perto de Paris... Mas, dessas revoluções genéticas os benefícios não chegarão às massas, a não ser, pode-se dizer, nos séculos seguintes. Observe-se, por exemplo, em torno do caso bem conhecido de alguns produtos (melões, alcachofras, aspargos, feijões) que iniciam, às vezes, ou ampliam uma carreira ainda discreta no século XVI, o exemplo notável da alfafa, mãe das pradarias artificiais: difundida nos Alpes provençais e em Comtat, no século XVI, ela ainda não ocupa mais do que algumas fatias preciosas de terreno, como que pequenos quintais amorosamente cultivados. Sua expansão verdadeira dar-se-á sobretudo depois de 1620; e em larga escala, em campos abertos, nos séculos XVIII e XIX.

Num caso, entretanto, o do cânhamo e acessoriamente do linho, a cultura preciosa de uma planta têxtil, em pequeno canteiro especializado ou *canhameiral*,* exerce um impacto poderoso e positivo sobre a renda do camponês. Porque essas duas plantas, e sobretudo o cânhamo, estimulam a expansão de uma industria rural de fiação e de panos, da qual a produção na Bretanha, mas também em todo o Oeste das terras do Maciço Armoricano e das terras fechadas por sebes espessas, já se revela substancial nos ótimos períodos dos séculos XV e XVI. Graças à fabricação domiciliar, de fios e tecidos exportados nos mercados nacional e externo, os camponeses e suas mulheres — mães, esposas, filhas, criadas — podem melhorar sua renda, sem que a dose de trabalho adicional que o funcionamento de uma atividade têxtil

---

*No original, *chènevière*, também em grifo. Há a planta masculina e a feminina do cânhamo (*cannabis sativa*). Enquanto a fibra da planta masculina é amplamente utilizada na produção têxtil, da resina da planta feminina é que se produz o estupefaciente conhecido como haxixe ou maconha. (*N. do T.*)

exige se choque com aqueles "rendimentos decrescentes" que em outras regiões desencorajam, como se sabe, o surgimento de novas unidades de *input* no trabalho puramente agrícola. No que concerne à
produção têxtil, a ausência de uma reserva disponível de boas terras
a arrotear absolutamente não é um obstáculo, como seria no caso dos
trigos: intensivamente produzido, o cânhamo não exige mais do que
pequenas áreas. Quanto à instalação de uma roda ou de um tear rústico entre os objetos de uma casa humilde não exige nem capital imobiliário nem tampouco mobiliário. A única exigência é a mão-de-obra. E
disso justamente não há falta! Aqui, pelo menos desta vez, não entra o
implacável declínio da produtividade marginal do trabalho, esteriliza-
da pouco a pouco pela ausência de boas terras de reserva. Um verdadeiro crescimento, um caminho em que não haverá mais regressão se
torna possível, graças a esses panos da Bretanha que vestem os vivos e
os mortos, os mastros dos navios e os fardos dos comerciantes. Seria
preciso lembrar, entretanto, a fim de temperar todo o otimismo excessivo, que ainda não chegou a época excepcional das indústrias rurais,
que a ela só se chegará principalmente no século XVII, e mais ainda no
século XVIII?

Esse cânhamo, vencedor modestíssimo, fecha para nós a lista das
especulações vegetais. Que virá agora em matéria de produções e especulações animais no século XVI? É certo que nessa época a variação
dos preços do gado não é favorável ao desenvolvimento de uma atividade de criação (na medida em que o criatório, precisamente, apoiado
sobre quatro ou duas patas, e voltado para o consumo urbano, teria
grande necessidade de estímulos do mercado): em Douai, no século
XVI, o preço das aves permanece quase horizontal no decorrer da
centena de anos em questão, enquanto que o preço dos grãos chega
aos píncaros. Em Paris, que já constitui um pólo de atração para os
comerciantes de vacas na província da Normandia, viu-se que os preços
do trigo, de 1510 a 1540 e de novo de 1540 a 1580, sobrem constantemente em relação ao preço dos ovos, do carneiro em pé, e provavelmente também do boi. Esse processo reflete uma prática: a massa dos
consumidores relaciona seu poder de compra com o grão, alimentação

de todos, muito mais do que com as proteínas animais, para as quais a absorção em alta dose exigiria um mínimo de riqueza. Nessas condições, os agricultores que trabalham para a venda são levados a produzir grão e a negligenciar o gado e o estrume; portanto a não aumentar a produção de seus trigos, que neste caso fica estagnada. É o círculo vicioso da agricultura antiga, círculo quase nunca rompido no século XVI, salvo em Flandres, onde a combinação dos cereais, das plantas que exigem terreno limpo, têxteis e industriais, e da criação intensiva no quadro da pequena cultura cria as condições para um "círculo virtuoso" e um desenvolvimento moderno (que só nos séculos seguintes o resto da Europa dominará). Na própria França, as regiões de terrenos cercados (*bocages*), como o Cotentin, mais vocacionadas do que outras para os gados, sem que por isso se especializem mais aprofundadamente na produção animal, praticam no século XVI uma criação freqüentemente extensiva e selvagem, de baixos rendimentos: os animais, sineta pendurada no pescoço, lá se vão pastar nos matagais e nos grandes bosques. Ainda não se chegou à política de pastagens bem fechadas e bem férteis, superpovoadas de animais, caso da Normandia contemporânea. Os pastos cercados normandos do século XVI existem bem mais para manter do lado de fora as vacas, que certamente já são muitas, do que para fechá-las em terrenos exclusivos. E as regiões bovinas que trabalham para o mercado parisiense se limitam, antes de 1560, a algumas terras úmidas da região de Bray e da região de Auge. A poderosa arrancada dos grandes gados do Oeste, como mostrou Bernard Garnier, dar-se-á depois de 1630 e sobretudo no século XVIII.[12]

De um modo geral, a forte pressão que a demanda de cereais exerce sobre as terras de lavoura e sobre os mercados provoca em algumas regiões verdadeiros fenômenos de "despecuarização": no Languedoc por exemplo. Depois das grandes epizootias ovinas de 1525-1530, os rebanhos são dizimados; também são expulsos pelos construtores de pastos cercados, que rodeiam suas próprias lavouras e suas plantações por cercas vivas ou por pequenas muretas de pedra seca. As *enclosures* dos anos 1520, que interditaram para pastagem determinada floresta (arquivos de Saint-Germain-des-Prés, 1524) ou determinado tipo de cultura (oliveira, vinhedo, sob as injunções das autoridades langue-docianas entre 1520 e 1530), são, afinal, notavelmente sincrônicas no norte como no sul da França. Assim, o volume dos rebanhos de carneiros não volta mais a seus níveis elevados de antes de 1525, ou, melhor ainda, antes do século XV em seus últimos anos, quando se atingiu o apogeu da criação ovina. Na diocese de Nîmes, em 1558, apenas 13% da terra (tomando-se como base os valores) destinam-se totalmente à criação bovina, ovina ou suína; mas 63% aos glicídios vegetais (grãos e castanhas) e 15,7% ao vinhedo. Mais ao norte, em Poitou, onde os criadores meeiros se dedicam tradicionalmente à produção do gado miúdo, foi preciso no século XVI comprar lãs espanholas, via La Rochelle, a fim de compensar a insuficiência da produção de lã local, e a fim de suprir as necessidades da indústria de panos da região da Gâtine, em Poitou.

Em torno de Paris, em compensação, a influência da grande cidade, considerável consumidora (a despeito da pobreza de um alto número de seus habitantes) de pernas de carneiro, costeletas e ensopados sustenta a criação de gado ovino nas terras de repouso (alqueives) dos campos de cereais de Île-de-France: as curvas globais das compras de carneiros pelos hospitais na capital tendem à ascensão de 1500 a 1560 (Micheline Baulant). A culminância da produção ovina em alqueives, por hectare, em Hurepoix, por exemplo, só será atingida porém depois de 1600 (Jean Jacquart).

Essa carência muito freqüente da criação, a despeito de alguns empreendimentos meritórios, remete então a uma idéia já expressa: Flandres, no século XVI, sob o impulso do século XV, cumpre discretamente sua revolução agrícola, gados e plantações racionalmente reunidos. Quanto à França, na mesma época, recheada por uma plêiade de grandes agrônomos e escritores bucólicos, teoriza ou discreteia, segundo o caso, sobre a revolução agrícola. As principais proezas de nossos agricultores (apesar de tudo, elas existem) se dão marginalmente, em primeiro lugar no vinhedo. E também nas hortas; porém numa escala, no caso, que certamente não chega a ser macroscópica! A massa, entretanto enorme, da produção vegetal e animal, caminha de modo um tanto arrastado, do ponto de vista das técnicas e do crescimento.

Se essa agricultura francesa do século XVI não chega a ser letárgica, mantendo-se, no entanto, estacionária, não será por estar sufocada no meio de gigantescas florestas? Certamente, muito se desmatou no século XVI, e as lágrimas de crocodilo de Ronsard, derramadas sobre o desbastamento da floresta de Gâtine, de que foi cúmplice, ficaram célebres. Mas, por volta de 1550, imensas reservas florestais estão de pé. Michel Devèze mostra que, para 28 departamentos atuais, a área florestal passou de 16,3% da superfície departamental em 1550 a 9% em 1912. Digamos que a floresta francesa, para os 28, ou mesmo para os 33 departamentos estudados por Devèze, cobria uma superfície que sob Henrique II era quase o *dobro* do que virá a ser sob Armand Fallières.* Como essas florestas de 1550 pertenciam no essencial (salvo no departamento do Jura dos camponeses lenhadores) à nobreza, ao rei e ao clero vê-se o poder (às vezes puramente virtual) que a "classe proprietária" em um século de aumento dos preços da madeira podia tirar de tais possessões.

## OS QUADROS SUCESSÓRIOS E A PARTILHA

Como quer que seja, é assim que se descreve a produção agrícola, que atinge seu teto por volta de 1550 e que, desde então, quanto aos cereais, está sem dúvida muito próxima (em volume e *in natura*, com pequena diferença para mais, ou para menos) de seus altos níveis do início do século XIV e daqueles que serão estabelecidos ao longo do sécu-

---

*O tempo em questão, tempo de Armand Fallières, vai de 1906 a 1913. Lançando-se à vida política no início da Terceira República (1875), que se seguiu à queda de Napoleão III (1870), Armand Fallières (1841-1931) acabou eleito presidente da França em 1906, como candidato das esquerdas, derrotando Doumez ao obter 449 votos num total de 820. Seus sete anos na presidência foram marcados por um período de prosperidade econômica, mas também de dificuldades sociais e religiosas. Quanto à política externa, a tensão franco-alemã nunca deixou de crescer e caminhou-se sempre para a guerra. Depois da eleição de seu sucessor, Poincaré, em 1913, Fallières se retirou da cena política. (N. do T.)

lo XVII. Agora é preciso saber de que maneira essa produção foi repartida, na base.

Em primeiro lugar no nível do quadro horizontal das estruturas de terras: o fato de maior importância, sob esse ponto de vista, e o mais espetacular, é o formidável parcelamento das propriedades ou das quase-possessões (terras concedidas) havido em 1560: esse parcelamento, que assim chega à culminância pela primeira vez no meado do século XVI, evidentemente tem de ser relacionado com a expansão demográfica, tal como ela se dá de 1450 a 1570.

Uma tal explosão fragmentária dos terrenos, contudo, implica algumas questões prévias: em que condições jurídico-consuetudinárias se operou o parcelamento?

Lembremos de saída que o parcelamento se dava por alienação (entre vivos) ou por via sucessória. A alienação das terras podia se dar por compra e venda normal, como hoje em dia; mas também por um sistema de compra a crédito, favorecido pela falta de moeda. Graças ao contrato típico chamado *arrendamento de herança com renda anual*, tão difundido pelo Ocidente da região parisiense até Castela, o proprietário alienava sua terra contra o pagamento de uma renda anual e perpétua a ser paga pelo tomador. Essa renda nos primeiros tempos era elevada, uma vez que podia, por volta de 1550, chegar a 8,33% do capital territorial envolvido (entretanto 5% ou menos no século XVII); esse percentual era então indexado sem exceção sobre a taxa geral escorchante de juros, em níveis variáveis, durante os dois séculos em questão. Mas a inflação do século XVI, gradualmente, reduzia a níveis inexpressivos essa renda recebida pelo proprietário. Nesse meio-tempo, o tomador adquiria todo o direito de vender, ou de desmembrar, ou de alienar as terras que tinha arrendado pelo contrato típico de arrendamento de herança: o proprietário, frustrado com a depreciação gradual de sua renda, não tinha nenhuma esperança de recuperar as terras. Tudo acabava, como era tão comum no século XVI, por uma espécie de negociata inflacionista. O arrendamento de herança a prestações anuais favorecia, assim — e eis aí um de seus méritos essenciais —, a mobilidade da terra, graças a um engenhoso sistema de crédito.

Resta o parcelamento operado por via sucessória: sobre isso há notáveis documentos jurídicos, graças ao fato de constarem por escrito esses hábitos, em suas etapas essenciais, no século XVI. Melhor ainda: esses escritos tornam possível uma perspectiva antropológica completa sobre as estruturas genealógico-sucessórias. Uma visão que abrange globalmente o conjunto, tão heterogêneo, do território da França.

No ponto de partida de uma tal antropologia da França, no período 1450-1700, não é possível encaixar as "estruturas elementares do parentesco" caras à etnologia do mundo selvagem: a despeito de uma evidente endogamia do habitante das aldeias, as regras do casamento e do parentesco, mesmo camponesas, na França clássica, são muito abertas e muito "anômicas" para que se possam buscar entre elas os critérios de uma diferenciação regional, comparáveis com as que propõem os etnógrafos nos domínios das sociedades indígenas. Pelo menos o estudo rigoroso das regras sucessórias relativas à devolução das heranças, tais como constam essas regras nos escritos jurídico-legais que envolvem os hábitos estabelecidos nas províncias, fornece um dos quadros que permitem repartir as áreas culturais: graças a esse estudo estão definidas a partir de elementos privilegiados as técnicas de transformação que permitem passar de uma área a outra e de uma época a outra. Essas pesquisas minuciosas e fastidiosas sobre a etnografia consuetudinária também oferecem ao historiador a possibilidade de vislumbrar algumas divergências, ou linhas de fratura essenciais, nos fundamentos da vida familial segundo as diversas regiões da França examinadas pela investigação. Foi Jean Yver que, num livro denso acompanhado de uma série de artigos, ao longo de uma prosa sem concessão, propôs, como pioneiro, uma geografia pertinente de nossos velhos costumes, geografia que daria continuidade, a uma distância de mais de um século, aos trabalhos admiráveis mas ultrapassados de Henri Klimrath (*Travaux sur l'histoire du droit*, 1843).

Descreverei aqui, em algumas páginas, as grandes linhas da análise de Jean Yver. Esforçar-me-ei para incorporar a essa análise, no que for possível, as preocupações terra-a-terra de um historiador do mundo do campo. É preciso dizer primeiro que, com Yver, tomaram corpo e figura sistemáticos os dados esparsos contidos nos trabalhos dos pioneiros. Entre estes, deve-se citar Bourdot de Richebourg, cuja vasta compilação sobre o *Coutumier géneral* ["Relação dos costumes gerais"] publicada em 1724 agrupou pela primeira vez sob um título único os textos até então soltos que outrora haviam publicado, em volumes separados, os juristas do século XVI; deve-se evocar também, uma vez mais, Klimrath, que preparou, desde a época de Luís Filipe,* uma carta geográfica das áreas de costumes, por longo tempo única no gênero...

Transcritos no essencial já no fim do século XV e durante o transcorrer do século XVI, os costumes regionais interessam simultaneamente ao medievalista e ao modernista: constituem uma fotografia de determinada imagem do reino, a um tempo tradicional e nova, progressivamente construída e definida depois das guerras de Cem Anos. Os juristas do Renascimento, que funcionaram, na circunstância, como compiladores locais, reuniram de fato elementos de costume provindos de muitos espaços de tempo. Alguns representam uma camada arcaica do direito rural e direito de propriedade, no estado em que ainda funcionava, mais ou menos ativamente, desde a Idade Média. Outros elementos, justapostos a esses precedentes, são significativos de uma evolução desses direitos no sentido de formas mais modernas, até mesmo urbanas ou referentes a posturas municipais, que impuseram durante o século XVI, ou mesmo antes, a prática das populações e as teorias dos homens da lei. Posto diante desses segmentos de tempo um tanto heterogêneos, o etnógrafo-historiador precisa selecionar alguns critérios pertinentes, cuja presença, ou ausência, ou as diversas modalidades estão associadas a uma família completa de traços culturais que dão, por si próprios, a cada área de costumes sua configuração original.

Os critérios escolhidos, contraditórios, mas ligados um ao outro, são, no caso, "a igualdade entre herdeiros e a exclusão dos filhos com dotes". A partir daí, três grandes famílias de diferenciação de costumes

---

*Rei de 1830 a 1848. (*N. do T.*)

parecem a uma primeira análise, e segundo uma visão ligeira, formar-se no território nacional. Digamos, para simplificar: zona orleano-parisiense; da Normandia e armoricana; regiões occitanas (às quais se acrescentam, como se verá, importantes frações, às vezes muito setentrionais, e especialmente valonas, das regiões d'oil). O próprio princípio dessa diferenciação regional foi excelentemente descrito por Jean Yver, de modo que vou me limitar a citá-lo; apenas explicitando seu texto aqui e ali, pensando nos leitores não familiarizados com a historiografia consuetudinária. *Cedo*, escreve o jurista normando,[13] *os costumes franceses se voltaram para três grandes soluções (A, B e C). Uma é a do precípuo possível entre filhos* [precípuo: em outras palavras, no caso, vantagem unilateral outorgada a um dos descendentes e que lhe permite retirar em proveito próprio, antes de qualquer partilha com os irmãos e irmãs, uma parte determinada do todo a ser repartido]; *é essa solução do precípuo (A) que encontramos na esfera occitana e valona. No extremo oposto, os costumes de igualdade perfeita (B) impunham em quaisquer circunstâncias aos filhos que* tinham tido *vantagem* antes de vencido o prazo da sucessão de pai e mãe *a restituição dessas vantagens e doações recebidas; os filhos não podiam manter essas vantagens, mesmo renunciando à sucessão; ser-lhes-ia preciso, pelo menos, repor o excedente que pudesse existir entre a gratificação obtida e a parte igualitária que teria sido a sua na sucessão* ab intestat: *eram hábitos de restituição forçada e é a essa categoria que pertencia especialmente todo o grande grupo dos costumes do Oeste. Entre essas duas soluções extremas (A e B), os costumes do tipo parisiense (C)* eram, como sempre, decididos por sistemas mais flexíveis: no primeiro desses sistemas (C1), amplamente atestado na Idade Média, a criança que recebeu dote em vida de pai e mãe, e pelos cuidados deles, era por causa disso pura e simplesmente excluída da sucessão futura; mais maleável, um outro sistema parisiense (C2), que se impôs depois do precedente durante o fim da Idade Média e o século XVI, prevê que o herdeiro que tivesse obtido vantagem poderá "optar"; terá possibilidade de escolha: *ficar com sua vantagem prévia, renunciando à sucessão; ou reintegrar-se à partilha "devolvendo"* à massa comum *a vantagem em questão:* os costumes parisienses, desde então, *tornaram-se de igualdade simples e de opção.* Essas distinções entre três grandes troncos de costumes não são apenas teóricas. Na verdade, tendem a valorizar, segundo as regiões, este ou aquele aspecto da família. Verse-á, por exemplo, que é possível prevalecer um direito ou *tutela* de pai e mãe nos velhos territórios capetianos (direito que tende, é verdade, a se enfraquecer de maneira progressiva, rumo a um igualitarismo que se afirma). Na Normandia, isso seria antes um direito favorável ao grupo de irmãos a que coubesse objetivamente falar; afinal, o Sul occitano ergue, no centro do processo de decisão, a figura formidável de um pai soberano, cara aos juristas romanizados.

Em direito orleano-parisiense, no mundo das soluções "centristas" (C1 e C2), como a mais velha manifestação jurídica (mencionada no século XIII, mas destinada a sobreviver, oficialmente pelo menos, até 1510), vigora em primeiro lugar o desejo dos pais, pai e mãe. E, correlativamente, uma certa preocupação de tornar indivisível a concessão. "O que pai e mãe decidem é estável [*quanquez fait père et mère est stable*]." Essa, pelo menos, é a posição original dos códigos consuetudinários, solidamente assinalada desde a época gótica; e que, depois, subsiste aqui e ali, mas se esgarça em outras regiões. No direito impuro da plebe aldeã (direito que assumiu a condição, também, talvez por causa dó êxodo camponês, de lei das boas cidades capetianas), essa *estabilidade* das disposições dos pais revestia-se de um sentido preciso: valendo-se dessa disposição, de fato, o casal, pai e mãe, dava como dote um arado, uma vaca, algumas moedas ou muito raramente uma fatia de terra ao filho, ou mais freqüentemente à filha, que abandonava a família para contrair matrimônio em outra região, e para ir juntar-se a ou fundar um lar que não o de sua infância. Quanto à herança, que deveria caber-lhe mais tarde, quando do desaparecimento dos pais, o filho assim "estabelecido" era constrangido pelo costume a renunciar. Bater asas do ninho familiar para casar em outros pagos, valia, ao mesmo tempo, como recebimento de um dote e condição automática de deserdado. Em compensação, podia ter esperança de contar com seu quinhão paterno quando o dia chegasse aquele, ou aquela — ou aqueles — dos filhos que, bem enraizado, ou enraizada, na terra dos seus, na terra de concessão, por miserável que fosse essa terra, permanecia em casa, para ali dar continuidade afetuosamente, sob o jugo dos velhos, ao trabalho na parcela explorada. Pouco importava no caso que esse herdeiro (presuntivo, pois co-residente) fosse homem ou mulher, mais velho ou caçula, único ou um de muitos. Duro com o filho que partia para se estabelecer em outras plagas, o costume nas velhas jurisdições capetianas era, ao contrário, indulgente e bom para os filhos que permaneciam no lar, a fim de lá sustentar os pais em seus dias de velhice. As disposições consuetudinárias, sob esse ponto de vista, não tinham qualquer preconceito, quer se tratasse de primogenitura, de sexo masculino ou (neste caso) de integridade do patrimônio de família. Prometiam a herança ao caçula como à filha; e garantiam a divisão igualitária ou "simples igualdade" (em outras palavras, a proibição de dar vantagem a um dos descendentes em relação ao outro) no caso de muitos filhos ou herdeiros que, não tendo usado da faculdade que lhes era aberta de se estabelecer em outro lugar e de receber dotes por ocasião do casamento, eram candidatos à sucessão. Daí o paradoxo desses antiqüíssimos costumes orleano-parisienses que mordiam e assopravam: preconizavam, de um lado, a estabilidade das terras estabelecidas e portanto sempre havia um possível favorecimento em proveito ou em detrimento do estabelecido-casado-beneficiado por dote; estipulavam, por outro lado, a igualdade simples entre os filhos que não se "estabeleceram alhures". A exclusão dos que tinham dotes objetivava evidentemente a tornar tão compatíveis como incompatíveis entre si essas duas afirmativas mal articuladas uma com a outra. De todo modo, dessas contradições sempre possíveis, vê-se que a sucessão de um homem da roça (por exemplo, no sistema orleanês) não era amputada no todo, mas apenas em fragmentos geralmente mínimos que anteriormente os pais tinham cortado do conjunto a fim de constituir os dotes dos descendentes afastados para se estabelecer sob outro teto.

As próprias características de um tal sistema sucessório levam a algumas reflexões de conjunto: fica claro, em primeiro lugar, que esses costumes de Île-de-France ou da região de Orléanais buscam (ou pelo menos redundam nisso) deixar muitos filhos fora da herança, com o que se evitava um parcelamento excessivo das terras. Essa "finalidade" (que não é sempre atingida, longe disso) está, pelo menos, objetivamente consagrada (ou então conscientemente procurada) por essas velhas leis, com notável constância. Os textos mais velhos, aliás, sublinham o caráter freqüentemente rural que assume o fenômeno de deserdar os filhos que receberam dotes, isso sendo apresentado, sem rodeios, como típico do "roceiro".

Essa preocupação bem camponesa, que representa um esforço para orientar a transmissão das heranças no sentido do fixismo de um pedaço de terra substancial, adequado para fazer uma família subsistir, ajusta-se perfeitamente, afinal, às exigências da demografia do tipo antigo. Sabe-se que, nas populações arcaicas, tais como as quantificamos nos últimos tempos, o número médio de filhos de um casal que escapavam da mortalidade infantil ou juvenil e afinal chegavam à idade do casamento é muito baixo, de um modo geral, dois: ou seja, estatisticamente, segundo as possibilidades biológicas, um irmão e uma irmã. Nessas condições, o sistema de herança que acabamos de descrever era mais ou menos conscientemente programado para reproduzir na medida do possível, de uma geração a outra, as estruturas exploradas ou a concessão rural consideradas minimamente aceitáveis, no quadro estático de uma economia dominial ou senhorial. Um dos dois filhos sobreviventes (geralmente o rapaz), morando com pai e mãe, fazia nessa comunidade familial seu aprendizado de agricultor: era destinado a, quando chegasse o momento, entrar em posse da herança. Quanto ao outro filho, era a moça em muitos casos (a exclusão dos filhos com dotes, na prática e mesmo na letra da lei, era freqüentemente sinônimo de exclusão das filhas com dotes). Essa moça, então, "era casá-la e não se falar mais nisso": deixava o lar paterno, com um dote mais ou menos magro e sem esperança de participação como herdeira, para se integrar se possível a um outro grupo familial, dentro do qual, afinal, contribuiria, ela também, para a estrutura de "reprodução". Claro, as situações reais muitas vezes se afastavam desse esquema simples. Mas mesmo nos casos "aberrantes", muito numerosos, o sistema era flexível: permitia, se necessário, estender o dote a muitos filhos que iam se estabelecer em outros grupos; na ausência de filhos, criava condições para a instalação de um genro na casa dos pais; por fim, solução desagradável porém freqüente (como o prova, desde antes de 1500, a pulverização dos parcelamentos), o velho direito orleano-parisiense se resolvia mais de uma vez pela partilha da concessão entre muitos descendentes em nome da "simples igualdade", com a condição de que os descendentes (teoricamente, pelo menos) aceitassem previamente colaborar com seus pais no quadro eventual de uma co-residência disciplinada. Dessa maneira, essas estruturas tão práticas para os agricultores, no fim da Idade Média e às vezes bem depois disso, parecem ter se estendido sobre um território muito vasto, que transborda em muito a área orleano-parisiense. De fato, podem ser encontradas esporadicamente na região de Lille e mesmo em Amiens; também a leste como a sudeste das regiões da língua d'oil: na Alemanha, na Polônia, até na Suíça... O estudo dos dados germânicos, por exemplo, dá ao pesquisador francês ocasião para um olhar comparativo, e para uma reflexão sobre as origens: além-Reno, a exclusão do filho com dote, seguida da atribuição da herança aos co-residentes não é apenas uma característica jurídica. Está estreitamente ligada às representações mentais, ao folclore, até mesmo à mitologia! Entre alguns camponeses da Alemanha, na verdade, os móveis da família que habitava a mesma casa outrora permaneciam indivisíveis, quando da morte do pai; essa permanência sem divisão vantajosa para a continuidade da família era possível graças à astúcia de uma repartição fictícia, por três... e comunitária: uma parte dos móveis ia para os filhos co-residentes; a segunda para a mulher, co-residente também; e a terceira... para a alma do pai defunto! Na Suíça francesa, da mesma forma, nos cantões mais tradicionais, o costume privilegiava as crianças "agregadas"; vivendo permanentemente na comunidade familial, estavam destinadas a tomar parte um dia na herança: enquanto que os "desagregados", que preferiram casar em outras regiões, recebiam dote, depois eram deserdados.

Também muito mais ao sul esses hábitos são atestados: em certas zonas, agrícolas ou urbanas, da língua d'oc, diversos costumes e sobretudo a norma dos testamentos provam que a exclusão do filho que recebeu dote com monopólio sucessório aos co-residentes era amplamente praticada até o século XV; e isso no quadro tão popular na Occitânia da família grande. Encontramos por fim esses mesmos usos (que, segundo os casos, são autóctones ou então importados pelos colonizadores) na Jerusalém dos Cruzados, como no velho hábito armênio.

Fiquemos na Europa ocidental, ou até mais simplesmente na região francesa; a ampla difusão das instituições sucessórias que acabamos de resumir leva a algumas hipóteses tentadoras: segundo essas hipóteses, esses costumes se enraízam num longínquo passado; num substrato lígure, celta, germânico... Mas será preciso, verdadeiramente, pergunta-se Jean Yver com humor, "ir até essas origens étnicas tão longínquas? Antes de chegar até os menápios, talvez até os lígures, não poderíamos, para economizar trabalho, parar em alguma etapa intermediária"?

Sem recusar, evidentemente, essas especulações paleoétnicas, parece que devemos nos ater a afirmações mais modestas: digamos, com Jean Yver, que a exclusão dos filhos com dotes e o privilégio sucessório aos filhos co-residentes respondem perfeitamente bem, qualquer que seja a etnia de origem, às necessidades de uma sociedade agrícola e senhorial altamente exigente. Quem diz senhoria forte diz, na verdade (de acordo com as épocas), tecido celular das *manses*,* ou (mais tarde) laços que mantinham a condição subalterna do camponês que trabalhava sua pequena plantação na terra do senhor. Ora, esses laços são parte de uma estrutura: criam um direito sucessório que, para haver uma lógica em relação às exigências do senhor, só pode se fundamentar na exclusão.

---

*Pequeno domínio feudal que constituía uma unidade de exploração agrícola. Embora o dicionário francês-português de Fernandez Valdez, citado em outras notas, traga a tradução "mansa", preferi manter o original francês, pois não encontrei a forma "mansa" com esse sentido em nenhum dicionário ou enciclopédia de língua portuguesa, o que leva a crer que a tradução de Valdez seja um tanto forçada. Foi ela, entretanto, com a desinência final típica de feminino em português, que me levou a usar esse gênero mesmo mantendo o original, uma vez que em francês o substantivo aceita os dois gêneros. (N. do T.)

Suponha-se, com efeito, um senhor do tipo medieval e clássico, ainda armado de poderes exorbitantes: como poderia ele tolerar, na medida em que tem uma palavra a proclamar, que as concessões camponesas, sobre as quais exerce um direito eminente, fossem pulverizadas em benefício de herdeiros com dotes, que se vão estabelecer alhures — esse "alhures" podendo muito bem se situar fora do espaço geralmente restrito em que se exerce o poder de seu castelo? Do ponto de vista do Dominante da terra, a exclusão do Camponês migrador é claramente uma solução indicada. Quanto aos próprios rendeiros é perfeitamente possível que sua opinião sobre esse problema não fosse muito diferente da opinião de seu nobre senhor. Durante muito tempo eles não foram, ao fim e ao cabo, mais do que concessionários ainda frágeis de um quinhão de terra, detentores sujeitos à instituição da mão-morta "de uma concessão apenas hereditária". A própria noção de sucessão se reduzia para eles à continuidade *de facto* de uma família sobre uma parcela (unidade da terra parcelada). Nessas condições, a co-residência exigida dos sucessores presuntivos, complementar à exclusão dos dotes, representava uma sábia precaução, espécie de entronização prévia, como aquela que fez a fortuna dos Capetos! A co-residência garantia, desde a morte do chefe da família, a transmissão rotineira da *manse* ou da concessão aos descendentes que se mantivessem no local, sem que pudesse intervir a seu favor o risco desagradável de uma recuperação da fatia de terra pelo Dominante, em nome de algum "recuo senhorial". O costume orleano-parisiense representaria portanto, a se acreditar nas sugestões de Yver, a superestrutura coriácea, mais ou menos viva ainda no fim da Idade Média, de um mundo senhorial e dominial outrora (e ainda?) muito poderoso.

Outro sinal de arcaísmo: os costumes à base de sucessão co-residencial e de exclusão, que caracterizam o anterior domínio capetiano (e também, no fim da Idade Média, algumas regiões occitanas) estão ligados a diversos tipos de amplas famílias; no grupo orleano-parisiense, a exclusão dos filhos que tinham dote joga, na verdade, para as trevas exteriores "os filhos que por se terem estabelecido em outra parte se separaram da casa familial, do lar de seus pai e mãe e do pequeno grupo doméstico (filhos crescidos celibatários ou às vezes casados) que vive em torno desse lar".[14]

Quanto ao Maciço Central occitano, a exclusão dos filhos com dote nessa região deriva expressamente da preocupação de coesão manifestada pela família ampliada mais clássica: duas famílias (ou mais) de pais e de filhos, ou de irmãos e irmãs com seus cônjuges, vivem e se alimentam sob o mesmo teto, e reservam o essencial da herança aos descendentes co-residentes, com uma preocupação de continuidade.

Como se trata, no caso, de instituições familiais que estão em sério declínio desde o século XIII (Norte)[15] ou desde o século XVI (Sul),[16] é de imaginar-se que os costumes de exclusão sejam objeto, por sua vez, de ataques revisionistas, na época do Renascimento.

Subsiste e subsisitirá entretanto, como permanência de longa duração, o elemento mais estável e talvez o mais comovedor das estruturas orleano-parisienses: a insistência delas em privilegiar a decisão comum de pai e mãe, e a preconizar a colaboração "simples e confiante" dos pais e dos filhos, no coração do meio camponês. Nesse ponto, os usos das velhas terras capetianas claramente opor-se-ão ao paternalismo viril da Occitânia como ao feroz fratriarcalismo, se assim se pode dizer, do direito normando: este é duro com as mulheres e com as vontades do pai morto. O privilégio deixado ao casal e a parte importante concedida às prerrogativas maternas constituem sem dúvida um dos dados que nos informam melhor sobre os arquétipos familiais, até sobre a sensibilidade dos fazendeiros da Bacia de Paris, na época em que se forjaram esses costumes.

Favorável ao casal genitor, o costume orleano-parisiense também põe em nível altíssimo, logicamente, a majestade do leito conjugal. Veja-se o caso de um homem casado muitas vezes, e que portanto tem filhos "de muitos leitos": sua herança será repartida não absolutamente na proporção do número total de seus filhos, mas em relação ao número de leitos que esse *de cujus** tenha tido em sua carreira conjugal.

---

*Expressão do direito romano significando "aquele de cujo(a)". Essas são apenas as primeiras palavras da expressão completa *De cujus sucessione agitur*, "Aquele de cuja sucessão se trata", na explicação perfeita de Paulo Rónai em *Não perca seu latim*. (N. do T.)

É a "divisão por leito", amplamente difundida num espaço que se estende de Orléanais a Beauvaisis, mas, ao contrário, inexistente na Normandia igualitária, onde a divisão é feita por partes equivalentes a cada filho homem, sem consideração de leito nem critério de co-residência.[17]

Contudo, permanecendo fiéis, aparentemente, aos arquétipos que acabamos de evocar, os costumes orleano-parisienses evoluíram a partir do Renascimento. Esse movimento foi longamente preparado: desde os séculos XIII-XV, os anais consuetudinários de Paris ou de Amiens previam várias flexibilizações para melhorar a situação, até então rude, a que estava sujeita a criança migradora. Se, por exemplo, os pais fizessem inserir no contrato de casamento de sua filha ou de seu filho uma cláusula especial de *reconvocação*, o descendente com dote podia, a despeito de se ter estabelecido sob outro teto, voltar a pedir, depois da morte de seus ascendentes, uma parte da herança. Em todos os outros casos, se essa reconvocação expressa não estivesse explicitamente prevista, os filhos com dotes estariam inteiramente deserdados. A cláusula de reconvocação era capital nos meios urbanos; nesse caso ela garantia, por sua engenhosa maleabilidade, uma longa sobrevida ao velho costume da exclusão; essa exclusão, daí em diante, estava pronta para se acomodar às situações mais diversas, uma vez que seria possível a qualquer momento decretar, graças à *reconvocação*, que não seria mais aplicada. Em compensação, nas zonas rurais, um sistema assim de "reconvocação" nem sempre era de fácil aplicação. Raros, sem dúvida, ao menos na França do Norte, eram os camponeses que se davam ao luxo de casar-se sob contrato escrito (o número deles crescerá, certamente, porém mais tarde, quando crescer também a atividade dos notários, no fim da Idade Média). Ora, sem contrato, nenhuma cláusula de reconvocação era facilmente concebível.

Essa era a velha estrutura: exclusão, com possibilidade de reconvocação; possibilidade mais ou menos aberta. Em 1510, entretanto, mais uma vez usos na região de Paris são instituídos ou simplesmente consagrados (na verdade existiam de longa data em Beauvaisis de Beaumanoir). Esses novos usos cabem em duas palavras: opção e restituição.

Aparentemente, sem dúvida, nada mudou. O filho com dote, em princípio, fica sempre excluído da herança. Mas, de fato, como numa partida de xadrez durante a qual, segundo uma comparação que se vulgarizou, basta às vezes mexer uma peça para alterar todo o equilíbrio do jogo, a inserção de uma nova regra modifica notavelmente o espírito do costume. A partir do segundo decênio do século XVI, com efeito, permite-se oficialmente que o filho que, por ocasião de um casamento e de se ter estabelecido fora da comunidade constituída por seus pais, recebeu bens como dote, pode, contrariamente a todos os costumes até então seguidos, não ser excluído da sucessão dos ascendentes. Para isso, bastaria que esse filho manifestasse claramente seu desejo de "restituir" à massa comum da sucessão familial "aquilo que tinha recebido por ocasião do casamento".[18] Se assim previamente se despojar, será incluído na partilha igualitária dessa massa, ao lado dos irmãos e irmãs, sem que se possa fazer a ele qualquer discriminação. Assim está definido, ao termo de uma nova gênese da qual Jean Yver segue os traços do século XIII ao século XIV, o sistema novo, por simples desvio das regras antigas. Regras, na verdade, completadas pela opção entre as qualidades de *testamenteiro, legatário ou donatário*, por um lado, e as de *herdeiro, participante da herança*, até mesmo *comunista*, por outro lado.[19] Enquanto que anteriormente, desde seu casamento (ou seu não-casamento), um filho se ligava irrevogavelmente a um ou outro desses caminhos, de agora em diante poderia não acumular, certamente, essas duas condições, mas voltar-se posteriormente para uma ou para outra, bem depois de sua união conjugal, e quando chegasse a hora da sucessão dos pais. Esse é o sentido da famosa regra *Aumônier et parchonnier nul ne peut être* ("Ninguém pode ser testamenteiro e participante da herança"). Entenda-se que no momento decisivo em que se acerta a questão da herança, pode-se e deve-se *optar*. Ou limitar-se aos direitos adquiridos, obtidos através de uma doação, de um legado, de uma esmola ou de um dote, recebido anteriormente enquanto vivo e das mãos do *de cujus*. Ou bem retornar à sucessão, e para isso entregar de volta; restituir essa vantagem anterior, fazer com que ela reverta à massa; e assim participar de pleno direito, como membro de parte completa da comunidade familial ou "partícipe", na partilha e na devolução dos bens oriundos dessas comunidade que, de direito, caibam aos herdeiros. Opção e restituição são portanto, nessa nova versão do sistema, como que as duas faces de uma mesma moeda.

Essas estruturas rejuvenescidas introduzem um direito mais maleável, que permite mais, que se preocupa muito menos do que antes em conservar a integridade da concessão. Exprimem, a seu modo, o afrouxamento que de longa data se produz no direito senhorial: a senhoria, de fato, se bem que ainda mantenha amplas prerrogativas, não está mais em condições, no século XVI, de se opor ao parcelamento da terra de concessão ao arrendatário, efetuado por obra de herdeiros estabelecidos fora. Geralmente, porém, esta última alteração do costume traduz e consuma a ruína da família mais ampla; até porque predominando desde muito tempo, entre o homem do campo das regiões da língua d'oil, as pequenas famílias nucleares, é normal que essas famílias sejam facilmente chamadas à sucessão, e não sejam deserdadas em benefício de uma comunidade tácita* que cada vez mais não passa de um mito saudosista. A evolução da superestrutura consuetudinária, desse modo, tira lições, com atraso, das alterações havidas na infra-estrutura senhorial ou familial.

Essa evolução refletiria também as repercussões sentidas momentaneamente com uma demografia que já não pressionava tanto no fim da Idade Média? É legítimo, a propósito disso, abordar essa questão específica, que, afinal, os historiadores dos costumes ingleses examinam dentro de suas próprias fronteiras.[20] A pressão demográfica tendo sido atenuada por um tempo, parece que não se insistiu tanto quanto no passado, no século XV por exemplo, dos dois lados do Canal da Mancha, nos imperativos outrora sacrossantos da conservação do patrimônio. De que adianta, na verdade, manter esses grilhões, se de todo modo havia espaço, havia bastante terra para empregar todo mundo? Pelo menos se acreditou nisso durante algum tempo: e isso contribuiu para explicar o laxismo das proclamações judiciais de 1510.

---

*A *communauté taisible* citada no fim do Capítulo I. (*N. do T.*)

Essas proclamações entretanto, para além das conjunturas populacionais passageiras, traduzem, de um modo mais geral, o avanço duradouro do igualitarismo; a corrente igualitária que assim se difunde de maneira progressiva no meio rural acabará por afogar mais tarde, como se sabe, todas as hierarquias das sociedades de ordens. Mas, desde 1510, as conseqüências dos novos textos, os quais refletem os costumes, são claramente niveladoras: todos os filhos que exercem a opção e fazem a restituição verdadeiramente participam da partilha, no momento da "divisão" dos bens dos pais, em pé de igualdade com os co-herdeiros. (É verdade, contudo, como enfaticamente sublinhou Jean Yver, que esse igualitarismo não é completo. Se o descendente que recebeu dote generoso, o filho querido, no caso, acha mais vantajoso conservar seu dote pré-sucessão, basta-lhe, no dia da herança, não restituir esse dote, com o risco de se afastar da sucessão. Tal atitude é nesse caso o resultado de um cálculo — mesmo desvalorizado — que tende a demonstrar a seu autor que para ele é mais vantajoso permanecer na condição de testamenteiro ou de legatário em vez de se incluir entre os que recebem os proveitos, no caso menores, de que usufruiria na condição de herdeiro ou de partícipe.)

Socialmente, o velho costume orleano-parisiense era *ascensional*, desde as camadas obscuras da *manse* e da condição de camponês até as práticas mais elevadas dos tribunais. Ao contrário, o costume renovado, oficializado em 1510, é um direito descendente... Desce desde a elite burguesa e os costumes urbanos (favoráveis ao igualitarismo, e que dão sua oportunidade a cada um dos filhos) até o povo do campo; contaminado, por sua vez, o povo do campo renuncia, afinal de contas, aos hábitos fossilizados, por muito tempo representados pela exclusão do tipo antigo. Este será um dos componentes do fatiamento das terras que se dividiam em parcelas, tão típico da demografia proliferante do bom período do século XVI.

Geograficamente, e a de despeito de inumeráveis variantes e de contaminações fronteiriças, o sistema melhorado da opção-restituição com seus traços característicos (maleabilidade, relativo igualitarismo, imposições senhoriais e familiais mais leves) revela sua extensão entre

1505 e 1570, na época clássica em que foram redigidos os costumes, atingindo amplas regiões: essas regiões cobrem uma grande parte dos *openfields* do centro da Bacia Parisiense, numa zona que vai, seguindo o eixo norte-sul, de Beauvaisis a Orléanais e a Blésois, enquanto que os limites orientais e ocidentais são fixados em Champagne e em Grand-Perche. Além disso, no mesmo período, encraves de opção-restituição e de igualitarismo mitigado também se individualizam, mais ao norte e mais ao nordeste. Minúsculos na Lorena, são, ao contrário, muito importantes na Flandres marítima, onde assumem, de resto, a importância de um sistema de igualdade completa que parece ter florescido antes nas regiões flamengas, na época clássica da Idade Média.

A despeito das tendências igualitárias que acabamos de assinalar, o costume orleano-parisiense de opção-restituição (anteriormente à exclusão dos filhos com dotes) ainda constituía uma parte não desprezível das vontades paternas ou de pai e mãe, eventualmente portadoras de uma vantagem ou de uma desvantagem para tal ou qual dos descendentes: duvidosas, porque sujeitas a opção, essas vantagens conservavam um certo império depois da morte daquele que as formulara. Ao invés, uma vez transpostas as fronteiras que se limitavam, a leste, com as províncias do Oeste (Normandia, Anjou), os costumes ocidentais proclamavam selvagemente, e em todos os tons possíveis, a morte do pai, total e definitiva: *depois de mim a partilha*, gritava esse pai, cujos desejos eram revogáveis. *Se os pais*, escrevem os textos normandos de direito consuetudinário, *repartem em vida as partes a seus filhos e cada um deles manteve sua parte longamente enquanto for vivo o pai, as partes não serão mantidas depois de sua morte.** Em outras palavras: as doações, dotes e partes da terra exploradas pelos filhos quando de seu casamento, feitas em vida do pai e por consentimento deste, não têm caráter permanente. Não são *firmes e estáveis*. Necessariamente precárias, sujeitas a restituição obrigatória, tiram em alguns casos o filho que as recebera de seus direitos de sucessão do patrimônio. A

---

*Em francês antigo, no original, como reprodução do texto jurídico normando. (*N. do T.*)

vontade paterna é válida em vida, derrotada pela caducidade depois da morte.

De saída, um sistema desse tipo tende a levar à igualdade: anulando-se as preferências de pai e mãe, evita-se, realmente, que apareça entre os filhos o queridinho ou o execrado. O igualitarismo, ao qual só se chega, como vimos, nos costumes orleano-parisienses, ao fim de uma evolução secular e de artimanhas tortuosas como a distribuição depois a opção-restituição, consta, ao contrário, logo de saída, do mais antigo direito consuetudinário da Normandia e será confirmado com evidência nessa província pela nova redação da legislação dos costumes de 1583. Nela, automaticamente se dá possibilidade aos filhos; e, em muitos casos, cria-se a igualdade das porções, geradora de comportamentos individualistas.

Possibilidades automáticas, em primeiro lugar: o acesso de tal filho ou de tal descendente a tal porção da herança ou da vantagem consolidada não deriva das vontades do casal ou do pai, como é o caso respectivamente nas regiões parisiense e occitana. Decorre, simplesmente, da posição que ocupa na genealogia o filho que estiver em causa. Ter nascido é ter a vocação de suceder, quaisquer que possam ser, a respeito do filho, as boas ou más disposições dos pais. Basta ter-se dado a pena de nascer. Claro, esse automatismo das possibilidades não exclui definitivamente a injustiça na distribuição das partes do herdeiro. Na Normandia, onde reina, já vimos, a lei dos homens, as filhas são excluídas da sucessão, reservada aos filhos. Devem elas procurar um marido (se houver necessidade, seu irmão deve ajudá-las nessa busca); e elas se contentam com uma porção mínima da herança (em compensação, nas outras províncias do Oeste que também praticam o automatismo de família, porém em espírito de igualitarismo total, as filhas plebéias são admitidas à "distribuição" sucessória em igualdade com seus irmãos).

Por outro lado, e para voltar à Normandia, algumas regiões, felizmente excepcionais, nessa província praticam radicalmente a iniqüidade no automatismo: é o caso da zona de Caux, onde reina, mesmo entre a plebe, um direito de primogenitura à inglesa, o qual, *ipso facto*, desfavorece enormemente os filhos nascidos posteriormente.

As árvores, entretanto, não devem esconder a floresta. Na própria Normandia (sem contar a zona de Caux), o direito plebeu como "costume geral" ignora a primogenitura; leva em consideração como dado primeiro, claramente, um igualitarismo dos filhos homens: igualitarismo que faria sonhar os rapazes do Sul, da Valônia ou até das velhas terras capetianas, os quais, em mais de um caso, são deserdados por pai e mãe sem qualquer consideração.

Esse espírito de completa igualdade assume seu pleno valor desde que, permanecendo sempre na grande região dos costumes do Oeste, avança da área normanda no sentido dos domínios bretão e angevino.* Lá também os costumes, muitos redigidos no século XVI, proclamam com força um igualitaismo que não é de circunstância, mas das raízes; e que, desta vez, se refere a todos os filhos, meninos e *meninas*. Os textos de Touraine-Anjou, por exemplo, qualquer que seja a data de sua aplicação (século XIII ou Renascimento), são formais a esse respeito. Não menos claros são os costumes da antiga província de Maine. Tornam inevitável o igualitarismo plebeu, que se opõe de maneira clara, enfrentando uma barreira de classe, ao direito de primogenitura da nobreza: *Porque o costume é tal que ninguém não nobre pode tornar a condição de nenhum de seus herdeiros presuntivos pior ou melhor para um ou para outro.***

O mesmo acontece na Bretanha. As pessoas comuns, diferentemente dos nobres, não têm o direito de conceder vantagens: *Os filhos dos burgueses ou de outras pessoas de baixa condição devem ser grandes uns como os outros tanto em móveis como nas heranças.**** Os camponeses bretões encarregar-se-ão afinal de demonstrar quando da revolta dos Chapéus Vermelhos que as reivindicações igualitárias, entre eles, não são simplesmente fórmulas jurídicas, ou palavra vã. Os nobres do Armorique, em compensação, e outras pessoas "providas de sangue" [*sic*] gozam, como de um privilégio, da faculdade de conceder

---

*Angevino é o adjetivo para referência à antiga província de Anjou. (*N. do T.*)
**Em francês antigo, no original.
***Em francês antigo, no original. (*N. do T.*)

vantagens a tal ou qual herdeiro, usando, por exemplo, do princípio jurídico do precípuo.

Inimigo dessa "iniqüidade" nobiliárquica, o igualitarismo plebeu está, afinal, por todo o Oeste, até Poitou: lá, apesar das influências precipuais vindas do Sul e das regiões do direito escrito, vigora a máxima que proíbe a pai e mãe "fazer um dos herdeiros melhor do que o outro".

Essas tendências niveladoras tão fortemente enraizadas na França ocidental não são, entretanto, prisioneiras de uma geografia. Podem ser encontradas, na verdade, muito longe dessa região: até a leste das fronteiras orientais da zona orleano-parisiense que pratica a opção-restituição, seja em Champagne seja em Brie; numa e noutra dessas regiões há, curiosamente isolado, um encrave de igualdade *completa* que o presidente De Thou,* partidário das idéias parisienses de igualdade *simples* e de opção, vai se esforçar em vão para reduzir... "Não mais a um do que a outro" responder-lhe-ão em 1556, num ímpeto unificado, os juristas de Champagne e de Brie...

Hostis à desigualdade entre herdeiros, esses diversos costumes tendem, objetivamente, a desvalorizar os papéis de pai e mãe, ou paternos, em proveito do grupo dos "que têm direito": quer se trate, no caso, dos filhos (na Normandia), ou dos filhos e filhas (nas outras províncias ocidentais). Num mundo em que, estatisticamente, os adultos morriam antes de atingir uma idade avançada, tais hábitos, em média, só podiam favorecer os herdeiros ainda mais jovens, adolescentes ou até crianças. Digamos, para seguir uma corrente de pesquisas que está na moda, que esses costumes do Oeste partiam de uma certa idéia sobre a infância: para dizer numa palavra tudo, de uma apreciação muito positiva a respeito da infância. Não se poderia dizer o mesmo, por exemplo, do direito dos países do Sul.

---

*Christophe de Thou (1508-1582), magistrado francês nascido na província de Orléanais, presidiu o parlamento de Paris e ocupava esse cargo na noite do massacre de São Bartolomeu, em 1572, depois do qual teria feito um discurso público de apoio a Carlos IX. Num primeiro momento opôs-se à Liga, mas aderiu a ela logo que Henrique III passou a chefiá-la. (N. do T.)

Seja como for, dessa incursão possível no domínio de uma história psicológica, a igualdade estrita praticada nas províncias ocidentais proporciona, depois da morte do pai, uma "restituição" que não é mais apenas opcional, como era o caso da região parisiense, mas obrigatória. Esse regime da "restituição forçada", *quer se queira ou não*, é especialmente estrito na Normandia. Lá, de acordo com a regra — que pune com a caducidade *post mortem* os atos do pai de família que em vida agiu em proveito dos seus —, os herdeiros são obrigados, em qualquer necessidade, a restituir à massa dos bens comuns, também sujeitos à divisão sucessória, todas as liberalidades, donativos, "dotes" masculinos, vantagens, que lhes tivesse concedido em vida o *de cujus*. Não havia condição, dentro de um tal sistema, de conseguir, ou pelo menos de conservar, um estatuto especial do *filhinho querido*.

Na região de Maine-Anjou, o costume, sob esse ponto de vista, parece ser um pouco mais flexível do que na região normanda; mas, bem pesadas as coisas, acaba por dar no mesmo. O herdeiro angevino ao qual o pai concedeu vantagem em vida deve restituir, na realidade, depois da morte do pai, não a totalidade dessa vantagem, mas simplesmente o excedente: em outras palavras, a diferença, por excesso, que separa a liberalidade de que foi objeto, por um lado, da porção normal da herança à qual tem direito num sistema de igualdade completa, por outro lado. *E se viesse a acontecer que algum tivesse recebido uma parte grande demais e não quisesse devolver a parte que cabia ao pai ou à mãe, e outros lhe dissessem "Você ficou com uma parte grande demais", esse problema será analisado por juízes em tribunais; e se ele tiver recebido muito por direito terá de devolver.*[21]* Essa regra de restituição do excedente pode ir muito longe: nas variantes locais mais rudes ela se estende à mobília e aos bens adquiridos, abrindo exceção, entretanto, às doações feitas aos filhos e aos jovens, durante o período escolar, do equipamento para a guerra ou das despesas de casamentos... O igualitarismo executado é tão exagerado que os filhos que tenham sido prejudicados sempre podem ser readmitidos à sucessão e

---

*Em francês antigo, no original. (N. do T.)

reclamar o excedente indevidamente detido por irmãos ou irmãs mais "mimados"; e isso mesmo quando os prejudicados são loucos ou dissipadores, ou, as moças, de hábitos licenciosos.[22]

Jean Yver tem interpretado de modo excelente a filosofia desses sistemas da França do Oeste. Esses sistemas, no essencial, absolutamente não privilegiavam a comunidade de pai e mãe nem a consolidação da terra agrícola que mantinham como concessão, em benefício das quais se punha, ao contrário, o regime arcaico de Paris, com a exclusão do filho que recebera dote. Indiferentes ao perigo do parcelamento, desdenhosos da dupla unidade do casal e da faixa de terra, os sistemas "ocidentais" favoreciam essencialmente a continuidade longa e ramificada da linhagem; em outras palavras, a sucessão ininterrupta dos descendentes, através das gerações, ao longo da qual os bens correm e passam, dividem-se harmoniosamente e se repartem a partir dos troncos, dos galhos e das últimas bifurcações, ramos e raminhos das pontas da descendência; esses bens, por assim dizer, nos costumes normandos ou angevinos, parecem *descer* à maneira de uma seiva, que viria irrigar, por uma misteriosa gravidade, os galhos pendentes ou desgarrados de uma grande árvore. A finalidade última é outorgar a cada filho, e para além do filho à descendência que por sua vez ele vai gerar, sua parte igualitária e justa do bem primitivo, oriundo do tronco comum da *gens*. Os costumes capetianos se interessam pela estabilidade do lar doméstico: fortalecem antes de qualquer coisa a união dos esposos cristãos que, bravamente, fazem uma só carne, dispõem tudo em comunidade e se esforçam por organizar a vida dos filhos da melhor maneira possível para a perpetuação do bem da família, garantido, se possível, contra a dispersão do parcelamento. Ao contrário, os costumes do Oeste (e também outros costumes de fora do Oeste, em Brie, Champagne e na Flandres arcaica) preferem privilegiar os antigos valores da linhagem; fiéis à fórmula *Paterna paternis, materna maternis*[23] ["As coisas paternas para os parentes do pai, as maternas para os da mãe"], dão importância pequena ao ato conjugal, que apenas uniu, segundo acreditam, provisoriamente dois seres perecíveis, procedentes cada um de uma família diferente, a permanência da qual é que importa. Esses costumes ocidentais atentam portanto antes de tudo para a estrita circulação das heranças ao longo da rede genealógica. Arcaicos, parecem vir às vezes (caso dos normandos!) da raiz escandinava e até pré-cristã da etnia. E contudo são paradoxalmente portadores de modernidade. Na sua maior parte, de fato, erguem-se primitivamente, desde os mais antigos documentos escritos, no sentido desse ideal de igualitarismo completo "pré-rousseauísta" e até de individualismo ferozmente perseguidor da partilha que a jurisprudência orleano-parisiense só descobrirá tardiamente, tateando, pela metade, violentando sua própria estrutura.

Disso decorre uma série de "características originais", típicas dos costumes do Oeste; e em primeiro lugar a predominância da divisão por cabeça; e a ausência das partilhas feitas em função do leito conjugal. Nada de espantoso nisso — a cama, esse móvel conjugal, traço de união provisória entre duas famílias, quase não é valorizado pelos costumes da Normandia, que se interessam pelos ramos, pelas bifurcações, pelos últimos rebentos de uma árvore genealógica; mas não pelas alianças momentâneas que se ligam, por intermédio de um casamento, a outra determinada descendência arborescente. Em compensação, os homens do Oeste praticam unanimente a representação sucessória levada ao infinito; ela era ignorada logicamente pelos costumes orleano-parisienses, ao menos na medida em que esses costumes, em sua época mais arcaica, excluíam o filho com dote: em nome de quê, na verdade, tendo deserdado minha filha depois de dar-lhe um dote, autorizaria eu o filho nascido dessa filha (morta depois) a fazer valer seus direitos quanto à minha sucessão, e a ser representado em minha herança...? (Ao contrário, quando se enfraquece, em 1510, a cláusula parisiense de exclusão do filho que recebeu dote, os redatores do novo texto, perfeitamente lógicos em relação a si próprios, empenhar-se-ão em introduzir em suas fórmulas a representação sucessória em linha direta.)

Ora, em todas as regiões do Oeste, é de pronto, sem hesitação, que os primeiros costumes, seguidos pelas redações mais tardias, proclamam o regime representativo. Atitude normal: privilegiam assim o parentesco de sangue; incitam os rebentos e ramos mais longínquos, situados na extremidade de uma descendência, a se fazer representar na sucessão dessa mesma descendência; não hesitam, afinal, quando um dos galhos familiais, tornado estéril e morto, cessa definitivamente de produzir mudas, em fazer remontar os bens dessa descendência até a *ramificação* mais próxima, no sentido regressivo, quer dizer, no passado; em outras palavras, a qualquer avoengo; para melhor poder, em seguida, fazer com que *tornem a descer* livremente esses bens ao longo do curso descendente natural da linhagem em direção aos ramos sempre verdejantes, procedentes do galho colateral, que nasce ele também dessa ramificação.[24] Assim é posta em cheque, nas províncias do Oeste, a regra *Propres ne remontent* (os bens próprios não regridem, isto é, não caminham em sentido contrário, da geração mais nova para a precedente). Dessa regra, ao contrário, os costumes orleano-parisienses fazem alegremente suas delícias:[25] era normal, na medida em que, quando julgavam que isso era bom, para melhor favorecer as convenções de pai e mãe, estancavam sem qualquer pudor, para cima ou para baixo (para as gerações mais velhas ou para as mais moças), as canalizações da linhagem familial. Digamos que a estrutura familial é típica dos costumes do Oeste; enquanto os modelos comunitários e conjugais caracterizam, eles sim, o grande *openfield* capetiano e suas lavouras de regiões de boas cidades.

Disso também decorre, na porção ocidental do reino, a aplicação estrita da regra *Paterna paternis, materna maternis.* Tudo se passa, dissemos, como se o casamento não criasse, entre os dois ramos procedentes de linhagens diferentes, mais do que uma ligação precária e, afinal, desprovida de conseqüências no caso de ficar estéril esse casamento: favoráveis à infância, os costumes do Oeste quase não são favoráveis ao amor. Nos casos mais extremos, esses costumes, especialmente na Bretanha e na Normandia, levam essa regra ao absurdo; assim, em vez de dar, no caso de ausência de filhos de uma união, os bens provindos da família do marido para os parentes do lado da esposa que não são da família, prefere-se abandonar esses bens ao senhor do lugar; e até (ó, horror, para uma alma normanda e nascida sonegadora) preferem desistir desses bens em favor do fisco. Como escreve friamente um juiz, ainda no século XVI, num texto mal-humorado em que comenta esses hábitos saídos diretamente da desumanidade dentro do grupo da família: "Os parentes paternos e maternos não são co-herdeiros. Eles não têm nada de comum [sic], e o senhor do lugar teria mais direito a entrar na sucessão do que um [parente] paterno de encaminhá-la para um materno."[26]

Poder-se-ia desenvolver quase ao infinito as conseqüências para nós estranhas, mas totalmente lógicas, desse cuidado quase caricatural e normando de proteção da família. Será mais importante, entretanto, no quadro limitado desta exposição, evocar brevemente os problemas da gênese. Fascinado pela descrição das estruturas, Jean Yver não foge, em verdade, da difícil questão das origens. Por que nas velhas terras do Oeste cristalizou-se esse extraordinário bloco-de costumes tendenciosamente familiais, igualitários, partilhadores... e, no fim das contas (paradoxo apenas aparente), individualistas? A explicação proposta por Jean Yver remonta regressivamente até o século XI e até antes disso; orienta-se essa explicação, com grande prudência, para três tipos de causalidade que são: a configuração política e fronteiriça da região; a história social e dominial (ou antes não dominial) do lugar; e, por fim, em última análise, a contribuição eventual da etnia.

História política em primeiro lugar: por mais trivial que isso possa parecer como modo de elucidação das origens, no que concerne ao consuetudinário, não há dúvida de que a história política desempenhou algum papel nesse contexto, por exemplo, na cristalização dos costumes normandos. A área dos povos normandos, na realidade, corresponde, com pequena diferença, às fronteiras do antigo ducado. E mesmo esse "com pequena diferença" é significativo para a demonstração que nos preocupa: foi o estudo das "manchas" fronteiriças (e precisamente do curioso encrave que constitui, no limite oriental da província, um grupo de vinte e quatro paróquias que conservaram o direito beauvaisino, isto é, da região de Beauvaisis, que corresponde mais ou menos ao atual departamento de Oise, no norte da França, o qual tem Beauvais como centro), que permitiu a Robert Genestal datar o reinado de Guilherme, o Bastardo, como a época da sedimentação do direito normando.[27] Numa óptica mais ampla, é talvez o conjunto das regiões de terrenos cercados (*bocages*) do Oeste que, muitas vezes, constituíram caso à parte; no tempo dos duques da Normandia, quanto ao Norte; e dos Plantagenetas para a parte sul. Esse isolacionismo remontaria, como sugere Jean Yver (num dos raros momentos em que deixa a conclusão aberta ao jogo das hipóteses), à formação do *Tractus armoricanus* desde o fim do Império Romano?

Seja como for, e sem que haja necessidade de "regredir" tanto, as demarcações políticas certamente contribuíram para criar, quanto ao direito consuetudinário, essa linha "traçada a faca" que separa as regiões do Oeste das que formaram o coração "capetiano" da França.

A investigação genética entretanto não iria se contentar com essas afirmações. Historiador do direito mas apaixonado por história social, Jean Yver não separa a gênese desses grupos de costumes das condições do meio e até do nível exato da sociedade em que encontram o ambiente mais favorável à sua formação. Ao reverso, talvez, dos costumes orleano-parisienses, o direito normando não nasceu na abjeção da vilania; é antes produto de uma camada superior do povo franco, uma camada de homens livres;[28] mas ainda imunes, salvo exceção cauchesa (isto é, da região de Caux, na Normandia) ao esnobismo dos irmãos mais velhos (que será marcante na Grã-Bretanha); plebeus seguros quanto a seu direito; pouco ameaçados, em relação à sua terra de lavoura, por uma usurpação de seu senhor. O que esses homens desejam mais que tudo é transferir equitativamente a cada membro de sua descendência aquele torrão que lhe é reconhecido sem contestação. O milagre de uma constituição política e judiciária já eficiente, e de uma estrutura social mais aberta, na qual a população camponesa, liberada da servidão,[29] não estava ainda mergulhada tão profundamente quanto em outras partes na dependência dominial, teria permitido (se seguirmos a engenhosa descrição de Yver) a difusão ou "filtragem" rápida desse direito das famílias e dos homens livres, de alto a baixo: dos grupos superiores que o viram nascer até as classes baixas que o acolheram, na grande época do ducado da Normandia.

Por fim, não interessa a Yver, cujos passos seguimos, fugir da espinhosa documentação das origens mais longínquas, documentação que fornece, de fato, elementos para a explicação, que absolutamente não encerram o assunto, isso é certo, mas são insubstituíveis. No que concerne ao costume normando, que reuniu as condições mais cômodas (nem sempre presentes em outras regiões) para essa incursão às fontes, uma viagem pelas velhas leis escandinavas permite imediatamente chegar a algumas constatações de importância: vai-se muito longe, é verdade, nas pátrias originais do povo viquingue, de hábitos caros aos costumes germânicos propriamente ditos, costumes que preconizam, já o vimos, à maneira parisiense, a exclusão dos filhos com dotes, depois a opção-restituição. As leis de Magnus Harkonarson, na Noruega, o *Jonsbok* da Islândia de 1281, os costumes da região de Escânia e de Sjaelland, na Dinamarca,* oferecem, em compensação, à intenção de quem quiser comparar, e até nos menores detalhes, regras muito semelhantes ao mais velho direito dos normandos (e portanto provavelmente dos viquingues): estrita legalização dos lotes de herança, partilhados em linha reta e garantidos pelo juramento de doze testemunhas; restituição forçada, etc. A contribuição nórdica, bem pesadas as coisas, não é necessariamente desprezível na formação de uma parte, ao menos, dos costumes da França do Noroeste. A descrição estrutural conduz à explicação genética.

Diante das soluções bastardas do direito orleano-parisiense, direito que ficou a meio caminho entre a liberdade de conceder vantagens e a igualdade total, os costumes da Normandia e, mais ainda, os do Oeste em geral representam a polarização familial... no sentido do igualitarismo completo, amplamente infundido numa velha cultura camponesa e plebéia, pós-nórdica. No outro extremo, o Sul occitano e, mais além, o conjunto das regiões precipuais[30] — algumas das quais localizadas muito ao norte — apresentam uma tendência inversa, e favorável às liberdades de conceder vantagens. Os normandos matavam o pai. Os romanos, cujo direito influenciará fortemente as populações

---

*A Escânia (Scanie, em francês; em sueco, Skane) passou a pertencer à Suécia no fim do século XVIII. (*N. do T.*)

occitanas, acreditam na sobrevivência neste mundo da determinação das vontades paternas, mesmo quando aquele que as formulou já transitou para o além.

Essas idéias patriarcais ou paternalistas, diretamente implantadas no Sul pelo renascimento do direito romano, tinham se enraizado facilmente, no fim da Idade Média e até o século XVI, nas regiões rústicas e montanhesas do Sul, com base na velha estrutura subjacente (anterior a esse renascimento) que formava um direito consuetudinário local, tácito e pouco conhecido: dessa "velha estrutura subjacente" e desse direito "tácito" só tomamos conhecimento por alguns textos esparsos,[31] e sobretudo pela prática inocente dos tabeliães rurais, fortemente antiigualitária; um direito que encorajava (afinal, um pouco como os costumes mais arcaicos do mundo orleano-parisiense) a exclusão dos filhos com dotes. Sempre se procurava, no caso, preservar, tanto quanto possível, a indivisibilidade familial e patriarcal da concessão rural, sob a alta autoridade do senhor do lugar, às vezes decrépito, é verdade.

As tendências à liberdade de conceder vantagens, tão caras ao direito romano renascente, germinarão então na região d'oc sobre um solo previamente fértil. O pai languedociano dos Tempos Modernos, confortado pela jurisprudência dos tribunais locais, poderá ter o luxo (com a naturalidade de quem se entrega a um velho hábito e também com a boa consciência que lhe confere a modernidade jurídica) de se tornar, no tempo do Renascimento, muito mais romano do que cristão. Enquanto que a mãe, tão fortemente presente na tradição orleano-parisiense, nas regiões do Sul, ao contrário, se apaga, daí em diante e mais que nunca, na insignificância das tarefas domésticas. Sob a ampla cobertura que permitia, graças a diversos métodos, garantir as concessões de terras contra o parcelamento abusivo, o Norte, já o vimos, gozava antigamente da exclusão dos filhos com dote; ou então, localmente, no caso especial da região de Caux e do Boulonnais, de um rigoroso direito plebeu de primogenitura; o *paterfamilias* occitano utiliza para lutar contra o parcelamento a liberdade de concessão de vantagens,[32] o precípuo, a doação entre vivos e o absolutismo testamentário do direito escrito; tudo isso, afinal, tem por objetivo destinar uma parte maior a um dos filhos, não necessariamente o mais velho: esse descendente privilegiado será o sucessor, essencialmente, quanto à terra ou à parte do patrimônio familial (freqüentemente depois de uma fase de co-residência transcorrida ainda em vida dos pais). Enquanto que os outros filhos deverão se contentar com dotes mais ou menos exíguos, de migalhas testamentárias, ou de uma "legítima", nome que se dá a uma reserva tradicional que não passa de alguns *sous*. Desde então, esses filhos desfavorecidos correm o risco de proletarizar-se, quando se trata de família popular; ou então de seguir a carreira eclesiástica ou militar, quando saem de família das classes médias.[33]

O Oeste "antipai", igualitário e partidário do automatismo na sucessão, desprezava o testamento.[34] O Sul ao contrário o utilizava como arma eficiente para expandir a desigualdade, perpetuar a arbitrariedade paternal e conservar a unidade do bem de família.

Assim caem, ou melhor não existem, em nosso Sul, as disposições características que os costumes orleano-parisienses no fim da Idade Média e no século XVI tinham inserido para favorecer o igualitarismo tardio, ainda que mitigado. A jurisprudência meridional ignora a opção, dispensa de bom grado a restituição,[35] e despreza o dilema "legatário ou herdeiro", tão dilacerante, ao contrário, na região Orleãs-Paris.

Outro dado notável: mesmo ao norte da fronteira tradicional que separa Saintonge de Bresse e que separa as regiões meridionais de direito escrito das setentrionais de direito consuetudinário, as liberdades precipuais, absolutamente hostis ao igualitarismo, influenciaram amplas regiões. O fato está claro na grande época da redação dos costumes (século XVI); bastantes índices fazem pensar que se trata, no caso, de uma situação mais antiga. O grupo das províncias "centrais" (que formam, de acordo com o caso, os limites norte da Occitânia ou os limites sul da língua d'oil) representa, assim, um campo de batalha encarniçado, onde as influências procedentes do Sul, precipuais ou antiigualitárias, brigam, freqüentemente levando vantagem, com o igualitarismo do Norte; quer se trate, como em Poitou, do igualitarismo absoluto da região do Oeste; ou, na Borgonha e em Berry, do igualitarismo mitigado do grupo orleano-parisiense, jeito novo, praticando aqui e ali, desde o fim da Idade Média, o sistema de opção-restituição. São encontradiços, desse modo, nos diversos segmentos dessa "região do Centro" (Auvergne-Marche, Poitou-Angoumois-Saintonge, Berry-Bourbonnais-Nivernais, Borgonha), concorrendo com os costumes previamente citados de igualitarismo, traços jurídicos e culturais que, muito fortemente, "têm cheiro de Sul". Citemos logo esses traços, incursionando, através da minúcia, pelas finas análises de Jean Yver: as doações entre vivos,[36] desfrutadas pelo precípuo, não se tratando de "restituir" como conseqüência; dispensas de restituição; doações recíprocas à reserva denominada legítima; e a acumulação das situações de legatário e herdeiro. Em alguns casos, por exemplo em Berry,[37] o costume, no fim da Idade Média, era opcional e relativamente igualitário; ou se inclina, já no Renascimento, no sentido dos hábitos precipuais do Sul, favoráveis à "liberdade" do pai de família. (Daí o nome de "liberalização", um pouco enganador para os não iniciados, que se deu aos processos desse tipo.) Assiste-se realmente, desse ponto de vista, a uma verdadeira "meridionalização" das províncias do Centro, em pleno século XVI. Fenômenos desse tipo podem ser explicados, em algumas regiões (Auvergne, por exemplo), pela comunidade de cultura occitana, que torna muito natural a penetração do direito escrito, transformado em coisa típica, na verdade, do domínio occitano. Desse modo há necessidade de que também se disponha do prestígio de um direito erudito como é precisamente o direito romano: compreende-se que o Renascimento tenha sido especialmente favorável à sua expansão. Mas, fundamentalmente, a persistência ou o triunfo (de acordo com o caso), de um direito antiigualitário, hostil ao parcelamento da terra, favorável à autoridade do pai, também não terá ligação, na França do Centro e do Sul, com a persistência mais ou menos antiga das comunidades familiais, até mesmo com as comunidades tácitas? O espírito que as anima é, em todo caso, muito diferente daquele encontrado nas fratrias igualitárias, individualistas, parceladoras de terras... e linhageiras (favoráveis à linhagem familiar) que se espalham pela Normandia. O fato aparece com grande clareza em Nivernais: as análises do jurista Guy Coquille, em pleno século XVI, testemunham lá, simultaneamente, a forte implantação das comunidades familiais e o prestígio inigualado do direito precipual. O caso é ainda mais explícito, ou, para ser exato, é mais clara e mais perfeitamente demonstrado, nas regiões que cobrem o nordeste e sobretudo o extremo norte da língua d'oil. Mas a demonstração, digamos logo, interessa a estruturas que, uma parte delas, sobreviverão apenas como fósseis depois dos séculos XVI e XVII.

Existe, por outro lado, longe das zonas mediterrâneas a partir das quais o direito romano avançou em conquistas sucessivas, um grupo "precipual" do Nordeste e do Norte: esse grupo se estende em graus diversos pela Lorena, a região de Verdun, chamada Vermandois; e sobretudo pela Valônia e pela Picardia, a propósito das quais é instrutiva uma comparação sistemática com a Flandres vizinha, cujos costumes são muito diferentes.

A zona precipual da Valônia-Picardia vai, *grosso modo*, de Amiens a Liège.[38] Nessa zona existe a prática ampla (no século XVI da redação dos costumes) do "liberalismo" conjunto do pai e da mãe de família (em outras palavras, a liberdade de conceder vantagens); há a ausência ou a dispensa de restituição, especialmente para as doações entre vivos; a acumulação das qualidades de legatário e herdeiro (testamenteiro, e participante da herança, em linguagem local);* a outorga de um precípuo ou "parte adiantada"; a máxima geral "para um mais, para outro menos"; e a "possibilidade para os pai, mãe e ascendentes de dar voluntariamente um caráter precipual às terras concedidas como dote de casamento".[39] Em nenhum lugar esse "liberalismo" (no "mau" sentido do termo!) vigora tanto como em plena zona rural e tradicional do bailiado de Orchies e em Douai, onde os textos proclamam a um tempo a dispensa total de restituição e a acumulação das qualidades de herdeiro direto** e de legatário.

O liberalismo valão, antiigualitário e precipual, é tanto mais sugestivo e nítido quanto mais se opõe com violência, ao longo de uma

---

*Os já citados *aumônier* e *parchonnier*. (*N. do T.*)
**No original, o termo jurídico e antigo *hoir*. (*N. do T.*)

fronteira que quase coincide com o limite lingüístico, ao conjunto de costumes flamengos, dos quais temos muitas centenas de documentos redigidos: documentos que preconizam, ao inverso dos precedentes, um sistema de igualdade simples que utiliza a opção e que proíbe escolher um filho querido, *chier enfant* ou *lief kindr.**\** Em alguns casos extremos (típicos, talvez, do estrato mais antigo dos costumes flamengos), em Flandres, podem ser encontrados até encraves localizados de igualdade completa; lá se pratica a restituição forçada; esses casos levam a pensar nas estruturas normandas.

Precisamente, a confrontação Valônia-Flandres pode ser levada muito longe: precípuo e liberdade de conceder vantagens que caracterizam os francófonos do extremo Norte fazem parte de uma arquitetura geral dos costumes, e até das famílias, que se opõe termo a termo ao homólogo flamengo. Se a jurisprudência picardo-valona põe em primeiro plano as cessões fáceis, as atribuições amplas, as doações maciças que a faculdade de conceder vantagens autoriza (enquanto que as leis flamengas se esforçam ao contrário para que uma igual e justa porção da herança alcance até as ramificações e rebentos mais extremos da descendência), é com a finalidade de encorajar (na Valônia) a comunidade doméstica, funcionando em proveito dos esposos, depois dos filhos cujo desejo claro é manterem-se incrustados nessa comunidade; e é (sempre na Valônia) em detrimento dos interesses dos membros espalhados da família, dos ramos colaterais, dos filhos "desligados do tronco". Os membros esparsos da descendência constituem, ao contrário, a principal peocupação do mundo flamengo. Na mesma ordem de idéias, a Valônia plebéia preconiza (mas Flandres recusa) a *doação mútua* (atribuição, em caso de morte de um dos cônjuges, de todo o patrimônio do lar ao cônjuge sobrevivente); essa doação mútua tem o sentido de tornar possível desde logo que os cônjuges provem de modo definitivo que eram uma só carne pondo no mundo um bebê, ainda que único, ainda que prematuramente morto; entretanto com a condição de que esse bebê tenha tido

---

\*"Querido filho", em valão e em flamengo, respectivamente, na linguagem (jurídica) da época. (*N. do T.*)

tempo, mesmo que por um único instante, "de chorar e de gritar"! Contradizendo assim a regra *Paterna paternis*, e contestando a vocação do patrimônio em "benefício da família" para melhor exaltar o "benefício do lar" a que se destinam os bens dos esposos, a Picardia-Valônia só pode praticar com toda a naturalidade a "partilha por camas"; e não, claro, como fazem, ao contrário, tantos cantões flamengos, a partilha por cabeça (sem discriminação) "entre os filhos de todas as camas indistintamente". Dentro desse mesmo espírito de dar preferência à realidade comunitária, a Valônia (ao contrário de Flandres, mais uma vez) adota também a *devolução* que leva, de um modo real, a outorgar os imóveis procedentes do pai e da mãe aos filhos do primeiro casamento. Por fim, também vigoram, na Valônia-Picardia, conseqüência análoga de uma imperturbável lógica, as medidas clássicas de exclusão caras a todos os costumes que (à semelhança das mais antigas estruturas orleano-parisienses) põem acima de tudo, mesmo que à custa dos interesses dos membros da família, a perenização da comunidade doméstica e de sua unidade de terras rurais, destinada se possível à sobrevivência mesmo depois da morte dos pais. Picardos e valões conhecem portanto em graus diversos a discriminação contra os filhos que recebem dote; a situação de inferioridade destinada às filhas; a exclusão dos bastardos (enquanto que Flandres — decididamente a favor da família e fiel até o fim à regra *Materna maternis* assim como aos direitos soberanos do ventre — afirma orgulhosamente que *nul n'est bâtard de par sa mère, een moder maakt geen bastaard*).* Nas regiões francófonas do extremo Norte, também pode ser encontrado, por vezes, o direito de *maineté* (atribuição ao mais jovem dos filhos do *mez* ou casa da família indivisa, quer dizer, àquele que, segundo a maior probabilidade estatística, residirá por mais longo tempo com os pais, e será o último). Em todos esses pontos, a maior parte dos costumes flamengos está, uma vez mais, em oposição radical com seus homólogos valões e picardos.

---

*Em francês e, na seqüência, em flamengo: "Ninguém é bastardo por ação de sua mãe." (*N. do T.*)

A diferença essencial continua sendo, quanto aos valões e picardos, a ausência de representação, ou representatividade. Trata-se, no caso dos costumes valões, de um traço verdadeiramente primitivo, uma vez que, como escreve Jean Yver, "um costume tão pouco voltado para a igualdade entre filhos não tinha nenhuma razão, em caso de morte prévia de um deles, de estar mais preocupado, no que lhe diz respeito, em fazer a parte do morto chegar aos filhos dele". Ao contrário, Flandres (tão atenta, como, afinal, toda a Normandia, em garantir a regra "a cada um o que lhe é devido") leva de modo consciente, e até quase com perversidade, a representatividade ao infinito, "seja em centésimo grau [de parentesco] ou mais ainda", como escreve, com seriedade, o Costume de Antuérpia de 1545. Uma das conseqüências inevitáveis dessa divergência de atitudes é a ausência na Picardia-Valônia de uma curiosa instituição: a "Fenda"* (ausente também nos velhos costumes orleano-parisienses). No caso real em que, como conseqüência da extinção dos descendentes sem posteridade, os colaterais são chamados à sucessão, os picardos e os valões atribuem ao parente mais próximo o mobiliário e os bens adquiridos pelo casal que constam do patrimônio desses descendentes mortos. Ao contrário, o costume flamengo, fiel à distinção das famílias e à representatividade ao infinito, *fende* literalmente, como uma acha de lenha em brasa, esse patrimônio no caso de não haver descendentes, para reparti-lo em duas metades entre os membros das famílias do pai e da mãe; até mesmo em quatro partes ou em oito, entre os membros das famílias dos quatro avós ou dos oito bisavós!

Essa polarização da Valônia no sentido de uma jurisprudência do lar, até mesmo "mânsica",** pouco favorável à linhagem familiar, responde sem dúvida à existência de um território político e de uma área cultural bem delimitada, que destaca a individuação lingüística buscando imitação; não seria possível, também, ver nisso um efeito evidente de uma

---

*"Fente", no direito consuetudinário de tradição de parte da França. A explicação do que seja essa instituição virá de imediato, no correr do texto. (N. do T.)

**Referente à *manse*, "pequeno domínio feudal que constituía uma unidade de exploração agrícola", como está em nota no início deste mesmo subtítulo sobre quadros sucessórios e partilha. (N. do T.)

estrutura social? Nessa hipótese, prudentemente levantada por Yver a partir de um texto sugestivo, o direito comunitário dos valões seria inicialmente o de uma população de camponeses dependentes, ou *meisenedien*: precavidos, eles se sentem obrigados a levar em consideração o caráter frágil e apenas hereditário de sua concessão ou de sua *manse*; exaltam, então, o que constitui seu único recurso, a unidade do casal, e a perenidade do torrão de terra. Por sua vez, o direito flamengo, à maneira dos costumes normandos, representaria, no ambiente de uma outra etnia e de uma cultura diferente, os hábitos de uma camada de homens livres (descendentes dos invasores germânicos) com mais desembaraço para agir de modo aberto; de homens capazes de utilizar, em relação aos indivíduos de suas famílias respectivas (com referência ao casal), a fórmula igualitária "a cada um segundo seu direito", precisamente porque não se sentem fechados na jaula de ferro da organização dominial.

Mas o importante, claro, não está nessa hipótese, cujo caráter exploratório seu próprio autor reconhece. O essencial é que obtivemos, graças a Jean Yver, um quadro que introduz, na aparente confusão desses costumes franceses, uma lógica e um rigor cartesianos. Em torno de dois pólos opostos, o da *consangüinidade* genealógica e o da *aliança* conjugal, soluções antinômicas se definem nos dois extremos do arco das possibilidades: o igualitarismo e o egoísmo quanto à família contrastam assim com a faculdade de conceder vantagens para as finalidades comunitárias e domésticas. Normandia e Flandres, cada uma em seu estilo, são sob esse ponto de vista antípodas da Valônia ou da região d'oc. Entre uma hipótese e outra, construções bastardas ou "centristas", de resto em constante desequilíbrio e em movimento (por exemplo, na região orleano-parisiense), também surgiram. Traços isolados — importantes, ou simplesmente bizarros —, como a representatividade ao infinito, ou a Fenda (*supra*), acabaram por assumir seu lugar lógico em tal ou qual configuração regional. No limite extremo, esse quadro, por seu caráter de totalidade rigorosa, é suscetível de reproduzir não apenas os costumes reais, mas o conjunto dos costumes possíveis, no território considerado.

O caráter altamente dedutivo do modelo que assim nos é proposto absolutamente não quer dizer que haja aí na circunstância, por parte de Clio, ruptura com o real empírico, tal como existia no passado. Tirando a geografia dos costumes da rotina de uma descrição puramente factual e orientando-a no sentido de um comparatismo lógico, Yver, afinal, volta aos caminhos mais freqüentemente percorridos pela compreensão do historiador. Situar numa posição de evidência uma série de regiões setentrionais que, por motivos étnico-familiares, praticam desde cedo o igualitarismo (Normandia, Flandres) ou que se esforçam para lá chegar através de uma evolução mitigada porém vigorosa (região orleano-parisiense), une por certo as constatações feitas há muito tempo pelos que se interessam pelas mais antigas revoltas do mundo rural, também elas animadas por um sentimento de igualdade; quer se trate da rebelião medieval dos camponeses normandos descrita por Wace; da rebelião dos flamengos, que empolgou Henri Pirenne; da rebelião dos Jacques,* afinal, em Île-de-France e em Beauvaisis. Notáveis tradições de igualitarismo, entretanto, freqüentemente (mas não por toda parte) causam estragos, aos plebeus, na metade setentrional da França. Interessam aos historiadores do desenvolvimento, atentos à modernidade precoce do Norte francês; também deveriam fascinar os especialistas em Revolução Francesa, tocados pelo eterno problema das origens. Afinal de contas, o que as pesquisas inacreditavelmente minuciosas e fastidiosas de Yver revelam (com a condição, é claro, de que sejam desligadas de seu campo de abrangência, e permanentemente completadas, corroboradas ou retificadas por investigações sobre o terreno, através de registros cartoriais e de atos da prática) é uma nova abordagem da história da família; as famílias ampliadas do

---

*Jacques com o sentido, já o vimos na observação a *Jacques Bonhomme*, de "homem do campo" de um modo geral, "camponês". A insurreição camponesa que ficou marcada pelo nome de *Jacquerie* foi a de 1358, em Beauvaisis, a cuja violência o Autor já se referiu. Guillaume Karle (ou Carle) de Mello foi o chefe da rebelião camponesa, que se estendeu pela baixa Normandia, o Ponthieu e a Picardia, com pilhagens e incêndios. Carlos, o Malvado, representante do braço armado dos nobres, capturou Karle e esmagou os insurrectos. A repressão foi terrível. (*N. do T.*)

Maciço Central e da região de Nivernais, as comunidades domésticas da antiga Île-de-France ou da Picardia-Valônia, as linhagens flamengas e normandas, estas paradoxalmente alimentadoras do individualismo e do egotismo, não se deixam conhecer apenas (mal ou bem) ao nível da vida íntima ou das representatividades coletivas. Também deixaram, durante o século XVI e até bem antes dele, na redação dos costumes, a mais indelével das marcas.

## SÉCULO XVI: DESMEMBRAMENTO MAJORITÁRIO, CONCENTRAÇÃO MINORITÁRIA

Em graus diversos e através de métodos freqüentemente contraditórios, esses costumes buscavam, de acordo com o caso, favorecer ou frear o desmembramento de terras. Excluíam as filhas (Normandia); ou favoreciam o direito de primogenitura (região de Caux); ou a exclusão dos filhos com dotes (velhos costumes parisienses); ou o precípuo (Occitânia). Ora, o fato capital é que, a despeito de todas essas barreiras jurídicas e consuetudinárias (que não são totalmente ineficazes, longe disso), o desmembramento das terras, no século XVI, vingou um pouco por toda parte. Pois o impulso demográfico que o engendrou se mostra irresistível; e mais forte, de qualquer maneira, do que a barreira dos costumes.

Gostaríamos de ver quase sob nossos olhos e em sua virulência o desmembramento tal como se espalhou pela região languedociana, por exemplo, de 1480 a 1560? Vamos então aos *cadastros*, rolos ou livros das talhas, *pequenos certificados* e outros documentos com vocação cadastral e fiscal.

Na "origem", por volta de 1460-1480, começava-se, como já vimos, de um gabarito de propriedades ou de possessões características dos *yeomen* do século XV; bons homens do campo, gordos com concessões ou alódios [pequenas fazendas livres de impostos] substanciais: aquelas ou estes cobrem 5 ou 10 hectares por unidade, em média; 20 hectares ou mais quando se tratar de terrenos de lavoura considerados ruins. Esses bravos homens da terra certamente não eram ricos, se falarmos em moeda. Mas eram auto-suficientes para si e para sua família. Não passavam pelo constrangimento de, sob pressão da penúria ou da miséria, ter de implorar emprego, ou apenas uma esmola, no castelo ou na grande fazenda da vizinhança.

"No começo", por volta de 1560, essas estruturas sadias e aparentemente viáveis se desintegraram parcialmente. O desmembramento sucessório provocado pelo crescimento demográfico começa por quebrar, a partir do fim do século XV e dos anos 1500, os domínios médios. Depois, na geração seguinte, desde o segundo quartel do século XVI, chegou a vez de se dissiparem as pequenas fatias de terra, ainda não desprezíveis, geradas por essa fase inicial de esfarinhamento territorial. Chega-se, por fim, a uma colcha de retalhos de propriedades minúsculas na qual cada uma não tem mais do que um punhado de hectares ou até mesmo uma fração de hectare! Como o produto bruto por unidade de superfície aumenta muito pouco, até ficar simplesmente estacionário, acompanha essa pulverização das terras de lavoura uma certa pauperização dos concessionários ou dos donos de alódios, que se instalam em fatias de terras cada vez mais exíguas. Seria melhor (vendo pelo ponto de vista, certamente estreito, da renda bruta dos pequenos proprietários) que se tratasse de um desmembramento puro e simples, com um único sentido; e que tudo se tivesse mantido nos domínios que trabalhavam sobre grandes áreas. Mas, no Languedoc, o imperialismo dos concentradores de terras, na maioria das aldeias, continuava a fazer com que seus efeitos fossem sentidos. Pouco contido que tenha sido (nesse período favorável sobretudo ao desmembramento), esse imperialismo levava, em muitos territórios paroquiais, à manutenção e ao aumento de alguns amplos domínios nobres, eclesiásticos ou burgueses, de 30, 50 ou 100 hectares, que formavam nas estruturas territoriais o pólo oligárquico de muitas aldeias. Por se terem mantido aquelas vastas unidades que desempenhavam o papel de barreira de contenção (e que, por felicidade, alimentavam as cidades), a área territorial onde se enfrentavam, virulentas, as tendências ao desmembramento das heranças camponesas tornava-se muito mais reduzida:

um duplo movimento tendia, de um lado, a diminuir as parcelas de terras camponesas; e, de outro lado, a conservar ou a aumentar as terras das pessoas "de mão forte"; só seria possível, tendo o produto bruto atingido seu teto, chegar a algumas tendências, que afinal não devem ser exageradas, de pauperização popular *per capita*.

Tais são, no Languedoc, os dados de base que constituem as estruturas territoriais. Na outra ponta da França, na região parisiense, as coisas, parece, não se passam de modo muito diferente: a tese de Jean Jacquart joga uma luz crua sobre as condições inacreditáveis do desmembramento e do amontoamento das parcelas de terra que, como no Languedoc, se davam em torno de Paris em 1550: pela metade do século XVI, em sete grandes senhorias de Hurepoix, ao sul da capital, 1.133 "arrendatários de terra domiciliados" (verdadeiros homens de vida no campo, portanto) somam 1.493 hectares, ou seja, 1,30 hectare por arrendatário ou concessionário: quantidade de terra perfeitamente insuficiente para sustentar uma família; e muito abaixo daquele "mínimo de independência" a que não têm acesso, na região, mais do que uma frágil minoria de lavradores. Nas zonas especialmente vitícolas desse mesmo Hurepoix, a concessão "indígena" típica ainda é mais exígua: 65 ares por concessionário, em média. Mas é possível achar, em compensação, 2 hectares por concessionário em média nos setores puramente cerealistas de Hurepoix: 2 hectares, dos quais 66 ares de terras de repouso (alqueives), o que não chega a ser suficiente para juntar as duas pontas! O desmembramento inimaginável do solo indígena em Île-de-France (sem contar as possessões de gente de fora — vastas ou pulverizadas, de acordo com cada caso — em mãos dos burgueses e pequeno-burgueses parisienses) é claramente filho legítimo do grande crescimento demográfico rural que se registra nas cercanias de Paris no fim do século XV e no século XVI. A situação encontrada, aliás, é equivalente à de Flandres, onde a terra de exploração rural típica (ou "modal") situava-se entre 1,5 e 3,75 hectares por volta de 1330-1500. De 1500 a 1549, vai diminuir, pelo desmembramento, e vai situar-se a partir daí à altura de 0,75-1,5 hectare; e também no período 1550-1604 (mas, em Flandres, essa diminuição é acompanhada de uma intensificação agrícola "à moda chinesa", mais clara do que na França).

Para ficarmos, quanto a isso, na região de Paris, é impressionante constatar que, nas aldeias onde o repovoamento do Renascimento foi mais tardio, o desmembramento, conseqüentemente, também o é: as concessões, aí, são um pouco mais vastas que em outros lugares; ultrapassam os 2 hectares, em média; em vez do 1,30 hectare da fatia de terra "típica".

## MODALIDADES DE "ALIENAÇÃO" NO CAMPO

Simultaneamente, nessa mesma Île-de-France, fenômenos análogos àqueles que acabamos de enumerar no Sul se produzem em relação à propriedade do solo que não seja de cultura. Esse tipo de propriedade que, de acordo com o caso, pode ser nobre, eclesiástica ou plebéia, parisiense ou simplesmente urbana, grande ou às vezes pequena em relação à extensão das áreas destinadas propriamente à lavoura, também desempenha o papel de "barreira divisória": em Hurepoix, onde é dela a parte leonina, essa propriedade delimita com rigor a área dentro da qual se exerce a tendência ao desmembramento indígena.

A pesquisa de Jean Jacquart, no sul de Paris (terras de lavoura de Thiais, Antony, Montéclin, Mondeville, Trappes e Chevreuse), refere-se a uma amostra (dispersa) de 6.065 hectares, massa documental em completa desordem sobre a qual esse autor literalmente passou um pente fino. Nessa área, os arrendatários, com suas concessões indígenas muito exíguas (1,3 hectare em média), não detinham no total mais do que 2.048 hectares (33,8% do total). Quanto ao resto, quer dizer, 4.017 hectares, ou dois terços do total, os donos não são homens do campo, no sentido mais amplo da palavra. Dessa área, 1.938 hectares, isto é, a metade da porção que não é de gente do campo e a terça parte do total em amostragem, correspondem a grandes "reservas senhoriais", cada uma das quais pode conter, em culturas e sobretudo em madeira (bosques), uma centena ou mais de hectares. Por fim, o saldo — em outras palavras, 2.079 hectares que equivalem à segunda metade da porção de proprietários que não são homens do campo e ao último terço da amostra total — pertence a burgueses de Paris (1.416 hectares), a burgueses locais de Hurepoix (356 hectares), aos párocos (82 hectares), e afinal aos nobres, donos ou compradores de parcelas (190 hectares) situadas fora das reservas senhoriais; depois, a alguns "diversos" (35 hectares). Detenhamo-nos, em primeiro lugar, na distinção inicial: reserva/não-reserva; em outras palavras, reserva/concessões (arrendamentos): uma vez que se está, aqui, em região de direito consuetudinário, os alódios no caso são raríssimos; e vigora o adágio: *Nulle terre sans seigneur* [Nenhuma terra sem senhor]. A proporção que dá um terço das terras às reservas e dois terços às concessões parece, numa primeira abordagem, correta; e relativamente favorável ao homem do campo: na pior época da senhoria opressiva e do regime de corvéia, do tempo de Irminon* e de Carlos Magno, nos territórios situados, eles também, na região parisiense, ou não longe dela, o senhor, é verdade, não designava menos de 50% do solo para suas "reservas" (cultivadas, na época, à custa de "corvéias"); não deixava mais do que 50% das terras — o resto — aos arrendatários (ver as estatísticas elaboradas sobre esse ponto por Louis Halphen: elas falam, quanto ao políptico de Irminon, de 32.748 hectares, dos quais 16.728 hectares de concessões e 16.020 de reservas).

Uma observação, apesar de tudo: para quem gosta de teorizar a propósito dos ritmos de *social change,*** a "evolução" não foi muito rápida! Foram necessários (através das vicissitudes e das idas e vindas bem conhecidas) mais de setecentos anos, desde o início do século VIII até a metade do século XVI, para que a *reserva* — de cuja dissolução se

*Abade de Saint-Germain-des-Prés (morto no ano de 826) recebeu em 811 o testamento de Carlos Magno. Deixou um *Polyptychus* (registro territorial, também chamado de *liber censualis*, que alguns proprietários medievais faziam de suas terras, indicando-lhes as qualidades e um resumo de seus bens e impostos), o mais célebre entre todos os documentos desse tipo, com informações interessantes sobre a estrutura dos domínios territoriais da época (bosques e pradarias) e arrendamentos (quase exclusivamente de terras de lavoura). (N. do T.)
**"Mudança social", em inglês no original. (N. do T.)

fala sem parar quando o assunto é Idade Média, cansando nossos ouvidos — caísse de 50% para 33% da superfície total. Nesse ritmo...

De qualquer maneira, o que a reserva perdeu, assim, não se constituiu necessariamente num ganho para os homens do campo, nem ao menos em algo que finalmente eles acumulassem. Muito longe disso. Em 1550, já o vimos, a reserva não ocupa mais do que uma terça parte do solo; mas os arrendatários também ocupam apenas um terço. O último terço escapa às mãos tradicionais que detinham a terra, sejam de homens do campo, sejam senhoriais. Passou para as mãos de gente que não trabalhava no campo, geralmente de burgueses das cidades em questão, e principalmente os burgueses da grandíssima cidade: dos parisienses, que possuem daí em diante, só eles, quase um quarto do total das terras de lavoura, não deixando mais do que 9% para os outros concentradores de terras, que são simplesmente os burgueses locais ou os nobres "não donos de reservas".

O fato que fica é a dupla alienação "rústica", em relação à maioria das terras que podem ser de particulares. Alienação de origem antiga, devida à estrutura das reservas senhoriais; ou de segunda origem: ela deriva, neste caso, do imperialismo dos cidadãos urbanos.

Essa alienação com dois cortes coexiste com a pulverização do parcelamento, fortemente impulsionada pela parte das terras que permanece nas mãos dos que nelas vivem e trabalham. Pulverização que traz um problema triplo: repartição social do solo de lavoura anexado; vocação das propriedades postas em causa, quanto às culturas; cronologia, finalmente.

Arejamento social em primeiro lugar: a amostra territorial utilizada por Jean Jacquard é sem dúvida, na própria opinião desse historiador, um tanto torta, pelo fato de terem as senhorias estudadas um caráter essencialmente eclesiástico. Levando-se em conta as correções que por isso devem ser feitas, quanto aos percentuais brutos obtidos pela pesquisa documental, pode-se pensar com o autor de *La Crise rurale en Île-de-France* que os indígenas rurais, no conjunto da região em causa, mantêm cerca de 40% das terras de lavoura (o que já não é tão ruim, em comparação com o que se passa na Inglaterra, onde estão sendo expropriadas quase todas as terras dos que nelas trabalham, em benefício, é verdade, de uma grande propriedade altamente eficiente). O resto (60% das terras) fica, à razão de 8% a 12%, com as comunidades religiosas e eclesiásticas de todo tipo; 10% com a nobreza de antiga estirpe; 20% com os funcionários, que freqüentemente, nessa região de burgueses parisienses, estão de passagem para a condição de nobres; 20%, para encerrar, com os burgueses ou comerciantes "puro sangue" (não funcionários) que moram em Paris e nas pequenas cidades. Portanto, em números redondos, 40% para os homens do campo, 40% para os burgueses de tipos diversos, 20% apenas para os grupos mais tradicionais do Antigo Regime, clero e nobreza de raízes. A parte importantíssima que fica com os burgueses é sugestiva. Os homens do campo, assim parcialmente despossuídos em relação aos homens da cidade, não são portanto apenas pessoas subordinadas às instituições medievais e aos grandes proprietários privilegiados; são também, em muitas questões, "vítimas do progresso", no sentido mais clássico que a expressão possa ter: vítimas (mas também beneficiários, esta, porém, é uma outra história) da urbanização e do crescimento do Estado, encarnado pelos funcionários.

Quanto à cultura que se planta, os dois tipos de propriedade — de homens do campo e os que não são do campo — apresentam forte contraste. Os rurais indígenas de Hurepoix são fundamentalmente cerealistas e vinhateiros: detêm 41% dos campos e 69% das vinhas, mas só possuem, como vimos, 34% do total do solo de cultura total da "amostra Jacquart". Têm, portanto, *mais do que sua parte* das lavouras e dos vinhedos. Em compensação, são florestais em grau abaixo do mínimo (não têm mais do que 0,73% das superfícies de florestas). E são só medianamente ou mediocremente criadores (pelo menos não são criadores como proprietários de terras, porque como arrendatários podem muito bem entregar-se à criação — na terra de outro); são proprietários de apenas 28% dos prados e pastagens. Um pouco menos do que sua parte "normal". Os dois tipos de propriedade, de lavra-

dores e não-lavradores, estão ligados ao mercado (parisiense); expor-
tam para a capital, seja vinho, sejam grãos, seja gado ou madeira.

Com os que são proprietários mas não são os que trabalham no
campo, o quadro muda: eles são maciçamente florestais (têm 99,27%
das áreas cobertas de árvores na amostra, ou seja um total de 1.360
hectares sobre 1.370); e criadores em alto grau (72% dos prados e
pastos lhes pertencem). Em relação, afinal, à parte desses donos de
terra na propriedade cerealista e vitícola, convém distinguir entre eles
os que são "do tipo antigo" (os titulares das reservas senhoriais) e os
"do tipo novo", ou pelo menos mais recente (os homens da cidade,
sobretudo parisienses). O primeiro grupo, que possui, por uma tradição pelo menos sete vezes secular, um formidável capital florestal (1.345
hectares), está muito bem servido em matéria de terras de lavoura de
cereais (444 hectares), de acordo, aliás, com a imagem que habitualmente se faz da grande fazenda senhorial como produtora de grãos.
Mas não nos deixemos enganar: a massa da produção cerealista, perto
de Paris, provém essencialmente do grupo que trabalha no campo
(1.517 hectares semeados), que autoconsome em grande parte os trigos que produz; provém também dos burgueses parisienses que, com
seus 1.211 hectares de terras semeadas, são certamente, eles e seus
arrendatários, grandes vendedores de grãos. Os burgueses que, como
já vimos, ficam tão mal aquinhoados na divisão da propriedade florestal, revelam-se não apenas cerealistas (uma área de 1.211 hectares),
mas também vinhateiros (104 hectares de vinhas: número importante
em relação aos 304 hectares do vinhedo dos homens da terra; e principalmente em relação aos 11 hectares de vinhas, quantidade ridícula,
correspondentes às reservas senhoriais). Tudo se passa como se os burgueses parisienses, afastados do setor da madeira que vem a ser praticamente um bem de mão-morta sociológica, excluído da mobilidade
territorial, fossem rebaixados, à semelhança dos homens do campo,
aos campos de lavoura e às vinhas, em outras palavras, à agricultura
mais ativa. Ao fim e ao cabo, *n'a pas des arbres qui veut* ["não tem
árvores quem quer"]. Os privilegiados se agarram a suas florestas.

# O espaço rural de Lyon: os celeiros dos proprietários da região (1550-1580)

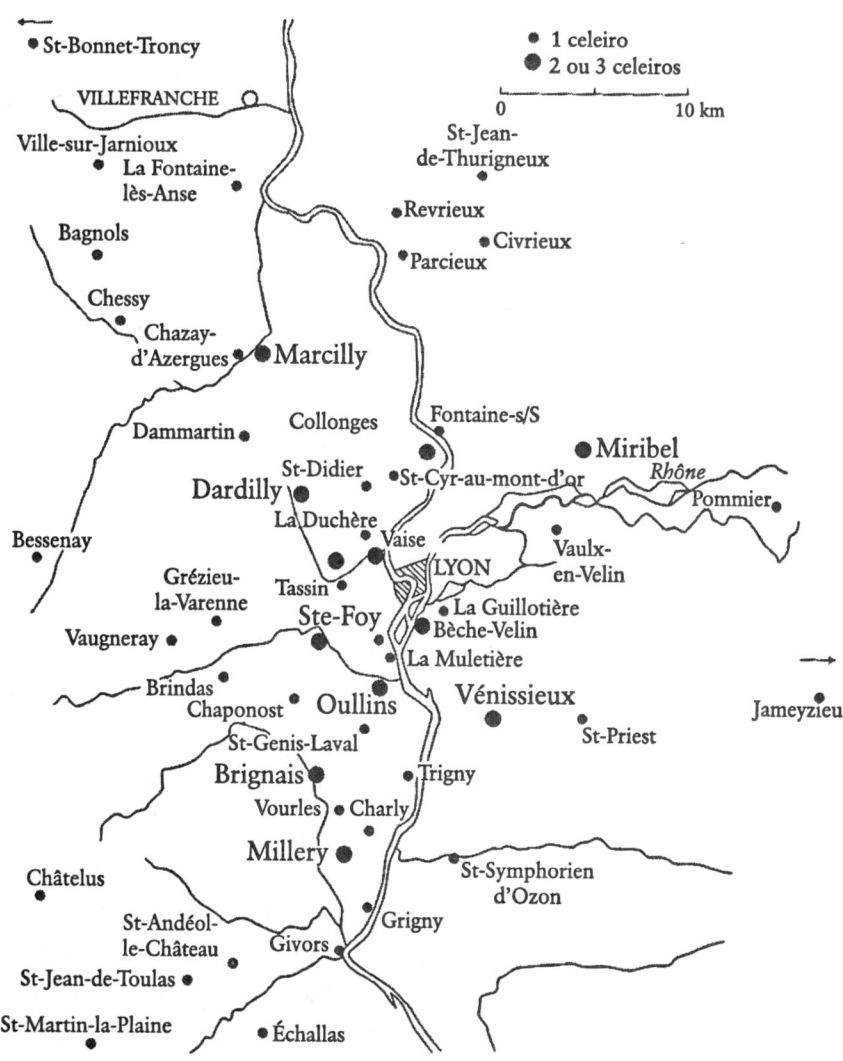

Fonte: R. Gascon (1971), t. II, p. 849.

Finalmente, a massa das construções e das hortas (isto é, 62% do total das áreas hortícolas e construções) pertence aos homens do campo, que entretanto não detêm mais do que 34% do total dos solos de lavoura de qualquer natureza. Os que não vivem no campo, ainda que bem aquinhoados em outros setores, não possuem mais do que 38% das construções e hortas. Essa limitação setorial contribui, talvez, para circunscrever os efeitos da revolução genético-hortícula e para limitar alguns "progressos" econômicos: o canteiro de couve e o celeiro de taipa do trabalhador do campo continuam a constituir maioria em relação à horta requintada do proprietário burguês, apreciador de alcachofras e aspargos; e em relação ao belo celeiro de pedra, cujo número aumentará substancialmente no século XVIII, garantindo um estoque permanente maciço mais duradouro, e estancando as fomes.

Resumo mínimo: ao sul de Paris, os que não trabalham no campo detêm, aí por volta de 1550, a totalidade das áreas cobertas de árvores, mais de metade das terras de lavoura, perto de uma terça parte das vinhas, mais de um terço das construções e das hortas.

Cronologicamente, essa "alienação" (termo discutível, certamente, por ser fonte, como na Inglaterra do casamento *landlord-farmer*,* de grandes progressos agrícolas, visão que nem sempre é a de Jean Jacquart) se decompõe em dois segmentos de tempo bem diferentes: quaisquer que possam ter sido, de fato, as vicissitudes às vezes minimizadoras que tenham sofrido no curso dos séculos as frações de terra diretamente mantidas pelos senhores como suas "reservas" próprias, é preciso sem dúvida considerar que essas frações, sempre muito vigorosas, representam uma realidade consuetudinária e que, no conjunto, fogem há centenas de anos do controle dos homens que trabalham a terra — é provavelmente o caso, por exemplo, de Trappes, perto de Paris. E pouco importa, quanto a isso, que essas reservas tenham ficado nas mãos do clero ou da nobreza antiga; ou que tenham caído entre os bens imóveis

---

*Termos ingleses, significando, respectivamente, "proprietário", "senhorio", "senhor", o primeiro; e "agricultor", "arrendatário", o segundo. Embora "landelorde" não conste, estranhamente, por isso mesmo, "landelordismo" consta do *Vocabulário Ortográfico da Língua Portuguesa*. (N. do T.)

novamente adquiridos por funcionários que se transformaram em senhores... Do ponto de vista desses homens do campo (que de todo modo ficam privados da posse desses grandes domínios), dizer reserva de funcionário ou reserva de nobre é dizer branco chapéu e chapéu branco.

Em compensação, as compras de terras feitas por homens das cidades fora das reservas, no setor de concessões ou arrendamentos antes pertencentes a moradores do campo, representam para os "rústicos" uma espécie de despossessão, e freqüentemente recente. Essas compras se deram essencialmente entre 1460 e 1550; e muitas delas, como ressalta de uma leitura comparada das obras de Fourquin e Jacquart, parecem ser posteriores a 1500, até mesmo a 1540 — é a partir daí, na verdade, que a conjuntura que impulsiona a economia urbana leva cada vez mais os parisienses a garantirem para si, graças às condições financeiras, o controle de uma porção maior do território.

Claro, quanto mais distantes das cidades são as terras, as possibilidades de resistência ou de "renitência" do homem do campo crescem; e ao mesmo tempo diminui a penhora sobre as terras por parte dos que nelas não trabalham, em particular dos que moram nas cidades. Exemplos: em Antony, bem perto de Paris, os habitantes do local que trabalham na terra por volta de 1550 "não são donos de mais do que uma quarta parte do terreno de lavoura"; o restante passou para as mãos ou ficou na posse do homem da cidade ou privilegiado. Em compensação, numa aldeia como Mondeville, situada numa espécie de ângulo morto distante das cidades grandes ou pequenas (a 40 quilômetros de Paris, a 15 quilômetros de Corbeil), os lavradores autóctones, em 1550, conservam ainda mais da metade do solo cultivável (54%). Da mesma forma, a vinha, que, em função do gênero de vida de seus donos, é afinal de contas cada vez mais de gente do campo que da burguesia, dá aos homens rurais da localidade a condição de agarrar-se vitoriosamente à sua terra, integrando-se totalmente à grande economia de mercado modernizante, a do vinho. Em Choisy e em Thiais, aldeias vitícolas, os "habitantes" domiciliados conservam a posse, como proprietários, de 49% da terra de lavoura. O que constitui, nas proximidades de Paris, um feito muito expressivo.

Mas essa barreira, certamente sólida, constituída aqui pela vinha, mais adiante pelo afastamento em relação à cidade grande, nem sempre é suficiente para que o solo de lavoura resista à cobiça da burguesia ou às ambições dos privilegiados. Nas regiões de Anjou e de Poitou, por exemplo, os paradoxos do século XVI unem depois de 1540 a prata da América do Sul, agente de modernidade, e uma estrutura social um tanto passadista, com preponderância da nobreza. De qualquer maneira, a alienação das terras de gente do campo, que seja como for tinha começado em larga escala, prossegue vivamente durante os dois primeiros terços do século XVI (ver as pesquisas de Louis Merle). Às antigas reservas senhoriais que lá estavam havia muito tempo, justapunham-se de agora em diante os domínios de terra explorados pelo novo estilo do sistema meeiro, constituídos freqüentemente, todos eles, a partir de compras feitas pelos nobres. Nobres, na verdade, desanimados com a baixa de suas pensões anuais, voltam-se para a propriedade da terra, cujo valor está garantido contra a inflação, porque indexado, até mesmo superindexado em relação à movimentação dos preços. Para unir suas terras através de compras sucessivas, os maiorais de Poitou acenam então aos naturais da região estupefatos, que em muitos dos casos nunca tinham visto tanto dinheiro junto, com quantidades de moedas de prata. (Compare isso com o procedimento semelhante adotado hoje por especuladores imobiliários e outros construtores e financiadores diante dos proprietários de "terrenos".) Ou então agem de modo menos burguês nas suas conquistas: utilizam-se da arma já antiga que é o *encolhimento senhorial*. O processo de passagem para a "meeirização" do solo potevino (isto é, de Poitou) já funciona desde antes de 1560, na fase de congestão demográfica e de parcelamento, e com ele se agravam, aliás, as conseqüências possivelmente empobrecedoras... As *gaigneries* dos pequenos lavradores encolhem, sob o impacto das terras onde funciona o sistema meeiro, que pertencem aos nobres e em alguns casos aos burgueses. As cercas, presentes há muito tempo, desenham cada vez mais os últimos *openfields* de parcelamentos, em via de desaparecimento... Com o reconhecimento desses progressos de uma nova forma de exploração de terras, um resumo preciso da própria cronologia de Louis Merle obriga, de todo modo, a estabelecer certos limites nas conclusões desse autor. De fato, a fagocitose ativada na maior parte das áreas da Gâtine de Poitou pelos sistemas a meias nobiliários só fará efeito (apesar das primícias incontestáveis citadas há pouco em relação à época do Renascimento) depois de 1560: seja durante a crise mais ou menos pronunciada das guerras religiosas, seja durante o duro século XVII. Até o início (1560) das guerras de Religião, os dois processos inseparáveis e dialeticamente opostos que já vimos, formando casal, tanto na região parisiense como no Languedoc, coexistiam também em Poitou, no esquartejamento: havia, de um lado, o "fatiamento" e a parcelização indígena; de outro lado, o crescimento do grande domínio não pertencente à gente da terra. É só depois de 1560 que, lá como em outras regiões, a história vai se inclinar normalmente no sentido do segundo pólo daí em diante prioritário: no sentido da tendência à concentração.

A nova tendência para a criação de amplas terras de exploração pelo sistema meeiro em Poitou importa além do mais em uma certa constatação quanto à marca por elas deixada na região rural. Em Hurepoix e de um modo geral na região parisiense, o desenvolvimento dos grandes domínios (exatamente, afinal, como a parcelização do resto do solo de lavoura) faz-se acompanhar de uma notável manutenção do *openfield*, respeitando a nudez da paisagem, quase inteiramente desprovida do enquadramento das cercas. Não há nisso nada que espante: em Hurepoix, os prados cobrem apenas 4,5% das áreas; e os cereais, 69%; as especulações animais e criatórias são insignificantes (à exceção, claro, do que se refere aos rebanhos de ovinos nas terras de repouso, sob o controle dos pastores); os domínios de gente que não é da terra, assim como as faixas de terras dos autóctones, são uma máquina de produção local dos grãos; não existe portanto nenhuma razão (não havendo boiadas a levar em consideração) para se proteger com cercas permanentes. Ao contrário, na Gâtine de Poitou, cada uma das grandes ou médias propriedades exploradas pelo sistema a meias (pelas quais já muito se interessam os concentradores de terras do século XVI) comporta, na área, de 25% a 30% de prados e pastagens. Ou seja, de cinco a sete vezes mais do que o nível do sul parisiense. Em média, também, a terra explorada a meias de Poitou cria uma vintena de bois, ou seja, uma carga bovina quatro ou cinco vezes maior do que a encontrada numa fazenda de Hurepoix; na verdade, só os domínios parisienses muito grandes dessa região, monstros agrícolas absolutamente excepcionais, chegam penosamente, por sua vez, a criar uma dezena de bovinos.

Essa diferenciação (Paris/Poitou; *openfield*/terras cercadas; pouco gado/mais gado) é pertinente: a exploração pelo sistema meeiro no terreno chamado *gâtine* dos séculos XVI e XVII certamente não inventou as cercas nem as terras cercadas, que lhe preexistiam desde os séculos medievais. Mas esse sistema é um modo de estar vigilante no sentido de conservar e desenvolver seu capital com as cercas de proteção. O gado bovino, contra cujas transgressões se ergue a cerca de espinheiro,[40] nunca passou, mesmo no oeste da França, de um fator mais ou menos marginal no século XVI. Os trigos continuam a dominar por toda parte... Precisamente essa margem, porém, como deve ser, varia de maneira considerável entre o Armorique e o coração da Bacia de Paris. Essas variações são suficientes para fazer com que a balança se incline para a ausência aqui, para a presença ali, de uma cerca espessa. As tendências para exploração do solo sob a égide das grandes fazendas ou de vastas áreas de exploração meeira terá assim conseqüências "paisagísticas" muito variáveis segundo as regiões.

Seja como for, quanto à partilha do solo de lavoura, as tendências bipolares que acabamos de evocar — desmembramento das menores porções de terra e dilatação dos maiores domínios — exercem duríssima pressão sobre o homem do campo, a um tempo desintegrado e alienado quanto a seu poder territorial. Assim se põe em prática um dos fatores mais eficientes que contribuirão para frear, à custa do empobrecimento, se for o caso, o impulso demográfico, e a recriar entre 1560 e 1720, não sem oscilações, o equilíbrio geral de uma sociedade rural.

Dito isso, a nova conjuntura, ao longo da qual se chega, assim, até o decênio de 1560, mais ou menos, não é simplesmente uma volta ao normal, pelo caminho de estabilização na austeridade. Essa nova conjuntura contém em si, indubitavelmente, os germes de um crescimento que virá, entretanto ainda muito distante: por volta de 1560, o ecossistema demográfico-rural, tão duramente maltratado durante o século anterior, é afinal firmemente restaurado. Mas o lugar que ocupavam antes no ecossistema, até os "acontecimentos" de 1340-1440, as reservas senhoriais, freqüentemente dirigidas por nobres incompetentes ou pelo menos arcaicos, fica daí em diante parcialmente mantido, ampliado mesmo, por proprietários urbanos, sensíveis ao mercado e em busca de melhorias; dá-se, afinal, que buscam melhorias, sem entretanto encontrá-las sempre, na leitura dos agrônomos: Olivier de Serres (1600) para a elite francófona da Occitânia; e principalmente Estienne e Liébault para a França d'oil. Tratar-se-ia talvez de um acaso o fato de o meio de origem de Estienne e Liébault — um meio no qual esses dois homens recrutam também o seu viveiro de leitores — ser constituído por essa elite urbana, burguesa e nobre, que as estatísticas de 1550 nos mostram como ativamente proprietária nas terras de campinas (especialmente de Île-de-France), e bem mais cerealista e vinhateira do que, nos tempos anteriores, os velhos titulares das reservas senhoriais? Sabe-se que esses velhos titulares, muito freqüentemente, limitavam seus esforços agronômicos a assistir ao crescimento das grandes florestas que formavam o mais belo florão das ditas reservas da senhoria. Nossos burgueses e neonobres da região de campina parisiense mostrar-se-ão bem mais ativos do que os fidalgotes provincianos, digamos mesmo fossilizados, da baixa Idade Média.

## A DECOLAGEM MODERADA DA RENDA TERRITORIAL

A pressão dos Dominantes, que se exerce sobre os rurais sob a forma de alienações diversas, terá nova força, ligeiramente diferente, num outro quadro, o quadro vertical, que dá contornos à partilha da renda agrícola em níveis sucessivos, hierárquicos, superpostos, da sociedade do campo: desde a renda territorial, em ascensão total, até o salário, em baixa total, passando pelas rendas de concessionários, aos estágios intermediários. Claro, esses conceitos econômicos são abstrações que absolutamente não coincidem com a realidade social, sempre mais rica e mais complicada. Mas as abstrações são ferramentas: permitem construir um *sistema* e em seguida vai se fazer força para concretizá-lo num *quadro* (François Furet).

No que concerne à renda territorial, digamos mais amplamente à renda das classes proprietárias (grandes donos de terras e clero), é preciso distinguir entre as receitas do tipo senhorial ou dizimista e as do tipo não senhorial, simplesmente baseadas no aluguel da terra.

No primeiro grupo, as receitas do tipo senhorial, por um lado, e dizimista, por outro, seguem os *trends* de evolução que respectivamente... divergem. O dízimo é pesado. Geralmente um pouco inferior a 10% do produto bruto dos grãos, mas, podendo da mesma forma evoluir de 7% a 13% segundo as regiões, cai a percentuais muito mais baixos dependendo do caso, ou colheitas de outros produtos que não sejam cereais, ou em regiões nas quais o regime é especial: por exemplo na Bretanha, onde as taxas dizimistas muito baixas (3%) explicam facilmente, ao mesmo tempo, as sedes de bispado muito sujas e os párocos que custam baratinho... cercados, por causa disso, pela simpatia geral. Descontados esses casos particulares setoriais, o dízimo no século XVI não é de se lamentar. Graças a ele o clero francês tem assegurada galhardamente uma renda provavelmente igual, talvez superior, a 5% do produto bruto agrícola do reino. O dízimo goza de indexação: é indexado em relação aos preços (quando se trata de dízimo monetário) graças à constante revisão das taxas de arrendamento; e, do mesmo modo, é indexado em relação às produções agrícolas. Eleva-se a si próprio à medida que o produto agrícola da região volta a assumir, mais ou menos no período que vai de 1550 a 1560, e às vezes a ultrapassar, em alguns setores, suas dimensões de antes das catástrofes dos séculos XIV e XV. O dízimo incha, em resumo, no mesmo ritmo que o conjunto do ecossistema. Nessas condições, constitui um alvo de primeira grandeza: para os huguenotes que, desde 1560, querem monopolizá-lo; também constituem um alvo importante para numerosos homens do campo, que (bons católicos mais que tudo) desejavam, de todo modo, baixá-lo ou suprimi-lo. Daí as greves de dízimos, a partir de 1540 e até 1560.

Ao esplendor do dízimo se opõe o fenômeno que só pode ser chamado, salvo alguma exceção regional, de miséria dos direitos senhoriais.

No Languedoc, os direitos senhoriais, ou *direito de posse* garantido previamente pelo senhor, são as primeiras vítimas do desmembramento: o dito senhor, de fato, é freqüentemente uma pequena personagem que se multiplica e se transforma num enorme número de exemplares semelhantes pelo incremento demográfico; e personagem pauperizada por uma seqüência de desmembramentos sucessórios dos feudos, numa região em que o direito de primogenitura dos nobres não tinha o mesmo alcance que chegou a ter na região da língua d'oil. Os pagamentos em prazos regulares e *direitos de posse* da região d'oc ficam, além de tudo, severamente mutilados pela inflação desde que feitos em dinheiro, como é o caso na vizinhança das cidades, onde funciona a economia monetária. Em equivalente-grão, os *direitos de posse* recebidos em moedas de pequeno valor na região de Montpellier pelas senhorias locais correspondem a 25 litros de trigo por hectare, ou seja, a 5% da colheita bruta por volta de 1480. O preço dos grãos tendo pelo menos sextuplicado no correr do século seguinte, chega-se, por volta de 1580, na mesma região, a 4 litros do equivalente-grão por hectare, correspondendo aos direitos senhoriais, ou seja, a 0,8% da colheita bruta em regime bianual de alternância das culturas. Uma miséria. Os direitos senhoriais pagos por mercadoria *in natura* não são, porém, atingidos pela inflação e quase não se alteram. Quanto aos famosos *laudêmios**  (direitos de sucessão e de transferência entre vivos), que teoricamente deveriam compensar essa ausência de lucro, não chegam nunca a engordar um lucro senhorial que, *como tal*, torna-se frágil e que sobrevi-

---

*Em francês, o termo jurídico, do direito feudal, é *lods et ventes*, sendo curioso observar a raiz latina *laus*, tanto no português "laudêmio" como no primeiro dos dois substantivos que formam o termo composto em francês, *lods* (fr. antigo *los*). *Laus*, isto é "louvor", sentido que semanticamente evoluiu para "aprovação", "consentimento" do senhor do feudo. (*N. do T.*)

verá até o século XVIII inclusive. (Ver a respeito disso os trabalhos de Robert Forster e de Georges Frêche sobre a região tolosina.) Um exemplo: para ficarmos no século XVI, o conjunto dos direitos senhoriais (sem exclusão do laudêmio) cobrados nas imensas terras de Béziers pelos cônegos dessa região do Languedoc não passa de 100 libras tornesas e fica bloqueado nesse total de 1500 a 1560 e até depois, apesar da inflação. Enquanto que a menor paróquia rural, pelo regime do dízimo, recebe três ou quatro vezes mais e fica indexada à inflação de modo maleável.

Realidade do Languedoc, é verdade; mas uma realidade que também vigorava, ainda que num grau mínimo, em Poitou, província não menos dada às tradições nobres: em 1521-1522, as receitas monetárias do senhor de La Barre-Pouvreau representam 14% do total correspondente ao pagamento de foro em dinheiro; ficando os 86% por conta das receitas "variáveis", constituídas essencialmente pelas vendas de gado e de alqueires de centeio, umas e outras graças ao sistema a meias; sistema que funcionava, no caso, como uma reserva senhorial (Louis Merle).

A situação seria tão diferente em torno de Paris, nessa região que conheceu o poderoso regime feudal da área entre Loire e Mosa [*Meuse*] e perseguiu os alódios até proclamar o adágio *Nenhuma terra sem senhor*? Mesmo nessa zona, a bem dizer, as senhorias do início do século XVI não são organismos tão fortes: os textos bombásticos que as descrevem mal dissimulam a indigência das rendas que distribuíam *como tais*, como arquiteturas de direitos senhoriais. (Em compensação, como elas se apóiam sobre a "reserva" senhorial, representam uma fonte capital de riqueza; mas, neste caso, sai-se da área do senhorialismo no sentido estrito, uma vez que as *reservas*, burguesmente chamadas de "grandes domínios", existem ainda hoje, em 2002.)

Inútil insistir no caráter insignificante dos direitos senhoriais sobre os campos parisienses. Atingem, em média, por volta de 1550-1560, 12 denários *parisis* por *arpent*. Quer dizer, uma taxa ridiculamente baixa que, calculada em grão, equivale a 12 litros de trigo por hectare, quando o hectare "parisiense" pode render facilmente, como colheita, um total de 1.500 litros de trigo. Levando em conta o alqueive trienal, digamos que essa taxa senhorial, em boas condições (para ela), pode atingir 1% do produto. Ou seja, uma ordem de grandeza análoga, percentualmente, à que se observa no Languedoc no mesmo momento. Claro, essa fragilidade do foro anual situa-se ao longo de um processo lento e implacável de deterioração, provocado pela inflação permanente (a longuíssimo prazo) dos preços do grão expressos em libras tornesas: os preços do sesteiro de trigo em Paris passam de uma para duas libras tornesas de 1450 a 1525; para 5, depois 10 libras tornesas no século XVI; para 15 libras tornesas no século XVII; e para 25-30 por volta de 1770. Ora, a taxa ritual do foro — 12 denários *parisis* por *arpent* — permanece estável durante os três séculos e meio em questão! Assim, o poder de compra da pensão anual do foro foi dividido por doze ou quinze, pelo menos, no mesmo intervalo de tempo! O que equivale a dizer que a história da senhoria sob o ponto de vista do foro ficou marcada até o fim, até o golpe de misericórdia de 1789, por uma série de infartos monetários que tornam altamente problemático o próprio conceito, durante um momento tão difundido, de reação senhorial (ver, quanto a isso, a brilhante crítica de Paul Blois a respeito dessa noção em seus *Paysans de l'Ouest*).

Mas, dir-se-á: e o *champart*? Esse *champart* que encarna por excelência a pesada cobrança prévia da senhoria (um quinto, um quarto do produto total dos grãos...)? Essa venerável instituição, nas vizinhanças de Paris, como escreve Jean Jacquart com muita felicidade, "não é totalmente desconhecida" por volta de 1550. Mas, afinal de contas, é muito menos difundida do que se acreditava. Na "função dos feudos" da importante comarca de Corbeil, por volta de 1550, os *champarts* estão totalmente ausentes. Muitos deles, aliás, tinham desaparecido antes no grande período de moderação das senhorias que vigorou durante o século XVI. Quando, entretanto, os *champarts* persistiam, como por exemplo em Palaiseau, em 1522, dá-se que "os devedores recusavam-se terminantemente a pagá-los". (Pierre Goubert, em sua admirável tese sobre a região de Beauvaisis, não teria dado excessiva importância ao *champart*? Permito-me fazer a pergunta respeitosamente.)

Numa apreciação de conjunto sobre o peso das estruturas senhoriais, é preciso, sem dúvida, levar em conta também laudêmios (que são freqüentemente objeto de acordos); e os direitos de justiça. Estes, muito importantes, uma vez que permitem ao senhor, em virtude de um curioso princípio de circularidade, que seja simultaneamente juiz e parte na regulamentação das contestações relativas aos direitos senhoriais pagos às suas fazendas ou aos seus cofres. (É verdade, porém, que a preservação de um juiz senhorial especializado introduz no próprio quadro da senhoria um claro elemento de "separação dos poderes"...!)

Se se calcular nessas condições as médias das diversas categorias de rendimentos, a partir de uma dezena de senhorias de Hurepoix, descobre-se que os direitos senhoriais de todo tipo (incluindo-se as banalidades)* que acabam de ser enumerados totalizam 23% das receitas brutas de uma senhoria típica; e os rendimentos provindos da reserva, 77%. O primeiro desses dois percentuais não é desprezível. Assim mesmo, não é muito importante: pela altura de 1550-1560, as senhorias continuam realmente, de modo lento mas seguro, a mudar de proprietário. Essas trocas de dono, um pouco por toda parte, estão longe de acabar: algumas províncias (Bretanha, Borgonha), fogem disso, e fugirão por muito tempo. Resquícios de arcaísmo carolíngio (corvéias do senhor de Gouberville, na baixa Normandia) ainda causam estragos, em muitas regiões. Mas as árvores não devem esconder a floresta. Por mais substancial que possa ser algumas vezes o volume dos foros recebidos *in natura* (ver, por exemplo, as receitas da família de Fontanges, em Auvergne), o mais visível dos rendimentos do mundo senhorial provém agora da reserva, quer dizer, de uma propriedade cujo modo de gestão (arrendamento a prestações, arrendamento pelo sistema a meias ou exploração pelo próprio proprietário) nada tem de especificamente "feudal" e em rigor quase não difere, em seus princípios e sua substância, do que tantas vezes ainda será no século XIX e mesmo no século XX. A

---

*Banalidades, no feudalismo, já o vimos, eram alguns bens do senhor dos quais os vassalos eram obrigados a se servir (pois não os possuíam), tais como fornos ou moinhos, pagando impostos ao senhor a título de retribuição. (*N. do T.*)

sociedade feudal descrita na época de seu esplendor, em diversas obras, por Marc Bloch, já está um tanto apagada no século XVI; ela dá lugar à sociedade proprietária, que se mostra viva e operosa antes mesmo de que, duzentos anos mais tarde, Quesnay a descrevesse em sua forma acabada. Sob esse ponto de vista, a França dos séculos XVI-XVIII está muito adiante da Alemanha (como mostrou Eberhard Weiss) — uma Alemanha que conserva de fato até o século XVIII, em suas estruturas rurais, um sistema "feudal" fundado sobre as cobranças senhoriais e sobre as banalidades; ou então (a leste do Elba) sobre os poderes de comando que o mestre exerce sobre seus servos, e outros tipos de poder. De um modo geral, os rendimentos dos senhores alemães a oeste do Elba derivam mais das prestações dos arrendamentos; e não, como nos casos da França e da Inglaterra, do funcionamento da reserva.

Daí a importância que apresentam, para nosso país [a França], as pesquisas sobre a renda territorial propriamente dita; essa renda resulta não de uma retirada senhorial antecipada ou de dízimo, mais ou menos como um ritual, mas de uma disputa entre arrendador e arrendatário, disputa cujas conclusões são periodicamente revistas; trata-se, numa palavra, do aluguel da terra, assim como está expresso nos contratos de pagamentos periódicos (ainda atuais em 2002) e, num estilo conceitualmente menos puro, num contrato de meeiros.

No Languedoc, numa pesquisa inicial, a renda territorial está em ligeira alta, de todo modo relativamente moderada, no século XVI. O pagamento do arrendatário ao proprietário das terras, quer dizer, as prestações, ou o aluguel, mantêm-se, por volta de 1550, em torno de 1,5 hectolitro de grão por hectare (trigo ou uma mistura de trigo e centeio). Quer dizer, numa alternância bianual de culturas e em produtividade languedociana, uma quarta ou quinta parte do rendimento ponderado do dito hectare.[41] Esses aluguéis, até onde sabemos, aumentam ligeiramente, ou até mesmo mantêm simples estabilidade, entre 1500 (ou 1515) e 1560. Alguns até, em plena maturidade do Renascimento, diminuem de modo impudente! As coisas se passam como se o excedente garantido de renda devido por um lado à pauperização dos assalariados (causada ela própria pela expansão demográfica) e por outro lado à retomada ou recuperação, lenta é verdade, da produção agrícola, não "voltasse" ao celeiro ou ao cofre de dinheiro dos proprietários; como se esse excedente tivesse parado no meio do caminho, para enriquecer aquele que explorava a terra, o arrendatário: o intermediário, numa palavra (um arrendatário "intermediário", o qual, depois de tornar-se também proprietário que explora ele próprio um grande domínio, pode vir a ser realmente alguém que acumula funções, titular simultâneo de uma renda territorial estável de proprietário, e de um ganho de um negócio de arrendamento em expansão).

Mais ao norte, os dados disponíveis sobre a renda territorial não são sempre convergentes entre si, nem concordantes com aqueles que acabamos de evocar. Uma confrontação valiosa entre Norte e Sul é contudo possível desde que se avalie o valor da retirada da renda territorial por hectare. As pesquisas, quanto a isso unânimes, de Jean-Paul Desaive e Jean Jacquart avaliam a renda territorial, na região parisiense, em dois terços de sesteiro de grão por *arpent*: em outras palavras, todas as conversões metrológicas sendo levadas em conta (sem esquecer que o *arpent* e até o sesteiro conhecem um e outro diversas flutuações intra-regionais), um volume de grãos que devia estar por volta de 2,6 hectolitros por hectare (ou seja, um pouco mais do que o grão que se semeia; enquanto que no Languedoc o proprietário, a título de aluguel, retirava um pouco menos ou mesmo claramente menos do que o grão semeado). Esse contraste entre a agricultura parisiense e a da região d'oc se explica evidentemente pelas diferenças de rendimentos — o proprietário de terras em torno de Béziers, por exemplo, recebia de seu arrendatário, por volta de 1550, menos carroças ou sacos de grão (por hectare) do que seu homólogo em Île-de-France, pela boa razão de que os rendimentos meridionais (10 hectolitros por hectare, com rodízio de culturas *bianual*)[42] eram inferiores aos setentrionais (15 hectolitros por hectare, ou mais, com rodízio trienal).

Até aqui tudo parece simples. Mas eis que surgem certos problemas de nível e de conjuntura: digamos que estamos diante de dois modelos plausíveis, nos quais algumas divergências mútuas se explicam simplesmente por uma geografia contrastada, enquanto que outras representam apenas a expressão de nossos conhecimentos incompletos.

Primeiro modelo, o mais encontradiço, de um modo geral, até hoje.[43] A renda territorial paga em grãos (ou então — se se tratar de uma renda monetária — calculado o equivalente-grão em dinheiro) inaugura o Renascimento sob os auspícios de um aumento rápido, registrado de 1450 a 1510 (em Soissonnais, por exemplo, passa-se de uma prestação de 0,5 hectolitro por hectare de grão em 1448 para perto de 2 hectolitros por hectare em 1511: quase quatro vezes mais, ainda que partindo, é verdade, de quase zero). Depois, atinge-se um teto; a primeira "estabilização de um teto" situa-se em um nível que permanecerá tolerável, até agradável, para os arrendatários, entre 1500 e 1560; as retiradas a título de aluguel estabelecem-se com efeito nessa época em torno de 1,5 hectolitro por hectare (sul da França) e 2,5 hectolitros por hectare (região parisiense e Soissonnais). Depois (passado o corte sangrento das guerras de Religião e da ligeira baixa momentânea dos aluguéis provocada por esse fenômeno atípico), a renda territorial, outra vez, ao fim de uma longa retomada dos antigos níveis, baterá todos os seus *records* anteriores: por volta de 1650-1670, chegará a 3 hectolitros por hectare e até a mais do que isso no Languedoc;[44] a 5 hectolitros por hectare na região parisiense. Ou seja, uma taxa próxima quase que da metade do produto dos grãos por hectare, levando-se em conta as disparidades de rendimento e de alternância de culturas (o fazendeiro assim frustrado quanto à metade de sua colheita de cereais, na metade do século XVII, será levado a dedicar-se a outros produtos que não cereais em sua fazenda: vinho, legumes, lenha, criação, etc). Segundo o modelo que aqui acabo de resumir, "a idade de ouro da renda" (territorial) situar-se-ia então no século XVII. O "belo século XVI" seria, em compensação, para aquele que se dedicava a explorar terras, um período de trégua relativa, durante o qual ele poderia, em plena expansão-recuperação, retomar seu fôlego; e, é o caso de dizer, poderia aproveitar as margens beneficiárias, decorrentes da pauperização salarial, de um lado, e do crescimento progressivo do produto de sua exploração agrícola, de outro lado.

Floresceu entretanto um *pattern,* * concebível, que chamarei pelo nome de seus pais, o modelo Jacquart-Merle. Segundo essa segunda formulação, válida no estado atual de nossos conhecimentos para Hurepoix e Poitou, a renda territorial já atingiu o máximo em 1560: os arrendamentos das grandes fazendas de Hurepoix (contratos legalmente estabelecidos em grão que, numa série longitudinal, são diacronicamente os mais comparáveis uns com os outros) indicam de fato que, globalmente, essas fazendas estão alugadas à razão de pagamentos *in natura* que equivalem desde 1560 aos *records* futuros do período de 1630, ou de 1660. Da mesma forma, em Poitou, os meeiros do século XVI experimentam desde 1520-1560 as condições de um duro sistema a meias, o sistema de *terrage* (como diz Merle em uma expressão mais imaginosa que pertinente) com o qual conviverão até 1651: partilha rigorosa de todos os produtos, lenha, grãos, feno, etc (as sementes sendo fornecidas até em sua totalidade pelo arrendatário!). Essa pressão sobre quem explora a terra em Poitou só vai se atenuar um pouco depois de 1650... Em resumo, em Poitou, o contrato à parte de frutos da terra, deixando seu bom período dos arrendamentos a um quarto ou um terço da colheita do século XV, seria mais duro no século XVI, assumindo logo características do arrendamento com metade de frutos da terra sem concessões, para só vir a ser um pouco mais leve depois de 1650-1680, com a crise do fim do século XVII, e a combatividade maior dos meeiros.

Essa disputa inacabável entre dois grandes modelos plausíveis gera entretanto uma conclusão válida: a renda territorial se elevou no século XVI em relação ao século XV, atingindo às vezes seus tetos multisseculares desde 1550-1560 (modelo Jacquart-Merle); ou então, em outros casos (Languedoc), conservando, sob Henrique II, o futuro diante de si; vindo a ter, assim, uma bela carreira futura, que será mais frutuosa ainda ao percorrer o século XVII.

Dessa conclusão matizada derivam também algumas observações:

---

*Anglicismo ("modelo", "padrão") que em muitos casos os franceses já usam mesmo sem grifo, ao contrário do Autor, que preferiu mantê-lo, como se vê. (*N. do T.*)

1) O mercado do arrendamento territorial não é uno, mas duplo (Postel-Vinay, Jacquart): tem-se em primeiro lugar um mercado das pequenas parcelas de terra agricultável, que são as mais rigorosamente dependentes da lei da oferta e da procura e da pressão dos proprietários territoriais; o aluguel dessas terras continuará a se elevar fortemente no século XVII em relação ao século XVI, chegando até a dobrar em valor real. Ao contrário, o mercado das grandes "massas de fazenda" é mantido estável pela aristocracia do arado, pela fazendocracia, pelos grandes arrendatários (Jean-Marc Moriceau) que sabem trabalhar em bloco: pouco numerosos, conseguem desestimular em seu próprio meio a concorrência entre si, eventualmente desastrosa a seus interesses. Esse grupo de agricultores ricos, que se prepara, consegue durante o século XVII estabilizar os preços dos grandes arrendamentos em seu nível de 1550, enquanto que os locatários das pequenas parcelas de terra, muito numerosos, e destituídos de poder, serão mais duramente pressionados pelos donos da terra no século XVII (e no XVIII), em comparação com o século XVI.

2) Uma outra causa da inegável alta dos arrendamentos territoriais, e que introduz, desta vez, as diferenciações geográficas, são os dados dos impostos. No Languedoc, e de um modo mais geral nas regiões occitanas (embora haja exceções), a talha real é paga pelo proprietário da terra de lavoura; as terras livres do fisco são terras pouco importantes. Conseqüência lógica: no Sul francês, a renda territorial por volta de 1550 está num nível mais baixo do que aquele que terá em 1640... uma vez que os proprietários do século XVI ainda não sofreram (por definição cronológica!) o aperto de cravelhas fiscal de Richelieu. Seus sucessores, ao contrário, por volta de 1640, pesadamente carregados pelo imposto real, graças aos cuidados do Cardeal, buscarão fazer com que esse aperto de cravelhas tenha conseqüência sobre seus arrendatários: agirão no sentido de que estes lhes paguem um aluguel mais pesado. Daí uma certa "idade de ouro" do dito arrendamento na região languedociana à altura de 1630-1640: idade de ouro que, por outro lado, refletirá, indiretamente, o apogeu do fisco.

Na região parisiense, ao contrário, região em que o imposto da talha é pessoal, o aperto de cravelhas fiscal de Richelieu e a moderação dos impostos antes desse "aperto", no século XVI, provocaram, ambos os fatos, conseqüências opostas às que acabamos de analisar para a região d'oc. O imposto do Norte, sendo pessoal, é pago na maior parte desse período pelo arrendatário. O "aperto de cravelhas" do decênio de 1630 e do período seguinte provocará entretanto, às vezes, uma limitação das pretensões da propriedade territorial: o arrendatário pode, com efeito, observar legitimamente aos detentores da propriedade que não tem condições, pagando um imposto mais pesado, de depositar para o dono de suas terras um aluguel maior. Explica-se assim que pelo menos em algumas regiões (Hurepoix, Poitou) por que as massas de fazenda ou de arrendamentos pelo sistema a meias não rendem mais ao dono da terra agricultável, durante o século XVII, do que no melhor período do século XVI. Paradoxalmente a bulimia fiscal de Richelieu terá entretanto como conseqüência a subida artificial do arrendamento territorial no Sul e a estabilização em alguns pontos setentrionais. A questão essencial em cada caso está em determinar de que lado da barricada territorial está o contribuinte; uma vez que ele é proprietário no sul e explora a terra no norte. Como contraste, os níveis de aluguel no período bom do século XVI, comparados com os do século XVII, surgem como relativamente moderados no Sul; porém freqüentemente mais elevados, até a pontos máximos, em Hurepoix e Poitou. Haveria lá, quanto ao fisco, realmente um fator de diferenciação.

3) Seja de que tipo for, moderado ou atingindo pontos máximos, o lucro do arrendamento territorial no melhor período do século XVI não é um fato absoluto. Por um lado, equivale, para quem o recebe, ao juro de um capital (a terra). Por outro lado, esse dinheiro constitui a *receita* de um indivíduo que, antes de mais nada, tem condições de fazer esse tipo de pagamento. O nível do rendimento vindo da terra de lavoura, para ser julgado um verdadeiro valor, deve portanto ser comparado com um aluguel de dinheiro; também deve ser confrontado

com o orçamento de quem vive de rendas da terra, com sua propensão variável a poupar, consumir ou jogar dinheiro pela janela.

Relacionado com o capital-terra que remunera, o arrendamento territorial parece ter culminado claramente, no século XVI, aí por volta de 1550-1560. Segundo um certo número de casos, uma fazenda alugada rende a seu proprietário, sob a forma de recebimento periódico, nessa data, 6% do capital territorial, perto de Paris, 5% perto de Béziers (os jurisconsultos de 1561 falam em 3,3%, mas eles tendem, por motivos de prudência fiscal ou outra razão qualquer, a subestimar intencionalmente as vantagens dos proprietários). Ora, essas cifras, que, no tempo de Henrique II, podiam ser consideradas satisfatórias, caíram um pouco, perto de Paris, para cerca de 4%, à altura de 1640-1660. Levando em conta esses dados, o rendimento do capital territorial seria então mais elevado, em taxas de juros, por volta de 1550 do que no correr do século XVII: mesmo se, em valor absoluto (quantidade de grãos entregue a título de aluguel ou equivalente-grão do aluguel-dinheiro), houver um desnivelamente contrário. A queda do rendimento do lucro, de 5% para 4% entre 1550 e 1640-1660, pode sem dúvida ser explicada pela forte alta dos preços das terras, mais do que proporcional à da renda, entre essas duas datas. (Da mesma forma, no momento de grande apogeu da Bolsa de Paris, nos anos 1950-1960, os rendimentos das ações tinham baixado muito, caindo a 3%; de modo algum como conseqüência de uma queda dos ganhos industriais, mas porque a cotação das ações — em outras palavras, do capital — tinha sido impulsionada por uma alta especulativa.) Para voltar ao meado do século XVI, a propriedade da terra de lavoura, uma vez adquirida, não era um mau negócio; a renda da terra, calculada em porcentagem do capital, era, na verdade, mais elevada do que viria a ser um século mais tarde.

Nesse caso, entretanto, impõe-se uma comparação com o aluguel do dinheiro, no sentido próprio dessa expressão: esse aluguel (conhecido pelas taxas das rendas constituídas) se mantém em 8% ou 10% por volta de 1560, ou seja, quase duas vezes o aluguel da terra; mas deve-se imediatamente observar que o empréstimo do dinheiro — capital e juro — é constantemente erodido pela inflação; enquanto a terra, por seu preço de venda e por seu aluguel, está solidamente indexada à movimentação das mercadorias; e às mais dinâmicas delas, no período, que eram os grãos.

Por volta de 1660, em compensação, depois de uma enorme queda, o aluguel do dinheiro está apenas a 5% ou 6% (mas é fortalecido pela deflação, que consolida juro e capital, e que conforta a um tempo Monsieur Dimanche e Harpagão).* O aluguel da terra se mantém a 4%: depreciação mínima. Há portanto, sob o jovem Luís XIV, em lugar das "tesouras" do século XVI (de 8% a 10% para o aluguel-dinheiro contra 5% para o aluguel-terra), uma convergência, para baixo, entre os dois tipos de renda (respectivamente 5-6% e 4%). Por volta de 1560, a terra era o meio de vida do pai de família; o rendimento de um aluguel, mais compensador porém mais sujeito a incertezas, era o meio de vida de indivíduos menos caseiros. No século seguinte, os dois tipos de meio de vida convergem: combinam daí em diante segurança e mediocridade. No século XVIII, acabar-se-á por sair do túnel: o baixo aluguel do dinheiro (3%...) em período de expansão constituirá um incentivo ao investimento agrícola.

No que concerne agora à inserção da renda territorial no orçamento das próprias pessoas que vivem dessas rendas, depende muito, parece, do nível social dessas pessoas. Os nobres freqüentemente são sacos furados (veja os Fontanges e, num grau mínimo, Gouberville). Por volta

---

*Personagens respectivamente do *Dom Juan* e do *Avarento*, de Molière. Monsieur Dimanche é o credor tímido que Dom Juan enrola exagerando nos cumprimentos de forma tal que não deixa o pobre homem dizer uma palavra sobre o motivo de sua visita e faz com que ele acabe na rua sem ter recebido um tostão da dívida. Harpagão (do grego *harpagé*, rapacidade), personagem principal do *Avarento*, é a personificação da avareza, pela economia de gastos, pela cobiça e pela desconfiança. Torna-se ridículo por querer guardar a aparência de um ritmo burguês de vida e por fazer a corte, apesar de sua idade, à jovem Mariana. É odioso, porque a avareza superou nele todos os sentimentos de afeição que deveria transmitir a seus filhos. (Quanto a traduzir ou adaptar um nome — Harpagão, ou Mariana, também — e não traduzir o outro — Monsieur Dimanche —, assim agi porque dessa maneira é que têm sido apresentadas nos palcos brasileiros essas personagens, pelo menos segundo minha observação.) (*N. do T.*)

de 1550, consomem o dinheiro que recebem de seus aluguéis com processos, filhos bastardos, emolumentos judiciais, roupas...; os burgueses pão-duros, em compensação, como a viúva Couet, de Antony, não permitem que sua situação se deteriore a tal ponto; e chegam a criar seus filhos, e a manter seu modesto ritmo de vida, graças ao rendimento complexo que lhes proporciona o aluguel de suas terras e essa ou aquela de suas atividades (uma lojinha, pequenos serviços, algum crédito) no meio urbano.

## EXPLORADORES E EXPLORADORAS

Pelo próprio fato de que a renda territorial se manteve quase sempre a uma taxa moderada à altura de 1550, uma certa estratégia dos que exploravam as terras se tornou possível. Salvo exceção, os exploradores de terras pertenciam ao mundo do campo. Consumiam pouco — exceto os alimentos de primeira necessidade, que tratavam de engolir em massa, à razão de quase meia tonelada de pão por ano e por estômago adulto; viviam em uma rusticidade próxima do pauperismo; o surgimento de alguns móveis com guarnições de cobre no lar dos lavradores deixa, lá por 1560, o pároco Haton maravilhado. Homens de poucas necessidades, poucas exigências como consumidores, consideravam-se muito felizes pelo fato de tirarem algum proveito de sua situação de intermediários; entre o aluguel em alta, mas freqüentemente ainda modesto, que pagavam a seu proprietário, e os salários em baixa destinado a seus trabalhadores, um espaço vantajoso vem se intercalar em benefício deles.

No conjunto, conhecemos muito mal, ou pelo menos conhecíamos, antes dos trabalhos de Jean-Marc Moriceau, o grupo desses homens vivendo da terra que são simultaneamente os arrendatários agrícolas e contratadores-empregadores de mão-de-obra assalariada. Muitos deles, nas camadas inferiores e médias de seu grupo, são gente parcial ou totalmente iletrada, em particular no Sul; não deixaram nem contas nem diário. Os proprietários das terras que eles arrendavam, afinal, preferiam que eles fossem analfabetos, a crer em Estienne e em Liébault, para os quais esses proprietários eram altamente obscurantistas nesse ponto e não gostavam que seus arrendatários fossem instruídos.

Assim, ainda que desejemos conhecer o "discurso do arrendatário" e não apenas (como é normal nesses documentos) o "discurso sobre o arrendatário", temos de nos contentar com os testemunhos prestados por gente do estrato superior do grupo; e por exemplo com o diário redigido por determinado arrendatário geral de uma abadia ou de uma grande senhoria: grande personagem que, sem ser uma cabeça brilhante de instrução ou de cultura, mantém apesar de tudo suas contas e seu diário; nesse diário ele conta sem dissimulação como conseguiu seus ganhos, roubou o pobre e o rico, comprou a terra... Um certo Masenx, no Languedoc, protótipo desses grandes arrendatários, parece gozar de uma situação muito boa no período 1530-1540.

Quanto ao explorador de terra de menor envergadura — o arrendatário grande ou médio, que não é recebedor das finanças de uma abadia ou de uma senhoria, mas que pode ainda assim empregar (para 50 ou 100 hectares) quatro ou cinco pares de braços de modo permanente —, dele só dispomos das luzes indiretas. Luzes que nos vêm da contabilidade dos *proprietários-exploradores*. A contabilidade da viúva Couet (ora vivendo das rendas da terra de lavoura, ora explorando seus próprios bens) parece sugerir que um explorador de terras localizado perto de Paris, e dispondo razoavelmente de terras e de vinhas, podia se manter bem, ou quase isso.[45]

Vinhateira, a viúva possuía e explorava entre 1552 e 1559, aproximadamente, um pouco mais de um hectare de vinha em Antony, perto de Paris. Esse hectare que, pelas normas regionais do século XVI, é típico e se revela precioso, rende cada ano a sua proprietária-vinhateira em média 88 libras tornesas e 18 *sous*: quantia que representa o total do vinho lá produzido e vendido em seguida em Paris. Em despesas pessoais e de todo tipo, a viúva gasta 54 libras e 9 *sous* por ano (mas vê-se que nem ela nem seus filhos trabalham na terra: em uma família de gente do campo que explora lavouras, uma parte importante dessas 54 libras e 9 *sous* representaria a renda normal de todo o pessoal da casa, como remuneração implícita ou como salário de fato da mão-de-obra familial). Essas 54 libras e 9 *sous* são todas consumidas, por ordem decrescente, no preparo da terra (trabalhos de lavoura, amanho e poda: 35,6% do total dessas despesas); vindimas (15% dessas despesas); estacas (11,7%: a vinha setentrional é uma floresta de estacas); transporte do vinho, para venda em Paris (8,3% das despesas); tonéis (7,7%); adubos (7,4%); ramos para replantio (6,4%); e diversos (o resto). O excedente do produto da venda em relação a essas despesas (ou o benefício bruto) é portanto de 34 libras e 9 *sous* (39% do total do preço de venda). Suponhamos que a viúva fosse não exatamente proprietária-exploradora, como no caso, mas locatária-exploradora ou arrendatária da vinha. Nesta hipótese, ela pagaria a seu proprietário um aluguel de no máximo uma quarta parte do produto total ("um moio de vinho a cada quatro", como dizem os textos da época): quer dizer, 22 libras e 4 *sous*; sua renda de exploradora da terra, igual ao produto total menos as despesas e menos o montante do aluguel, se eleva a 12 libras e 5 *sous* (donde é preciso cortar os impostos não muito pesados à altura de 1560: talvez 4 libras e 9 *sous* ou 5% do produto total?). A dita renda de explorador é clara por definição de direitos senhoriais e de dízimo: uns e outro são de fato pagos pelo proprietário;[46] e de qualquer maneira, no que diz respeito ao vinhedo, o dízimo é baixo e os direitos senhoriais quase nulos. A renda de explorador "puro", calculada por hectare de vinha, revela-se então claramente positiva, igual a 8,8% do preço de venda (ou 7 libras e 16 *sous* por hectare). Como acontece de ser o explorador *verdadeiro* ao mesmo tempo, quando se trata de um homem do campo, um trabalhador braçal que destina a si mesmo (e aos seus) uma parte dos salários incluídos nas "despesas" do modelo acima, constata-se que a exploração vitícola, no meado do século XVI, é coisa totalmente viável.

No que concerne ao feno a situação do *proprietário-explorador* (sempre segundo as contas Couet) é extremamente brilhante: em oito anos de paz (1552-1559), a viúva, que era dona de 1,2 hectare de pradarias, tira a cada ano 900 feixes de feno em média, que vende a 32 libras e 2 *sous*, total médio anual. Desse total, ela desconta ou gasta 8 libras e 14 *sous* por ano, quantia assim decomposta: a metade como pagamento do transporte dos feixes para Paris, onde é feita a venda (as despesas de transporte na ocasião são elevadíssimas), sendo a outra metade consumida com salários dos trabalhadores específicos do feno e se subdividindo, por sua vez, em 23% (do total das despesas) para os ceifadores, trabalhadores braçais por excelência, de 13% a 14% para os enfeixadores e o mesmo para os que trabalham na operação de secar o feno. Vê-se então que a viúva, pagas todas as despesas salariais, tem um excedente considerável por hectare, representado por 23 libras e 8 *sous*, ou seja, 72,9% do preço de venda. Desse total, o dízimo, os direitos senhoriais e as despesas com cercas e covas não representam — cada um — mais do que um pequeno percentual. Proprietária-exploradora de prados e campos, a viúva não tinha de que se queixar. Se tivesse sido dona de algumas dezenas de hectares dessas famosas pradarias de feno (das quais, de fato, tinha um único hectare), teria se deitado sobre ouro... ou quase isso.

Menos brilhante, mas de modo algum negativa, era a situação de *exploração pura* de pradarias ou de campos como esses da viúva Couet. Em 1565, a viúva alugou suas pradarias por 21 libras ao ano; a renda do explorador puro, pagos todos os salários e despesas citados acima, e deduzindo-se esse aluguel do preço de venda do feno, não passava de 2 (duas) libras e 8 *sous* (quer dizer, 7,5% do preço de venda do feno). Deduzido o imposto, a renda do explorador puro era positiva: mas quase não devia passar de um pequeno percentual da renda bruta, em outras palavras, do produto monetário do feno vendido.

Seria muito bom realizar um cálculo análogo para os grãos. Impossível, ai de mim: a viúva Couet, desde o início de sua contabilidade, tinha fechado seus campos aos cereais.

Os documentos Couet, a despeito de seu caráter fragmentário e de sua exatidão, têm por mérito essencial o fato de que... existem. Ao contrário dos modelos teóricos, por mais sofisticados que sejam e representativos que pretendam ser. Esses documentos sugerem, como é próprio dos modelos,[47] as possibilidades freqüentemente interessantes que a conjuntura específica do período bom do século XVI, com sua renda territorial ainda razoável e os salários comprimidos, oferece para a estratégia da exploração (e mais ainda para a estratégia do proprietário-explorador). Claro, a viúva Couet não é um caso típico. Ela dispõe de um pequeno *número* de hectares; e é apenas por sua sovinice natural que chega a unir as duas pontas; leve-se em conta o fato de que ela possui, além de seus exíguos hectares de prados, vinhas e campos, rendas anexas e de origem não agrícola. Seriam necessárias áreas muito mais vastas para que um explorador puro, desprovido, por hipótese, de qualquer outra renda fora daquela de sua atividade agrícola, pudesse viver decentemente das possibilidades beneficiárias, certamente interessantes, proporcionadas por hectare pela conjuntura desse tipo de empreendimento do século XVI. Por outro lado, é certo que a proximidade de uma grande cidade (Paris) dá à viúva oportunidades excepcionais para a venda de seus produtos. Um Gouberville, no fundo de seu Cotentin, quase não tem como vender seus bezerros ou seus porcos...; de um modo geral, a massa dos exploradores de terra do Renascimento não goza das "rendas de situação" de que dispõem a viúva e alguns outros da vizinhança de um centro urbano gigantesco.

Um fato se constata, entretanto, confirmado simultaneamente pela monografia Couet (por hectare) e pelos macromodelos languedocianos e parisienses (em fazenda de grande extensão): o explorador de terras importante, o "cúlaque",* contratador de mão-de-obra em 20 ou 30 hectares ou mais, dá-se melhor no século XVI do que seus sucessores do século XVII; porque pôde se prevalecer de uma situação em que, como regra geral, as retiradas prévias de rendas, dízimos e fiscais por parte da classe proprietária não atingiram seu máximo; enquanto que os salários já caíam ao mínimo. Basta a partir de então que as possibilidades beneficiárias (de 5% a 10%) que se abrem à exploração salarial de um hectare sejam multiplicadas por um número suficiente de hectares para que a renda do citado explorador atinja um nível correto, contudo desde que esse explorador de terras se contente com uma vida altamente parcimoniosa e sem fausto de nobreza.

---

*Palavra russa (*kulak*), designa o latifundiário da época pré-comunista, explorador do pequeno camponês em suas extensas terras. (N. do T.)

## A PENITÊNCIA DO ASSALARIADO

Acabo de evocar o problema da pauperização salarial no século XVI. Problema já abordado a partir de uma análise do fim da Idade Média num parágrafo anterior: é portanto inútil insistir nisso mais uma vez, a não ser para sublinhar alguns traços de cronologia específica... A bem dizer, o empobrecimentos dos operários agrícolas (e outros) entre 1500 e 1560 não mais precisa ser demonstrado. Que esse empobrecimento também tenha sido fonte de proveito para empreendimentos, pelo menos de imediato, é evidente. Um século e meio antes, em 1399, os monges de Saint-Denis, depois de cálculos de rentabilidade muito simples, abandonavam seus vinhedos: só as despesas de lavoura e de cultivo pagas à mão-de-obra comiam, segundo as contas de um deles, toda a renda do vinho posto à venda. E que dizer, além disso, das despesas da vindima![48] A vinha, por volta de 1400, penava sob o impacto das despesas salariais. Ora, em 1555, drasticamente comprimidos pela pauperização, os salários não serão mais um obstáculo, muito pelo contrário, para que as encostas se cobrissem de videiras, nem à cristalização de um perfil vitícola (ver *supra*, os documentos Couet).

Mas, qualquer que possa ser o nível de tal ou qual benefício setorial, a queda drástica dos salários (em poder de compra real) depois sua estagnação, no século XVI, comporta, para bem compreender a economia em seu conjunto, conseqüências em última instância paralisantes. É no nível dos assalariados, de fato, das pessoas humildes, das baixas rendas de um modo geral, que (por motivos de subsistência, e por necessidades elementares que não podem ser abandonadas) é mais forte a propensão acima dos limites para consumir, em caso de aumento dos salários; por outro lado a propensão acima do normal para poupar não aparece tanto. A alta do salário real e da renda baixa constitui então o mais precioso dos estimulantes para o consumo de massa; e, em contrapartida, para a produção, especialmente vegetal e animal. A ausência desse estimulante, automaticamente induzida pelo empobrecimento salarial, é um dos fatores que, por simples carência da procura popular, contribui para explicar a ascensão progressiva a um teto do produto bruto no século XVI; explica também a volta do ecossistema (depois das perturbações de 1348-1440) à situação de "equilíbrio geral" que tinha tido no período que vai mais ou menos de 1280 a 1340, e que voltará a ter de 1550 a 1715. Não sem choques.

O empobrecimento do assalariado agrícola no século XVI atinge, já o vimos, todos os tipos de salários. No Languedoc, também chega ao salário pago em gêneros aos ceifeiros ou debulhadores, assim como aos salários em "gêneros e dinheiro" (misto) dos boiadeiros e feitores de domínios; sem falar nos salários em dinheiro vivo, progressivamente aviltados, pagos aos jornaleiros das vinhas e da terra. Na região parisiense, onde os documentos explorados até hoje não registram o *trend* dos salários pagos em gêneros, é fácil constatar, depois das pesquisas de Guy Fourquin, Jean Jacquart e Yvonne Bezard, que a pauperização afeta inteiramente, antes de tudo, os salários monetários dos diversos especialistas do trabalho agrícola. Os que cultivam por tarefa um *arpent* de vinha são os mais atingidos; sua remuneração nominal fica quase bloqueada de 1495 a 1560; ora, simultaneamente, entre essas duas datas observa-se (num cálculo por baixo) uma duplicação do nível geral dos preços; e uma triplicação, talvez uma quadruplicação, dos preços do trigo (explicam-se facilmente, dessa maneira, os bons resultados vitícolas que culminam por 1550-1560, no tempo do livro-caixa da viúva Couet). Em compensação, outras categorias de trabalhadores, como os ceifeiros de feno, parecem ter conseguido se defender melhor, sem entretanto situar-se totalmente "na corrida": o ceifeiro, esse formidável trabalhador braçal, superiormente pago em relação às outras categorias, ganha (perto de Paris) 5 *sous* por dia em 1495; e 12 *sous* em 1540. Enquanto o preço médio do trigo passa de 0,75 de libra por sesteiro, no decênio de 1490, para 2,5 libras o sesteiro no decênio 1535-1545. "Mais que o triplo" dos preços. O ceifeiro, assim, sente no bolso o prejuízo. Mas não muito.

Depois de 1540, sobretudo depois de 1560, parece que o processo de pauperização não vai muito além de um raio em torno de Paris (Micheline Baulant). É que se chegou a uma base mínima; daí não se sairá até o primeiro quartel do século XVIII, e talvez mais adiante ainda; mas também daí não baixará, salvo durante tal ou qual fase de crise, relativamente breve e trágica (Liga, Fronda,* etc). Sem dúvida, essa "base mínima" representava uma espécie de mínimo vital, abaixo do qual era impensável descer durante um longo período, levando-se em conta as representações mentais que dominavam, e o nível de base geralmente aceito (na cultura da época) como estimativa mínima das necessidades humanas. Mas também, e mais prosaicamente, o fato de que o crescimento demográfico se tenha progressivamente quebrado depois de 1560 tem conseqüências que estão de acordo com as constatações precedentes. Entre as condições de vida, especialmente "rural-proletárias", eventualmente deploráveis, uma espécie de quilíbrio demográfico se instaura no curso da última terça parte do século XVI. De saída, o mercado de trabalho deixa de saturar-se cada vez mais por uma oferta crescente de braços humanos, tal como se conhecera outrora, por causa dos excedentes anuais de população no decorrer da época precedente. O equilíbrio demográfico do período posterior a 1560 é cruel porém sólido; está freqüentemente mais próximo do declínio que de um último sopro de crescimento; permite obter, penosamente paga como se pode ver, uma durável estabilização dos salários reais: cessa enfim sua fase de diminuição. Por mais austero, por mais baixo que tenha sido o nível escolhido pelo destino para fixar essa estabilização, será sempre melhor do que a drástica queda salarial dos anos que vão de 1480 a 1540. Mas, quanto a reencontrar o alto nível de vida do trabalhador dos anos 1460-1480, nem sonhar. Desde 1550, as classes trabalhadoras da França tradicional, urbanas ou rurais, estão sempre correndo atrás de um futuro que ficou no passado, quanto ao "*standard* de vida".**

---

*Fronda é o nome do movimento de sedição contra o cardeal Mazarino e a rainha-mãe regente Ana d'Áustria no período da minoridade de Luís XIV, meado do século XVII. (*N. do T.*)

**"Standard de vie", como está no original, um claro anglicismo, é a tradução pela metade de "standard of living". Mantive essa forma (traduzindo para o português a parte final da expressão, evidentemente) para ser fiel ao uso francês da expressão inglesa semitraduzida. Mas em português ficaria melhor a expressão "nível de vida", claro, ou "padrão de vida". (*N. do T.*)

A grande penitência dos assalariados, no meio do século XVI, acaba por conferir traços típicos à fase 1500-1560. A impressão de "prosperidade" que dá a tantos viajantes, cronistas ou historiadores a França poderosamente povoada dos anos 1540-1560, com suas "abundantes campinas", suas "lavouras fecundas", seus "vinhedos opulentos", não é falsa: apenas é parcial. O "crescimento" que domina o país no período do Renascimento, pelo menos no meio agrícola, difere, em determinados pontos, dos crescimentos que a França viverá a partir do século XVIII e sobretudo, claro, dos séculos XIX e XX. Trata-se, no período que vai de 1480 a 1560, absolutamente não de uma abertura em todas as frentes; porém, menos alegremente, de um crescimento-recuperação; e, pior que isso (uma vez que inseparável desse conceito precedente), de um crescimento-pauperização. Na cidade, claro, e em numerosos distritos suburbanos e hortícolas, vêem-se fenômenos que são verdadeiras arrancadas; especialmente no que diz respeito à indústria; e, melhor ainda, aos serviços do Estado, serviços comerciais, intelectuais... Mas essa arrancada isolada torna apenas mais incerto, para quem sabe ver, o destino do campo, que se mostra pouco capaz de vir a ser alguma coisa diferente do que tinha sido outrora, dois ou três séculos antes. E isso apesar de algumas inovações indiscutíveis como: transferência de poder e de renda (da senhoria ao Estado); transferência de propriedade (das elites antigas à burguesia); boas perspectivas setoriais (viticultura baixo-ligeriana,* ou pastel aquitano); enriquecimento de alguns grupos (arrendatários de grandes fazendas). Opulentos aos olhos do turista mesmo lúcido, os campos franceses de 1550 estão na verdade superpovoados, pobres quanto a seu efetivo humano; esse superpovoamento e esse pauperismo são ainda mais desagradáveis porque daí para a frente surge a possibilidade de se fazer uma comparação com os novos modelos culturais de consumo e de riqueza ostentatória que se criam no seio das cidades.

---

*Referente à bacia do rio Loire (em latim, Liger). (N. do T.)

## A VIDA SOCIAL DA COMUNIDADE: LAVRADORES E
## MÃO-DE-OBRA ASSALARIADA

Por mais esclarecedoras que sejam para a formação de um julgamento de conjunto, as categorias que acabam de ser consideradas (propriedades de diversos tipos, depois renda, salário, lucro, etc) têm a desvantagem de serem abstratas. Duas delas pelo menos referem-se apenas a fragílimas minorias do mundo rural: pouco numerosos, como percentual da população total, são os grandes proprietários e importantes, que por isso se revelam suscetíveis à preferência de utilizar os serviços de alguém que lhes explore a terra, e portanto de garantir previamente uma retirada imobiliária mais ou menos pura; pouco numerosos também (e correlativamente!) são os exploradores de terras ou arrendatários que têm facilidade para contratar mão-de-obra assalariada, e para disso tirar lucro. Quanto à massa do mundo rural, é certo que vive parcialmente de salários, mas a referência principal em relação a esses trabalhadores é muito mais quanto ao produto que tiram dos parcelamentos, bem ou mal, de suas fatias de terra, fatias de que são proprietários, ou nas quais trabalham como concessionários ou como locadores...

Como se organiza, se dispõe a sociedade do campo do "belo" século XVI? Não será suficiente, quanto a isso, enunciar a evidência, e observar o que é óbvio: que o número de habitantes do campo de certa forma pauperizados pela desintegração territorial, alienação de terras ou rigor salarial supera quantitativamente o número daqueles outros, certamente muito alto também, dos lavradores que trabalham por conta própria e outros *yeomen*, que se aproveitaram das oportunidades da conjuntura. É preciso em primeiro lugar e principalmente tentar ver com clareza, distinguir os homens como realmente foram, classificá-los, enumerá-los em seus nichos ecológicos tão diversos.

Assim formulada, a tarefa é sem dúvida mais complexa do que parece. Até uma data recente, é verdade, os historiadores se limitavam legitimamente, no que concerne ao século XVI, a utilizar os métodos bem conhecidos da "história regressiva". Projetavam sobre o período anterior a 1560 os modelos provados que tinham permitido levantar o estudo da documentação específica... dos séculos XVII e XVIII. Tão fecundo e plenamente justificável que tenha sido durante longo tempo esse método, não podia servir indefinidamente. Havia a evidente necessidade de estudar o século XVI por si mesmo e em si mesmo: esse gênero de pesquisa, realmente referente ao período do Renascimento e do pós-Renascimento, está bem longe de ter sido realizado em todas as nossas províncias; pelo menos possuímos, para a região parisiense e para a época de 1550, o excelente "corte" feito por Jean Jacquart: ele poderá, neste momento, servir de guia para nós.

Arrombemos em primeiro lugar uma porta aberta: localmente, e apesar dos fatos de desintegração estritamente territorial que acabamos de evocar, a sociedade rural de 1550 está poderosamente integrada (seja dito sem nenhum romantismo reacionário) ao quadro da comunidade aldeã; um quadro que se confunde freqüentemente, mas não sempre, com o da paróquia. Democrática, e até muito mais democrática do que nossos conselhos municipais, do ponto de vista da participação dos chefes de família e da rotatividade anual dos edis, a assembléia dos rudes homens do campo (em que as mulheres não viúvas, é verdade, não detêm mais do que um papel frágil ou nulo) se reúne para tratar de todos os negócios importantes; elege (na região parisiense) seu procurador-síndico; assim como elege seus tesoureiros de paróquia, que são encarregados ao mesmo tempo da questão do culto e dos impostos, em virtude de uma curiosa confusão dos dois poderes (será preciso considerar, a partir dessa dupla vocação desses tesoureiros, que a paróquia poderia ter sido o primeiro ponto de apoio no qual se enxertasse a fiscalização do Estado?). A assembléia geral elege também os *messiers* (*senhores*) que vigiam as colheitas, para preservar os "frutos pendentes" da boca dos pobres, das crianças ou do gado.[49] A assembléia negocia com os eleitos (funcionários reais encarregados da cobrança das talhas) o pagamento dos impostos. Quanto a este ponto, as comunidades de habitantes do Sul languedociano estão muito mais bem servidas; uma vez que, de alto a baixo da escala, seus impostos transitam não absolutamente pela intermediação antidemocrática de uma hierarquia de funcionários, mas passam por uma pirâmide de instituições que são eleitas e portanto representativas, tanto quanto é possível que o sejam nos sistemas de escrutínio oligárquico do Antigo Regime; essas instituições eram constituídas pelas próprias comunidades, depois pelos assentamentos ou assembléias diocesanas, por fim pelos estados provinciais.

A comunidade desfrutava, por outro lado, de bosques comunais cuja importância não pode ser superestimada: uma dezena de hectares, com pastos e moitas de arvoredos, em cada aldeia de Hurepoix, por volta de 1550... (As montanhas, em compensação — no Jura, na Sabóia —, com suas florestas de corte de madeira e de pastagens, são muito mais bem partilhadas, do ponto de vista das propriedades comunitárias.) De qualquer maneira, essa dezena de hectares do tipo comunal ao sul de Paris é da aldeia, que a possui como um "alódio", portanto isenta de qualquer encargo; ou como arrendamento "concedido" pelo senhor (esta segunda situação vale para um terço das comunidades de Hurepoix). No caso da terra comunal arrendada, o foro pago ao senhor limita-se a uma prestação de alguns denários entregues por cada chefe de família.

*No espiritual*, a comunidade gera (pela intermediação de seus tesoureiros de paróquia eleitos) de um lado a *fábrica*, dotada em média também de uma dezena de hectares de terra, cujo produto subvenciona as despesas do culto; e de outro lado a *obra*, que cuida da necessidade material da igreja local. O pároco (que teoricamente é o guia espiritual da comunidade-paróquia mas que, por estar sempre ausente, é freqüentemente substituído por seu vigário)* utiliza algumas fontes que lhe são reservadas como propriedade particular: bens territoriais da cúria (menos de uma dezena de hectares em geral); e a "parte do pároco", saque prévio sobre a produção daqueles poucos hectares. Claro, a maior parte desses dízimos não fica com o pároco; vai engordar os grandes engolidores de dízimos, mosteiros, bispados, abadias;

---

*Etimologicamente "vigário" (assim como *vicaire*, em francês) já carrega em si o prefixo latino "vice" e, portanto, já revela intrinsecamente seu significado primitivo: "substituto". (N. do T.)

também engorda, desde a concordata de 1516, as grandes personagens ausentes que o poder designou para ocupar os postos da Igreja, especialmente os "administradores de abadias", os mais lucrativos: abaciais e outros, que geralmente moram nas cidades. Essa fuga do dízimo (rural) para o setor urbano parece certamente lastimável para a comunidade do campo, à qual interessava a curto prazo, ao contrário, que os frutos do "dízimo-feixe" fossem consumidos no próprio local; e haveria mesmo a tentação (por causa de uma certa tradição com raízes no "vigário saboiano" e em párocos de aldeia de 1789) de uma homenagem sentimental ao pároco, ao bom pastorzinho das ovelhas rurais frustrado em relação aos seus dízimos, destinados ao grande engolidor de dízimos, espécie de adiposo "ricaço" explorador e parasita. Do estrito ponto de vista da história econômica que aqui nos preocupa, fica entretanto muito claro que uma tal posição seria mal fundamentada. Tirar o dízimo do pároco (afinal, no século XVI, freqüentemente ausente, repita-se, e às vezes inepto) e distribuí-lo pelo alto clero que, cada vez mais, por essa época, no Sul, mas também no Norte, tende a morar na cidade, é ajudar o desenvolvimento do setor urbano; é contribuir para dar condições a uma ainda distante modernização do corpo social. A contraprova não tarda. Sabe-se que na Bretanha os dízimos são baixos (da ordem de 3% do produto cerealista); uma tal situação, claro, pode tornar os bispos bretões mais enxovalhados ainda, e a Igreja local mais popular junto às massas; mas, em compensação, o fato de serem baixos os dízimos bretões, por mais que isso constituísse um fato agradável ao homem do campo bretão, não contribuiu em nada (pelo contrário) para a modernização nem para a urbanização da província de Armorique: essa província, a despeito de extraordinários trunfos comerciais, marítimos e até agrícolas, permanecerá, até o século XVII, como uma das regiões que às vezes caminhava com algum atraso no reino da França.

Fosse como fosse essa evasão do dízimo, a comunidade-paróquia do século XVI surge aos nossos olhos como pobre, recebendo pouco, frustrada no plano local em relação ao mais evidente dos seus dízimos; mas permanece uma força inegável de integração do grupo da gente do campo. Ninguém negará, entretanto, que seja, e a isso voltarei, freqüentemente manipulada pelos agentes de determinado senhor ou pelas pessoas chamadas de "mão forte". Mas sua venerável antigüidade, que remonta pelo menos à Idade Média, suas vastas responsabilidades religiosas e fiscais, até mesmo agrícolas, dão-lhe um papel importante na manutenção da coesão local do grupo do campo.

Desse grupo aldeão, devemos daqui para a frente definir o coração, ou antes, o núcleo duro e majoritário em torno do qual se reúne a massa dos habitantes. Indiscutivelmente, no que concerne à região parisiense, e também às outras províncias, esse núcleo é o povo dos lavradores. Mas a palavra "lavrador", na época (1550), tem sem dúvida um significado um tanto diferente daquele que geralmente lhe dá a historiografia recente dos homens do campo.

Contudo, antes de nos lançarmos no arriscado jogo das definições, deixemos que falem alguns números que por si sós têm uma relação direta, e nisso está o essencial, com o vocabulário utilizado pelos contemporâneos do meado do século XVI. Como sempre, uma série de monografias locais é muito mais esclarecedora do que as generalidades construídas muito mais tarde.

### Discriminação de pessoas e bens dos rendeiros domiciliados nas diversas aldeias ao sul de Paris por volta de 1550

*Thiais* e *Choisy* (duas aldeias vitícolas): para 291 rendeiros domiciliados (sem contar as viúvas), há 213 lavradores, 13 vinhateiros ou lavradores das vinhas, cerca de 60 artesãos e comerciantes.

*Trappes* (aldeia cerealista): 19 lavradores, 13 assalariados, 2 carroceiros, nenhum vinhateiro, cerca de 20 artesãos e 2 comerciantes.

*Antony-Verrières*: 220 rendeiros domiciliados; dos quais 150 agrícolas, entre os quais se contam especialmente 73 lavradores e 68 vinhateiros; nem um único e escasso "assalariado".

*Avrainville* (terra de cultura mista: vinha e lavouras): 18 lavradores, 14 vinhateiros, 13 assalariados.

Fonte: J. Jacquart (1974), *passim.*

*Total (mais completo) da amostra Jacquart* (sete senhorias): para 1.133 rendeiros domiciliados, há 595 "agrícolas", dos quais 394 lavradores (ou seja, 66,2% de lavradores em relação ao total dos "agrícolas"), 110 vinhateiros, e 91 outros agrícolas diversos (entre eles uns 60 trabalhadores agrícolas qualificados como tais: assalariados, carroceiros, pastores...). De resto, a amostra conta (em mais de 595 "agrícolas" ativos), 110 artesãos e comerciantes, e 428 diversos (entre os quais muitas viúvas, assim como não-agrícolas ativos que operam os "serviços": escribas, padres, etc).

Vê-se como esses números setentrionais (que podem ser corroborados por estudos análogos levados a efeito na França do Sul) obrigam a matizar a concepção habitual que se tem sobre os campos, nas regiões de "grande cultura". Nessas regiões, apresentava-se o mundo dos "ativos" agrícolas geralmente dividido em dois grupos. Assim: uma elite minoritária de lavradores, donos de parelhas, de dinheiro e até de algumas terras, e que são promovidos, porque têm "feixes de feno", à função de arrendatários dos grandes domínios; a tal ponto que por vezes se chegou a qualificá-los como "capitalistas". Por outro lado, uma maioria de assalariados *pobres*, proletários e semiproletários rurais, funcionando nos trabalhos de execução: não dispõem para si a não ser de seus braços, seus filhos, às vezes uma fatia de terra minúscula, e, nos tempos de grande fome, dos olhos para chorar.

A monografia que acabamos de citar obriga a matizar fortemente, *pelo menos quanto ao século XVI*, as afirmações que se referem a essa bipolaridade. Na verdade, a massa fundamental do mundo agrário do Renascimento, pelo menos entre os povos "das terras de aluvião"* da região d'oil, estudados por Jacquart, é realmente formada não absolutamente por uma maioria de assalariados, mas por uma maioria de lavradores, que atingem os dois terços dos efetivos entre os ativos agrícolas.

---

*A referência é aos lavradores das férteis regiões da língua d'oil, ao sul de Paris, basicamente nos limites da Île-de-France, região estudada por Jean Jacquart na referida monografia. (*N. do T.*)

Claro, sempre se poderá contestar essa afirmação, declarando-se, em nome de critérios elaborados *a posteriori* pelo historiador, que muitos desses homens são de fato "falsos" lavradores, que seriam, "objetivamente", assalariados. Confesso que estranho tais sutilezas, que lembram a demarcação filosófica do em-si/para-si. Um procedimento intelectual desse tipo voltaria, na verdade, a aprisionar a realidade histórica em conceitos pós-fabricados.

A distinção feita quatro séculos depois do acontecimento (e a partir de critérios artificiais) entre o assalariado que se declara como tal e o assalariado que se pretende lavrador não me parece, assim, pertinente. Com que direito iríamos nos apropriar do vocabulário? Seria preciso deixar a palavra aos textos que, elaborados depois de investigação por práticos-especialistas, e corretamente quantificados, revelam, entre as regiões de amplas culturas, uma maioria de lavradores na população ativa dos campos no bom período do século XVI.

Quem são, o que são então esses lavradores? Uma classe poderosa de líderes da agricultura, de capitalistas do mundo rural? Seguramente não, salvo para o caso de uma minoria. Na verdade, são eles, na grande maioria de seu efetivo, camponeses minúsculos: a massa dos lavradores recenseados por Jacquart (ou seja, 270 num total de 394, ou 68,5%) possui, por cabeça (falando-se em chefes de família), menos de um hectare! A esmagadora maioria (330 em 394, ou seja, 83,8%), menos de 2,5 hectares. Só 11 lavradores em 394 (2,8%) têm mais de 10 hectares. Quanto aos que merecem plenamente o título de "rico lavrador", que judiciosamente La Fontaine incluirá entre os *happy few**  de uma elite, contam-se nos dedos de uma única mão: 5 lavradores em 394 têm, cada um deles, mais de 15 hectares.

O lavrador típico não é um capitalista. Também não é, no sentido normal que se dá a esse termo, um empreiteiro. O lavrador é muito simplesmente o camponês. Em outras palavras, na maioria dos casos concretos, uma personagem da terra parcelada, e abundante em número, proprietário ou arrendatário de alguns ares ou de alguns hectares, aos

---

*"Os poucos que são felizes", ou "a minoria feliz", em inglês no original. (N. *do T.*)

quais freqüentemente acrescenta (porque, é claro, é preciso que burgueses e nobres cultivem seus bens territoriais) alguns ares ou alguns hectares em locação. Se, por fim, caso minoritário ou muito minoritário, o lavrador é rico, ativo, empreendedor, justapõe então a seu próprio arrendamento, excepcionalmente, a locação de uma grande fazenda. É um caso excepcional... e entretanto típico de um subgrupo muito importante.

A massa dos lavradores se situa, em relação a seus próprios bens, abaixo e mesmo muito abaixo, senão do mínimo vital, pelo menos do mínimo que confere independência. Essa massa se dedica a arrendar a terra, quando isso é possível; ou, então, a alugar suas parelhas e seus braços, até a dirigir na terra alheia as parelhas alheias. Aqueles entre os lavradores, e são muito numerosos, que não atingem a auto-suficiência, devem comprar seu pão durante um período do ano. Em tempos de escassez de alimentos também eles sofrem de subnutrição, tanto quanto os "vulgares" assalariados.

Esses trabalhadores desfavorecidos pela sorte não formam entretanto um "proletariado" agrícola; o "proletariado" no sentido europeu do século XIX é constituído por um grupo de excluídos: privados da propriedade territorial, e da posse dos meios de produção; mas também excluídos da integração social e da estima geral, às vezes até da sua própria... Ora, a respeito de nossos lavradores do século XVI não se poderia falar de uma exclusão desse tipo. Ao contrário, eles estão bem integrados à vida da aldeia, da qual são o elemento mais vivo e mais representativo.

Viu-se que a grande maioria dos lavradores ao sul de Paris possuía cada um menos de um hectare. Os inventários *post mortem* permitiam garantir com toda a clareza a situação material desses minilavradores, muito mais típicos do grupo em seu conjunto do que as poucas famílias da "aristocracia do arado": esses grandes lavradores que por tanto tempo monopolizaram — a justo título, afinal, dada sua importância econômica — a atenção dos pesquisadores da história rural, sem exclusão dos melhores dentre eles (Jean-Marc Moriceau).

O lavrador dos parcelamentos, ou *lavrador parcelário*, que é arrendatário de menos de um hectare, o "minilavrador", trabalha portanto as poucas dezenas de ares que lhe pertencem, aos quais muito freqüentemente acrescenta alguns hectares ou simplesmente dezenas de ares adicionais. Possui um mínimo em matéria de gado, uma vaca, um porco, um burrinho; e muitas vezes um cavalo, que constitui a justificação local, ainda que não indispensável, do título de "lavrador" (a posse de um cavalo e mesmo de um arado não é um sinal evidente de riqueza, longe disso, para um homem do campo de Île-de-France no século XVI; assim como não o é hoje em nosso século XX* a posse de um trator, do qual se sabe ser não poucas vezes subempregado pelos pequenos lavradores em terras mínimas nas quais funcionam a um tempo como instrumento de trabalho e como indicador de prestígio). Além de seu gado, nosso minilavrador também possui forragem, alguns sacos de grãos, o correspondente a uma ou duas carroças de estrume. E pequenas ferramentas, algumas vezes tendo um arado a complementá-las. Além disso, sua mobília: o cofre, a mesa, as camas, a roupa-branca, a cremalheira sobre o fogão e a baixela de louça. Só isso, até um pouco mais do que se poderia contar como mobília no século XVI, numa família desse nível. Nada de aves domésticas, porém, ou quase nada, porque para isso seria essencial ter uma reserva maior de grãos para alimentá-las. Tudo somado pode corresponder no inventário de bens móveis a 100 ou 150 libras tornesas da época de Henrique II; e a um pouco mais, se o chefe de família tiver um cavalo (vale cerca de uma quinzena de libras tornesas) na sua terrinha.

Claro, um segmento minoritário, mas ainda assim numeroso, do grupo de lavradores está fora desse estrato inferior de quase-pobreza, no qual a maioria dos lavradores leva uma vida material pouco mais confortável do que aquela dos assalariados. Vamos logo num sentido ascensional a um nível de relativo conforto; trata-se de um grupo ainda minúsculo, mas incontestável. Seja, então, o grupo de lavradores que dispõe de 5 a 10 hectares de terra própria (são 26 nos 394 da

---

*Embora a edição original deste livro seja de 2002 (Paris), não se esqueça o leitor que, como está explicado na *Apresentação*, ele é constituído por partes anteriormente publicadas, a primeira das quais é de 1970, o que justifica esse "nosso século XX", expressão que também será encontrada alguma outra vez no decorrer do texto. (*N. do T.*)

amostra Jacquart, quer dizer, 6,6% do número total dos lavradores: já lidaremos então com uma frágil minoria; pois a grande massa está entre os "quase-pobres"). Esse pequeno número de homens, de não-pobres, menos mal aquinhoados do que seus congêneres lavradores da maioria, já dispõe de gado em quantidade substancial: um cavalo, duas vacas, dois porcos, dez ou vinte carneiros, numa concessão (terra arrendada) típica dessa categoria. E, depois, esse pequeno grupo ainda tem aves domésticas, sinal de folga de grãos. E reservas de toicinho, manteiga, banha, além do estoque de grãos. Acrescentemos a isso um arado, sem dúvida, mas também uma grade dentada para o trabalho de arar, e uma carroça. Ainda não é uma mina de ouro: no inventário, incluídos os objetos de lavoura, os "móveis" quase não ultrapassam o valor de 200 (duzentas) libras tornesas.

O grupo maciço dos trabalhadores, com sua maioria muito pobre e sua minoria com algum conforto e só, constitui assim o elemento de base, o tecido celular do mundo rural; cada célula, por sua vez, é constituída por uma família camponesa, cujo chefe tem, ou pelo menos utiliza habitualmente, um arado atrelado, fosse este de outro, ou trabalhando para outro.

Esse tecido celular, à base de famílias de lavradores, pode ser diferenciado segundo três modalidades: no sentido dos *ricos*, dos *especialistas* e dos *marginais*. Os primeiros formam uma pequena minoria mas muito influente. Os dois outros grupos são mais inchados.

O rico, ou simplesmente o homem do campo remediado, que pertence à classe média ou algumas vezes à classe superior do mundo rural, é aquele cujo dinheiro, cujos bens, cujos talentos e relações dão-lhe condições de se afirmar e de explorar um domínio territorial — seja uma dezena de hectares, num cálculo modesto, ou um múltiplo dessa quantidade; o *arrendador* do dito domínio (muito mais rico do que o rico arrendatário) é geralmente um nobre, um burguês urbano, ou mesmo um organismo clerical, ou alguém do alto clero.

O *arrendatário* em questão pode ser um homem do campo remediado e apenas isso, uma espécie de grande *haricotier*, para retomar a terminologia de Pierre Goubert, em relação a Beauvaisis.* Com propriedade pessoal de 7 a 8 hectares, à qual se acrescenta uma área igual tomada em locação; os "móveis" dessa personagem quase não se distinguem daqueles do lavrador pobre ou menos pobre, porém são mais fartos: as peças de lavoura desse "remediado" são, a partir desse nível, todas — a relha do arado, o arado, uma carroça, a grade dentada do arado — em dobro ou às vezes chegam mesmo a três exemplares de cada; e isso acompanhado de grandes reservas de feno, grãos, feixes de lenha, linho, cânhamo. O gado arrendado — bezerros, vacas, porcos, cavalos, carneiros — é mais numeroso, podendo chegar, por exemplo, quanto aos ovinos, até a uma centena de cabeças. O conjunto do capital mobiliário pode valer ao todo 300 (trezentas) libras; os utensílios de ferro são visivelmente mais numerosas do que nos séculos XIV e XV. No pequeno subgrupo desses lavradores remediados já existem tendências claras para o intramatrimônio, que se opera em escala interaldeã se isso for necessário: existe então uma diferença em relação ao isolamento que tende a fechar-se na própria aldeia.

Com esse subgrupo abre-se uma linha de separação: a que separa os numerosíssimos pauperizados do século XVI daqueles, talvez minoritários, que enriqueceram na alta do rendimento da lavoura; em termos de moeda, essa fronteira se interporia, em resumo, entre aqueles que deixam o dinheiro correr e aqueles que chegam a acumulá-lo; entre a escumadeira e a esponja.

No pico do grupo dos lavradores, em ponto extremo, situavam-se os verdadeiramente ricos, aqueles aos quais é mais adequado chamar com simplicidade os grandes ou grandíssimos arrendatários de fazendas. Trata-se, já se vê, de uma ínfima minoria, absolutamente fundamental, ainda que nada representativa do vasto grupo de lavradores

---

*Ao pé da letra, *haricotier* seria "feijãozeiro", palavra que, além de rebarbativa em português, não expressa absolutamente o que Pierre Goubert quis dizer. *Haricotier*, termo envelhecido em francês, segundo os dicionários (a forma mais comum é *haricoter*, também uma palavra antiquada), é referência a alguém que especula com pequenos negócios no setor agrícola. Já se vê que não teria sentido forçar uma tradução, motivo pelo qual foi mantido o original. (*N. do T.*)

nesse sentido, isto é, de lavradores mesmo; esses grandes caciques, por volta de 1550, são 5 ao todo, possuindo cada um mais de 15 hectares de terra (entre os 394 da amostra Jacquart: só um pouquinho mais de 1%). Sua propriedade pessoal, na qual é possível encontrar, ocorrência extremamente rara entre esses homens do campo, algumas grandes áreas de terras parceladas que chegam a 3 hectares ou mais, pode atingir de 15 a 20 hectares. E eis as medidas de suas terras de exploração adicional, pelas quais pagam arrendamento: de 50 a 100 hectares. O capital mobiliário de que dispõe cada um desses chefões de aldeia ultrapassa o milhar de libras, e pode oscilar em torno de 1.500 libras: ou seja, o décuplo do capital mobiliário de um minilavrador; e o quíntuplo de um lavrador médio. Entre os móveis propriamente ditos, mais finos do que os de um lavrador comum, achar-se-á por exemplo uma cama de colunas torneadas e, mais que tudo, dispõem eles de baixelas de estanho à vontade; e também, fato inédito, impensável no lar de outros daqueles homens do campo, não só dos assalariados, mas até mesmo dos lavradores, objetos culturais e cultuais: um Cristo de cobre, uma imagem de gesso da Virgem... Cada um desses superlavradores, afinal, pode ser dono (além da quantidade habitual de carroças e de arados), até de uma dezena de tipos diferentes de grades para arados, e até de duas centenas de carneiros. Além do grão estocado, uma enorme e prestigiosa quantidade de medas, excedente não batido dos cereais da colheita anterior,* enfeita os limites da fazenda (que tentação para a tocha vingadora de um incendiário!); nas enormes tinas de salgar, quintais** de presunto e de carne de porco em geral em conserva

---

*Como o termo não é muito comum hoje, pois já não o é a própria coisa concreta que designa, ajudemos o leitor com o velho Caldas Aulete para explicar o que seja meda, visão tão comum nos campos da Europa de outrora, hoje restrita à obra de velhos pintores campestres: agrupamento de feixes de trigo, palha, etc, dispostos em forma aproximadamente cônica, com uma vara servindo de eixo e de ponto de apoio, revestida na ponta superior com palha atada de forma tal que possa fazer desviar para os lados a chuva. Claro, os campos cheios desses cones eram sinal de rico estoque de trigo e outros grãos e, por isso mesmo, ostentá-los era motivo de orgulho para seus donos ou arrendatários. (N. do T.)
**Medida de peso equivalente a 100 libras (a libra, já o vimos, variava de província a província entre 380 e 550 gramas). (N. do T.)

para "autoconsumo" e para venda. O cofre está cheio de escudos (e até de centenas de libras tornesas) e de comprovantes de dívidas.

Negociantes, os grandes arrendatários de terras fazem carretos para Paris e cortam madeira nas florestas. Arrendatários de prestações fixas e recebedores de senhorias, garantem para si os lucros importantes que derivam dos arrendamentos dos dízimos, ao mesmo tempo que os ganhos miúdos que lhes vêm da compra e venda dos direitos senhoriais. À medida que esses direitos, ali por 1540-1570, se alteram sob o impacto da inflação, o arrendatário-recebedor integra sua percepção ao aluguel ordinário da vasta exploração territorial da qual tem os encargos. Os lavradores ricos se casam entre si, se sustentam, se auxiliam mutuamente, são fiadores uns dos outros. Seus filhos de tempos em tempos tornam-se sacerdotes, comerciantes ou magistrados; se possível párocos nas aldeias onde funcionam seus pais...

Empurrado para cima pelo grupúsculo elitista dos grandes arrendatários, o grupo maciço dos lavradores (que forma a espinha dorsal, em uma palavra, a maioria da população agrícola ativa das aldeias) é, por outro lado, atacado pelos flancos por uns poucos especialistas ou gente especializada; eis uma outra diferenciação do tecido celular do homem do campo. Entre esses especializados, figuram em primeiro plano os vinhateiros, cultivadores que vivem em geral nos limites da pobreza (de 80% a 90% deles têm menos de um hectare); complementam então sua renda trabalhando em algum vinhedo pertencente a tal ou qual proprietário ausente, domiciliado em Paris; ou ainda faturam um dinheirinho suplementar alugando seus braços para ajudar na colheita de algum grande areendatário. Quanto aos artesãos rurais, que formam o segundo grupo dos especialistas da aldeia (carpinteiros de rodas de carroças, alfaiates, ferreiros), são numerosíssimos nas paróquias rurais da região parisiense, onde as estruturas socioprofissionais, mesmo no meio agrário, já são mais diversificadas, menos puramente primárias e agrícolas do que as da França do Centro e talvez do Sul. Mas esses artesãos, apesar de uma dose considerável de prestígio que lhes confere na aldeia a atividade que exercem, são, apesar de tudo, gente muito pobre. A exemplo de seus companheiros vinhateiros, individualmente são donos de muito pouca terra (menos de um hectare por cabeça de chefe de família, na grande maioria dos casos). Certamente, essa carência de terra de lavoura é normal, uma vez que o centro de atividade desses homens absolutamente não é agrícola. Mas seu próprio capital de bens móveis é miserável e não corresponde freqüentemente a mais do que umas trinta ou quarenta libras tornesas. Três ou quatro vezes menos do que o caso típico de um pequeno lavrador. O "mobiliário" é ultrapobre: um cofre, uma cama, alguns pequenos utensílios para a profissão e para a terra; fio para a mulher, cujo trabalho de tecelagem consegue um dinheirinho suplementar, permite que o lar do artesão tenha o que ferver na panela. Cobertos de dívidas, exatamente como os vinhateiros e os minilavradores, esses artesãos, do ponto de vista da moeda, também são "escumadeiras" e não "esponjas".

Abaixo de tudo, enfim, na sociedade rural, está a importante minoria dos assalariados, "nos limites da miséria" (Jacquart). São pouquíssimo numerosos, inexistentes mesmo na parte vitícola de Hurepoix, onde sua função é assumida pelos vinhateiros, tendentes à pobreza, como eles, e bons em qualquer tipo de trabalho. Mas em outros lugares, nas regiões de cereais, o efetivo de assalariados incha-se um pouco, ainda que permaneça sempre inferior em número em relação aos lavradores: para 100 lavradores numa aldeia de trigo, contam-se, por volta de 1550, um máximo de 72 assalariados; e freqüentemente muito menos. Quanto às "propriedades" desses personagens pequenos, têm dimensões muito inferiores a um hectare de terra por cabeça, em média; pouquíssimas entre elas ultrapassam esse limiar fatídico; e seja como for nenhuma ultrapassa um hectare e meio. Nos inventários *post mortem*, os bens móveis do assalariado não passam de 50 libras; três vezes menos do que os de um pequeno lavrador. Vítimas preferidas (mas não únicas) do empobrecimento que deu no parcelamento de terras e achatou os salários no século XVI, os assalariados foram excluídos do trabalho agrícola por excelência, a lavoura. Essa exclusão é a um tempo de *status* (até a denominação assalariado* indica isso) e prática (motivada por sua miséria total em matéria de parelhas e de arados). Dedicados aos trabalhos de execução, os assalariados formam simultaneamente um grupo de mão-de-obra subalterna e às vezes desvalorizado que passa a situar-se às margens da comunidade aldeã: cumprem os trabalhos menos qualificados; seus terrenos estão encravados nos trechos de arroteamento difícil e nas encostas menos férteis das terras de lavoura.

Essa é a descrição sumária, tornada possível por Jean Jacquart, de um grupo de gente rural do século XVI, localizado em Hurepoix, que é uma região pequena, porém típica. O grupo em questão está construído inteiramente, de alto a baixo, em torno dessa coluna vertebral que é o exército dos lavradores: exército que compreende uma *lower class* [classe baixa] de pequenos lavradores; uma *lower middle class* [baixa classe média] de *haricotiers*; uma *middle class* [classe média], por fim, minúscula em escala aldeã, mas essencial em nível regional, de grandes arrendatários, que são superiores em riqueza e em prestígio à massa rural; porém no máximo iguais, em bens e em *status*, aos burgueses médios e comerciantes de uma cidade comum. Sólida em suas diversas categorias de lavradores, e pelos marginais (indispensáveis) do trabalho braçal, essa sociedade camponesa impressiona, afinal de contas, por sua integração que resiste à provação; ou, se se preferir, por sua resistência estrutural aos fatores de desintegração, apesar de atravessada por incontestáveis *trends* de empobrecimento, e que entretanto não são monopólio dela, muito pelo contrário. A maioria dos ativos agrícolas continua a pertencer a um grupo cujo *status* é garantia de um mínimo de prestígio; graças a isso seus membros, fortes pelo fato de que continuam a ser donos cada um de uma parelha, ou uma

---

*No original, *manouvrier*: ao pé da letra, etimologicamente, aquele que trabalha com as mãos (de *main* e *ouvrier*), por extensão, o operário não qualificado, que não tem conhecimento profissional especial. *Manouvrier*, vê-se, é termo mais forte ao referir-se a alguém profissionalmente desqualificado, com um sentido que nosso "assalariado" não chega a ter: seria qualquer coisa como "mão-de-obreiro", uma correspondência mais vigorosa (porém inexistente) a denotar de modo quase pejorativo essa falta de *status* a que o Autor se refere. (*N. do T.*)

fração de parelha, ou simplesmente da técnica do arado, qualificam-se sempre pelo título de lavrador. Os proletários reconhecidos como tal (os assalariados) não constituem a maioria da aldeia, nem mesmo da população ativa agrícola. Afinal, apesar das querelas, agressões verbais e violências indiscutíveis, não estão separados do resto do efetivo da aldeia por uma frente de luta, sistemática e visível. Na verdade, uma comum mediocridade do gênero de vida, o uso de dialetos locais, o folclore, a participação na comunidade camponesa... e o catolicismo agregam os indivíduos do campo em grandes moléculas — as aldeias —, freqüentemente inatingidas pela luta de classes. Parece certo, a despeito do caráter regional da pesquisa Jacquart, que a amostra nos põe diante de estruturas muito gerais na França agrária. Muitos autores já observaram que o contraste do Antigo Regime entre lavradores e assalariados, com sua bipolarização, não tem, na França do Oeste e do Sul, a agudeza que, no Nordeste, historiadores lhe deram em certo momento, ao fim de suas pesquisas sobre os *openfields* de aluvião. Ora, eis que documentos exumados há muito pouco tempo, precisamente no coração desses *openfields*, atenuam essa agudeza e retiram conteúdo dramático a essa bipartição. Pelo menos para o período melhor do século XVI: a estrutura majoritária da aldeia, perto de Paris como perto de Montpellier, é efetivamente o amplo grupo de lavradores ou *lauradors** com matizes tão variados. Em relação a esse, os outros grupos — especializados ou assalariados —, representam antes variantes ou semelhanças do que classes heterogêneas ou fortemente contrastadas, dotadas de uma consciência e de uma política autônoma. No século XVIII, seguramente, haverá algumas mudanças, em conseqüência da ascensão social, muito marcante, do grupo dos grandes lavradores.

Fortemente integrada, pelo jogo da inter-relação e do intermatrimônio, a molécula aldeã pouco participa das grandes lutas sociais ou ideológicas do século XVI. Quando se resolve a fazê-lo é num bloco único, agindo

---

*Laurador* (plural *lauradors*) é a forma arcaica na língua d'oc para *laboureur* (lavrador): à época do Renascimento, ou época pouco anterior, também em português tínhamos *laurador*. (N. do T.)

sob a égide da comunidade, armada de uma consciência de classe camponesa e autônoma. As comunas rurais se revoltam por exemplo contra o imposto; contra o peso maior e a novidade das fiscalizações reais, vistas neste caso como uma agressão exterior, e como uma intrusão indébita da modernidade no tranqüilo contexto estratificado do costume e da tradição regionais: ver por exemplo as revoltas camponesas dos Pitauts* de Guyenne e de Angoumois, em 1537 e 1548, contra a gabela.

Se deixarmos de lado essas revoltas, raras e muito isoladas, pode ser espantoso, a justo título, que a pauperização dos salários e do parcelamento de terras, abundantemente descrita nas páginas precedentes, tenha podido coexistir com uma paz social tão notável durante o Renascimento no campo; paz social apenas perturbada ou encrespada por algumas rebeliões contra o fisco. Mas o raciocínio pode dar uma virada. É porque essa sociedade rural produzia e reproduzia a cada geração a integração e a paz social, no seio de um ecossistema em via de reconstituição, que pôde tolerar a pauperização de algumas de suas camadas nos anos 1500-1560, em meio a uma incontestável "opulência" global.

Em 1560 entretanto, a fagulha da contestação, rapidamente geradora de um braseiro, espalhou-se. Mas veio das elites urbanas, contaminadas pela Escritura, bem mais que das massas de trabalhadores do campo, mergulhadas nas culturas orais e tradicionais. A revolução religiosa despertará, perturbará, traumatizará os campos; mas não é, a não ser em grau mínimo, o primeiro produto desses campos. (A mesma observação deve ser feita, *grosso modo*, para 1789, e isso apesar de um papel muito mais considerável da espontaneidade da gente do campo no fim do século XVIII.)

Resta concluir que as análises precedentes são essencialmente um discurso *sobre* o camponês. Seria de se esperar, nesses capítulos, mais

---

*Ausente no *Robert* e até mesmo no *Grand Larousse Encyclopédique*, que costuma cuidar bem da parte histórica, a palavra é encontrada no já citado Fernandez Valdez (às vezes surpreendente, como se vê), embora como "pitaud" em vez de "pitaut", alteração mínima. Há uma nota do Autor, a de n. 1 do Capítulo V, sobre a ortografia da palavra. Seu sentido: "rústico, labrego, vilão; palerma, tolo". (*N. do T.*)

legítimo ainda, um discurso *do* próprio camponês. Não se trata, ai de nós, à falta de documentos *ad hoc,* * de apresentar em seu frescor esse segundo tipo de expressão ao público contemporâneo. O que pensa verdadeiramente o agricultor de 1550 que plantava, quanto à sua vida econômica, social e outras coisas deverá possivelmente permanecer deconhecido para sempre... Mas pelo menos estamos em condições de reproduzir aqui o discurso de um quase camponês; de um grande ricaço da terra, solidamente enraizado em seu Cotentin: Gilles de Gouberville, à falta do diário autêntico de um Jacques Bonhomme, nos dará seu testemunho pessoal. Esse registro não nos informará sobre os *openfields* de Île-de-France que predominam, acabamos de ver, entre os lavradores ricos e os proprietários absenteístas; mas esclarecerá para nós a vida nos campos irregulares da região de Armorique (no sentido geológico do termo), na qual os povos estão fortemente enquadrados dentro da rede viva dos nobres do *bocage.*

## O OLHAR DE UM QUASE-CAMPONÊS: GOUBERVILLE

É através da experiência multiforme de um senhor e de uma senhoria particular — que inclui troca intensa de contatos com as aldeias, os mercados, a vida dos administradores e dos rústicos — que melhor se verá, no imediatismo do dia-a-dia, um mundo agrário em pleno funcionamento na metade do século XVI. Diversos senhores nos deixaram, a respeito desse imediatismo, seu diário ou seu livro de registro cotidiano. Gilles de Gouberville é um deles; no meio desse pequeno grupo de memorialistas, ele é sem dúvida um dos mais informados, dos mais perspicazes em suas anotações cotidianas; seu diário é então uma peça de pesquisa para a etnografia histórica; insubstituível, merece ser explicado em umas poucas páginas.

---

*Ao pé da letra, a expressão latina, muito conhecida, sobretudo nos meios jurídicos, significa "para esse fim", "para essa finalidade", "com esse objetivo". O Autor já a tem usado algumas vezes, mas aqui a emprega de modo tal, na frase, que melhor seria uma tradução do tipo "documentos *específicos*", ou "documentos *da época que esclarecessem isso*". (N. do T.)

Nascido sob Francisco I, de autêntica nobreza campestre, Gilles de Gouberville chega aos trinta anos no início do reinado de Henrique II; e aos quarenta no começo das guerras de Religião. Proprietário e explorador da terra, centralizava seus negócios nos trigos de diversos tipos, no gado, na caça e nas maçãs para sidra, trabalhando sua produção, através dos empregados (*a gentalha da casa*, como os chamava sem cerimônia), num vasto domínio em Mesnil-en-Val, a uma hora de caminhada de Cherburgo e do mar. Sua terra estava situada naquele trecho em pleno *bocage*, em quadras cercadas, parcialmente coberta por florestas primitivas, que os arroteadores lá não acabavam de matar. Essa terra é armoricana; isso equivale a dizer medíocre, pedregosa, rocha viva, quebrando os arados frágeis, que mestre Clément Ingouf, ferreiro da região, "reforma" em seguida, esperando uma nova quebra! A tecnologia local não é exatamente progressiva: os arados em questão, "fabricação de Saint-Lô",* são leves (um homem pode carregá-lo no ombro); de qualquer forma, são puxados por bois, como é freqüentemente o caso no *bocage* normando.

Mal provido de utensílios de lavoura, Gouberville é apesar disso um agricultor esclarecido, que se pode situar na boa média de sua época; tem o olho do dono, supervisionando ele próprio os lavradores em ação; sabe trocar de semente (pobre dele, pela semente suja do vizinho) quando seus trigos degeneram. Certamente pratica, como todo mundo, o rodízio trienal, trigo comum/trigo tremês/descanso de terra, entrecortado, por fim (também no armoricano), por longos períodos plurianuais de repouso, no curso dos quais brotam as plantas fertilizadoras; mas ele sabe no mínimo, como muitos de seus contemporâneos, melhorar esse rodízio semeando ervilhas nas terras de repouso do terceiro ano. Essas ervilhas adubam a terra e fornecem proteínas aos humanos. Em algumas partes, Gouberville, espírito curioso, experimenta todo tipo de adubos em suas propriedades, entre os quais as areias do mar, compostos à base de limo de reservatórios de água;

*Saint-Lô, onde, como se vê, eram fabricados os arados desse tipo leve, é a principal cidade do departamento da Mancha, na baixa Normandia. (*N. do T.*)

material dos terrenos de queimadas de arbustos, em cujas cinzas brota o nabo; a cal dos fornos de cal; sargaços do mar; a terra decomposta das estrumeiras; o esterco, enfim, que tira das pastagens do *outfield* e despeja no *infield* ou zona cultivada. Assim, satisfatoriamente eficiente, nosso agrônomo também não é muito supersticioso para seu tempo. Não tem (exceto quanto aos cuidados com seus vimeiros) aquela mania absurda dos dias de lua pretensamente favoráveis que perturba os vinhateiros do Languedoc contemporâneos dele... No máximo, fortemente influenciado pela compra em 1557 de um livro de Nostradamus, segue os conselhos desse profeta para fixar as datas de suas semeaduras em 1558. O resultado, em boa parte negativo, não parece que o tenha animado a repetir a dose.

O paradoxo é que esse grande explorador de terras ativo, inovador, não de todo estúpido, produz, afinal de contas, um trigo que não lhe custa nem lhe rende muito: os custos com os trigos são muito baixos, uma vez que as colheitas, função salarial essencial, estão garantidas, num bom clima, filho do arcaísmo carolíngio, pelas corvéias, quase gratuitas dos aldeões! Baixo também, muito baixo, é o produto monetário conseguido com a venda dos cereais. Gouberville, na verdade, comercializa ínfimas quantidades de grão. Consome seus trigos, que quase não freqüentam os mercados, ou os faz consumir por seus criados, seus parentes, seus fila-bóias ou, mais simplesmente, pelos carunchos de seus celeiros ou pelos pequenos roedores de seus campos; ou então cede o grão a seus empregados, sob a forma de salários ou semi-salários *in natura*. É que ele está, afinal de contas, na França do Oeste e seus *bocages*, autoconsumidora, mediocremente urbanizada, não muito fértil: quando o homem do campo dessas regiões participa da circulação monetária costuma fazê-lo através da criação e dos mercados de animais muito mais do que pelos produtos vegetais.

Gouberville de modo algum é exceção quanto a esse hábito freqüente entre os homens do Oeste, e sua criação brilha pela quantidade, ainda que a qualidade deixe a desejar; a casa-grande de Mesnil-en-Val, de fato, é rodeada de estábulos, todos erguidos ali desde o princípio: um para os bois, outro para as estrebarias de cavalos, um terceiro para os burros, o quarto como celeiro de inverno para a alimentação das vacas. Há também um setor de laticínios, mas sem muitos recursos: porque Gouberville e os seus comem pouco queijo, compram sua manteiga na cidade, cozinham com banha de porco e usam o leite para a sidra. A divisa dessa criação poderia ser: tudo para a tração (bovina ou eqüina) ou para a venda do gado em pé.

Subdesenvolvida em relação à Normandia de hoje, essa produção animal é também muito primitiva quanto a seus métodos. Uma parte do gado, com efeito, fica fora da estabulação, mesmo a estabulação simplesmente hibernal a que acabamos de nos referir. Muitas vacas são apenas daquelas que levam um sininho no pescoço, como serão no século XX ainda as da Suíça ou dos Alpes da região do Dauphiné. Elas erram, longe da casa-grande, na imensa floresta de Brix, tão representativa, a seu modo, das matas, ainda vastíssimas, da França do Norte no século XVI. Para recuperar esses animais, bovinos ou suínos, dos quais se perdem as pistas durante um mês ou um ano, é preciso organizar, em mutirões de corvéias aldeãs, imensas corridas florestais, cujos participantes são recompensados com uma garrafinha de vinho. Adivinham-se os inconvenientes dessa criação tão extensiva quanto ambulatória: os novilhos se afastam da mãe e ficam às vezes até três dias sem mamar; outros crescem, escapam da castração e se tornam touros furibundos, que exigem sete homens que os dominem. Vacas selvagens, fugidas da floresta, atacam em plena cidade e reviram os balcões dos mercadores de panos. Inútil dizer que, nesse Cotentin no qual três séculos mais tarde alguns criadores geniais criaram a raça bovina chamada normanda, não se praticava ainda qualquer seleção genética. A mentalidade dos criadores do século XVI continua marcada por um certo relaxamento, ou talvez uma certa displicência. Os animais se reproduzem de modo desordenado, sem a escolha de um parceiro de raça pura (ou pretensamente "pura"). Só as éguas (e as cadelas) constituem uma exceção a essa "regra" ou a essa ausência de regra. Levam-se as éguas para que sejam cobertas, depois de uma longa viagem, por garanhões da região de Caux... Como a reprodução, a alimentação do gado (bolotas para os porcos, pasto e feno para os animais de grande porte) não tem qualquer sofisticação: a planta conhecida como fibrino (ou trifólio) só aparecerá nas culturas da região no século XVII, talvez até no XVIII.

Mesmo nesse estágio, entretanto, com suas insuficiências, essa criação foi o traço de união fundamental que ligou os fidalgotes provincianos como Gouberville à economia monetária.

À frente das fontes de renda figuram, de fato, o porco e tudo aquilo que alimenta sua produção. Gouberville vende muito caro aos aldeões (até 50 libras tornesas por ano, ou seja, uma soma mais alta do que lhe rendem seus grãos no mercado) a *pastagem*, que é o direito de utilizar as bolotas nas florestas das quais é senhor. E seus próprios porcos, muito gordos, envolvidos por uma camada de banha de meio pé de espessura,* mata-os no inverno e os vende por uma boa quantia em dinheiro (de 60 a 80 libras tornesas por ano de rendimento global), mandando-os salgados para Paris. Seus bois, vacas e carneiros em pé, contudo, alimentam apenas um comércio local, porém muito ativo, representado por uma rede de feiras altamente movimentadas que pululam pelas cidadezinhas e pequenos burgos do Cotentin. O fidalgote e seus acompanhantes, conduzindo o gado a ser vendido, vão regularmente a essas feiras: oportunidade para conversar, para brindar com os nobres, com a gente rude do campo e com os arrendatários de fazendas do setor... e de levar consigo, na volta, a cada ano, um total de dezenas de libras tornesas, quando as vendas são boas. A lã vai mais longe do que os animais em pé. Antes das guerras civis, que acabarão com os circuitos comerciais, mercadores parisienses iam comprar lã até na baixa Normandia, e a mandavam para Rouen ou até mesmo para a capital.

A criação, portanto, mais do que os trigos, conseguiu um casamento com a economia monetária; a caça, em compensação, situa-se em nível de relações mais arcaicas e simbólicas: relações que na verdade são um jogo de interesses. Quer se trate de agradar um juiz ou seduzir

---

*Como essa medida de comprimento medieval, o pé, valia 0,324m, isso significa que os porcos estavam com uma camada de banha de cerca de 16cm de espessura. (N. do T.)

uma dama, a tática de Gouberville é sempre a mesma, e se resume numa frase simples: *Conquiste-os(as) com carnes...* Gouberville oferece então, às sucessivas mulheres que ocupam seu pensamento, às vezes um cabrito gordo ou um quarto de boi; porém, mais freqüentemente, animais de caça: coelhos, lebres, ou um prato de carne de veado, recebidos por seus opulentos destinatários como as flores mais finas. Os jovens que acompanham o fidalgote normando — filhos bastardos de seu pai ou estagiários cedidos por uma família vizinha — nada lhe ficam a dever e também se mostram grandes caçadores. Os próprios trabalhadores do campo, apesar das proibições senhoriais negligentemente aplicadas, caçam com a maior desenvoltura. A produtividade dessas ações é das mais fracas: grupos de três ou quatro caçadores consomem às vezes um dia inteiro para caçar uma lebre. Mas os processos empregados nesse pequeno cantão do alto Cotentin são variadíssimos! Caça-se com alçapão e com arcabuz, claro; mas ainda (método em que também se pode empregar um desses dois processos) pelo sistema conhecido como de *poleiro* (nos galhos, quando os pombos selvagens pousam para comer); com pequenas redes, para pegar estorninhos às dezenas; em batidas (ou seja, seguindo as pegadas que deixam, no inverno, nos bosques e pântanos, os javalis e as lebres na neve fresca); de *tocaia*, indo à toca de raposas novas ou lebres miúdas; trabalha-se com visgo ou com *yraigne* (rede do tipo "teia de aranha" para apanhar os melros); com armadilhas para raposas; usam-se furões [mamíferos carnívoros próprios para caçar coelhos nas tocas] com dentes cortados, alojados em tocos de faia seca; opera-se à inglesa, com açor (ave de rapina) ou com cão vermelho, importados de além-Mancha; matam-se lobos ficando-se à espreita e atirando com arcabuz, ou então cercam-se os lobos na *gritaria*, corrida que reúne todos os homens de muitas aldeias...

Nesse arsenal de métodos e de armamentos diversos, mais próximo da caça selvagem do que do extermínio hoje permitido pelas armas de fogo, percebe-se uma hierarquia sociológica. Deixemos de considerar os pequenos caçadores, profissionais e especializados, como os caçadores de toupeiras que enchem os caminhos de guirlandas festivas, com as dezenas de toupeiras que abateram. Entre o pessoal do campo, as técnicas essenciais continuam sendo as medievais e baratas: reduzem-se basicamente ao alçapão, arma simples, fabricada nas aldeias e que permite "pegar" indiferentemente patos, veados e até marrecos. A arma senhorial ou clerical, ao contrário, que se expande, por volta de 1550, entre os paços senhoriais e os presbitérios, é o arcabuz. Trata-se de arma pesada, cujo manejo exige dois homens; também é cara: enquanto uma corda de alçapão não vale mais do que 3 *sous*, um canhão de arcabuz custa o preço de uma vaca, de 5 a 6 libras tornesas. Mais vale por isso mesmo, nessas condições, fazer como Gouberville e seus amigos, que fabricam eles próprios sua pólvora de caça, queimando madeira e raspando salitre. Muito acima do nível de Gouberville, afinal, fora do alcance da bolsa dos pequenos senhores que matam por prazer o veado ou o lobo, está a atividade cinegética da alta nobreza: a caça de perseguição a cavalo e com galgos. Em uma vintena de anos, mestre Gilles não participou de mais do que uma corrida desse tipo; e ao fim dela, estará desgostoso, pois um veado vazou o olho de sua cadela galga.

Falar de bom caçador é falar, supõe-se, de cão competente. Gouberville e seus iguais sabem disso perfeitamente bem; a paixão visceral pela caça lhes inspira, em face dos cães, uma solicitude genética que estão longe de ter em relação aos outros animais de suas terras arrendadas — sem contar os animais de montaria: de fato, os cavalos são objeto de um afeto privilegiado; quando se escolhe, é porque se tem amor. O mestre de canil do Cotentin pratica as clássicas infiltrações genéticas do Norte para o Sul: compra cães na Inglaterra e por sua vez despacha reprodutores para Bordeaux. Faz com que suas cadelas sejam cobertas em alguma região afastada para conseguir com elas o melhor produto possível. Alimenta os cachorrinhos delas e só castra as fêmeas com conhecimento de causa; cose-lhes cuidadosamente, como se costurasse um fino calção, quando um javali lhes rasga o ventre; se acaso um de seus cães é roubado, consegue, nada mais nada menos, que a excomunhão do ladrão, à custa de ameaças fulminantes feitas do púlpito por um pároco amigo... Um cão é um ser precioso. Emprestá-lo, só mesmo em caso de extrema urgência, por exemplo para livrar de apuros um jovem vizinho que, a qualquer preço, tem de matar duas lebres para celebrar seu noivado.

"Cerealista" quase sempre medíocre, criador rotineiro, mas selecionador importante de cães e cavalos, Gouberville, por outro lado, impõe-se como um inovador apaixonado em matéria de... maçãs e sidras. Ator e testemunha ao mesmo tempo, ele abre caminho, particularmente, para uma das modificaçõs marcantes que afetam a paisagem do Oeste da França durante todo o correr do século XVI.

Também nesse domínio, os talentos de aperfeiçoador de Gouberville não procedem de um estímulo do mercado. Suas sidras não são mesmo, absolutamente, salvo raríssimas exceções, destinadas ao mercado. Dão de beber, no próprio local, ao mestre, à família e à mão-de-obra da casa-grande. Ou entram no circuito da doação pura e simples, liberalmente distribuídas aos amigos, parentes, doentes e hóspedes de passagem. A idéia mesmo de vender o suco de suas maçãs não parece ter passado a não ser longinquamente pela cabeça de nosso fidalgo. Suas motivações, altamente respeitáveis, situam-se quase todas "fora de mercado". No plano das idéias gerais, essas motivações podem ser resumidas em duas palavras: *sidra é saúde*. Como não concordar com esse adágio, em verdade, ao ler as prescrições médicas, ou os livros de bons doutores, na Normandia da época moderna? *A sidra*, escreverá no começo do século XVII um desses senhores da Faculdade, *é restauradora radical do humor e da umidade*. Mantém a barriga *em boas condições de funcionamento e distendida*; proporciona *por seus vapores benignos* um sono agradável. Impede, quanto a isso não há dúvida, o ceifeiro *de se exaltar no trabalho*; mas também impede o homem de negócios *de se irritar em suas ocupações*. É portanto a um tempo a amiga da classe assalariada e a consoladora da classe média, uma vez que mantém o homem na *modéstia* e na *mediocridade* necessárias. Mais precisamente, a sidra cura a gota, as pedras nos rins e a nefrite. É especialmente recomendada, como os ovos quentes e a canja, para os doentes, sobretudo quando há secura pelo calor do organismo ou esvaziamento pelas purgações. Convencidos desses preceitos, os práticos de medicina prescreviam a sidra do modo mais amplo, para pacientes que, de resto, tinham grande alegria ao bebê-la, e da melhor: sidra velha para as parturientes ou para curar a febre; sidra à vontade para a pleurisia; sidra nova para os ferimentos na virilha... Uma farmacopéia completa com base alcoólica é utilizada na região de Gouberville à altura de 1560, contra os males das pessoas da roça. A sidra não é única. Os ricos se cuidam com garrafas de *bordeaux* e de *orléans*, com clarete e com o vinho *rosé*. A cerveja também não é desprezada. Dela um único doente bebeu 48 litros a título de desintoxicação durante o tempo de sua cura... Mas a sidra, pelo próprio fato de se tratar de uma produção local, leva vantagem por ser barata; não atrapalha, como acontece com a cerveja, a provisão indispensável dos cereais; cresce sozinha, uma vez que as macieiras vicejam indiferentemente nas sebes; e, como a vinha, nas terras pobres; bebida milagrosa, está disponível, em caso de urgência, para todos os meios sociais do mundo do campo...

Hoje provavelmente achemos graça dessa mania popular do século XVI, desse voltar-se para a produção das bebidas alcoólicas, vinho aqui, sidra acolá. Estaremos errados. Porque, para além da rede de justificativas secundárias e pueris, o impulso sidrícola da Normandia do Renascimento e o impulso vitícola da região parisiense têm uma fundamentação básica: beber vinhos ou sidras com moderação, e bebê-los maciçamente (o consumo de alguns trabalhadores rurais braçais pode atingir, ali por 1500-1560, no verão, no Oeste ou no Sul, 2 litros de vinho ou de sidra por dia), é ingerir algumas calorias muito pobres (de origem alcoólica)... e que são bem-vindas. Mas é em primeiro lugar e sobretudo absorver um líqüido relativamente estéril, bem menos perigoso, de qualquer maneira, do que as bebidas poluídas a que estão condenados por definição os bebedores de água: que se pense, com efeito, nas inumeráveis infiltrações (a purina das esterqueiras, as imundícies, o líqüido resultante do curtimento do linho ou do cânhamo, as águas servidas contaminadas pelas epidemias populares) que ameaçam, nessa Normandia granítica ou xistosa, as águas superficiais que alimentam os córregos, os açudes, os riachos, os poços, as próprias nascentes... A sidra, nessas condições, constitui, contra a morte ou as doenças, a mais agradável das garantias. Um historiador normando demonstrou, provando-o, curvas dos gráficos na mão, que a mortalidade epidêmica, na Normandia clássica, variava em relação direta com o alto preço e com a falta da sidra no mercado (entre outros produtos correlatos). A ligação é lógica: sidra mais cara significa bebedores de água mais numerosos nas classes pobres, e em mais quantidade, e mais vulneráveis aos contágios. De um modo simplista, mas afinal lúcido, próprio de sua intuição de homem do campo, Gouberville e seus companheiros de aldeia raciocinam com precisão: plantavam e enxertavam macieiras tanto quanto podiam, no interesse do pessoal de sua família. Participavam assim de um sentimento de fé na economia e na melhoria da saúde pública. Pois o que significavam os males de alguns bêbados de paróquia e de alguns bebedores "bem tratados", como os chama nosso memorialista, diante dos milhares de vidas humanas que a cada ano salvava a possibilidade dada a muita gente de não beber mais água, ou de bebê-la o menos possível? Só com a descoberta, afinal conhecida no Oeste não vitícola, dos processos de destilação, só com o impulso, no campo, do consumo de aguardente de maçã, ou *calvados*, os aspectos negativos da sidricultura vencerão, no século XIX, os seus aspectos positivos, que por tanto tempo prevaleceram e contribuíram para a prosperidade das províncias ocidentais francesas.

Gouberville é incentivado em suas pesquisas sobre a maçã, pela confiança geral e justificada que devotam à sidra seus contemporâneos e companheiros de região. Mas, para além dessa adesão calorosa de uma cultura e de um povo, os motivos pessoais do autor de nosso diário são simples, precisos: mais do que pelo espírito de lucro — o diário íntimo deixa bem claro —, Gouberville se entrega à alegria de conhecer, de criar, de experimentar. Esse gentil-homem, por nada deste mundo conduziria o arado com suas próprias mãos; mas não acha ruim passar horas enxertando, podando suas macieiras: *passei umas boas três horas sozinho a podar* (21 de abril de 1562). Experimenta para aprender; por exemplo, tenta enxertar em abril: *fizemos um enxerto* [de macieira] *e o implantamos na horta do celeiro, para experimentar se ele vai* *vingar, pois estamos na metade de abril** (15 de abril de 1554). O diário do senhor de Gouberville nos oferece assim um espetáculo raramente relatado nos documentos: o de um selecionador de experiências agrícolas do tipo antigo em plena ação. Cultivando o pé de maçã de sidra em suas terras e na vizinhança para daí extrair sementes, mestre Gilles as semeia sob um leito de folhas de fetos;** cultiva ali um viveiro completo de arbustos ou *plantas ácidas*, galhos de enxertos, que distribui transportando-os em carroças, gratuitamente, aos amigos. Chegado o momento, liderando todo seu mundo, enxerta as plantas ácidas que lhe restam com tesouras, serra ou cortadores com dois cabos. A maçã era "idéia fixa" do senhor de Gouberville, que não tinha nem pessegueiros, nem figueiras, nem framboesas, nem groselhas, mas mantinha em seu pomar vinte e nove variedades de macieiras, que tinha encomendado em Rouen, no País Basco ou na baixa Normandia. No fim dessa ação totalmente afastada do comércio, mas que se inscreve no quadro de um esforço de crescente autoconsumo na casa-grande, e de melhoria do domínio como um todo, dá-se a metamorfose de uma terra e uma paisagem ganha nova roupagem: por toda parte árvores se espalham. A Normandia das macieiras em flor desabrochou no século XVI, graças às iniciativas de um Gouberville e de seus numerosos êmulos na província.

Esse mundo rural, a um tempo arcaico e dinâmico, onde os fidalgos de província se movem à vontade, é tipicamente (mas não integralmente, é claro) a sociedade de autoconsumo. Não que Gouberville seja inconsciente quanto ao papel do negócio e da moeda: ele observa escrupulosamente em seus diários as desvalorizações progressivas da libra tornesa... Mas, afinal, num tempo em que o metal precioso da América começa a irrigar os setores mais comerciais da economia, um grande ricaço como é o nosso nobre certamente não sente falta de prata (Gouberville tem feno nas botas), mas com toda a simplicidade sente falta de moeda. A todo momento se repete em seu diário uma

---

*No francês antigo do diário do fidalgo, a parte em grifo. (*N. do T.*)
**Planta do tipo das samambaias. (*N. do T.*)

frase lancinante deste tipo: "compra de pano em Cherbourg: *não paguei nada porque nada tinha de moeda...* pagarei segunda-feira". Será preciso acrescentar que a própria noção de "porta-níqueis" parece ser desconhecida do castelão normando? Seus *sous* e outras moedinhas vão muito bem amarradinhos num lenço com nós nas quatro pontas. Lenço que às vezes ele perde ou que às vezes lhe roubam... Quanto aos trabalhadores, muitas vezes ele os paga com atraso considerável, "por falta de moeda" como sempre, ou até para fazer com que eles se sintam presos a ele, levados pela coleira. Quando lhes paga de verdade mais de uma vez o faz *in natura*, com um alqueire de sementes, uma *rasière\** de aveia, uma novilha ou um par de sapatos, descontados do valor de seus salários. Outro sinal de uma certa carência do metal precioso, apesar das recentes chegadas do Novo Mundo: o senhor e seu pessoal ceiam em peças de estanho; em Mesnil-en-Val não há prata na baixela.

Nesse Cotentin rural, próspero e conservador, a sociedade de autoconsumo também marca sua presença por uma divisão nada avançada do trabalho social. À falta de lojas ou oficinas que desempenhassem o trabalho que desempenham hoje, com reservas de matérias-primas, de capitais (mesmo pequenos) e de uma clientela significativa, os poucos artesãos rurais (que, aliás, só o são em meio expediente) trabalham no sistema de "uma coisa de cada vez", de modo intermitente. Assim, trabalham, quando aparece a ocasião, para a mansão de um senhor importante como Gouberville, que busca com eles algum tipo de matéria-prima e lhes oferece um "canteiro" em condições tão boas que compensem o deslocamento por parte deles. É assim que são vistos a desfilar, um de cada vez, em casa de mestre Gilles, o fabricante de fazendas, que se instala lá para produzir algumas dezenas de metros de panos encomendados a ele pelo nosso castelão; o correeiro ou o carpinteiro de rodas de carroça local (que na verdade é um agricultor duran-

---

\*Antiga medida de capacidade, equivalente a cerca de 70 litros. Não encontrei correspondente para a palavra em português, em vários dicionários consultados, nem quem conhecesse termo correspondente para tal medida arcaica. (*N. do T.*)

te a maior parte de seu tempo de trabalho), que se instala na propriedade de Gouberville para exercitar sua arte de produzir cangas e as peças de arado nas quais se atrelam os cavalos; um outro dia, é o alfaiate ou costureiro que se apresenta para renovar o guarda-roupa de toda a família; ou então o ferreiro, para um trabalho de repor em condições todas as ferramentas de carpintaria das oficinas da mansão. E quando houver necessidade, precisamente, de preparar "as tábuas e os degraus para uma escada nova"? Gilles incumbirá disso simplesmente um de seus empregados domésticos, de hábeis mãos. Como Adalbert de Corbie ou o tranqüilo abade Irminon, nosso homem tem um ideal de independência, quanto a essas coisas, quase carolíngio, que o leva a querer produzir ou mesmo a produzir em casa tudo aquilo de que tem necessidade, na medida do possível sem gastar dinheiro. Pois a própria idéia de ganhar dinheiro era tão profundamente estranha para ele que chega a ser compreensível que às vezes fosse sovina quanto a gastar as moedas que apesar de tudo conseguia guardar em seu lenço.

Pode-se compreender bem essa sociedade de autoconsumo se se estender o olhar, por um momento, para além da terra firme que constitui o território natural de nosso fidalgo. Gouberville, é verdade, lança às vezes um olhar sobre o mar tão próximo... e dá a plena medida de seu localismo independente. Por mais longe que olhe, esse olhar de dono de terras quase não vê, ao longo das páginas de seu diário, mais do que alguns barcos, carregados de lenha ou toicinho com destino a Rouen, às vezes a Paris. Um barco desse tipo — quando não se usa o barco, a mercadoria vai muito bem por terra — pode receber o volume correspondente ao transportado em dois carros de bois. Não mais. Quanto aos homens do campo também pescadores na costa do Cotentin, alguns dos quais são arrendatários de terras de mestre Gilles, se vão à pesca do arenque é para voltar o mais depressa possível a fim de se ocupar das coisas sérias... recolher suas vacas, cortar os trigos, cuidar do bagaço das maçãs. Claro, há exceções a esse ultraprovincianismo marítimo. Uma vez por exemplo, uma única vez, indo beber uma dose de sidra em Barfleur, em casa de Gillette, a Loura, viu um carregamento de pimenta e de dentes de elefante vindo da África, espalhado na praia. Uma outra vez seu fiel Cantepie pretende participar de uma expedição mais ou menos mítica ao Peru. Claro, Cantepie não tarda a renunciar a essa pretensão, muito contente com o fato de que daí em diante na sua aldeia, por toda a vida, será considerado *o homem que quase foi ao Peru*. A única "expedição" marítima de que participaram Gouberville e a rapaziada de sua fazenda foi à... ilha anglo-normanda de Aurigny. O pequeno bando, pretextando um conflito com os ingleses, arrebata à força e sem pagar as vacas e éguas dos ilhéus, para conduzi-las de volta à mansão de Mesnil. Um gentil-homem, no fim das contas, não abandona sua dignidade fazendo-se pirata, mesmo por prazo curto! Mas afinal uma tal ação, homérica certamente, nada tem a ver com o comércio, miúdo ou grande. Tanto assim que essas minúsculas anotações, tomadas ao longo do tempo de duração de vinte anos de um diário, expõem a participação ínfima de uma sociedade tradicional nas atividades do grande comércio marítimo, que entretanto na ampla história da economia ocupa muitas vezes o primeiro plano da cena. E esse espírito de província, esse desligamento em relação às grandes aberturas, aparece sem equívoco a despeito do fato de que Gouberville e os seus moram na vizinhança imediata de Cherbourg, porto que não é tão desprezível assim... A massa dessa sociedade rural está atolada no húmus, voltada para os circuitos de trocas locais ou do autoconsumo aldeão. Certamente, as últimas arteriazinhas ou veiazinhas do grande comércio que penetram assim mesmo até essas remotas terras de lavoura do Cotentin exercem um papel de animação e de excitação bem acima do esperado relativamente à proporção minúscula do volume de mercadorias em questão. Os livros impressos, ou as especiarias que de tempos em tempos Gouberville e seus pares compram vão pouco a pouco modificando gostos literários ou culinários. As vendas de lã e de toicinho no rumo de Paris permitem a entrada de algum dinheiro na região... Todo esse minúsculo movimento de importação-exportação, mesmo não indo além da dose homeopática..., ainda assim em certa medida é fundamental. Pois o caso é que, principalmente quando Gouberville volta as costas para o mar vazio, quando observa de muito perto sua microssociedade senhorial e provincial, aí é que tem alguma coisa essencialmente positiva a nos dizer.

Esse nobre de raça, dono de muitas terras, situa-se ao mesmo tempo no pico e no centro de uma minúscula construção social: aquela que em torno dele formam, em círculos concêntricos, os homens de sua família doméstica, de sua paróquia, de suas terras senhoriais.

No lar desse solteirão impenitente, que, por definição (e por exceção), não formou uma unidade conjugal, a "família" é, em primeiro lugar, a fraternidade dos bastardos e das bastardas nascidas de seu pai, que são portanto irmãos ou irmãs naturais do autor do nosso diário, muitos dos quais, especialmente Simonet e Guillemette, continuarão por longo tempo a viver em seu círculo imediato; nem por um momento, eis a verdade, o senhor de Mesnil trairá o afeto que tem por esses parentes de camada inferior, com os quais viveu desde a infância. Esse afeto, por outro lado, não esquecerá as obras do pai; mesmo as menos recomendáveis entre elas: *Outrossim,* escreve Gilles de Gouberville em um de seus testamentos, *estando doente em meu leito, ferido por um ou muitos tiros de arcabuz, sabendo que nada é mais certo do que a morte e nada é mais incerto do que o momento em que ela virá [...] deixo cem* sous *de renda* [anual] *a cada um dos filhos bastardos de meu defunto pai, a saber, Simonet, Hernouf, Jacques, Novel, Jehan, o jovem, e Guillemette...* * A esse grupo de bastardos do pai logo se acrescentará, no quadro dos co-residentes da família da casa-grande, o grupo de bastardos filhos do próprio Gilles, nascidos de uma amante que lhe é muito querida e com a qual ele está, pois seria um casamento morganático, impedido de contrair matrimônio. A "família da casa", no entanto, não é uma pura e simples coleção de filhos naturais. Compreende também um número enorme de pessoas num nível inferior, catorze criados domésticos: o lacaio Lajoie, nove outros criados homens e quatro criadas a que Gouberville chama *"serviteures"* (empregadas), encarregados uns e outras dos trabalhos agrícolas normais e dos trabalhos

---

*Em francês antigo no original, reprodução do testamento redigido por Gilles de Gouberville. (*N. do T.*)

de arrumação da casa; tem-se curiosamente a impressão de um sistema agrário de grande faixa de terra de exploração agrícola que utilizou um proletariado sem disso tirar proveito, e também sem valorizar a moeda.

É bem verdade que a manutenção dessa numerosa criadagem não sai muito caro para o patrão; ao fim da metade de um século de empobrecimento salarial, o que se paga em dinheiro é pouco: 6 libras tornesas por ano para um empregado de fazenda com residência, bem alimentado, responsável pela carroça ou pelo arado; enquanto que no Sul languedociano, entretanto pauperizado, na mesma época o carroceiro ganha suas 15 libras anuais — alimentado e com casa ele também.

Com toda a certeza, além do salário propriamente monetário, acrescido da alimentação e da residência, mestre Gilles dá todos os anos a cada um de seus empregados, alguma peça de roupa: camisa ou par de sapatos (que vale 15 *sous*) ou peça de roupa-branca... Tudo isso não representa muita despesa. Alguns salários são mesmo tão baixos que chegam a ser afrontosos: um guardador de cabras (sem contar a comida) ganha 50 *sous* por ano, mais um par de sapatos. Um rapazinho (com comida), contratado para vigiar os carneiros, e que à noite, dormindo ao relento em companhia de seus animais, vê brilhar perigosamente os olhos dos lobos, recebe 20 *sous* por ano mais um par de sapatos e um cordeiro no fim do ano. Os salários femininos pagos pelo senhor são também muito mais baixos do que os do Sul languedociano, que constituem, no caso, nosso termo de comparação. Uma costureira de camisas ganha 6 denários por dia quando trabalha na mansão normanda; enquanto que o menor trabalhador agrícola perto de Béziers ou Montpellier, à altura dos anos 1560, ganha 10 denários por dia. Há o mesmo desnível em relação ao Sul e o Noroeste, ou antes ao Sul e o Oeste, quando se examinam os salários dos artesãos que exercem sua arte ocasionalmente em Mesnil-en-Val; um mestre pedreiro lá ganha 2 *sous* por dia contra 5 *sous* na região de Montpellier-Béziers na mesma época. O estudo das "zonas de salários" na França do Antiqüíssimo Regime econômico ainda está por ser feito. Muitos indícios contudo sugerem que o Sul, onde a abundância monetária é mais forte e a demografia menos congestionada, beneficia-se com salários mais substanciais ou, digamos, menos ruins[50] do que no Noroeste (armoricano), pobre e mais ou menos superpovoado; portanto com excedentes de mão-de-obra.

Uma das razões dessa pobreza baixo-normanda residiria na ausência total de combatividade operária? Em mais de um decênio de um diário minuciosamente composto, Gouberville não assinala um único caso, individual ou combinado, de oposição dos domésticos a sua pessoa. Porém, o senhor (que na vida "corrente" é pacífico, abominando a violência e o ofício militar) não hesita nem por um instante em distribuir na família, em todos os níveis, do nobre principiante ao irmão bastardo, do criado ao menino "assalariado", os castigos corporais que lhe pareçam idôneos: estabelece uma gradação segundo a idade e a posição do culpado, a sova pura e simples, a bofetada, o pontapé nas nádegas ou a surra de açoites. Aparentemente, essas marcas de rigor são recebidas pelos destinatários com a deferência e a admiração que se impõem. Não há resposta física, que comprometeria irremediavelmente o prestígio do mestre. A única defesa dos criados domésticos descontentes é desaparecer, coisa que as empregadas praticam com mestria. Jeanne Botté, *serviteure*, vai-se embora sem dizer adeus. Depois, para conseguir perdão pelo seu desaparecimento, volta à mansão acompanhada por uma amiga vestida de vermelho (que na verdade passará a noite com o senhor e que este despachará no dia seguinte com 2 *sous* e uma peça de linho como recompensa). Sem mais delongas, eis Jeanne Botté reintegrada à "família"... até seu próximo sumiço.

Assim como assim, não se deve considerar totalmente negra a imagem da condição proletária no Cotentin do século XVI: os trabalhadores de Gouberville têm sapatos, numa região em que seus pósteros, de *status* social equivalente, praticamente terão, alguns séculos mais tarde, apenas tamancos. Comem na mesma sala que o mestre, numa mesa vizinha à dele, uma comida que parece ser abundante à base de carne (essa comida, afinal, parece ser o principal elemento do salário). Têm também, é fato notável, umas pequenas possibilidades de amealhar alguma economia. Economia forçada, na maioria das vezes: o senhor, em vez de lhes pagar o dinheiro que lhes deve, dá, "para abater nos salários", um potro a este empregado, uma novilha àquele outro; ou ainda uma égua pastando nas florestas (desde que o beneficiário a recupere), uma junta de bois, etc.

Aptos para a economia, espontânea ou forçada, os empregados de fazenda também são capazes, como os homens de outros grupos ou de outras condições, de uma sociabilidade específica. Sociabilidade muito bem representada nas assembléias de candidatos a empregados domésticos, que oferecem seus braços aos empregadores, uma vez por ano, nas proximidades da festa da Madeleine (ou seja, na semana que vai de 18 a 26 de julho). Cada burgozinho ou aldeia maior baixo-normanda, por volta de 1560, tem seus festivais de arrendamentos, onde há sempre um mercado de escravos e as feiras comemorativas. Em jogos e lutas, tudo entrecortado de danças, aí se exibem — aos olhos dos notáveis, das mulheres, dos proprietários e dos párocos — os candidatos à condição de empregados domésticos para a área agrícola. Os combates rústicos, além do interesse esportivo, permitem que sejam julgados judiciosamente os "braços fortes" que serão os melhores nos trabalhos dos campos...

Diante do olho do mestre, os domésticos sobressaem claramente em relação ao grupo social inferior, que ocupa o estágio menos honroso da sociedade baixo-normanda: grupo dos mendigos, dos "piolhentos", quer dizer, dos *pobres*, no sentido em que esse termo se refere ao *status*. Quase fantasmagóricos, invisíveis em tempo normal ao olhar de um homem comum, esses pobres só aparecem no diário de Gouberville em ocasiões bem determinadas: no enterro de uma grande personagem, quando se apresentam às centenas para receber a *doação* (a esmola), que em geral termina numa sessão de pauladas, pois os tais pobres costumam ser muito lentos para se dispersar depois da inumação. Outro episódio que mostra a atitude diante dos pobres: um dia Gouberville volta para casa mais coberto de pulgas do que de ordinário, a ponto de seus fiéis servidores, reunidos em assembléia geral em volta dele, ficarem durante um tempo louco a exterminar os animaizinhos sobre sua pele e sua camisa. A explicação para esse fenômeno é rapidamente encontrada: nosso homem havia cometido a imprudência de pousar seu traseiro sobre um tronco que, algumas horas antes, tinha servido de assento a um *pobre*... Semeador de desordem num caso e de parasitas noutro, o pobre desse modo é classificado na categoria dos suspeitos e finalmente dos excluídos. Ao contrário, o empregado doméstico rural (à parte os casos, sem dúvida freqüentes, de desemprego muito prolongado ou de demissão) é considerado um homem íntegro, por mais arruinado que esteja. Durante todo o tempo de duração de seu ajuste, sobrecarregado de obrigações, às vezes levando sopapos, ganhando garrafas de sidra e ouvindo exortações ao dever, o empregado de fazenda, do ponto de vista de seu nobre mestre, faz fundamentalmente *parte da família*.

Segue-se a esse horizonte limitado do grupo co-residencial, o segundo círculo, um pouco mais extenso que o precedente: é a paróquia. Nela se confundem (pelo menos no caso particular da civilização baixo-normanda) instituições que, em outras regiões da França, e por exemplo no Sul, na mesma época, são cuidadosamente diferenciadas umas das outras. São essas instituições, de um lado, a unidade de pertença religiosa, centrada na igreja paroquial; e, de outro, a comunidade de habitantes propriamente dita. Na verdade, na casa de Gouberville, os bons empregados do campo misturaram tudo isso, sem maldade e no interesse do senhor, ou do pároco. As assembléias dos homens da aldeia, reunidas com o objetivo de cotizar o imposto real ou com a finalidade de entregar a quem fizer o lance maior (por uma espécie de canibalismo dos ancestrais) as maçãs do pomar do cemitério, realizam-se tranqüilamente na igreja, depois da missa de domingo. Mestre Gilles, que conhece seu mundo, deixa então os paroquianos reunidos "se engalfinharem" e brigarem decidindo qual deles pagará tanto de impostos... depois, no momento psicológico, ele entra na igreja, abre caminho entre os briguentos, aplaca o tumulto... e consegue nomear um de seus homens como controlador ou como administrador dos "lances". Resumo geral: o senhor, mais sedutor e manobrador do que déspota, manipula facilmente a assembléia de seus roceiros. O que para ele é muito fácil dadas suas boas relações com os grandes lavradores da paróquia (a cujas famílias faz gentis visitas recrutando na oportunidade suas amiguinhas). Quanto aos padres encarregados da igreja local, não constituem obstáculo a esse gênero de dominação: o pároco vive em outro lugar e só visita suas ovelhas uma vez por ano; e seu substituto (vigário) é um inofensivo personagem que, entre duas rodadas de confissões (às vezes a domicílio* para perdoar os pecados do senhor e de seu pessoal), auxilia na casa-grande em pequenas tarefas domésticas, como rachar lenha ou limpar o esterco dos estábulos. Não está nos planos desse ínfimo servidor de Deus contrariar os desejos do castelão. Será necessário o advento das guerras de Religião para que um partido contestatário e de origem urbana, de resto ultracatólico, venha abalar, até em sua aldeia, a onipotência bonachona de *Nosso mestre*, que, com justo motivo, terá sua hora suspeita de simpatia calvinista.

Mais vasto e mais frouxo que a paróquia, por fim, o terceiro círculo, a *senhoria* (do qual a *nobreza* do senhor posta em causa é institucionalmente distinta, mas socialmente inseparável). As senhorias de Gouberville, por exemplo, se estendem por muitas aldeias nas quais nosso autor detém foro (pensão anual) e o direito de requisitar trabalhadores para a corvéia. Rendem pouco essas senhorias: alguns *sous* por um foro; algumas libras tornesas por um arrendamento ou "aluguel" de longínquas parcelas de terra (que fazem parte da reserva senhorial, porém, muito afastadas da casa-grande, são alugadas como

---

*No início do século XXI, num repente, velhas e velhíssimas placas, cartazes, folhetos, etc, por todas as cidades do Brasil, passaram a trocar a secular inscrição vernácula "a domicílio" por uma estranhíssima "em domicílio" totalmente fora de nossos hábitos. Talvez a súbita reação de nossos pequenos e médios comerciantes tenha se baseado num desses gramaticóides de fim de semana, que de uns anos para cá enchem colunas dominicais de jornais com regrinhas de português do tipo "o que não se deve dizer". Continuam eles a caçar galicismos, como há 100 anos, enquanto as grandes empresas comerciais mergulham no anglicismo usando *delivery* (!), provavelmente sentindo, talvez até inconscientemente, o artificialismo de "em domicílio". Ora, condenar a expressão "a domicílio", de ingresso antiqüíssimo na língua portuguesa, é como querer proibir alguém de dizer, por exemplo, "fazer-se freira" (um "galicismo horroroso" porque os franceses dizem *se faire religieuse*) e obrigá-lo, neste século XXI, a usar o vernáculo "meter-se freira", a exemplo de Camilo, Castilho, Herculano e outros, em amplas abonações que nos dá o grande Mário Barreto (*Novos Estudos da Língua Portuguesa*, Presença/INL/Casa de Rui Barbosa, Rio, 1980, p. 489). (*N. do T.*)

concessão temporária a um arrendatário). Três rendimentos de peso, entretanto, chamam a atenção na economia, antes de mais nada ligeira e administrada com leveza, da senhoria gouberviliana. Em primeiro lugar, a reserva, explorada diretamente pelo próprio dono; em outras palavras, a terra do senhor; terra que está, como vimos, em déficit financeiro; não deixa de ter, de qualquer maneira, um grande fluxo de produtos e de trabalho. Em segundo lugar, o moinho, objeto de ternos cuidados e de reformas justificadas que faz mestre Gilles: o único aluguel que de fato esse moinho lhe dá são 331 alqueires de trigo por ano, quer dizer, muito mais do que qualquer de suas outras rendas do tipo senhorial ou de aluguéis. O terceiro rendimento de peso, afinal, na senhoria, é constituído, sim, pelas corvéias: colheitas sempre e ceifas às vezes são garantidas nas terras de Gilles, como outrora em tempos antiqüíssimos, pelo trabalho sujeito a corvéias. De resto, esses serviços executados por trabalhos gratuitos ou de baixos salários parece que se fazem senão na alegria pelo menos com bom humor e por consenso habitual. As corvéias são anunciadas aos que a ela estão obrigados, na véspera das colheitas, do púlpito, pelos párocos partidários da aliança da casa-grande com a batina. Terminam, nas belas tardes da colheita do trigo, com festas e bebidas, marcadas por danças até meia-noite, no grande celeiro de Mesnil-en-Val; seria possível que essas festas fizessem as pessoas submetidas à corvéia (de resto ignorantes do fato de que há muito desapareceu a mão-de-obra gratuita) esquecer o caráter insólito, até mesmo escandaloso, da tarefa que cumprem? Além disso existe, na casa de Gouberville, uma outra cobrança prévia senhorial que, mais clássica, custa pouco e produz muito: é o direito pombal; os pombos senhoriais vão colher o grão nos campos do pessoal rural e fazem com que esse grão cumpra seu ciclo, através de seu sistema digestivo — o que permite afinal que volte, sob a forma de fértil esterco, às lavouras do dono.

Abandonemos, por um lado, a reserva, que de qualquer maneira não é especificamente senhorial (e sobreviverá incontestavelmente, pouco mais, pouco menos rentável, até nossos dias); e, por outro lado, os setores mais pesados entre os que mencionei (moinho; e serviço de colheita, que é ridículo pelo anacronismo, mas não é exagerado). Constata-se então que (postos de lado esses dois setores), a senhoria do tipo gouberviliano absolutamente não esmaga os que dela dependem. E afinal é muito bem aceita por eles: o senhor, no fim das contas, lhes proporciona, de sua parte, "serviços" incontestáveis. Sua "reserva", pouco voltada para o comércio, distribui emprego e subsistência aos camponeses; constitui, por isso, uma diretriz de segurança para o aldeão. O próprio Gouberville desempenha a função, na ausência de um verdadeiro *leadership**\ de origem rural, de uma espécie de guia local, até mesmo tribal.[51] Arbitra os conflitos, distribui a justiça de pequenas causas, etc. Um bom indicativo dessa aceitação espontânea ou um tanto forçada é a extraordinária raridade, ou simplesmente a ausência total (pelo menos nessa área do Cotentin), da contestação anti-senhorial.[52] Raridade que se faz notar já na história das revoltas populares dessa época, muito mais antifiscais do que anti-senhoriais, na verdade; raridade mais chocante ainda quando, no contexto de uma fatia de vida, como é o diário de mestre Gilles, pode-se comparar a exceção (ou seja, a luta contra o senhor) com a regra (em outras palavras, a resignação cotidiana em relação à ordem existente, ou sua aceitação pura e simples). Um único caso de conflito, de resto ínfimo, surge durante os dez anos que dura o diário,** entretanto tão atento à violência e à emoção populares: é a iniciativa de um trabalhador do campo que protesta contra o direito feudal sobre as searas; uma paulada, evidentemente lamentável, terá feito rapidamente o insolente retomar o bom caminho, sem que em nenhum momento se levante a favor dele qualquer reflexo de solidariedade comunal.

---

*Em inglês no original: "comando", "direção", "liderança", "hegemonia". (*N. do T.*)

**Nem mesmo as obras de excelência excepcional, caso desta, pelo imenso trabalho de pesquisa e investigação que representa, estão livres de um pequeno engano do Autor. Veja-se que algumas páginas atrás, neste mesmo subtítulo ("O olhar de um quase-campo-nês: Gouberville"), diz o Autor que esse diário do fidalgote do Contentin dura 20 anos: "... essas minúsculas anotações, tomadas ao longo do tempo de duração de vinte anos de um diário..." A afirmativa surgida agora, porém, de "dez anos" de duração para o diário, seguramente é a mais correta, uma vez que é repetida mais adiante, por três vezes, ainda neste subtítulo. (*N. do T.*)

À senhoria concebida como instituição corresponde, em outro plano, a nobreza, como valor e como degrau social que discrimina seu titular em face do *vulgum pecus*.* No caso de Gouberville, autenticamente nobre e de raça muito antiga, como vive ele sua nobreza? Digamos de saída que as afinidades quase místicas, liricamente descritas por Noël du Fail, que parecem ser a parte que cabe a essa ordem prestigiosa, nem de longe interessam a esse baixo-normando, decididamente sem pretensões. Não o comovem além das medidas nem o sangue azul transmitido por seu pai e seus ancestrais, que teoricamente corre em suas veias, nem mesmo o sangue vermelho que, para ser fiel à sua vocação marcial de aristocrata, deveria derramar aqui e ali, de suas artérias ou das de alguém em seu lugar, nos campos de batalha.

Essa dupla indiferença pelo heroísmo de cavaleiro andante e pela obsessão da genealogia da raça se explica em primeiro lugar por uma determinada psicologia. Gouberville é muito pouco homem de uma linhagem, porque, como muitos de seus contemporâneos do mundo rural, "ele é natureza": vive o instante, indiferente ao tempo histórico. Mesmo seus pais, falecidos, estão muito distantes de sua memória e de sua sensibilidade. Sua mãe praticamente não é assunto no diário. Ao pai (cuja descendência ainda viva entretanto ele respeita) ele só faz alusão uma ou duas vezes. No caso, por exemplo, de um velho negócio de dinheiro que opôs seu pai a um certo Gilles, o Pedreiro. As únicas pessoas pelas quais o senhor de Mesnil se interessa profundamente são os vivos; e em primeiro lugar seus irmãos e irmãs, para o ódio ou para o amor. Quanto aos mortos, que Deus os tenha; e que sua lembrança se esfume! Espantoso? Num mundo em que pai e mãe morrem cedo, em que perdê-los é um fato comum, o verdadeiro valor são os contemporâneos. É a fratria.[53]

Vamos mais longe: esse homem do campo tornado rude, enfeitado com um título de gentil-homem, não é mais do que alguém que tem um nome de família. A obsessão da onomástica de uma linhagem, na qual estaríamos tentados, leitores de Proust que somos, a ver a marca

---

*Expressão latina que, em bom português, poderia ser traduzida como "a arraia-miúda". (N. do T.)

autêntica da nobreza, praticamente não existe para Gouberville; nesse ponto, ele se amoldou à mentalidade de seus semelhantes. Sua verdadeira identidade não está em seu nome, mas em sua terra, na qual se apóia sua senhoria. Existe ali uma forma apaixonada de ligação com a gleba: ele próprio teoricamente se autonomeia Jacques Picot, escudeiro. Mas desde cedo ele se fez chamar de Gouberville, nome da longa aldeia-rua da qual é senhor. A ponto de um outro Picot, seu primo, contestar-lhe esse patronímico de Gouberville com estardalhaço, chamando-o de usurpador: *Picot fez objeção ao fato de que eu usava o nome de Gouberville*. Entre os amigos do senhor de Gouberville, esse furor de identificação com a terra acaba totalmente com qualquer homonímia entre irmãos. A fratria senhorial permanece com toda a certeza um dos pontos mais poderosos da afetividade. Fica igualmente ameaçada — ela também! — pela fantasia onomástica de uma crise de identidade permanente. Julgue-se por este exemplo: entre quatro irmãos (parentes do autor de nosso diário), um se chama senhor *de Saint-Naser*; o segundo, Robert du *Moncel*, bailio da abadia de Cherbourg; o terceiro é senhor *de Vascognes*, cônego; o quarto, por fim, é o senhor *des Hachées*, que um dia jogará nos dados e perderá para Gouberville sua terra des Hachées, mas conservará apesar disso o nome que tirara desse topônimo! E quantos irmãos havia, ainda, entre os quais a onomástica introduziu diferenças que, em nossa sociedade de nomes bem fixados, seriam inconcebíveis: eis "o barão de Tubeuf e seu irmãos Lalonde"; "meu primo de Bretteville e seu irmão de Briqueville"; "meu primo La Verge, irmão de Jacques Picot", etc. Às vezes, uma anotação do diário nos revela o momento fugaz da mudança de nome: "Jacques Menfot me deu a notícia da troca de nome do senhor barão de la Luthumière"; "O barão d'Auney *atualmente senhor de Neufville* mandou construir uma ponte sobre o riacho". Esses gentis-homens que trocam de nome como de camisa têm uma história onomástica volúvel, só comparável à das mulheres divorciadas de hoje.

Muito pouco "ligado" à sua árvore genealógica, Gouberville também não parece muito consciente dos valores do combate guerreiro, que, no sistema tripartido dos Antiqüíssimos Regimes, correspondem à função dos nobres. Essa função é, como se sabe, a de *bellatores* ("aqueles que guerreiam"), por oposição à de *oratores* do clero ("os que rezam") e aos *aratores* da terceira função ("aqueles que lavram"); mas sabe-se perfeitamente que no século XVI a elite da terceira função e uma parte do clero tinham deixado havia muito, pelo menos um certo número deles, de lavrar, e até mesmo de rezar com empenho! Seria um erro acusar Gouberville de falhar, ele também, no cumprimento da missão que lhe era própria: de qualquer modo ele se comporta, quando soa a convocação para ser soldado, como um "dissimulado" de primeira. Todos os pretextos lhe servem (bronquite, pé destroncado, etc) para não se apresentar ao chamado das proclamações; no tempo de guerra ele teria, na verdade, de cumprir alguns meses de serviço militar no corpo de uma companhia de soldados, de resto mal pagos. Mas, sem escrúpulos, e sem que as pessoas o critiquem por isso, o senhor foge à convocação; em resumo, ele dissimula. É que gosta muito de lutar, mas só contra seus inferiores: os que pelo menos apresentam a vantagem de nunca reagir aos golpes que recebem dele!

Nessas condições, que é então a nobreza para Gouberville? A resposta é simples: fundamentalmente, é pertencer a uma casta, de várias maneiras privilegiada, de proprietários rurais locais, com a qual vive em harmonia; a qual troca visitas de cortesia ou de amizade; mais precisamente, a nobreza é vivida como uma condição especial, que isenta dos impostos do rei a quem goza de seus privilégios. O enobrecimento por suborno burocrático é em primeiro lugar um preservativo contra o fisco. Tem-se uma visão muito clara disso em 1555-1556, quando se faz [o governo faz] uma visita geral de verificação dos títulos de nobreza no Cotentin e em Bessin. Bruscamente, há um enlouquecimento nas mansões senhoriais: *os que não puderam fornecer as provas de sua nobreza no ano anterior foram condenados a pagar seis anos de impostos sobre suas rendas... Jacques Davy, bailio do Cotentin* (e pseudonobre) *foi condenado a pagar 8.000 libras!* De supetão, Gouberville, habitualmente tão pouco cuidadoso em relação a seus ancestrais, fecha-se por um dia inteiro em sua casa, mergulha na sua papelada e nela procura desesperadamente as provas da nobreza de sua família desde 1400 *(era noite quando as encontrei)*, afinal fica fazendo uma cópia delas até meia-noite; poderá, assim, nobreza comprovada, salvar seu direito à isenção de impostos!

Em resumo, Gouberville, que assume, a par de sua senhoria, indiscutíveis e para ele pouco rentáveis funções de *leadership* da aldeia, desse modo é amplamente recompensado, de maneira imprevista, pela isenção de impostos que lhe vale sua nobreza. Isso faz dele um eterno isento de taxas, consciente e organizado. Esse senhor de terras não tem seguramente o espírito de lucro, no sentido capitalista do termo. Mas tem o espírito de *leadership*, senão de casta; e sabe apreciar as doçuras e os lucros do privilégio.

\*

Gouberville tem portanto muito a nos dizer sobre a produção dos bens e sobre a hierarquia dos homens, tal como são vistas, ali por 1555, a partir de uma mansão da baixa Normandia. Num domínio mais íntimo ainda, seu diário faz desfilar diante do leitor os dados básicos, cotidianos ou dramáticos, da existência socializada — vida e morte, nascimento e casamento, alimentação e doença, violência e sexualidade; enfim, num setor mais complexo, política e religião. Em resumo, material para o etnógrafo.

A vida e a morte estão, em primeiro lugar, no nível mais simples, a trindade canônica das cerimônias de estado civil: batizado, casamento, sepultamento; cada um desses com sua carga autônoma de sociabilidade específica, sempre simbolizada pela ingestão de alimentos. O batizado, que abre a caminhada, é muito pouco festejado, reúne apenas a parentela mais próxima, ou seja, o pessoal da intimidade. Celebração discreta, não passa de uma comemoração atrasada da cerimônia de purificação da mãe,\* que consiste, entre o pessoal da roça, em um

---

\*Cerimônia que celebrava a volta da puérpera à igreja depois da quarentena, um agradecimento a Deus. O nome francês da cerimônia, *relevailles*, não tem correspondente exato em português, mas Roberto Alvim Correia e Sary Hauser Steinberg (*Dicionário Escolar Francês-Português Português-Francês,* Ministério da Educação/Fename, Rio, 1982) encontraram uma perfeita explicação em "cerimônias de purificação" (uma vez que se trata de substantivo *pluralia tantum*). (*N. do T.*)

jantar ou uma pequena farra com bebidas restrita a uma dúzia de amigos. Essa refeição ou essa festinha é destinada menos a festejar a chegada ao mundo de um novo bebê do que a concelebrar a volta de uma jovem mãe à vida fecunda e sexual, à Natureza naturante,* ao mundo das esposas disponíveis.

Mas, se o batizado e seus prolongamentos só reúnem um número restrito de pessoas, o mesmo não se dá com o casamento. As núpcias nas aldeiazinhas, nos anos 1550, segundo as descrições goubervilianas, fazem pensar nos esponsais das Bovarys no romance de Flaubert; são acompanhadas, entre os nobres da terra, ou entre os lavradores remediados, por uma orgia de luxo e de consumo ostentatório. Uma cavalgada inicial conduz o jovem noivo e os convidados de seu *partido* à casa da noiva, onde os espera o *partido* dela. A moça, paramentada como uma grande relíquia, está ridiculamente coberta de jóias, emprestadas pelo castelão para a circunstância. Depois da missa, um festim de núpcias funde os dois *partidos*, em um jantar que na casa de um simples arrendatário, importante sem dúvida, pode reunir 80 pessoas em três grandes mesas. Jantar menos ruinoso do que possa parecer, porque os presentes em alimentos dados pelos convidados permitem prover uma boa porção dos custos dos comestíveis. Para um casamento nobre ao qual foi convidado, Gouberville oferecerá carnes de caça: marrecos, patos, coelhos, perdizes, tudo deliciosamente *faisandé*.** Para um casamento de camponeses simples, ele manifestará sua amizade, um tanto mais desdenhosa, restringindo-se, de alto a baixo, a presentes vegetais: oferecerá então aos jovens esposos, e ao banquete rústico para o qual foi convidado, um saco de trigo, uma abóbora, duas dúzias de peras, uma vasilha com hipocraz...***

---

*O termo é específico da filosofia de Spinoza e se refere à natureza como causa das aparências, por oposição à natureza *naturada*. Em outras palavras, é a natureza considerada como causa de seus fenômenos, quer dizer, da essência dos diversos atributos. A explicação, sumária como se vê, pode ser encontrada no *Grand Larousse Encyclopédique*. (N. do T.)

**Carne de caça deixada de espera até o ponto em que começa a entrar em decomposição, quando então é considerada boa para comer. (N. do T.)

***Licor preparado com vinho, mel ou açúcar e canela. (N. do T.)

Essas festividades roceiras, que podem durar dois dias, são acompanhadas de danças, de *poemetos de Natal* recitados por um pastor. Novas cerimônias, alguns dias ou semanas mais tarde, são como que um eco delas: em primeiro lugar a *bem-vinda* (pequena festa para acolher a jovem esposa quando ela faz sua entrada em casa do marido ou dos sogros); depois a *rebatida*, nova pândega pós-nupcial, na qual, sob pretexto de renovar convites, *rebate-se* a comilança em honra do novo casal. O casamento é claramente um dos atos culminantes da sociabilidade da gente do campo: uma fração considerável da aldeia, ou do grupo local de aldeias (fração que, pela endogamia reinante, pode ser tida como uma unidade pura e simples de parentesco difuso), se reencontra diante de si mesma, e dicotomizada em dois "partidos".

O sepultamento, afinal, é ocasião para manifestações sociais certamente não tão alegres, porém menos importantes apenas quanto ao número de participantes reunidos. Os parentes próximos do defunto aparecem em primeiro plano no enterro, abatidos por uma tristeza sincera que em homens rudes se distingue muito pouco de um sentimento mais geral de cólera ou de melancolia (eles se declaram, efetivamente, a exemplo de Gouberville, *melancólicos ou prostrados* pela morte da pessoa próxima). E esse abatimento é tão poderoso que, passado o ofício funerário, retira-lhes por um momento, fato prodigioso, a vontade de comer. Mas esse momento de fraqueza, indigno de uma alma normanda, é rapidamente superado. À mesa! Dois jantares, um de menores proporções, para os íntimos, outro mais amplo, para a parentela difusa, reúnem os amigos mais próximos e os não tão próximos do falecido. Passado o jantar, os "interessados", derramando lágrimas de crocodilo, procedem à divisão da herança, na seqüência implacável que caracteriza os hábitos da Normandia: hábitos que anulam, como se sabe, toda vontade do morto, e dão a cada herdeiro sua parte segundo seu direito estrito *(é meu direito e eu o exijo!)*. Superado o momento do jantar, os olhos se voltam para o cofre: contam-se, repartem-se os escudos. E depois, aproveitando o embalo, repartem-se (em lotes iguais ou desiguais, de acordo com os herdeiros) as vacas, os arados, as carroças e os arreios; as selas dos cavalos no estábulo, a lã no celeiro, as sidras, os vinhos, se houver; os porcos, a baixela de estanho, os aquecedores, os caldeirões, as panelas de ferro; as cadeiras, os escabelos, as mesas, os bancos; e depois as peças de linho, os carneiros, as sementes de linho, a produção do ano de cânhamo; por fim, os campos, no meio dos quais, para melhor dividir, segundo o método dos viquingues, estendem-se cordas de separação: *divisas* ou pedras de limite em seguida serão estendidos ao longo das fronteiras assim traçadas...

Antes de morrer, e de fazer, quando se tem condições para isso, a felicidade triste de um herdeiro, convém primeiro ficar doente; e mais de uma vez; e gravemente. A doença, a ameaça constante da morte, descritas sem meias palavras e filosoficamente aceitas, estão no centro do diário do mestre de Mesnil-en-Val. Não que Gouberville tenha contato freqüente com as grandes epidemias, que monopolizam, como é natural, a atenção dos historiadores; e que representam de fato (como num outro plano as revoltas) o escândalo certamente normal quando se sai do ramerrão cotidiano. Gouberville em dez anos não menciona mais do que uma onda de peste, em 1562: a onda poupa sua mansão; a esse respeito, ele se limita a dar a sua irmã o presente judicioso de um bode, cujo fedor fará com que as pulgas pestilentas fujam... As doenças com as quais nosso nobre se confronta freqüentemente são sobretudo aquelas, mais rotineiras, do ano comum: as epidemias misteriosas que fazem com que se recolham ao leito a metade de seus empregados; de saída elas deixam o arado encostado, pois ninguém nessas circunstâncias tem forças para manejá-lo. São essas grandes "gripes" enigmáticas que sobem "do estômago para o cérebro" e que a gente contrai comendo camarão à beira de uma praia gelada; ou comendo, depois de ter jantado, uma porção de frios, claramente deteriorados, numa cozinha cheia de correntes de ar. A sintomatologia das doenças antigas é uma verdadeira paulada na cabeça, e evitarei a tentativa de informar a que poderiam corresponder esses males contagiosos, essas gripes, essas febres que, de tempos em tempos, deixavam o Cotentin em estado de desolação, e causavam com toda certeza muitas mortes. Uma das causas de tais flagelos residia provavelmente na absorção de alimentos fora de seu melhor estado; um outro fator consistia na falta de higiene:

Gouberville, com efeito, não se barbeia nunca, compra sabonete uma vez a cada dez anos; e por nada deste mundo proporcionaria a si mesmo um banho, nem mesmo de mar; no máximo limitar-se-ia a vigiar, a cada ano, o único e ritual banho de mar que tomam, nas praias do canal da Mancha, muito próximas, seus jovens empregados da secagem de feno. Provavelmente sifilítico, esse nobre senhor seria nauseabundo?

Contra a doença, no entanto, a exemplo de seus vizinhos, ele vai à luta a todos os instantes. E busca curar pela boa alimentação, em primeiro lugar, os efeitos da má alimentação. Contra sua famosa doença causada pelas carnes frias, e que o ataca na cabeça, nos rins, no coração e em todos os membros, ele se trata com ameixas açucaradas, uvas de Damasco e vinho velho. Para curar o estômago, quando o tem revirado, toma em grandes quantidades gelatina de pata de bezerro. Quando vomita? Uma sobrecocha de carneiro regada por uma boa garrafa de vinho velho estará encarregada de reconfortar-lhe o tubo digestivo. Claro, Gouberville, senhor de sua aldeia, nela se considera um pouco como o "médico caridoso", sempre pronto a "tratar" de graça de seus vassalos e seus vizinhos. Quando um de seus trabalhadores cai doente, necessitando suar para que a febre caia, numa cama especial ao pé do fogo, junto da qual estão dezenas de parentes e amigos, reunidos como multidão inquieta e faladeira, esteja certo de que o senhor não tardará nada em se apresentar. Chegará lá bem antes dos barbeiros, para não falar dos médicos, sempre ausentes. E ei-lo que chega, que lanceta os furúnculos, que desaconselha ou permite doutamente a sangria; que fabrica remédios de rizoma para cuidar dos tumores; que põe sobre as pernas quebradas emplastros da planta medicinal chamada *tourmentine.* \* Curandeiro funcionando como traumatologista improvisado nesses momentos esquecidos, faz "o melhor que pode", em companhia do vigário que lhe serve de auxiliar de cirurgia, pelos joelhos deslocados daqueles que lhe pagam foro. Às senhoras gravemente doentes,

---

\*Não foi possível encontrar em nenhum dicionário francês-português o verbete *tourmentine*, para saber o nome correspondente em português dessa planta medicinal. Na verdade, nas enciclopédias (*Grand Larousse, Quillet*) e nos dicionários simplesmente franceses (*Robert*) que pude consultar também não consta essa palavra. (*N. do T.*)

receita uma avalanche de pratos de cabrito e de tortas supostamente servindo como remédios para a doença, mas que talvez apressem a morte dessas pobres mulheres. Porque o senhor daquelas terras — alguma dúvida quanto a isso? — revela-se fortemente hostil à dieta. Assim como assim, quando seus empregados apresentam aspecto doentio, Gouberville parece mais inspirado, administrando-lhes um caldo de sua confecção, à base de acelga, borragem e espinafre, temperado com vinho azedo, gema de ovo e manteiga fresca; um caldo que não é necessariamente contra-indicado. E eu não poderia esquecer seu leite de cabra para a dor de cabeça; chá de espinheiro para a cólica; folhas de couve para eliminar o fogo de uma perna doente; finalmente, seu misterioso chá de agrião, sempre preparado por um padre, mas do qual ignoramos — quem somos nós? — a utilidade específica. Claro, Gouberville sozinho não pode debelar todas as doenças que perseguem o cantão que habita. De fato, na sua região, implantou-se, durante o decênio de 1550, uma modesta organização médica, ou paramédica, de frágil eficácia, mas de indiscutíveis boas intenções. O senhor mantém, com os diversos níveis da hierarquia desse serviço de saúde, relações mais ou menos calorosas...

São relações muito novas e às vezes francamente hostis, sobretudo no que concerne ao pequeno grupo de barbeiros locais, situados no grau mais baixo da escala. Os barbeiros são realmente personagens miúdos, cuja consulta custa de 5 a 8 *sous* (3 *sous* apenas quando não deixam sua loja, ou seja, quando se vai a eles para recorrer a seus serviços). Não dispõem da literatura médica que Gouberville, sim, conhece de verdade ou pretensamente. E depois, o que é mais importante, a técnica de conhecimento dos barbeiros, cujo objetivo é esvaziar pela sangria o excesso de sangue, considerando que estava no corpo tal princípio maligno, é exatamente o oposto das concepções de Gouberville (decididamente folclóricas e populares): a se acreditar na prática do senhor local, com efeito, as doenças não resultam de um excesso de humor infeccionado perigoso (justificativa para a sangria e, mais tarde — nos tempos molierescos — para a purgação); derivam totalmente de uma ausência de substância, de um vazio que se deve fazer força para preencher pela ingestão de carnes, de bebidas alcoólicas, de especiarias ou de plantas medicinais. Uma vez preenchido esse vazio, a saúde estará de volta. Essas duas posições distintas, a do barbeiro e a do senhor (a de Gouberville provavelmente mais próxima da sabedoria local e camponesa), são mutuamente contraditórias; e não é surpreendente que, de tempos em tempos, haja um *clash*\* entre os dois tipos de terapêutica, o que cuida do vazio e o que cuida do excesso. Nessa querela, a bem dizer, a teoria de mestre Gilles sai sempre vencedora, pela virtude simples do princípio de autoridade senhorial.

Acima dos barbeiros, impõem-se os charlatães, eles também encarregados das pequenas misérias da fisiologia camponesa. São geralmente padres: vigários ou *missires*\*\* (outra distração desses *missires* é a criação de abelhas e a fabricação do mel). Esses charlatães clericais cobram caro (33 *sous* a consulta); sabem curar, com maior ou menor habilidade, as distensões e entorses, e também praticam a medicina empírica à base de ervas, inspirada nas tradições locais. Tudo isso lhes confere um prestígio superior àquele de que gozam os artesãos da lanceta e da barba, já citados.

Afinal, no topo da pirâmide, longínquos e quase inacessíveis, não deixando seus postos a não ser em raras ocasiões, estão (na cidade) os médicos diplomados e licenciados. Cobram caríssimo (só a gorjeta dada a seu lacaio equivale ao preço da consulta de um barbeiro!). E depois, é claro, o médico de Cherbourg ou de Valognes não se digna a incomodar-se para ir à cabeceira de um pobre camponês doente, perdido em uma fazenda no *bocage*. É, portanto, o paciente que vai ao médico; ou então, se esse paciente, impossibilitado de deixar o leito, não pode ser transportado, é sua urina que vai; é a *água* ou o *estado* [líqüido] do cliente que lhe serve de documento e que um amigo transporta num frasco especial, até o domicí-

---

\*Em inglês no original ("choque violento e estrepitoso"). (*N. do T.*)
\*\*O autor usa uma grafia pela qual, provavelmente, tenta se aproximar da pronúncia camponesa da época, correspondente ao termo *messire* ("meu senhor"), tratamento honorífico reservado aos grandes senhores na Idade Média, depois dispensado a clérigos ("monsenhor"), advogados ou médicos ilustres. Etimologicamente, está no *Robert*, trata-se da união de *mes* (caso sujeito de *mon*) e *sire* ("senhor" medieval, do latim *senior*). (*N. do T.*)

lio do mortícola.* Diante dessa *água*, de seu aspecto turvo, de sua cor e de suas partículas em suspensão, o médico receitará tal ou qual remédio: vinho da região, sidra de determinada aldeia, cerveja da abadia de Cherbourg, etc. Nas grandes estradas que levam às cidades, durante períodos de epidemia, podem ser vistas aqui e ali pessoas transportando os frascos de urina na ida, os frascos de cerveja na volta.

Por tudo que foi dito, adivinha-se o lugar imenso que ocupavam, líqüidos ou sólidos, os alimentos fortes no sistema de valores dos homens do grupo social a que pertence Gouberville. Fundamentalmente, o senhor em questão não é um cerebral, mas um "ventral". Para esse nobre rural, aos olhos de quem o fato de pertencer à ordem da nobreza desvalorizou um bocado o trabalho braçal, e que por outro lado (sua magra biblioteca é prova disso) não dá senão uma importância menor às atividades do intelecto, a "relação com o corpo" é, quase que essencialmente, uma relação com o estômago. Verdade válida para os fidalgotes provincianos, essa afirmação se justifica mais ainda em relação aos membros do clero, a um tempo grandes bebedores e grandes comedores (excetuo, claro, o proletariado dos vigários, parcialmente povoado por barrigas vazias). Tanto que os encontros de mestre Gilles com tal ou qual figurão do clero (prior, cônego) são pretextos para sólidas performances gastronômicas. Alguns cardápios, pinçados ao acaso, são eloqüentes sob esse ponto de vista. Por ocasião da refeição de 18 de setembro de 1554, na casa-grande, com três comensais (quer dizer, Gouberville, um prior e um bailio), eis aqui:

Dois frangos recheados de toicinho
Dois filhotes de perdiz
Uma lebre
Torta de carne de "caça" (veado).

---

*"Aquele que cultiva a morte." A palavra é criação exclusiva de Léon Daudet e título de um de seus romances (*Les Morticoles*, 1894). Usada (hoje muito raramente) de modo pejorativo como referência aos médicos. Formação erudita (ver *Grand Larousse Encyclopédique*) sobre o latim *mors, mortis* e sufixo *cola*, do verbo *colere*, cultivar. (*N. do T.*)

E por ocasião da "refeição leve" de 24 de janeiro de 1553 (feita por Gouberville, logo depois de seu jantar, com três cônegos que chegam razoavelmente enfastiados de Cherbourg para tratar da regulamentação dos dízimos):

Um frango d'água
Um pombo
Uma perdiz
Uma torta de javali
Vinho seco e vinho de refeição, à vontade.

(Depois dessa refeição leve pós-jantar, os convivas foram visitar para uma avaliação as terras referentes aos dízimos.)

Jantar de 22 de agosto de 1553, com Gouberville, o pároco de Cherbourg, mais quatro homens e a esposa de um deles:

Carne correspondente a uma libra tornesa e 2 *sous*
Dois frangos
Açúcar, canela, uma pitada de cravo-da-índia, pimenta, açafrão, gengibre, pequena quantidade de temperos para fazer "descer" toda essa carne
Quatro jarras de vinho compradas em Valognes
Quatro jarras de vinho compradas em Cherbourg
Uma jarra de hipocraz ou de vinho temperado (a "jarra" corresponde a mais ou menos dois litros).

Essas bebidas, esses excessos de carne serão compensações pelo ascetismo dos tempos das refeições sem carne? Não, absolutamente. Porque ao excesso de carne sucede-se então uma abundância de peixes. Tudo o que há é uma mudança de proteínas, mas as quantidades absorvidas permanecem sempre respeitáveis. O mar fica ali pertinho; a Mancha com suas reservas à época infinitas... A mais modesta refeição sem carne da Quaresma ou de sexta-feira, desde que haja padres ou simplesmente amigos convidados, exige que sejam servidas quatro, seis ou sete qualidades diferentes de peixes, sendo servido à sobremesa um outro peixe do mar. E não se diga que os peixes do mar dos anos 1550 eram menores do que os de hoje! Muito pelo contrário! Vê-se que as boas tradições culinárias das classes dirigentes francesas mergulham raízes profundas no comportamento dos pequenos grupos de privilegiados do fundo do mato, desde o fim da Idade Média ou início do Renascimento. À mesma época, as camadas superiores dos homens do campo tentavam, nos dias santos ou nas festas de casamento, imitar as festanças dos nobres, eventualmente breughelianas. Quanto à massa dos trabalhadores braçais ou dos lavradores mais medíocres, às vezes era rejeitada por imposição da penúria, em temporadas de colheita ruim (o diário de Gouberville, em dez anos cobertos por sua prosa, não indica, quanto a isso, a bem dizer, nem um único que tenha sido de escassez e calamitoso em relação ao trigo; o que pode muito bem formar, para esse período, uma proporção de um para dez, perfeitamente normal).

Num mundo de relativa pobreza, a nobreza rural do Cotentin soube constituir, em volta de seu círculo imediato, sem exclusão do trabalhador do campo, "pequenas vagas de sólida alimentação"... Muitas dessas ilhazinhas também são às vezes (mais do que no século seguinte, que seria mais civilizado) refúgios de devassidão e de violência.

A "devassidão" é de todos os tempos, ora mais, ora menos intensa, por isso só nos interessa, aqui, como concretamente encarnada nos costumes do momento que estudamos. Digamos que por volta de 1555, entre os fidalgos do campo, ela quase que se resume à sexualidade extraconjugal, à qual está amalgamada em nome de uma censura bonacheirona; portanto é, simultaneamente, florescente, carregada de culpa e senhorial. Florescente entre os nobres, machos ou fêmeas, ela produz grande número de bastardos e uma certa sem-cerimônia dos concubinatos — bastardos e concubinatos que batem, parece, todos os records, superando mesmo as marcas posteriores da idade clássica (segundo as pesquisas da Sra. Claude Grimmer). Carregada de culpa e vergonhosa, pelo menos quando se trata da palavra escrita, ela só é expressa, num diário íntimo, sob a capa do alfabeto grego, certamente fácil de decifrar: Gouberville, graças a essa dissimulação "helênica", pode contar disfarçadamente suas aventuras amorosas, que lhe são em geral rotineiras com Simonet — sua meia-irmã natural e companheira de aventuras. Essas narrativas, secas, cerimoniosas, pudicas, feitas através de alusões, nada têm, é preciso dizer, do desembaraço rabelaisiano (Rabelais, afinal, talvez não representasse mais o espírito de seu tempo como os surrealistas ou os pintores de Montparnasse não representarão a mentalidade do francês médio de 1925...). Senhorial, por fim, a heterossexualidade do senhor celibatário se exerce sob a forma atenuada de uma espécie de direito de sedução, oficioso e local, tacitamente admitido pelas famílias das mulheres à custa das quais ou em benefício das quais esse direito se exerce. Uma das amantes mais conhecidas de Gouberville é Hélène Vaultier, irmã de um lavrador, cuja casa fica perto da mansão. Essa moça seduziu o senhor Gilles em dezembro de 1553, num dia em que, em casa dela, na presença dele, ela aquece o forno e debulha o trigo. Gilles a engravida, depois continua a freqüentar-lhe a casa em companhia de Simonet (*não nos importamos com Hélène*); ele informa, de acordo com o costume, sobre essa gravidez o irmão da moça, ao qual pagará, parece, a compensação prevista nesse caso; confessará longamente seu erro, no fim do ano, a um padre de Cherbourg, ao qual terá oferecido previamente uma boa refeição. Condenado por esse padre à penitência de uma peregrinação, que deverá cumprir disfarçado de homem do mar, Gilles estará finalmente purificado de seu pecado, e pronto, talvez, a recomeçar tudo (?).

A violência, por sua vez, não é o apanágio de todos os nobres. Gouberville, por exemplo (se não levarmos em conta as correções domésticas que ele distribui a torto e a direito para o bom andamento das coisas da mansão), pratica em geral uma política de não agressão. Mas os homens de seu grupo social e, de modo mais amplo, as pessoas de alta condição, usam em larga escala, por volta de 1555, tanto quanto os "vilões", o ataque físico contra o próximo. Dos oito assassinatos que em dez anos chamaram a atenção de mestre Gilles em seu diário sete foram cometidos por pessoas de alta estirpe — geralmente nobres, às vezes grandes proprietários ou togados. Estamos, então, tipicamente diante de uma delinqüência à moda antiga ou antiqüíssima: delinqüência assassina, e perpetrada não apenas pelos rústicos dos campos, mas também pelos membros dos grupos superiores. Em oposição com a criminalidade do tipo mais recente: esta, com efeito, como mostrarão Boutelet e Chaunu, voltar-se-á mais para o roubo do que para o homicídio; e, de todo modo, diferença capital com a Idade Média ou o século XVI, a violência atual será mais um fato das classes baixas do que dos grupos elevados.

Outra diferença com as épocas mais próximas de nós: os tribunais do século XVI, muito freqüentemente, deixam de sancionar, até mesmo de citar, essa violência arcaica de alguns privilegiados da época. Nesse Cotentin do tempo de Henrique II, cada um tenta, se for possível, fazer a própria justiça; perseguindo e castigando o assassino que matou um parente seu, ou o ladrão que roubou esse ou aquele móvel, dinheiro ou gado. Tudo isso pode terminar, nos casos menos perigosos, diante de uma mesa de refeição, iniciativa de uma terceira pessoa, que funciona como mediadora. Esse terceiro (Gouberville, por exemplo) coroa assim a obra de conciliação durante a qual negocia uma compensação financeira, paga pelo ofensor ao ofendido: em princípio, esse acordo ou decisão fecha a querela. A decisão baixo-normanda do século XVI, puramente consuetudinária, praticamente não está inscrita nos códigos. Tem, de todo modo, a vantagem de evitar uma interminável *vendetta*.*

Tudo isso não quer dizer que os juízes ou os tribunais não tenham trabalho. Muito pelo contrário. Gouberville, como todo normando autêntico do Antigo Regime, é demandista ao extremo, por tudo e por nada recorre aos tribunais, é homem de uma paixão abusiva, até mesmo ruinosa. Para ganhar seus processos, nosso homem se arruína em doações de garrafões de vinho, de cabritos, filhotes de lebre, perdizes,

---

*Em francês, a palavra (sem grifo no original) se refere principalmente à realidade da Córsega ("prosseguimento da vingança de uma ofensa ou de um assassinato que se transmite a todos os parentes da vítima"). Aqui, entretanto, o Autor a emprega de modo generalizado, como se vê. (*N. do T.*)

coelhos, distribuídos aos juízes e advogados. Isso lhe custa uma pequena fortuna, traduzida em dezenas de libras tornesas e dezenas de peças de caça, para recuperar, ao fim de um julgamento favorável, uma renda senhorial de 30 *sous* por ano correspondente ao preço de vinte ou trinta livros. É verdade que em princípio se trata de uma renda perpétua... Lugar geométrico de todos os paradoxos (a nossos olhos), esse homem, praticamente incapaz de vender regularmente seus sacos de trigo num mercado, incapaz também de orientar seu domínio, em massa, para os corredores mercantis, em compensação passa horas em atitude de avarento diante de uma cesta de maçãs que deve ser repartida entre ele e outros herdeiros; e se arruína em chicanas de tribunais...

Gouberville, portanto, não se dobra inteiramente ao espírito do capitalismo nem à ética protestante. E isso apesar de suas simpatias huguenotes, indiscutíveis. Sua personalidade (simpática) parece-me uma curiosa mistura de traços, dos quais uns são arcaicos, outros mostram claramente aspectos modernos: no passivo, observam-se nesse homem as atitudes econômicas orientadas no sentido da conservação e no sentido da aquisição de bens, muito mais do que no sentido do aproveitamento; no ativo, deveriam figurar suas inclinações huguenotes? E seu gosto paradoxal pela inovação técnica, num meio de tradicional autoconsumo?

Essas misturas curiosas, investidas na indestrutível unidade de uma personagem bem integrada, estão provavelmente longe de ser atípicas, uma vez que podem ser encontradas, em doses variadas, na cultura e na sociedade dos homens do campo daquele tempo, tais como com toda a candura os observa mestre Gilles através de suas anotações diárias.

Dizer que a cultura do homem rural dessa época (no sentido antropológico da palavra "cultura") é um composto de arcaísmo (sempre ele...) e de modernidade será enunciar o mais perigoso dos truísmos. Para o historiógrafo dos campos, contudo, o interesse começa quando se busca dosar os elementos da mistura, e a harmonia de suas proporções.

Para o ativo da modernidade na cultura agreste do Cotentin deve-se pôr em primeiro lugar a instrução: os trabalhadores do campo da baixa Normandia, desde o século XVI, inclinam-se no sentido de uma França menos analfabeta. Em 1560-1580, suas crianças (ou pelo menos uma parte dos meninos) são escolarizadas; formam o grupo na idade específica dos escolares, diferente dos jovens solteiros e dos homens casados. Mestre Gilles, na saída da missa, de tempos em tempos faz esses meninos recitarem as lições ou os *poemetos,*\* dando-lhes tapinhas nas bochechas; distribuía alguns *liards*\*\* aos mais sabidos deles, entre os quais havia filhos dos trabalhadores agrícolas; chega-se ao ponto de que em 1576, nessa paróquia, um número nada desprezível de homens saberá assinar (mas as mulheres continuarão dominadas pela ignorância). Entretanto, essa pequena instrução não alça vôo além de limites estreitos... O Cotentin rural faz sua entrada na "galáxia de Gutenberg", mas é andando para trás que entra lá, e com os olhos voltados para um passado sem escrita. Mesmo na casa-grande e na residência paroquial, os únicos domicílios que possuem obras impressas, o número de livros disponíveis continua baixo: em casa de Gouberville, por exemplo, *Amadis de Gaula, o Príncipe Nicolau, Nostradamus* e um tratado jurídico formam a base daquilo que não ousamos chamar de "biblioteca": ao todo são menos de dez volumes. Alguns desses livros, deve-se reconhecer, são verdadeiramente populares nas terras da mansão senhorial; um trabalhador da região ganhou o apelido de *Nostradamus*; e o senhor, nos dias de chuva, lia *Amadis de Gaula*, com seu sotaque normando, para seus empregados reunidos. Mas, afinal, a despeito desses esforços louváveis, o incentivo à leitura vespertina não é sempre dos mais poderosos (na própria casa-grande, quando cai a noite, tudo o que se tem são velas; o tempo das lâmpadas de óleo ainda não teria chegado?).

Tudo isso seria uma contribuição para os documentos de uma pesquisa mais geral sobre os dados materiais da cultura, sobre as ferramentas básicas que impulsionavam o desenvolvimento mental e a sensibilidade

---

\*Uso grifo porque o próprio Autor o usa ao empregar o termo do francês antigo *dictier*, no original. E pela segunda vez o faz. Neste mesmo capítulo já empregou a palavra em grifo ao referir-se a *poemetos de Natal*, quando explicava as festas camponesas, algumas páginas atrás. (*N. do T.*)
\*\*O *liard* é uma antiga moeda francesa de cobre, de valor muito baixo, correspondente a três denários ou à quarta parte de um *sou* (segundo o *Robert*). (*N. do T.*)

dos homens da região. Quanto a esses pontos, limitar-me-ei a alguns exemplos tirados do diário: naquilo que concerne à percepção do tempo. Gouberville, por exemplo, tem um relógio. Mas se trata do único a medir o tempo, em sua aldeia. Numa outra ordem de idéias, se a gama das cores, ou antes das tinturas, tais como as observamos nos vestidos das mulheres ou nas roupas dos homens, é muito variada, incluindo "o banco, o preto, o vermelho, o violeta, o amarelo, o pardo, o marrom escuro e o cinzento", seremos curiosamente surpreendidos com a ausência, nesses panos para as roupas do pessoal do campo, do verde e do azul. Explicar-se-iam essas carências, no primeiro caso, por um tabu (o verde é a cor dos loucos), e, no segundo, por ser tão caro o pastel?

Seja como for quanto a esses detalhes ínfimos, e talvez significativos, a instrução "alfabética" e a escolarização, por eficientes que sejam, ainda soam como intromissões nesses grupos provincianos que, em quase tudo na vida cultural, utilizam-se dos hábitos antigos da transmissão oral e da sociabilidade folclórica. Folclore de inverno, antes de tudo, que se organiza na sociedade gouberviliana em volta da lenha de Natal,* do bolo de Reis, das fantasias, dos *momons*** e das "impregnações alcoólicas" da Terça-Feira Gorda. Durante o verão, as fogueiras de São João, as danças da colheita e o teatro, muitas vezes urbano, dos *Mistérios* e das *Moralidades*, pelo qual o público da roça se apaixona loucamente, todas essas coisas continuam suas carreiras tradicionais. Por toda a estação, as execuções da pena capital e os suplícios, grandes espetáculos de caráter exemplar urbano, constituem para os roceiros, numerosos e vindos de muito longe, a mais selvagem das tragédias disponíveis. Na aldeia, esportes muito variados, a chula,***

*A lenha de Natal (*bûche de Noel*) neste caso tanto pode ser uma tradicional fogueira de Natal em que se queimava um grosso tronco de lenha, como um bolo em forma de tronco que se preparava para a festa do nascimento do Menino. (N. do T.)
**Dança carnavalesca de mascarados. Não há expressão exatamente correspondente em português. Talvez "mascarada", como substantivo. (N. do T.)
***Complicado jogo em que mais de 20 e às vezes até 200 homens corriam atrás de uma bola por distância ilimitada e através de vales e montanhas, subidas e descidas, pontes e riachos, etc, com um ponto final fixo. Era um jogo tipicamente da ralé, da gentinha, enquanto burgueses e nobres só jogavam a péla. Não encontrei tradução portuguesa para *choule*, o nome original, mas a adaptação parece óbvia, por isso a fiz. (N. do T.)

a péla, a conca, o jogo da bola, o jogo da quilha, a volataria* põem os habitantes frente a frente em campos opostos, especialmente os casados contra os solteiros. Quanto às mulheres (que estão em princípio na base dessa demarcação traçada no grupo dos machos), não têm mais do que um papel passivo nesses jogos, de espectadoras ou de *supporters*.** Quanto às distrações de recinto fechado ou de sociedade, sobretudo durante o inverno, os empregados jogam baralho; os nobres jogam gamão, fazendo apostas consideráveis (terras, moinhos). Padres, enfim, disputam na soleira de sua porta, de manhãzinha, graves partidas de dados.

A cultura maciça e séria desse tempo dispõe, claro, no nível das massas populares e de suas elites tradicionais, de seu núcleo central: a religião. Freqüentemente, uma religião supersticiosa e complicada, especialmente no campo, onde sobrevivem heranças do paganismo. Gouberville e seus pares souberam, também nesse terreno, manifestar sua preocupação de poder: na própria igreja, instalaram suas redes, salvaguardaram seus interesses, introduziram seus homens. Os párocos do campo, primando pela ausência e ocupando cumulativamente vários cargos (ligados ao mundo nobre, afinal, pelo privilégio ou mesmo pelo nascimento), não são, sob esse ponto de vista, rivais muito perigosos para um nobre rural, quando este sabe o que quer. Porque esses párocos estão muitas vezes, cada um deles, encarregados de três paróquias, afastadas umas das outras. Na realidade, não chegam a controlar nenhuma delas; e se limitam a visitar uma ou outra, uma vez ao ano, por ocasião de um jubileu.*** O que há é que, certamente, eles "rezam a Deus por seu rebanho", mas fazem-no quase sempre situando-se o mais loge possível das ovelhas em questão. Nessas condições, os incontáveis vigários (sem falar dos padres não incardinados, isto é, não ligados precisamente a nenhuma paróquia e portanto em deslocamento permanente) são os responsáveis reais pelo bom funcionamen-

---

*Caça com falcão. Esta, já se vê, mais nobre como modalidade esportiva. (N. do T.)
**Em inglês no original: "torcedoras". (N. do T.)
***Prática devocional a que são convocados os fiéis católicos, de tempos em tempos, para o recebimento de indulgências. (N. do T.)

to da alma rural. Ora, seu poder contestatário em relação ao senhor é extremamente frágil — basta o senhor rosnar para que entrem na linha direitinho. Como poderia ser de outro jeito? Pobres, os vigários exercem muitas vezes um segundo ofício, freqüentemente manual, para sobreviver — cardam a lã, derretem a cera, comprimem o mel, capturam os enxames, semeiam o trigo, consertam as casas de moinho, funcionam como carteiros rurais, transportam carne de boi ou pedras de pavimentação... tanta coisa mais, que sei eu? Os mais felizes, muito poucos, desempenham o ofício de médicos, cuidando ao mesmo tempo das almas e dos corpos. Gouberville conduz, então, com autoritarismo esse pequeno mundo clerical e despossuído, ao qual concede uma amizade vigilante: os vigários de Mesnil o mandam buscar a cada domingo, ao raiar do dia, para que ele se digne assistir ao interminável ofício dominical (o canto de matinas, seguido de uma missa de Nossa Senhora, à qual se segue a missa paroquial, coroada enfim por uma última missa, funerária ou alguma outra)... Quando a multidão escasseia, o canto desafina, o vigário passou da conta na bebida, o senhor não hesita, em plena igreja, em repreeender asperamente os culpados.

Porque Gouberville é sinceramente piedoso: crê em Deus, com uma fé comovedora; é mesmo devoto à moda antiga e de todo coração integrado às indulgências; como muitos fidalgos do Oeste da França é, entretanto, influenciado pelo protestantismo. Seu alfaiate é huguenote; ele próprio vai ao culto, a partir de 1561; e manda os rapazes de sua fazenda freqüentarem o culto, e converteu suavemente os lavradores mais influentes da aldeia, que são seus amigos, à nova religião. Poder-se-ia imaginar que no Cotentin e em Bessin teria havido, afinal, uma evolução "à inglesa"; as aldeias, sob a influência de seus senhores e mestres, deslizavam no sentido do protestantismo; e os ditos senhores aproveitavam para agarrar, do modo mais piedoso possível, os bens das igrejas. Mas a operação, dessa vez, seria de enorme envergadura para conseguir sucesso assim tão facilmente. Contar com uma evolução gradual maciça, pacífica, no sentido da "heresia", seria não levar em consideração as cidades, especialmente não levar em consideração as pequenas cidades, bem mais influentes na França do que na Grã-

pelas senhorias contribui, afinal, para um isolamento maior daquelas que ainda consideram homens como seus súditos.

Lucidamente, Pierre de Saint-Jacob pôs sob o signo da fisiocracia as transformações pelas quais passou o organismo senhorial no século XVIII. Não se trata, evidentemente, de exagerar, a propósito disso, o impacto nem mesmo imaginar uma influência direta dos escritos de Quesnay: no caso, eles são sintomáticos, mais do que determinantes. A fisiocracia é apenas o nome cômodo que Saint-Jacob dá às tentativas de estabelecer grandes ou médias culturas com rendimentos territoriais e arrendamentos: essas tentativas, borgonhesas ou não, têm como ponto de partida a reserva senhorial, concebida como base de iniciativa e como pólo de crescimento; por motivos egoístas e até contestáveis, elas procuram limitar em proveito próprio o número de "patos co- xos", que é como chamavam as pequenas concessões de terras, cujo arquipélago, fragilmente rentável, caracterizava o império da senhoria do velho tipo. A "fisiocracia", quando opera assim em massa, trabalha em proveito das grandes áreas, ou relativamente grandes; seu objetivo é corresponder melhor às solicitações do mercado, quer dizer, afinal de contas, à fome das cidades; como às necessidades crescentes da urbanização, e do consumo. O borgonhês Varenne de Lonvoy,[27] por exemplo, adquire a senhoria de duas aldeias no fim do reinado de Luís XV. A brutalidade desse indivíduo chega a tal ponto que desenvolverá, como contrapartida, nessas localidades, o espírito revolucionário que acabou por predominar no fim do século. Ora, Varenne de Lonvoy é o tipo acabado das personagens grosseiras que, sob o abrigo da etiqueta senhorial e junto com pequeno grupo nobiliárquico, impulsionam no campo um certo tipo de capitalismo: o Sr. de Lonvoy reagrupa terras a qualquer preço; junta a seu domínio pequenas propriedades e também terras de antigas culturas de linho ou cânhamo que pertenceram a cam- poneses; cria campinas artificiais; fecha seus pastos; apodera-se das terras comunais "que reuniu sob seu domínio"; rega suas campinas com a água do ex-moinho de uso da comunidade, símbolo decadente de uma feudalidade, ou de uma comunidade, contra a qual esse rea- grupador de terras se volta, em benefício da grande propriedade teré na cidade que surgem os primeiros germes da renovação reformada. Mas também é na cidade que se acham, estranhamente, as forças poderosas da renovação cultural... e católica. É verdade que a Normandia, por mais setentrional que seja, é uma região latina. O catolicismo lá é, por esse simples fato, mais coriáceo e menos sujeito a ser desarraigado como na Alemanha ou na Inglaterra...

CAPÍTULO III O traumatismo das guerras religiosas
e guerras da Liga (1560-1595)

## O ECOSSISTEMA EM PERSPECTIVA

Ao fim da imensa flutuação que forneceu a trama dos capítulos precedentes, os decênios 1540-1560 viram a reconstituição do ecossistema rural da França se acabar. Não sem modificações ou particularidades da época. Mas afinal, de certo modo, da mesma forma como tinha funcionado por si próprio no fim do século XIII e no século XIV anterior à peste. E da mesma forma como continuará a operar, não sem oscilações, por causa de suas regras internas de equilíbrio homeostático, durante todo o século XVII e até por volta de 1700-1720; esse ecossistema tem suas massas demográficas habituais (uns vinte milhões de habitantes), seus rendimentos cerealistas, seus volumes de produção agrícola, individuais e globais, pressupostos pelas exigências estatísticas dos milhões de homens. À razão de 210 a 240 quilos de cereais por ano e por habitante (o número leva em conta as crianças, que comem menos do que os adultos), e acrescentando as quantidades de grãos necessárias para as sementes e para o consumo animal, os vinte milhões de habitantes que, pouco mais pouco menos, povoam a "França" de 1550 a 1720 devem consumir, na média dos anos bons e dos anos maus, uns sessenta milhões de quintais de cereais.* Ora, quem diz consumo (num país em que importação e exportação dos produtos

---

*Modernamente, na vida agrícola francesa, um quintal equivale ao peso de 100 quilos. Mas, antigamente, correspondia ao peso de 100 libras, já o vimos. Fazendo as contas por aproximação, de acordo com o valor antigo da libra (de 380 a 550 gramas), teremos aí mais ou menos 30 milhões de quilos, ou 30 mil toneladas, se minha aritmética não me trai. (N. do T.)

de *bleds** se compensam, pouco mais ou menos, de um grupo de anos para outro), diz produção. Nas fronteiras que serão as de Vauban, a produção-consumo global de grãos ultrapassava em pouco uns cinqüenta (ou mais verossimilmente), sessenta[1] milhões de quintais no início do século XIV, e os sessenta milhões durante o distante século XVII.

Claro, o ecossistema, em sua estrutura reconstituída na década de 1550, comporta variantes importantíssimas em relação à sua modalidade medieval anterior à peste, a modalidade anterior a 1348. Alguns deles precedentemente comentados: por exemplo, uma revolução agrícola teve lugar em Flandres (mas quase estancou, mais ao sul, em territórios da França). A viticultura da região nantesa cresceu (porém a da Gironda, levando-se em conta todas as suas flutuações, em última análise decresceu um pouco a longo prazo).

As variantes mais substanciais influem no nível das estruturas sociais e também sob o ponto de vista das relações de forças entre o mundo camponês e o complexo urbano, comercial, administrativo, estatal. A sociedade rural do início do século XIV ainda era senhorial e feudalizante; a do século XVI, em muitas regiões, está a meio caminho no pós-feudalismo; tende a ser dominada economicamente por uma "classe proprietária". Mais comumente, a senhoria perdeu terreno; ainda existe, mas definhou em proveito do Estado, portanto da cidade. O setor urbano, com seus subsistemas comercial, artesanal-industrial e burocrático à base de escritórios, cresceu muito, considerando-se de modo absoluto, uma vez que foi reconstituído, ele também, durante o Renascimento;[2] e contribuirá no sentido de criar condições para que haja um crescimento geral ainda muito longínquo, que um dia desequilibrará, no século XVI, o conjunto da sociedade, aí incluído o homem do campo. Mas, de qualquer maneira, nas camadas frias da sociedade francesa, em outras palavras, na imensa massa rural, os dados fundamentais não variaram enormemente em relação à Idade Média anterior

---

*Termo árabe magrebino, significando, no Norte da África, "área interior", "região interior" e, por extensão, "grotão", "buraco" (ironicamente). (N. do T.)

à peste. As relações (por vezes tensas) entre população e subsistências, entre agricultores e consumidores de um lado, e produtividade agrícola, de outro, substancialmente voltaram, no período que vai mais ou menos de 1520 a 1570, a sua configuração de antes das *Wüstungen*. E mesmo essa restauração se operou através de diversos processos homeostáticos, entre os quais a pauperização: que não é afinal, bem-feitas as contas, mais do que um modo de retorno ao equilíbrio.

A noção de equilíbrio, ou mais exatamente de reequilibrar secularmente o sistema, é inseparável do conceito de flutuação. Tudo que neste livro até aqui foi escrito sobre o mundo rural diz respeito à história de uma flutuação maior. Flutuação muito profunda: a população rural dobrou, em números redondos; e, de um modo mais geral, o povoamento global operou um gigantesco ir e vir de 20 milhões de homens para menos de 10 milhões e vice-versa. Flutuação muito longa: a ruptura do equilíbrio e a volta do equilíbrio estenderam-se em tudo e por tudo durante dois séculos (1340/1350-1540/1560).

Pode-se, para fins taxinômicos, chamar essa flutuação maior de "flutuação de primeira ordem": a França, a bem dizer, não conhecerá nada comparável a isso durante a época moderna. A população global (rural e urbana), entre 1560 e 1720, poderá estagnar, até decrescer de alguns "por centos" ou um pouco mais do que isso somente no decorrer dos piores períodos, como por exemplo durante as guerras religiosas ou durante a Fronda; poderá depois recuperar-se um pouco; e finalmente aumentar para valer, depois de 1720-1730. Não chegará mais, em compensação, a decrescer em 50% global e secularmente, como durante as *Wüstungen* baixo-medievais... Se se quiser achar, durante a época moderna, outros casos de flutuação de primeira ordem, até poder-se-á encontrá-los; mas apenas a leste das fronteiras francesas: na Alemanha das guerras dos Trinta Anos, até na Rússia dos tempos das agitações...

Em compensação, a sociedade francesa (rural e global) durante muito tempo ainda estará sujeita àquelas que chamarei de "flutuações de segunda ordem". E que se definem a um tempo pela duração mínima (um ou dois decênios, no máximo três ou quatro decênios) e pela amplitude mínima de seus desastres demográficos — a perda subindo a alguns milhões de homens, uma dezena da população global no máximo. Nessas condições, as relações população-subsistências — e o tecido de mediações econômicas que une uma às outras — são muito menos afetadas por essas oscilações de segunda ordem do que no caso das flutuações de primeira ordem.

Por fim, existem, cuidadosamente estudadas por um grupo completo de historiadores, "flutuações de terceira ordem": crise de subsistências, epidemias, mortalidades. Umas e outras tendo por características simultaneamente sua duração muito breve (um ano, ou alguns anos no máximo), e por seu impacto demográfico relativamente baixo: menos ou muito menos de 10% dos efetivos globais. A escassez de víveres de 1630 na França ocidental ou parisiense pode constituir um exemplo, entre muitos outros, dessa terceira categoria de oscilações.

As flutuações de primeira ordem são objeto de inumeráveis trabalhos; as de terceira ordem também têm sido elucidadas, dentro de um espírito muito sistemático. Em compensação, as de segunda ordem quase não têm sido estudadas pelo menos *como tais* (quer dizer, unindo à pesquisa dos fatos concretos o situar-se em evidência o caso geral). É certo, entretanto, que a sociedade rural francesa foi afetada ou atravessada em seu período de maturidade e de equilíbrio, entre 1550 e 1720, por três grandes flutuações do segundo tipo: a que corresponde, em primeiro lugar, aos quarenta anos das guerras de Religião; a que se desenvolve, a seguir, acompanhando o complexo "Guerra dos Trinta Anos/Fronda"; a que coincide, por fim, com a última parte do reinado de Luís XIV (1690-1715).

No decorrer desses três episódios, a população e a economia agrárias são afetadas por um movimento negativo e provisória; a diminuição dos efetivos humanos pode atingir 20% do total nas regiões mais fragilizadas; ao fim das provações, essa diminuição demográfica acaba por se fazer sentir na escala de toda a nação; por volta de 1593, de 1653, e talvez também de 1715 (sob o impacto sucessivo das desgraças de 1693 e 1709). Também a produção agrícola sofreu déficits muito pesados durante os mesmos períodos. Demográfica e economicamente, a essas curvas negativas seguem-se fases intermediárias de retomada e restauração mais ou menos impulsionadas: fases de "galinha na panela"* (nos reinados de Henrique IV e do jovem Luís XIII; sob Fouquet e Colbert; e, claro, a partir da Regência).[3] Curvas negativas e positivas se compensam na escala dos quinze ou dezesseis decênios do período 1560-1720, para desembocar numa situação que se aproxima do equilíbrio ou da estagnação; com tendência possível para um ligeiro crescimento secular.

Entre essas diversas flutuações de segunda ordem, a última cronologicamente ("fim do reinado" de Luís XIV) será tratada posteriormente na presente obra. A primeira, em compensação (a que corresponde ao período 1560-1595), dá-se no ponto preciso em que está situada agora nossa exposição. Como definir, em relação a ela, os comportamentos, objetivos e subjetivos, das massas camponesas?

## AS GUERRAS DE RELIGIÃO: UMA FLUTUAÇÃO DE SEGUNDA ORDEM

Que essas massas, na grande crise das guerras de Religião, tenham sido objeto, mais que assunto, da história, é evidente. A partir de 1560, o ecossistema rural foi sacudido por uma série de solavancos vindos do exterior, e esses solavancos não foram criados por ele, ou o foram num grau mínimo.

A Reforma, com efeito, puxa as conseqüências da entrada do Ocidente na "galáxia de Gutenberg": a difusão do papel, depois da impressão, multiplica as possibilidades de acumulação; os novos meios de comunicação tornam possível, entre os leitores e entre os ouvintes desses leitores, uma revolução cultural.

Sob esse ponto de vista, o campo na França está duplamente mal situado: apenas alfabetizadas, as pessoas do campo não figuram nem entre os atores, nem entre os beneficiários da explosão. E nem por isso

---

*Ver observação sobre essa expressão de Henrique IV no subtítulo "Dízimo e produção agrícola: nova recuperação", no Capítulo IV. (N. do T.)

são menos vulneráveis às ondas da guerra civil que vêm do mundo urbano, através da revolução religiosa que ricocheteia.

Que o mundo rural tenha sido pouco receptivo às luzes do século XVI, ainda que reduzidas às luzes mínimas da alfabetização básica, é uma evidência. Certamente, as pesquisas do historiador sobre a "instrução primária" do homem do campo de 1560 ou de 1570 não andam sobrando por aí... De qualquer forma, existem algumas delas: suas constatações são radicais. No Languedoc, por exemplo (região narbonesa), 97,1% dos "assalariados agrícolas" são iletrados* à altura de 1570; 89,6% dos arrendatários de grandes domínios também o são; considere-se ainda que se trata, no caso desses dois percentuais, de áreas do campo situadas próximas de uma cidade. No Languedoc profundo (pré-Pireneus), o analfabetismo agrário é quase total, mesmo no nível dos cônsules** de aldeia: considerando-se essa minúscula elite municipal, nove pessoas em cada dez são analfabetas.

Sem dúvida, o Sul occitano não constitui um bom exemplo... pois está situado no lado ruim da barricada cultural. A França do Nordeste e a Normandia, desde o século XVI, estão mais bem providas de escolas e mais alfabetizadas do que a região languedociana. E, entretanto, mesmo nessa Normandia esclarecida, onde mais de um lavrador simpatiza com o calvinismo, ainda não se chegou, nos anos 1550-1570, no que concerne à alfabetização nos campos, até aquele patamar, até aquela massa crítica do número de leitores a partir da qual todas as fermentações culturais se tornam possíveis. A um tal patamar atingiu-se amplamente na cidade; no Norte como no Sul, em Meaux como em Montpellier. Não é o caso ainda do mundo rural.

Dito isso, deve-se reconhecer que muitos camponeses estão contaminados pela "heresia". Em algumas áreas do Sul occitano, essa contaminação é evidente: será preciso incriminar, quanto a isso, uma tradição especialmente virulenta de anticlericalismo regional? Ou a seminulidade

---

*No sentido de "analfabetos". (*N. do T.*)

**No âmbito municipal, no Antigo Regime, no sul da França, juiz municipal escolhido para dirimir as questões comerciais, ou de dinheiro de um modo geral, nas aldeias ou mesmo nas cidades. (*N. do T.*)

do clero local, longamente atingido pelos golpes sucessivos (?) sobre seu prestígio vindos dos albigenses, dos valdenses e da cruzada antialbigense? Ou a carência qualitativa das ordens mendicantes? Ou a fragilidade de certas tradições católicas, como o culto à Virgem, muito pouco enraizado na toponímia languedociana e duramente atacado, desde o século XV, pela feitiçaria clandestina dos camponeses das Cevenas?* É difícil, para dizer a verdade, escolher um desses fatores, ou quais desses fatores devem ser agrupados, porque muitas outras "causas" se apresentam ao espírito. Desejar-se-ia evocar, por exemplo, o poder das tradições heréticas, inegáveis entre os valdenses às margens do rio Durance (tão perto das Cevenas); mais problemáticas, em compensação, quanto aos descendentes dos cátaros do departamento de Aude... Desejar-se-ia também mencionar as possibilidades que se abrem aos protestantes do Sul, por seu afastamento geográfico da repressão parisiense; a existência de um tecido social original, bom condutor das influências urbanas;[4] a "estratégia de grupo" das elites occitanas que vêem no protestantismo um trunfo para preservar ou para fazer crescer seu poder contra Paris; e que, a partir daí, incentivam as aldeias à heresia.

Assim, oscilam em direção ao calvinismo, entre 1560 e 1570, as Cevenas rurais; desde o início do século XVI, as feiticeiras dessa região blasfemavam contra a Virgem, apelidada a *Ruiva*. E também, como as Cevenas, oscila um certo número de aldeias, ou porções de aldeias, situadas na Aquitânia, em Béarn, nos departamentos de Charentes [Charente e Charente-Maritime], na Normandia e na região de Meaux. Essas ligações a Calvino se operam sob a influência cultural das elites urbanas, funcionários e artesãos, muito simpáticos ao protestantismo (em Meaux, por exemplo). Operam-se também — é outra possibilidade — sob o controle dos fidalgos rurais, no caso dos influenciados pelas idéias novas: este segundo modelo parece caracterizar a Normandia e especialmente a região de Cherbourg, onde os huguenotes à vezes "doutrinavam" o *bocage*.

---

*Região alta dos contrafortes orientais do Maciço Central. (*N. do T.*)

Entretanto, essas diversas categorias de ligações rurais são exceções. Muito mais típica da atitude das regiões rurais me parece ser o comportamento dos camponeses do Limousin, que expulsam os militantes huguenotes, forcado no traseiro, e pauladas e pedras que voam. Em 1572, um observador italiano, bem informado, observa com ponderação que "os povos que habitam os campos [na França] são quase todos isentos do mal [herético]". As inovações rigoristas de Calvino, inimigo da dança e das festas folclóricas lascivas ou paganizantes, estavam mais afastadas da mentalidade camponesa do que aquela curiosa mistura de dogmas cristãos e superstições agrárias, geralmente batizada de "catolicismo", que formava à altura de 1550 o fundo espontâneo da religião dos campos franceses.

Um observador de grande classe, o barão de Fourquevaux, governador católico da cidade de Narbonne, chegou a propor, no início das guerras de Religião, uma sociologia comparada do papismo e do huguenotismo: sociologia que, felizmente, faz referência ao contraste "cidade/campo", ou "camponês/não-camponês". As análises do barão se referem a uma época em que os cruzamentos, a ascensão social e a segunda geração ainda não tinham embaralhado as cartas; e a uma região (o oeste do Languedoc) em que os reformados continuavam minoritários: excluídos do poder, não tinham como levar mais força a seu partido na totalidade das povoações locais; as diferenças de grupos socioconfessionais entre camponeses e não-camponeses ficaram então discretamente desenhadas naquele tempo e naquele lugar, uma vez que não houve esmagamento pelo rolo compressor de uma conversão totalitária. Ora, para Fourquevaux não havia dúvida quanto à fé católica, confiante e sem problemas, da massa rural: *Os católicos mais seguros são as pessoas simples e os bons camponeses.* Essa atitude é mais "meritória" na medida em que vai na contracorrente da propaganda huguenote que alicia os trabalhadores rurais *prometendo-lhes a isenção dos dízimos e talhas.* De um modo geral, a acreditarmos em Fourquevaux, não apenas a população "rústica", mas também o povo urbano permanece muitas vezes fiel, em sua massa, à antiga aliança (quando se pensa, efetivamente, no peso das grandes cidades católicas como Toulouse e principalmente Paris quanto às incertezas das guerras de Religião...): *a demasia do povo que é como se fossem nove de cada dez*, escreve Fourquevaux, *é de católicos, devotos e dispostos a viver e morrer na obediência a Sua Majestade.\** A proporção de 10% de huguenotes que Fourquevaux assim sugere, numa estimativa superficial, para o sul mediano do Languedoc, seria até excessiva, se quiséssemos aplicá-la a toda a França...

Mas por que então esses homens do campo, e de um modo mais geral esses homens do terceiro estado,\*\* de esmagadora maioria papista, e que permanecem fiéis uns e outros a uma certa imagem tradicional da Igreja, apesar disso estão insatisfeitos (especialmente no Languedoc, mal servido por seus padres) com o clero secular tal como funciona? É porque os bispos não ficam lá... *Em Narbonne, há 57 anos* [sic!] *não se vê o arcebispo... Toulouse há quase tanto tempo não vê o seu permanecer por lá mais do que oito dias... O bispo de Sain-Papoul está em Roma, o de Lavaur em Paris, o de Montauban está na corte. O bispado de Rieux tem como regente há dez anos um ecônomo.* Pelo menos, na cidade (à falta dos prelados, que muito naturalmente estão sempre ausentes), leva-se a vantagem de ter sempre à mão eclesiásticos relativamente valiosos e cultos, caso dos cônegos, que fixam em geral seu domicílio no centro, e a causa disso seriam as atrações urbanas que o local proporciona. No campo, em compensação, a derrelicção espiritual é mais completa: *Os abades, priores e párocos também fogem à residência, deixando os encargos aos companheiros menores.* Os sacramentos, dessa forma, são administrados por vigários, padres ignorantes *que não entendem o que pronunciam.\*\*\** A reivindicação das massas rurais diante dessas condições é claríssima, e com toda a certeza

---

\*Em francês antigo, no original, o trecho composto em grifo neste parágrafo. (*N. do T.*)

\*\*Num sentido amplo, o povo, isto é, os artesãos e os camponeses; num sentido mais estrito, a classe média (a burguesia). Em resumo, na França medieval e renascentista, todo aquele que não pertencesse à nobreza nem ao clero (daí a classificação, *tiers état*, terceiro estado). (*N. do T.*)

\*\*\*Como a frase pouco antes e o período maior mais acima, tudo que vai composto em grifo, neste parágrafo, está em francês antigo, no original. (*N. do T.*)

huguenote é aquilo de que menos querem saber no mundo: o que querem não é a supressão da missa, mas que ela seja dita com a competência e a piedade necessárias.

Há entretanto, essencialmente fora do mundo camponês, verdadeiros huguenotes. São recrutados, principalmente, diz Fourquevaux, na vida das cidades, e em particular das pequenas cidades, graças às quais se realiza a infiltração eventual das novas idéias nos meios camponeses. Dois grupos urbanos são mais abertos à adesão ao calvinismo. De um lado, a elite masculina de jovens, ricos, instruídos, freqüentemente estudantes ou ex-estudantes de colégio ou de universidade: em outras palavras *as demais pessoas de toga* [magistratura], *burgueses, comerciantes, a juventude que conheceu o mundo das letras, e os jovens amigos de liberdade.* E, num outro bloco, os artesãos, *igualmente as pessoas de ofício que têm um tanto de espírito ousado.* Esses artesãos, sapateiros, cardadores, ferreiros... são sempre calvinistas declarados ou então são suspeitos. Entre eles se recrutam os capitães dos religionários,* *os mais cruéis de todos os bandidos.* **

Resta o caso da nobreza e dos senhores. Caso estratégico: um gentil-homem, desde que se torne huguenote, não hesitará absolutamente em perseguir os padres de suas paróquias; se se tratar de um senhor, privará os aldeões, que são seus súditos, da assistência da religião católica. Ora, um Fourquevaux, partidário da Igreja romana, é pessimista quanto aos nobres, seus irmãos de classe. Certamente, os gentis-homens, segundo ele, *estão a dez por um* do lado católico. Só uma minoria da nobreza passou-se para o protestantismo. Ainda se trata, na maior parte das vezes, de *jovens de capa e espada:* aqueles que também serão chamados os "viscondes", selvagenzinhos titulados, guerreiros temíveis. Mas, entre os nobres verdadeiramente ricos, *com quatro mil libras de renda [...] não há seis deles* que tenham adotado as novas opiniões. Ah, basta que tenham um parente huguenote para que pou-

*Outro nome que se dava na século XVI aos membros da religião reformada, os protestantes. Especificamente os calvinistas. Huguenotes, segundo seu nome francês. (*N. do T.*)
**Tal como no anterior, também neste parágrafo tudo o que vai composto em grifo é transcrição do francês antigo. (*N. do T.*)

pem a causa calvinista, e até para que se tornem secretamente cúmplices: fazem agrados ao cordeiro (católico), mas é para melhor feri-lo, ou até mesmo degolá-lo sub-repticiamente...

Essas afirmações tópicas de Fourquevaux, que pesquisava no local e que, mais de uma vez, como governador de Narbonne, agiu cruelmente, são confirmadas pelas estatísticas. Em Montpellier, cidade importante em que vive um grande número de trabalhadores do campo, a população urbana é composta em uma quinta ou até mesmo uma quarta parte de lavradores (esta palavra se empregava simplesmente no sentido do occitano *laurador*; ou seja, cultivador de qualquer tipo: o que explorava o salário de outrem ou o assalariado). Os reformados da área não contam em suas fileiras com mais de 4,8% dos lavradores, contra 69% entre os artesãos: a intuição de Fourquevaux não o enganara. As "luzes" entre os militantes huguenotes são diversamente refratadas pelos meios sociais respectivos: penetram sem dificuldade na elite culta ou simplesmente alfabetizada, esta contando entre os seus efetivos com uma importante minoria de artesãos; em compensação, salvo casos específicos, esses grupos de huguenotes são repelidos com violência pelos camponeses geralmente analfabetos. Em termos mais vivos, uma vendedora de peixes da época, supondo-se que tivesse preconceitos anti-huguenotes, diria simplesmente que "o peixe apodrece pela cabeça".

Além disso, em termos de estratégia político-social e revolucionária, a análise de Fourquevaux assinala a existência de uma nobreza oportunista e conciliadora, que busca agradar com todo o gosto a cabra huguenote e a couve papista. Essa análise permite, assim, que se preveja a configuração de forças que dominará o Sul occitano depois de 1570, e até o fim das guerras civis. Sob a égide de Montmorency-Damville, os católicos moderados constituirão um terceiro partido centrista; seus membros são numerosos entre a nobreza; nos flancos dos protestantes, formam uma das forças dirigentes das elites municipais cujos representantes, mais ou menos regularmente eleitos, têm assento nos Cabidos diocesanos e nas Assembléias do Languedoc. Essa elite arrasta atrás de si, ao menos no sentido de uma aceitação passiva, uma boa massa de camponeses, muitos dos quais, embora bons católicos, pagam o dízimo apenas mediocremente... Coalizão, portanto, de huguenotes duros, de católicos centristas e de proprietários rurais hostis aos dízimos.

## AS VENDAS DOS BENS DO CLERO, RURAIS (E URBANOS)

O essencial, em tudo isso, é, já se vê, em uma escala não mais languedociana nem restrita à província de Poitou, mas nacional, a passividade camponesa. Deixando de lado o caso das Cevenas e dos dois departamentos de Charente, a massa rural permanece paralisada num imobilismo papista; no máximo aceita ser um ingrediente de contribuição às coalizões centrípetas imaginadas por Montmorency-Damville, governador do Languedoc.

A despeito dessa passividade, os camponeses perderam, às vezes por muito pouco, a ocasião de intervir como sujeitos ativos de uma história sociorreligiosa. No caso dos bens da Igreja, em primeiro lugar — mas aí eram muito limitadas suas possibilidades de intromissão, é preciso reconhecer. No caso do dízimo, depois — e aqui se imagina a estratégia antidizimista e pró-camponesa que um grande *leader**revo-lucionário e huguenote poderia, por hipótese, ter levantado, inspirando-se nas circunstâncias.

Primeiro tema: a venda dos bens do clero. Carlos IX e Henrique III ordenaram essas vendas com a finalidade de recompor o Tesouro real, sangrado pela guerra: despojava-se a Igreja para melhor defendê-la. Essas vendas, tanto quanto mais tarde, na Revolução Francesa, constituíram-se numa oportunidade para que os grupos sociais mostrassem seu jogo. Também deram aos protestantes a possibilidade de traduzir em atos, no plano da economia, sua hostilidade em relação à Igreja. Afinal, constituem essas vendas, como depois de 1789 a alienação dos

---

*Em inglês, no original, e em grifo. É curioso, pois em geral os franceses usam a palavra sem grifo. (*N. do T.*)

bens da Igreja tornados bens nacionais, um capítulo essencial da história das propriedades, da história territorial, portanto agrária e rural. Desse ponto de vista, elas têm semelhança com a estratégia análoga, ainda que conduzida com muito mais vigor, desse grande precursor que foi Henrique VIII da Inglaterra.

As vendas de 1563, segundo os trabalhos de Ivan Cloulas,[5] alcançaram, em escala nacional, um conjunto de bens valendo 5.172.280 libras. À razão de 63 libras por hectare de terra de lavoura, preço médio da terra em volta de Paris no decênio de 1550, essa soma equivalia teoricamente a 82.100 hectares de boas terras de lavoura. Na realidade das vendas, esse número representa menos uma média do que um máximo: muitos bens postos em leilão não consistiam em terras, eram direitos senhoriais (de fraco valor, é verdade) e "rendas territoriais" (= rendas em arrendamento de herança, em outras palavras antigos créditos, implicando entrada monetária para o clero, em troca da alienação "laicizante" de uma terra anteriormente clerical, alienação efetuada mais ou menos a longo prazo). Outras causas de erro: o preço de 63 libras por hectare talvez seja um tanto baixo. Os preços das terras já subiram, em 1563, em comparação com o decênio de 1550, e a soma de hectares acima citada seria talvez um tanto excessiva. Mas, por outro lado, muitas terras postas à venda são horríveis matagais, e não boas terras de lavoura, o que compensaria em outro sentido o erro precedente.

Seja como for, os bens postos à venda pelo clero quando da alienação de 1563 depois foram resgatados — em princípio na sua totalidade! — por seus antigos proprietários eclesiásticos, no decorrer dos anos seguintes ao decênio de 1560. O caso acabou sendo, afinal, uma operação branca.

Uma segunda alienação teve lugar em 1568: incide (teoricamente) sobre bens cujo valor total ascende a 1.495,000 libras. Uma terceira série de vendas, que nos legou documentos admiráveis, deu-se em 1568-1569. A receita ascende a 2.474,681 libras: dinheiro que será aplicado, em sua maior parte, no sorvedouro estatal do orçamento militar e da luta contra os protestantes. A quarta alienação (1574) incide sobre

1.500,000 libras de bens. A quinta (1576) sobre 4.444,000 libras. A sexta (1586) sobre 1.216,000 escudos (3.648,000 libras). O clero, afinal, conseguiu escapar da sétima alienação (1587-1588), transformada em subvenção extraordinária.

No total, abstração feita da primeira venda (1563), inteiramente resgatada pelo clero, o conjunto das alienações que se seguiram, de 1568 a 1586, incide em números redondos sobre 13.562,000 libras tornesas, ou seja, a 150 libras por hectare de boa lavoura por volta de 1570-1580 (preço em alta em relação ao decênio de 1550), o equivalente a 90.400 hectares de boas lavouras. Quando se pensa que as áreas efetivamente cultivadas,[6] ou simplesmente utilizadas (como pasto, etc), chegavam a dezenas de milhões de hectares (no mínimo a uma boa dezena de milhões de hectares apenas para as semeaduras anuais), vê-se que o clero se desfez de uma porção de seu patrimônio ainda muito inferior a 1% do território nacional cultivado... A operação "bens da Igreja" teve portanto pouco impacto sobre a vida econômica real da segunda metade do século XVI: as aves do galinheiro eclesiástico foram depenadas, porém moderamente, e no seu próprio interesse. Apesar disso, a importância psicológica e social das alienações não poderia ser subestimada. Os rancores que produziu entre os clérigos a contínua pressão à qual os submetia o poder real, a fim de obrigá-los a vender algo de seu — para melhor defender a causa eclesiástica —, levaram numerosos padres aos braços ou à cabeça das facções da Liga. Lá, pelo menos, arcabuz no ombro, eles podiam verter seu sangue pela Igreja, sem ter de vender em liqüidação seu domínio em benefício do rei pretensamente sodomita, encarregado de garanti-los contra o rei huguenote.*

A estrutura dos bens vendidos também é interessante (apesar do caráter um tanto sumário das somas de Ivan Cloulas, que leva em conta o *número* das vendas, mas não os valores em questão). Em sete

---

*O Autor se refere, como se sabe, primeiro a Henrique III (rei de 1574 a 1589), cuja fama de sodomita se deve à existência dos "favoritos" de que não fazia segredo (chamados *mignons*, isto é, "amantes"), e depois a Henrique IV, o huguenote Henrique de Navarra, que o sucedeu em 1589 e reinou até 1610. (*N. do T.*)

dioceses da *généralité* [circunscrição financeira] de Paris (Sens, Paris propriamente dito, Meaux, Senlis, Beauvais, Chartres e Soissons), 58% das vendas de 1569 referem-se a terras, campinas, vinhas e bosques; e 10,4% a construções (obras de benfeitorias nas terras postas à venda). Em compensação, as vendas que se ligam seja ao sistema senhorial (vendas de direitos de justiça, de senhorias ou de foros), seja a arrendamentos com contratos de herança e renda perpétua, não senhoriais (eles próprios objeto de uma alienação), são claramente menos numerosas: 20% das vendas de bens da Igreja de 1569 incidem sobre foros e rendas territoriais perpétuas[7] (que para simplificar chamarei aqui de "RTP"); 7% sobre senhorias; o resto entra na categoria "diversos".

Ao todo, 68,4% do número de vendas da *généralité* de Paris referem-se ao setor "proprietário" (terras + construções); e 27% ao sistema senhorial ou "RTP".

Na *généralité* de Champagne (dioceses de Reims, Troyes, Châlons e Langres), as estruturas de venda são análogas às que acabam de ser descritas; a maioria (66,7%) dos bens de Champagne vendidos pela Igreja também dizem respeito ao sistema "proprietário"; a minoria (27,2%), ao sistema "senhorial" ou "RTP" (quadro a seguir, segundo Ivan Cloulas).

Alienações de 1569 na *généralité* de Champagne

| Terras, campinas vinhas e bosques | Construções | Direitos de justiça e senhoria | Foros e rendas territoriais | Diversos |
|---|---|---|---|---|
| 58,2% | 8,5% | 2,7% | 24,5% | 6,1% |
| 66,7% | | 27,2% | | 6,1% |
| Sistema "proprietário" | | Sistema senhorial e RTP | | Diversos |

Mais ao sul, ao contrário, as proporções se invertem: na *généralité* de Lyon (dioceses de Lyon, Mende, Le Puy e Viviers), os bens da Igreja vendidos em 1569 se ligam em apenas 10,3% ao número das vendas do sistema "proprietário" (trata-se neste caso quase unicamente de terras, campinas, vinhas e bosques, e praticamente não há construções); e em 87,8% ligam-se aos sistemas senhorial e "RTP" (dos quais 55,6% para os foros e "rendas territoriais perpétuas", e 32,2% para os direitos de justiça e de senhoria).[8]

Esses percentuais "lioneses" parecem portanto os dos nortistas invertidos. Tem-se a impressão (certamente superficial) que a uma Igreja mais "proprietária" na Bacia Parisiense opõe-se uma Igreja mais "senhorial" ou "que vive de rendas perpétuas" na região lionesa, e sobretudo nas dioceses pobres do sudeste do Maciço Central (Mende, Le Puy, Viviers). Conviria naturalmente ir além dessa "impressão" a fim de revê-la em profundidade. Mas prossigamos rapidamente nosso levantamento geográfico. Entre Norte e Sul, as regiões de Berry e de Dijon (esta fortemente senhorial, à maneira da Borgonha) representam casos intermediários. Na *généralité* de Berry (dioceses de Bourges, Nevers e Orleãs), o sistema proprietário é que está em questão em 38,9% das vendas (trata-se sobretudo de terras, campinas, bosques e vinhas, acessoriamente de construções): o sistema senhorial e o "RTP" estão na raiz de 55% das vendas; o resto (ou seja, 6,1%) fica para a categoria "diversos". Na *généralité* de Dijon (dioceses de Autun, Auxerre, Mâcon e Chalon), o sistema proprietário corresponde a 41,7% do número total de vendas (das quais 34,7% em terras, campinas, vinhas e bosques, e 7% em edificações); o sistema senhorial-"RTP" a 55,7% (trata-se, no caso, quase que unicamente de foros e de "RTP"; muito poucos casos correspondem a "direitos de justiça e senhoriais").

Tentemos agora interpretar esses resultados e esses contrastes.

Na região parisiense as rendas refletem, mais ou menos grosseiramente, porém refletem, é indiscutível, "estruturas agrárias da Igreja", as quais, quanto à posse dos bens mundanos, já são modernas, "proprietárias". É verdade que o clero, lá como alhures, tentou inicialmente vender em liqüidação o que valia e o que rendia pouco, quer dizer, os foros e direitos senhoriais. (Mas os foros e direitos senhoriais, desvalorizados pela inflação quando correspondiam legalmente a dinheiro, não valiam grande coisa "na transação".) Como quer que fosse, a

Igreja, na região parisiense, estava amplamente dotada de reservas senhoriais ou de bens imóveis; e isso se deve a tradições bem antigas;
também ao fato de valer muito na região a grande propriedade; e,
afinal, à política inteligente dos administradores das propriedades eclesiásticas. Para fazer face às necessidades de alienação, o clero, podia,
portanto, dar-se o luxo de vender uma certa porção de terras (58% da
massa das vendas em terras de todo tipo, ver *supra*). Incidentalmente,
nessa região em que a Igreja era mais solidamente dotada de terras... é
que ela resistiu melhor aos protestantes. Essa riqueza territorial não
foi, claro, mais do que um fator de sobrevivência entre muitos outros;
mas a moralidade nesses casos pouco vale: para se defender, o melhor
é ser forte. (Na Bretanha, ao contrário, a popularidade da Igreja devia-
se antes ao fato de que, em função da fragilidade dos dízimos, ela
explorava pouco os armoricanos...)

No sentido do sul, em compensação, nas regiões de pequena cultura que se apresentam especialmente a partir da Borgonha e na região
de Berry, e que se estendem muito além do sul do vale do Loire, nas
regiões occitanas, a Igreja, tendo terras como todo mundo, ou antes,
como todos os ricos e abastados deste mundo, sem dúvida não tinha
tantos grandes domínios nem vastas reservas territoriais como no norte. Bem menos, aliás. Os foros senhoriais no Sul são freqüentemente
mínimos em relação a outras regiões (salvo a Borgonha e, talvez, Auvergne). Porém, nas regiões mais atrasadas do Maciço Central, os foros,
pagos *in natura*, não estão sujeitos aos estragos da inflação. E depois,
dadas as carências de terra da fortuna do clero, os foros, aqui, desempenham um papel bem menos significativo do que no Norte. Em suma,
sua importância meridional nas vendas de 1569 parece refletir uma
estrutura local mais arcaica dos bens do clero Além disso, o enorme
número das "rendas territoriais perpétuas" no acervo das "propriedades" vendidas sugere que o clero das regiões do Centro, bem antes das
alienações das guerras civis, se tinha imprudentemente desfeito de uma
parte de seus bens, das quais só podia então retirar as rendas de arrendamento por herança, os *acaptes*, ou então os foros resultantes de arrendamentos perpétuos. Desfazendo-se em liqüidação até destes últimos

símbolos de uma propriedade clerical eminente, a qual jão era mais do que uma concha vazia, as vendas de 1569 consagravam uma queima de ofertas que, de quase total (as das "RTP"), tornava-se, enfim, completa.

As vendas de 1569 nos dão assim uma visão muito imprecisa, entretanto sugestiva, sobre a distribuição da fortuna do clero, em escala nacional.

Quanto aos *adquiridores**  de 1569, são exatamente o que se poderia prever: para vinte e duas dioceses (*généralités* de Paris, Champagne, Lyon, Berry e Dijon),[9] segundo as estatísticas de Cloulas, os adquiridores são nobres em 26,9% de seu efetivo; funcionários ou pessoal da justiça (mais precisamente funcionários do rei, membros de seus tribunais, advogados, notários...) num total de 14,9%; "burgueses e comerciantes", 29,9%; mais de dois terços do grupo de adquiridores (71,7%) pertencem assim a diferentes categorias da elite. Essa elite, aderindo facilmente ao protestantismo por esse fato (elite que já se tinha lançado sobre os bens da Igreja em 1563, mas que tinha explorado depois as operações inversas, consagradas ao resgate clerical dessa primeira alienação), ainda se mantém muito animada por ocasião das vendas de 1569...

Se voltarmos nosso interesse agora para os casos dos grupos modestos a um tempo não elitistas e não agrícolas ("adquiridores coletivos, artesãos, pequeno terceiro estado", pela terminologia de Ivan Cloulas), constataremos que eles perfazem 17,4% do efetivo dos adquiridores de 1569, no conjunto de vinte e duas dioceses que estão em causa. Especialmente interessante entre esses 17,4% é o caso dos "adquiridores coletivos", gente miúda que se une para adquirir uma

---

*O termo é um tanto rebarbativo em português, já se vê. Mas o Autor, no caso, respeita, como se verá a seguir, a terminologia de Ivan Cloulas, que vem sendo citado. E seria um erro usar o termo mais simples em português, "compradores", pois o original não fala em *acheteurs*, mas em *acquéreurs*, como se houvesse aí uma questão técnica ou alguma intenção ou sutileza especial. Por isso é sempre mais indicado num caso desses seguir ao pé da letra o Autor (que doravante deixará de usar a composição em grifo para o termo, a não ser excepcionalmente). (*N. do T.*)

fatia de terra ou as terras de um feudo. Os homens do campo — aí incluídos os famosos "ricos lavradores" — saíram frustrados: correspondem a apenas 3,1% do conjunto dos adquiridores de 1569...

Observar-se-á, a partir desses números, a parte importante conservada pela nobreza (26,9%). Verdade que se verifica muito especialmente na diocese de Lyon (59,5%!). Claro, surgem questões de nomenclatura: alguém que se qualifica como escudeiro em Gévaudan nunca chegaria a tal condição em Île-de-France, onde os critérios exigidos são mais rigorosos. O que também se constata é que a venda dos bens da Igreja em 1569, nas dioceses "atrasadas" do Maciço Central, como Mende, Le Puy e Viviers, põe em evidência um grupo de adquiridores nobres de dentes pontiagudos e garras afiadas; trata-se, a acreditar num poema occitano da época,[10] de fidalgotes briguentos e pouco letrados cuja escrita não passa de um *pe de Mousque* (pata de mosca); verdadeiros pássaros selvagens (*auset de bosc*); estão prontos a manejar uma boa adaga pequena ou um punhal (*boun dagot et puignalet*) e por nada deste mundo conduziriam à cintura material para escrita (*l'escritori en la sinto*). Em compensação, o papel da nobreza não tem tanta importância nas *généralités* de *openfield* total ou parcial, nas quais a agricultura é mais avançada e a sociedade mais moderna: *généralité* de Paris (13,7% de nobres no total dos adquiridores de 1569); *généralités* de Champagne (23,5%) e de Berry (16,3%).

Diante do bloco ainda importante, mas minoritário, da nobreza (26,9%, ver *supra*), vai-se afirmando o papel enorme da burguesia; nas vinte e duas dioceses supracitadas, 29,9% de adquiridores são simples burgueses ou comerciantes, e 14,9% são funcionários (muito mais próximos de uma qualificação como simples burgueses, e menos integrados à nobreza no século XVI do que estariam no século XVII e principalmente no século XVIII). No conjunto, 44,8% dos adquiridores têm ligações, mais próximas ou mais distantes, com o que se deve chamar com precisão de uma burguesia. Notar-se-á o papel relativamente menor que desempenha, nesse conjunto privilegiado de plebeus, o grupo particular dos funcionários; pelo menos em comparação com a gritante fortuna de que serão donos no século XVII. Mas também neste caso as nuanças regionais são importantes e, em alguns casos, anunciadoras do desenvolvimento que virá. Os funcionários, que não passam, acabamos de ver, de 14,9% dos efetivos globais dos adquiridores, e pouco mais pouco menos em cada uma das *généralités* cujo conjunto constitui a amostra de Ivan Cloulas, empreendem, entretanto, notáveis aberturas em algumas dioceses. Trata-se, no caso, de dioceses que, por várias razões (presença de uma burocracia do Estado ou às vezes da Igreja), dispõem de um considerável número de pessoal de todo tipo ligado à justiça: na diocese de Autun, 29% dos adquiridores são funcionários; na diocese de Lyon, 31%; na diocese de Paris, 35%! Essa abertura dos funcionários parisienses é, de resto, confirmada pela monografia que Jean Jacquart, em sua tese sobre Hurepoix, consagrou ao problema: no conjunto das alienações sucessivas dos bens da Igreja havidas de 1560 a 1595, contam-se, entre os 89 adquiridores em Hurepoix, 45 indivíduos, quer dizer, a metade do efetivo, ligados ao serviço do rei...

A notável investigação de Ivan Cloulas nessas vinte e duas dioceses confirma assim as pesquisas monográficas de Jean Jacquart, que concluem pela importância dos funcionários na vizinhança da capital no que concerne à compra dos bens da Igreja. Mas vê-se ao mesmo tempo que essas conclusões de Jean Jacquart perderiam sua exatidão se as extrapolássemos, na amostra Cloulas, para as regiões nada ou muito pouco burocráticas, que formam a grande maioria do território, mais ou menos nacional, de que tratamos acima.

Muito interessante também é o papel da burguesia propriamente dita (não funcionários): compõe-se dos simples "burgueses" e dos "comerciantes", pela terminologia de Cloulas. Fornece 29,9% (*supra*) do total dos "adquiridores" de 1569. Desempenha um papel especialmente importante em algumas cidades pequenas ou médias (diocese de Meaux: 36% dos adquiridores são comerciantes ou simples burgueses; diocese de Senlis: 50%; de Troyes: 37%; de Nevers: 90%; de Bourges: 75%; de Auxerre: 76%). De um modo geral, as dioceses em que os "comerciantes e simples burgueses" ultrapassam 35% do total dos adquiridores estão situadas no coração ou pelo menos nas margens da grande zona dos *openfields* da metade norte do reino, na qual a agricultura e a economia são relativamente progressistas; ou são, em todo caso, menos subdesenvolvidas do que em outros lugares (dioceses de Meaux, Senlis, Troyes, Nevers, Bourges, Auxerre).

Não desprezível também é a ofensiva do pequeno terceiro estado não elitista, mas não agrícola (*adquiridores coletivos* que se cotizam para comprar; *artesãos, pequeno terceiro estado;* ou seja, ao todo, 17,4% dos adquiridores: *supra*).

Essa ofensiva parece especialmente forte numa região que se poderia chamar de "mediana"; de qualquer maneira, situada um tanto à parte das grandes zonas de influência nobres, burguesas ou de funcionários definidos de nível mais alto. No quadro da amostra de Cloulas, com suas cinco *généralités* e suas vinte e duas dioceses (situadas ao longo de um eixo Beauvais-Paris-Lyon-Mende), essa região que desse modo manifesta — sem dúvida minoritariamente! — algumas tendências democráticas e pequeno-burguesas parece ter seu centro em torno da *généralité* de Champagne (onde 30% dos adquiridores são do pequeno terceiro estado: essa porcentagem subindo localmente a 40% na diocese de Reims, 31% na diocese de Châlons, 44% na diocese de Langres). A "região mediana" assim definida abrange também alguns pequenos encraves periféricos, pulverizados em torno do "centro" da região de Champagne. Na diocese de Soissons, 37% dos adquiridores são membros do "pequeno terceiro estado"; na diocese de Orleãs, 60%; na diocese de Mâcon, 34%.

Quanto ao percentual dos lavradores no efetivo total dos adquiridores — percentual globalmente ínfimo (3,1%) —, também pode servir para algumas observações regionais interessantes. Desprezível no conjunto, esse percentual corresponde, de fato, a grupos de lavradores-adquiridores quase inteiramente concentrados na *généralité* de Paris (na qual esse percentual sobe regionalmente a 6,6%); e acessoriamente na diocese de Reims. As dioceses da *généralité* de Paris entre as quais se acha o máximo de adquiridores-lavradores são as de Meaux (11%) e de Senlis (17%). Trata-se evidentemente de dioceses de grande agricultura, ultramoderna para a época; um certo número de "ricos lavradores" (grandes arrendatários, freqüentemente também recebedores de senhoria ou de abadia) pode se alinhar, sem complexos, com os burgueses ou os nobres de alta hierarquia da região; e concorrer com eles na disputa dos bens em leilão. Essas duas dioceses dispõem, aliás, em conjunto, de uma "estrutura de grupos de adquiridores" extraordinariamente moderna. O grupo de nobres não passa de 6% (em Senlis e também em Meaux) no efetivo total diocesano dos adquiridores de todo tipo, o de comerciantes e simples burgueses chega a 50% (Senlis) e 36% (Meaux), enquanto que o de lavradores fica entre 17% e 11% respectivamente: são números ridiculamente pequenos no que concerne à nobreza e literalmente enormes quanto aos "comerciantes e simples burgueses", e até mesmo quanto aos lavradores. A diocese de Meaux com seus numerosíssimos reformados (convertidos ao protestantismo) da primeira hora e seu grupo de adquiridores composto de 22% de funcionários, 36% de comerciantes e simples burgueses e 11% de lavradores, dá uma idéia do que poderia ser, utopicamente, em escala nacional, uma modalidade francesa da Reforma bem-sucedida: a um tempo religiosa e agressivamente modernizadora no nível da propriedade e no nível da sociedade.

Deixemos Meaux. De um modo mais geral, há duas maneiras de considerar o conjunto dos números apresentados. Num primeiro momento, podem ser levadas em consideração as distinções "nobreza", "funcionários", "comerciantes e simples burgueses". Porque os diferentes grupos que se apresentam sob essas etiquetas diferentes não estão separados uns dos outros por uma muralha da China. Muito pelo contrário, são permanentemente tocados por uma corrente de mobilidade social e de esnobismo ascensional que leva os burgueses às condições de funcionários e os funcionários à nobreza. Do ponto de vista de suas ambições quanto a terras, esses três grupos podem ser considerados, conforme a terminologia de Quesnay, como parte integrante da "classe proprietária" — já integrados a ela ou caminhando para isso; ou então, segundo a expressão de George Huppert, como uma espécie de *gentry** em gestação; em outras palavras, como uma coalizão difusa

---

*Expressão inglesa que significa "pequena fidalguia", "nobreza menor". (N. do T.)

de famílias que têm a nobreza como objetivo ou que muitas vezes já nela ingressaram; e cujas aspirações freqüentemente estão voltadas para os objetivos tradicionais: terra, senhoria, vida nobre. Esse grupo heterogêneo da elite contribui, já o vimos, com 71,7% do efetivo total dos adquiridores.

Sem negar a pertinência de tal análise, que contribui para ressaltar previamente alguns traços da classe proprietária dos séculos XVII e XVIII, já prefigurada no grupo dos adquiridores de 1569, pode-se entretanto apresentar uma outra descrição, centrada muito simplesmente sobre o conceito de plebe, ou pelo menos de não-nobreza. Esse conceito abrange os grupos estranhos à nobreza antiga, ligados à plebe, ou que dela provêm de imediato, prontos a renegá-la o mais rapidamente possível. Acrescentemos, com efeito, os diversos percentuais que em 1569 (ver *supra*) caracterizam em princípio grupos não ligados à nobreza antiga (comerciantes e simples burgueses, funcionários, pequeno terceiro estado, e aquela magra camada de lavradores ricos ou pobres que conseguiu sucesso ao participar da operação "bens da Igreja"). Encontramos, no total, nesse grupo plebeu, paraplebeu ou criptoplebeu, 62,2% do efetivo total dos adquiridores. Essa porcentagem enorme é bem expressiva quanto às forças ascensionais e poderosas de renovação social que trabalham (em geral a partir das cidades) o grande corpo da França agrária. Essas forças, em grande maioria, são estranhas à Reforma. Em nome de seu destino francês, a Reforma fica situada de fato num terreno muito estreito; não tem condições de controlar em proveito próprio a ofensiva burguesa sobre a terra da Igreja. Certamente, os protestantes da elite nobre ou burguesa (no Languedoc em 1563), ou da elite burguesa e até de homens que vivem do campo (na diocese de Meaux, em 1569), participam ativa e agressivamente da luta pela carniça das propriedades clericais. Mas, como massa, os adquiridores, o que se repetiria mais tarde sob a Revolução Francesa, contam entre suas fileiras com muitos excelentes católicos: são os que pensam simplesmente em fazer um bom negócio ou no máximo em punir a Igreja por sua enorme riqueza temporal; isso parece claro na Bacia Parisiense, muito pouco protestante no conjunto, e que entretanto entra com uma contribuição maior no contingente dos adquiridores de bens da Igreja. Queira ou não Max Weber, e seus êmulos das ciências sociais de além-Atlântico, as forças, assim consideradas, da mudança social na França sem dúvida passam — bem ou mal — pela burguesia católica (isso vai se confirmar uma vez mais, num estilo totalmente diferente, no tempo da Liga parisiense).

Resta examinar, segundo a condição social dos adquiridores, as diversas estratégias que usam na hora das vendas dos bens da Igreja. Sintomática quanto a isso é a comparação feita por Ivan Cloulas entre a diocese de Limoges e a de Bourges, para as alienações de 1563, 1569, 1574 e 1576. Essa diocese de Limoges é uma região de *bocage*, toda retalhada, na qual a Igreja possui mais pequenas extensões de *terras feudais* do que expressivos domínios. A região situa-se nas terras frias e subdesenvolvidas do Maciço Central, fora das zonas de agricultura rica e de comércio substancial. Os "adquiridores" da área — nobres, burgueses, eventualmente homens do campo mesmo — figuram nas cercanias de Limoges como indivíduos despossuídos em relação a seus congêneres mais ricos de Île-de-France. Nenhuma estratégia em grande estilo ocorre aos habitantes do Limousin [cuja cidade principal é Limoges], além de tudo pobres. Querem mais que tudo libertar sua terra, ou (se são senhores feudais) sua senhoria, das taxas superpostas (foreiras, arrendamentos ligados a heranças) que pagam à Igreja, em seguida a um parcelamento mais ou menos recente das terras da própria Igreja, depois do qual ela não conservou mais do que um vestígio de propriedade eminente, sancionado por um foro miserável... É precisamente do pagamento desse foro que nosssos adquiridores querem se livrar, por sua vez, no momento das alienações. Os adquiridores do Limousin estabelecem então uma política de ganhar pouco, de costuradores de retalhos de terra a curto prazo.

Em Berry, ao contrário (diocese de Bourges), terra coberta de vinhas, de florestas, de belos *openfields* plantados de grãos e cheios de carneiros, já é possível uma estratégia de grandes horizontes. A Igreja possui aí domínios mais importantes do que no Limousin; e, desfazendo-se, de preferência, aí também, de seus terrenos foreiros e outras bagatelas pouco rentáveis, não hesita, dependendo das circunstâncias, em vender grandes lotes de terra, ou até domínios inteiros. E os clientes estão ao alcance da mão! Esses clientes são os comerciantes de Bourges, cidade onde a tradição capitalista, desde Jacques Coeur, parece decididamente bem estabelecida; são "as famílias da alta burguesia, enriquecidas há muito tempo fazendo negócios" (Cloulas): compram do clero seus celeiros, suas fazendas, seus apriscos de Berry, suas plantações meeiras — campinas, terras, bosques, vinhas — a todo vapor. Através de centenas de hectares.

A oposição Bourges/Limoges, modernidade/tradição, provavelmente existe bem além dessas duas dioceses. O conjunto do levantamento de Ivan Cloulas revela, na verdade, uma série tripla de oposições. Norte *versus* Centro-Sul. Predominância (setentrional) de adquiridores burgueses *versus* predominância de adquiridores da nobreza. Venda de terras/vendas de terrenos foreiros e de "RTP".

Simplificando esses dados, mas de um modo que caminha para a exatidão, dir-se-á que os grandes *openfields* do Norte viram desenvolver-se diante dos bens da Igreja uma estratégia burguesa que tenta arrebatar as terras e os domínios. Nas regiões de pequena cultura no Centro do país, até os limites do Maciço Central, em compensação, os adquiridores pertencem em sua maioria à nobreza mais tradicional; contentam-se com a política limitada que lhes é imposta por suas próprias penúrias financeiras: buscam diminuir o peso da carga de suas próprias terras foreiras ou das "RTP", antes irrisórias; não se lançam a fundo à conquista dos domínios da Igreja, de resto relativamente reduzidos nessas regiões. À estratégia burguesa-territorial-ofensiva, do Norte, opõe-se portanto, no Sul, uma estratégia mais defensiva, que pratica o método de "comer pelas beiradas".

Se as massas fundamentais do protestantismo tivessem coincidido com as zonas em que se aplicava severamente a estratégia burguesa-territorial-ofensiva, o avanço frontal assim gerado poderia ter-se tornado irresistível, como já se tornara, em conseqüência de fatores específicos, na Inglaterra de Henrique VIII. Mas não se deu tal caso. Por todo tipo de razão, as bases geográficas do protestantismo francês foram muito rapidamente isoladas depois obrigadas a recuar no sentido sul, para a Occitânia. Impuseram esse recuo o Estado, o exército, a Sorbonne, o parlamento de Paris... Nessas condições, os dois movimentos — revoluções religiosas e revoluções territoriais — prosseguiram, cada um por seu lado, em sua ação discreta. Combatendo separadamente, estavam fadados à derrota, ou pelo menos a sucessos fortemente mitigados.

Um fato permanece, entretanto: as alienações de bens da Igreja expuseram com clareza a vontade de adquirir que atormenta a elite burguesa e de funcionários; deram a essa elite uma idéia mais ampla de seus poderes e de suas possibilidades.

Em seu livro *As origens sociais da ditadura e da democracia*, Barrington Moore mostrou como, a longuíssimo prazo, o custo da Contra-Revolução e da manutenção a toda prova da ordem e do *statu quo,* no domínio rural, é afinal mais alto do que o custo da Revolução, por mais sangrenta e dispendiosa que ela possa parecer numa visão imediata. A seu modo, certamente inesperado, as alienações das décadas de 1560 e seguintes dão razão ao sociólogo americano: as vendas dos bens temporais do clero, originadas pelas guerras religiosas, contribuíram verdadeiramente para desenvolver entre os burgueses franceses de todo tipo, tanto católicos como protestantes, o gosto imoderado dos negócios imobiliários, que certamente existia antes das guerras; esse tipo de gosto, esse tipo de tendência, por sua vez (a um prazo extremamente longo), um dia contribuirão muito para desestabilizar a economia agrícola francesa e, afinal, para arrancá-la, graças à impregnação do capital e da agromania de origem urbana, de suas rotinas multisseculares. Nesse sentido, as revoluções cultural e social — ainda que abortadas — da segunda metade do século XVI fizeram o que podiam para disseminar os modelos de comportamento burguês e imobiliário; esses modelos, bem mais tarde, uma vez arraigados no mundo rural, terão sua parte de responsabilidade num crescimento que afinal deu a partida.

Mas isso nos levaria muito longe, até o século XVIII ou talvez até mais tarde ainda... No que concerne às alienações em si, observadas de um ponto de vista estritamente camponês, é preciso reconhecer com clareza que seu balanço, sob este último aspecto, é bem magro. Se, na realidade, excetuarmos uma franja minúscula de ricos lavradores (que tiveram sucesso associando-se às altas classes parisienses em seu objetivo de conquistar as terras dos padres), a massa profunda dos homens rurais está fora "da jogada". Toda a ação verdadeira passa por cima do homem do campo; uma vez mais ele fica fora da história, ou antes, por baixo da história. Mas, nesses casos, sofrerá recaídas, nas quais fará, dependendo da oportunidade, seu mel ou às vezes seu vinagre...

Os documentos sobre a venda dos bens da Igreja têm, de fato, sob este último ponto de vista, um interesse suplementar e espetacular: de um modo imprevisto, permitem que se tenha a medida, ou uma certa medida, dos estragos causados pelas guerras de Religião. Porque as vendas, ou pelo menos os registros gerados por elas, funcionam de certo modo como uma investigação nacional, objetivamente executada: essa investigação nos revela a capacidade que cada diocese tem de pagar sua dívida ao governo, uma vez que foi alienada sua cota-parte de bens da Igreja. Ora, essa capacidade não existe apenas em função das vendas consideradas em si mesmas: depende também do estado em que se encontra a diocese, duramente castigada pelas guerras de Religião, ou muito pelo contrário providencialmente poupada por elas. Ivan Cloulas pôde assim traçar os mapas sobre os quais figuram, com os tons ou semitons exatos, as dioceses que se mostraram incapazes, no todo ou em parte, de pagar ao rei as receitas que normalmente deveriam tirar das vendas. Em 1568, passados os oito primeiros anos de guerras civis entrecortados de períodos de paz, as dioceses devastadas, incapazes de pagar sua receita de alienação ao Tesouro real, estão situadas essencialmente a sudoeste de uma linha Angers-Viviers ou Poitiers-Mende: a zona vermelha do máximo de sofrimento está portanto centrada em Poitou, na Aquitânia e no Languedoc; os conflitos de religião foram efetivamente mais intensos nesses lugares, e os ninhos de huguenotes, mais resistentes... Em 1583, um segundo balanço, interdecenal, tornou-se possível graças aos "pagamentos dos restos da alienação de 1576", devidos e pagos em 1583. Dessa vez, Poitou parece ter conseguido escapar da região infernal. As zonas mais atingidas agora são as situadas na Occitânia profunda, ao sul de uma linha

Bordeaux-Périgueux-Limoges-Clermont-Le Puy-Vienne-Grenoble. O Sul — Aquitânia, Gasconha, Languedoc, Rouergue, Auvergne, Dauphiné — paga assim pesadamente por seus compromissos fecundos a longo prazo, mais caros a curto prazo, que Montmorency-Damville e seus êmulos projetaram; Damville, já o vimos, quis unir, no Languedoc, para uma resistência insuperável contra os papistas da região d'oil, os huguenotes e os católicos moderados.

No correr dos anos que vão de 1589 a 1595, a guerra, por longo tempo acantonada no Sul, daí em diante vai amplamente se espalhando, subindo de novo para o Norte e para Paris; e entretanto os estragos mais graves continuam localizados ao máximo no Languedoc! São notados principalmente em torno de Toulouse, nessa região da Liga no alto Garona, tão sitiada pelas forças realistas e protestantes, coligadas. No mapa de Ivan Cloulas relativo aos juros de alienação "devidos e não pagos" dos anos 1590, uma grande mancha vermelha se forma, tendo Toulouse como centro; está demarcada (às vezes na fronteira do protestantismo), pelas dioceses de Condom, Montauban, Castres, Carcassonne, Mirepoix, Saint-Lizier, Lombès e Auch.

Mas, claro, a despeito dessas infelicidades occitanas mais caracterizadas, no decênio de 1590 todo o território nacional, de norte a sul, foi afetado pelas convulsões supremas da Liga: sobretudo no Sul (Poitou, Aquitânia, Auvergne, Languedoc, Provença); mas também na Normandia, na região parisiense, na Picardia, em Champagne; ou seja, nas quatro zonas da língua d'oil nas quais os estragos foram substanciais, durante as últimas peripécias dos conflitos de religião.

No conjunto, nesses trinta e cinco anos de guerras civis, exatamente a Occitânia sobretudo (vista em uma acepção amplamente histórica) é que foi afetada, por suas idéias subversivas: ela inclui as terras franco-provençais (nelas compreendidos os Alpes do Norte); inclui também Poitou, região sem dúvida parcialmente afrancesada, mas não se pode esquecer que lá se situou a expressão maior da Occitânia dos trovadores e que houve uma permanência cultural e consuetudinária a ligá-la por laços múltiplos à França do Sul. Evidentemente, na vasta região que se proclama, a títulos diversos, das minorias da língua românica do Sul, a adesão ao protestantismo, causa das "punições" que se seguiram, não foi geral. A adesão, fruto de uma estratégia de grupo das elites, incluiu no essencial, e quase unicamente, as zonas occitanas ou franco-provençais mais urbanizadas e civilizadas: os vales da região de Dauphiné, do Ródano e do Garona, circuito baixo languedociano... Enquanto que o Maciço Central em sua parte Sul, esse coração da occitanidade rural e até selvagem, fica fora do calvinismo; e que também fica fora (Béarn é uma exceção huguenote) toda a região ao pé dos Pireneus, ao sul de uma linha Arcachon-Toulouse-Narbonne-Agde (não se é impunemente vizinho imediato da Espanha ultrapapista). Esses contrastes de religião intra-occitanos absolutamente não determinam, apesar de tudo, a geografia das misérias da guerra: as destruições não são um detalhe. No interior do vasto Sul já citado, que só cometeu o erro de ser o grande foco ou gueto contestatário, as misérias atingem tanto os católicos quanto os protestantes, pois são amplamente infligidas por estes àqueles e reciprocamente. Acrescentemos, para matizar um pouco o que acaba de ser dito, que há a impossibilidade de pagar, mencionada *supra*; mas também a má vontade para pagar: é evidente que essa má vontade é maior nas regiões mais afetadas pela guerra e pelas perturbações...

## GREVES DOS DÍZIMOS

Os bens da Igreja e os arquivos referentes eles são portanto portadores de múltiplas lições para o historiador. Quanto às vendas em si mesmas, no essencial não tiveram muito a ver com o homem do campo.

A *luta contra o dízimo*, ao contrário, foi muito mais um caso dos habitantes rurais. De certo modo, ela foi, verdadeiramente, o caso deles.

Dois períodos essenciais podem ser discriminados, parece, quanto à agitação antidízimo.

1) A pré-guerra: uma resistência aos dízimos, surda e de longa duração, é perceptível desde o segundo quartel do século XVI. Na verdade, ela se apóia sobre tendências bem anteriores: a sabotagem quanto

à décima parte dos feixes produzidos é, por definição, tão antiga quanto a própria instituição. Para ficarmos no fim da Idade Média, temos sintomas evidentes da rebelião antidizimista, na região d'oc, nos protestos dos pastores pirenaicos contra o dízimo dos carneiros por volta de 1310-1320 (registro de inquisição de Jacques Fournier).* Quanto à região d'oil, o concílio de Sens, em 1485, repreende vivamente os "agrícolas" que desejam pagar o dízimo do jeito que bem entenderem, como, nos dias de bom humor, o rico deposita uma esmola "à sua vontade" no chapéu de um pobre, supondo-se que esse pobre tenha um chapéu... (e quase sempre tem!).

Mas a partir de 1525 — com a greve dos dízimos contra a abadia de Corbie, com a guerra dos Camponeses na Alsácia, com a Reforma começando a penetrar de modo sério e popular na França —, a contestação antidizimista assume um outro aspecto. Em 1525, as paróquias rurais da Alsácia (então alemã), poderosamente organizadas depois sublevadas, fazem com que a redução ou supressão dos dízimos conste do programa (baseado na rebelião de Suábia)** que inspirou sua sublevação. Um outro centro de revolta localiza-se em torno de Lyon: em 1524, depois em 1529, os insurrectos da revolta conhecida como da Rebeine "se amotinaram para não pagar nenhum dízimo a não ser de acordo com a sua vontade [...] que é não pagar nada". (Tem-se de novo aqui, porém sob uma forma mais radical, a velha reivindicação de pagar o dízimo de acordo com a vontade, já encontrada no Sénonais*** [1485] meio século antes.) Na Alsácia como em Lyon, a influência da Reforma, transmitida pela ebulição urbana, catalisa com um sentido determinado as reivindicações camponesas contra o dízimo, que já existiam. Na Bacia Parisiense, uma nova advertência contra a sabotagem antidizimista é formulada pelo concílio de Sens, em 1528 (essa região do Sénonais é decididamente reincidente!). O edito real

---

*Bispo de Pamiers, no departamento de Ariège, sul da França. (N. do T.)

**Antiga região da Alemanha (Schwaben), hoje uma divisão administrativa da Baviera. (N. do T.)

***Nome do trecho dos confins da região de Champagne, no vale do rio Yonne, em que fica a cidade de Sens. (N. do T.)

de 1545 se refere, por sua vez, às recusas ao dízimo que o clero de Chartres enfrenta em Beauce:* no coração da França d'oil, durante todo o fim do reinado de Francisco I, uma certa fermentação rural e antidizimista, com possíveis conotações vagamente luteranas, está se desenvolvendo; outros textos a assinalam também em torno de Paris (declaração real de 6 de julho de 1548) e perto de Nîmes e das Cevenas, "infestadas" de heresia (1540-1560).

2) A partir de 1560, quando estouram a guerra ou suas primícias, a ofensiva protestante, num certo número de cidades occitanas, quase não encontra obstáculo; e isso como conseqüência de um dinamismo huguenote de minoria ativa; como conseqüência também da ausência ou da decomposição da Igreja; como conseqüência, enfim, da passividade de carneiro das maiorias, que permaneciam papistas mas geralmente eram silenciosas, ou melhor, simpatizantes das "pessoas que iam à frente". Encorajadas de perto ou de longe por esses primeiros sucessos (com os quais o calvinismo cometeria o erro de se entusiasmar, embora as massas profundas das próprias províncias occitanas estivessem longe de uma adesão), as greves de dízimos explodem um pouco por toda parte; no Languedoc militante em primeiro lugar (vales do Ródano e do Garona; e no circuito sul do Maciço Central até o mar); nas regiões de Nîmes, de Montpellier, de Narbonne, de Toulouse; na região de Agenais...; em toda a imensa jurisdição do parlamento de Toulouse; na região do Périgord, afinal. Precisamente na região de Agenais, a narrativa de Monluc permite balizar as etapas de uma "tomada de consciência": o protestantismo, a acreditar nas Memórias desse velho guerreiro papista, difundiu-se primeiro na cidade de Agen e vizinhanças, pela elite social, e às vezes até pela elite intelectual (magistrados, funcionários da justiça e das finanças); os camponeses se convertiam, se necessário à força, sob os golpes de chicote feito do nervo cervical do boi ou *johannots* dos fiscais dos consistórios protestantes. Assim infiltrada nos campos, a heresia parte rumo a uma contestação geral, formulada pelos habitantes rurais de agora em diante

---

*Planície fértil, a sudoeste de Paris. (*N. do T.*)

rebeldes. Nem o poder real é mais respeitado: em vez de gritar *Vive le Roi sans dîme et sans gabelle*, os camponeses huguenotes de Saint-Mézard (região de Lectoure, atual departamento de Gers), excitados clandestinamente por um advogado protestante do centro urbano, declaram: *Nous sommes les rois. Celui-là* [Carlos IX] *est un petit reyot de merde.*\* E se opõem, com o apoio dos ministros protestantes, aos direitos senhoriais, ao monopólio da caça mantido pelos senhores, aos próprios senhores (aos quais é solicitado que se mantenham nas "lavouras" de suas reservas e que se abstenham de receber seus *foros e feudos* sobre os arrendamentos rústicos). O dízimo, claro, também é contestado. Parece que se está, agora, diante de uma luta de classes desta vez claramente esboçada. De um lado, a Igreja e os fidalgos de velha cepa, tradicionais, que permaneceram católicos: eles mantêm as senhorias. Do outro lado da barricada, em oposição, estão os homens do campo mais militantes. Têm a cumplicidade dos *cônsules* da comunidade aldeã; além disso, sentem-se apoiados, conduzidos mesmo pelos advogados, funcionários e burgueses huguenotes das cidadezinhas, que têm possses no campo e sopram sobre as brasas: os quadros huguenotes dessas regiões, num acordo com os ministros protestantes, decidem então avançar a um tempo sobre a frente político-religiosa de doutrinação calvinista e sobre a frente reivindicatória, da contestação dos direitos senhoriais, impostos e dízimos, uns e outros pouco amados pelos camponeses... Com variantes diversas, essa situação, que certamente não é geral na França, pode ser encontrada na região de Guyenne e na Aquitânia, talvez também na Provença, onde o partido ultracatólico e às vezes senhorial-intransigente dos *carcistes* (que deixam crescer a barba) se opõe à fração protestante ou católica moderada dos *razats* (barba semi-aparada) e também às comunidades aldeãs anti-senhoriais.

A luta contra o dízimo, entretanto, pode tomar formas mais agudas ou mais modestas, porque os militantes huguenotes, dos quais mais de um possui ou cobiça determinada senhoria ou determinada terra

---

\*"Os reis somos nós. Aquele [Carlos IX] é um reizinho de merda." A palavra de ordem superada por essa era (imediatamente antes): "Viva o Rei sem dízimo e sem gabela." (*N. do T.*)

arrendada de imposto real, não se resolvem em parte alguma, muito pelo contrário, a encaminhar uma negociação política tão radical quanto em Agenais, Guyenne ou Lectourois. Na região de Nîmes (onde os protestantes que se consideram políticos astuciosos evitam claramente romper com a ordem senhorial e dizimista), os aldeões não se recusam a pagar os dízimos; mas querem pagá-lo à Igreja... de Genebra. Mas a Igreja de Genebra desejará cobrar dízimos, por sua vez, às aldeias católicas situadas territorialmente em sua jurisidição: terá, assim, de reprimir seus próprios grevistas, que sempre são homens do campo, mas desta vez papistas... A coisa se complica!

Na Bacia Parisiense, por outro lado, as greves de dízimos ou ameaças de greves chegam ao auge pela primeira vez em 1563, sob uma forma majoritariamente... indecisa ("ameaças de greves"); uma segunda vez, em 1565-1566, sob a forma de greves agora *efetivas*, que coincidem, inicialmente, com a grave crise de víveres de 1565. São fomentadas pelo pessoal do campo, mas freqüentemente também por gente auxiliar — senhores ou então comerciantes ricos —, proprietários nas terras de lavoura em que se dá a greve; agindo assim, os notáveis amigos desse gênero de contestação pensam em engordar seus rendimentos, dando um curto-circuito no dízimo, mas também esperam apoderar-se da direção da aldeia, ou, às vezes, satisfazer suas simpatias huguenotes... Geograficamente, os grandes *openfields* parisienses contribuíram amplamente para a greve de dízimos. Entre junho de 1562 e julho de 1567, os territórios atuais do ex-departamento de Seine-et-Oise[11] tiveram 63 casos de greves dizimistas ou ameaças de greves; os de Seine-et-Marne, 57; de Seine, 38; Yonne, 31; Eure-et-Loire (Beauce), 29; Oise, 24; Aube, 23. As greves crescem um ponto no sentido dos *bocages* do Oeste (Sarthe, 18 casos; Maine-et-Loire, 17). E no sentido das regiões do Loire propriamente ditas (Indre-et-Loire, 14). Pelo Vale de Loire, uma ligação é assim criada com os grevistas, freqüentemente huguenotes, de Poitou (Vienne, 11 casos). Para voltar às regiões de campos abertos, observa-se que as greves, intensas ao sul da capital, em compensação são menos marcantes nos *openfields* do Leste (Champagne); e também nos do Nordeste e do Norte parisiense. (No Marne, de fato, têm-se 14 casos de greve; no Alto Marne, 13 casos; em Aisne, 11; em Somme, 13.)

Os outros territórios (situados nos departamentos atuais da França do Norte, do Centro ou do Sul), tanto os que são da alçada do parlamento de Paris como os que, por uma razão ou por outra, julgam conveniente reportar-se a ele, têm, de um modo geral, cada um, menos de 10 casos de greve dizimista; e, muito freqüentemente, apenas um ou dois casos por "departamento".

Apesar de sua secura, esses números, tirados dos trabalhos do padre Carrière, parecem-me ricos de informações: na região parisiense, a greve dos dízimos, que deriva, de qualquer maneira, de uma velha tradição local de luta do homem do campo, veio a ser corajosamente encorajada pelas "más idéias" luteranas, depois calvinistas, difundidas a partir da capital; porém poderosamente desencorajadas, em compensação, pela vigilante repressão emanada do parlamento de Paris. Tudo bem considerado, o combate antidizimista do decênio de 1560 representa um dos grandes movimentos da luta social do campesinato de *openfields*, especialmente em Île-de-France (e isso no quadro de uma região que, entre a *Jacquerie* de 1358 e a "guerra das farinhas" de 1775, não conheceu, no setor rural, muitos outros "grandes movimentos" dignos desse nome).[12]

Contudo, em Paris mesmo e nas regiões de planície, essa greve se choca com interesses de primeira grandeza que, no fim das contas, saberão como pôr um termo a essa ação do pessoal do campo. Uma estatística dos queixosos (cuja petição motivou as diversas condenações do parlamento de Paris, hostis à contestação aos dízimos) é muito eloqüente a esse respeito. Entre as queixas antigreve assim recebidas no parlamento, 34 provinham de bispos, arcebispos ou cardeais: não há novidade nessa previsível abundância de queixas episcopais, uma vez que os prelados (beneficiários, cada um deles, dos dízimos em um grande número de aldeias) estavam ameaçados, com isso, de serem prejudicados por numerosas greves, ainda que puramente locais. Quanto ao clero regular das abadias e dos mosteiros, alvo favorito dos huguenotes, também ele é grande e múltiplo beneficiário dos dízimos:

fornecedor, portanto, de seu contingente de queixosos. As petições antigreve provindas deles chegam a 91: metade delas são de abades ou abadessas de mosteiros; quanto à outra metade, é na verdade de religiosos individuais ou de conventos agindo coletivamente. Os cônegos e os capítulos que formam — e eles são a massa do alto clero secular (dominado pela fina flor episcopal e abacial) —, ricamente dotados em aldeias que pagam dízimos, também contribuíram para as queixas com suas reclamações contra as greves. Desse grupo "de cônegos" procedem 70 queixas; entre elas, boas quinze provêm de cônegos a título individual; e o resto de capítulos que se queixam como corpo e coletividade constituídos. De modo algum pode espantar, afinal, essa importância do mundo "capitular" quanto à má vontade antigreve. Sabe-se, por exemplo, que, longe de Paris, numa cidade ultracatólica como Toulouse, o capítulo dos cônegos e sua numerosa clientela de pequenos comerciantes, de lacaios, de homens da lei e de mendigos constituem, em companhia da maioria dos parlamentares, a alma da resistência anti-huguenote — ó, que eficiência! — para enfrentar os *"parpaillots"** da prefeitura tolosina, quer dizer, Capitólio.

Mais interessante, entretanto, do que essas reações episcopais, abaciais ou capitulares, que falam por si, é a parte ativa que o baixo clero tomou, assim como os padres das paróquias rurais, nas lutas antigreve. Entre o grupo já mencionado dos queixosos, 146 são priores ou párocos de paróquia. Freqüentemente não-residentes, delegando suas funções aos vigários, esses párocos e priores formam, não o proletariado, certamente, bem longe disso, mas pelo menos a infantaria da Igreja da França; a eles cabe uma parte pequena, mas não desprezível, do dízimo: essa parte é o "principal do pároco". Ora, eles estão na vanguarda na defesa de sua porção, por mínima que seja, contra o movimento grevista. Atitude muito lógica: uma greve local dos dízimos, numa dada aldeia, atinge mais o pároco local, cuja única renda é seu percentual

---

*Apelido pejorativo ("borboletas") que se dava aos huguenotes porque usavam um laço branco no cano de sua arma. A palavra é derivada de *parpailhol* ("borboleta" na língua d'oc, do latim *papilio*, em francês *papillon*). (N. do T.)

dizimista (quase sempre minoritário) do total da aldeia. Enquanto que o bispo, o capítulo ou o mosteiro aos quais toca a porção majoritária desse mesmo dízimo podem perfeitamente quase nem ser atingidos pela recusa do pagamento do dízimo, que esteriliza momentaneamente essa fonte, uma vez que prelado, bispo ou cônego continuam eventualmente a auferir (além de seus grandes domínios territoriais) os dízimos de dezenas de outras aldeias, nas quais os dizimistas não fazem greve.

Em compensação, a parte mais baixa da escala, os vigários, durante o decênio de 1560, não dirigiram uma única queixa ao parlamento de Paris contra as greves de dízimos. Será que se deve considerar que, não sendo beneficiários, muitas vezes sendo pagos diretamente pela *fábrica*, quer dizer, pela própria aldeia,[13] esses vigários se considerem, quanto aos dízimos, uma fração desprezível, pouco ligados que estão ao problema? A verdadeira barreira de classe, de qualquer maneira, estabelece-se entre eles e o pároco; barreira que os separa, nesse caso, do resto do clero.

Entre as vítimas das greves — e vítimas que gritam! — figuram, além do mais, um certo número de eclesiásticos cobradores de dízimos e de padres urbanos ligados à universidade parisiense e ao parlamento *idem*. Onze padres que apresentam petições ao parlamento contra tal ou qual greve de dízimos são justamente... conselheiros desse mesmo parlamento. Ao mesmo tempo juízes e partes. Pertencem então, indiscutivelmente, a esse *lobby* clerical que saberá manter no parlamento de Paris uma orientação firmemente católica, em face da repressão contra os huguenotes. Com as enormes conseqüências que essa tendência parlamentar terá para todo o destino francês. Além disso, cinco padres queixosos são estudantes na universidade de Paris; quatro, licenciados em direito; dois, bacharéis; dois, doutores em teologia; sete, titulares de ofícios diversos. Esses números são significativos de fatos sociais essenciais: em Paris, uma boa camada da população, diretamente ou por pessoa interposta, vive ou pelo menos se beneficia do dízimo. Estão nesse caso, evidentemente, os grandes organismos clericais (capítulo de Notre-Dame, abadia de Saint-Germain-des-Prés, etc), e também toda a multidão de subvencionados que se move em torno deles. Mas também alguns membros do parlamento; e mais ainda gente da universidade: estudantes, lecionadores e diplomados. O "povo soberano dos sabichões"[14] em 1560-1563 está na primeira linha da repressão aos protestantes; esses clérigos, ao fim e ao cabo, têm também sua motivação materialista: para eles, preservar o dízimo é salvar a sopa.

O movimento andizimista da gente do campo que permanece sempre, pelo menos na Bacia de Paris, mais contestador do que verdadeiramente violento, forja assim, contra si mesmo, de alto a baixo, a unidade do clero, desde os párocos até os prelados — quase não envolvendo só os vigários. Suscita também a hostilidade do parlamento e de muita gente universitária, assim como dos eclesiásticos do campo. E se choca, afinal, à medida que elas são informadas, com as massas urbanas, sobretudo com as massas parisienses; para esse público das massas, a Igreja não tem o aspecto de predadora ou de exploradora que revela, em compensação, com ou sem razão, aos homens do campo mais contestatários; no meio urbano, a Igreja é distribuidora de benefícios e até de poder de compra, uma vez que a renda que recebe nas campinas redistribui em seguida *intra muros* na cidade. (Acrescentemos, segundo Janine Garrisson, que as ameaças protestantes de cerco que pesam militarmente sobre Paris antes e durante o ano de 1567 contribuíram para fazer com que a população da capital se inclinasse em massa para um catolicismo de choque. Mas essa é uma outra história...)

Nessas condições, os movimentos de greve antidizimista, alvos de muitos interesses e de *lobbies*, voltam-se para a repressão e a regressão. Desaparecerão, afinal, quase completamente, a longo prazo, quando os párocos do campo se tornarem não apenas pequenos recebedores de dízimos, mas também os bons pastores de suas ovelhas, passando a residir em seus presbitérios, a partir de 1630-1660 (benefícios da Contra-Reforma...).

Numa visão de médio prazo, as greves antidizimistas culminam, no Norte e no Sul, durante os anos 1560. Na seqüência, depois de 1570, de tempos em tempos ainda são atestados movimentos desse tipo (Picardia, 1577-1583; Languedoc, 1585). Mas não têm mais a penetração do primeiro decênio das guerras civis, quando Michel de l'Hospital (1561) e o próprio Carlos IX (1568) deploraram tais greves. A partir de 1570-1580, a Igreja, de um lado, graças aos "preliguistas" ou aos liguistas, e os protestantes, de outro lado, retomam o comando de suas tropas, por assim dizer. Quer se trate de pagar aos antigos mestres ou aos novos, os homens do campo serão obrigados a pagar seu dízimo mais corretamente. Essas constatações cronológicas permitem apreciar, em certa medida, o impacto das greves: digamos que não devemos exagerar esse impacto; e que ele sem dúvida é mais importante como sintoma social, ou psicológico, do que como fator econômico. Se se considerar de fato, e tudo leva a concordar com isso, que o decênio de 1560 coincide com o apogeu das greves de dízimos, constatar-se-á simultaneamente que essas greves não correspondem ao período mais baixo do rendimento dizimista: na maior parte das regiões da França (voltarei a isso), é sobretudo a partir de 1570, até mesmo de 1580 ou de 1585, que o produto dos dízimos desaba; ora esse desmoronamento se explica mais por uma baixa de produção e por uma sabotagem puramente prática por parte dos homens do campo, do que por uma onda de greves conscientes e organizadas cujo auge, de fato, foi bem anterior. As greves antidizimistas, agressivas sobretudo antes de 1570, tinham sido um transtorno para os padres. A semi-ruína das produções agrícolas, consumada em 1590-1594, e conjugada com a simples má vontade do mundo rural, constituirá para esses eclesiásticos uma causa ainda mais grave de falência e de bancarrota.

Em todas essas ocasiões, vê-se que os homens do mundo rural, apesar de tentativas interessantes, não desempenharam um papel muito importante entre as personagens que podem ser consideradas ativas e militantes, de um ponto de vista econômico e social, durante as guerras de Religião. As vendas de bens da Igreja, na maior parte dos casos, consumaram-se à margem dos homens do campo. A greve dos dízimos frustrou-se diante do bloco que constitui o conjunto do clero, associado a seus aliados no parlamento; nesse sentido, se não chegou a ser um fiasco, não passou de um fogo de palha: dela não restarão, depois dos incêndios de 1560, mais do que algumas chamazinhas, definitivamente apagadas, ou quase extintas, no século XVII. À espera de que cresçam, vivamente, no século XVIII...

## DÍZIMOS E CRISE AGRÍCOLA DURANTE AS GUERRAS DE RELIGIÃO

Para além dos dízimos, no que se refere agora à produção agrícola durante as guerras civis, contamos — como tem de ser! — com uma mistura de certezas e de obscuridades.[15]

1) As certezas: quer se meça pelos dízimos (às vezes duvidosos, por causa das greves) ou por outros métodos, fica claro que a produção agrícola baixou, com uma ou muitas repetições, durante o conflito. As guerras foram constantes, encarniçadas, atrozes. As destruições, a paralisia do comércio, a desaparição de uma parte do gado, das coisas ligadas à lavoura ou produtoras de alimentos, por fim a falta de adubo contribuíram para quebrar a produção dos campos, tal como o dízimo reflete ou refracta. No que se refere à adubação, dispõe-se mesmo, às vezes, de uma documentação excelente. Antes das guerras, a viúva Couet (já mencionada), produzia habitualmente 10, 12 ou até 15 moios de vinho por ano em suas vinhas de Antony. Esse número cai para 8 moios por volta de 1560 e até 1565, e para 6 ou 7 moios de 1568 a 1572. Ora, a viúva utilizava para esse vinhedo uma quinzena de carroças de esterco, antes das guerras; e depois, sem dinheiro ou por qualquer outra razão (diminuição dos efetivos do gado ao sul de Paris?), não consome mais do que 10 carroças anuais desse fertilizante entre 1568 e 1572. A baixa da produção vitícola dos domínios da senhora Couet confirma-se assim, justifica-se, por essa carência dos adubos.

2) Considerado esse ponto, deve-se reconhecer que as greves de dízimos, evocadas no parágrafo anterior, perturbam algumas vezes (especialmente no correr do decênio de 1560) nossos instrumentos de medição da produção agrícola. "Não é sempre que sabemos, durante esse período, se é a tempestade que faz estragos ou se é o anemômetro que ficou maluco."

Um breve passeio regional permitirá, na medida do possível, estabelecer em que situação ficam esses problemas de dízimos e de produção agrícola. Começar-se-á pelo extremo Norte; por aquela região de Antuérpia que, afastada das fronteiras do reino, permite uma comparação útil com as zonas francesas, ou pelo menos francófonas, as mais setentrionais.

Perto de Antuérpia, portanto em plena zona flamenga, a intervenção armada dos espanhóis revela-se fatal: eles tomam e saqueiam o grande porto e sua vizinhança; suas depredações fazem ruir a economia e ao mesmo tempo enfraquecem os estímulos que beneficiavam a agricultura procedentes normalmente de um mercado ativo. É a ruptura! As taxas pagas *in natura* (em grãos) pelas cinco grandes fazendas dos domínios de Lier[16] [nome flamengo da cidade belga que os franceses chamam de Lierre] caem bruscamente; em 1576, a taxa cai para a metade de seus valores normais, tomando-se como base os registros dos séculos XV e XVI, antes das incursões espanholas. O nível mais baixo, em Lier, é atingido em 1582. Penosamente, esboçam-se recuperações a partir de 1586. Não chegaram a progredir muito até 1600, quando se interrompeu a série de Lier. Não se trata, neste caso, de incriminar as greves de dízimos como causas aparentes das quedas de receitas: os domínios territoriais em questão entregam seus grãos para valorizar a produção direta, ou como pagamento das prestações de arrendamento que nenhuma greve sabota; as baixas, portanto, nada têm a ver com a carência no recebimento dos dízimos.

Em Cambrésis, a queda dos dízimos é cronologicamente comparável à das curvas de Antuérpia, derivadas das prestações de arrendamentos ou das relações de domínios (esse paralelismo sugere que no caso de Cambrésis a greve dos dízimos também não serve como explicação para o declínio das entregas feitas pelos produtores do campo: trata-se de um fator apenas acessório). Nas cercanias de Cambrai, a estiagem é contemporânea da de Antuérpia (1582); depois desse ano, todo o resto do decênio é muito baixo; os dízimos de Cambrésis, ou melhor, o produto líquido dos dízimos (*in natura*), rendem por essa época a metade, ou menos ainda, em relação às quantidades entregues antes da catástrofe; a partir daí, fica-se bem longe, num nível muito inferior ao dos picos de 1560. A recuperação começa depois, e muito rapidamente a partir de 1596.

Cronologia semelhante é a que vigora nas cercanias de Namur. A geração 1570-1600 nessa região é vítima das quedas do produto líqüido das prestações (*in natura*) que o reduzem respectivamente aos dois terços ou aos três quartos de seu nível das máximas de antes da guerra, para os dízimos de Ohey e de Sclayn; e, também respectivamente, aos três quintos e aos dois quintos para as "restituições de exploração" dos domínios de Wez e de Basseille. As mesmas relações registram-se com exatidão na região de Ougrée, perto de Liège (colheita de grãos do "galinheiro" da abadia cisterciense de Val Benoît). A receita, nessa região, cai verticalmente durante os grupos de anos 1571-1579 e 1589-1597; e, globalmente, cai no período 1571-1597 aos dois terços do que era em 1562-1570. No total, se se tentar uma avaliação global para as regiões de Antuérpia, Liège, Namur e Cambrai, comparando o período 1570-1600 com o período 1550-1570, chega-se à conclusão de que a baixa do produto líqüido das prestações (*in natura*) durante os trinta anos difíceis foi de cerca de um terço. Num prazo mais curto, quer dizer, desde as máximas de 1570 até as mínimas de 1580-1585, as reduções foram muito mais fortes; e se fixaram em torno da metade do "produto" já citado. Isso esclarece provavelmente a crise de víveres; e, *em caso de acidente meteorológico*, as fomes, durante esse período: é realmente incontestável que a evolução do produto líqüido também reflete (mas de um modo muito evidentemente exagerado) a do produto bruto.

Seguem-se os dados oriundos da região parisiense que, para esses últimos quarenta anos do século XVI, são especialmente "eloqüentes"; de fato:

• numerosos textos nos falam, nessa zona, de greves de dízimos desde o decênio de 1560;

• as misérias da guerra a partir de 1560 e sobretudo por volta de 1590 são freqüentemente rudes.

Ora, que é então que se constata?

1) Se se examinar o caso particular dos dízimos em dinheiro, o produto expurgado desses dízimos (a julgar pelos arquivos do capítulo de Notre-Dame e outras fontes) parece ter caído a partir de 1560, até um mínimo previsível, no decênio de 1590.

No caso, pode-se estimar que essa queda dos dízimos, na região parisiense, divide-se em duas fases distintas: a queda é, em primeiro lugar, parcialmente "artificial", na medida em que é motivada pelas greves durante o decênio de 1560; depois disso a queda é real (efetiva em relação à produção), a partir de 1570; e sobretudo depois de 1585. Afinal, o fato de que o preço dos grãos em Île-de-France continua a aumentar notavelmente durante todo o período das guerras civis e até os anos 1590 (enquanto que a população e portanto a demanda cerealista crescem) é o índice — entre outros fatores — de uma rarefação inegável da oferta de todos os tipos de trigos; trata-se nesse caso, muito simplesmente, de uma situação típica de "estagflação". (Entre os "outros fatores" de alta dos preços figuram também as chegadas de metais preciosos... e, localmente, o sítio patético de Paris.)

2) Para voltar ao problema específico do declínio dizimista na zona parisiense, a documentação referente a isso reunida por Jacques Dupâquier, sobre os dízimos *in natura* da região de Vexin, contribui com importante precisão de dados, ao mesmo tempo cronológicos e quantitativos. Primeiro pensamento: o produto líquido dos dízimos (*in natura*) que aumentava lentamente até 1560 parou de crescer depois dessa data; a taxa de crescimento anual caiu a zero entre 1560 e 1580, ou se tornou absolutamente ridícula. Depois, a partir de 1580, e sobretudo entre 1588-1590 (desordens e sítio), o produto citado (em grão) decresce em Vexin, sob o impacto das guerras. A diminuição entre os anos 1578-1588 e 1588-1598, digamos, basicamente entre 1583 e 1595, estabeleceu-se para onze aldeias em — 24,5%; quer dizer, uma baixa de um quarto que se compara perfeitamente, porém em relação a um período mais curto, ao percentual "belga" (diminuição de uma terça parte: ver *supra*).

Não se pode dizer que seja uma catástrofe espantosa: isso foi suficiente, de qualquer forma, durante uma dezena de anos, para fazer os preços subirem e favorecer as crises de víveres (se há um ponto em torno do qual os historiadores razoáveis estão de acordo é que as guerras de Religião causam prejuízo não apenas às prestações dos produtores do campo, mas *também* à própria produção de base).

Esses dados estão confirmados pela enorme documentação das rendas territoriais *in natura* ou "produto das prestações *in natura*" referente a oito domínios dispersos (perto de 1.000 *arpents* no total, fazendas arrendadas de Notre-Dame de Paris). Lá também, a guerra estanca a lenta ascensão das curvas reais, calculadas em sesteiros por *arpent*, e que culminavam por volta de 1560. Uma primeira queda se dá em 1565-1573: queda que amputa a renda territorial em 26,1%, em sesteiros por *arpent*. Segue-se uma recuperação: a segunda queda, a das guerras da Liga (década de 1590), não provoca uma queda nas curvas maior do que 16,7% em relação ao "segundo teto", o da década de 1580. Notemos de passagem que esses declínios nada têm a ver com as greves dizimistas... pois se referem a aluguel de terra.

As rendas territoriais expurgadas confirmam a cronologia do declínio; nos domínios de Saint-Denis, a queda em onze casos começa ou se situa depois de 1585 ou 1590. Só em três casos começa desde a década de 1570.

Na Borgonha, a queda do produto líqüido dos dízimos (*in natura*) começa discretamente aqui e ali ou depois de determinadas guerras (religiosas) a partir de 1563-1566. É espetacular de 1585 a 1588 e em 1600, atingindo seu ponto máximo entre 1588 e 1600, e principalmente por volta de 1595: nesses doze anos, a baixa dos dízimos-grão *in natura,* em dez aldeias, é de 42,8% em relação ao bom período de 1550-1568.

Portanto a decadência na Borgonha, parece, é mais forte do que na região parisiense, onde se registram apenas, falando-se de dízimos, baixas de cerca de 25%; e, falando-se de arrendamentos, uma baixa de

17% em relação ao "teto" de antes da guerra, ou melhor, de antes da Liga.

Em Auvergne, as curvas do produto líqüido dos dízimos (*in natura*) apresentam mais lacunas; e as irregularidades são mais acentuadas entre as evoluções das diversas aldeias do que na Borgonha. Entretanto, apesar das lacunas, é possível calcular de modo aproximado as perdas de valor dos ingressos dizimistas, que atingem de 25% a 50% (ou até mais) das receitas anteriores à crise; e isso quando se compara o período ruim (1585-1598) com os decênios anteriores, relativamente bons, que se situavam entre 1550 e 1575.

A baixa em Auvergne, algumas vezes esboçada desde 1560, só veio a ser sentida decididamente a partir de 1570, até mesmo de 1580. Uma tal cronologia tem para nós valor de confirmação. As greves dizimistas na província de Auvergne, que permanece essencialmente católica, constituem no máximo um sintoma temporário e irritante de comichão anticlerical. Muito mais do que uma verdadeira causa de queda dos diagramas de dízimos; os dízimos caem em Auvergne, como acabamos de ver, *depois* do grande período das greves (que coincide com o decênio de 1560). Em média, essas baixas na região de Auvergne do produto dizimista ficam em volta de 35% a 40% entre a época de alta (1550-1575) e a de baixa (1585-1598).

No Languedoc, e em geral no sul mediterrâneo, encontramos uma cronologia do produto líqüido dos dízimos (*in natura*) um pouco diferente.

A queda é majestosa desde o início da guerra, em 1560, atingindo 36,5% do produto líqüido dos dízimos *in natura* (grão).

Uma segunda onda de "desastres" se dá entre 1571 (data de uma grande escassez de víveres) e 1577, em plena crise militar e política. O "produto" acima citado despenca então em 43,4% em relação à boa época de antes da guerra (a que vai de 1532 a 1550).

O terceiro período difícil vai de 1583 a 1596.

As entregas dos dízimos-grão são então inferiores em 36,1%, em média, em relação a seu nível de antes da guerra.

Dízimos dos *carnencs* (ovinos), em Narbonne, em renda nominal

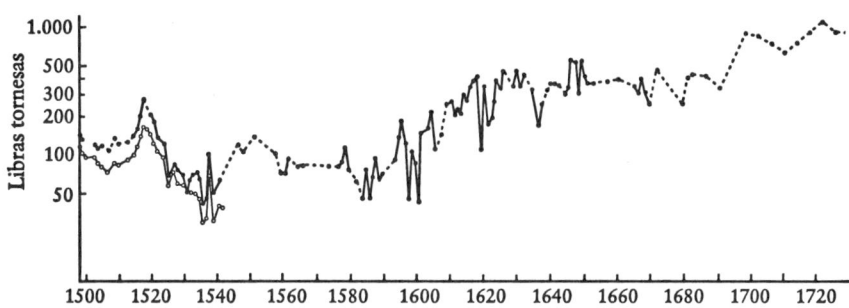

Fonte: E. Le Roy Ladurie (1966), t. II, p. 986.

Os dízimos de azeite de oliva também caem em um terço, mas, é verdade, com enormes desigualdades de acordo com os lugares. A média, nessas condições, tem apenas um valor relativo, mas a tendência é incontestável e salta aos olhos ao considerarmos as curvas: é estagnação ou declínio.

Preço da carne de boi, em libras tornesas, a libra de peso

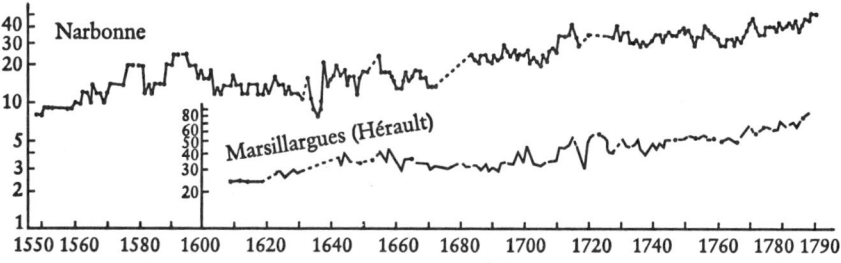

Fonte: E. Le Roy Ladurie (1966), t. II, pp. 956-957.

Se agora nos interessarmos pelo caso dos dízimos de produções animais, chamadas *carnencs* no Languedoc, parece que seu desabamento foi muito mais marcante do que o dos grãos, tal como está materializado nas porcentagens que acabamos de citar: o produto líqüido dos dízimos (equivalente em produto natural), quanto à criação, baixa em mais da metade no período 1585-1595. A falta de adubo animal, conseqüência dessa regressão muito provável da criação, é evidentemente nefasta à produção cerealista cuja baixa na verdade se dá, como acabamos de ver, em função dos dízimos maiores do trigo ou do centeio.

Por fim, na região de Lyonnais, última etapa desta investigação sobre os dízimos na França antiga, os aluguéis de domínios, calculados como sempre a preços constantes, estão, para o pior período (1586-1603), em baixa de 40,3% em relação ao alto nível de antes da guerra.

O caso alsaciano nos permite, tarde demais, delimitar a fronteira do ciclone habitualmente chamado "guerras de Religião".

Na Alsácia, setor poupado, as batalhas entre papistas e antipapistas não têm a mesma violência que tiveram no Oeste, no reino da França; e isso, apesar das incursões dos retres* nas planícies do Reno (Guerra dos Ladrões, 1587-1588).

Essas perturbações periódicas na Alsácia talvez tenham tido repercussões negativas sobre alguns diagramas do produto líqüido dos dízimos (*in natura*). Mas, no conjunto, os movimentos perturbadores são fracos, nem chegam a ser sincronizados; e absolutamente não aparecem em alguns gráficos; a Alsácia do fim do século XVI ainda vive manifestamente, e isso nem é preciso dizer, seu momento alemão, o momento daquele compromisso fecundo e durável que foi a Paz de Augsburgo de 1555. As infelicidades francesas não dizem respeito à guerra: entre o período de relativas altas e pouco ou nada perturbado de 1548-1583, e o de 1584-1595 que parece ter sofrido de alguma forma, só se encontra uma baixa de 7,3% do produto líqüido dos dízimos (*in natura*).

Na Alsácia, as greves dizimistas, inevitáveis nessa região influenciada pelo protestantismo, foram contudo, para o clero, mais irritantes do que verdadeiramente perigosas; quanto à produção verdadeira

---

*Cavaleiros alemães mercenários a serviço da França, nos séculos XV e XVI (*reiter*, em alemão; *reître*, em francês). (*N. do T.*)

dos grãos, parece ter se mantido, na grande província renana, em um nível quase normal até os últimos anos do século XVI.

Agora, deixemos de lado a Alsácia, situada fora da França, na época... Tentemos, a título indicativo, propor alguns números de conjunto para a zona que se estende do norte ao sul incluindo Antuérpia, Cambrai, Namur, Paris, Dijon, Clermont-Ferrand, Montpellier e Arles: concluímos pelo "baixo período" que vai de 1580 a 1600, e por comparação com o teto anterior, com uma baixa de cerca de um terço do produto dizimista *in natura* ou pago pela equivalência para as regiões do Norte; baixa de um quinto ou de um quarto mais ou menos para a região parisiense; baixa de 35% a 43% para as zonas do Centro-Leste e do Sul mediterrâneo que exploramos — Borgonha, Auvergne, Sul mediterrâneo, Lyonnais. A baixa real do produto total, efetivo, existiu também, ainda que menos forte. O barômetro das rendas territoriais e o anemômetro dizimista exageraram, pedagogicamente por assim dizer, baixas de produção que não tinham nem sequer um fundo, nem mesmo um mínimo fundo de realidade. A propósito desses números, duas observações tópicas parecem se impor imediatamente:

1) Essa baixa é especialmente marcante nas regiões occitanas, que são as mais trabalhadas por um protestantismo ativo de minoria periférica ou lingüístico-étnica, e são as mais afetadas pela guerra.

2) Convém repetir para a nação o que já foi enunciado como referência para tal ou qual região: a baixa em questão não poderia ser explicada simplesmente pelas greves dizimistas; a influência das baixas reais de produção existiu, também, sobretudo durante o pior período, aquele que vai de 1585 a 1595 mais ou menos. A comparação das curvas dizimistas e não dizimistas mostra, com efeito, que a baixa afeta de modo semelhante rendas do tipo agrícola que nada tinham a ver com a greve: essas rendas, em relação a seu declínio, eram uma das faces da depressão de fato de um produto bruto de que elas dependiam. Essa crise real representa o preço a pagar pelas novidades religiosas, políticas e sociais que, vindas do exterior, perturbam a partir de 1560 o ecossistema do mundo rural. Eis o que contribui para a formação dos diversos fenômenos: as crises de víveres, por exemplo, facilmente

explicadas (entre outras causas) por essa situação de penúria, multiplicam-se entre 1560 e 1575, e, de novo, entre 1584 e 1595; alguns *Croquants,** por outro lado, revoltam-se porque a baixa de produção e de renda constitui para eles causa de descontentamento direto ou indireto, descontentamento que os atinge de todas as maneiras possíveis, através do contexto da época.

Dito isso, deve-se reconhecer um fato, com exatidão: os níveis mais baixos de produção, atingidos ao fim do período de queda, cerca de 1590, desabaram muito menos do que aqueles registrados um século e meio antes, durante os piores momentos das guerras de Cem Anos. Quanto às greves do dízimo durante os conflitos de religião, de alcance parcial ou amplas, quanto à má vontade geral dos obrigados a pagar dízimos que a pressão extra-econômica do Estado já não constrange tanto, essas coisas ainda contribuem para deprimir, para rebaixar *artificialmente* um nível de produção que, de um modo ou de outro, tinha tido realmente uma pequena queda (mais nada) em função dessas mesmas guerras religiosas e da Liga (1560-1594).

A breve exposição precedente, relativa aos dízimos ou à produção agrícola prejudicada pelos dízimos, deixa de lado alguns setores a propósito dos quais o "dízimo feixe" — o que é fácil de entender — não gerou uma documentação pertinente. Penso, por exemplo, no pastel tolosino, na viticultura de Charente ou de Bordeaux. Não parece que o comportamento desses diversos produtos, durante o conflito de religião, os tenha classificado numa conjuntura que seria diferente daquela dos grandes setores um tanto deprimidos como o dos grãos ou o da criação. O pastel tolosino começa de fato sua decadência entre 1560 e 1600. A viticultura de Charente se esboroa depois de 1572. Com a de Bordeaux é mais ou menos a mesma coisa. Fica muito claro, como

*Nome que se dava aos rebeldes do campo nesses anos do fim do século XVI. Tratava-se de um termo de desprezo para designar os camponeses, qualquer coisa como "gentinha", "gentalha da roça", e acabou como orgulhoso termo que deu título aos revoltosos rústicos e seu movimento (abordado com amplo destaque em subtítulo específico do Capítulo V). (*N. do T.*)

mostram especialmente as primeiras monografias à base de registros paroquiais, que com a própria *população* não há diferença em relação à produção. Efetivamente, um "pequeno vazio" demográfico registra-se nos campos franceses durante as últimas décadas do século XVI. O epicentro cronológico dessa queda, seu "nadir", situa-se por volta de 1590-1595: ter-se-ia então caído (diz Jacques Dupâquier),[17] no que corresponde ao território atual da França, para 19.300.000 habitantes, dos quais 17.350.000 rurais; em vez dos 19.500.000 (total) e 17.550.000 (rural), respectivamente, lá por 1560; o que dava (sempre segundo Dupâquier) uma população rural em 1593 correspondente a 89,9% da população total nesse mesmo ano; e o número dos que propriamente se entregavam ao cultivo da terra era de 15.181.000 em 1595, em vez dos 15.356.000 de 1560, ou um ano a mais, um ano a menos. Baixa mínima, de fato, em relação a 1560, e que não passa de 1% nos três casos, tanto para o total como para o rural e o agrícola. É pouco, o que indica, assim mesmo, uma tendência (negativa), levando-se em conta o fato de que Dupâquier, muito legitimamente de seu ponto de vista, trabalha sempre voltado, seja quando fala em 1560 ou em 1595, não para um ano, na verdade, mas para uma geração, da qual esse ano é apenas o ponto central. Essas gerações respectivas são a de 1550-1579 e a de 1580-1609, o que tende a "esmagar" o declínio real entre 1560 e 1595, pelo menos a encobri-lo um pouco, sem entretanto anulá-lo.

Deriva, reconstituição e crises
do ecossistema
(1600-1660)

## A CICATRIZAÇÃO DEMOGRÁFICA... NÃO SEM RECAÍDA "FRONDOSA"

Passadas as guerras de Religião, passado principalmente o decênio sangrento da Liga e da Contraliga (1585-1595), o ecossistema rural se reconstitui gradualmente, suas feridas vão se cicatrizando.

Em primeiro lugar, quanto à *população rural*: no Languedoc, as curvas paroquiais denotam uma retomada do crescimento demográfico durante a primeira metade do século XVII. Retomada interrompida algumas vezes, mas não sempre, pela peste de 1629, que, em algumas aldeias de terreno árido, assume mesmo proporções de genocídio medieval; felizmente, porém, são apenas exceções catastróficas, e na minoria das paróquias.

Pelas outras paróquias, a retomada (lenta) do crescimento da população languedociana, iniciada desde 1600, prossegue bem ou mal até a Fronda,* e mesmo depois dela, uma vez que esse episódio revolucionário e belicoso não causou no Sul o grande trauma que causou mais ao norte. De um modo geral, é todo o Sul mediterrâneo e rural,

---

*A esse movimento político da metade do século XVII, de que já tratamos em outra nota, é que se refere a palavra "frondosa" no subtítulo inicial do capítulo, logo acima. Não havia como adaptar de outro modo o original *"frondeuse"*, apesar do problema criado com o sentido original da palavra "frondosa" em português. Esteja portanto atento o leitor para o fato de que o adjetivo em questão nada tem a ver com o feminino do nosso "frondoso", referente, por exemplo, a árvores de folhagem ampla e copa majestosa: tem apenas o sentido ligado ao movimento político da história francesa. As aspas, o Autor as deve ter usado no original por estar, aparentemente, fazendo um trocadilho com o outro significado da palavra em francês, pois *frondeur/frondeuse*, como substantivo, é aquele(a) que atira pedras com funda, o(a) fundibulário(a). (*N. do T.*)

sem exclusão da Provença (segundo as curvas gráficas das aldeias dos *Graphiques* de Baehrel), que cresce e se recupera de 1600 a 1660. Não se elimina a hipótese de que a população languedociana, provençal, occitana, tenha retornado substancialmente — até ultrapassado algumas vezes — a seus níveis elevados da metade do século XVI.

Nos campos parisienses (Jacquart), a retomada do crescimento demográfico depois da guerra civil é muito clara. O número de nascimentos, em Hurepoix, aumenta de maneira mais ou menos regular durante os quatro primeiros decênios do século XVII. E, sobretudo, durante o decênio de 1630; culmina por volta de 1635-1640. A partir de 1645 (data redonda), esse impulso dá lugar definitivamente a um declínio; *também* para a natalidade a Fronda, na região setentrional, é uma rachadura decisiva. Quanto à mortalidade que, como se sabe, é fortíssima em todas essas épocas, absolutamente não consegue quebrar o dinamismo do crescimento das populações *circum*-parisienses antes da reviravolta negativa do fim do decênio de 1640. Certamente, há, em Hurepoix, por volta de 1625-1626, depois 1629-1632, fortes erupções de mortalidade provocadas, como não podia deixar de ser, pelo jogo combinado da peste e da penúria de alimentos: pestes de verão em 1625 e 1629; crises de alimentos em 1630... Mas, na ausência da confusão guerreira na Bacia Parisiense, não parece que esses pequenos desastres tenham sido suficientes para reverter a tendência ascendente do povoamento. À altura de 1640, Hurepoix, em plena alta demográfica, deve ter tido uma ascensão, quanto a seu povoamento, até aquele nível de 75.000 a 80.000 lares que lhe são atribuídos ainda no começo do século XVIII. Será que haveria necessidade de insistir em nosso ritornelo, a toda hora repetido neste livro? Em Hurepoix como em outros lugares, o "crescimento", a "alta" dos quarenta primeiros anos do século XVII não é afinal de contas mais do que uma pálida recuperação; nessa pequena região, precisamente, o efetivo dos seres humanos, nos mais "belos" períodos do século XVII, permanece constantemente inferior, em 30% talvez, àquilo que era por volta de 1550-1560. O êxodo rural (sinal de modernidade) para a cidade de Paris que incha é, em parte, responsável por essa situação.

Em Anjou igualmente, nas aldeias cujas longas curvas demográficas foram publicadas por François Lebrun, nota-se um certo incremento no número de batizados até 1630, 1650 ou 1660-1670: o *culmen** geralmente se situa por volta de 1640. Esse dinamismo é seguido por taxas mínimas. Em Beauvaisis, e também em Saint-Lambert-des Levées (Maine-et-Loire), os altos níveis do fim do século XVI, segundo Pierre Goubert, são conservados ou retomados, mal ou bem, até por volta de 1640. Em Coulommiers e Chailly-en-Brie, o nível dos batizados cai de 1585 a 1600 a três quartos ou menos ainda do que era antes das guerras de Religião; recupera-se em seguida, para cair aos níveis mais baixos em torno de 1630-1640, um nível claramente inferior (em cerca de 20%) a seus desempenhos do bom período do século XVI. A mesma inferioridade é encontrada em cinco aldeias da França do Norte, estudadas por Pierre Goubert, nas quais o teto moderado de 1640, quanto aos batizados, é em média inferior em mais de 10% ao de 1580. Em Tamerville (Mancha), ao "pequeno teto" do século XVII chegar-se-á um pouco mais tarde do que em outros lugares, mais ou menos em 1600.

Na região de Montbéliard, em compensação, o *record* ou máximo de população, mais ou menos em 1620, exatamente antes da Guerra dos Trinta Anos, ultrapassa em muito os efetivos dos anos 1550; as taxas de superioridade podem atingir de 50% a 100% segundo as aldeias (Jean-Paul Desaive).

Nas *pequenas cidades* da Bacia Parisiense, severamente castigadas pelo decênio em que se enfrentaram a Liga e a Contraliga, de 1585 a 1595, a retomada do período de altas demográficas se dá muito lentamente: em Meulan, por volta de 1600, algumas paróquias tinham baixado à metade seu efetivo de nascimentos em relação à década de 1580. As paróquias em situação ruim mal retomam seus níveis de antes da Liga a não ser a partir de 1635. Depois retomam seu teto, por volta de 1645-1670, num nível demográfico que apenas iguala o do século XVI. Em Châteaudun, cidade estudada com mão de mestre por

---

*Em latim no original: "cume", "alto", "cimo". Talvez no caso, melhor ainda, "culminância". (*N. do T.*)

Marcel Couturier, o decênio de 1590 corresponde a uma crise, talvez não tão grave como em outros lugares. Em seguida se chega a uma recuperação, afinal irregular, a partir de 1610, depois em 1630-1635; Châteaudun reconduz o número de nascimentos a um alto nível[1] (aquele, anterior, do decênio de 1580).

Sendo, em relação ao total, esses anos de 1610-1639 em resumo muito "bons", do ponto de vista populacional, Dupâquier também acha que se tem um teto muito alto, considerando-se que a expectativa era modesta. No decorrer desses três decênios "Maria de Medicis-Richelieu", a França "hexagonal" teria 20.900.000 habitantes, 18.850.000 dos quais eram rurais e, entre estes, 16.494.000 lavradores, incluídas aí as famílias. A comparação é vantajosa ante os 19.300.000 habitantes, dos quais 17.350.000 rurais, de 1595 (ponto central da geração 1580-1609, referida no fim do capítulo anterior, que serve de base cronológica a Dupâquier). O *bonus* é incontestável, até mesmo considerável, tratando-se do período 1610-1639, digamos, mais simplesmente, tratando-se de 1625; em outras palavras, tratando-se da época em "flor" de Richelieu, comparada com o fim das guerras de Religião.

[Lembremos que para nós o "Hexágono" não passa aqui de uma janela aberta para o mundo, um lugar prático para amostragem de uma humanidade muito representativa para além de si mesma. De maneira nenhuma, em nosso espírito, esse mesmo Hexágono poderia ser tornar o lugar geométrico dos cocoricós de um chovinismo à la Déroulède,* conceito que alguns veriam aí alegremente.]

---

*Paul Déroulède (1846-1914), escritor e político francês, é uma espécie de padrão do nacionalismo exacerbado e do revanchismo no país, que participou ativamente da guerra de 1870 e do combate à Comuna. Publicou em 1872 os *Chants du soldat* ("Cantos do soldado") e em 1875 os *Nouveaux Chants du soldat* ("Novos Cantos do soldado"), poesias inspiradas pela idéia revanchista. Foi um dos fundadores da Liga dos Patriotas, em nome da qual se entregou a ampla pregação na França e no exterior. Em 1899 participou de um golpe que derrubaria a República parlamentar e faria do general Roget o presidente. Foi preso, depois anistiado. Em 1900 foi banido por dez anos, por tentativa de um complô contra a segurança do Estado. Viveu por cinco anos em San Sebastián, na Espanha, e em 1905 voltou à França, mais uma vez anistiado. Daí em diante dedicou-se exclusivamente à Liga dos Patriotas e a publicar novos livros: dramas, novos poemas, etc. Teve grande glória de 1881 até a morte, como porta-bandeira das idéias ultranacionalistas e revanchistas, porém, morto, foi rapidamente esquecido. (*N. do T.*)

Fica claro, de qualquer modo, que nos anos de Richelieu (1624-1642), se nos é permitido extrapolar um pouco quanto ao tempo, o Hexágono voltou a ter, sob o ponto de vista demográfico, níveis sempre muito baixos — no mundo rural como no urbano. Na verdade, durante um século os níveis sempre foram baixos. Quaisquer que tenham sido, de fato, as flutuações, afinal menores, que os historiadores demógrafos divulgam, não é menos verdade que estamos diante de uma entidade coletiva (referente ao campo, na parte que nos interessa) que, com dimensões comparáveis e a longo prazo, permanece, em termos gerais, demograficamente estacionária. A cota de 19 milhões de habitantes, considerando-se o "Hexágono", ora é ligeiramente ultrapassada (1560, 1630), ora por pouco não é atingida (1595). E o número de habitantes rurais "varia" proporcionalmente, quer dizer, muito pouco. História imóvel...

De qualquer maneira, o período 1596-1647, até o fim dos anos da pré-Fronda, não foi muito ruim. Seria possível então dizer que esse período é um mar de rosas? Seria um erro afirmá-lo. O período herdou, como sempre nos séculos XVII e XVIII, um peso inevitável de infelicidades e flagelos. Males que corroeram o grande corpo da França rural, sem chegar entretanto a despovoá-lo de maneira notável, muito pelo contrário! A conjuntura, tudo considerado, permanecia razoável. Sofria contudo "turbulências" de todo tipo, especialmente na França do Leste, cenário, desde o decênio de 1630, da Guerra dos Trinta Anos.

As calamidades demográficas do início do século XVII, quando se manifestam, encontram, é preciso lembrar, a reação da conhecida litania, adaptada segundo a circunstância: "Da peste, da fome... e da Fronda, livrai-nos, Senhor!" O importante não é enunciar essa evidência, mas estabelecer com precisão, em qualidade como em quantidade, o impacto respectivo das três categorias de catástrofes.

O impacto microrregional das pestes por volta de 1630. Aldeias da região de Lodévois: evolução do número dos pagadores de talhas

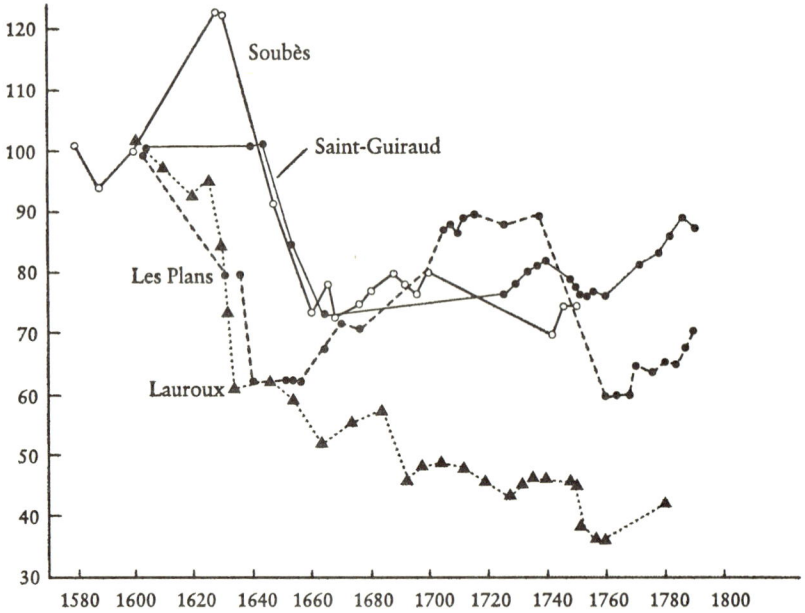

Índice 100 = 1600
Fonte: E. Le Roy Ladurie (1966), t. II, p. 938.

A peste, durante a primeira metade do século XVII, ainda está terrivelmente presente: em Anjou, no Oeste da França, a peste de 1583, bem estudada por François Lebrun, talvez tenha matado uma terça parte dos habitantes da cidade de Angers, ou seja, um número que pode ir de 5.000 a 10.000 pessoas. Em mais de uma paróquia rural de Anjou, a peste ceifou a terça parte, ou no mínimo a quarta parte das populações das aldeias. Números semelhantes ou piores são os da série de pestes da mesma região (Anjou) de 1626-1627, depois de 1631-1632: em um único verão, nas cidades mais atingidas, que felizmente são mais excepcionais do que típicas, os párocos vêem cair por terra 25% de suas ovelhas. Trata-se, no caso, no início do segundo quartel do século XVII, de uma peste giróvaga: espalha-se, entre outros vetores, pelos movimentos de tropas, chegando aos quatro cantos do reino;

devasta em ondas alternadas o Maciço Central, a Bacia da Aquitânia, o Maciço Armoricano e a Bacia Parisiense... Em Anjou, dá-se uma nova catástrofe em 1639; a peste combina-se com diversas formas de disenteria causadas pela toxicose dos bebês ou pelas doenças transmitidas pelo bacilo de Xiga* que ataca jovens e adultos, moléstias que encontram meios propícios para expansão em um verão especialmente quente. Depois, pouco a pouco, a peste tende a desaparecer do reino: ainda devasta o Sul e o Leste até 1652 ou 1670; já está definitivamente erradica no Oeste (está fora da região de Bessin, na baixa Normandia, no Noroeste; como está fora de Anjou) desde o decênio de 1640.

Essas grandes epidemias da época de Luís XIII apresentam claramente as características de pestes "modernas"; diferem, já o vimos, daquelas que castigaram o Ocidente na Idade Média, ou que castigaram, ainda, no século XVIII, o Mediterrâneo muçulmano. Medievais ou islâmicas, essas pestes tinham uma freqüência anual ou bianual. Nossas pestes francesas do início do século XVII, ao contrário, se dão através de rajadas, cada uma delas com a duração de alguns anos, ou menos de um lustro; cada rajada pode se separar da seguinte, numa dada província, por um intervalo de tranqüilidade de dez, vinte ou até vinte e cinco anos. Mas, do jeito que vieram a ser, e a despeito de sua raridade, essas erupções pestilentas foram suficientemente fortes para anular uma boa parte dos excedentes demográficos que de outra forma, graças aos consideráveis contingentes de nascimentos dos anos 1600-1640, teriam conseguido se acumular. A demografia francesa da primeira metade do século XVII faz pensar naquelas doenças de que os médicos de Molière adoravam "tratar": naturalmente robusta em tempo normal, essa demografia é em verdade sangrada a cada vinte anos por um assalto pestilento: quebra qualquer crescimento mais considerável, reduz o impulso de povoamento, a não ser uma retomada

---

*Agente patológico da disenteria epidêmica ou bacilar, da família das salmonelas. Liga-se, por uma de suas características, ao bacilo de Eberth, mas dele difere por outras características. Também é conhecido como bacilo de Chantemesse e de Widal. Seu nome prende-se à cidade japonesa de Xiga, na transcrição francesa grafada como Shiga. (N. do T.)

lenta e moderada para o equilíbrio multissecular. Seja como for, a eliminação da peste, a partir de 1650, 1670... ou 1720, é uma condição não suficiente, mas necessária, para um crescimento demográfico de grande estilo (como será no século XVIII, quando a população francesa, afinal, "furará o teto"). Por volta de 1640, ainda não se chegou lá: com seus bacilos de um ou de outro tipo à espreita, a peste está diabolicamente presente; uma das possessas de Loudun, em 1632, chama de "tumor de impureza" o demônio que tem nos quadris, do lado esquerdo, e que a atormenta como um tumor pestilento...[2]

Sem as pandemias pestilentas, a França rural de Luís XIII teria realmente conhecido um impulso demográfico (e econômico) mais poderoso do que aquele com o qual se contentou? É bem possível. Mas também é verdade que depois da regressão do bacilo de Yersin, posteriormente a 1650 ou 1670, outros freios ao povoamento surgirão, altamente eficazes: compensarão a anulação do freio pestilento; vão entravar a ascensão do povoamento até por volta de 1715. A peste não era portanto mais do que um freio entre outros; era substituída, eventualmente, por outros fatores de bloqueio.

E a fome? Falar de sua presença sob Luís XIII e o jovem Luís XIV não passa de um truísmo. Sei que, paradoxalmente, alguns historiadores demógrafos, e alguns dos melhores deles, desejarão fazer crer que as crises de alimentos como fatores de mortalidade quase não existiam sob o Antigo Regime. Tal afirmativa é admissível quanto ao século XVIII: durante a "crise" de 1740, a fome matará menos do que o frio de rachar e as epidemias pulmonares nascidas desse rigor hibernal. Mas uma demonstração desse tipo não seria prova de nada se a quiséssemos aplicar, indiscriminadamente, ao longo do século XVII, de um tempo a outro da fome, que se estende desde as penúrias de víveres da época das Ligas, no decênio de 1590, até o grande inverno em que faltaram cereais de 1709, passando pelas crises de 1630, 1649, 1652, 1661 e 1694. Durante esses cento e vinte anos, a persistência das fomes, ou de grandes penúrias de alimentos pelo menos, como contraponto demográfico (epidêmico...) é inegável.

As causas dessa persistente miserabilidade podem ser puramente humanas; inútil persistir no assunto, quanto a isso: a ele já fiz alusões a propósito de outras épocas. Lembremos simplesmente que a partir de 1625, e sobretudo das proximidades de 1640, a população se aproxima e ultrapassa mesmo o marco dos 20 milhões de homens. A urbanização selvagem desenvolve no coração da Bacia Parisiense uma capital considerável, que chega aos 400.000, depois aos 500.000 habitantes. Lyon, Lille e outras grandes cidades também crescem. Ora, a produção cerealista, a despeito de alguns bons desempenhos, tende a estacionar num teto em 1630. Há portanto, necessariamente, dificuldade na relação população-alimentos, pelo menos durante os maus anos.

Mais precisamente: *quais* anos maus? O *estilo* climático do fenômeno das fomes não deve ser desprezado por quem pretende considerar e bem compreender determinada história econômica e agrária. No século XVI (1556), no XVIII (colheita de 1788), no XIX (1846), as fomes ou os simples déficits de trigo na metade norte da França mais de uma vez se ligam a episódios de sol escaldante: um sol prolongado, no fim da primavera ou no começo do verão, deixa queimados os grãos em botão e os resseca; priva a colheita que se aproxima de qualquer possível rendimento substancial. Ora, no século XVII, o sol escaldante não é o principal perigo: as grandes fomes — as dos decênios de 1590, de 1630, da Fronda, de 1661, de 1694 e de 1709 — são conseqüência de invernos horrivelmente frios ou muito úmidos; ou de verões úmidos e pouco sadios; ou desses dois ou três fenômenos simultaneamente.

Deixemos de lado o decênio 1590-1595,* no decorrer dos quais o clima desempenhou um papel apenas secundário no surgimento de crises de víveres: as colheitas estavam fortemente ameaçadas de toda maneira, arrasadas ou comprometidas pelas guerras, pelas repetidas investidas dos cavaleiros alemães (reitres, ou retres) e pelo esboroamento do capital agrícola. Da mesma forma, no momento das grandes fo-

---

*Fica claro que nas referências a tempo decorrido não nos devemos preocupar com um sentido absoluto quanto à expressão do Autor, pois de 1590 a 1595 não há um decênio, passam-se apenas seis anos (mas evidentemente há uma referência precisa quando se fala, por exemplo, no "decênio de 1590"). (N. do T.)

mes de 1649-1652, o clima esteve apenas em segundo plano (inverno frigidíssimo de 1649 e ocorrência de quase uma dúzia de vindimas tardias no decênio de 1640, sobretudo no fim do decênio), não desempenhou senão um papel relativo, ainda que não desprezível, no destino do trigo. Foi a Fronda, mais que a chuva, que comprometeu o abastecimento e até as colheitas, às quais os guerreiros causaram profundos transtornos.

Em compensação, a escassez de 1630 é bem filha única do clima, do clima ruim: a colheita de Anjou do verão de 1630, em muitas aldeias, é apenas superior ao volume do semeado; desta vez, o preço do trigo, em Anjou, atinge seu *record* do século XVII; um *record* que não será batido localmente a não ser uma vez, e assim mesmo por diferença muito pequena, em 1661-1662. A causa imediata desse desastre, quanto à meteorologia, é muito clara: o ano-safra, da véspera da semeadura até a colheita, quer dizer, de setembro de 1629 a agosto de 1630, foi, na vizinhança de Angers, incrivelmente úmido e ciclônico: dos doze meses, um único (julho de 1630) pôde ser considerado muito seco; sete, muito molhados (de outubro de 1629 a abril de 1630, ou seja, um período de umidade que abarca a maior parte da vida anual dos cereais em questão); os quatro meses restantes se mostraram simplesmente normais.

**Crises demográficas: exemplos em
Beauvaisis e fora de Beauvaisis.
Crises de 1625-1627 e de 1649-1652**

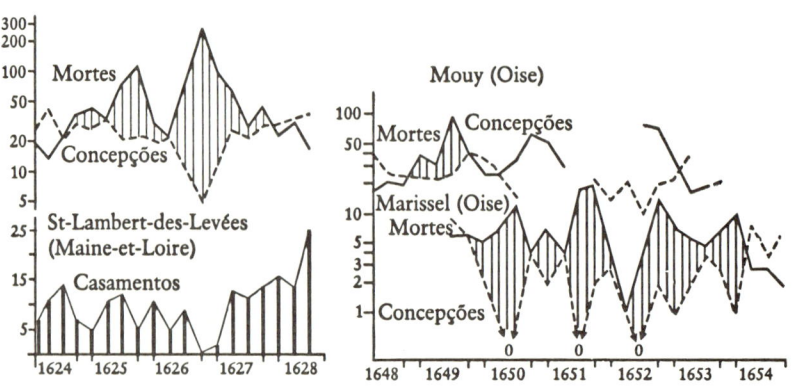

Fonte: P. Goubert (1960), t. II, p. 54 (gráficos).

Mais notável ainda por sua clareza climatológica é a fome de 1661: esse período de fome explode em plena paz; seu epicentro está na região de Blois; suas devastações, sobre as colheitas e, conseqüentemente, sobre os homens, estende-se até as regiões do Loire e, no sentido sul, até a Bacia Parisiense. Essa fome, que coincide com o advento de Luís XIV, foi, se assim se pode dizer, o "banco de ensaio" com que serão testadas, por Meuvret e por seus discípulos, as teorias da crise de víveres do século XVII, com seus temas essenciais: mortalidade dos pobres, concomitante com o pico cíclico do preço dos cereais; queda do número de concepções durante o período de carestia, por causa das amenorréias da fome, e como conseqüência de outros fatores; papel multiplicador das epidemias, propagadas pela errância dos famintos, etc. Demograficamente "exemplar", essa fome de 1661 é, por outro lado, reveladora quanto ao clima (François Lebrun): o inverno extremamente frio de 1660 (dezembro de 1659, janeiro-fevereiro de 1660) havia ultrapassado os "limites permitidos"; tinha impedido que, na região do Loire, a colheita passasse do medíocre, mas ainda sem chegar a um ponto catastrófico, em 1660. Ai da população, de março de 1660 a fevereiro de 1661 não haveria em Anjou um único período real e duravelmente quente, suscetível de deixar as estradas em boas condições para a colheita de 1661! Ora, no momento em que os brotos despontam na terra, depois amadurecem, os seis meses que vão de março a agosto de 1661 são totalmente úmidos! São dilúvios que lembram aqueles semelhantes de 1315-1316. Provocam, a partir do verão de 1661, uma fome do tipo medieval. A situação praticamente não melhora durante o ano-safra de 1661-1662; os bons tempos não chegam a ser causa de comentários; dezembro de 1661, janeiro e fevereiro de 1662 são muito chuvosos (sabe-se que o inverno muito úmido, ao menos na metade setentrional da França, é ruim para as sementes, que apodrecem na terra e acabam por morrer sufocadas por ervas ruins). O resultado global dessa sucessão de precipitações de tempestades, depois de geadas, não é nada brilhante: duas colheitas são médias, não vão além de medíocres (1600 e 1662); uma é totalmente frustrada (1661). A fome que decorre de tudo isso na França da bacia do Loire é provavelmente uma das piores do século XVII. Em 1693-1694, por fim, a última grande fome desse mesmo século mostrará — sempre em Anjou — um quadro muito semelhante: verão e outono com tempo úmido e frio em 1692; inverno frio ou frigidíssimo em 1692-1693; primavera, verão e outono frios e úmidos em 1693; inverno frio em 1693-1694... Em resumo, de julho de 1692 a janeiro de 1694, a "doçura de Anjou" andou muito esquecida: não se observa então um único período quente ou seco digno de ser relatado pelos documentos regionais... Uma vez mais, o frio e a umidade "germinaram", em 1693-1694, uma das fomes mais atrozes da idade clássica. Essas fomes de frio e (ou) de chuva (decênio de 1590, anos de 1630, 1649, 1661, 1694 e 1709) são a imagem de uma época apelidade de "pequena idade glacial". As temperaturas médias de 1600 a 1700 são um pouco mais frescas do que durante o período de reaquecimento do longo século XX (se dermos esse nome ao período 1861-2000); a diferença média do século XX em relação ao século XVII é verossimilmente inferior, talvez igual a 1° centígrado, com desvantagem para os anos que vão de 1600 a 1700. Porém, tomando-se como referência alguns anos ou algumas seqüências de anos excepcionais, essa diferença se materializa em seqüências de verões úmidos e de invernos gelados, uns e outros nefastos para as colheitas. Simultaneamente, as geleiras alpinas terão maior volume por volta de 1600, 1645 ou 1690 do que em nossos dias. E o estilo da circulação atmosférica procedente do oeste, no século XVII, mais voltada para o sul, mais ampla, mais meridiana, pequena portadora de invernos frios e de verões úmidos para a Europa, difere, quanto à superfície e quanto às conseqüências, daquilo que virá a ser em nossa época: o *pessimum* climático da idade moderna se opõe ao *optimum* do século XX.

As fomes do período 1590-1709, e mais especialmente, no que concerne ao presente capítulo, as do período 1590-1661, são portanto perfeitamente filhas do seu tempo: refletem a meteorologia rigorosa da pequena idade glacial; além disso, são muito mais sentidas por uma estrutura econômica e social que por vezes facilita a penúria e a miséria; se essa estrutura, nefasta no caso, tivesse bruscamente deixado de funcionar, os desastres dos grãos devidos ao *pessimum* climático não teriam suscitado, quanto aos grupos humanos, mais do que modestas crises, em nada gravíssimas, em todo caso.

Essas pestes e fomes do início do século XVII, lá por 1625 ou 1630, por exemplo, na região parisiense, traduzem-se, em termos de depressão do povoamento, por flutuações de terceira ordem (ver *supra*), flutuações que perturbam dura porém momentaneamente, sem lhes alterar de modo durável, os níveis e as relações das populações e dos víveres. Para que esses níveis e essas relações sejam afetados por uma recessão profunda, decenal, fazendo baixar, por exemplo, em 20% o número de habitantes, aqui e ali, em algumas populações da França do Norte, será preciso que a isso se venha acrescentar, como no tempo das guerras de Religião, o "golpe de misericórdia" suplementar da guerra exterior — e sobretudo da guerra civil. Acumulam-se então três ordens de fatores negativos (*guerras* acompanhadas de *fome* e de *epidemia* a partir do decênio de 1630 no Leste, e a partir de 1648 no conjunto norte do país; e fome de 1661, para concluir); essa acumulação consegue produzir, na metade do século XVII, como antes no fim do século XVI, uma flutuação de segunda ordem: uma verdadeira inclinação negativa, durável e global, dos povoamentos do reino, pelo menos na metade norte dele. Entre 1640 e 1660, o sentido negativo das curvas setentrionais é impressionante; diagramas de população e diagramas de produção dos cereais mergulham num mesmo movimento de queda; voltarão a subir um pouco em seguida, mas não sem que o mal já estivesse feito.

No que concerne a essa "inclinação" ou a esse "sentido negativo", é preciso deixar de lado, claro, o caso da Alsácia, em nada ou ainda em muito pouco ligada à França. Quando se tratar, de fato, da parte extrema oriental do futuro Hexágono, a expressão "flutuação de segunda ordem" é muito fraca se aplicada à segunda geração do século XVII. Será mais apropriado falar em flutuação de primeira ordem: porque a Alsácia figura, no mapa estabelecido graças a Gunther Franz,[3] entre as duas regiões germânicas que, durante a Guerra dos Trinta Anos, perdem entre um terço e dois terços de sua população. A fase mais rude

ou a mais "dura" das operações militares, na Alsácia, situa-se essencialmente entre 1633 e 1640. A ela se acrescentam algumas grandes pestes
e fomes que caracterizam esse período, ou que sobrevêm enquanto ele
transcorre. Em dez anos apenas, a grande província do Leste francês,
ou antes do Oeste alemão de então, conheceu portanto o equivalente a
uma mortalidade de Peste Negra, digna dos "fastos" de 1348. Tanto
que se pode dizer que essa província, e com ela toda a Alemanha, em
plena época clássica, ainda são contemporâneas do século XIV dos
genocídios, microbianos e belicosos, ou belicistas.

A oeste e a noroeste do maciço dos Vosges, em Champagne, na região parisiense, em Beauvaisis, o caso é muito diferente! As catástrofes
regionais ligadas à flutuação de segunda ordem devem-se principalmente à Fronda, mais breve; e não ao conjunto interminável da Guerra dos Trinta Anos. Isso não quer dizer que o meado do século, no
coração da Bacia de Paris, não fosse — e para isso Pierre Goubert
chamou a atenção há muito tempo — muito rude: a meteorologia
freqüentemente foi muito desfavorável (invernos muito frios, períodos úmidos, vindimas tardias em 1648, 1649 e 1650). Mas a guerra
aberta, principalmente, numa vasta região concêntrica rodeando a capital, consumou o desastre camponês que tinha provocado, desde o
início do decênio de 1640, a gravíssima pressão fiscal e o endividamento
das aldeias; nas paróquias, a partir de 1648, os reitres, os lorenos... e
os franceses usurpam *o miúdo e o graúdo*; os lavradores... não ousam
mais lavrar, por medo de que venham roubar os seus cavalos. A mortalidade da pré-Fronda (1642, 1644) se prolonga pela mortalidade da
Fronda (1648-1649); culmina com a colheita dos mortos, recolhidos
em grande quantidade aos celeiros durante o ano-safra de 1652-1653.
Em algumas aldeias, durante esse ano fatídico, mais de uma terça parte
da população toma o caminho do cemitério. De um modo geral, em
torno de Paris, todo o período 1645-1665 é marcado, quanto às curvas baseadas nos registros de paróquias, por uma *cúpula* das mortes e
por um *pezinho* das concepções. Em Champagne, o desastre vai até a
deserção definitiva de *habitats* rurais: 10% das aldeias de Champagne,
em vastos territórios da província, são abandonados para sempre a

partir do meado do século XVI (Jean-Marie Pesez). Segundo alguns recenseamentos, infelizmente isolados, as perdas globais da população antes da Fronda e depois da Fronda — de 1636 a 1664 exatamente — atingiram 20,7% dos efetivos humanos em cento e vinte e quatro paróquias das circunscrições de Rethel e de Sainte-Menehould. Objetar-se-á sem dúvida, quanto a isso, que Champagne não era uma província típica; com seus 10% de aldeias desaparecidas definitivamente na época da Fronda, foi vítima de uma provação especialmente severa nessa época... Mas as regiões do Loire também foram cruelmente atingidas (especialmente pela fome de 1661): a circunscrição de Romorantin perde 18,3% dos contribuintes inscritos nas relações das talhas de 1639 e 1664. No fim de tudo, não é sem sentido sugerir que, desde o pequeno *maximum* demográfico registrado por volta de 1640 até o *mimimum* de depois da Fronda e depois da fome (em torno de 1664), a França do Norte perdeu um pouco de sua população camponesa. Também houve quebra nas produções cerealistas da metade setentrional do reino, por pequena que seja. O Sul Mediterrâneo, em compensação, no estado atual de nossos conhecimentos, parece ter evitado *grosso modo* as catástrofes econômicas e sobretudo demográficas da faixa medial do século XVII. Tirando-se essa exceção, o "século de Luís XIV", por volta de 1660, começa a caminhar, demograficamente, num "pequeno vazio" conjuntural: os números referentes à população, na França das fronteiras atuais, são, para as proximidades de 1655, de 20.350.000 (total) e de 18.150.000 (rural), entre os quais 15.881.000 ligados à produção. Esses números podem ser comparados respectivamente com o ponto alto cronológico das proximidades de 1625: 20.900.000 (total) e 18.850.000 (rural), por fim, quanto a habitantes agrícolas, 16.494.000 (agrícolas, quer dizer, ligados à produção). Resultado da comparação: baixas respectivas de 2,6% de 1625 para 1655; e, baixa mais evidente ainda, de 3,7% quanto à população rural e 3,7% quanto ao pessoal ligado à produção. São os efeitos acumulados da Fronda e algumas outras "más sortes"...

"Pequeno vazio", portanto, bloqueio (momentâneo); freada... Mas o curto e o médio prazo aqui não excluem o longo prazo. E parece chegar, para o historiador, o momento de lançar um olhar sobre os diferentes sistemas de bloqueio ou de freagem que, para além das grandes desgraças da época frondosa [da Fronda], garantem (ao longo dos cento e cinqüenta anos do longuíssimo e por vezes achatado século XVII) o equilíbrio e de tempos em tempos a recessão demográfica.

A partir de 1650-1660, a realidade demográfica passa a ser objeto (graças a investigações recentes dos historiadores) de pesquisas de inacreditável precisão. A ponto de se poder descrever não apenas os *trends*, mas também as estruturas e o funcionamento das populações antigas.

Essas estruturas são essencialmente de equilíbrio: a longuíssimo prazo, constituem a base da estabilidade das populações francesas da idade clássica, estabilidade que se impõe, em datas precisas, através das oscilações negativas (1645-1665, 1690-1715) ou positivas (1600-1640), ou de novo positivas (1664-1687).

O equilíbrio está assegurado, claro, pela altíssima mortalidade: operando com regularidade ou por intervalos de fortes crises, a mortalidade ceifa o excedente dos nascimentos, e permite simplesmente a reprodução do volume demográfico existente. Na região de Hurepoix, no período 1636-1650, em Boissy-Saint-Yon, a mortalidade infantil (até 1 ano) é de 21%; a mortalidade juvenil (de 1 a 19 anos completos) é de 33%. Ao todo, 54% dos "recém-nascidos" morrem ou estão destinados a morrer "antes de ter atingido a idade do casamento e da reprodução" (Jean Jacquart). A situação não é muito diferente depois de 1650, em Beauvaisis, na Normandia, na região de Meaux... Por haver um grande número de "leitos quebrados" (uniões conjugais interrompidas pela morte prematura de um dos cônjuges, isto é, ocorrida antes do fim do período de fertilidade da esposa), o número efetivo de nascimentos por casal camponês médio quase não ultrapassa quatro ou cinco (Pierre Goubert). Com uma mortalidade infantil e juvenil de 50%, e às vezes mais, não pode haver nenhuma esperança de crescimento demográfico a longo prazo; dois filhos, uma boa média, substituirão um dia dois pais... A demografia está condenada à estagnação; e até, se as coisas se agravarem, ao declínio.

Esses mecanismos brutais que garantem o equilíbrio através de uma mortalidade transbordante derivam das crises de alimentos; mas também e principalmente das epidemias, combinadas com as fomes, ou que surgem intercaladas entre as fomes: peste e depois varíola, tifo, febre tifóide, disenterias diversas, gripes, pneumonias (ver Jean-Pierre Goubert); todos esses flagelos completam as pestes; ou as substituem (por função "vicária") depois de 1650-1670, quando as pestes desaparecerão da França. A guerra que, repito, faz parte do sistema no século XVII, também é produtora de mortes a golpes de espada ou de mosquete; mas principalmente a golpes de escassez de víveres e de epidemias que dissemina.

Mas seria absurdo explicar tudo pela morte. Até a sociologia animal há muito refutou a idéia "malthusiana" (em rigor, pseudomalthusiana), segundo a qual os efetivos dos animais, em estado selvagem, são regulados apenas pelo volume de alimentação disponível: volume que, uma vez consumido, leva automaticamente a uma disparada de misérias, fomes e epidemias *ad hoc* que limitam, na infelicidade individual e no interesse geral, o número dos que tomam parte no grande banquete da vida. Na verdade, as espécies animais, do pingüim à centopéia, passando pelo elefante e pela baleia, têm uma política ou pelo menos um policiamento inteligente, uma vez que instintivo, para regular os efetivos (Wyne-Edwards): isso permite a cada grupo evoluir numericamente em torno de um *optimum* demográfico e não de um *maximum* ou de um *pessimum*. Dá-se o mesmo *a fortiori* com nossos camponeses franceses do Grande Século* (que evidentemente não acuso de modo algum de animalidade!), com a diferença que entre eles esse policiamento não é puramente biológico ou inconsciente, mas culturalmente determinado.

A "arma decisiva"[4] do *birth control* dos nossos camponeses é sem dúvida o casamento tardio, obrigatoriamente conjugado (ou perderia

---

*É como se costuma chamar o século XVII: Grande Século, ou, segundo Voltaire, "século de Luís XIV". Ligando o século a esse rei, prolongam-no até 1715, pois Luís XIV viveu até esse ano. (N. do T.)

todo o sentido) com uma forte dose de castidade pré-conjugal. Por volta de 1550, vimos, os camponeses normandos casavam-se relativamente cedo, ao redor dos 21 anos. Depois de 1650, suas bisnetas esperarão, freqüente e sabiamente, serem titias por um bom tempo para depois celebrar justas núpcias com o Jacques Bonhomme de seus sonhos. Digamos que, na vasta zona desbravada pelos demógrafos (que se estende de Beauvaisis ao *bocage* normando e vai até a Aquitânia), o primeiro casamento das moças aí por volta de 1650-1700 podia se situar entre os 24 e os 26 anos, e às vezes mais tarde. Três, quatro ou cinco anos de retardamento no século XVII, em relação ao casamento do século XVI, o que podia significar uma redução de 15% a 20%, por baixo, quanto ao número de filhos tidos por uma mulher durante a totalidade de sua carreira maternal. Ninguém duvida que os párocos, mais competentes, mais residentes também, que tenham sido postos em suas igrejas, no campo, pela Contra-Reforma dos anos 1630, tenham deixado de contribuir para difundir o modelo desses casamentos mais tardios e mais responsáveis; aconselhavam a suas ovelhas noivas, como observou Noonan, a reflexão e uma boa dose de paciência. A isso acrescentava-se o cuidado, muito próprio da gente do campo (num mundo, o do século XVII, em que não sobejavam nem os empregos, nem os alimentos, nem as oportunidades de enriquecimento), de chegar ao casamento com um enxoval, por mínimo que fosse: para a moça, alguns panos, roupa de cama, alguma guarnição de mesa, uma vaca, às vezes alguns escudos em dinheiro... Para chegar a isso, era preciso passar por um período de economia; o que exigia algum tempo, pois, muito freqüentemente, os anos de adolescência dos jovens eram um tempo que se consumia, ainda que não se tratasse de coisa muito agradável, a pagar uma dívida que os pais tinham contraído em seu tempo de recém-casados. Mais de uma vez, só depois dos 20 ou 25 anos bem contados era possível, para um jovem ou uma jovem (se os pais estivessem mortos, ou pelo menos um deles), sonhar com um enxoval de casamento, não pensar mais apenas nas dívidas paternas.

A transição do modelo de casamento relativamente precoce (Normandia, 1550) para o modelo tardio (campo francês e pequenas cidades, por volta de 1660-1730) parece ter se dado gradualmente, e especialmente durante a primeira metade do século XVII (entre 1600 e 1650, a idade média do casamento das moças era apenas de 24 anos em Corbeil; e era de menos de 24 anos em Saint-Denis, nesse mesmo período).

Essa política de casamentos mais tardios, entretanto, não teria nenhum sentido se não fosse completada, entre os jovens paroquianos, por um resolução deliberada de abstinência pré-conjungal. Se não houvesse essa estratégia, com efeito, numerosos bastardos teriam vindo aumentar a taxa de natalidade; teriam destruído o bom equilíbrio demográfico que permanecia o ideal, de forma semiconsciente mas incontestável, quanto aos sistemas de povoamento do século XVII. (Sabe-se que discutir nesse nível a questão, quanto aos bastardos, não é dar prova de academismo desligado. Há efetivamente culturas camponesas — na Baviera do século XIX e também em vastas zonas da América Latina de hoje — nas quais uma considerável parte dos nascimentos e do crescimento demográfico se deve à ilegitimidade.) Que essa castidade pré-conjugal tenha se concretizado através dos fatos provam-no, a partir de 1580 ou de 1650, e durante todo o reinado de Luís XIV, as estatísticas relativas aos nascimentos ilegítimos e às concepções pré-nupciais.[5] No Norte, no Sul e no Oeste, em Crulai, em Auneuil e no Languedoc, entre os camponeses protestantes nas duas Charentes, no fim do século XVI, e entre os católicos de toda parte no século XVII, as taxas de nascimentos ilegítimos, devidos a amores com as criadas mais do que a concubinatos ou a ligações com prostitutas, são desprezíveis, da ordem de 1% a 3%. E seria perfeitamente possível, com uma ponta de hipercrítica, explicar essas taxas baixíssimas pela imensa hipocrisia das mães solteiras: mandavam para os asilos das cidades seus bebês inconfessáveis e os depositavam de maneira sub-reptícia nos pórticos das igrejas... Mas essa afirmação, essa suspeita lançada sobre a virtude das moças, suspeita que não é totalmente infundada e que corresponde a algumas realidades do século XVII (e, mais ainda, do século XVIII), se choca, no que concerne à época clássica no meio agrário, com o impecável raciocínio baseado nas concepções pré-nupciais. Para cem casais, numa aldeia francesa típica do século XVII (porque há, claro, por exemplo no *bocage* normando, aldeias e regiões atípicas), só um, dois, ou no máximo três ousam transgredir o nono mandamento, abrindo caminho para a "obra da carne" pré-conjugal;[6] e que se permitem fazer amor durante os meses que precedem a celebração do casamento: "culpa" ou "crime" (?) tão comum em nossos dias que uma quarta parte ou uma terça parte dos primeiros filhos vêm de uma concepção pré-nupcial, nos países desenvolvidos, e isso a despeito de hábitos contraceptivos amplamente difundidos; "culpa" ou "crime" que, se viesse a ser cometido num meio em que não houvesse contracepcção ou em que ela fosse muito frágil, como o meio agrário (tal como era o regime demográfico do século XVII), ficaria perdido entre as muitas concepções anteriores ao casamento. A menos que julgássemos, o que seria ridículo, nossos camponeses uns especialistas em *birth control* antes do casamento, perdendo bruscamente toda a competência a esse respeito depois do casamento, a seguinte conclusão seria impecável: protestantes ou católicos, os camponeses franceses do Grande Século eram *grosso modo* pré-maritalmente castos em muitos casos, e respeitavam os mandamentos; quaisquer que fossem por toda parte as modalidades de namoro rural. Temos mais é que admirar, com Pierre Goubert, a quase indomável virtude de nossas tataravós aldeãs. (Será que se deveria dizer como disse Peter Laslett das inglesas do século XVII: virtudes do catolicismo?)

Tal constatação é esclarecedora na medida em que permite definir um sistema, situado na interseção de muitos tipos de estruturas. Estruturas demográficas em primeiro lugar, exigentes quanto ao equilíbrio, e que já foram tratadas. Estruturas familiais e também aldeãs: essas moças andam na linha porque são severamente controladas pelos pais, pelas famílias, pelas comadres maldosas. Estruturas religiosas: adivinha-se, subjacente à pureza dos costumes, a pressão exigente dos confessores e dos párocos eficientes, que tomaram posse de seus lugares nas aldeias a partir da Contra-Reforma. Mais importantes porém, de importância fundamental, são as estruturas psicológico-religiosas: indiscutivelmente, uma personalidade camponesa austera mantém os hábitos sexuais em um nível altamente grave que dominava no campo francês no século XVII como se vê pelos anos 1650. Essas moças permaneciam castas até os 26 anos, esses jovens, muitos dos quais afastados das cidades e portanto dos prostíbulos, conservam sua virgindade até os 27 ou 28 anos, idade freqüente do casamento para os homens — e agem dessa maneira em conseqüência da conformidade a uma ética que lhes é imposta de fora por sua família, pela aldeia ou pelo pároco. Mas, para chegar a esse comportamento de unanimidade quase perfeita, foi muito necessário que esses jovens interiorizassem a ética anteriormente citada, sob o efeito da educação; a austeridade lhes é então ditada tanto por seu superego individual como pelo superego coletivo, familial ou paroquial. Isso nos leva aos problemas psicológicos que a pesquisa, por mais preocupada com o quantitativo que fosse, não poderia deixar de levar em consideração, sob pena de naufragar numa demografia regulamentada cuja única divisa seria: *contai, contai vossos homens; contai, contai-os bem*. Em termos de psicologia, existe entre as populações rurais do Antigo Regime um modelo amplamente difundido de personalidade austera; os instintos e a *libido*\* nessas populações estão solidamente controlados, censurados, reprimidos pela organização consciente do eu rústico. A história da educação e a psico-história juntam-se aqui às preocupações da demografia e à sociologia histórica. Ao mesmo tempo, a pesquisa quantitativa, baseada na contagem rigorosa das concepções pré-nupciais constantes dos registros paroquiais, permite retificar algumas imagens muito literárias que os grandes escritores criaram da aldeia francesa: *Le Bigre,*\*\* de Diderot, e a paróquia erótico-nostálgica descrita por Rétif de La Bretonne em

---

\*Embora perfeitamente integrada ao francês — e a todas as línguas de cultura ocidentais desde o início do século XX —, o latinismo libido ("desejo"), introduzido por Freud no alemão, é usado assim, em grifo, pelo Autor. (*N. do T.*)

\*\**Bigre* é um eufemismo para *bougre*, que designa, entre outras coisas, alguém "robusto", "saudável", mas também "engraçado", "gaiato", ou, pejorativamente, "tipo", "indivíduo", como por exemplo em uma expressão correspondente a "tipo besta", "tipo cafajeste". Quanto à personagem aldeã de Diderot, trata-se de alguém desregrado sexualmente, um camponês libertino, dissoluto, como o comprova referência do Autor a ele logo adiante. (*N. do T.*)

*La Vie de mon père* ["A vida de meu pai"] correspondem às mais famosas dessas imagens... Digamos logo que essas imagens se baseiam mais em lugares-comuns da cultura, ou nas minorias camponesas ou regionais em via de desenvolvimento durante o século XVIII, ou simplesmente nas fantasias e obsessões pessoais de Rétif, até mesmo de Diderot, do que na realidade maciça e majoritária que era a da aldeia francesa durante o século XVII da austeridade.

Longe dessas representações muito literárias, voltemo-nos então para a grande obra sociológica cujas intuições se aproximam mais, sem nenhuma cumplicidade de uma parte e de outra, das conclusões quantitativas dos demógrafos: Max Weber deu ênfase ao papel central que a personalidade austera ocupa na sociologia religiosa do Antigo Regime. Certamente, somos levados a reavaliar a obra de Weber e a buscar um novo núcleo central para suas teorias: a personalidade austera não é essencialmente, como acreditava o velho mestre alemão, uma premissa do capitalismo. No máximo pode-se dizer que a propensão à poupança, que incentiva nossos castos camponeses a amealhar um enxoval antes de se casar já em idade considerável, constitui um dos componentes clássicos do espírito pequeno-burguês. Porém, se nos interessarmos por um capitalismo de maior envergadura, temos de reconhecer que Max Weber tecnicamente errou: pioneiros dos grandes negócios, os arrendatários de fazendas de um modo geral, por exemplo, não eram grandes exemplos de ascetismo; e Benjamim Franklin, de cujos escritos moralistas Weber tirou tantas citações relativas à austeridade no século, esteve de fato, e em várias ocasiões, bem provido de amantes. Muito menos do que um pródromo do capitalismo, a personalidade austera, ascética, reprimida, sisuda, sem dúvida existente no século, como a descreveu Max Weber, é simplesmente uma das bases da demografia do tipo antigo, programada para o equilíbrio.

Não basta, afinal, reavaliar Max Weber justificando-o, e deslocar o centro de gravidade de sua análise, a fim de melhor mostrar-lhe a validade. Convém também ampliar o horizonte ético-religioso de sua teoria: horizonte, na verdade, para grande alegria dos fanáticos do calvinismo, estreitamente limitado ao mundo protestante. Quer dizer, em nossos dias, ao universo anglo-saxônico. Ora, o papel incontestável desempenhado pelo calvinismo na época moderna, como difusor e multiplicador dos modelos de austeridade, representou-o simultaneamente o mundo católico através do jansenismo. Certamente, o jansenismo, sob a influência dos párocos puros e duros saídos dos seminários, não se expandirá nos campos franceses a não ser no fim do século XVII e início do século XVIII. Mas encontraria (ver o historiador americano John T. Noonan) auditórios antecipadamente receptivos na medida em que a Igreja católica, bem antes de Jansenius,* antes até de Calvino, baseara sua moral conjugal em poderosas tradições de austeridade, de severidade e de ascese agostinianas; sente-se o eco disso, desde o início do século XVII, mesmo num teólogo doce e melífluo como São Francisco de Sales; e mesmo entre os jesuítas bajuladores que ouvem em confissão os pecados das damas nobres! Se um especialista em ciências sociais tivesse de recriar hoje o livro de Max Weber poderia dar-lhe um título comprido, *A Personalidade austera e a Ética da demografia.*\*\* Tratar-se-ia, claro, da demografia do Antigo Regime...

Enunciado em termos simplistas, o resultado visado por essa política do casamento tardio quase obrigatoriamente combinado com a

---

*É a latinização do sobrenome de Cornelis Jansen (Holanda, 1585-1638), também encontrado entre nós como Jansênio. Seu livro *Augustinus* ("Agostinho"), publicado *post mortem* (1640) dá início à grande querela conhecida como jansenismo. Uma análise por teólogos da Sorbonne considerou que Jansenius negava o livre-arbítrio (limitando a redenção aos predestinados) e Roma, então, condenou o que a partir daí se chamou de jansenismo. A abadia parisiense de religiosas de Port Royal (destruída em 1709) tornou-se o foco central do jansenismo, ao qual Pascal esteve ligado. O jansenismo acabou por exercer grande influência na França, pela oposição que representava em relação aos jesuítas, pois Jansenius no *Augustinus* combatia o forte sentido de liberdade humana da obra teológica do jesuíta espanhol Molina (século XVI), consubstanciada na doutrina conhecida como molinismo. O jansenismo acabou por dissolver-se num movimento político, que combatia o absolutismo monárquico, na França do século XVII. No século XVIII esteve muito ligado ao galicanismo e, estendendo-se à Holanda e à Itália, gerou uma Igreja dissidente, os Velhos Católicos. (N. do T.)

\*\*O livro de Max Weber a que o Autor se refere é *A ética protestante e o espírito do capitalismo* (1905), em que o sociólogo alemão (1864-1920) afirma que a doutrina calvinista, de predestinação e de santidade do trabalho, teria criado a mentalidade capitalista. (N. do T.)

castidade pré-conjugal é a harmonização do povoamento com o volume disponível das terras, dos empregos, dos víveres disponíveis. Como Freud escreveu:[7] "Não produzindo muito em matéria de alimentos para permitir que seus membros vivam sem trabalhar, a sociedade está destinada a limitar seu número e desviar sua energia da atividade sexual para o trabalho."

Na prática, os jovens candidatos ao matrimônio vivem freqüentemente seu casamento tardio (25 anos ou pouco mais tarde) como uma espera da morte do pai (por volta de 55 anos); e como a possibilidade afinal atingida de dispor de uma casa para aí instalar sua família. Essa preciosa habitação, unidade indispensável para a vida de um novo casal, será talvez a casinha de um vinhateiro; com um minúsculo celeiro anexo, onde estarão alguns feixes de cereais; e também, num canto do pátio, com um ínfimo puxado coberto de palha onde ficará a vaca; nas proximidades, alguns arruamentos de vinhas em arrendamento... O homem do campo do Antigo e do Antiqüíssimo Regime agrário não considerava que o número dessas unidades conjuntas de habitação e de terra em exploração podia aumentar indefinidamente (*eu me casaria se tivesse uma casa na qual pudesse manter uma mulher*, diz uma personagem imaginada pelo dominicano John Bromyard em um de seus sermões do século XIV). Tudo se passava, de fato, como se o homem do campo achasse que o número das unidades de moradia devesse ser mantido com um total grosseiramente estável. Casando-se tarde, herdava-se a casa de que gozavam antes o pai ou os pais mortos; e se contribuía para manter a estabilidade primordial do grupo aldeão.

Certamente, em termos de representatividade, o modelo de austeridade-estabilidade que aqui proponho é simplesmente *predominante* nos campos franceses do século XVI; pelo menos nos campos conhecidos, hoje, graças à demografia histórica. Mas claro que não se trata de um modelo único, nem unanimista. Há por toda parte nessa época em todas as províncias camponeses devassos, tipo Bigre, que engravidavam antes do casamento as moças desfrutáveis. Existem iniciados espertos que conhecem, aprendem ou descobrem por si mesmos os "funestos segredos" da contracepção (*coitus interruptus*). Em algumas regiões, desde a segunda metade do século XVII, esses segredos são habitualmente muito praticados por uma pequena minoria dos habitantes em vilarejos ou até, por vezes, em tal ou qual aldeia. Melhor ainda: em Saint-Denis, cidadezinha semi-rural de 3.500 habitantes, de 1567 a 1670 as mulheres que são esposas e mães das chamadas "famílias completas" têm em média 4,84 filhos por casal. Casam-se em média aos 23 anos e param de ter filhos por motivos nos quais sem dúvida entra sua vontade como forte componente, a partir dos 34 anos; a fecundidade legítima das mulheres de Saint-Denis em todas as idades é claramente inferior à que à mesma época registram outras localidades (Meulan, Genebra), que entretanto virão a ter contracepção em níveis consideráveis no fim do século XVII e no século XVIII. Em Saint-Denis, sob Luís XIII, ainda se vive um nível plausível de contracepção... porém austera; sim, pois se trata de uma contracepção a que os casais se entregam por um espírito de previdência, e não por licenciosidade hedonista; acompanham-na taxas mínimas quanto a filhos ilegítimos e a concepções pré-nupciais.

Também no sudoeste da França, a fecundidade, desde os primeiros registros paroquiais conhecidos (início do século XVIII), parece ter sido algumas vezes anormalmente baixa — é verdade que nessa região está aquela Aquitânia que se tornará, no século XIX, uma das regiões mais malthusianas do mundo; dando assim um exemplo que talvez tivesse mais valor se fosse mais seguido pelo resto do planeta. No Sudoeste, as tradições de luta contra a Igreja e às vezes contra a moral oficial (desde os trovadores, os cátaros e os huguenotes) estão, de todo modo, sempre muito difundidas: será que verdadeiramente as audácias contraceptivas tão difundidas chegam até o leito conjugal e rústico à maneira occitana, deixando de cabelo em pé a católica Bretanha ou o rigoroso Beauvaisis? Por um momento acreditou-se nisso.

Os modos de limitação dos nascimentos que evoquei até aqui (casamento tardio, *birth control*) são ao fim de tudo de ordem cultural. Entretanto, a demografia do século XVII, também nesse domínio, inclui alguns mecanismos puramente instintivos ou biológicos de repressão à fecundidade: entre esses mecanismos figuram os períodos de esterilidade, estatisticamente tão freqüentes (como demonstraram as pesquisas feitas lá se vão uns trinta anos com milhares de mulheres americanas da região dos montes Apalaches) durante o tempo de lactação materna. Figura também, em tempos de crise aguda de víveres (1661), a amenorréia de fome, fase de infecundidade provisória por motivos psicossomáticos: essa amenorréia coexiste com a interrupção dos casamentos, com o jejum sexual puro e simples, e com algumas tentativas malsucedidas de *birth control* propriamente dito, para fazer com que caiam poderosamente as curvas de concepções durante as fomes intensas, ou mesmo simplesmente durante as mortalidades maciças de origem epidêmica, umas e outras geradoras de ansiedades e de traumas psicossomáticos.

Em sua busca do equilíbrio demográfico, obtido por um duplo controle dos fluxos de entrada e dos fluxos de saída, dos nascimentos e das mortes, o mundo do campo não é o único que está em causa; esse mundo não funciona como um vaso fechado. No século XVII, como em todas as épocas desde a Idade Média, há um certo êxodo rural em direção às cidades: o fato é especialmente claro nas cercanias de Paris; com efeito, a população dessa cidade dobra na primeira metade do século XVII; depois, ainda continua a aumentar[8] nos anos que se seguem a 1650. Mas o êxodo rural também é claro quando voltamos os olhos para as grandes cidades, entretanto menos importantes do que Paris; para essas cidades, de fato, a simples manutenção do nível demográfico a que anteriormente se chegara exige em cada decênio uma certa onda de imigração vinda de fora. Porque o povoamento urbano, mais do que uma certa massa crítica, é devorador de homens. E não somente por motivos que pareçam óbvios; sabe-se bem que na grande cidade do tipo antigo as condições de saúde, de moradia, de alimentação são ruins para um grande número de habitantes: as epidemias pululam sobre a imundície e sobre o amontoamento, espalham-se de cidade para cidade, e das cidades para o campo.

Mas existem outras causas que fazem de nossas grandes cidades as cidades-túmulos da França clássica. Na época contemporânea, o mundo urbano nos aparece habitualmente como o canal social de uma mobilidade ascendente que polariza a ambição dos Rastignac. Mas no século XVII, e ainda no século XVIII, a grande cidade — Paris, Lyon... — é mais, e com a mesma força, o despejo normal de uma mobilidade descendente. Muitas mocinhas do campo, nascidas de jornaleiros da roça ou de lavradores, dirigem-se para a cidade, na esperança, aqui e ali quimérica, de lá encontrar um emprego que valha a pena, e um bom marido. São muitas essas moças: desequilibram pesadamente, em favor do lado feminino o *sex ratio** de uma cidade como Lyon sob Luís XIV. Mas sua busca de felicidade, ou simplesmente de vida, está longe de obter sucesso. Muitas delas, empregadas em locais pouco saudáveis (oficinas, fábricas), morrem jovens, tísicas, antes de qualquer casamento. Muitas outras, que sobrevivem apesar de tudo, vegetam longamente no celibato, avançam até a idade de titias, e só casam com 30 anos bem contados — sua fecundidade total estará então muito reduzida. Um último grupo, afinal, formará o contingente mais numeroso, nesse fenômeno urbano, e será o das solteironas definitivas. A grande cidade, assim, roubará do mundo rural — ou dos vilarejos — milhares de úteros férteis: se permanecessem em suas localidades de origem, essas moças teriam gerado múltiplos filhos, que em boa parte teriam sobrevivido.[9]

É verdade que as moças imigradas que chegam — ainda assim, muito numerosas —, na curva dos trinta anos, a se casar no meio urbano, recuperam-se depois de sua longa esterilidade antes do casamento e dão prova de uma fecundidade transbordante depois dele; as mulheres dos açougueiros de Lyon, sob o Antigo Regime, têm um filho por ano, durante mais de um decênio de fecundidade conjugal! As causas dessa fertilidade, digna da fada Melusina, nada têm de misteriosas: elas entregam a amas-de-leite os seus bebês, coisa obrigatória para essas pobres mães, que de outra forma teriam que se afastar da loja ou da oficina de seu marido ou de seu patrão. O trabalho das

---

*Expressão inglesa (com aproveitamento de palavra latina no segundo elemento, como se vê), da área de biologia, para indicar a relação proporcional entre os sexos no nascimento. Por exemplo, na França dos anos 1950-1960, o *sex ratio* era de 105 ou 106 meninos para 100 meninas. (N. do T.)

mulheres, nas cidades da França clássica, é uma realidade altamente constrangedora.

Então, dir-se-á talvez, uma coisa deveria compensar a outra: a super-natalidade das casadas urbanas anularia, e com boa margem, os déficits de nascimentos provocados pela demografia tão particular (à base de supermortalidade, de celibato e de casamento tardio) própria das moças da cidade originárias de um meio rural... Mas, ah, não é nada disso! Porque os muitíssimos bebês que a cidade devia exportar "momenta-neamente" para as amas-de-leite da região das campinas lá morriam num índice de mais de 50%... Entregar um neném a uma ama-de-leite é uma implacável perdição para os recém-nascidos... Feito o balanço, a demografia das cidades grandes é inteiramente deficitária em si mesma. Bastando dizer que absorvendo — para se manter ou para se ex-pandir — numerosíssimos imigrantes, a cidade do século XVII elimina o eventual crescimento natural da demografia do campo e assim ajuda a manter o equilíbrio geral do conjunto do povoamento. Como fator de crescimento, a cidade é uma válvula de segurança, que anula e dilapida os desempenhos máximos de energia do sistema demográfico rural, e que contribui para garantir a "reprodução não dilatada" da demografia.

## CONSUMO RURAL (E URBANO): O EXEMPLO DO SAL

Ao panorama demográfico, deve suceder, como perspectiva comple-mentar, um estudo dos *trends* da economia. Apresentarei a seguir, quan-to a isso, um apanhado do consumo; e mais precisamente (num setor em que, excepcionalmente, uma avaliação global é realizável) um pa-norama sobre o consumo do sal.

Essa avaliação global se torna possível graças a um documento de grande importância: constando de um livro impresso em 1628, entre-tanto praticamente até 1969 não tinha atraído a atenção de nenhum pesquisador.

Na verdade, em 1628, Lazare Ducrot,[10] "advogado do conselho privado do Rei e membro do Parlamento", publicava em Paris seu *Traité des aides, tailles et gabelles*.*[11] No fim dessa obra, jurídica e documental, enfocava, num parágrafo cujo tom é novo, os problemas de uma estatística das vendas do sal no reino; e escrevia: *A quantidade de todo o sal que se vende nas doze* Généralités [...] *até aqui alcança um pequeno número de pessoas; e o propósito dos Fiscais de Renda e Funcionários da Fazenda é transformar as finanças em arte tão obscura de modo a fazer com que poucas pessoas venham a entendê-las: mas deverão me desculpar, e será um ato de gentileza, se no fim deste Tratado eu tiver revelado a parte do Estado e a concessão completa do dito sal, o que para mim será mais fácil do que todo o resto do conteúdo deste livro.* (As doze *généralités* — províncias financeiras em que o país se dividia — em questão são as que compõem "o departamento das Gabelas da França", mais a *généralité* de Lyon. As Gabelas da França incluem as *généralités* de Paris, Amiens, Soissons, Châlons, Dijon, Tours, Orleãs, Bourges, Moulins, Rouen e Caen.)

Esse parágrafo do *Traité des gabelles*, tratando da história quantitativa, inclusive a rural, vem seguido, como informação anexa ao livro de Ducrot, por um quadro estatístico intitulado: "Estado do valor do direito dos seis *sous* e três denários por *Minot*** de Sal atribuído a cada um dos Escrivães dos Depósitos de sal, pelo Edito do mês de fevereiro de mil e seiscentos e vinte: o dito valor é calculado *sobre as vendas, que por anos comuns se fazem nos Depósitos.*" Esse quadro informa, quanto às doze *généralités*, depósito por depósito, a quantidade do sal vendido segundo as Gabelas, em ano comum. (Os números se referem ao total de 217 depósitos de sal.)

---

*"Tratado das contribuições, talhas e gabelas". Talha, já o vimos, era o imposto que se cobrava dos plebeus; gabela, a parte a que o Estado tinha direito sobre o sal e que foi cobrada até a Revolução de 1789. (N. do T.)

**Medida de capacidade para secos usada antigamente na França, com valores variáveis: em Paris, o *minot* correspondia a 39,03 litros, segundo o *Grand Larousse Encyclopédique*. (N. do T.)

A qualidade do documento, sob o ponto de vista geográfico, parece boa: pudemos identificar todos os depósitos, confrontando a lista de Ducrot com as existentes em outros levantamentos do século XVII. (Não se exclui porém a possibilidade de que o nosso autor tenha omitido alguns depósitos. De qualquer maneira, ele "fundiu" muitos; na província de Touraine, por exemplo, os três depósitos, de Tours, Neuvy e Langeais, foram agrupados segundo as condições de suas vendas em uma única unidade para o cômputo final: "Tours, Neuvy e Langeais, 120 moios.")

Por outro lado, retificamos os totais das *généralités* dados por Ducrot: fizemos essa correção a partir dos números de base por ele mesmo propostos em seu quadro, depósito por depósito: alguns desses totais estavam, realmente, prejudicados por pequenos erros de soma.

Ao fim dessas minuciosas revisões, e uma vez somados todos os números, parece que a concessão do sal, em ano comum, ascende, para as doze *généralités*, por volta de 1621, a 12.693 moios, ou então a 11.351 moios, se for excluído o total da *généralité* de Lyon, que não faz parte das Gabelas da França. É difícil estabelecer a que clientelas humanas correspondem esses números globais: uma parte do sal vai para consumo animal e para as "grandes salgas"; há a fraude, por outro lado, e será preciso levá-la em conta para obter uma imagem mais exata da concessão verdadeira do sal. Observemos entretanto que esses dois fatores agem em sentido contrário um em relação ao outro (o que não quer dizer que automaticamente se compensem). A destinação de uma parte do sal para o gado teoricamente diminui o número potencial dos consumidores humanos. Inversamente, a fraude introduz sal suplementar e clandestino no setor das Gabelas: quer dizer, o contingente real dos consumidores é mais alto do que aquele indicado por uma estatística baseada apenas nas vendas legais.

Desse modo, o interesse principal dos dados relativos ao consumo do sal não parece residir — pelo menos no estado atual dos conhecimentos — no fato de que é teoricamente possível, a partir desses dados, calcular os efetivos de consumidores; e até, afinal de contas, os números da população. Certamente, demógrafos, com justa razão, tentarão esse pequeno jogo; e desejo que nessa empreitada tenham muito bom proveito. Mas a solução mais indicada, num tal domínio, é estudar o consumo do sal em si mesmo, tomando-o pelo que ele é, quer dizer, por um interessante dado da movimentação econômica, influenciado pelas decisões do poder, e ligado, ainda que indiretamente, à história demográfica do campo na França. (Continuará real, de fato, que, em certos casos, as séries diacrônicas de consumo salino podem estar de acordo com alguns *trends* demográficos. Mas essa concordância não tem valor histórico a não ser na medida em que seja ratificada aqui e ali por meio de documentos — registros paroquiais ou recenseamentos — que tenham ligação muito próxima com os fenômenos da população.)

No que concerne ao consumo do sal visto em si mesmo, é possível estabelecer uma comparação entre as vendas pagadoras de gabela antes das desgraças (tais como são registradas — anteriormente à Guerra dos Trinta Anos, da Fronda e da fome de 1661 — pelo quadro de Ducrot de 1621) e essas mesmas vendas posteriores às desgraças...

Em um número já antigo dos *Annales de démographie historique* (1969), Guy Cabourdin lembra com razão, oportunamente, a existência e a excelência do *Atlas des Gabelles de France* [Atlas das Gabelas da França], que permaneceu manuscrito, e redigido em 1665 com a assinatura de "Sanson le fils". O *Atlas des Gabelles*, escreve essencialmente Guy Cabourdin, fornece informações sobre numerosos problemas (população, etc), e também sobre o consumo do sal em 1664, que pode ser comparado com o de 1621, tal como aparece no quadro então publicado por Lazare Ducrot.

Vendas globais *das* Gabelles de France

| Tipo de documento | Vendas voluntárias em moios | Vendas obrigatórias em moios | Total em moios | |
|---|---|---|---|---|
| E | "Antes das perturbações" | | | 15.000 a 16.000? | Fontanon, *Édits et Ordonnances de rois de France*, 1611, t. II, p. 1096.[1] |
| D | 1582 a 1584-85 | | | 16.956 | *Encyclopédie méthodique de Panckouke, Finances*, t. II, Paris, 1785, p. 311 (B.N. Z 8510).[2] |
| B (?) | 1593 | | | 4.202? | J.-J. Clamageran, *Histoire de l'impôt en France*, t. II, p. 285.[3] |
| E | cerca de 1598 | | | 7 a 8.000 | *Encyclopédie méthodique, ibid.*, p. 311 (números aproximados).[4] |
| D | 1599 | | | 8.000 possível que seja mais | Fontanon, *ibid.*, p. 1096 (arrendamento Josse — "mais de 8.000 moios").[5] |
| D | 1611 (arrendamento por seis anos) | | | 11.400 (por ano) | Arrendamento Thomas Robin, A.N. AD IX 413.[6] |
| C | 1621 ou 1622 | | | 11.351 | L. Ducrot, *Traité des Aides*, ed. 1628, p. 197, B.N. Lf 82 I A[7] |
| D | 1623 | | | 12.880? | Ver nota 8. |
| D | 1632 | | | 10.250 | *Encyclopédie méthodique, ibid.*, pp. 312-313: arrendamento Hamel por oito anos. |
| D | 1632 | | | 10.390 | A.N. arrendamento Hamel, A.D. IX 413.[9] |

| Tipo de documento | Vendas voluntárias em moios | Vendas obrigatórias em moios | Total em moios | |
|---|---|---|---|---|
| D | 1/1/1641 a 31/12/1643 | | | 10.225 | Arrendamento Hamel de 26 de junho de 1640, A.N. IX 414.[10] |
| D | 1644 | | | 10.225 | A.N. G I 6, processo 3 a, arrendamentos Datin e de La Planche.[11] |
| D | 1646 | | | 10.225 | Ibid. |
| D | 1650 a 1655 | | | 7.500 | Arrendamento Jacques Datin, A.N. AD IX 414.[12] |
| D | 1660 a 1667 | | | 10.225 | Arrendamento Jacques Austry de 21 de outubro de 1660, A.N. AD IX 414.[13] |
| D | 1662 a 1670 | | | ? | Arrendamento Guillaume Courtial, A.N. AD IX 415.[14] |
| D | 1663 | | | ? | Arrendamento Jean Martinant, A.N. AD IX 415.[15] |
| B | 1664 | 6.369 | 3.100 | 9.469 | Atlas des Gabelles, B.N. mapas e planos, Ge CC 1379.[16] |
| E | 1675-77 | | | 9.708 | Ver nota 17. |
| A | 1681 | 7.886 | 1.968 | 9.854 | Encyclopédie méthodique, ibid. |
| A | 1687 | 7.965 | 1.968 | 9.933 | Ibid. |
| B | 1689 | | | 9.912 | A.N. G 7 1146 (subprocesso "Pointau, novo arrendamento"). |
| B | 1690 | | | 9.943 | Ibid. |
| B | 1691 | | | 9.710 | A.N. G 7 1146 (subprocesso "Pointau, novo arrendamento").[18] |
| A | 1691 total do ano arrendamento para os anos seguintes | 6.954 | 1.968 | 8.922 | Encyclopedie méthodique, ibid.[19] |

| Tipo de documento | Vendas voluntárias em moios | Vendas obrigatórias em moios | Total em moios | |
|---|---|---|---|---|
| B 1692 | | | 9.460 | A.N. G 7 1146 (*ibid.*). |
| B 1693 | | | 9.735 | |
| B 1694 | | | 8.578 | |
| B 1695 | | | 8.148 | |
| A 1697 | 7.559 | 1.968 | 9.527 | *Encyclopédie méthodique, ibid.* |
| B 1698-99 | 7.268 | 1.910 | 9.178 | A.N. G 7 1146 (subprocesso, arrendamento Templier).[20] |
| B 1699-1700 | 7.480 | 1.910 | 9.390 | *Ibid.* |
| C 1700 | | | 10.130 | B.N. moios franceses, 21 756 fi 10-11.[21] |
| A 1703 | 6.629 | 1.968 | 8.597 | *Encyclopédie méthodique, ibid.* |
| A 1706 | 5.770 | 1.968 | 7.738 | *Encyclopédie méthodique, ibid.* |
| D 1709 | 6.077 | [1.968] | [8.045] | A.N. AD IX 423, arrendamento Isembert.[22] |
| A 1709 | 6.350 | 1.968 | 8.318 | *Encyclopédie méthodique, ibid.* |
| B 1709 | 5.248 | | | Quadro das vendas (unicamente voluntárias) nas *Gabelles de France*: B.N. Lf 87 28, p. 15, mesmos totais em A.N. |
| D 1710 | 4.800 | | | A.N. AD IX 423. |
| D 1711 | 4.844 | | | A.N. AD IX 423, fixação das vendas voluntárias para 1711. |
| A 1715 | 7.310 | 1.968 | 9.278 | *Encyclopédie méthodique, ibid.* Os números indicados por |
| A 1718 | 7.330 | 1.968 | 9.298 | Panckouke em princípio são os do produto do ano comum |
| A 1719 | 11.749 | 1.968 | 13.717 | durante a duração do arrendamento plurianual |
| A 1720 | 9.039 | 1.968 | 11.007 | começando em 1° de outubro do ano em questão. |
| E 1725 | | | [11.012] | Ver nota 23. |

| Tipo de documento | Vendas voluntárias em moios | Vendas obrigatórias em moios | Total em moios | |
|---|---|---|---|---|
| A 1726 | 8.786 | 1.968 | 10.754 | Ver nota 23. |
| A 1732 | 9.279 | 1.968 | 11.247 | *Encyclopédie méthodique, ibid.* |
| A 1738 | 9.627 | 1.968 | 11.595 | *Ibid.* |
| A 1744 | 10.125 | 1.968 | 12.093 | *Ibid.* |
| A 1750 | 10.411 | 1.968 | 12.379 | *Ibid.* |
| B 1754-55 | 10.279 | | 12.830 | A.N. G I* 89.[24] |
| A 1756 | 10.862 | 1.968 | 12.830 | *Encyclopédie méthodique, ibid.* |
| B 1755-56 | 11.315 | | | A.N. G I* 89.[24] |
| A 1762 | 11.315 | 1.968 | 13.103 | *Encyclopédie méthodique, ibid.* |
| A 1768 | 12.390 | 1.968 | 14.358 | *Ibid.* |
| A 1774 | 13.313 | 2.100 | 15.410 | *Ibid.* |
| B 1774 a 1780 (vendas reais médias calculadas por nós). | 12.197 | | | A.N. G I 91, processo 13.[25] |
| B 1774-75 | 11.803 | | | *Ibid.*[25] |
| B 1775-76 | 11.876 | | | *Ibid.* |
| B 1776-77 | 12.111 | | | *Ibid.* |
| B 1777-78 | 12.338 | | | *Ibid.* |
| B 1778-79 | 12.339 | | | *Ibid.* |
| B 1779-80 | 12.717 | | | *Ibid.* |

| Tipo de documento | Vendas voluntárias em moios | Vendas obrigatórias em moios | Total em moios | |
|---|---|---|---|---|
| B 1781 | 12.289 | | | *Ibid.* |
| B 1782 | 12.216 | | | *Ibid.* |
| B 1783 | 11.830 | | | *Ibid.* |
| B 1784 | 12.242 | | | *Ibid.* |
| E 1784 | | | 15.800 | Necker.[26] |
| C 1787 | | | 14.257 | A.N. C$^\star$ I$_2$.[27] |

NOTA GERAL RELATIVA A ESTE QUADRO

Não utilizamos os números de Clamageran (salvo para 1593) porque ele, por motivos aliás perfeitamente válidos na óptica em que se colocava, só utilizou uma parte das fontes que retomamos neste quadro, e além disso arredondou ou interpolou alguns números.

TIPO DE INFORMAÇÃO

A = em princípio, segundo a *Encyclopédie méthodique*, produto da venda do ano comum durante a duração do arrendamento plurianual que começa no ano em questão.

B = vendas no ano em questão.

C = quadro das vendas, ano comum, no período em que está incluído o ano em questão.

D = número de vendas futuras, sobre as quais baseia seus cálculos o arrendatário ao assinar seu arrendamento, e sobre cuja base assume os compromissos financeiros fixos.

E = estimativa.

Fonte: E. Le Roy Ladurie e J. Field-Récurat (1972).

NOTAS DO QUADRO

(1) "... sendo impossível que os denários da venda dos 7 ou 8.000 moios de sal que aqui se faz referente a cada ano seja[m] suficiente[s] para o pagamento das rendas e encargos ordinários referentes à venda de 15 e 16.000 moios que se costumava fazer antes das últimas perturbações" (arrendamento Claude Josse, 1599).

(2) A enormidade desse número de 1582 (arrendamento de 21 de maio de 1582) se deve provavelmente a um cálculo malfeito pelo arrendatário Champin que parece ter subestimado as capacidades de absorção do sal, certamente considerável na França de seu tempo. Champin, aliás, deve ter tido seus compromissos e deve ter cedido em 1585, quatro anos antes do fim normal de seu arrendamento. Ver os detalhes em J.-L. Moreau de Beaumont, *Mémoires concernant les impositions et droits en Europe*, 2ª parte, t. III, 1789, p. 34.

(3) Número baixíssimo que se explica evidentemente pelas perturbações de todo tipo devidas à guerra.

(4) Ver também J.-L. Moreau de Beaumont, *op. cit.*, p. 36.

(5) "Tanto quanto a paz, mãe da abundância e do restabelecimento de todas as boas coisas, nos permita de uns anos para os outros o crescimento das ditas vendas, será razoável tomar como base o [volume] que se vende no presente." Os arrendatários baseiam seus cálculos em 8.000 moios, mais algumas vantagens se ultrapassassem esse total de 8.000 moios.

(6) A.N., AD IX 413: arrendamento de 1611. Esse arrendamento começa em 1º de outubro de 1611; e deve durar seis anos (1611-1617). O arrendatário é Mestre Thomas Robin: "Seguindo a proposição que T. Robin nos fez de vender até a quantidade de 11.400 moios por ano." O contrato vale para as *généralités* de Paris, Rouen, Caen, Amiens, Soissons, Châlons, Tours, Orleãs, Bourges, Moulins e Dijon "e ainda pode vir a valer para a *généralité* de Blois". Sobre esse território da região de Blois, R. Doucet (*Les Institutions de la France au XVIe siècle*, Paris, Picard, 1948, t. I, p. 29) esclarece que os domínios da família Orléans sempre constituíram uma *généralité* particular, a de Blois-Coucy, que por longo tempo permaneceu separada de todas as administrações anteriores, mas que, de fato, na época a que se refere nosso estudo sobre o sal, está incluída na *généralité* de Orleãs.

(7) Ver, sobre o quadro de Ducrot: Emmanuel Le Roy Ladurie e Jeannine Field-Récurat, "L'état des ventes du sel vers 1625", *Annales*, 1969, vol. 24, n. 4, p. 1010. Fornecemos o número global de Ducrot sem a *généralité* de Lyon, que não faz parte das *Gabelles de France*, únicas tratadas aqui. Propomos também uma data um pouco anterior à do quadro de Ducrot. Esse quadro é na verdade posterior ao edito de 24 de fevereiro de 1620, que fixa em 6 *sous* e 3 denários por *minot* o direito atribuído a cada escrivão de depósito de sal; e anterior a 1º de outubro de 1623, data em que se indica que esse direito estará fixado daí para a frente em 10 *sous* e 11 denários por *minot*. Ducrot, ed. de 1628, pp. 190, 197 e 213; o texto desse edito de 24 de fevereiro de 1620 também está nos A.N.: AD IX 416.

(8) A.N., AD IX 413, arrendamento das *Gabelles de France* ("*généralités* de Paris, Rouen, Caen, Orleãs, Tours, Moulins, Bourges, Soissons, Amiens, Châlons e Dijon e ainda pode vir a valer para a *généralité* de Blois"), para Antoine Feydeau, 19 de março de 1622. Esse arrendamento passa a vigorar a partir de 1º de outubro de 1623 e vai até 30 de setembro de 1630. Nenhum total de venda em volume de moios de sal está fixado, mas o redator do contrato indica que

Feydeau pagará uma soma global de 337.500 libras aos escrivães dos depósitos à razão de 10 *sous* e 11 denários por *minot*, ou 26 libras e 4 *sous* por moio de sal que venderá (números confirmados por L. Ducrot, *op. cit.*, p. 197: essa concordância tem o mérito de mostrar, além de tudo, que L. Ducrot trabalhou seriamente a partir dos processos das próprias Gabelas). Feydeau supõe então que venderá: 337.500 libras/ 26 libras e 4 *sous* = 12.880 moios de sal nas *généralités* citadas que formam o território das *Gabelles de France*. Esse número é muito alto, e provavelmente há aí um exagero (ver *infra*, nota 9), convém acolhê-lo com prudência (e não deixar que ele figure em nosso gráfico), na medida em que Feydeau pôde, por motivos que ignoramos, inchar nessa oportunidade as próprias bases de seu cálculo. Não poderíamos, entretanto, deixar de citar o total de 12.880 moios, ainda que acrescentando-lhe um ponto de interrogação, pois se trata do único que conseguimos obter, relativamente à estimativa das quantidades vendidas, no quadro do arrendamento Feydeau de 1623.

(9) A.N., AD IX 413, arrendamento das *Gabelles de France*, de 31 de março de 1632, para o período que vai de 1º de outubro de 1632 a 30 de setembro de 1640. O arrendatário é Philippe Hamel. Esse arrendamento é interessantíssimo do ponto de vista do método a ser empregado para a obtenção dos totais que propusemos acima, no quadro: os signatários prevêem, de modo efetivo, nos considerandos iniciais desse arrendamento Hamel de 1632 que os mercadores de sal da costa atlântica, que trabalham a partir das marinhas de sal, devem fornecer até 18.000 moios de sal, medida de Paris (a saber, 12.000 moios das marinhas de Brouage e circunvizinhança; e 6.000 moios das marinhas da Bretanha), "por ano", para as compras dos adjudicatários das gabelas e nomeadamente de Philippe Hamel. Esses mercadores, até a concorrência desses 18.000 moios, devem preferir os ditos adjudicatários aos compradores de sal estrangeiros; e mesmo aos compradores franceses provenientes das "províncias liberadas das gabelas" (províncias atlânticas do reino, que conseguiram o resgate ou a "liberação" da gabela, ao fim da revolta dos Pitauts e dos Bordeleses de 1548). Mas esse total, inacreditavelmente elevado, de 18.000 moios, não é na verdade mais do que um teto de segurança, que o rei impõe aos produtores de sal de Brouage e da Bretanha a fim de estar totalmente seguro de que Philippe Hamel estará em condições de honrar toda a demanda, mesmo imprevisivelmente inflada, que pudesse ser levada a efeito pelos consumidores residentes no território das *Gabelles de France*. Os totais efetivos de venda são muito inferiores: está mesmo previsto no mesmo arrendamento assinado por Philippe Hamel que os 17 *sous* e 6 denários por *minot* atribuídos aos escrivães trienais e aos mestres clérigos dos depósitos são "considerados" em 1632, e durante a duração do contrato (de acordo com as vendas feitas nos depósitos), como devendo corresponder a uma soma de 504.000 libras, o que implicaria, na citada base de 17 *sous* e 6 denários por *minot*, uma venda de sal que atingiria globalmente e em teoria a 576.000 *minots*, ou, com toda a exatidão, 12.000 moios (notar-se-á que esse total de 12.000 moios implica uma ligeira baixa em relação às vendas teóricas previstas na mesma base no arrendamento de Feydeau de 1622-1623 — ver *supra*, nota 8 —, e que chegavam a 12.880 moios. Entretanto, esse total de 12.000 moios, por sua vez, é ele próprio superior à realidade das vendas, como de resto era, em 1622, o total anteriormente citado, um pouco mais elevado, de 12.880 moios. De fato, as cláusulas fundamentais do arrendamento Hamel de 1632 prevêem (p. 14 e sg., e também p. 13) que "ocorrendo que pelo cuidado e trabalho do dito [adjudicatário] as vendas [de sal] venham a

aumentar, a nós [o rei] será paga a soma de 600 libras por cada moio de sal que se venda acima de 10.550 moios por ano". E por outro lado, na p. 50, art. 80 desse arrendamento Hamel, diz-se que "em caso de guerra ou agitações, pestes, ou fomes durante um ou muitos anos do presente arrendamento, que causem as baixas da venda de sal em cada ano a menos de 10.225 moios, permitimo-nos fazer valer ao dito Hamel e levar em conta sobre o preço do dito arrendamento aquilo que ele tiver vendido menos, nesses anos dos citados casos, do que a citada quantidade de 10.225 moios". Quanto a isso, faremos três observações:

*a)* O arrendamento definiu assim, nessas duas cláusulas capitais, a verdadeira "bifurcação" — afinal, de nível muito baixo — das vendas plausíveis, ou seja, entre 10.550 moios (teto) e 10.225 moios (nível mínimo, base): fixamos então a média de 10.390 moios (número arredondado).

*b)* A expressão "fazer valer", freqüentemente encontrada nos arrendamentos (ver *infra*), é relativa ao nível mínimo das vendas, mas nesse caso se trata de um nível mínimo que não se afasta muito do teto.

*c)* Panckouke (*Encyclopédie méthodique, op. cit.*, p. 312-313) conservou nos seus quadros relativos às vendas de sal dos séculos XVII e XVIII o *número-base* (nível mínimo) do arrendamento Hamel. Parece-nos mais justo adotar, no caso, a média (ou seja, 10.390 moios) entre a "base" e o "teto", níveis que estão, afinal, por grande sorte, muito próximos um do outro.

(10) Segundo A.N., AD IX 414, arrendamento para as *Gabelles de France* (*généralités* de Paris, Soissons, Amiens, Châlons, Orleãs, Bourges, Tours, Moulins, Dijon, Rouen, Caen e Alençon), e o que depende da *généralité* de Blois: arrendamento por três anos de 26 de junho de 1640, válido de 1º de janeiro de 1641 a 31 de dezembro de 1643. Sua Majestade *fará valer* as vendas do arrendamento até 10.225 moios.

(11) Arrendamento concluído a 31 de dezembro de 1642 e válido de 1º de janeiro de 1644 a 31 de dezembro de 1646. O Rei "fará valer, quanto ao nível mínimo, a venda dos ditos depósitos [...] até o número de 10.225 moios de boa venda tanto em impostos como em venda ordinária e extraordinária a serem feitas aos particulares e atacadistas a crédito ou por outro sistema". (A.N., G I 6, processo, 3 *a*, arrendamentos; ver também um outro exemplar desse arrendamento em A.N. AD IX 414.)

(12) A.N., AD IX 414, arrendamento das *Gabelles de France* de 4 de fevereiro de 1650, para o período que vai de 1º de janeiro de 1650 a 31 de dezembro de 1655, a Jacques Datin, para as mesmas *généralités* que os arrendamentos precedentes: "Sua Majestade fará valer as bases das ditas vendas sobre as bases de 7.500 moios de boa venda efetiva..." Se as vendas excedessem a 7.500 moios Datin pagaria 1.000 libras por moio vendido a mais.

(13) A.N., AD IX 414, arrendamento das *Gabelles de France* concluído a 21 de janeiro de 1660, para o período que vai de 1º de janeiro de 1660 a 31 de dezembro de 1667 (pp. 8, 20 e *passim*); para Jacques Austry; mesmas *généralités* precedentes. "Nós [= Sua Majestade] *faremos valer* as vendas de sal nos depósitos das terras da dita fazenda durante cada ano do arrendamento até o número de 10.225 moios de boa venda, tanto em imposto quanto em venda ordinária ou extraordinária, e sobre o que exceder os 10.225 moios o arrendatário pagará 1.400 libras por moio a Sua Majestade."

(14) A.N., AD IX 415, arrendamento das *Gabelles de France* para nove anos, válido de 1º de janeiro de 1662 a 31 de dezembro de 1670, a Guillaume Courtial (para as *généralités* de Paris, Soissons, Amiens, Châlons, Orleãs, Tours, Bourges, Moulins, Dijon, Rouen, Caen, Alençon e parte da *généralité* de Blois) (p. 7 e *passim*); este contrato lembra sem mais a garantia de venda ou "cláusula de fazer valer" que tinha sido feita em Austry em 1660 sobre a base de 10.225 moios. P. 19, cláusula 8: o contrato ordena que os mercadores de Brouage e da Bretanha preferirão Courtial até a quantia de 13.000 moios por ano para o fornecimento de seus depósitos (trata-se, no caso, nessa cláusula 8, apenas de um teto alto teórico de segurança, sem conteúdo realista: ver a nota 9).

(15) A.N., AD IX 415, arrendamento a Jean Martinant das *Gabelles de France* na data de 25 de setembro de 1663 (mesmas *généralités*); preferência aos mercadores (puramente teórica, ver *supra*, notas 14 e 9) até à concorrência máxima de 13.000 moios. (Este arrendamento também pode ser encontrado nos A.N., AD IX 419.) A mesma cláusula dos "13.000 moios", sem nenhum alcance prático como acabamos de ver, também poderá ser encontrada no arrendamento Legendre de 1º de outubro de 1668 (*ibid.*). A partir dessa data, os arrendamentos seguintes não conterão mais as cláusulas de "fazer valer", que para nós foram as mais reveladoras, ou as menos ruins, quanto às previsões plausíveis relativas às quantidades vendidas.

(16) Os números de 1664 relativos às vendas obrigatórias foram por nós calculados sobre os números de base dados por esse atlas (B.N., mapas e projetos, Ge CC 1379) para cada *généralité*. Constatamos então imediatamente, de acordo com esse excelente documento, que há queda das vendas de sal na área das *Gabelles de France*; os responsáveis por essa organização vendiam (com exclusão da *généralité* de Lyon) 11.351 moios de sal por volta de 1621, não debitando aí mais do que 9.469 moios por volta de 1664, quer dizer, uma baixa de 16,6%. Jacques Dupâquier, que retomou nossos números unicamente para a Bacia Parisiense e que os reagrupou por "diretoria" de Gabelas sobre uma base um pouco diferente da nossa, acha, de qualquer maneira, uma decadência do consumo que, de 1621 a 1664, é perfeitamente comparável, a aproximadamente 0,9%, com aquela que diagnosticamos: as diretorias das Gabelas da Bacia Parisiense eram em número de uma quinzena (diretorias de Paris, Amiens, Soissons, Châlons, Troyes-Langres, Moulins, Bourges, Orleãs, Chartres, Tours, Angers, Le Mans, Caen, Alençon e Rouen). Tendo sido vendidos em todo o seu território 10.620 moios de sal em 1621, e 8.760 moios em 1664, essa diferença corresponde a uma baixa de -17,5% (contra -16,6% segundo nosso cálculo). Digamos, ao fim dessas duas investigações convergentes, que a baixa se avizinhava dos -17%.

(17) B.N., MS, Miscelânea Colbert, reg. 249 fº 3, contas das gabelas de 1676, e de 1677 (mesmos termos): "Ao dito Nicolas Saunier [arrendatário das *Gabelles de France*], a soma de 700.000 libras, à qual corresponde o preço dos 30 *sous* de aumento em cada *minot* de sal mandado levar de cada depósito de sal da dita fazenda a partir de 1º de outubro de 1674, segundo o arrendamento que lhe foi feito como resultado do conselho de 4 de setembro do dito ano." (Essas 700.000 libras, a 30 *sous* o *minot*, correspondem a uma venda de 466.000 *minots* ou 9.708 moios de sal, no conjunto das *Gabelles de France*.) Essa cláusula ainda pode ser encontrada na conta de 1678 (*ibid.*, reg. 254). Depois o aumento supracitado de 30 *sous* foi anulado por sentença do conselho de 31 de dezembro de 1678 (*ibid.*, reg. 254 fº 6 vº).

(18) O redator deste processo observa que as vendas do sal diminuíram desde o início da guerra por causa da licença extraordinária das tropas em face do contrabando de sal, da escassez de víveres pública e das mortalidades.

(19) Notar-se-á que este número (8.922 moios, que é o do arrendamento, ver *supra*) corresponde perfeitamente ao produto das vendas do ano comum 1692-1695 que se estabeleceu como média segundo os números que se seguem a 8.988 moios.

(20) O ano de gabela nos processos em questão vai de 1º de outubro de 1698 a 1º de outubro de 1699.

(21) O redator deste processo declara que o ano de 1700 é um ano de paz, portanto um ano de consumo normal. "Pelo presente documento sumário das memórias do ano de 1700, ano em que ainda gozamos de paz, o consumo de sal chega a 486.240 *minots* (imposto e venda), ou seja, 10.130 moios."

(22) A.N., AD IX, 27 de setembro de 1708, quadro da fixação das vendas do sal (arrendamento Isembert) para todas as *généralités* explicitadas pelas *Gabelles de France* (a Borgonha incluída): venda voluntária de 6.077 moios e 7 sesteiros, prevista para o ano de 1709.

(23) Segundo a *Encyclopédie méthodique* (*op. cit.*), notar-se-á que, desde 1720-1732, o nível de consumo mais elevado do século XVII — o de dezembro de 1620 — pouco a pouco volta a ser atingido cem anos mais tarde, no decorrer do decênio de 1720 (11.000 moios vendidos em ano comum). Observemos que, nessa estimativa das vendas do ano comum do decênio de 1720 (11.000 moios), não se levou em conta o consumo elevadíssimo e totalmente isolado de 1719: esse alto consumo se deve à facilidade momentânea provocada pelo sistema de Law; e também às especulações dos que se previnem contra a inflação comprando e estocando sal, que constitui um valor indexado, porém seguro. Trata-se então, em 1720-1732, de um aumento de +16,2% em relação ao buraco de 1664, muito bem documentado, lembramos, graças ao *Atlas des Gabelles* preparado no início do ministério de Colbert. Jacques Dupâquier, que trabalha sobre o cadastramento das Grandes Gabelas de 1725 (B.N., ms fr. 23 971 a 23 923) e que o compara ao de 1664, descobre um aumento da venda do sal entre 1664 e 1725 rigorosamente comparável em porcentagem ao que propusemos, ou seja, +16,3%: nas quinze diretorias das Gabelas da Bacia Parisiense, a fazenda vendia de fato 8.760 moios de sal em 1665 e 10.191 em 1725 (+16,3%). Se esse percentual de aumento calculado por Dupâquier, e que vale para as quinze diretorias das Gabelas (Paris, Amiens, Soissons, Châlons, Troyes-Langres, Moulins, Bourges, Orleãs, Chartres, Tours, Angers, Le Mans, Caen, Alençon e Rouen), valer para o conjunto do território das *Gabelles de France* (que coincide quase exatamente com esse das quinze diretorias, incluindo a mais apenas a Borgonha), seria preciso aceitar o fato de que o consumo de sal das *Gabelles de France* em 1725 teria atingido o total de 11.012 moios (total de 1664, quer dizer, 9.469 moios, aumentado em 16,3%). Mas trata-se apenas de uma extrapolação, aliás grandemente prudente e plausível.

(24) Esses totais são tirados de um quadro de vendas voluntárias, para os anos de 1754-1755, e depois 1755-1756; esses quadros abrangem, como tem de ser, o conjunto das *généralités* das *Gabelles de France* (ver listas *supra*, por exemplo a nota 6). Refizemos as operações dos escribas da época e retificamos os erros de soma mínimos, da ordem de 1 ou 2 moios, que eles cometeram fazendo a soma global das vendas de todas as *généralités* em questão.

(25) A.N., G I 91, processo 13: quadro das vendas realizadas, por ano, durante o arrendamento de David (1774-1780), depois durante o arrendamento de Salzar (este para os anos de 1781-1784): o quadro em questão parece ter sido redigido em 1784 ou 1785, antes que fossem conhecidos os resultados do 5º e do 6º anos do arrendamento Salzar.

(26) Necker, *De l'administration des finances de la France*, s.l., 1784, t. I, p. 212. Necker observa (*ibid.*) que o aumento das vendas do sal em 1784 em comparação com o arrendamento Hamel de 1632 pode muito bem ser explicado não apenas por um cruzamento do consumo real, mas também por uma eficiência maior dos guardas de alfândega que, de modo repressivo, diminuem a quantidade de sal vendida fraudulentamente, e que aumentam as transações legais, "à taxa". Na mesma obra, t. II, XIII, Necker considera que esse volume de vendas corresponde a um peso total de 760.000 quintais (à razão de um peso de sal ao preço de 100 libras por *minot*), ou seja, em dinheiro, 9 libras e um sexto de sal por cabeça de habitante dos dois sexos e *de qualquer idade*, para um total de 8.300.000 de pessoas que povoam o país de grandes gabelas, abstração feita de alguns distritos privilegiados.

(27) A. N. C.: Processo Verbal da Assembléia dos Notáveis de 1787. Memória para a Gabela; conservamos os números totais para todas as *généralités* consideradas em nossas estatísticas precedentes e convertemos em moios os números (dos notáveis) expressos em *minots*.

Confrontamos portanto, depósito por depósito, depois globalmente, os totais de consumo por volta de 1621 e os de 1664. Constatamos imediatamente, entre essas duas datas, a queda (previsível) das vendas de sal na área das *Gabelles de France*. Os responsáveis por essa poderosa organização vendiam (não está incluída aí a *généralité* de Lyon) 11.351 moios de sal por volta de 1621. Não alcançam vendas superiores a 9.469 moios (para ser preciso, 9.469,41 moios...) em 1664. Ou seja, uma baixa de 16,6%. Jacques Dupâquier, que retomou os nossos números unicamente para a Bacia Parisiense, e que os reagrupou por "diretoria" de gabelas, a partir de uma base um pouco diferente da nossa, encontrou de qualquer maneira uma decadência do consumo que, de 1621 a 1664, é perfeitamente comparável, com uma diferença aproximada de 0,9%, àquilo que diagnosticamos: as diretorias das gabelas da Bacia Parisiense, em número de quinze,[12] vendiam 10.620 moios de sal em 1621, e 8.760 moios em 1664, diferença correspondente a uma baixa de −17,5% (contra −16,6% segundo nosso cálculo). Digamos, ao fim dessas duas investigações convergentes, que a baixa deve avizinhar-se de −17%. Essa recessão pode perfeitamente ser comparada, quanto à ordem de grandeza, com a baixa que afeta a demografia dessa mesma Bacia Parisiense, baixa que pode atingir, já o vimos, de −15% a −21% dos efetivos globais de 1636-1639 a 1664. (Todavia, o *terminus a quo** desses dados demográficos, fixado em 1636-1639, é muito diferente do *terminus a quo* da série de gabelas — situado, este, em 1621 — para que seja possível tirar conclusões mais sólidas dessa concordância aparente do *trend* dos homens e do *trend* do sal.)

Na divisão cronológica, é possível ir além desses dois pontos de referência essenciais (1621 e 1664): pode-se estabelecer uma curva das vendas do sal taxado (ver gráfico mais adiante) nas *Gabelles de France*, de 1580 a 1664, em seguida de 1664 a 1774. Parte-se, como é indicado, por volta de 1580, de um teto de antes da Liga, que parece ter-se situado em ponto muito alto. Depois, durante o tempo da Liga e simultaneamente da reação contra a Liga, é a crise, previsível e muito grave: dá-se a queda vertiginosa do consumo do sal. Esse fenômeno mistura de maneira inextrincável dois fatores. Por um lado, o empobrecimento das massas que, de um momento para outro, passam a subconsumir (é um dos aspectos da síndrome geral de depressão econômica da década de 1590). Por outro lado, a paralisia das gabelas: incapazes, por causa das perturbações, de vender bem seu sal, também não podem, em face da insegurança geral, reprimir a fraude que zomba, momentaneamente, de seu monopólio cheio de furos. Por volta de 1598-1599, entretanto, o consumo de sal pagando impostos no território, amplamente rural, das *Gabelles de France*, está de novo em ascensão com 8.000 moios; um total que, consideravam os contemporâneos, deveria ser rapidamente ultrapassado; em 1599, Josse, arrendatário geral, escreveu sobre isso: "A paz, mãe da abundância e do restabe-

---

*Expressão latina que ao pé da letra significa "limite a partir do qual", mas pode — e deve — ser interpretada aqui como "ponto de partida". Quero deixar explícito, no caso desta expressão como em tudo que se refere ao latim por todo o livro, o auxílio que me foi prestado, com a boa vontade de sempre, pela latinista excepcional que é Maria Amélia Pontes Vieira Alcofra, professora emérita de Língua e Literatura Latina da Faculdade Nacional de Filosofia da Universidade do Brasil (hoje UFRJ). Amelinha, como sempre a chamaram todos os alunos, é além de tudo uma criatura humana de exceção. (*N. do T.*)

lecimento de todas as coisas, promete o crescimento ano a ano das citadas vendas." Realmente, o crescimento do consumo do sal, que, neste caso, não é mais do que uma pálida recuperação do nível anterior à Liga, efetiva-se nos anos de 1600 a 1620. Entre 1598-1599 e 1621-1623, a alta das vendas de sal se fixa em +14,2% no território das *Gabelles de France*. Mais ao sul, no Languedoc, o ritmo do impulso das vendas é ainda mais vivo: a venda do sal das *Gabelles de Languedoc* passa de 68.000 quintais* em 1600 a 78.000 em 1611, a 79.000 em 1617 e a 85.000 em 1623. De 1600 a 1623, a alta regional languedociana chega, assim, a 25%, em vez dos 14,2% na metade setentrional da França. No total, parece razoável considerar que o consumo nacional do sal taxado, na região d'oc e na região d'oil, cresceu (como recuperação mais ou menos aproximada do nível de antes da Liga ou de antes da guerra) pelo menos 15% durante o primeiro quartel do século XVII. Foi esse o índice de uma ampliação do mercado interior e especialmente rural, base de toda a economia; essa ampliação, por um lado, é conseqüência do impulso ou da retomada ascensional da demografia sob Henrique IV e sob o jovem Luís XIII. Tal ampliação do mercado nessa época se reflete também em outros índices; não apenas quanto à produção agrícola, que será assunto mais adiante, mas também no setor da indústria têxtil: em Reims e Amiens, uma vez livre, a partir de 1600 mais ou menos, das quedas do tempo da Liga, a indústria têxtil retoma e até ultrapassa, durante os decênios 1620-1630, os tetos do decênio de 1580. Ora, nessa época falar em produção têxtil é falar em mercado interior, e não apenas em exportações. Portanto, há perfeitamente — quanto ao sal, ao trigo, ao tecido — um impulso do consumo de massa durante o primeiro quartel do século XVII. Há também, talvez, à custa da poupança, crescimento da propensão marginal a consumir, com suas conseqüências habituais: aceleração repentina nas vendas de diversos produtos e nos investimentos, crescimento

---

*O quintal equivalia ao peso de 100 libras. Modernamente ainda funciona em algum tipo de transação, como por exemplo no caso dos cereais e, aí, corresponde ao peso de 100 quilos, segundo o Robert. (*N. do T.*)

acima do proporcional da renda nacional (ver quanto a isso as reflexões de Boisguillebert e de Keynes).

Consumo taxado do sal nas *Gabelles de France* (setentrionais, e sem incluir a *généralité* de Lyon), séculos XVII e XVIII

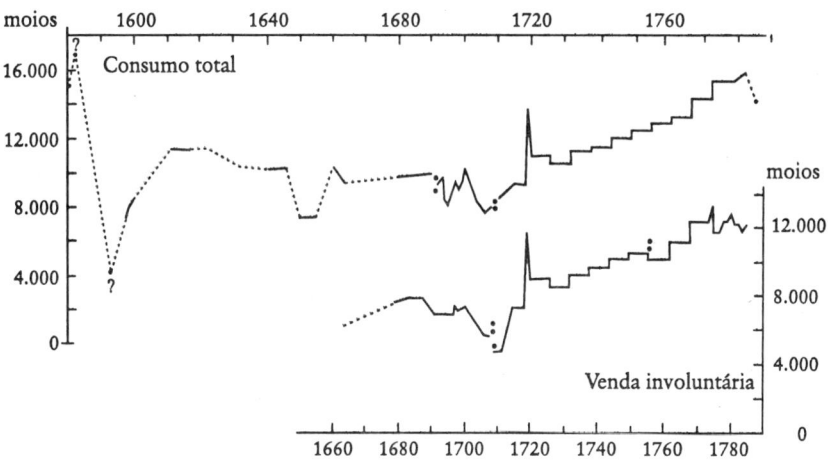

Fonte: E. Le Roy Ladurie e J. Field-Récurat (1972).

Preço do "quintal" de sal em Castelnaudary (região tolosina)

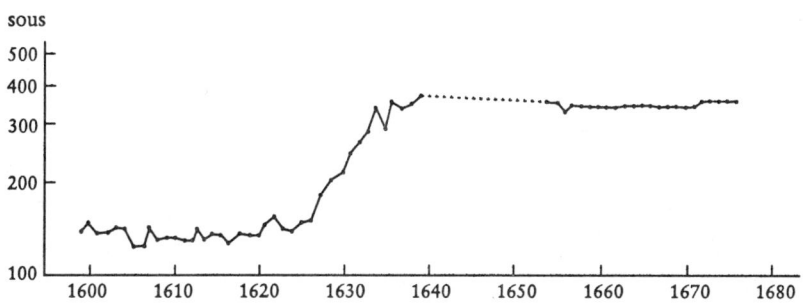

Fonte: E. Le Roy Ladurie (1966), t. II, p. 942.

A fase animadíssima de expansão do consumo que será registrada de 1600 a 1625 não terá equivalente depois desse período. Quanto à consumação taxada do sal, de fato, a recuperação depois da Fronda e da fome, a partir de 1664, é sem dúvida incontestável até 1680-1685. Não é entretanto mais do que uma pálida réplica daquela que foi, nos vinte e cinco primeiros anos do século XVII, a recuperação do período pós-Liga...

Essa primeira recuperação, registrada entre 1600 e 1623, parece no entanto ter sido seguida, alguns anos depois de 1623, por um nítido estacionamento do teto, talvez um ligeiro declínio, das vendas do sal taxado por gabelas. As *Gabelles de France*, no apogeu de suas vendas conhecidas (em 1621 e sobretudo em 1623), encarregavam-se de vender pelo menos 12.880 moios de sal,[13] segundo as estipulações teóricas do arrendamento Feydeau (1623), que afinal confirmava e até ultrapassava o quadro *real* de Ducrot em 1621 (quadro que, vimos, excluída a *généralité* de Lyon, registra uma venda de 11.351 moios de sal). Ora, em 1632, depois de algumas pestes e períodos de escassez de víveres, e sobretudo depois do primeiro aperto de Richelieu, que dobrou progressivamente os preços do sal a partir de 1624 (ver o gráfico sobre o preço do sal em Castelnaudary), o arrendamento Hamel não previa vender mais do que 10.250 moios nos territórios das *Gabelles de France*. Ou seja, uma baixa de 9,7% em relação a 1621, baixa que será mantida, sem degradação suplementar, até doze ou catorze anos depois (arrendamentos Datin e La Planche, respectivamente em 1644 e 1646: 10.225 moios nos dois casos). Depois de 1625, o consumo global do sal parece então ter baixado ligeiramente, em concomitância com o aumento da fraude... e logo a seguir com as revoltas camponesas contra a gabela. Tratar-se-ia, no caso, possivelmente de uma baixa no consumo *per capita*, uma vez que a própria população ainda não declinou entre 1624 e 1646, salvo no leste ou antes no extremo leste do reino.

Entre outros fatores dessa regressão plausível do consumo por cabeça, já mencionei a "disparada", ou dobra do preço do sal, decretada de maneira autoritária, até artificial, por Richelieu. O cálculo do Cardeal afinal era válido, ainda que feito à custa do trabalhador do campo, chamado na circunstância de "burro de carga do Estado". A demanda do sal na verdade não era elástica, ou, mais exatamente (tratando-se de um declínio), os consumidores não podiam abrir mão do sal em grandes volumes; era motivada, essa demanda, por necessidades que os consumidores estavam decididos a satisfazer a todo custo, ainda que fosse uma revolta sangrenta contra o poder. Nessas condições, uma alta maior dos preços do sal (P) atingindo ou ultrapassando o dobro não diminuía as quantidades vendidas (Q) em mais de 11%, mais ou menos. A renda total recebida pelos burocratas do imposto da gabela e parcialmente revertida ao Estado aumentava então em fortes proporções, uma vez que o consumo diminuía pouco. Provando, pelos fatos, que não era possível diminuir o consumo de sal, as revoltas contra o imposto da gabela demonstravam não a fraqueza, absolutamente, mas a força da política do Cardeal: força que as revoltas obstinavam-se em vão a combater.

Entretanto, podemos nos perguntar se o declínio do consumo *per capita* do sal se deveu apenas a razões setoriais (alta desmesurada do preço do sal decretada por Richelieu e por seus sectários fanáticos). Essa desaceleração talvez se integre, por outro lado, a um quadro mais geral: parece, com efeito, que há uma quebra do consumo pago, sempre *per capita*, em diversas regiões e não apenas no caso do sal, a partir de uma data posterior a 1630. A partir do decênio de 1630 nota-se, em Reims e Amiens, alguns índices de baixa da atividade têxtil, sensível por excelência às tendências do mercado exterior, sem dúvida, mas sensível também à tendência nacional ou regional. Em compensação, o consumo cerealista, sim, salvo exceção numa ou noutra província, mantém-se em bom nível até 1640-1645.

Quanto ao sal, sempre ele, dá-se, afinal, entre 1646 e 1664, uma nova quebra de consumo; quebra cujas causas (Fronda, depois a fome de 1661), neste caso, nada têm de misteriosas. A venda do sal cai para 9.469 moios no território das *Gabelles de France* em 1664; quer dizer, uma baixa de 7,4% em relação à "pré-Fronda" (em outras palavras, em relação a 1646 ou a 1632); essa mesma baixa atingiria 17% se fosse calculada numa comparação com os picos de 1621-1623. Fica-se tentado a dizer que, como toda grande depressão, a crise ou as crises agudas do período 1648-1661 reduzem o consumo, e que essa redução constitui simultaneamente um efeito e uma causa no círculo vicioso que criou e que mantém a recessão.

Depois de 1664 (ver quadro e curva), sobe-se, mas sem muito entusiasmo (é a pequena recuperação Colbert que em 1681 já estaria encerrada; cerca de +5% ou coisa parecida), rumo a um consumo de sal mais elevado do que em 1664, porém claramente mais baixo do que durante todo o período 1621-1646; depois, a fome de 1693 e os desastres que a acompanham desencadeiam mais uma vez uma recessão nas vendas salineiras; uma nova recuperação, viva porém breve, intervém em 1697-1700; uma nova crise, a mais grave de todas, se concretiza a partir de 1703, até o mínimo intersecular do consumo de sal, mínimo registrado em 1710.

Afinal, no transcurso do século XVIII, há recuperação, seguida de um verdadeiro crescimento das vendas do sal. Quase se atinge de novo o nível de consumo mais elevado do século XVII — o do decênio de 1620 — durante o decênio de 1720 (11.000 moios vendidos em ano comum).[14] Trata-se, como se vê, no período 1720-1732, de um aumento de +16,2% em relação ao buraco de 1664, documentadíssimo, devo lembrar, graças ao *Atlas des Gabelles* confeccionado no início do ministério de Colbert (Jacques Dupâquier, que trabalha sobre o *Atlas des Gabelles* de 1725, e que o compara com o de 1664, descobre um aumento da venda do sal entre 1664 e 1725 totalmente comparável[15] em percentual àquele que propus: ou seja +16,3%).

O nível *record* dos anos 1621-1623, que acabo de utilizar como ponto de referência, ressurge então timidamente no decênio de 1720, depois se impõe sólida e definitivamente no decênio de 1730. Será afinal ultrapassado (rumo a um crescimento do século XVIII sem precedente desde 1580) a partir do decênio de 1740...

No conjunto, o "longo século XVII" (1590-1710) surge a nossos olhos como um período de lento declínio do consumo do sal, período marcado por fases de recuperação parcial, primeiro muito brilhantes e até jorrando impetuosamente (1600-1623); depois cada vez mais como num sopro (1664-1681 e 1697-1703). Crises gigantescas, que constituem simplesmente nossas flutuações de segunda ordem, entrecortam o todo; crise da Liga, a mais grave de todas; crise da Fronda e da pós-Fronda (incluindo a fome de 1661); crise, afinal, do fim do reinado de Luís XIV. O ritmo de estagnação e até de declive da curva das vendas do sal durante o longuíssimo século XVII (1580-1715) sugere, por outro lado, conclusões de ordem mais geral: para além do caso particular do sal, não se pode excluir, na verdade, uma lenta tendência à baixa do consumo nacional de um modo geral, durante esse período mais que secular, baixa que nesse caso se explicaria por uma ligeira quebra demográfica, mais do que pela "fome monetária"... Sem esquecer a fraude. Como quer que seja, os esquemas puxados pelo sal não estão em contradição com o *trend* demográfico, mesmo que tenham sua originalidade; referem-se essencialmente à metade setentrional da França. Não está excluída a hipótese de que nas regiões meridionais, e especialmente no baixo Languedoc, os comportamentos do consumo tenham sido, no conjunto, melhores e secularmente mais estáveis do que no norte.

## DÍZIMO E PRODUÇÃO AGRÍCOLA: NOVA RECUPERAÇÃO

Dessa reflexão setorial sobre o consumo, somos levados, por uma transição "ascendente" e lógica, a uma visão que se pretenderia global das produções agrícolas. Pela força das coisas, essa visão abrangeria a produção cerealista.

No que concerne ao produto dos grãos (tal como foi projetado pelos dízimos, e acessoriamente pelas contas de arrendamento ou de exploração), vê-se inicialmente concretizar-se, como aconteceu com o povoamento e com o consumo do sal, um período favorável: é o primeiro quartel ou a primeira terça parte do século XVII. E aí caímos num interessantíssimo fenômeno de unanimidade "nacional": há ascensão-recuperação geral do produto líqüido dos dízimos e dos pagamentos de arrendamentos (produto *in natura* e pagamentos em dinheiro calculados pelo equivalente em grãos) atingindo o ponto máximo por volta de 1625. Chega-se realmente ao ponto de uma certa "galinha na panela": imagem de Épinal,* o mito da famosa ave doméstica não deixa de ter, apesar de tudo... um aspecto de realidade. Trata-se de uma galinha na panela que se prolonga no tempo, se transforma em mito, até muito depois da morte de Henrique IV e da partida de Sully. Graças aos dízimos, foi possível chegar a essa unanimidade "nacional".

Primeiro na região de Liège,[16] que anexamos indevidamente à França, há safras máximas muito claras nos períodos definidos pelo corte cronológico de Joseph Ruwet, em 1598-1606 e 1616-1624. O produto líqüido dos dízimos e pagamentos de arrendamento (*in natura*) da região de Liège em 1600-1625 sobe mais ou menos 25% em relação a seus baixos níveis de 1570-1595.

Em Namur, as máximas se situam em 1610 e de novo, apesar de alguns pequenos acessos de fraqueza, em 1625-1635. Notemos entretanto que esses tetos de Namur do período 1610-1635 não igualam, longe disso, o esplendor dos picos atingidos no período bom do século XVI, por volta de 1560. Entre as gerações de 1540-1570 e de 1570-1600, o produto de Namur (*in natura*) caiu em cerca de um terço; no período de 1610 a 1635, pouco mais, pouco menos, recuperou em parte o terreno perdido; mas ainda permanece claramente inferior a seu nível médio dos anos 1540-1570. A recuperação não chega mesmo a ser completa.

---

*Atribui-se a Henrique IV (rei de 1589 a 1610) a seguinte frase: "Quero que no meu reino não haja camponês tão pobre que não tenha todos os domingos galinha na panela." Quanto à expressão "imagem de Épinal", quer com isso dizer o Autor que a frase verdadeiramente entrou para o imaginário popular. A cidadezinha de Épinal, ao pé das montanhas de florestas de pinheiros dos Vosges, às margens do Mosela e a 366 quilômetros de Paris, é famosa por suas imagens populares, gravuras em madeira ou cobre depois impressas lá mesmo e espalhadas por todo o país (cenas históricas ou populares famosas, batalhas, ilustrações para cânticos espirituais, imagens de santos, muitos motivos mais). Quanto a Sully (1560-1641), citado logo a seguir, nobre de província (região de Mantes), protestante, escapou da Noite de São Bartolomeu (1572) e depois combateu no exército huguenote, sob as ordens de Henrique de Navarra, que admirou sua coragem de guerreiro e sua honestidade intelectual. Quando Henrique de Navarra assumiu o trono como Henrique IV, Sully se tornou seu ministro e homem de sua estrita confiança até o fim do reinado, principalmente nas áreas de finança e militar. (*N. do T.*)

Em Cambrésis, a reação é na mesma linha, porém mais completa do que em Namur: um belo período de retomada, seguido de um impulso e de uma alta de conjuntura, desenha-se entre 1600 e 1635. Esse impulso do produto líqüido dos dízimos (*in natura*) quase roça, ou melhor, volta a tocar os picos do período bom do século XVI, localmente atingidos entre 1530 e 1540. Essa cronologia de Cambrésis está perfeitamente confirmada pelas curvas locais de Quarouble e de Onnaing: com sua arrancada de cerca de 1595, seu impulso, depois seu reencontro com os picos do período bom do século XVI, em 1636, ao cabo de um longo período de tetos soberbos... e à véspera de uma queda catastrófica.

Se se quiser resumir o processo, pode-se dizer que, desde o decênio que começa em 1601, a região de Cambrai recuperou, ora roçando-o, ora ultrapassando-o, o nível de um antiqüíssimo período anterior à guerra; depois essa região se manteve, sem mais novidades, nesse alto nível, até as proximidades de 1640.

"Desçamos" agora um pouco mais para o sul, em volta de Paris.

Excelentes séries, já evocadas, de pagamentos de arrendamento em grão nos domínios de Notre-Dame de Paris, foram postas à nossa disposição por Jean-Paul Desaive. Indicam elas que a fase de recuperação terminou em 1610-1618, data na qual todos os arrendamentos pagos *in natura* retomam seu nível elevado de 1555-1590. (A cronologia é a mesma para os dízimos pagos em grãos em Vexin.) Na seqüência, depois de 1620, um processo de crescimento se desenha. Processo que leva o produto líqüido dos arrendamentos (*in natura*), pagos em grão, a 43,7% acima do nível *record* do decênio de 1580:[17] o novo máximo assim definido se situa aí por 1646, pouco antes da Fronda.

Com base nos dízimos e nos arrendamentos parisienses pagos *in natura*, a recuperação dos altos níveis do século XVI torna-se um fato concreto desde 1620; essa recuperação se prolonga a seguir sob a forma de um certo crescimento, que, de 1620 a 1646, faz-se acompanhar do advento de um aumento da economia monetária: é de fato de 1635 a 1655 que se consuma nas dizimarias* de Vexin a passagem dos arrendamentos pagos em dízimos *in natura* para os pagamentos de dízimos em dinheiro (segundo Jacques Dupâquier).

Na Borgonha, um período de prosperidade relativa e de alto produto líqüido dos dízimos (*in natura*) se concretiza entre 1600 e 1630. Albert Silbert fala de uma "nova ascensão cujos mais altos pontos se situam de 1620 a 1630". Nota entretanto que os *records* do século XVI de antes da guerra não voltaram a ser atingidos. O que é correto: os níveis atingidos na Borgonha no bom período de 1605 a 1627 ainda são inferiores em 12,7% aos do século XVI de antes da crise (período 1550-1568). É verdade que se trata de dízimos em grão, e que plantações de vinhas poderiam compensar o que se deixava de ganhar nos cereais.

Analisados em gráficos, esses não tão altos tetos borgonheses estabelecem-se essencialmente em torno de 1620: a situação, porém, continua boa até por volta de 1630. A inflexão rumo ao declínio é a partir de 1630-1632, quando surge uma onda de descontentamento, de que é talvez um bom exemplo a revolta dos Lanturlus** de Dijon; a Guerra de Trinta Anos, claro, vai piorar muito essa queda.

Em Auvergne, à altura de 1620, apesar de uma evidente retomada no tempo de Henrique IV e de Maria de Medicis, as entregas dos dízimos em grão caem em 15% em relação ao nível do período bom século XVI, que é o período de antes da guerra ou de antes da Liga. E, no caso desta província, é impossível invocar, como fizemos em relação à Borgonha, a concorrência das plantações de vinhas, que ocupavam o espaço dos cereais. Os vinhos de Auvergne sob Henrique IV e Maria de Medicis não têm tal dinamismo! O que efetivamente está em

---

*Extensão do território sujeito ao dízimo. (*N. do T.*)

**Lanturlu* ou *lanturelu*, palavra de origem indefinida entre os lingüistas, está no refrão (*Il lui a répondu lanturlu*) de uma canção que se popularizou na época do cardeal Richelieu. É empregada para significar uma recusa e, mais que isso, uma recusa desdenhosa, com um sentido claro de desprezo, ou, ainda, uma resposta num tom evasivo (talvez uma expressão correspondente em português seja, por exemplo, o pessimismo de "Vai nessa!", como quem quer dizer "Não acredite nisso!"). A revolta dos *Lanturlus* foi um motim popular contra o poder real, que teve lugar em Dijon, em março de 1630. (*N. do T.*)

causa é a lenta regressão a longo prazo, em Auvergne, de um produto líqüido dos dízimos (*in natura*) oriundo dos agricultores que estão momentaneamente mal... ou que executam discretamente uma greve parcial!

No Languedoc e no Sul mediterrâneo, os dízimos *in natura* indicam que a retomada está quase completa em 1610, e totalmente terminada desde 1623: daí em diante é ascensão até o decênio de 1640.

É isso quanto aos dízimos-grão. Quantos aos dízimos pagos sobre o azeite de oliva, demoram mais a se recuperar: só lá por volta de 1640, ou até mais tarde, atingirão seus níveis *records* do tempo do Renascimento.

Uns pelos outros (dízimos *in natura* e dízimos em dinheiro correspondente ao grão), todos os testemunhos concordam: o produto líqüido dos dízimos e pagamentos de arrendamentos (*in natura* ou, no caso dos arrendamentos, em dinheiro equivalente ao grão) do Sul, no período compreendido entre, pouco mais, pouco menos, 1610 e 1640, vai tentando penosamente igualar seus níveis com os do período bom do século XVI. Não os ultrapassa; tem mesmo, parece, grande dificuldade em atingi-los, e não os recupera, na verdade, quanto ao produto *in natura*, a não ser num índice de 94% ou 95%.

Não se trata do crescimento bissecular no caso do Sul, ou de uma vasta fração do Sul, essencialmente sua fração mediterrânea, que Joseph Goy e Anne-Lise Head-König estudaram.

Na região do Lyonnais, o esquema de conjunto, para o início do século XVII, pouco difere do que se viu nas outras províncias do Sul e do Centro. Um matiz entretanto: na vizinhança de Lyon, pólo de crescimento que não faz feio numa comparação com Paris, a recuperação dos níveis de antes da guerra ou de antes da Liga do produto líqüido em dinheiro (convertido em grãos) dos arrendamentos é praticamente total desde 1610-1627, anos em que são atingidos os *records* do decênio de 1550. Fica-se bem longe, às margens do Ródano e do Saona, da aflição proporcionada pelo marasmo dos dízimos em Auvergne.

Resumamos as conclusões do conjunto: em todas as zonas afetadas pelas referidas guerras religiosas, de Cambrai-Namur a Montpellier-

Arles, dá-se, de 1600 a 1640, um *episódio grandioso de recuperação*. Mas, fora a região de Paris, onde o dinamismo irrefreável da capital gera, depois de 1620, uma verdadeira expansão, que bate os *records* já de pouco valor do século precedente, a questão na prática já não é de ultrapassagem, mas no máximo de recuperação. As curvas realmente apenas se recuperam, de 1620 a 1630 (Lyonnais, Cambrésis). Em outros casos (Namur, Borgonha, Auvergne e mesmo o Sul mediterrâneo) permanecem inferiores em um índice de 5% a 10% em relação aos *records* do século anterior. Por volta de 1625 (excluída a região parisiense), quando Richelieu domina o poder, o produto líqüido dos dízimos e pagamentos de arrendamentos (*in natura* ou pelo correspondente em grãos), na França conhecida, parece inferior ou no máximo igual ao que era sob Henrique II e Carlos IX. Havia aí um quadro de recuperação e de manutenção do teto.

Observemos que essa fase de recuperação ou de manutenção do teto, característica do período 1600-1620, não é exclusiva da França. Em volta de Segóvia (Castela, a Velha), o produto líqüido dos dízimos (*in natura*), pago em forma de grão, vai muito bem até por volta de 1626. Depois disso, há uma queda mais ou menos rápida, dependendo das localidades.

Na Andaluzia também se observa uma rápida retomada desse mesmo tipo de produto, em grão, retomada que parece ter sua culminância em 1620-1632. Trata-se de uma retomada clara, contudo modesta. Não atinge — longe disso — os picos anteriores, do século XVI.

Queremos, entretanto, para o período 1600-1630, um modelo não apenas de recuperação e de manutenção do teto, mas até mesmo de verdadeiro crescimento? É na Alsácia que teremos de buscá-lo, nessa Alsácia pouco perturbada pelas guerras de Religião, e que nos dá talvez um modelo do que poderia ter sido a França, ou pelo menos o produto líqüido dos dízimos (*in natura*) franceses, se não tivesse havido guerra civil e religiosa a influir sobre eles.

Na Alsácia, pelos anos 1625-1630, o produto líqüido dos dízimos *in natura* é claramente mais elevado em relação a seus *records* do século XVI.

O crescimento alsaciano do produto assim definido, em 1600-1630, é de 9,5% comparado com o período 1501-1528, e de 14,6%, com 1548-1583.

Não chega a ser enorme, mas é por definição melhor do que os desempenhos medíocres (sem contar a região parisiense) da França vizinha, um tanto atingida — e eis, sem dúvida, a causa dessa mediocridade — pelas guerras de Religião.

## GUERRA DOS TRINTA ANOS, FRONDA: DE NOVO OS DECLÍNIOS DOS DÍZIMOS (E OUTROS)

Depois de 1630, os destinos divergem, geograficamente, por causa de um problema interdecenal. Algumas regiões são abaladas pela catástrofe das guerras dos Trinta Anos. Outras, ao contrário, conseguem sair disso sem sofrer grande mal. No atacado (enquanto que o Norte e o Leste são atingidos em cheio pela dupla *Guerra dos Trintas Anos-Fronda*), a região parisiense (um pouco), o Centro e o Sul (principalmente) conseguem *limitar os prejuízos* em parte ou mesmo totalmente. (Mas, no caso da região parisiense, essa relativa imunidade, inegável durante toda a primeira parte da Guerra dos Trinta Anos, será muito menos evidente durante a Fronda.)

Retomemos nossa volta da "Gália". Perto de Liège, observa-se uma queda espetacular do produto líqüido dos dízimos e pagamentos de arrendamentos (*in natura*): ou seja –35% entre o teto máximo de 1620 e o nível mínimo de 1660; e de –15% a –20% se levarmos em consideração apenas os níveis médios do período de alta (1600-1630) e do período de baixa (1630-1660). Perto de Namur, a baixa entre 1620-1630 e 1650-1660 é de 15% a 20% para os dízimos-grão ou produto líqüido dos dízimos (*in natura*); ao contrário, a baixa é pouco sentida (de 2% a 3% num deles e 10% no outro) nos domínios em que Joseph Ruwet restabelece as fórmulas-*in natura* de arrendamento a meias ou de exploração, e para as quais a comparação é possível entre esses dois períodos.

Com as curvas gráficas dos dízimos de Cambrésis, em compensação, o desastre parece inequívoco. De 1632 a 1657, é a catástrofe. Aqui, a Fronda, ou antes o conjunto Guerra dos Trinta Anos-Fronda, tem bem esse sentido, que Pierre Goubert detectará, de fenômeno determinante, ponto nodal da história econômica.

Parece claramente que o cataclisma comportou dois episódios. Uma primeira baixa arrasadora situa-se entre 1636 e 1646, anos de batalhas de que são exemplos Corbie e Rocroi. Depois uma nova queda, mais grave ainda, correspondendo aos anos de Fronda e pós-Fronda, desde 1648 até 1660.

Ao todo, durante o decênio de 1650, os dízimos de Cambrésis *in natura* caem em três quartos em relação a seu nível normal do bom período de 1615-1630.

Dízimos e *terrages* de Cambrésis, em moios de grão

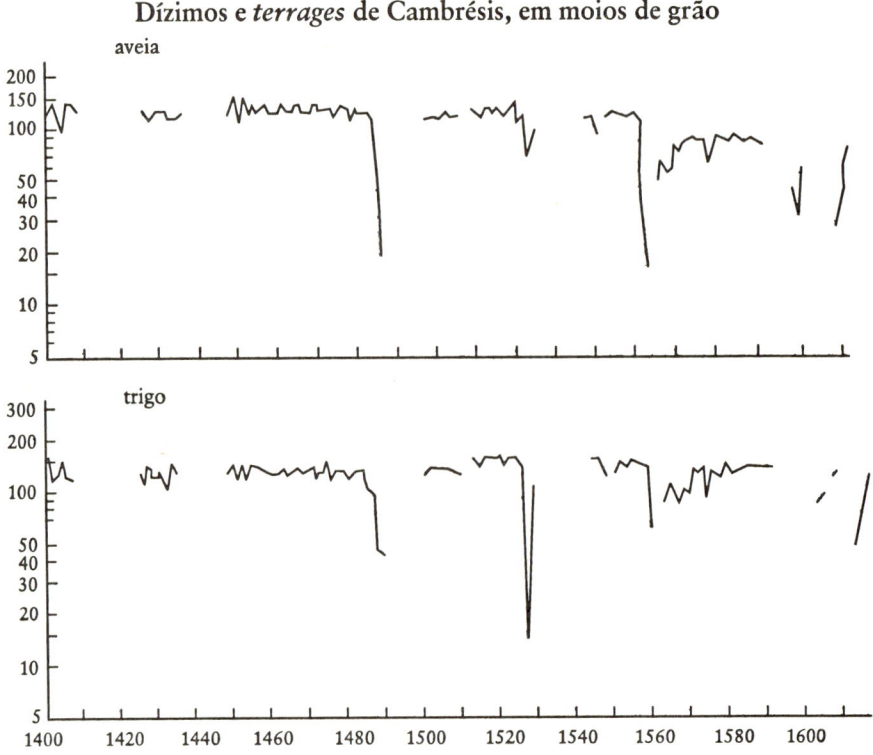

Fonte: H. Neveux (1974), pp. 137, 153, 162, 172, 173.

Há a mesma catástrofe, pior ainda, na Alsácia das guerras dos Trinta Anos: a partir de 1632, em poucos anos, os dízimos nessa região caíram praticamente a *nada*. Depois, no período que se segue, 1648-1660, quando eles começavam muito vagarosamente a se recuperar desse nada, não atingem, por essa ocasião, mais do que a metade, ou nem isso, de suas receitas de antes da guerra.

Parece então que há uma zona vermelha (incluindo especialmente Cambrésis e Alsácia), onde o produto líquido dos dízimos (*in natura*) caiu à metade, ou às vezes até mais do que isso, por volta de 1630-1650, ou até mesmo 1630-1660.

Vamos a territórios sem dúvida atingidos pela Guerra dos Trinta Anos e pela Fronda, mas atingidos menos severamente do que as regiões precedentes.

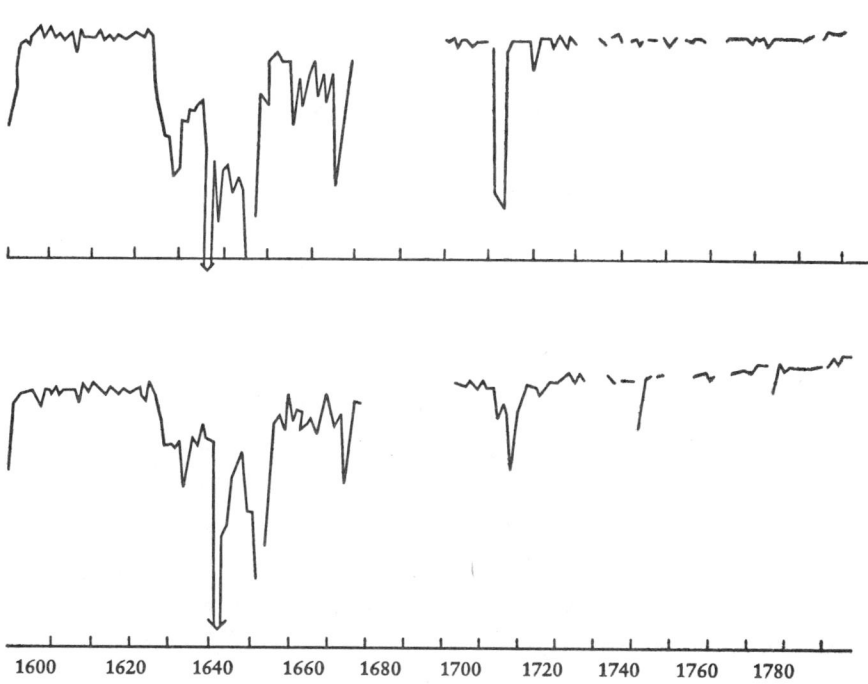

Na Borgonha, a baixa do produto líqüido dos dízimos (*in natura*) mais ou menos de 1630 a 1641 é bem marcante: contudo, medida em dez aldeias, não se chega a uma queda de mais de 26,2% do montante anual médio atingido nos "anos felizes" de 1605-1629. É muito menos do que na Alsácia e em Cambrésis (baixa de três quartos ou até mais!).

Em torno de Paris, o acidente "Fronda" se insere nos diagramas de dízimos e de rendas territoriais como um dado grave, às vezes como uma violenta derrapagem. Assim mesmo, muito menos catastrófico do que nas fronteiras do Norte e do Leste.

As curvas mais importantes de que dispomos são as das rendas territoriais em grão ou em dinheiro (calculado pelo equivalente em grãos) dos grandes domínios de Notre-Dame de Paris.

Essas curvas atestam a um tempo a realidade trágica do acidente "Fronda", e por outro lado seu caráter relativamente limitado (limitado... em relação aos desastres sem nome que, conseqüência da Guerra dos Trinta Anos, afligem a Alsácia e Cambrésis): a curva do produto líqüido dos pagamentos de arrendamentos (calculado pelo equivalente em grãos) em Île-de-France acusa, na verdade, o golpe, a partir de 1646: baixa de 11,3% no período 1646-1654 em relação ao teto de 1637-1645; depois, no período 1655-1663, que inclui a grande fome daquela temporada, baixa de 22,85% sempre em relação àquele mesmo teto anterior. No setor do produto líqüido dos pagamentos de arrendamentos (*in natura*), observa-se simplesmente uma interrupção do crescimento: o aluguel da terra, pago *in natura*, em sesteiros por *arpent*, não parava de subir desde 1609 e assim foi até 1645. Atinge um teto depois dessa data. Nos domínios de Saint-Denis, a renda territorial por *arpent*, calculada pelo equivalente em grãos, indica uma ligeira baixa, do índice de 76,4 para o índice de 71,2, quer dizer, uma queda de 7% entre os anos de 1645-1650 e 1650-1655.

O índice médio dos dízimos alsacianos pagos *in natura* (grãos)

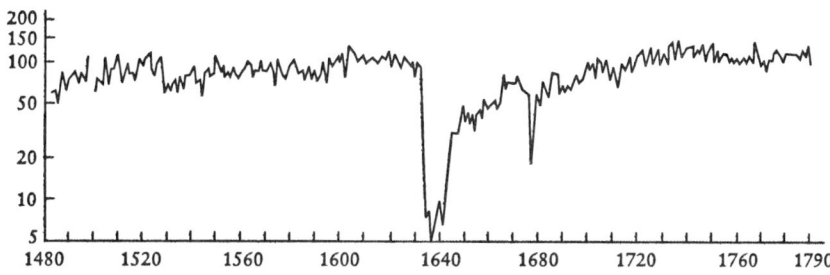

Base 100 = 1764
Fonte: B. Veyrassat-Herren. Tirado de J. Goy e E. Le Roy Ladurie (1972-1982), t. I, pp. 98-99.

Apesar dos dados insuficientes, parece claro que o impacto das crises da Fronda e do pós-Fronda, na região parisiense, atingiu de 20 a 25% da renda territorial calculada pelo equivalente em grãos; queda muito séria, mas ainda não tão grave quanto a catástrofe que afeta, de 1630 a 1650, as "zonas vermelhas" da fronteira do Nordeste.

Quanto aos arrendamentos-grão, pelo menos *em sua estipulação teórica,* quase que não acusam o golpe, no conjunto.

Chegamos agora mais ao sul, longe do epicentro, e às regiões em que o conjunto "Guerra dos Trinta Anos-Fronda" não foi além de um acidente passageiro, militar ou simplesmente meteorológico (verões chuvosos no período 1647-1650). Em Auvergne, os efeitos desse conjunto belicoso são momentaneamente visíveis em sete das nove aldeias da província, durante os anos 1640-1650. Nos casos extremos, "a Fronda" provoca baixa, durante alguns anos, em uns poucos dízimos de Auvergne, em um quarto de seus valores normais. Em outros pontos, a Fronda passa sem que seja sentida. Desde 1650-1660, a recuperação é total, enquanto que no Norte a recuperação em muitos casos só chega em 1660-1670.

No Lyonnais, o impacto da Fronda não se reflete nas curvas de renda territorial calculada pelo equivalente em grãos dos capítulos das igrejas de Saint-Jean e Saint-Paul. Em compensação, os dízimos calculados pelo equivalente em grãos do capítulo de Sainte-Marie-Madeleine de Lyon acusam uma baixa moderada, porém clara: é de 13,2% na fase que vai de 1646 a 1657, em relação ao período (inicial) 1640-1645. Ora, em 1628-1633 (data da verdadeira catástrofe meridional, com peste, revoltas, incursões armadas) a situação tinha sido muito mais grave na vizinhança de Lyon: registrara-se uma baixa momentânea de 32,2% no produto líqüido dos pagamentos de arrendamentos (no equivalente em grãos) no capítulo de Saint-Paul de Lyon em 1628-1633, em relação ao período 1622-1627.

No Sul, por fim, o impacto decisivo dos períodos de escassez de grãos atesta que o acidente "Fronda", como tal, quase não existe.

Resumamos. O acidente "Guerra dos Trinta Anos-Fronda" representa:

• uma catástrofe gigantesca, vigorando durante mais de vinte anos, a partir de 1632, nas terras de lavoura do extremo Nordeste, com um corte de 50% ou mais do produto líqüido dos dízimos (*in natura*);

• uma dura provação, começada alguns anos mais tarde, nas regiões parisienses, com baixa do produto dos dominial (produto líqüido dos arrendamentos, *in natura* e em dinheiro calculada a equivalência em grãos), seguida de uma convalescência difícil até a fome-recaída de 1661;

• uma recessão evidente porém breve no Centro;

• nada no Sul.

Portanto, uma variação no sentido do ruim para o estável, do norte para o sul.

Passemos agora à fase 1660-1680. Em poucas palavras, esse período é freqüentemente marcado por um produto líqüido dos dízimos e pagamento de arrendamentos (*in natura* e em dinheiro equivalente a grãos) muito elevado: batem-se *records* multisseculares. Se considerarmos, por hipótese perfeitamente possível, que esse fenômeno corresponde a um bom nível de produção, concebe-se que isso tenha contribuído, em ligação com a escassez do dinheiro, para provocar a queda dos preços: de 1663 a 1692 (Lachiver), o "espectro da fome" esteve banido por quase uma geração (com exceção de casos locais, como o de uma pequena região de Anjou, em 1683). Resta, então, esclarecer alguns matizes regionais; a alta conjuntura dizimista "colbertiana" é claríssima no Sul; em compensação, na metade norte da França, ou da "Gália", ainda há muitos problemas a esclarecer.

Comecemos pelo Sul: dízimos *in natura* e dízimos em dinheiro pagos pelo equivalente em grãos concorrem para fixar precisamente na faixa 1649-1678 os anos de teto do produto líqüido dos dízimos (*in natura*); nesses anos são atingidos e até ultrapassados em índices que vão de 9% a 17% os *records* do período mais generoso do século XVI e também aqueles, futuros, do fim do século XVIII.

As mesmas observações podem ser feitas para Auvergne e fundamentadas, lá, também, pela base altamente sólida dos dízimos *in natura*. Numa quinzena de aldeias, o período 1657-1690 representa o apogeu, que ultrapassa amplamente o século XVIII; ultrapassa também, pelo menos em 10% ou 20%, os *records* já sem significado do início do século XVII; iguala, afinal, em média, os desempenhos do melhor período do século XVI.

Nas proximidades de Lyon, pólo de crescimento então em plena expansão demográfica (ver a tese de Maurice Garden), os *records* do século XVI (1538-1555) quanto ao produto líqüido dos pagamentos de arrendamentos (transformados em dinheiro equivalente aos grãos) são amplamente batidos, em 42,2%, durante os anos 1664-1675; o fato é excepcional e merece ser assinalado.

No Sudoeste, o dízimo *in natura* dos trigos de Gaillac indica um nível alto até 1680. Enfim, em Bordelais, Agenais e Périgord, o produto líqüido dos dízimos e pagamentos de arrendamentos (no equivalente a grãos) da ordem de Malta está em posição alta no decênio de 1670 (início das séries). E cairá por volta de 1685.

Para a região parisiense, as curvas das terras de Notre-Dame de Paris testemunham um teto alto no período 1670-1680, quer se trate do aluguel do *arpent*, em grãos, ou das curvas do equivalente em grãos da renda territorial e dos dízimos de arrendamentos em dinheiro (produto líqüido das prestações de arrendamentos *in natura* ou na quantia em dinheiro equivalente a grãos, ou produto líqüido dos dízimos no equivalente a grãos).

Essas curvas permanecem altas até 1690! Mesmo não transformadas em grãos e tomadas em seu imediatismo nominal (em libras tornesas), as curvas de dízimos de arrendamentos em dinheiro permanecem elevadas pelo menos até 1683 (dízimos de Notre-Dame, em cinco casos para cada seis); e isso quando se está, contudo, em pleno período de baixa dos preços. Entretanto, como sempre na região parisiense, é bom referir-se aos dados *in natura* de que se dispõe. Ora, esses dados, com base no produto líqüido dos pagamentos de arrendamentos (*in natura*), indicam no período 1663-1680 um nível ligeiramente superior (exatamente em 7,7%) aos altos níveis de antes da Fronda (processo Desaive, de arrendamentos cobrados em grão por *arpent*, pertencentes a Notre-Dame de Paris). Então, o período 1663-1680 é bom nas cercanias de Paris, se nos referirmos às rendas transformadas em grãos; muito bom, ainda, se tomarmos como base algumas curvas *in natura* de que dispomos.

A mesma abordagem prudente deve ser feita no que concerne à Normandia. Quanto ao pagamento em grãos, não há dúvida de que o produto dizimista normando ou produto líqüido dos dízimos (no equivalente em grãos) cairá depois de 1692 rumo a uma queda de longa duração. Numa comparação, os "anos Colbert"[18] (decênios de 1660, 1670, 1680) aparecem perfeitamente como marcados, nessa província normanda, por um teto do produto líqüido dos dízimos (calculado em grãos); e esse produto não faz feio em relação àquilo que virá a ser, cem anos mais tarde, o teto homólogo da época de Luís XVI. Entretanto, não temos, para a grande província do Oeste, aquilo que temos, pouco mais ou menos, em torno de Paris: a saber, as séries *in natura* que nos permitiriam consolidar esse otimismo normando, composto unicamente de curvas do equivalente em grãos, para o período 1600-1680. Nossas conclusões, quanto a essa região, ficam, assim, condicionadas.

No que diz respeito à França do Norte e à Bélgica, felizmente estamos mais bem servidos. As séries *in natura* do produto líqüido das prestações de arrendamento (equivalente em grãos) propostas para Namur, Liège e Cambrai mais uma vez são a marca característica da situação.

Nas regiões belgas, os anos 1660-1680 constituem um claro período de retomada, quer se trate de Liège ou de Namur.[19] Os níveis do começo do século XVII (de antes das catástrofes das guerras dos Trinta Anos) estarão de volta, na Bélgica, nesses anos 1660-1680; mas não (ao menos para a região de Namur) os *records* do século XVI, que antecipadamente eram superiores em 20%, ou mais, em relação ao nível que será atingido, nas mesmas regiões, durante as sétima e oitava décadas do século XVII (anos de 1660 e 1670).

Em Cambrésis, observa-se também, mas não com tanto sucesso como na Bélgica, uma recuperação do produto líqüido dos dízimos (*in natura*): de 1661 a 1675-1678. A recuperação, porém, não é tão brilhante; não chegará mesmo a atingir (seria preciso para isso um índice de cerca de 30%) os altos níveis do século XVII de antes da Guerra dos Trinta Anos, nem aqueles do século XVI.

Na Alsácia e na Borgonha, a segunda metade do século XVII representa um longo período de recuperação, lenta e difícil, no qual se vão fechando pouco a pouco as feridas da Guerra dos Trinta Anos. Na Alsácia, essa recuperação é interrompida depois de 1672, provavelmente por causa da guerra da Holanda. Nessas duas províncias, os níveis atingidos são medíocres, inferiores em cerca de 25% àqueles da primeira metade do século XVII.

## BALANÇO GLOBAL

Ao fim dessas monografias das províncias, fastidiosas porém indispensáveis, uma série de balanços globais parece legítima. Não que essas séries devam exatamente se enquadrar, numa rigorosa igualdade dos percentuais de aumento ou decréscimo, nas indicações sucessivas fornecidas pelos movimentos de dízimos e, com mais forte razão ainda, no movimento da renda territorial. Esses dois tipos de produto líqüido

— dízimo e renda territorial —, e sobretudo o segundo deles, tendem de fato a mostrar com exagero o movimento do produto bruto, que entretanto os influencia profundamente. Os dizimeiros (aqueles que cobram os dízimos), pelo menos quando arrendam seus dízimos, e os proprietários-arrendadores de terras de lavoura, procuram, nos arrendamentos que concedem, antecipar a metade da produção, quando têm condições de prevê-la. Inversamente, quando a produção tende à baixa, os arrendatários procuram (mas nem sempre o conseguem!) se prevenir contra essa baixa, tentando obter os arrendamentos mais baratos possíveis. Não é menos verdade, de um ponto de vista cronológico, que os dados de tendência única e concordantes, ligados sobretudo ao dízimo e acessoriamente às prestações de arrendamento dos domínios, fornecem indicações inegáveis desde que se trate de determinar o mesmo sentido, decrescente ou crescente de acordo com as épocas, para o movimento do produto bruto dos *bleds*. Globalmente, passamos a deduzir daí a lição que se pode tirar de nossos indicadores dizimistas e dominiais.

Primeiro dado: a produção agrícola, assim como a população e o consumo de sal, aumentou, ou antes, salvo exceção especialmente favorável, simplesmente recuperou níveis anteriores durante o primeiro quartel do século XVII. Depois manteve um teto até por volta de 1640, data redonda; salvo, é claro, nas regiões infelizes do extremo Leste e do extremo Nordeste, onde, como conseqüência da Guerra dos Trinta Anos, a produção declinou desde os anos 1630. Em seguida, em toda a França setentrional, mas também, em um grau bem menor, em algumas regiões do Sul, a produção cerealista caiu, e de um modo geral ficou situada num nível mais baixo do que antes, durante um período que, *grosso modo*, se estende desde os anos 1640-1645 até a fome de 1661-1662, inclusive. Essa baixa, durante os anos mais duros, que correspondem à crise de víveres, pode mesmo ter sido mais intensa ainda do que a baixa concomitante do povoamento. De fato, o interciclo (interdecenal) de alta dos preços dos cereais, centrado em torno do período 1645-1650 — com uma última chama em 1661-1662 — indica com clareza que nos anos mais rigorosos havia uma forte pressão da demanda, duramente enfrentada pela insuficiência momentânea da oferta de grãos.

Afinal, depois da fome de 1661-1662 que, de resto, poupou a maior parte do Sul, a produção cerealista mais uma vez se recupera e cresce. Voltará a cair um pouco por todo o país a partir do decênio de 1690, com as fomes e as infelicidades do Norte, do Centro e do Sul.

No conjunto, o contexto do "século XVII", através dessas diversas flutuações multidecenais, é de estabilidade, até de longa estagnação da produção cerealista: nos limites do quase-Hexágono, que servirá de quadro, no fim do período, para as estatísticas de Vauban, a produção devia andar em torno de 65 milhões de quintais de grãos de toda espécie, durante os "bons" períodos de crescimento demográfico, ou de facilidades nas negociações com o trigo (por volta de 1625; talvez também de 1670). Nessas condições, a produção não devia ultrapassar em muito, se é que chegava a igualá-los, seus próprios "picos" bem anteriores, registrados por volta de 1550.

Em compensação, a produção cerealista global haveria de cair e baixar perigosamente até quase os 50 milhões de quintais ali pela metade do século XVII, no oco mais oco da onda, quando caíam as colheitas e subiam ciclicamente os preços do grão.

A análise das produções cerealistas, comparadas com o *trend* dos povoamentos, nos leva de volta, afinal, à história dos preços e ao seu lado mais conhecido, aquele que diz respeito aos fluxos do grão. Os movimentos dos preços do trigo no século XVII, bem estudados na região parisiense, refletem, em primeiro lugar, uma conjuntura européia, até mesmo mundial... E esses movimentos talvez repercutam, na verdade, como se pensava desde Hamilton, os últimos faustos da prata de Potosí até 1620, depois os desmoronamentos da chegada do metal branco, que nesse caso seriam responsáveis pela longa baixa dos preços-dinheiro do trigo, a partir de 1630.

Mas até esses desmoronamentos "metálicos" são hoje contestados por Michel Morineau...

Em um nível mais terra-a-terra, é bom confrontar a curva dos preços do grão com as curvas das populações e dos alimentos.

De 1600 a 1616, a oferta dos grãos, alimentos de base, conduz ao jogo: os preços do trigo de Île-de-France permanecem acessíveis, baixos, sem escassez marcante. Depois de 1616, a demanda, especialmente urbana e parisiense, começa a subir: Paris, não esqueçamos, está em plena expansão, caminhando para a duplicação demográfica e para o meio milhão de habitantes... Indiferentes às (pretensas?) vacas magras de Potosí, as curvas de preços, que deveriam baixar depois de 1620 se seguissem docilmente as teorias de Jean Bodin, acusam então, quanto à demanda, a exigência nova de um povo em crescimento: sobem durante o decênio de 1620, depois durante o decênio de 1640, através de inchaços sucessivos. No fim do período (Fronda, fome de 1661), as carências da oferta cortada pelas fomes criam altas gigantescas e momentâneas...

Depois de 1653, e sobretudo depois de 1663, essas relações entre oferta e procura se invertem. A população, na Bacia Parisiense, foi duramente castigada (baixa eventual de cerca de 20%) pela Fronda e pela escassez que se repetiu por todo o período da Fronda e da pós-Fronda. A demanda murchou, então, durante alguns decênios e, além disso, de 1650 a 1690 o metal branco de Potosí atingiu talvez (?) o ponto mais baixo de sua produção, não tendo ainda a prata do México e o ouro do Brasil assumido o revezamento nem o vigor desejável; e a recuperação demográfica, depois de 1662, parece caminhar numa queda de fato crescente, mas sábia... Em face dessa demanda que permanece frouxa, a oferta dos grãos volta a ser relativamente vigorosa depois de 1663 (note-se que voltam a subir de modo moderado mas inegável as curvas dizimistas e dominiais por volta de 1665-1680, datas amplas). Abundância de grãos, penúria monetária (?), ausência de grandes acidentes meteorológicos são efeitos conjugados para manter baixos os níveis do grão até o fim do decênio de 1680, e praticamente até a grande fome de 1693 que virá, ela sim, a reerguer os níveis, mas a que preço: cada *sou* tornês a mais por sesteiro custava o holocausto de dezenas de milhares de homens... À altura de 1670 a realidade muda e a abundância reina, pelo menos quando se dispõe de um poder de compra suficiente para pagar; o grão não vale grande coisa,[20] a ponto de Madame de Sévigné declarar que se queixa de fome diante de seu monte de trigo.

De um modo geral, pode-se dizer que durante todo o século XVII, e principalmente na fase colbertiana, os níveis do grão, apesar dos muitos sobressaltos, perderam o dinamismo que os caracterizava um século antes: bom comportamento demográfico geral, redução dos custos como conseqüência das economias de escala devidas às formações de grandes domínios, indigência monetária, boa manutenção da oferta de cereais são responsáveis globalmente por essa baixa flacidez das curvas do preço dos trigos.

Tenho procedido até aqui — nesta parte sobre as produções e preços agrícolas no curso dos dois primeiros terços do século XVII — como se os grãos fossem a única coisa do mundo, e como se o peso de seu imobilismo (pelo menos quanto ao longo prazo dos rendimentos) fosse um fator geral de estagnação. Ponto de vista justificado, sobretudo quando nos lembramos dos antigos manuais que nos falavam das amoreiras de Laffemas e do tratado de agricultura de Olivier de Serres como acontecimentos fundamentais na caminhada das inovações agrícolas; que nos falavam também dos eficientes cuidados que Henrique IV e seu ministro Sully prodigalizavam às *duas tetas* de nossa França, concebida à maneira de Michelet, como uma pessoa e como uma mulher.

A simples leitura das curvas de dízimos repõe em seu devido lugar essas encantadoras imagens de Épinal; Morineau, em seu pequeno ensaio cheio de brilho sobre *Les Faux-semblants d'un démarrage économique* ["As aparências enganosas de uma arrancada econômica"], livrinho carregado — puxa vida! — de inúmeros e até inacreditáveis erros de soma, insiste com razão na permanência de alguns bloqueios de preços, no mercado cerealista.

Índice das rendas dos dízimos na França mediterrânea
(meio do séc. XVI — fim do XVII). Médias móveis de sete anos

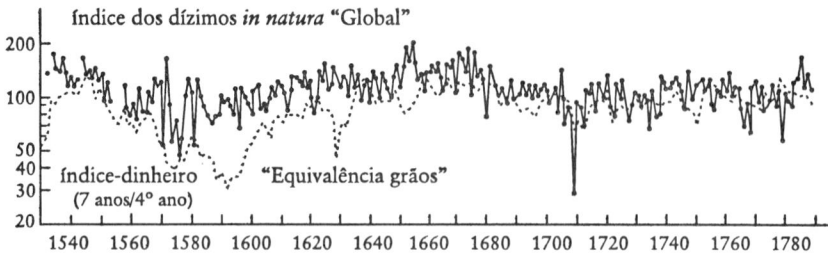

Fonte: J. Goy e E. Le Roy Ladurie (1972-1982), t. I, p. 264.

## INOVAÇÕES, E CRESCIMENTOS SETORIAIS: MILHO, VINHO

A inovação agrícola, entretanto, está longe de ser inexistente: no Sudoeste, o milho está presente nos Pireneus ocidentais desde o fim do século XVI ou desde o começo do século XVII. Entrou na França por Bayonne. Em 1637, está perto de Toulouse, em Castelnaudary e em Verfeil. Durante a geração seguinte, dissemina-se por pequenos blocos; ocupa, sob o impulso dos proprietários tolosinos, frustrados pelo fracasso do pastel, o lugar deixado vazio por essa produção. Abastece os meeiros de bolos e de papas; conjura desde 1653 as crises de alimentos; dá oportunidade aos homens do campo para que vendam seu trigo desde que eles venham a consumir esse "milhozinho da Espanha" por sua própria conta. Desde 1674, a nova planta alimentícia ocupa mais ou menos entre o Tolosino, Comminges e a região de Foix a área em que ficará confinada... até o século XX (Georges Frêche). O crescimento regional assim desencadeado pela novidade vinda da América tem de ser sabiamente ponderado, uma vez que o milho supre, pelo menos em parte, um esvaziamento anterior: o esvaziamento deixado pelo pastel, derrubado, depois de 1561-1600, pela concorrência do indigo, e pela ruptura de suas cadeias de troca.

O balanço, certamente positivo, da inovação representada pelo milho (cuja importância não se deve exagerar, pelo menos quanto ao século XVI), de modo algum pode ser comparado ao sucesso que tinha sido o pastel, que se situava no nível do grande comércio internacional. O milho, até 1670, não é mais do que um fator de subsistência local (por si mesmo) e de grande negócio regional (pelos excedentes de trigo que torna disponíveis). Seja como for, no plano nacional, a revolução do milho continua insignificante, qualquer que seja seu peso regional (na Aquitânia, por exemplo) desde o século XVII e qualquer que tenha sido seu papel tolosino na estabilização das máximas cíclicas dos preços dos trigos. Em 1815-1840, época das primeiras estatísticas globais, válidas em escala da França, o trigo não contribuirá com mais de 5% do volume total dos grãos panificáveis de todo tipo, no reino. A porcentagem em questão só podia ser ainda mais baixa no século XVII.

No baixo Languedoc também ocorriam alguns fenômenos exemplares de inovação e de crescimento setorial: a seda, partindo de nível muito baixo, dá no decênio de 1660 uma renda de 500.000 libras à diocese de Uzès e de 250.000 libras à diocese de Viviers. A expansão sericícola foi especialmente viva de 1620 a 1654, quando o consumo de luxo lhe serviu de motor... Mas, enfim, trata-se, uma vez mais, apenas de um episódio regional. Esse "fenômeno de região", no baixo Languedoc, é, aliás, empurrado por um outro crescimento, o do vinhedo, que, para além das regiões languedocianas, interessa ao mesmo tempo às frentes mediterrânea e atlântica da nação.

No baixo Languedoc, o vinhedo desde o começo do século XVII está em plena ascensão, verdadeira ascensão. Não se trata, no caso, de uma recuperação palingenésica, mas de uma decolagem inovadora. Desde 1650, pode-se estimar que a produção de vinho, através da vasta região que se estende de Gaillac a Montpellier, passando por Agde e o Biterrois, dobrou em relação a seus *records* anteriores, registrados cem anos antes, no fim do melhor período do século XVI (1550-1560). Na diocese de Lodève, cujo precioso cadastro diocesano Émile Appolis pôde consultar (hoje perdido), o vinhedo, em 1627, já cobre a quinta ou a quarta parte, e às vezes 40% das terras do vale. Os vinhos de planície, produção maior e mais vulgar do que os das vertentes, caracterizarão maciçamente o Sul vitícola no século XVIII e sobretudo no século XIX; ora — a pesquisa de Apollis comprova isso —, esses vinhedos "planos" inauguravam aos poucos mas firmemente sua carreira desde a primeira metade do século XVII. Nessa época seus vinhos, sensaborões,* já eram a reserva do futuro.

Essas vinhas languedocianas em pleno desenvolvimento, de Sully a Fouquet, levam, pela prática do contrato de *complant*,** à formação de um capital misto, metade burguês, metade popular. O lavrador, eis o que acontece, planta a vinha na terra de um proprietário; depois os dois repartem o vinhedo, que é o resultado do trabalho de um e da terra do outro. Esses vinhedos novos, por outro lado, geram um benefício urbano: muitos deles eram de proprietários urbanos. E, de qualquer maneira, uma alta proporção da renda proveniente dos vinhos do Languedoc, quando eles saíam dos pequenos portos do golfo do Lion, vai não para o bolso dos produtores das lavouras, mas para o bolso dos negociantes, e dos arrendatários do imposto, procedentes, uns e outros, do mesmo meio social: um Martinon, que monopoliza o comércio marítimo do vinho de Agde desde 1650, acabará arrendatário geral e diretor das Fazendas Unidas, depois de uma carreira languedociana, depois lionesa e parisiense. Comerciantes aproveitadores e ratos de adegas a seu modo ficam solidários. A exportação dos vinhos do Languedoc e logo dos de Roussillon se liga, afinal, ao grande negócio internacional, depois os que exploram a navegação de cabotagem de Agde, de Frontignan ou de Collioure passam a trabalhar em ligação com os de Gênova, metrópole da assim chamada Riviera lígure: o Languedoc vitícola de 1650 está em grande parte subordinado ao grande

---

*O Autor faz um jogo de palavras, irreproduzível em português, com os vinhos das regiões de planície, isto é dos planos (*plats*), com a falta de sabor (*platitude*) deles próprios. Mas em nossa língua "platitude" não incorporou o sentido de "falta de sabor" (especificamente para o vinho), donde a impossibilidade de reproduzir o trocadilho. (*N. do T.*)

**Segundo esse tipo de contrato (não consegui encontrar palavra correspondente em português), era do senhor feudal — e posteriormente do proprietário — uma parte da renda das vinhas plantadas em suas terras. (*N. do T.*)

comércio genovês... Só com a crise vitícola posterior à grande queda dos preços dos vinhos meridionais, a partir de 1655, é que os vinhateiros do Sul, à semelhança daqueles dos dois departamentos de Charente ou de Gironda, pensam afinal em "queimar" seu vinho para dele fazer aguardente. O grande negócio do fim do século XVII será despachar, via cidade de Sète, as bebidas alcoólicas do Languedoc para o Mar do Norte... Mas, durante o período 1660-1670, quando se fecha esta parte deste nosso livro, a destilação alcoólica, ao sul das Cevenas e da Montanha Negra, estava apenas nos seus primórdios, ainda que viesse a ter um amplo futuro...

Datas das vindimas nos séculos XVII e XVIII. Média móvel<br/>trienal para a França do Norte e do Sul

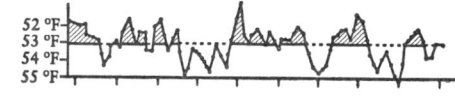

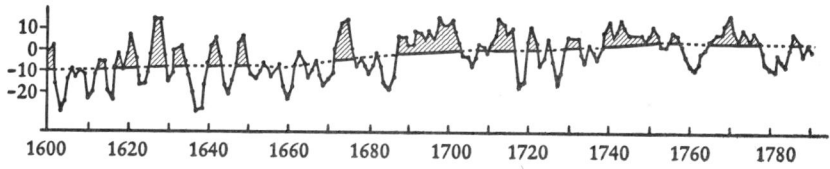

*No alto:* Média das temperaturas da primavera e do verão (de março inclusive a agosto inclusive) na Inglaterra (médias móveis trienais). A escala das temperaturas (Fahrenheit) foi invertida.

*Embaixo:* Datas das vindimas (variação para a média em dias).

Fonte: E. Le Roy Ladurie, *Histoire du climat depuis l'an mil*, Paris, Flammarion, reed., 1983, t. II, p. 64.

Na costa atlântica da França, a viticultura também parece dinâmica, na primeira metade do século XVII. Em Bordeaux, em Nantes, em La Rochelle, os mercadores holandeses vêm comprar aguardente, fabricada nessa região desde 1550-1600. As quantidades de bebida alcoólica desse tipo crescem em função das novas preferências dos consumidores do Norte; em função também da multiplicação dos alam-

biques em nossas províncias ocidentais: à Idade Média britânica, bebe-
dora de vinho de Bordeaux, sucede assim a modernidade holandesa,
sedenta do "brandevin" [aguardente de vinho] de Gironda. Todos os
historiadores ou cronistas da viticultura nacional francesa, desde Éon,
de Nantes, no século XVII, até Roger Dion e Henri Enjalbert, insistem
no papel motor dos holandeses nos desenvolvimentos regionais da costa
francesa do Oeste atlântico, com sua cobertura interior de grandes
vinhedos; e a história quantitativa, com seus métodos precisos, confirma essa história dourada de nossas refinadas garrafas, e de nossas garrafas de refinadas bebidas... em sua boa época do século XVII.

Primeiro sintoma: muitíssimas plantações de vinhas são registradas
nos territórios atlânticos de 1600 a 1650. O historiador do conhaque
está em condições de enumerar algumas dessas plantações, muitas das
quais consistem em reconversões, outras em criações verdadeiras: espalham-se pela ilha de Ré, a planície de Aunis, por Cognac e Bergerac;
por Sauternes, afinal, onde se abandona o tradicional vinho tinto pela
cultura — ó, quão gloriosa! — das variedades brancas. Números na
mão, o que representa na verdade tudo isso? Digamos que em torno
de Bordeaux, em primeiro lugar, há um bom crescimento vitícola no
século XVII em relação ao século XVI; e mesmo, com o tempo, em
relação ao início do século XIV em seu belos anos iniciais. Por volta de
1300, o grande porto girondino exportava 100.000 tonéis, ou seja,
850.000 hectolitros de vinho por ano. No século XVI, à altura de
1540-1560, depois da nova subida dos índices, no Renascimento, não
se tinha ainda (pelo menos em ano comum) voltado a atingir os tetos
de 1300: Bordeaux lá pelos anos 1550 exportava de 20.000 a 30.000
tonéis de vinho nos anos de vendas médias, ou seja, à razão de 850
litros, conteúdo aproximado dos tonéis girondinos de diferentes gaba-
ritos, 212.500 hectolitros. Nos anos *absolutamente excepcionais*, a
exportação, parece, podia chegar até a 80.000 ou 100.000 tonéis, quer
dizer... 800.000 hectolitros. À altura de 1594-1598, exportavam-se
25.000 tonéis por Bordeaux e 5.000 por Libourne, Blaye e outros pequenos portos da vizinhança, quer dizer, 30.000 tonéis, correspondendo
a 255.000 hectolitros. Por volta de 1637-1640, o total das exporta-

ções do ano comum passava a 60.000 tonéis, ou 510.000 hectolitros de vinho por ano; a esse número se acrescentavam, sempre por volta de 1640, 3.000 barricas de aguardente, à razão de 2,4 hectolitros a barrica, ou seja, 7.200 hectolitros de aguardente; ela própria destilada[21] a partir de 58.000 hectolitros de vinho. Passava-se então de 212.500 hectolitros em ano comum, por volta de 1550, para 568.000 hectolitros (= 510.000 + 58.000) por volta de 1640. O "crescimento" era inegável nas condições desse tempo; mesmo levando-se em conta o fato de que esse crescimento não ia além de recuperar "parcialmente" os altos níveis do longínquo século XIV. Na seqüência — com as altas e baixas às vezes impressionantes! —, esse crescimento devia continuar depois de 1650 e até o fim do século XVII. Mais ou menos na virada do século, 1700, Bordeaux está exportando 750.000 hectolitros de vinho por ano; mais 30.000 peças de aguardente que provêm elas próprias de 1.344.000 hectolitros de vinho. O mercado que englobava Holanda e França do Norte era então a fonte de riqueza dos bordeleses, produtores de aguardente, bebida que tinha a grande vantagem de ser facilmente transportável pois continha a maior quantidade possível de álcool no menor volume de água! Graças às "aguardentes de vinho" os antigos *records* vitícolas do século XIV foram afinal batidos na região de Gironda, no fim do século XVII. Quando no tempo de Filipe, o Belo, exportava-se apenas um milhão de hectolitros de vinho por ano, e muito menos ainda no século XVI, teremos — vinho, aguardente e também vinagre — mais de 2 milhões de hectolitros (750.000 + 1.344.000 + diversos, vinagre, etc) por volta de 1700. O crescimento vitícola do fim do século XVII no Languedoc e em Gironda não é portanto absolutamente uma palavra vã.*

Pode-se dizer o mesmo da região de La Rochelle? É bem possível. De 1580 a 1625, as exportações de vinho taxadas a partir dos portos de Aunis, da ilha de Ré e de Charente parecem ter oscilado, sem que se

---

*Trocadilho do Autor ao usar a expressão "palavra vã" (*vain mot*), porque a pronúncia do adjetivo "vain" é igual ou muito próxima da pronúncia do substantivo "vin" (vinho). (*N. do T.*)

caracterize um *"trend* ascendente" qualquer, entre 9.000 e 15.000 tonéis, ou seja, uma centena de milhares de hectolitros. As exportações reais (taxadas e não taxadas, ou "fraudadas"), podiam atingir o dobro ou mesmo o triplo desse total (ou seja, mais de 200.000 hectolitros). Mas, precisamente, essa estabilidade em volume do produto tradicional de La Rochelle (o vinho) tornava-se crescimento quando se levava em conta o produto novo (aguardente): fabricada em Saintonge desde a segunda metade do século XVI, a aguardente teve um impulso considerável em sua produção a partir dos anos 1620-1630, período no qual representava em alguns casos, em volume, a metade das cargas de vinho! As quantidades de vinho queimadas para a fabricação de aguardente representavam portanto de fato um "equivalente vinho" muito mais volumoso do que as cargas propriamente de vinho. Há é claro, graças ao álcool sempre, verdadeiro crescimento — e forte crescimento — da viticultura de La Rochelle de uma ponta a outra do século XVII; apesar, sem dúvida, de algumas flutuações negativas e momentâneas.

Em Nantes, a grande época da exportação do *vinho*, sem que ainda seja importante a questão da aguardente, situou-se aí por volta de 1554-1572, anos em cujo transcorrer a produção do vinho em *ascensão* tinha passado de 10.000 tonéis para mais de 30.000, enquanto que a exportação total — somando-se o vinho nantês e deduzindo-se o consumo local — deve ter ultrapassado amplamente 40.000 tonéis e até mesmo atingido os 50.000 tonéis mais ou menos em 1570. Exportava-se portanto nessa data, a partir de Nantes, mais de 400.000 hectolitros de vinho por mar, totais dignos dos de Bordeaux. Para o período seguinte (primeira metade do século XVII), que deveria se caracterizar por uma notável movimentação vitícola, faltam-nos infelizmente números nanteses. Sabemos apenas que os comerciantes de vinho por atacado de Amsterdam estavam ativíssimos em Nantes nos tempos de Richelieu: não contentes em providenciar a saída do porto do bom vinho, cujas vendas impressionantes registram-se desde 1570, como se viu, eles importam pelo baixo Loire 30.000 pipas de vinho adulterado a cada ano[22] (ou seja, 15.000 tonéis ou 127.500 hectolitros); controlam a destilação de uma quantidade "enorme" de aguardente, mas — uma pena! — desconhecida por nós. Apesar de tudo, parece que a fama do vinho de Nantes ficou um pouco perdida no século XVII: em 1698 (segundo Tanguy), Nantes não exportará mais do que 8.000 tonéis de vinho; e, mais tarde, 13.000 tonéis no ponto máximo do século XVIII (ou seja, respectivamente, 68.000 hectolitros, depois 110.500 hectolitros). Apesar das compensações adicionais conseguidas pela aguardente nantesa, o vinhedo local no século XVII parece ter sido menos dinâmico do que os de Charente, Bordeaux e Languedoc, que estão em pleno crescimento, na época clássica em verdadeiro crescimento. De acordo com os imperativos da geografia e do clima, assiste-se então a um início de especialização vitícola, em benefício de algumas regiões, situadas na metade sul da França.

Em Paris, o povoamento crescente numa cidade em que cada habitante consome em 1637, em média, 155 litros de vinho por cabeça, por ano,[23] representa desde o fim das guerras da Liga e durante os dois primeiros terços do século XVII, uma expansão sustentada para a viticultura regional, depois para a viticultura nacional. Pode-se estimar em 356.000 hectolitros, no mínimo, o mercado suplementar oferecido pelo crescimento demográfico parisiense de 1600 a 1670-1680[24] (230.000 habitantes a mais). Isso significa quase tanto quanto a exportação de um porto como Nantes, no apogeu de seu comércio de vinho. É uma prova da importância do mercado interior... As outras cidades em expansão na mesma época (Lyon, por exemplo) procuravam elas próprias estimular também a viticultura, uma vez que, por definição, nessa época, passar da condição de homem do campo para a de homem urbano era, mesmo entre as classes baixas, voltar-se para um consumo pessoal maior de vinho, e também da carne de açougue; isso em vez do regime duro de água, de zurrapa, de toicinho às vezes, e de pão apenas molhado na sopa, que constituía a "dieta" habitual no campo... especialmente ao norte do Maciço Central.

Para ficarmos no caso parisiense, a expansão da Cidade não determina apenas uma carga crescente de carneiros na renovação trienal das terras de repouso nas lavouras dos *openfields* vizinhos (Jean

Jacquart), assim como não é só uma carga crescente de bois nos pastos em expansão da região de Auge. Essa expansão modifica, no sentido da extensão, a geografia do vinhedo. Em Hurepoix, onde a vinha, muito mal situada, já muito setentrional, tinha atingido desde o século XVI seu máximo quanto à produção, notam-se apenas algumas redistribuições locais dos vinhedos, que se tornam menos numerosos aqui (transformados em terras de trigo), mais numerosos ali (e especialmente às margens dos afluentes do Sena e do Essone, para transporte mais fácil): esse processo está claramente completo por volta de 1660 — em relação a 1560 (Jacquart). Mas essa racionalidade local atinge o dobro com uma racionalidade quase nacional e radioconcêntrica. Enquanto os grandes *openfields* parisienses se consagram mais ao grão, exigido pelo meio milhão de habitantes da grande cidade, enquanto, mais afastados, os *bocages* do Oeste se especializam sempre mais na fabricação de tecidos, e começam aqui e ali a explorar sua vocação bovina, a abertura do canal de Briare (1642), ela própria determinada pelo crescimento da cidade de Paris, provoca a implantação na região de Beaujolais de um vinhedo despejado diretamente — pelas carros de boi da montanha e pelo rio Loire — nos botequins e nas goelas da capital: esse novo direcionamento, gerador da expansão vitícola, está bem atestado na região de Beaujolais desde os anos 1650 (Roger Dion).

No todo, ao fim da primeira metade ou do segundo terço do século XVII, a produção nacional de vinho, estimulada pela urbanização e pelas diversificações do tipo aguardente, certamente cresceu, ainda que se faça a comparação com o melhor período do século XVI. Estamos, neste caso, diante de um setor — o vitícola — que não tem a lamentável falta de elasticidade encontrada, ao contrário, com enorme regularidade, no domínio da produção de grãos. Digamos, levando-se em conta os dados acessíveis (duplicação da produção de vinho — para beber ou para queimar, nos vinhedos mais bem situados —, mas estagnação e às vezes regressão das vinhas marginais e ultra-setentrionais), que não se deve considerar fora de propósito a hipótese de um crescimento de produção de +50% entre o nível vitícola de 1550 e o de 1660-1670. No *mínimo* a produção vitícola *nacional* deve ter crescido um quarto ou até mesmo um terço entre essas duas datas. Certamente, o "balanço global" não pode indicar números *absolutos* para as "mínimas" ou para os "níveis mais baixos" de produção do vinhedo no século XVII. Mas pode, pelo menos, com muita verossimilhança, sugerir "tetos" ou "máximas" de produção vitícola, tetos além dos quais o estatístico não poderia ir, sob pena de cair no ridículo. Vauban calculava generosamente, com base em sua famosa légua quadrada, 2.600.000 hectares de vinhas na França em suas fronteiras de 1700... Ele próprio reconhecia essa generosidade, dizendo que pecava por exagero "no interesse dos contribuintes" (*sic*). De fato, o máximo tolerável, levando-se em conta as avaliações das épocas seguintes, levando-se em conta também nossos conhecimentos monográficos sobre os percentuais de terras de lavoura com vinhas plantadas, é de um total de 1.700.000 hectares, quer dizer, calculando-se de 15 a 18 hectolitros por hectare, uma produção máxima de 25 a 30 milhões de hectolitros de vinho. O que é amplamente suficiente, muito amplamente, para o consumo interno e também exportações *para o estrangeiro:* quanto a essas exportações — considerando-se o fato de que a França do Norte absorvia uma parte dos embarques de vinho procedentes da região de Bordelais, de Charente e do baixo Loire — praticamente não podiam *ultrapassar* 3 milhões de hectolitros de "vinho" exportados pelo Mediterrâneo e pelo Atlântico, pelo Reno e pelo Mosa; essas exportações para o estrangeiro se davam seja sob a forma de "vinho" bruto seja sob a forma de "vinho" convertido em aguardente. Para chegar aos números *máximos* deduzidos do consumo interno há necessidade, afinal, de reduzir esses númeross e abaixar o teto global que acabamos de propor... Certamente, sabemos que, no Sul baixo-languedociano, até mesmo o trabalhador ou a trabalhadora braçal bebe galhardamente seu litro e meio ou seus dois litros de vinho por dia, seja num ano bom seja num ano ruim, no século XVI como no XVII. Dois litros de vinho por dia, de teor alcoólico relativamente baixo, sem que tenham sido açucarados, sem corantes, sem aditivos químicos, é coisa muito boa. Isso "mata o bicho", ou pelo menos está sendo consumida uma bebida estéril; isso faz viver mais... ou pelo menos não deixa morrer tão jovem. Mas numa estatística global também é preciso levar em conta os bebês, as crianças que, mesmo nesse Sul tão generoso, não bebem vinho, ou bebem pouquíssimo vinho. E levar isso em consideração já basta para baixar as médias regionais por cabeça. Fora isso, desde que subamos para o Norte, e especialmente para a França d'oil, bastião que congestiona a demografia nacional, as rações báquicas desaparecem. O parisiense médio, à frente dos bebedores da região d'oil, consome 1 hectolitro e meio (= 155 litros) de vinho por ano. Mas — mesmo sem falar das regiões que não produzem vinho do Norte e do Noroeste — sabe-se bem que em pleno Anjou, entretanto rico em cepas, o arrendatário médio nunca bebe vinho, a não ser nos dias de festa: a ração canônica dos pobre de Angers [capital da então província de Anjou], teorica-mente habitantes da cidade, mas provavelmente representativos, no caso, das carências de vinho do meio rural, é de 40 litros de vinho por pobre por ano no século XVII (François Lebrun)... Portanto é razoável supor que a ração média do "Francês médio" (urbano ou, principal-mente, camponês — e depois jovem, adulto ou velho) em hipótese alguma no século XVII poderia *ultrapassar* 1 hectolitro de vinho por cabeça por ano, talvez nem fosse capaz de se aproximar desse número. Eis que a produção vitícola do reino, nas fronteiras consideradas por Vauban para o século XVII, fixa um teto — inexorável e provavelmen-te excessivo — de 23 milhões de hectolitros (20 milhões de hectolitros no máximo, no grandíssimo máximo, para o consumo interno, à razão máxima de 1 hectolitro por cada um dos 20 milhões de habitantes, média aproximada da população francesa, no caso das citadas frontei-ras, no século XVII; mais 3 milhões de hectolitros para as exporta-ções). Vê-se que estamos bem longe dos 30, 60 ou 90 milhões (!) de hectolitros que Vauban, diferentemente interpretado por si mesmo, por Gueuvin ou por Moreau de Jonnès, acreditou poder ou dever con-signar como produção vitícola da França. Finalmente, esses 23 mi-lhões de hectolitros representam apenas o limite máximo da variação. Quanto ao limite mínimo... confesso-me incapaz, pelo menos no mo-mento, de propor um número.

Considerando-se os percentuais anteriormente citados de aumento secular, esse limite máximo estaria situado então a pouco mais de uma quinzena de milhões de hectolitros para o período 1550-1560, a pouco mais de uma vintena de milhões de hectolitros para o período 1600-1670. Por muito "maximalistas" que sejam, esses totais em volume estabelecem tetos modestos para os desempenhos plausíveis de nossa viticultura. Seria interessante determinar esses desempenhos máximos, não apenas quanto ao volume, mas quanto aos valores. Aos preços de Béziers do decênio de 1630, período que no conjunto não é muito influenciado pelas carestias extraordinárias, o hectolitro de vinho tinto (média decenal dos preços do vinho velho e do vinho novo) vale 5,58 libras. O hectolitro de bom trigo (tipo touzelle) vale no mesmo tempo 8,50 libras em média, e o hectolitro de "grão" (preço médio do centeio e do trigo) vale 6,80 libras em média. A esses preços e situando as coisas do melhor modo possível para o vinho, contamos com uma colheita "nacional" de grão (metade trigo, metade grãos de segunda ordem) de 65 milhões de quintais, ou seja, 81 milhões de hectolitros, valendo assim teoricamente 550 milhões de libras tornesas. O valor máximo da produção de vinho (atingindo ela um volume máximo de 23 milhões de hectolitros) seria de 128 milhões de libras tornesas, aproximadamente uma quarta parte do valor dos grãos. Mas, repita-se, trata-se de porcentagens máximas. E isso por duas razões. Primeiro, porque baseamos os cálculos sobre um *teto* de produção vitícola (ver *supra*); segundo, porque os preços do vinho em Béziers, sem serem tão elevados quanto os de Bordeaux, são de qualquer modo remuneradores, provavelmente por causa da fortíssima demanda popular e local dessa bebida. Em Paris e em volta de Paris, os preços dos vinhos são muito menos vantajosos: em 1630-1639, o hectolitro de vinho em Hurepoix (Jacquart) vale 4,40 libras (muito menos do que em Béziers) contra 9 libras por hectolitro de trigo. Assim postas as coisas, e aplicando as mesmas regras e procedimentos de cálculo da hipótese precedente, vê-se que a produção "hexagonal" de vinho, mesmo falando-se em máximas, não valia mais do que 13,9% da produção de trigo, tudo calculado aos preços *parisienses* do vinho, do centeio e do trigo.

Estes cálculos não têm outro interesse além de situar o problema em um nível mais razoável do que aquele no qual se localizaria se utilizássemos (para tais operações) os autores do século XVI com dissidência báquica, como Vauban ou Gregory King; ou então determinado estatístico muito respeitável, mas cujos dados dizem respeito a uma época muito posterior, como por exemplo, sob a Revolução e o Primeiro Império, Montalivet e Chaptal.

Eis, então, resumida em um breve quadro, a comparação entre os dados desses dois grupos de pesquisadores e os nossos:

Valor total do produto vitícola francês estimado em porcentagem do valor total do produto cerealista francês

| Níveis médios, segundo | |
| --- | --- |
| Vauban (por volta de 1700) | 64% |
| Gregory King (*id.*) | 90% (!) |
| Montalivet (1791) | 30% |
| Chaptal (1803) | 39% |
| Níveis máximos (por volta de 1630-1640) | |
| Aos preços de Béziers | 23,3% |
| Aos preços de Paris | 13,9% |

Conclusão: o valor realtivo do vinho em relação ao trigo na produção nacional é em quaisquer circunstâncias (segundo nossas estimativas, que, repetimos, representam as máximas) muito inferior aos totais fantasmagóricos de Vauban e de Gregory King. Bem inferior também aos números percentuais mais equilibrados, testemunhando uma economia mais diversificada, que serão os de Montalivet em 1791 e de Chaptal em 1803.

Modestos, esses percentuais dos anos 1630 permanecem apesar de tudo altamente substanciais do ponto de vista dos vinhateiros e dos comerciantes de vinho. E isso, na medida em que a produção do vinho é comercializada, portanto *valorizada* quanto a uma grande parte de si mesma; enquanto que a produção dos grãos, autoconsumida em grande parte, mantém no mercado um valor comercial que, verdadeiramente, é muito inferior a seu valor teórico global como nós o calculamos.

Estão então fixados os limites, a um tempo restritos e entretanto rentáveis, que mostram o incontestável crescimento vitícola do século XVII, com suas plantações e seus alambiques. Trazendo muitas vantagens, esse crescimento comporta ainda assim algumas conseqüências negativas. Em primeiro lugar, é raro que as regiões vitícolas, apesar da forte monetarização e do sistema salarial desenvolvido que nelas se implanta, se mostrem acolhedoras em relação à indústria. Colbert já tinha observado esse sentido de exclusão, do qual a fragilidade manufatureira da costa atlântica, a despeito do prestígio, vitícola e em outros setores, de Bordeaux, La Rochelle e Nantes, é um exemplo evidente: não se pode estar simultaneamente no forno e no moinho, na vinha e entregue ao ofício de tecer. A vinha e a tecelagem são muito gulosas de mão-de-obra para que possam ser servidas simultaneamente. A única exceção — claríssima, é verdade — a essa regra é o Languedoc, com sua indústria de marchetaria das regiões vitícolas (Agde, Béziers) e têxtil (Carcassone, Lodève).

Em segundo lugar, grandes superfícies de vinha e fortes rendimentos do trigo raramente fazem bom casamento. Os mapas de Morineau sobre os rendimentos do grão na França em 1840 mostram que as regiões em que esses rendimentos são elevados geralmente se situam — da Bretanha ao Pas-de-Calais — ao norte da fronteira de cultura clássica da vinha: quanto a isso, nada de espantoso. É difícil, dissemos, a menos que se trabalhe no regime de vinte e quatro horas por vinte e quatro, ser vinhateiro eficiente e tecelão produtivo ao mesmo tempo. É ainda mais complicado que uma única pessoa seja simultaneamente viticultor de elite e lavrador cerealista capaz. Seria como pedir a um homem que estivesse ao mesmo tempo em Dunquerque e em Perpignan: não se pode tocar todos os instrumentos ao mesmo tempo, nem manejar com igual competência a podadeira e o arado. Quaisquer que tenham sido no curso da história os altos desempenhos comerciais das viticulturas de Bordeaux, de Nantes ou de Montpellier, é preciso sem dúvida reconhecer que as regiões mais propícias ao desenvolvimento

moderno, a um tempo industrial e agrícola, estavam situadas essencialmente, na época, em vastos *openfields* cerealistas, urbanizados e *grosso modo* não vitícolas das províncias francesas do grande Nordeste (e
isso apesar dos vinhedos importantes de Argenteuil, parisiense, e de
Gaillon, região de Rouen...).

## DESMEMBRAMENTO E SOBRETUDO GRANDES SUPERFÍCIES

Uma vez tratados os problemas agrícolas relativos à produção e à formação da renda, retomamos nosso assunto velho conhecido: a distribuição ou a repartição de terras. E em primeiro lugar na sua modalidade
horizontal. É certo, de saída, que a ação de desmembramento territorial
engendrada pelos rendeiros que, por ocasião de uma transmissão de
terras ou de uma herança, retalhavam as porções de terra em duas
novas porções ou em quatro, continuou em diversas regiões, em certa
medida, durante as fases precárias e descontínuas nas quais aqui e ali a
expansão demográfica ainda grassava. E especialmente no Sul, pouco
atingido, no meado do século, pelas catástrofes da Fronda. No baixo
Languedoc por exemplo, onde, salvo casos locais, registra-se um certo
impulso do povoamento rural de 1600 a 1675, a fragmentação dos
alódios e concessões prossegue mais ou menos durante todo esse período, ainda que num ritmo mais moderado do que no século XVI. Os
pequenos rendeiros ou proprietários de alódios — aqueles cujo "domínio", se assim se pode dizer, não passa de um hectare ou menos do que
os dedos de uma das mãos de hectares — continuam a aumentar em
número pelo simples jogo da divisão sucessória, freado, mas não anulado, pelas precauções do direito romano, que domina no Sul (em princípio). Essa fragmentação se opera a expensas dos médios proprietários
de uma dezena de hectares, arruinados pelo desmembramento.

Entretanto, e a despeito de exemplos regionais, como um de que se
tem notícia no baixo Languedoc, seria pouco razoável superestimar as
tendências ao desmembramento de terras, no território da França, durante a primeira metade ou os dois primeiros terços do século XVII.

Nos termos do Antigo e do Antiqüíssimo Regime econômico, a condição freqüentemente exigida para que se produza uma onda de divisão de heranças é que infle também, e previamente, a maré de uma demografia rural. (Digo *previamente* porque é claro que é preciso deixar para os bebês de hoje o tempo de se tornarem os rendeiros adultos de amanhã.) Em outras palavras, é preciso que aumente localmente o número das partes que recebem dinheiro na partilha da fração de terra de que são donos os camponeses.[25] Ora, no século XVII, a demografia rural, depois de uma fase de recuperação muito dinâmica (1600-1630, ou 1600-1640 segundo as regiões), finalmente atinge o teto com níveis muito próximos daqueles de 1550, pouco mais ou menos. Esse fato sugere que o desmembramento do século XVII não foi muito adiante disso, no tempo, fortemente dividido em parcelas que já tinha sido no século XVI. Mais ainda: depois de 1640 e até 1663, a demografia rural, pelo menos na parte norte do reino, não apenas atinge um teto, mas também decresce de tempos em tempos. Esse decréscimo, por definição, só pode contrariar as tendências ao desmembramento, à relação de causa e efeito demográfica e sucessória. Tanto isso é verdade que, em algumas pequenas regiões do Languedoc em que a peste de 1631 foi terrível, exterminando mais de metade da população rural em algumas aldeias de Lodévois, surge um *trend* de *remembrement* (reagrupamento de terras nas mãos de um único proprietário, já o vimos), desde essa data crucial até cerca de 1660: integra as porções de terras há pouco citadas em unidades territoriais um pouco mais amplas, propriedades médias que aglutinam os restos mortais das pequenas. Não há dúvida de que fenômenos do mesmo gênero, em virtude dos quais as estruturas da propriedade tornavam a ser concentracionárias, não chegaram a atingir de modo significativo outras regiões da França rural, cansada em determinado momento ou em outro pelas pestes de 1630 no Sul, pela Guerra dos Trinta Anos no Leste ou pela Fronda no Norte.

Isso é ainda mais verossímil na medida em que, como se sabe bem, as estruturas territoriais não são pura e simplesmente teleguiadas pela demografia. Aos efeitos da demografia (que cresce e então retalha as estruturas agrárias, ou que, ao contrário, desmorona e as reagrupa, dependendo das épocas) acrescentem-se as ações voluntaristas dos reagrupadores de terras e dos donos do capital, que, a qualquer momento, contrariando as tendências do povoamento, buscam concentrar as terras em grandes domínios, em proveito próprio, em detrimento dos pequenos arrendamentos.

Em torno de Paris, Amiens, Dijon, Beauvais, Poitiers, Montpellier... é que essas tendências à integração do solo em proveito dos habitantes urbanos ricos foram estudadas. Os reagrupadores de terras — era já a "torta de creme" de que falava Marc Bloch!* De um modo geral, os pequenos proprietários nessas regiões foram parcialmente eliminados, seja pela morte (fome, peste, epidemia, guerra...), seja, quando apesar de tudo eles sobreviviam, pelo endividamento, que se tornou mais pesado do que na época anterior nesse século sem grande inflação; foram então as vítimas escaladas pelo reagrupador, que buscava defender seus arrendamentos. O fenômeno já tinha sido sentido durante as guerras da Liga; e mesmo nos tempos que a elas se seguiram, quando foi preciso, num período em que os preços voltaram a cair, sob Sully, pagar, a preço alto por conseqüência, as dívidas contraídas no passado, no tempo do conflito recém-terminado: essas dívidas tinham inchado de novo automaticamente, pela denominada deflação Sully. Como escreveu Charles Loyseau, bom conhecedor, em seu livro surgido em 1601, sob o título significativo de *Traité du déguerpissement et délaissement par hypothèque* ("Tratado da renúncia à propriedade e do aban-

---

*Grande medievalista francês e um dos pais da historiografia francesa moderna, Marc Bloch (1886-1944) já foi citado algumas vezes nesta obra, mas é tempo de lembrar que ele foi o fundador da revista *Annales*, em torno da qual cresceu o famoso grupo de respeitáveis historiadores franceses da segunda metade do século XX (Jacques Le Goff, por exemplo, sempre fez questão de se dizer discípulo dele). Era filho de outro grande historiador, Gustave Bloch. Vítima das leis raciais da época do nazismo (era judeu), Marc Bloch entrou para a Resistência em 1942 e fez parte do comitê diretor do grupo *Franco-Atirador*: acabou fuzilado pelos alemães perto da sua cidade, Lyon. Uma de suas obras capitais trata exatamente de assunto ligado ao deste livro: *Caractères originaux de l'histoire rurale française* ("Características originais da história rural francesa"), 1931. (*N. do T.*)

dono por hipoteca"): "Se todos os tipos de abandono, e especialmente estes dois últimos tipos, nunca foram oportunos na França, é no presente, nesse declínio da guerra universal, do qual se pode dizer que, como os doentes sentem mais vivamente a febre e o cansaço quando a febre melhora do que durante o pior período da doença, também agora o povo pobre passa por mais necessidade e sente mais suas perdas do que durante o pior período da guerra. Porque as dívidas crescem com os juros do passado, os credores fazem mais pressão e os devedores estão mais pobres." E a baixa da taxa de juros sobre as rendas constituídas, decretada pelo edito de julho de 1601, tinha por finalidade aliviar a nobreza endividada:[26] a pequena nobreza rural, excluída das elites do poder enraizadas na cidade, é vítima, tanto quanto os trabalhadores do campo, dos reagrupadores de terra que tentavam atingir os endividados.

Posteriormente, os gráficos das vendas imobiliárias, estudados por Pierre Deyon, vieram a ser demonstrativos: a alienação dos campos e sua transferência dos grupos endividados e pobres para os ricaços da cidade castigam de novo e duramente no século XVII, nas fases das grandes crises: por volta de 1630, 1650, 1661. Esses pontos máximos das vendas imobiliárias na Picardia coincidem estritamente com a escassez dos alimentos e com as altas cíclicas dos preços do grão, nas datas já citadas.

Na mira de caça dos reagrupadores figuram, claro, os homens do campo, sobretudo os pequenos proprietários; uns foram mortos pelas crises, outros por elas proletarizados; com isso, de todo modo, suas terras se tornaram presas fáceis para os compradores à espreita, prontos para dar o bote. E também figura, acabo de mencionar o fato, a baixa ou não tão baixa nobreza dos gentis-homens do campo, que vivem pobremente em suas casas-grandes. Essa nobreza está situada longe das avenidas do poder e longe dos fluxos da moeda; caminha inexoravelmente no sentido das classes despossuídas em matéria de dinheiro; acontece então algumas vezes, quando os pobres se revoltam, que alguém daquela nobreza assuma a cabeça de suas rebeliões, ou pelo menos se torne cúmplice delas; veja-se, por exemplo, para esse caso, a Normandia dos Pés Descalços em 1639; ou o Périgord dos Esfarrapados de 1637.

Figuram, por fim, entre as vítimas dos reagrupadores que defendiam suas terras de lavoura agressivamente, os pequeno-burgueses de algumas cidadezinhas: a influência destes se enfraquece na planície, acuados que são pela expansão de outras elites urbanas, radicadas nas cidades mais importantes, ou mais empreendedoras. É possível que essas "cidades miúdas", a exemplo de Meulan e Châteaudun, tenham estagnado ou regredido (eventualmente em benefício de Paris), quando situadas perto da capital. Mas é possível que haja outras razões: que os cidadãos desses miniburgos, corrompidos pela deflação, tenham preferido então a heterodoxia do viver de rendas e da usura às incertezas de empregar o capital em terras. Ou então os membros mais prestigiosos da elite das cidades secundárias seguiam em direção a Paris ou a Lyon; e, de fato, na sua mudança, levavam consigo, bem guardados no sapato, seus títulos de propriedade da terra. Dessa maneira, fazem com que diminua na mesma medida o patrimônio territorial global, monopólio ou antes ex-monopólio do minúsculo patriciado urbano de que antes faziam parte.

Os beneficiários maiores da conquista da terra deverão ser procurados do lado do grupo dos comerciantes? Não é bem assim. Pelo menos no século XVI e pelo menos em Hurepoix, os comerciantes eram mais importantes do que viriam a ser no século XVII, entre os proprietários de grandes fazendas. Na verdade, os grandes ganhadores podem ter sido os nobres de família anteriormente burguesa; ou, o que afinal vem a dar no mesmo, os burgueses a caminho do enobrecimento; e, principalmente, o participante dos dois conjuntos citados, o grupo dos funcionários: depois de ter comprado terra à base da força durante a primeira metade do século XVII, eles acabam, de resto, acreditando que "afinal consegui", e se esforçam em 1648 para se agarrar do mesmo modo, integralmente, ao poder político. Porém o risco do poder, apenas isso (Mazarino...), representava uma conquista mais dura e mais difícil do que uns torrões de terra em Vexin ou em Hurepoix!

No mesmo nível dos funcionários, estão também — entre os reagrupadores — os grandes gerentes; as famílias dos Colbert ou dos Le Tellier, cujo apetite territorial Jean Jacquart mostrou, desde antes do reinado pessoal de Luís XIV. E depois, revelação imprevista talvez, a Igreja, que se aproveita do "frio terror branco", antiprotestante, que se instala lenta mas seguramente durante os sessenta anos que precederam a Revogação.* A Igreja também se aproveita da piedade das gentes, agora sem subterfúgios... ou quase, parece; recupera, de seus bens, os que tinham sido alienados durante as guerras civis; chega mesmo a comprar uma certa quantidade suplementar de bens. O século dos santos não foi perdido para todo mundo.

Sub-repticiamente, uma parte das terras assim compradas por uns e por outros, pelos grandes leigos e até pelos padres, é, na seqüência, erigida em "feudo": perde, depois desse golpe de "lavagem das concessões de terras", seu anterior estatuto de "censiva";** desfigurada, torna-se daí para a frente parte integrante de uma reserva senhorial em mãos de um reagrupador de terras. É verdade que, em alguns casos, essa "lavagem" nem era necessária: o reagrupador pode realmente mirar a cabeça; não hesita, quando tem as costas tão quentes, em comprar uma senhoria em bloco, inteira, inclusive a reserva das terras, alienada por seu titular endividado.

Economicamente, um processo desse tipo leva a multiplicar as fazendas maciças e as "grandes áreas" geradoras de economia de escala. A razão clássica, em lugar dos quebra-cabeças e das confusões dos velhos *openfields* e dos *bocages,* instaura os mosaicos ou os quase tabuleiros de xadrez dos grandes domínios, com ou sem cercas. O espírito de geometria derrota nas lavouras a fineza de espírito.

---

*Assim, com inicial maiúscula, a palavra se refere à revogação do edito de Nantes por Luís XIV, em 1685, ato de violência que levou com justiça o rei francês a ser considerado internacionalmente um tirano. A Revogação acabou com a paz religiosa e reinstalou oficialmente uma brutal perseguição aos protestantes franceses, os huguenotes. Em alguns casos, a situação foi mais violenta do que antes do edito de Nantes, assinado por Henrique IV em 1598. (N. do T.)

**Terra não feudal, mas que dependia de um senhor e a ele pagava tributo — censo ou foro. (N. do T.)

Para grandes áreas, grandes arrendatários. A classe dos ricos arrendatários-lavradores, de qualquer maneira, existia bem antes do século XVII. Mas a concentração territorial, nessa época, e o crescimento em número e em área dos vastos domínios dessa classe que deles assumiu as rédeas, mais ainda do que antes — apesar das crises! —, dão a coesão, o dinamismo e o espírito de união que garantirão seus triunfos definitivos no tempo das Luzes (J.-M. Moriceau). Assim se preparam, no segredo dos celeiros e das cavalariças, os fenômenos de dissociação da renda territorial que Gilles Postel-Vinay detectou na região de Soissonnais para os séculos XVII e XVIII. Porque a crise do século XVII, da qual já pus em evidência alguns aspectos rurais, não durará para sempre. Uma vez terminada essa crise, a partir de 1715, mais ou menos, ressurgirá de novo o jogo livre das leis da oferta e da procura. Leis que voltarão a jogar para o alto o movimento da renda territorial: a oferta das terras propostas para aluguel pelos proprietários, e especialmente pelos reagrupadores ou por seus descendentes, estará em condições de ditar suas leis à procura, na medida em que procede da multidão numericamente crescente e monetariamente enriquecida dos pequenos ruralistas que, aspirando à exploração da terra, apresentam de todos os lados sua candidatura ao arrendamento. Ver-se-á de novo, então, a renda territorial atingir os pontos mais altos. Pelo menos quanto às pequenas parcelas de terra a serem alugadas retalhadamente: nesses casos, com efeito, a acima citada lei da oferta opera a pleno vapor; os inumeráveis candidatos à condição de pequenos arrendatários abrem caminho a tapa entre quem quer que seja para arrematar o lance, o que não faz mais do que aumentar o nível do aluguel deles exigido pelos proprietários das pequenas parcelas de terra há pouco citadas. Ao contrário, num estágio superior, o dos grandes domínios e dos grandes arrendatários realmente capitalistas, esses grandes, relativamente fechados em um dado cantão, aliados uns aos outros para negócios ou por conexões nascidas dos casamentos, sabem que não devem abrir caminho a tapa, mas assumir uma atitude discreta. Afinal de contas, uma vez que não são tão numerosos para conseguir "condições técnicas e crédito mobiliário"; uma vez que não estão desunidos no mercado;

uma vez que, unidos, rarefazem artificialmente a procura de terras, os grandes arrendatários do século XVIII, mesmo na alta conjuntura, terão condições de ditar sua lei à oferta de terras; impõem sua força a essa grande propriedade territorial que já não é mais capaz de lhes arrancar a pele como faz com os pequenos. Por volta de 1760, o descontrole entre os aluguéis das terras arrendadas, de um lado, "pela classe dos grandes arrendatários capitalistas, empregando uma massa de assalariados sobre explorações vastíssimas de 130 hectares ou mais", de outro, "pela massa amplamente proletarizada dos artesãos, jornaleiros, trabalhadores braçais, até mesmo mendigos", que arrendam um hectare ou uma fração de hectare, leva à proporção de 1 para 2, do simples ao dobro: 13,85 libras por hectare para os grandes, 27,70 libras por hectare para os pequenos!

Nesse sentido, os reagrupadores de terras da idade clássica dos séculos XVI e XVII bancavam os aprendizes de feiticeiros: criando vastos domínios, ao mesmo tempo tinham desenvolvido, em proveito próprio, um grupo de grandes arrendadores que um dia iriam, no século XVIII, resistir a seus descendentes. Os reagrupadores tinham formado entre os próprios homens do campo uma elite de exploradores da terra, já modernos para a sua época. Prepararam, a longuíssimo prazo, o caminho francês rumo ao capitalismo agrícola, caminho que, em si mesmo, era precursor das "revoluções agrícolas" à francesa. É verdade que esse caminho era característico principalmente da França d'oil, dominada, em seus *openfields* férteis e de terras de aluvião, pela grande cultura.

No período imediato, no coração desse século XVII de saúde periodicamente abalada, que constitui um dos assuntos deste livro, as coisas claramente não continuavam muito boas para os exploradores de terras, mesmo os ricos, pelo menos não tão boas quanto o seriam no século XVIII. Os grandes arrendatários, até 1648, no Sul como no Norte, mostravam-se ainda dóceis à pressão de seus arrendadores. Curvavam-se ao pagamento de aluguéis cada vez mais caros aos proprietários, aluguéis que então suscitavam, sem que isso absolutamente os justificasse, uma conjuntura muito firme de expansão, ou pelo menos de recuperação demográfica. A Fronda entretanto foi dura demais ao atingir esses ricaços da região de planície, pois seja como for ela foi desoladora principalmente nas regiões de grande cultura da França d'oil. Abatidos, mas em geral não arruinados, nossos grandes arrendatários, a partir do decênio de 1650, começaram a se recuperar muito bem de suas perdas; voltaram a pagar renda gorda a seu proprietário, e a ocupar de novo, apesar de tudo, um lugar de alto prestígio.

Não se pode dizer o mesmo dos arrendatários de menor calibre; nem, de um modo geral, daquela massa majoritária dos lavradores, que conhecemos de outros tempos, ainda no século XVI, tão importante e tão segura de si, apesar de seu comportamento sempre medíocre.

Primeiro porque, como ossatura da comunidade aldeã, esse grupo de pequenos lavradores, de postura mediana ou medíocre, sofre com a presença cada vez mais avassaladora de um ou muito reagrupadores de terras, que ampliam seus bens imóveis, como grandes células exógenas, zombando das fronteiras das aldeias; freqüentemente instalam lá arrendatários de fora que não respeitam a democracia aldeã, nem as ligações delicadamente tecidas dentro da comunidade. Depois, esses grandes arrendatários de estilo novo instalados pelos reagrupadores de terras não se limitam a introduzir desse modo elementos de anomia no mundo camponês. Aproveitam muitas vezes, sem pudor, suas relações com gente importante na cidade, devidas à posição elevada do proprietário de suas terras entre o pessoal da justiça: livram-se de impostos, ou simplesmente não os pagam mais, eles, os importantões da paróquia, como não o faria o mais miserável camponês assalariado. Essa fraude fiscal contribui para enriquecê-los e torná-los diferentes do resto da sociedade rústica.

Diferença tanto mais real quanto é verdade que as grandes crises do meado do século (Guerra dos Trinta Anos e pré-Fronda no Leste, Fronda e fome em torno de Paris nas proximidades do Loire) incomodaram os grandes lavradores, mas arruinaram muitas vezes os pequenos exploradores de terras: na paróquia de Choisel (Hurepoix) em 1665, na esteira de uma grave crise de alimentos, um certo número de pequenos lavradores perdeu seus bens e suas terrinhas arrendadas.

Viram-se de novo como operários agrícolas e conduziam carroças para tal ou qual grande colega na lavoura que tivesse sobrevivido a seus irmãos inferiores, durante o tempo das perturbações.

Outro fator de diferenciação: a acumulação. Desde a década de 1650, algumas famílias de grandes lavradores de Hurepoix, como os Angouillan e alguns outros,[27] conseguiram acumular, unindo-se a alguns parentes, determinado grande arrendamento dominial com a "procuradoria fiscal", a receita senhorial, esperando o cargo de responsável pela paróquia... Verdadeiras "ovelhas de cinco patas", essas famílias assim se transformam em clãs dominadores.

Dito isso, não se deve cair no erro que consistiria o imaginar esses superlavradores como se fossem supercapitalistas, como magnatas da gleba e da purina. Na verdade, a condição do grande lavrador na sociedade global torna-se muito baixa; seu prestígio é modesto. Seus filhos vão à escola com os filhos dos artesãos e lavradores menos ricos, também estes afortunados, dotados de qualidades e aptos a aprender a ler. Ele próprio, o grande lavrador, fala a mesma língua vulgar de seus vizinhos mais pobres. Na cidade, o nobre do campo é tratado como um ingênuo, como vítima fácil a ser ludibriada, um George Dandin ou um Pourceaugnac, para lembrar personagens de Molière. E depois, o que é pior, suas possibilidades de ascensão social, considerando-se o grupo em evidência dos grandes arrendatários, parecem muito limitadas. Sabe-se que um congelamento da mobilidade social parece ter paralisado vários setores das sociedades ocidentais depois de 1650. Esse congelamente é sentido no meio urbano: vejam-se as estatísticas de Lawrence Stone relativas à baixa ou estagnação do número de estudantes na universidade, a partir da segunda metade do século XVII. François de Dainville mostrou que, quanto aos colégios de jesuítas, o recrutamente de alunos entre os filhos de lavradores, amplo sob Richelieu, decresce claramente a partir das crises da Fronda e da pós-Fronda. E esses dados, referentes às diferentes "províncias" jesuíticas do reino da França, são confirmados, no plano extra-escolar, pelo estudo monográfico feito por Jacquart sobre a promoção social no Hurepoix rural desde a metade do século XVII. Depois de 1650, fica claro, de acordo com essa pesquisa, que os pequenos lavradores têm agora muitas dificuldades para se tornarem grandes arrendatários... A tal ponto esse problema os atinge que, na verdade, seu historiador não achou um único caso de ascensão social desse tipo, numa região entretanto esquadrinhada com lente de aumento no que diz respeito à primeira parte do reinado pessoal de Luís XIV. E dava-se o contrário, com tão numerosos exemplos, durante o Renascimento: nesse tempo, por volta de 1500, este ou aquele homem do campo às vezes, com um pouco de sorte e um bom contrato de arrendamento perpétuo, só precisava arregaçar as mangas para ficar rico.

Quanto aos grandes arrendatários mesmo, sob Fouquet ou sob Colbert, seus desempenhos — no que se refere à ascensão social e ao progresso rumo aos píncaros fora de seu grupo — já não são tão brilhantes. Nas vizinhanças da capital, agora conseguem mais algumas aberturas modestas no sentido da cidade, da mercadoria e do ofício que seus predecessores do século XVI ou da primeira metade do século XVII desempenhavam habitualmente, com a condição de serem empreendedores e capazes. Depois de 1650, muito felizes por não se terem tornado decadentes e por conservar sua condição, as famílias dos ricos lavradores de Île-de-France simplesmente permanecem no degrau que ocupam na cachoeira de desprezo que caracteriza o Antigo Regime. Não sobem nem descem. Certamente, um Hersent, descendente de ricos arrendatários de terras das vizinhanças da capital, está burguesmente instalado na corte; torna-se criado de quarto do rei e origem de um novo ramo de nobreza... Saint-Simon até mesmo lhe consagra algumas frases condescendentes com as quais parece claramente acreditar que esse Hersent tinha espírito de alto nível que não permitia desconfiar que vinha de imundo plebeísmo e que o espanador teoricamente fosse sua arma. Mas para um filho de "rústicos" afinal atingindo as altas camadas da sociedade, e até mesmo chegando a ter uma certa "reputação", através da qual conseguiu — proeza singular — "descolar" três linhas nas *Mémoires* de Saint-Simon, quantos Angouillan, quantos Harineau e outras boa famílias rústicas de Hurepoix que não conseguirão (apesar de seus ganhos honrados) se afastar da terra e da lama na qual patinhavam havia séculos? O grupo dos ricos arrendatários-lavradores das terras de aluvião da região d'oil tinha conseguido, com a cumplicidade dos reagrupadores de terras a cujos desígnios serviam, estender amplamente *em área* seu trabalho de exploração da terra. Mas sua ascensão, gerada pelas crises da Fronda e do pós-Fronda, praticamente não ultrapassará o horizonte limitado das aldeias e vilarejos. Pelo menos no século XVII.

Esse pequeno grupo, porém, por mais rude que permaneça, não deve causar piedade. Lamentável, ao contrário, é quase sempre o destino de uma massa rural que enfrenta aqui e ali as tendências para a expropriação.

Essa expropriação no século XVII fica claramente marcada, como mostra esta ou aquela pesquisa local e monográfica, na área suburbana de Montpellier (1650-1680); nos arredores de Dijon, depois da Guerra dos Trinta Anos; no *bocage* da região de Poitou, sob a influência da nobreza. Perto de Paris é que o imperialismo urbano tinha evidentemente de atingir um ponto máximo, na escala de uma cidade de 400.000 e logo 500.000 habitantes, uma das maiores do mundo nesse tempo. Citamos números graças a Jean Jacquart, mais uma vez.

Por volta de 1550, já o vimos, os "rurais" de Hurepoix detinham aproximadamente 40% das terras de suas aldeias; o resto (60%) ficava com os nobres, o clero e principalmente com os de fora anteriormente plebeus (burgueses das cidades e funcionários). O conjunto desses grupos não rurais estava instalado tanto nas terras chamadas censivas como na reserva senhorial. Um bom século depois, lá por 1660, o percentual da parte "rural" caiu nas mesmas aldeias para 28%; nas paróquias atacadas agressivamente pelos reagrupadores, chegou a cair para 22%. Certamente, algumas terras de lavoura afastadas de Paris continuam resistindo ou até mesmo escapam dessa ofensiva dos compradores urbanos; mas aqui e ali, longe ou perto do monstro que é a cidade avassaladora, essa ofensiva se mostra mais irresistível, talvez, do que a atual corrida sobre as casas de campo.

Defrontamo-nos então com um processo conduzido a partir da cidade, uma ação que altera o modelo das terras rurais, coisa que já acontecera amplamente no século XVI; esse processo ainda continuará depois de 1600 e durante a primeira metade do século XVIII. Acompanhado, é claro, de uma certa proletarização da aldeia: no século XVI, os "lavradores", as pessoas de peso entre os homens do campo, ou, mais freqüentemente ainda, pequenos habitantes rurais donos de um cavalo e de um arado, tornaram-se majoritários entre os contingentes agrícolas da paróquia, em comparação com os camponeses assalariados. No século XVII (mais ou menos à altura de 1660), dá-se que essa massa de lavradores é pulverizada pela ofensiva urbana e pelas concentrações horizontais formadas nos grandes arrendamentos (os grandes lavradores) nascidos dessa ofensiva. A maioria da população agrícola nas aldeias vizinhas de Paris é composta agora de assalariados agrícolas, que trabalham eventualmente para os vinhateiros, estes também de tempos em tempos arruinados, verdadeiros pobres-diabos. Em Trappes havia, em 1550, 19 lavradores contra 13 assalariados; mais 8 lavradores contra 40 assalariados por volta de 1660. Em algumas paróquias isoladas, entretanto, remanescentes de um continente de relativo "equilíbrio social" desaparecido, os lavradores ainda são maioria.

Esses processos de transformação das terras rurais em um novo modelo, e de proletarização, não chegaram como um maremoto — apesar de suas conotações catastróficas, e por exemplo "frondosas". É mais um fenômeno de deterioração secular, impulsionado da cidade: no fim das contas, esse processo acaba por alterar a fisionomia da aldeia, das terras de lavoura e da sociedade do campo. Observemos, aliás, que uma tal evolução, a despeito das misérias que a acompanham, é correlativa *ispo facto* da modernização e da monetarização da economia, fenômenos de que temos tantos sinais em torno de Paris, pelos anos 1640-1660.

Do ponto de vista de uma geografia do *habitat*, o remodelamento das terras de lavoura se traduz numa tripla implantação de construções, já conhecidas antes, mas que crescem muito em número sob Luís

XIII e Luís XIV, a ponto de serem marcadas muitas vezes pelos estilos arquitetônicos que trazem os nomes desses dois monarcas. Tripla implantação quer dizer casas de campo, fazenda, castelo.[28] Quanto à *casa de campo*, residência secundária para domingos aprazíveis ou férias, para reuniões com muita bebida e festas refinadas, suas funções agrícolas são muito reduzidas. Uma simples latada marcará as pretensões vinhateiras do pequeno-burguês ou do homem urbano que para lá se dirige em vindimas. Essa casa de campo pode se transformar, de acordo com o dono, em casa de cidade, se o perímetro urbano próximo a ela cresce e altera progressivamente a vizinhança; ou então, num outro contexto, em fazenda ou mesmo em castelo.

A *fazenda isolada* é constituída por todas as peças ou substituída por um pequeno aglomerado humano. Acaba simbolizando, para nós, num tempo mal informado, a atividade agrícola em geral, tocada por *arrendatários* que trabalham em suas "fazendas". De fato, no século XVII, essa obra solitária, com suas casas que, por exemplo, cercam um pátio de formato quadrado, representa muitas vezes, pelo menos nas regiões de *openfields*, uma criação recente. Equipada com celeiros de pedra, estábulos, uma habitação, implica ou implicará (por parte do burguês ou do funcionário "de fora" que se tornou seu dono) investimentos maciços. Assim concebida, a grande fazenda isolada favorece, num balanço global, os ganhos de produtividade agrícola (o que se daria pela melhor conservação do grão nos celeiros). Permite as economias de escala (diminuindo as redundâncias de mão-de-obra, em outras palavras, o número de trabalhadores por hectare; e reduzindo os transportes desde o centro de controle até os campos que dele dependem, na medida em que os campos semeados se concentram em torno desse centro).[29] Na fazenda, os capitais urbanos se afastam do estágio de transferência de dinheiro puro e simples (compra de terra pelos de fora) no sentido de uma etapa mais fecunda de *investimento* e da criação de riquezas (construção de celeiros e de estábulos). A fazenda ou grande fazenda isolada do tipo parisiense é acompanhada por várias premissas de revolução agrícola; premissas ou germes que, afinal, nem sempre brotarão; ou brotarão no século XVIII, uma vez que no século

XVII foram prejudicados pelas diversas crises, especialmente as "frondosas". Entre esses "germes" que, no imediatismo do século XVII, são mais prometedores do que realmente fecundos, penso sobretudo, entre outras, na cultura do sanfeno, das ervilhas, dos feijões vindos da América, nos alqueives trienais, culturas que se tornaram comuns nas proximidades de Paris sob Luís XIII, para voltarem depois das crises de 1648-1662. Penso também no crescimento progressivo, minuciosamente recenseado por Jean Jacquart, do número de carneiros no alqueive; crescimento que acompanha, nas grandes fazendas de Île-de-France, a expansão da cidade, esse sorvedouro de carne: Paris consome mais carne de carneiro no século XVII, mais carne de boi no século XVIII... No Sul languedociano, o período de Luís XIII é também um período de pequenos aperfeiçoamentos, ou nem tão pequenos assim, nas práticas locais: a alfafa, que depois de 1620 se espalha através de "pequenos fardos"; burros e mulas, mais rápidos, que substituem os bois; milhos e feijões, que se expandem pela região de Lauragais na segunda terça parte do século XVII...

Esses primeiros e modestos ganhos de produtividade sem dúvida são parcialmente "confiscados" pela cidade, onde mora o proprietário que tira vantagens da fazenda. Mas é justo reconhecer que esses pequenos progressos foram previamente incentivados pela cidade, cujo mercado de consumo reclamava essas inovações técnicas, essas culturas inéditas e essas audácias de revezamento de culturas.

Terceira peça do tríptico, depois da casa de campo e da fazenda isolada: o *castelo*. Courances e Fleury-en-Bière perto de Paris, La Motte d'Acqueville na baixa Normandia e tantas outras habitações "construídas à moderna" — mansões ou palácios — são uma afirmação, a partir do advento de Luís XIII principalmente, do domínio, sobre as terras, da nova *gentry* dos funcionários, dos financistas* e dos magistrados enobrecidos. Essas novas construções pouco a pouco se libertam,

---

*O Autor usa o termo sempre, é bom observar daqui para a frente, com o sentido de "servidor do governo na área das finanças", e não com seu sentido moderno referente a qualquer especialista em finanças. (N. do T.)

claramente, dos cuidados com a defesa que tinham caracterizado os castelos fortes da Idade Média. Mas, quando as posses de seus proprietários o permitem, elas se protegem do vulgacho por imensas alamedas em cuja manutenção trabalha um exército de criadas, de jardineiros-paisagistas, de especialistas em viveiros de plantas e outros Lenôtre* de meia-tigela. Essas alamedas são propícias a entradas triunfais. Por outro lado, interpõem, entre o dono do castelo e as pessoas da aldeia, tanto as mais próximas quanto as mais distantes, a distância social que convém. É preciso ter um nível muito alto, ou pelo menos um importante salvo-conduto, para visitar os donos dos castelos, depois de ter vencido a imensa enfiada de árvores, ao longo da qual arrisca-se às vezes, se se tratar de um intruso, a enfrentar os dissabores do avanço das matilhas de cães de caça, ou do chumbo dos guardas de caça. E entretanto não se derrubam as pontes entre o senhor e os pequenos camponeses...

O lento avançar das "grandes áreas" agrícolas,[30] conseguido graças ao regime de alienação a que foi submetido o mundo provincial, pode parecer, ao observador superficial, inseparável do triunfo da "sociedade das ordens". Porque os funcionários, tão recente quanto pomposamente titulados, que se entregam ao reagrupamento das terras e à construção dos castelos, bem gostariam de fazer crer que são os irmãos daquela nobreza rural antiga, que também dominava os campos do alto de seus muros e dispunha de controle sobre o mundo rural. Mas é preciso ir além dessas visões imediatas, e que se encaixam perfeitamente à imagem favorável que os novos castelões gostariam de deixar, deles próprios e de sua ação, à posteridade reconhecida.

Na realidade, na longa história que leva, na França, e sobretudo no norte do país, à criação de um capitalismo agrícola, a concentração

---

*André Lenôtre (também é encontradiça e, parece, até mais comum, a grafia Le Nôtre), nascido e falecido em Paris (1613-1700), neto do jardineiro das Tulherias e filho do chefe dos jardineiros de Luís XIII, tornou-se, como o avô, jardineiro-chefe das Tulherias e depois o primeiro jardineiro dos Jardins de Luxemburgo. Chegou a arquiteto e grande paisagista dos jardins de Paris. Foi promovido a desenhista de planos de jardins e responsável geral pelas construções do reino na capital. O parque de Vaux-le-Vicomte, por exemplo, já é concepção inteiramente sua. Ganhou carta de nobreza em 1675. (N. do T.)

das terras — de resto nunca terminada — pelos forasteiros e pelos homens das cidades representa uma etapa decisiva, indispensável para que fossem criadas ou enriquecidas as grandes unidades territoriais sobre as quais se implantarão a seu tempo os empreendimentos rurais, viáveis e vastos, úteis ao abastecimento das multidões urbanas. O novo modelo das terras de lavoura do Norte (séculos XVI e XVII) precede de muito o crescimento irreversível da agricultura no século XVIII. *A fortiori* precederá também a revolução agrícola, menos tardia do que afirma Morineau, mas também nem tão precoce como acreditava antes este autor. Digamos entretanto que, se esse novo modelo não tivesse chegado primeiro, o crescimento teria sido menos vivo e a revolução menos concebível na agricultura. Porque a França não é Flandres onde, desde o século XV, os pequenos exploradores de terras realizaram discretamente a revolução verde. Na França, o progresso agrícola, que em muitos casos esperará mesmo o século XVIII e até o início do século XIX para se manifestar, passa pelos grandes e médios domínios; transita pelo estabelecimento das grandes fazendas, nas quais se injeta a liqüidez dos proprietários; esse progresso agrícola é veiculado pelas camadas superiores do grupo dos arrendatários, que encorajaram os reagrupadores de terras. Em resumo, o modelo Jacquart-Moriceau (transformação das terras agrícolas) precede lógica e cronologicamente o modelo Quesnay (crescimento do século XVIII), que, ele próprio, preexistirá ao modelo Morineau (revolução agrícola, mais ou menos tardia). Assim fica definido um "caminho francês" para o capitalismo agrário; é diferente do caminho inglês, muito incensado pela agronomia das Luzes; difere também dos caminhos "prussiano" e "americano", que fazia as funestas delícias de Lênin, quando este teorizava.

Conhecer melhor o novo modelo agrário do século XVII é também destruir de cima a baixo uma imagem de Épinal que parecia intocável: na verdade, não é superficial falar, como se fez tantas e tantas vezes, de uma "traição" da burguesia "moderna"? Investindo seus capitais, oriundos do comércio e da finança, na terra e no trabalho da terra, essa classe antes comerciante teria na verdade — diz a citada imagem de Épinal — renunciado à sua missão histórica de parteira do capitalismo industrial e comercial para se entregar a atividades parasitárias que fazem dela a grande beneficiária das rendas territoriais e das sinecuras da monarquia. Ora, de fato, entrar para esse tipo de trabalho, como mostrará em algum lugar Pierre Chaunu,[31] é colaborar para construir o Estado a custos mínimos, e sem fazer os contribuintes desembolsarem muito dinheiro, ao menos quanto aos primeiros gastos com a instalação. Comprar as terras, transferir a poupança para a gleba é, para um burguês, ou um magistrado, preparar-se, "motivar-se" em uma palavra, para um dia fazer, em seu novo domínio, investimentos que serão outra coisa e mais do que uma simples transferência de capital: é motivar-se para construir, para drenar, para fechar, para guarnecer as terras arrendadas para a criação de gado; é, afinal, no caso das vastas concentrações territoriais, desenhar o espaço no qual poderá se desenvolver um dia a ação de um grande arrendatário. Reagrupar a terra é fazer a cama do capitalismo agrário, e preparar as bases, longínquas ainda, para um crescimento rural de tipo moderno. A revolução agrícola — na França setentrional, pelo menos — só pode ser entendida com essa revolução territorial prévia, e não forçosamente prejudicial, de longuíssimo alcance, desdobrada pelos séculos XVI, XVII e XVIII, e que culminou provavelmente no século XIX. Mais prosaicamente, o novo modelo de espaço agrícola é inseparável das economias de escala, das ações de abastecimento urbano, e da transferência da renda das terras para as cidades que são os pólos da modernidade. Nesse sentido, e apesar de alguns aspectos superficialmente arcaicos, o novo modelo é ao mesmo tempo causa e conseqüência dos processos de urbanização e de modernização que, desde o século XVI, apesar de todas as "crises", podem ser percebidos no reino.

## GRANDES *OPENFIELDS* E ANTROPOLOGIA DO TERRITÓRIO

A operação "novo modelo", que criou a partir dos *openfields* do tipo "tábuas de assoalho" alguns *openfields* "mosaicos", é especialmente clara entre as províncias francesas mais dinâmicas, aquelas que se estendem a nordeste de uma linha Saint Malo/Genebra. Coincide, em seus aspectos mais agressivos, com aquelas zonas da grande cultura que François Quesnay, filho de um lavrador de Île-de-France, definirá com uma fórmula célebre, no artigo "Grãos" da *Enciclopédia* de Diderot: "A grande cultura tem atualmente seus limites demarcados por 6 milhões de *arpents* de terra, compreendendo principalmente as províncias da Normandia, de Beauce, de Île-de-France, da Picardia, da Flandres francesa, de Hainaut e poucas outras."

Nessas mesmas regiões em que a ação dos reagrupadores de terra provoca alterações, e em que desabrocham mais tarde os modelos dos fisiocratas, ainda serão encontradas em 1955, nos mapas propostos pelo *Atlas* do sociólogo Mendras, de um lado a maioria das terras exploradas de mais de 50 hectares, e de outro a massa dos arrendamentos em que um chefe de empresa gasta mais de um milhão de francos, e, por fim — corolário lógico dos dois critérios precedentes —, os altos índices de trabalhadores agrícolas. O uso local, tão difundido quanto antigo, do arado, do cavalo e de sua alimentação favorita — a aveia, plantada no segundo repouso da rotatividade trienal da terra — facilita nessas zonas (que, depois do período gótico, estão prontas para o progresso agrícola) a implantação dos reagrupadores territoriais e de seus agentes complementares: os grandes arrendatários-lavradores. Um bom equipamento regional de carroceiros, carpinteiros e correeiros-seleiros, em resumo um artesanato aldeão mais desenvolvido do que nas províncias atrasadas do Centro, do Oeste e do Sul, fornece a esses grandes lavradores com cavalos a base tecnológica que lhes era indispensável. Em tais *openfields* relativamente dinâmicos — cuja monocultura de cereais, ou quase, fazia, entretanto, com que eles fossem especialmente vulneráveis aos períodos de fome —, a renda por cabeça de agricultor já está, no século XVII, como seria nos séculos XVIII e XIX, um pouco mais elevada, ou digamos menos baixa, do que nas regiões de *bocages*, montanhosas ou meridionais? Se a referência é a massa camponesa, nada é menos seguro. Se são as explorações de terras muito loteadas, ou medianamente loteadas, a possibilidade existe:

por mais depenados que pareçam, os lavradores médios, pintados por Le Nain,* têm cavalos, tigelas de cobre e cálices de vidro, estão calçados freqüentemente; seus filhos têm saudáveis bochechas e tronco sólido; os bebês têm sapatinhos. Nenhum, entre esses meninos, tem a barriga crescida das crianças raquíticas do antigo Terceiro Mundo.

Do ponto de vista demográfico e social, as regiões "progressistas" do Nordeste de terras aluvionais da França — esse grande Nordeste "que inclui Île-de-France e a região de Caux" — opõem suas estruturas mais modernas à base de arrendamento, atestado em torno de Paris desde o século XIII, ao sistema a meias que ainda causa estragos nos *bocages* ocidentais e no Sul occitano. *Habitat* conjunto dos pequenos exploradores de terras e assalariados rurais de Île-de-France, concessões isoladas de grandes exploradores de terras, campos nus das grandes planícies e dos planaltos individualizam esse Nordeste e o opõem, no sentido do Oeste e do Sudoeste, às regiões de cercas com seus desvios que se esgalham entre os bosquezinhos. Não se trata de um dos menores paradoxos dessa França do Antigo Regime em que o *bocage* pouco a pouco se torna sinônimo de arcaísmo no espírito e mesmo nos fatos, enquanto que, em terras inglesas, a *enclosure*, essa irmã gêmea do nosso *bocage*, permanece fiel à sua velha vocação progressista, e lá se confunde com os imperativos do progresso da agricultura. Com o *openfield*, dá-se exatamente o contrário! Os campos abertos são economicamente reacionários, na Grã-Bretanha; em compensação, continuam a ser, na França parisiense e na Picardia, os pais da alta produtividade agrícola.

O relativo atraso dos *bocages* franceses foi muito sentido pelos homens da época moderna. Como há falta de grandes núcleos de habi-

---

*Le Nain é o nome pelo qual ficaram conhecidos três irmãos pintores da cidade de Laon, no século XVII, que trabalharam quase sempre em conjunto: Louis (1593-1648, já citado no subtítulo "As divisões em parcelas", do primeiro capítulo), Antoine (1598-1648) e Mathieu (1607-1677). Pintaram cenas familiares do campo e de seus habitantes: *A Manjedoura, Um ferrador em sua forja, O Bebedouro, a Refeição na aldeia* (estes quatro quadros estão no Louvre), *O "Benedicite", Interior rústico, O Tocador de pífano*, etc. Foram os primeiros pintores realistas do século XVII. (*N. do T.*)

tação nas aldeias, nelas a vida pouco tem de urbana: é de fato uma vida rural. A França selvagem começa com a dispersão, para Oeste e para Sudoeste, por causa de uma antítese havia muito tempo percebida: *os pobres camponeses esparsos no campo, rústicos ao máximo e morando da maneira mais incivilizada [...] entre seus alqueives e pastos abertos, e uns fora da comunidade dos outros* não poderiam mesmo almejar o nível social dos habitantes das aldeias que *vivendo juntos estabeleceram algum tipo de organização para viver de modo mais feliz uns com os outros*,[32] escrevia em 1596 um nobre gascão,* bom conhecedor das regiões de habitações dispersas.

Dificuldades dos *bocages*, portanto. Nos *openfields*, ao contrário, desenvolvimento chama desenvolvimento: é entre os campos abertos do grande Nordeste que a monarquia, por motivos estratégicos, mas também comerciais, implantará no século XVIII a rede densa das estradas de correio; essas estradas acabarão de conferir a essas regiões superioridade na economia nacional, e sua aptidão para uma "arrancada". Aptidão que, aliás, repousaria sobre antiqüíssimas realidades, nascidas da velha geografia industrial, enraizada na Idade Média; nascidas também em uma data mais recente do desenvolvimento da indústria rural, que distribui a partir de então rendas suplementares; na região de Amiénois, fiação, ourivesaria,[33] indústria das sarjas e cardadura das lãs se instalam progressivamente nas aldeias a partir da metade do século XVII. A data-chave para esse inegável crescimento, logo ampliado com o grande comércio rumo à América espanhola, é 1655 — e os dez anos seguintes. O autêntico impulso industrial-rural coincide, aqui, com a recuperação pós-Fronda (Pierre Deyon). No fim do século XVII, as *généralités* de Amiens, de Rouen e de Châlons (Picardia, alta Normandia, Champagne) terão uma indústria lanígera cujo produto por cabeça de habitante se eleva a uma quinzena de libras tornesas (T. J. Markovitch), ou seja, 50 libras ou até 60 libras por família e por ano.[34] Se se considerar com Pierre

---

*O Autor manteve o texto em francês antigo, na transcrição do original. (*N. do T.*)

Goubert que a renda média de um operário têxtil, não qualificado, é de 55 libras por ano, vê-se que em média a indústria lanígera aumentava a renda de cada família na Picardia, em Caux (Normandia) e em Champagne, em uma soma equivalente ao salário de um operário têxtil. Claro, as médias são enganadoras, e essas somas não eram repartidas de maneira igualitária entre os habitantes dessas províncias. Permanece, porém, o fato de que o desempenho era notável. No sul da França, só o baixo Languedoc, Lozère inclusive, solitário ponto industrial, igualava e até ultrapassava amplamente esses *records* setentrionais. Quanto ao litoral atlântico, com seus portos-vitrines e sua soberba viticultura plantada sobre uma fragilizada região interior, participa muito pouco dessa animação industrial.

A bipartição do espaço francês, com seus pólos de desenvolvimento situados de preferência no grande Nordeste aluvional, ou nas vizinhanças deste, está afinal de contas sob a jurisdição de uma geografia geral do homem — na qual a antropologia física é um reflexo da antropologia alimentar, até mesmo cultural, e não o contrário. Virou um lugar-comum dizer que em nosso país, ainda na primeira metade do século XIX, a conversão total à escrita estava longe de se completar: 48,6% dos conscritos não liam nem escreviam em 1830-1833, e as massas analfabetas dominavam amplamente ao sul da linha Saint Malo/Genebra, especialmente no Maciço Central e na Bretanha. Ao contrário, a implementação cultural está quase terminada no Nordeste; estará amplamente estendida ao Norte e à Normandia.

Quanto a esse ponto, as análises dos sociólogos de outrora (d'Angeville) foram plena e inteiramente confirmadas, antecipadamente, por uma geografia dos períodos mais antigos. A investigação Maggiolo-Fleury (1877-1957) demonstra que as divisões culturais, materializadas pelo analfabetismo, estão entre as mais antigas que se possa imaginar: a historiografia do saber e da ignorância popular trabalha dentro de uma "longa duração", uma longa duração que, quanto a este livro, inclui também o século XVII.

Desde Luís XIV, é verdade, nos anos 1686-1690, as "duas Franças" (que Dupin e d'Angeville vão diagnosticar ainda um século e meio depois da época do Rei Sol) já se opõem. Sem dúvida os percentuais não são os mesmos: o reino, no tempo de Louvois,* conta, por baixo, com 70% de analfabetos homens, muito mais do que sob Luís Filipe. Mas os grandes blocos de ignorância crassa e de relativa instrução já ocupam seus lugares. Os analfabetos luís-catorzianos, como massa compacta, se comprimem ao sul da linha duradoura que corre do sul do Cotentin ao sul do Jura. Ao norte dessa fronteira, em compensação, as províncias são razoavelmente alfabetizadas. A ignorância é particularmente observada entre as mulheres, das quais só 14% sabem assinar o nome, contra 29% entre os homens. Mas também no caso das mulheres há contrastes: em 1686-1690, as mulheres do Sul e as dos *bocages* do Oeste são muito mais ignorantes do que suas irmãs do Nordeste.

Um índice do analfabetismo: porcentagem dos sinais em relação
ao total de assinaturas no Conselho Político de Aniane (Hérault)

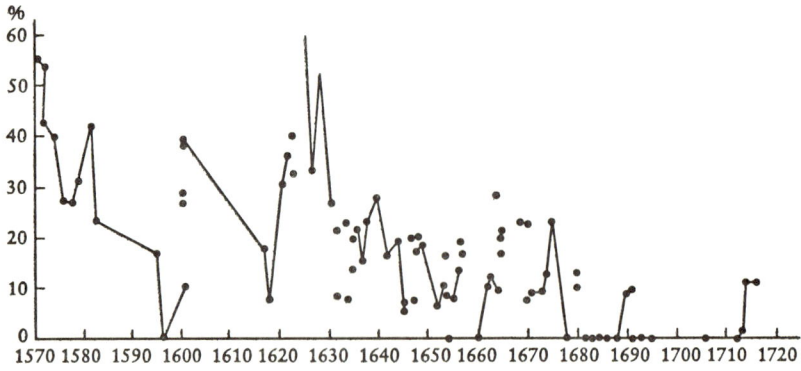

Fonte: E. Le Roy Ladurie (1966), t. II, p. 1027.

*Michel Le Tellier, marquês de Louvois (1641-1691), político francês, foi ministro da Guerra de Luís XIV. (*N. do T.*)

Analfabetismo e grupos sociais no século XVI (1575-1593)

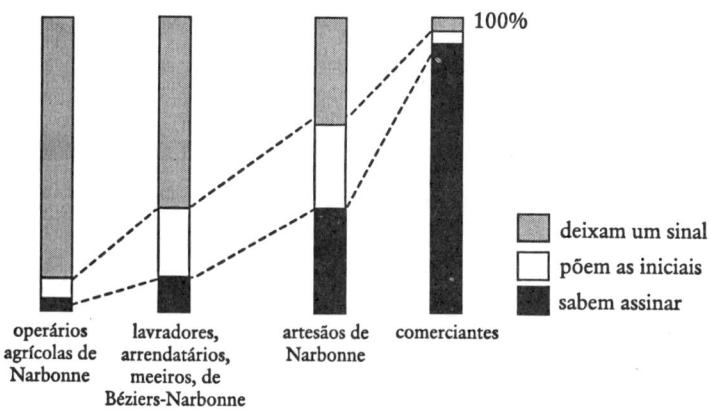

Fonte: E. Le Roy Ladurie (1966), t. II, p. 1028.

Há sem nenhuma dúvida uma primeira explosão de crescimento intelectual durante o século XVII, até mesmo nas aldeias; mas só atinge no Norte a maioria dos lavradores ou homens exploradores de terras — grandes, médios e até pequenos; "51% dos homens e 12% das mulheres sabem assinar o nome no decênio de 1670 em Tamerville (Mancha)"; no Sul rural, esse crescimento se refere sobretudo a minorias muito menos significativas: elites municipais, clientelas cartoriais, entre as quais o percentual de homens instruídos apesar de tudo progride sensivelmente, graças às escolas mais numerosas e aos "mestres-escolas" já mais enraizados entre 1570 e 1670.

No que concerne à antropologia física, os trabalhos mais recentes refutam, claro, as velhas baboseiras racistas relativas à pretensa superioridade intelectual ou física, pouco importa, dos "grandes arianos louros" do norte da Europa e do norte da França... Sabia-se havia muito, agora sabe-se melhor ainda, que, a despeito de algumas permanências genéticas, a estatura é uma característica instável, exacerbada ou reprimida por fatores econômicos, socioculturais, sociobiológicos, como a alimentação, o gênero de vida, a higiene, a prática mais ou menos tardia do trabalho físico, a escolarização, a ruptura ou a manutenção dos grupos étnicos isolados, etc. Numa obra recente, mostramos que as diferenças geográficas quanto à estatura deviam-se *de fato* às diferença socioeconômicas e aos contrastes entre zonas mais ou menos desenvolvidas.[35] Suas conclusões não valem somente para o século XX: desde a época de d'Angeville e de Villermé, geralmente homens mais altos povoavam as regiões e grupos sociais mais desenvolvidos.

Quanto a isso, desde 1836, o *Essai sur la statistique de la population française* ["Ensaio sobre a estatística da população francesa"], de Adolphe d'Angeville, tinha proposto a divisão que se tornaria clássica entre zona de estaturas altas (Nordeste) e zona de estaturas baixas e médias (Centro, Oeste e Sul). O critério utilizado foi o do percentual de conscritos dispensados pelas forças armadas por deficiência de tamanho. Critério insuficiente, sem nenhuma dúvida: seria preciso levar em conta também as estaturas dos conscritos normais, não dispensados. Entretanto, o mapa obtido será muitas vezes justificado tal e qual até o fim do século por estudos antropométricos, com critérios de estatura mais complexos e mais refinados: a linha Saint Malo/Genebra (com encraves ao norte nos vales do Loire e do Yonne) separa no século XIX os grandes "nortistas" dos pequenos "sulistas" ou "ocidentais". D'Angeville — um dos primeiros, parece — chama a atenção para essa divisão que os trabalhos de seus sucessores confirmarão e precisarão.

Ora — e é neste ponto que as coisas se tornam apaixonantes para o historiador do Antigo Regime — essa separação regional é muito antiga; impunha-se desde 1715-1750. Vejamos, por exemplo, 110 homens do regimento Vivarais-Infanterie, de cujos documentos dispomos, sob a Regência e sob Luís XV.[36] Desses homens, 54 são naturais das *généralités* meridionais (Perpignan, Aix, Montpellier, Toulouse, Auch, Pau, Bordeaux e Montauban). Têm em média 1,697m. Os restantes, quer dizer, 56 soldados, provêm das *généralités* do grande Nordeste (Lille, Valenciennes, Amiens, Soissons, Châlons, Metz e Alsácia): a estatura média deste segundo grupo funcionando como amostra é de 1,716m. A diferença é de quase 2 centímetros (19 milímetros) a favor dos setentrionais: essa diferença é significativa, uma vez que é a mesma encontrada nas diversas companhias de que se compõe o regimento.

Em 1763 há uma amostra muito mais ampla: 7.000 soldados, dos quais 5.000 franceses e 2.000 estrangeiros. A pesquisa nacional não é completa, pois nem todas as províncias estão representadas entre os lugares de origem desses 5.000 homens: a Normandia, especialmente, está ausente. Entretanto, divisões muito claras aparecem, as mesmas, afinal, de 1715, 1830 ou 1860. Os homens de estatura alta (superior a 1,718m) são originários das *généralités* de Amiens ou de Valenciennes, dos Trois-Évêchés, da Alsácia e também da Alemanha. Os homens de tamanho médio (estatura de 1,710 a 1,718m) são de Provença, do Dauphiné e também italianos. Enfim, os "baixinhos" (menos de 1,71m) foram recrutados predominantemente em Auvergne, na Bretanha e nas *généralités* de La Rochelle, Toulouse, Montpellier e Perpignan. Os bretões e os de Auvergne são os menores deste terceiro grupo.

Esses resultados estatísticos são ainda mais interessantes quando se sabe que os soldados do Antigo Regime assentam praça como "voluntários", aceitos pelo exército real com a condição de que sejam de estatura alta. Os chefes de tropa e os recrutadores selecionam, no "viveiro" nacional que é a juventude masculina, os indivíduos cujo tamanho é o mais elevado: muitos oficiais dos tempos de Luís XV ou Luís XVI têm a fixação dos homens grandes. Ora, a despeito dessa seleção preferencial, as diferenças regionais dos grandes para os menores, do nordeste ao sudeste, estão claramente marcadas, até nas amostragens dos "gigantes" que constituíam o recrutamento militar do século XVIII.

Vale dizer que a distribuição da realidade sobre a estatura, mapeada pela primeira vez por d'Angeville, era uma constatação bem antes de ter sido formulada por esse autor. Sob o Antigo Regime, o Nordeste desenvolvido é afinal de contas (por motivos profundos que se ligam a seu nível de vida mais alto, a sua alimentação mais adequada) produtor de homens menos ignorantes e indivíduos menos mirrados.

Os fatores de desenvolvimento na França do Nordeste e das terras férteis vigoram desde a Idade Média, tanto quanto nos séculos XVI e XVII; não se materializam (vimos isso, graças aos exemplos dos cereais) por um crescimento econômico do tipo espetacular, sob a forma de uma "arrancada" definitiva, no mundo rural (ainda que, em volta de Paris, pela presença de uma enorme cidade em rápida expansão, fenômenos de alavanca material desse tipo, sob o impulso da demanda urbana, revelem-se incontestáveis). Mas, no conjunto, os fatores privilegiados de desenvolvimento, situando-se a nordeste da linha Saint Malo/Genebra, estimularam, de um lado, uma primeira onda de crescimento intelectual (1500-1680) através de investimentos escolares, e pela alfabetização de uma parte dos pequenos camponeses; e, de outro lado, um novo modelo inicial do espaço rural, novo modelo doloroso, mas economicamente promissor: as fomes da Bacia Parisiense no século XVII, raras e impressionantes, não podem fazer com que sejam esquecidas essas transformações de fôlego amplo ou de longo alcance de nossas grandes regiões cerealistas; transformações que devem ser creditadas aos séculos XVI e XVII, tomados em seu conjunto.

## OS PAGAMENTOS ANTECIPADOS DAS TAXAS

Depois desse estudo "horizontal" do espaço rústico exposto em toda a sua extensão diante do historiador e interpretado em suas modalidades territoriais mais antropológicas, devemos nos voltar uma vez mais à análise da economia vista através de um corte, em sua espessura vertical, estratificada em rendas, salários e lucros. A análise será breve, porque nos capítulos precedentes muito já se disse a respeito disso.

Primeiro problema: o século XVII, no transcurso de seus dois primeiros terços, será verdadeiramente uma idade de ouro da renda e dos pagamentos antecipados de taxas de todo tipo que castigam "o lombo" dos pequenos camponeses?

No caso do Languedoc — que continua sendo um dos nossos pontos de observação favoritos no sul —, nenhuma dúvida: sob a forma de aluguel, o pagamento antecipado da renda territorial nessa região passa de 1,5 hectolitro de grão por hectare à altura de 1550 (menos do que a quantidade que se semeia) para 3 hectolitros por hectare, ou às vezes até mais, por volta de 1630-1650-1670. Esses aumentos são obtidos: seja por uma alta direta do aluguel; seja, segunda solução que não exclui necessariamente a precedente, pela outorga, como chamaríamos, repetidas vezes, de dinheiro por fora, licenças para vender, quantias por baixo do pano extremamente substanciais que o arrendatário dá ao seu proprietário no início do arrendamento, a fim de poder gozar de sua concessão.

Na região parisiense, o aumento da renda territorial no século XVII é provável, como no Sul, em relação ao século XVI. Uma das curvas mais visíveis — uma vez que calculada pela unidade de área — parece confirmar as indicações do Languedoc: relativa aos aluguéis de Notre-Dame de Paris,[37] essa curva, traçada por Jean-Paul Desaive, indica as prestações mensais que se mantêm em torno de 0,6 sesteiro por *arpent* durante a segunda metade do século XVI (2,34 hectolitros por hectare), e 0,12 sesteiro por *arpent* (4,68 hectolitros por hectare) de 1640 a 1690. Ou seja, uma alta, em números relativos, de +100%. Alta que seria comparável, portanto, àquela registrada no Sul.

Entretanto, esse trabalho de Jean-Paul Desaive não poderia prejulgar o comportamento de conjunto da renda territorial na região parisiense. Eu me socorreria uma vez mais, quanto a isso, das pesquisas de Jean Jacquart: mostraram elas que, em numerosas propriedades territoriais, os aluguéis pagos em grão resistem notavelmente às diversas crises do meado do século XVII. Caem muito pouco, e de modo passageiro, durante a crise da Fronda, e depois, segunda queda, durante o marasmo das rendas territoriais que acompanha a fome de 1661-1662. E, muito rapidamente, depois de 1653, e sobretudo depois de 1663, os aluguéis em grão das propriedades territoriais recuperam seu nível de antes da Fronda ou de antes da fome.

Mas a firmeza desses aluguéis, sua resistência diante das perturbações, ou até sua saúde vigorosa não são necessariamente sinônimos de um aumento de sua parte, a longo prazo. Sempre que é possível fazer comparação entre os séculos, Jean Jacquart acha um nível de renda territorial paga *in natura* que não é superior, no período que vai pouco mais ou menos de 1640 a 1670, ao nível dos anos 1550. Em Boissy, um exemplo entre muitos, o aluguel era em média de 0,72 sesteiro/ *arpent* (2,8 hectolitros por hectare, vale dizer, um pouco mais do que o consumido para semear) em seu apogeu de 1560. Degrada-se lentamente durante as guerras de Religião e cai a um mínimo de 0,38 sesteiro/ *arpent* em 1595-1599. Depois sobe ligeiramente, oscila entre 0,44 e 0,50 sesteiro/*arpent* de 1600 a 1639. Culmina, entre 1640 e 1644 a 0,75 sesteiro/*arpent* e assim volta a seu nível de 1550-1560. Sempre segundo Jean Jacquart, as rendas territoriais ou aluguéis a curto prazo, em dinheiro, das propriedades situadas em outras aldeias de Hurepoix indicam, uma vez transformadas em pagamento *in natura*, que esse tipo de renda a seguir caiu (um pouco, durante a Fronda) para recuperar depois de 1663 o nível de 1640-1644 ou de 1560-1564. Mas sem nunca ultrapassar, sob Colbert, esse teto multissecular e sem crescimento.[38] É de acreditar-se que o estado da economia não autorizava por toda parte um forte aumento dos aluguéis. E, ainda que a produção agrícola aumentasse ou se recuperasse um pouco, a demografia, pela própria realidade de sua relativa inércia, quase não contribuía para estimular a procura de terras, fator decisivo da alta das rendas. Afinal, e talvez principalmente, as coalizões da classe arrendatária, que desempenharão no século XVIII um papel tão favorável a eles, arrendatários, freavam provavelmente, desde 1665-1675, qualquer alta exagerada dos aluguéis ao sul de Paris. A evolução constatada em Boissy não difere, de qualquer modo, da evolução localizada por Jacquart nas regiões vizinhas ao Hurepoix. Não nos lamentemos muito pelos arrendatários dessa zona: eles sabem se defender em face da conjuntura, como sabem se defender dos arrendadores.

Em Poitou também, apesar de um modo totalmente diferente de pagamentos antecipados, à base do regime de plantação a meias e não mais de arrendamento, a renda territorial está num caminho de fixação em um teto, talvez até mesmo de declínio, na segunda metade do século XVII: o regime meeiro muito duro e pesado (que Louis Merle chama de "*terrage*", já o vimos) estabelecido nessa província depois de 1550 se mantém, sem mais nada, sem que daí em diante as coisas ficassem particularmente mais graves, durante a primeira metade do século XVII. Tende mesmo a suavizar-se um pouco (portanto, a renda territorial tende a baixar) com a recessão rural que parece concretizar-se em Poitou por volta de 1650.

Concluamos com a renda territorial: o conjunto dos dados de que dispomos, ainda fragmentários, tende a indicar que a renda territorial continuou a ser uma renda cada vez mais alta no Languedoc e no Lyonnais, que se fixou em um teto ou diminuiu em diversas regiões mais setentrionais ou ocidentais (Namurois, Poitou), enquanto os campos por assim dizer parisienses, onde os dados são às vezes conflitantes, constituiriam um caso intermediário.

A renda proprietária, à base de prestações, é portanto pesada, mas esse peso nem sempre aumenta, longe disso, durante o século XVII. Essa falta de dinamismo caracteriza também os direitos senhoriais: como direitos senhoriais mesmo, permanecem de todo modo geralmente mínimos, quando pagáveis em dinheiro. São ligeiramente desvalorizados pela modesta inflação da primeira metade do século XVII, pois ficam consolidados "no nível mínimo", é o caso de dizer — pela deflação Colbert.

O próprio dízimo continua pesado como no passado. De agora em diante, é conscienciosamente pago. O século dos santos pôs fim à greve dizimista — greves dos pequenos camponeses, de diminuição do ritmo de trabalho ou contestatárias, greve dos nobres, insolentes e conseqüentes. Os dizimistas se tornaram bons pagadores. Nesse sentido, o dízimo volta a ser elevado como na idade clássica, e contribui, pois é um dos pactolos* da classe proprietária (pelo menos, da classe cleri-

---

*Todos os dicionários brasileiros (pelo menos aqueles tidos como os melhores) definem "pactolo" como "grande riqueza natural inexplorada", com essas ou outras palavras, mas sempre com esse sentido. Ora, em francês o termo é ordinariamente empregado, ao invés, como "fonte de riqueza" — e é com esse sentido que figura aqui, com nosso pedido de perdão aos dicionários brasileiros pelo galicismo semântico. Pactolo, como se sabe, é o rio mitológico que corria na Lídia, cujas areias se tornaram de ouro depois de nelas banhar-se o rei Creso, querendo eliminar a maldição de transformar em ouro tudo aquilo em que tocava. (N. do T.)

cal), para a instauração ou confirmação de uma *Belle Époque\** da renda, que vai até além de 1600, ultrapassa mesmo em alguns dias a Revogação. Mas, também nesse domínio, convém não exagerar as possibilidades de aumento dessa fonte de renda clerical. Nada indica que, globalmente, as taxas de dízimo (9%, 10%, 11%, um pouco mais, um pouco menos, segundo os lugares) fossem mais elevadas em 1640 ou 1665 do que o eram em 1550. Quanto à comparação que fizemos (*supra*) entre o produto dos dízimos por volta de 1550 e esse mesmo produto lá por 1660, não indica, longe disso, que teria havido de um século para outro aumento ou que esse produto passasse a ter um peso maior. Salvo casos regionais, importantes, certamente, mas que não são representativos do conjunto. Sob esse ponto de vista, como observamos anteriormente, a estabilidade secular é que, antes de tudo, seria a regra — regra amplamente confirmada... pelas "exceções" locais que encontramos aqui e ali.

Quanto ao peso das dívidas, e da "renda em dinheiro", sua evolução é complexa. No que se refere ao Languedoc (onde o movimento das taxas de inflação, e *a fortiori* das taxas de juro das rendas constituídas, é perfeitamente comparável ao movimento dessas mesmas taxas em outras províncias), calculei num trabalho anterior (1966) que, levando-se em conta a alta dos preços, um capital de 100 libras emprestado à altura do ano de 1550 representava ainda 30 libras em "equivalente-trigo" no fim do século (1600); enquanto que o juro *real*, igualmente corroído pela inflação, caía nesses mesmos 50 anos, de 10% para 3%. Durante o período precedente (1500-1550), a inflação dos preços, já muito marcante, teria tido conseqüências análogas; teria carcomido capital e renda de dinheiro, apesar da fixidez *aparente* das taxas de juro. No conjunto, sabe-se perfeitamente, todo o século XVI se caracterizou por uma diminuição do crédito, e pela situação mais fácil criada para os devedores.

---

\*A expressão designa, como se sabe, os últimos anos do século XIX e os primeiros do século XX, tidos como leves e felizes, tendo como símbolos o ano de 1900 e basicamente a cidade de Paris. No caso, o Autor a emprega em sentido genérico, isto é, o melhor período para qualquer tipo de coisa. (*N. do T.*)

Depois de 1600, no tempo que vai desse ano a 1650, durante um período de inflação menor, um capital de 100 libras perde apenas um terço de seu valor; enquanto no decorrer do meio século anterior essa baixa tinha sido de mais de dois terços.

Em relação à taxa de juro, deve-se reconhecer, creditando-se o mérito aos ministros da época, que tinha baixado em conseqüência de medidas autoritárias depois de 1600; e isso precisamente — no decorrer de uma fase de baixa dos preços momentânea — em benefício dos devedores; e com o objetivo, entre outros, de tirar os pequenos nobres, carregados de dívidas, do atoleiro no qual os tinha jogado a deflação dos preços depois de 1600. Comportando-se assim, o ministério agia, ao fim e ao cabo, à maneira de nossos homens de Estado atuais quando baixam a taxa de desconto: Henrique IV e Sully tinham encorajado o investimento, abrindo a torneira do crédito e estimulando a expansão (ou pelo menos a recuperação). Precursores de Keynes também, os governos contemporâneos da Fronda, depois da experiência Law (ao contrário de Colbert que nesse ponto será o defensor puro e duro dos que vivem de renda), baixarão por sua vez a taxa de juro num período que se estende mais ou menos de 1650 a 1720.

Taxa de juro: região de Béziers, Montpellier e Narbonne

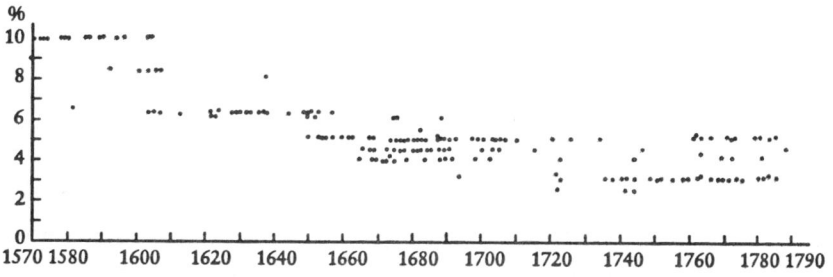

Fonte: E. Le Roy Ladurie (1966), t. II, p. 1024.

Para voltar, porém, ao começo do século XVII, essa taxa (*nominal*) de juro em baixa, consolidada legalmente em 6,25% durante o primeiro decênio do século XVII, cessa depois, durante um cinqüentenário, de ser alegremente corroída pela inflação, como no caso do tempo das taxas aparentemente mais elevadas do século XVI. De 1550 a 1600, as taxas *reais* caem *de facto* — simplesmente pelo jogo da alta de preços — de 10% para 3%. De 1600 a 1650, esses processos de erosão, daí em diante mais bem comportados, continuam a corroer as taxas de juro *reais*, porém em medida bem menor: as taxas, calculadas em referência a um bem real como o trigo, não baixam mais do que de 6,25% para 4,1%. Depois de 1650, as taxas de juro *legais* baixarão um pouco, declinando por ordem do rei a 5%, pouco mais, pouco menos. Mas, depois que posteriormente cessa toda a inflação — por exemplo, no Languedoc, entre 1653 e 1689 —, depois que os processos de deflação se instalam na França entre 1650-1665 e 1675-1689, dá-se que os que vivem de pedir emprestado perdem toda a chance, pelo menos durante uma trintena de anos, de ver diminuídas as suas dívidas (capital, juros e cortes de amortização) por qualquer dentada da inflação, mínima que fosse. Tomado em seu conjunto, o século XVII foi bem o purgatório dos devedores. Na metade sul da França, Languedoc e Dauphiné, onde esses problemas foram particularmente estudados pelos historiadores (segundo Bernard Bonin), aconteceu de as comunidades do campo se tornarem, como conseqüência dos estragos da peste e da instalação das tropas de guerra, ou ainda por sua própria imprudência e pela estupidez dos juízes municipais, o alvo favorito dos grandes emprestadores, os quais eram recrutados especialmente entre as classes já proprietárias, ou aspirando a ser proprietária, por volta de 1620-1700. O "serviço da dívida" obrigou mais de uma aldeia nos Alpes do Dauphiné ou no trecho que atualmente corresponde à região de Hérault a se auto-impor, sob o ponto de vista fiscal, o dízimo ou 15% das colheitas; ou então a vender as propriedades da comuna ou até as de particulares; propriedades algumas vezes resgatadas a baixo preço pelos próprios credores, transformados pelas circunstâncias em reagrupadores de terras.

## O SALÁRIO AGRÍCOLA

Dízimo, renda territorial, renda de capital-dinheiro... a carga ("não fiscal") pesando sobre o homem do campo, burro de carga da elite, antes de ser burro do Estado, parece entretanto ter se mantido ampla-mente, talvez mesmo tenha crescido substancialmente algumas vezes, de 1550 a 1660-1670.

Que significam, entretanto, rendas do homem do campo em si mes-mas? Pela própria realidade da rigidez do produto agrícola (pelo menos no setor cerealista, porque no setor vitícola constata-se, felizmente, mais elasticidade bissecular),[39] o prognóstico de conjunto não é muito favorável à massa dos pequenos trabalhadores do grão, que, explo-radores da terra e assalariados em conjunto, formam o fundo da popu-lação de nossos campos. Partirei, nesta análise — de resto muito incompleta, à falta de pesquisas exaustivas sobre o assunto —, de um estudo do salário agrícola, renda básica de alguns grupos inferiores do mundo rural, e componente essencial do orçamento de despesas dos grandes exploradores de terras e mesmo dos médios.

O problema era obter (ou prolongar...) para os dois primeiros ter-ços do século XVII o que já tínhamos para o século XVI: a saber, as séries longas dos salários verdadeira e exclusivamente agrícolas (e não somente dos salários de pedreiros ou de carpinteiros...). Essas séries autenticamente de assalariados rurais temo-las hoje para a região parisiense, graças ao livro de Jacquart. Temos as remunerações dos carregadores de uvas nos cestos ou das mulheres que trabalham nas vindimas; mas principalmente temos um feixe magnífico de salários por *arpent*: por *arpent* de vinha, por *arpent* de aveia; assim como por *arpent* de grãos mistos, "em quatro lavouras e semeado"; corte de pas-to, de trigo, de aveia... Calculada a média dessas remunerações, no equivalente aos preços dos grãos, esses salários indicam em primeiro lugar a queda bem conhecida e previsível da remuneração verdadeira no século XVI: mais ou menos de 1495 a 1535, datas redondas, o "salário por *arpent*" está amputado em dois terços de seu poder de compra em cereais. Depois, durante uma quinzena ou uma vintena de anos, desde 1535 até o decênio que antecedeu 1560, um patamar parece ter sido atingido. Retém-se a respiração. Tem-se a impressão de que o tempo ruim passou, que a irresistível descida da ladeira vai enfim terminar... Impressão justificada no que concerne aos salários urbanos, parisienses pelo menos: estes (ver os pedreiros de Micheline Baulant) iriam finalmente se estabilizar aproximadamente entre 1540 e 1720, em seu nível, certamente reprimido já, de 1540. As crises trágicas, porém de curta duração, da Liga, da Fronda e do fim do reinado de Luís XIV iriam se constituir simplesmente em breves mergulhos, sem dia seguinte, inferiores a esse baixo nível, mas daí em diante a crise seria de longo prazo. Ai de nós! Os salários agrícolas *reais* não se beneficiam com essa estabilização que, afinal de contas, teria sido o menor dos males para eles. Retomam e continuam seu processo de decadência depois de 1560. Por volta de 1585-1595, por motivos evidentes, caem ao fundo do poço, e se situam, daí em diante, no equivalente ao trigo, aos 14% ou 15% (um sétimo!) de seu poder de compra máximo das proximidades de 1495. À altura de 1602, voltam a subir; e essa ligeira ascensão a partir do fundo do poço desencadeia os gritos de grandes aves dos arrendatários-empregadores, e dos proprietários das terras, expressamente alérgicos e coligados contra a mão-de-obra dos domínios territoriais. Os salários há pouco citados irão se manter, de agora em diante, sempre em equivalente-grão, em torno do índice 100, contra o índice 160 por volta de 1530-1550; e contra o índice 550 da altura de 1495. A partir de agora, não se alterarão muito, e irão se estabilizar em torno desse índice 100 ou 110 de 1602 a 1655; com uma pequena subida para o índice 123 em 1665-1666, durante os anos de baixo preço do grão, e de demografia ainda um pouco frouxa, no curso dos quais a oferta de braços está ligeiramente anêmica. O século XVII, pelo menos durante seus dois primeiros terços — os únicos que conhecemos bem sob esse ponto de vista —, surge assim nas vizinhanças de Paris como um longuíssimo período de estabilidade dos salários rurais em oposição aos gigantescos desmoronamentos do século XVI. Mas esse patamar salarial, nível de base reprimido da idade clássica, faz-se acompanhar, como via de conseqüência, de um longuíssimo e terrível período de austeridade proletária. Nossos documentos são formais quanto a isso. As séries salariais que Jean Jacquart exumou e que aqui utilizamos são de fato muito representativas do mundo agrícola, uma vez que interessam simultaneamente a esses assalariados agrícolas de elite que são os ceifeiros e também a uma quantidade de pequenos lavradores: estes (transformados em assalariados ou semi-assalariados por unirem as duas pontas) alugam, a um ou outro lavrador mais poderoso, seus braços, sua aptidão, seus arados e suas parelhas; fornecem, além disso, de seu gado de arrendamento, o esterqueiro a fim de preparar melhor o *arpent* de terra de seu empregador. Ora, essas pessoas, de 1600 a 1655, são remuneradas de maneira constante a uma taxa que não apenas é muito inferior àquela do melhor período do século XV salarial em seus últimos decênios como nem sequer chega a atingir (faltam de 30% a 35%!) a remuneração — já empobrecida — registrada ali pelos anos 1550. A situação do "rústico" só não é tão dolorosa na França do Sul (ver *infra*). Manifestamente, enquanto os pagamentos feitos antecipadamente para a classe proprietária (dízimo, juro, renda territorial, e também e sobretudo pagamento de taxas) se mantêm ou mesmo se tornam mais altas, no caso das abundantes taxas, o nível de vida do povinho rural mais humilde — assalariados e pequenos lavradores — fica habitualmente em nível mais baixo na primeira metade do século XVII em relação ao meado do século XVI, uma época que já não era das melhores para os trabalhadores. É verdade que nessas condições, os lavradores remediados ou ricos, grandes exploradores de mão-de-obra, ponto crucial do todo pelas cargas salariais diminuídas, podem melhor do que nunca fazer face, bem ou mal, a um dízimo mantido, a um aluguel algumas vezes mais alto, a um peso do fisco alegremente duplicado pelos cuidados de Richelieu, e a seguir de Mazarino. A situação se agrava, contudo, de maneira real, para os empreiteiros de plantações dignos desse nome quanto a alguns trabalhos de ponta (os salários dos carregadores de cestas nas vindimas e cortadoras de uvas parece, de fato, que se mantém melhor ou se deteriora menos do que os demais); e vai se agravar também no fim do nosso período, quando a ligeira valorização salarial da época Colbert virá corroer as rendas por vezes insuficientes do arrendatário.

Como quer que seja, nos "andares de baixo", apesar dessas nuanças marginais ou finais, há um marasmo persistente das remunerações que recebem no Norte parisiense os assalariados rurais, os "trabalhadores por empreitada" e os menores exploradores agrícolas. Esse marasmo contribui para explicar alguns traços característicos do século XVII, e especialmente a demografia pobre e até mesmo declinante com a qual se topa a cada passo. Talvez também contribua para a compreensão ou a resolução de algumas contradições que, além-Mancha, complicaram as histórias rurais. De um lado, os estudos clássicos relativos aos salários ingleses desde Thorold Rogers mostram que também na Grã-Bretanha se dá a pauperização dos jornaleiros nos Tempos Modernos. Mas, por outro lado, um viveiro fechado de construções agrárias — casas de fazenda, celeiros, etc — simbolizado pelo *rebuilding of rural England,* sob Isabel* e os Stuarts, parece testemunhar concretamente um estado de prosperidade florescente do campo, que contrasta com a abstração deplorável das curvas sala-

---

*Trata-se de Isabel I, Tudor, rainha da Inglaterra (1533-1603). Lembremos que ao tratar de Elizabeth (Elizabeth II) a atual rainha, os meios de comunicação (não se dando sequer ao trabalho de usar a transcrição correta, Elisabete) criam uma incoerência, um equívoco singular, pois é nossa antiqüíssima tradição passar para o vernáculo os nomes de soberanos de todos os povos. Ao pai de Isabel I, por exemplo, nunca chamamos de Henry, mas de Henrique VIII, assim como sua mãe é Ana Bolena (nunca Anne Boleyn) tanto nos livros de história, inclusive os didáticos, como nos de ficção, e nas nossas enciclopédias. Mesmo ao pai da atual Elizabeth (?) nunca chamamos de George VI, mas invariavelmente de Jorge VI: basta consultar as coleções de jornais e revistas do tempo da Segunda Guerra (como os livros de história, didáticos ou não, sempre chamaram de Jorge todos os seus antecessores do mesmo nome). Se pelo menos depois da morte da atual rainha não for corrigido o atual equívoco (que Portugal não comete, nem os espanhóis: só o Brasil atual), ficaremos com uma estranha seqüência na relação dos reis da Inglaterra: Isabel I, Elizabeth II... tendo ambas o mesmo nome original inglês. (*N. do T.*)

riais, testemunho, elas, da pauperização absoluta... Então, deve-se queimar os arquivos dos salários, como culpados de um pecado contra o concreto e a evidência da pedra? Para a Inglaterra, eu não saberia bem que resposta dar a essa pergunta. Mas na França, país mais rígido, mais pobre, mais superpovoado que a grande vizinha, tais contradições podem ser facilmente esclarecidas: de um lado, assiste-se sem dúvida a um *rebuilding of rural France*, a uma floração de mansões rurais e castelos, realizada em benefício e graças aos benefícios das classes proprietárias, solidamente plantadas sobre seus grandes domínios reagrupados. Mas — e isso talvez explique aquilo — essa mudança proprietária e construtora se concretiza *também* graças a uma transferência de riqueza, transferência que importa, no caso, em uma polarização da pobreza. As análises que Marx fez a esse respeito em O *Capital* talvez fossem, paradoxalmente, mais verdadeiras para o século XVII do que para a segunda metade do século XIX. O *rebuilding of rural France* foi pago, entre outras fontes, por um longuíssimo pauperismo da classe assalariada rural e dos pequenos lavradores do fundo do mato. Como diziam desde 1595 os Esfarrapados do Périgord, falando, não sem um certo simplismo, dos aproveitadores urbanos que os esfolavam: *nossa ruína é sua riqueza.*

Essas conclusões, entretanto, valem sobretudo para a metade norte do reino. Também no Sul languedociano da França, a pauperização salarial registrada no século XVI permanece um fato confirmado durante a primeira metade do século XVII, segundo os diferentes tipos de salários: em dinheiro, mistos, ou pagos em forma totalmente não monetária (trata-se neste último caso de salários em percentuais de colheita, recebidos pelas equipes de ceifeiros e de debulhadores). Na melhor das hipóteses nota-se um certo aumento da ração de carne dos empregados dos arrendamentos; rompendo com a longa quaresma das guerras religiosas, a ração de carne estabiliza-se em um nível médio de 1600 a 1640 (mas essa ração voltará a cair mais tarde, durante a carestia do meado do século XVII). No conjunto, parece que no Languedoc

salarial do século XVII (até por volta de 1670) as condições são menos rudes, o que não é o caso na região parisiense: o *podador* da região de Montpellier-Béziers (quer dizer, o trabalhador que poda a vinha) recebia por volta de 1535, ao fim de uma primeira grande onda de pauperização salarial, uma quantia diária em moeda que, calculada em poder de compra cerealista, equivalia a 6,6 litros de trigo por dia. Contra provavelmente de 10 a 11 litros "em equivalente-trigo" para o mesmo trabalho na vinha no período aproximadamente de 1480 a 1500, tempo do "intervalo dourado dos salários". Ora, em 1583 a pauperização salarial se acentuou (como conseqüência da inflação, e conseqüência sobretudo das guerras e do pauperismo que as acompanha). Ao *podador* não cabe mais do que o equivalente a 4,0 litros de trigo por dia. Em 1601 as coisas melhoram, eis que essa remuneração volta a subir, chegando aos 5,9 litros em equivalente-grão, o que corresponde a 90% do nível de 1535. A recuperação do nível ainda tolerável de 1535 é, portanto, à altura do ano de 1600, bem mais completa no Languedoc do que no leste da região parisiense. Mas depois disso a recuperação não caminhará muito; até mesmo dará lugar a uma ligeira queda. Durante o decênio de 1630, o *podador* não ganha, em ano comum, mais do que o equivalente a 5,3 litros de trigo; e o mesmo volume exatamente durante o decênio de 1640. De 1630 a 1650, o *podador* languedociano passa a receber, em dinheiro, uma quantia que, em poder de compra cerealista, só atinge 80,3% do que era nas proximidades de 1535, portanto em uma época em que a pauperização já tinha engolido uma enorme fatia do "bolo" salarial. Apenas durante o decênio de 1660 é que o *podador* do Languedoc terá seu salário ligeiramente revalorizado, graças à deflação dos preços sob Colbert.

Vamos agora ao caso dos empregados domésticos de aluguel (carroceiros e lavradores) — deixemos de lado a fração *in natura* de seu salário, que se degrada em qualidade nos séculos XVI e XVII, conservando porém, esse alimento, seu poder em calorias. Quanto à fração-dinheiro desse salário anual, convertida em equivalente-grão, mantinha um índice 100 por volta de 1560, contra um índice um pouco superior a 200 lá pelo fim do século XV. Por volta de 1635-1645, esse salário em dinheiro dos empregados domésticos de arrendamento, calculado em equivalente-grão, está no índice 101,5: portanto não há melhora, praticamente, em comparação com a situação já empobrecida que prevaleceria durante as guerras civis. Mas também não há agravamento. Por volta de 1655, contudo, o salário monetário dessas categorias (carroceiros e lavradores), convertido para grãos da mesma maneira que antes, baixa ao índice de 65,5, ao mesmo tempo em que despenca, de novo, como já vimos, sua ração de carne. Desta vez, nessa triste época do decênio de 1650, cai-se momentaneamente, também no Languedoc, numa situação do tipo parisiense:

Anos 1650-1660, no Languedoc. Baixa do salário em grão ou equivalente-grão em relação ao período de antes das guerras civis

|  | | Em relação a |
| --- | --- | --- |
| Salário global do *podador* | –19,7% | 1535 |
| Salário (monetário) do lavrador | | |
| e do carroceiro | –34,5% | 1560 |
| Salário do ceifeiro | –18,8% | 1555 |

Em resumo, os dois primeiros terços do século XVII conhecem salários agrícolas que no Languedoc são — de acordo com os decênios — iguais ou inferiores ao nível já diminuído que tinha sido o seu no século XVI durante a última geração de antes das guerras civis. Compreende-se que uma situaçao afinal ruim, na região d'oil como na região d'oc, tenha aumentado as dificuldades de alimentos e que essa situação também tenha "aguçado" de um tempo para outro um descontentamento que por diversos motivos se voltava não contra os empregadores, mas contra o fisco.

## Salários rurais reais (convertidos em grãos) na região parisiense

| Ano | Média geral | Ceifa do arpent | Ceifa do arpent de pasto | Ceifa do arpent de trigo | Preço da mão-de-obra de aveia de terreno | Arpent misto com 4 culturas por arpent | Arpent de vinha e semeado |
|---|---|---|---|---|---|---|---|
| 1) 1495 = 557,1 | 557,1 | | 1495 = 557,1 | | | | |
| 1) 1515 = 306,6 | 306,6 | | 1515 = 306,6 | | | | |
| 2) 1530-1540 = 163,3 | 163,3 | | 1530 = 162,0 | | | | |
| | | 1540 = 158,62 | | | | | |
| 5) 1550 = 161,1 | 161,1 | 1552 = 166,9 | 1550 = 175,6 | 1550 = 130,2 | 1550 = 195,1 | | 1550 = 137,5 |
| 1585 = 83,0 | 83,0 | | | | 1585 = 92,6 | 1585 = 73,37 | |
| 1590-1595 = 69,3 | 69,3 | | | | | 1595 = 85,99 | 1590 = 52,66 |
| 1601-1606 = 102,6 | 102,6 | 1601 = 62,47 | 1606 = 100 | 1601 = 107,84 | 1605 = 120,4 | 1605 = 111,22 | 1605 = 113,7 |
| 1615-1619 = 110,5 | 110,5 | 1619 = 100 | | | 1615 = 120,4 | 1615 = 101,81 | 1615 = 119,9 |
| 1625-1628 = 92,4 | 92,4 | | | 1628 = 100 | 1625 = 90,49 | 1625 = 95,99 | 1625 = 83,30 |
| 1635 = 96,0 | 96,0 | | | | 1635 = 89,09 | 1635 = 102,19 | 1635 = 96,74 |
| 1645 = 104,5 | 104,5 | | | | 1645 = 118,95 | 1645 = 82,76 | 1645 = 11,80 |
| 1655 = 109,1 | 109,1 | | | | 1655 = 94,15 | 1655 = 121,16 | 1655 = 12,10 |
| 1665-1666 = 123,3 | 123,3 | 1665 = 86,9 | | 1665 = 144,4 | 1665 = 139,7 | 1665 = 120,33 | |
| | | 1666 = 128,0 | | | | | |

Índice 100 (1606-1640).

Fonte: J. Jacquart (1974), *passim.*

Temos assim, no Norte como no Sul, elementos da história em série do *trend* salarial. Qual é entretanto a situação do grupo social que domina e que emprega os assalariados — quero dizer dos arrendatários-lavradores? Jacquart, quanto a isso, construiu um modelo "cerealista-vitícola", relativo ao orçamento de um grande domínio agrícola arrendado da região parisiense durante a primeira metade do século XVII. Usou muitas variantes temporais (bom ano, médio, ano ruim). Sua conclusão, solidamente embasada graças a uma avaliação dos custos salariais e dos aluguéis e taxas diversas, é que o arrendatário que se contenta em cuidar de seu trigo e sua uva não pode, de um modo geral, conseguir um verdadeiro excedente. Para se sair bem — e é verdade que muitos arrendatários devem ter se saído bem, do contrário o próprio sistema explodiria — nosso homem ou bem deve viver como um pobre joão-ninguém, apesar da importância de seus bens móveis que, teoricamente, fazem dele um "capitalista", ou bem conseguir recursos complementares, valendo-se de carretos de transporte, cortes de madeiras, negociando com dízimos, etc. Coisas que os ricos lavradores não deixam de fazer. Na verdade, e mais freqüentemente, o explorador de terra suficientemente importante para ser empregador de mão-de-obra "se sai bem" comprimindo ao máximo os gastos com salários, a expensas do mundo pobre. Como por outro lado ele próprio é severamente esfolado pelo proprietário, e mais, por quem cobra dízimos e pelo credor, sem falar do coletor de impostos, resta-lhe o justo para viver, e não muito para gozar a vida. Nada de excedente muito considerável, salvo no caso dos espertalhões, dos fraudadores do sal, ou dos opulentíssimos arrendatários-lavradores. Muito freqüentemente, ao contrário, o explorador de terra é deficitário, endividado; o tempo abençoado ainda não chegou ou, graças a Law, poder-se-á passar uma esponja sobre as dívidas. Os homens do campo de Le Nain, que com toda a certeza não provêm da camada mais pobre do mundo rural e entre os quais observam-se alguns sinais indubitáveis de bem-estar já mencionados aqui, testemunham apesar de tudo, como o comprovam diversos indícios (mediocridade das roupas remendadas, das mobílias, da mesa posta), a penúria dos lavradores médios por volta de

1630. Uma penúria que, claro, não pode ser confundida com a miséria que oprimia as camadas mais desfavorecidas da sociedade do campo.

A talha real (imposto cobrado dos plebeus) em Montpellier

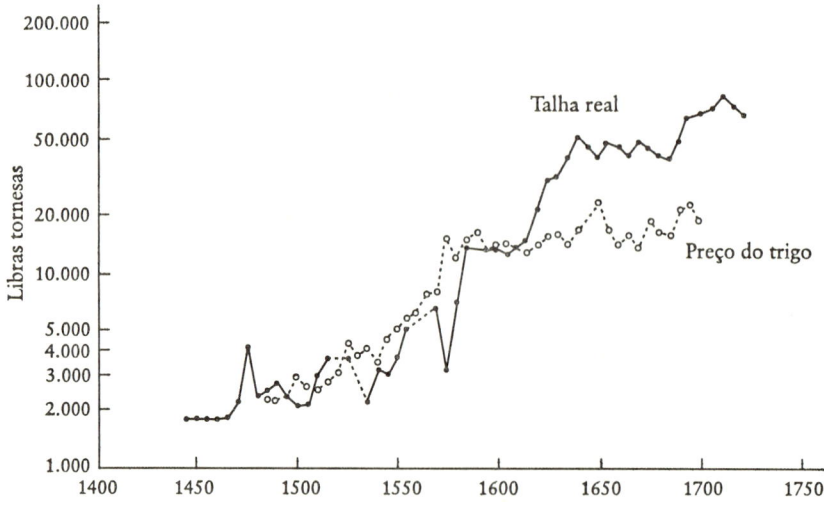

Fonte: E. Le Roy Ladurie (1966), t. II, p. 1026.

Essa penúria é mais sentida quando se sabe que o lavrador, como todo mundo (pelo menos se se entender por "todo mundo" o conjunto da plebe rural), deve pagar sua cota-parte de impostos. No que se refere à revolução fiscal levada a efeito por Richelieu a partir de 1630-1635, e que acabou por duplicar em valor real a carga de impostos sobre o homem do campo (a carga passou de 6% a 12% ou 13% da renda agrícola bruta no Languedoc), Pierre Chaunu disse em uma outra obra[40] o essencial. Aqui lembrarei apenas brevemente as reações provocadas por essa carga maior na consciência e no comportamento do homem do campo.

# Notas

## Notas da Apresentação

1. G. Duby e A. Wallon (ed.) (1975-1977). [Todos os nomes de autores seguidos de uma data entre parênteses remetem à bibliografia, ou seja, o índice das obras citadas, no fim do volume.]
2. F. Braudel e E. Labrousse (ed.) (1970).
3. G. Duby e A. Wallon (ed.) (1975-1977).

## Notas da Introdução

1. E. Le Roy Ladurie (1966).
2. M. Postan (1973); W. Abel (1973); É. Perroy (1949; 1973).
3. D. Barthélemy (1997).
4. W. Abel (1973), e nossas *Villages disparus* (ver E. Le Roy Ladurie e J.-M. Pesez [1965]).
5. A. Ado (1996).

## Notas do Capítulo I

1. Indre-et-Loire, comuna de Cussay.
2. Bernard Chevalier, em *Études rurales*, 1965, do qual tiramos os fatos e os textos. Ver também, do mesmo autor, *Tours, ville royale, 1356-1520*, Paris, Publications de la Sorbonne, 1976, reed., CLD, 1983.
3. Todos esses números são tirados ou calculados a partir de F. Lot (1929); e de M. Reinhard, A. Armengaud e J. Dupâquier (1968). Ver também G. Duby, em *Histoire de France*, Paris, Larousse, 1970, t. I, p. 369 sg.
4. Em J. Dupâquier (ed.) (1968), t. I, p. 261.
5. À razão de 85-90% de lavradores: 87,5% na população rural.
6. Ver a tese de Guy Bois sobre a Normandia (G. Bois [1981]).
7. Uma publicação de Jacques Dupâquier (*Bull. soc. hist. mod.*, 1975) tenderia mesmo a majorar esse segundo número.

8. J.-N. Biraben (1975).

9. Gráficos e dados de G. Bois (1968) e (1981); ver também M. Baulant (1968) e (1971).

10. E. Le Roy Ladurie e J.-M. Pesez (1965).

11. É. Fournial (1967).

12. De 1913 a 1918, sob influência da redução momentânea (ou definitiva) da mão-de-obra, a superfície plantada de cereais diminui de 13,5 milhões para 9,1 milhões de hectares. Em campinas, pastagens, forragens, de 15,3 para 14,5 (Philippe Gratton, *Les Luttes de classes dans les campagnes*, Paris, Anthropos, 1971, p. 312).

13. Ver *supra* a pequena porcentagem de aldeias *definitivamente* desaparecidas (E. Le Roy Ladurie e J.-M. Pesez [1965]).

14. Essas transações sobre os açudes assim se discriminam: 7 vendas e 26 construções (Isabelle Guérin).

15. J. Goy e E. Le Roy Ladurie (1972-1982); H. Van der Wee (1963) e (1978).

16. Os trabalhos de Hugues Neveux tendem mesmo a mostrar, *a fortiori*, que a produção cambresiana (isto é, da região de Cambrésis) de antes da peste, por volta de 1320-1340, era muito elevada.

17. Ver os trabalhos de Ping-Ti-Ho sobre a demografia chinesa: Ping-Ti-Ho, *Studies on the Population of China, 1368-1953*, Harvard East Asian Studies, 4, 1959.

18. Emprego essa palavra (propriedade) sem escrúpulos, porque se trata mesmo, apesar de algumas restrições, de possessões, propriedasdes ou quase-propriedades completas e inteiras.

19. G. Postel-Vinay (1974).

20. Dois terços de trigo do tipo frumento, um terço de aveia.

21. David Ricardo, *Des principes de l'économie politique*, trad. fr., Paris, Flammarion, ed. de 1993, cap. II.

22. Mas o sesteiro em questão não é obrigatoriamente o mesmo que nos séculos XIV e XV. O que se faz aqui é apenas uma comparação de ordens de grandeza.

23. O *arpent* valia, em Meudon, segundo Yvonne Bezard (*Vie rurale*, 1929): 7 *sous parisis* de 1360 a 1400; 4 *sous* e 8 denários de 1422 a 1461; 2 *sous* e 7 denários de 1461 a 1483; 3 *sous* e 7 denários de 1461 a 1483; 3 *sous parisis* de 1483 a 1515.

24. B. Guenée (1971).

25. Marie-Thérèse Caron, em sua importante obra *La Noblesse dans le duché de Bourgogne*, Lille, Presses de l'Université de Lille, 1987.

26. Também seria preciso citar, a propósito desse segundo tipo de contrato, os arrendamentos perpétuos da região de Montmorillonnais (Paul Raveau) e os curiosos *contratos a meias perpétuos* da região de Limousin no século XV.

27. Guy Thuillier, *Aspects de l'économie nivernaise*, Paris, Armand Colin, 1966.
28. Ver também, simplesmente, *La Vie d'un simple*, de Émile Guillaumin, numerosas edições de 1905 a 1985 (Le Livre de Poche).
29. Agradeço a Françoise Piponnier, que a propósito disso me transmitiu alguns documentos inéditos, levantados por ela nos arquivos borgonheses.
30. Ainda no século XIX, no Dauphiné, cada indivíduo terá, em determinadas casas, seu cofre pessoal ou *arca*.
31. Sobre as mentalidades camponesas no século XIV, ver também meu livro *Montaillou, village occitan de 1294 a 1324* (E. Le Roy Ladurie [1975a]).

## Notas do Capítulo II

1. J. Dupâquier (ed.) (1988), t. II, pp. 67-68.
2. Ver *supra*, no último parágrafo do subtítulo *Impulso ou "reencontro" demográfico*, que é o primeiro subtítulo do Capítulo II.
3. Segundo F. Lebrun (1971), p. 192 (regiões rurais apenas).
4. Segundo os trabalhos do Dr. J.-N. Biraben (1975). A escola inglesa, por outro lado, acredita mais em uma evolução autônoma do complexo rato-pulga-bacilo.
5. Ver também o contrato de arrendamento do sal, ainda muito elevado no início das guerras de Religião, em nosso gráfico *infra*, no Capítulo IV.
6. J. Goy e E. Le Roy Ladurie (1972-1982). Ver também E. Le Roy Ladurie (1997), pp. 219 sg.
7. Ver J. Goy e E. Le Roy Ladurie (1972-1982).
8. Será preciso lembrar, para responder antecipadamente a espantosas incompreensões, que esses nomes reais não implicam nenhum julgamento de valor, e que não representam para nós mais do que um papel de puro comodismo cronológico? Dentro desse mesmo espírito, um historiador da III República evocará "a França do Sr. Fallières", ou a de Félix Faure. Assim, na República, pode-se utilizar desse recurso cronológico. Por que não se poderá agir da mesma forma em relação a coisas mais antigas, como o nome do dono do trono?
9. Ver esse movimento de crescimento seguido de um teto depois de 1530 no DES (Diploma de Estudos Superiores, espécie de defesa de tese) de Serge Grusinsky, *L'Abbaye d'Anchin, près Douai* (DES dirigido por Pierre Goubert na Universidade de Paris-I).
10. Ver E. Le Roy Ladurie (1997), pp. 61-62.
11. Simultaneamente, no sul da Inglaterra, a produção de pastel iria aumentar de 1560 a 1600, em função do fim, devido às nossas guerras de Religião, das importações de pastel procedente da França (segundo Joan Thirsk).

12. Bernard Garnier é o especialista reconhecido nessas questões de criação (*De l'herbe à la table*... Montpellier, Université Paul-Valéry, 1994).

13. As passagens em itálico neste parágrafo são de Jean Yver (*Revue du Nord*, janeiro de 1954, p. 11). As passagens em tipologia normal foram inseridas e acrescentadas por mim. A propósito das diversas soluções lembradas no parágrafo que se segue, relembrarei a excelente comparação proposta por Pierre Bourdieu. A finalidade dos costumes sucessorais é quase sempre (mas não sempre, ver o caso aberrante da Bretanha) evitar uma fragmentação sucessória abusiva, assim como, no xadrez, o objetivo comum dos jogadores é levar ao xeque-mate o rei adversário. Mas, assim como alguns jogadores começarão de preferência suas jogadas tentando o xeque-pastor e outros por esta ou aquela tática, também os costumes de diversas províncias escolhem respectivamente soluções e meios muito diferentes para atingir um objetivo geralmente idêntico, que é impedir o esfacelamento exagerado da fatia de terra familial.

14. Deixo de lado o problema dos empregados co-residentes que, por definição, não tomam parte na sucessão.

15. R. Fossier (1968).

16. E. Le Roy Ladurie (1966).

17. Ver *infra*.

18. Redação de 1510, em J. Yver (1966), pp. 21-22.

19. *Ibid.*, pp. 43 e 66.

20. R. Faith, em *Agricultural History Review*, 1966.

21. J. Yver (1966), pp. 111-112.

22. *Ibid.*, p. 111.

23. "Para os da linhagem do lado paterno, os bens paternos; para os da linhagem do lado materno, os bens maternos."

24. M. Besnier, citado por J. Yver, "Les coutumes de l'Ouest", *Revue historique de droit français et étranger*, 1952, p. 34.

25. *Ibid.*, p. 38; e também para interessantes problemas de fronteiras dos costumes, *ibid.*, p. 61, n. 2.

26. *Ibid.*, p. 46.

27. Basnage, 1778, citado por J. Yver, *ibid.*, p. 46, n. 3. Ver J. Yver (1966).

28. J. Yver (1966), pp. 109 e 120.

29. J. Yver, "Les coutumes de l'Ouest", art. citado, p. 4.

30. Os sistemas precipuais (segundo a terminologia dos historiadores do direito e especialmente de Jean Yver) são os que permitem a um pai favorecer duradouramente, por doação ou por testamento, este ou aquele de seus filhos ou herdeiros (J. Yver [1966], pp. 155 e 158).

31. Ver o mais antigo costume de Montpellier (século XIII) que contém simultaneamente a velha disposição consuetudinária de exclusão dos filhos com dotes e já
a liberdade, muito romana, reconhecida ao pai de favorecer a seu critério este
ou aquele filho (J. Yver [1966], pp. 25 e 156).

32. Entre os costumes maiores do Sul influenciados pelo direito romano (Montpellier,
Bordeaux, Bayonne, Agen) a que Yver se refere a propósito disso, basta citar
aqui o velho costume de Agen: "O pai pode perfeitamente favorecer aquele de
seus filhos que ele quiser e à sua vontade" (citação de J. Yver [1966], p. 157, n.
305). Para a prática rural, ver Jean Hilaire, *Le Régime des biens entre époux
dans la région de Montpellier*, Paris, Montchrestien, 1957.

33. R. Forster (1960).

34. J. Yver (1966), p. 156.

35. Textos dos parlamentos de Toulouse e de Bordeaux, respectivamente datados
de 1584 e de 1587 (J. Yver [1966], p. 158).

36. Ver, por exemplo, em Auvergne, J. Yver (1966), p. 160. Sobre a doação entre
vivos, concebida a partir de direito escrito, por oposição aos costumes do Norte, cf. Molière, *Le Malade imaginaire*, I, 7 e *passim*.

37. J. Yver (1966), p. 166.

38. Essa zona inclui Amiénois, Artois, Cambrésis, Hainaut, a Flandres francesa e a
região valona.

39. J. Yver (1966), pp. 201-221.

40. Pesquisadores ingleses, especialmente M. Hoskins, chegaram a um método que
permite, com precisão para cada século ou para cada meio século, mais ou menos, datar uma cerca segundo a complexidade de sua composição florística.

41. Sendo o rendimento ponderado pelo repouso de terra bienal.

42. Quer dizer, 5 hectolitros por hectare, levando-se em conta a rotatividade bienal
de culturas.

43. Segundo as pesquisas de J.-P. Desaive, G. Postel-Vinay, B. Veyrassat-Herren e o
autor. (Cf. J. Goy e E. Le Roy Ladurie [1972-1982].)

44. Desde 1630, no caso do Languedoc.

45. O diário da viúva Couet está na Bibliothèque nationale, ms., Nouvelles
acquisitions françaises, 12396.

46. Em princípio... Na verdade, muitos proprietários preferem a comodidade de
transferir esses encargos ao arrendatário.

47. Ver o que apresentei em *Les Paysans de Languedoc* (E. Le Roy Ladurie [1966],
t. I, cap. IV).

48. Expus os pormenores desse cálculo em *History of Climate since the Year 1000*,
ed. revista, Nova Iorque-Londres, Doubleday, 1971-1972; texto estabelecido a
partir da edição original francesa, Paris, Flammarion, 1983, t. I, pp. 18-20.

49. Os *messiers* são significativos quanto às funções "agrícolas" da comunidade. Sob esse ponto de vista, entretanto, as coisas não vão tão longe como pensaram, em um certo momento, os historiadores do mundo rural. Em particular, a divisão da terra de lavoura total, pertencente aos camponeses da aldeia, em "três grandes culturas" (cada uma corresponderia respectivamente às três grandes divisões da rotatividade trienal, trigos de inverno, trigos de primavera e terra de repouso), é sem dúvida um fato real na Lorena. Mas, durante a maior parte do tempo, na região parisiense, essa divisão não existe. Cada camponês, no quadro certamente restritivo de uma rotação trienal, age à sua maneira, no que concerne à distribuição geográfica das três modalidades da rotação em seu grupo de parcelas de terra. A comunidade é então, vê-se (a exemplo de nossas municipalidades modernas), um órgão de gestão coletiva de alguns interesses comuns do grupo local; mas é apenas secundariamente (ver quanto a isso a parcimônia dos bens comunais) reguladora das terras de servidão coletiva com caráter autoritário.

50. Uma única exceção a esse esquema: aos batedores de grãos no silo cabe uma quantidade muito maior, em trigo batido, na propriedade de Gouberville do que aquilo que recebem no Languedoc os colhedores. Mas a parte do *trabalho humano* na colheita operada com cavalos é muito menor do que na debulha, praticada na Normandia. Daí provavelmente essa diferença.

51. Ver a propósito disso o belo curso dado por Marc Bloch na *Cambridge Economic History of the Middle Ages*, t. I, *Agrarian History* (texto francês original publicado nos *Cahiers Marc Bloch*, março de 1955; cf. E. Le Roy Ladurie [1977], p. 343).

52. Salvo num plano "religioso", depois do início das guerras civis (após 1560).

53. Sobre tudo isso... e sobre o resto, ver o belo livro de Madeleine Foisil, *Le Sire de Gouberville*, Paris, Flammarion, 1986.

## Notas do Capítulo III

1. Se forem tomados como base do cálculo os números demográficos de conjunto de Jacques Depâquier (1988, especialmente II, pp. 68-72 e *passim*).

2. Tomo a palavra "Renascimento" no sentido amplo: 1450-1560.

3. Naturalmente, Henrique IV, Luís XIII, Fouquet, Colbert e a Regência não mais são "causas" determinantes dessas novas altas como o "fim do reinado" de Luís XIV é causa da crise de 1690-1720.

4. Ver para um período posterior as pesquisas admiráveis de Maurice Agulhon.

5. Ivan Cloulas, "Les Aliénations du temporel ecclésiastique sous Charles IX et Henri III (1563-1587)", *Revue d'histoire de l'Église de France*, vol. XLIV, 1958, pp. 5 sg.

6. No quadro das fronteiras de 1580.
7. A *renda territorial perpétua* se liga ao sistema do arrendamento de terras pelo rendimento de herança, lembrado *supra*. Nada tem a ver com a *renda territorial* dos economistas, que, no sentido estrito da palavra, refere-se à prestação ou, melhor ainda, ao aluguel de apartamentos urbanos (uma coisa e outra sempre existentes em nossos dias); renda operando a curto prazo, e que, por isso, não é suscetível de se tornar objeto de uma "venda".
8. Deve-se distinguir os "foros" das "RTP"; e, se possível, situar os primeiros, que são mais especificamente senhoriais, entre os direitos de justiça e de senhoria. Mas a taxinomia utilizada por Ivan Cloulas e em alguns casos os próprios documentos não permitiram esse modo de classificação mais racional.
9. Dioceses de Sens, Paris, Meaux, Senlis, Beauvais, Chartres, Soissons, Reims, Troyes, Châlons, Langres, Lyon, Mende, Le Puy, Viviers, Bourges, Nevers, Orléans, Autun, Auxerre, Mâcon e Chalon.
10. Citado e ressuscitado por Janine Estèbe-Garrisson, em Philippe Wolff (ed.), *Documents de l'histoire du Languedoc*, Toulouse, Privat, 1969.
11. Estatística realizada graças ao excelente estudo, apesar de sua lamentável apresentação departamental, do padre Victor Carrière (*Introduction aux études d'histoire ecclésiastique locale*, Paris, Letouzey, 1936-1940).
12. As palavras "movimentos" ou "grandes movimentos" são neutras; nem pejorativas, nem necessariamente "melhorativas", qualquer que seja o pensamento de muitos historiadores dos fatos de contestação social.
13. Segundo J.-P. Desaive.
14. Michelet.
15. O que se segue é parcialmente repetição de um texto que publiquei em uma obra coletiva, em colaboração com Joseph Goy (J. Goy e E. Le Roy Ladurie [1972-1982]).
16. Perto de Antuérpia; segundo H. Van der Wee (1963) e (1978).
17. J. Dupâquier (ed.) (1988), t. II, pp. 68-69.

## Notas do Capítulo IV

1. Além desses dados, também é possível utilizar, no *Bulletin d'information de la Société de démographie historique* (janeiro de 1971), diversos estudos sobre Saint-Denis e Corbeil. Quanto a Corbeil, o número de batizados aumenta desde 1610, e atinge o teto depois do decênio de 1640 para desmoronar com a Fronda. Em Saint-Denis, ao teto do número de batizados atingido durante os decênios de 1570 e 1580 segue-se uma queda de cerca de 20% à altura de 1595; a partir de 1600-1610 e sobretudo depois de 1620 começa a recuperação: o teto anterior

à Liga volta a ser atingido por volta de 1630, para ser ultrapassado em cerca de 30% durante a década de 1640, fértil em batizados em Saint-Denis como alhures, até a véspera das Frondas, que não chegaram a ser muito graves nessa pequena cidade da região parisiense.

2. Também no Franche-Comté, um diabo, no início do século XVII, invocado pela feitiçaria local, tinha o nome de *charbon* (cf. William Monter, *European Witchcraft*, Nova Iorque, Wiley, 1969).

3. Ver também os trabalhos de Georges Livet: *L'Intendance d'Alsace*, Estrasburgo, Presses Universitaires de Strasbourg, 1991; *La Guerre de Trente Ans*, Paris, PUF, 1991; e *Les Guerres de Religion*, Paris, PUF, 1988. E M. Reinhard, A. Armengaud e J. Dupâquier (1968).

4. Pierre Chaunu.

5. Há, quanto a isso (*Bulletin d' information de la Société de démographie historique*, janeiro de 1971), uma estatística publicada depois da primeira redação do presente texto. Ei-la: em Saint-Denis, de 1567 a 1670, quer dizer, "em cheio" no período a que se refere este livro, somam 1% as concepções pré-nupciais e 1% os nascimentos ilegítimos. Em compensação, em Lyon, desde o começo do século XVIII, os percentuais de nascimentos ilegítimos atingem de 7 a 10%; porque as moças imigradas do campo se vêem submetidas na cidade grande a seduções que representam uma forte pressão (Maurice Garden).

6. "A obra da carne só desejarás no casamento..." (Ver por exemplo o *Diurnal de Bayeux*, Caen, Poisson, 1815, *in fine*, p. 13, sobre a confissão.)

7. *Introduction à la psychanalyse*, Paris, Payot, 2001.

8. Também em Lyon, o aumento da população é muito claro de 1640-1660 a 1680-1689, em seguida (depois da interrupção provocada pela crise de 1693-1694) até os anos de 1705-1708: a cidade passa de 75.000 habitantes por volta de 1655 para 100.000 por volta de 1705 (M. Garden [1970]). O mesmo acontece em Lille (M. Morineau). Quanto à cidade de Angers tem 24.800 habitantes em 1600-1611, 31.800 em 1652-1653, mas 26.500 em 1690-1701 (F. Lebrun [1971], p. 162).

9. Sobre a sociologia demográfica da cidade grande, ver M. Garden (1970).

10. O parágrafo que se segue retoma algumas passagens de um estudo que publiquei, em colaboração com Jeannine Field-Récurat, na *Revue du Nord* (E. Le Roy Ladurie e J. Field-Récurat [1972]). Os números de base de Ducrot tinham sido publicados por nós em anexo do artigo anteriormente citado. Que esse parágrafo represente uma homenagem à lembrança de Jeannine Field-Récurat, prematuramente desaparecida (1976).

11. Lazare Ducrot, *Traité des aides, tailles et gabelles*, Paris, 1628. A edição de 1628 se apresenta como sendo a terceira em data. Os números da situação das vendas

são portanto posteriores a 1620, data do edito que foi causa de sua atualização estatística, e anteriores a 1628. Um estudo compacto do texto de Ducrot permite, aliás, restabelecer esse quadro cronológico: a situação das vendas é posterior ao edito de fevereiro de 1620 que fixa em 6 *sous* e 3 denários por *minot* o direito atribuído a cada escrivão de depósito de sal; e é *anterior* a 1º de outubro de 1623, data em que se pode precisar que esse direito está fixado a partir de então em 10 *sous* e 11 denários por *minot*. Conclui-se que a situação é, então, de "1621-1622". Levando-se em conta o fato de que essa situação reflete, seja como for, realidades de venda um pouquinho anteriores a sua redação, pode-se legitimamente estabelecer 1621 como o ano básico.

12. Diretorias de Paris, Amiens, Soissons, Châlons, Troyes-Langres, Moulins, Bourges, Orleãs, Chartres, Tours, Angers, Le Mans, Caen, Alençon e Rouen.

13. Exceto a *généralité* de Lyon.

14. Não se leva em conta o consumo elevadíssimo e totalmente isolado de 1719, fato que se deve à facilidade momentânea provocada pelo sistema de Law; e também às especulações dos que se defendem da inflação comprando e estocando sal, produto que constitui um valor indexado, portanto seguro.

15. Nas quinze diretorias das Gabelas da Bacia Parisiense desse modo estudadas por Jacques Dupâquier, a concessão vendia 8.760 moios de sal em 1665, e 10.191 móios em 1725 (+16,3%).

16. J. Goy e E. Le Roy Ladurie (1972-1982).

17. A cronologia proposta por Jean Jacquart — mas que vale essencialmente para a renda territorial, não para os dízimos — é um pouco diferente.

18. Empregamos a expressão "anos Colbert" unicamente com uma significação cronológica. A expressão não implica, para nós, nenhum julgamento de valor sobre a obra do ministro, cuja incidência agrícola e dizimista foi eventualmente desprezível (?). Da mesma forma, falar de período "cristão", "napoleônico" ou "stalinista" não significa que se celebre o culto à personalidade de Jesus Cristo, de Napoleão ou de Josef Stálin.

19. Ver Joseph Rawet, "Mesure de la production agricole sous l'Ancien Régime", *Annales*, vol. 19, n. 4, 1964, pp. 632 e 636, e *supra*. Para Liège, o teto da segunda metade do século XVII situa-se em 1670-1687. Para Namur, por volta de 1670-1680.

20. Ver o gráfico de M. Baulant (1968) para esses anos (preço do trigo em Paris).

21. Rendimento médio do vinho como aguardente na destilação do Antigo Regime: de um sexto a um décimo; ou seja, um oitavo.

22. Segundo Jean Éon, *Le Commerce honorable*, Nantes, G. Le Monnier, 1646.

23. Situação de 1637: 240.000 moios, de 268 litros cada, ou seja, 643.200 hectolitros, para 413.500 habitantes. O número para a população talvez esteja ligeira-

mente subestimado, a relação por cabeça é talvez um pouco mais baixa do que no nosso cálculo. (Essa situação foi publicada por Arthur de Boislisle, *Mémoires des intendants sur l'état des généralités*, t. I [Généralité de Paris], Paris, Imprimerie nationale, 1881; reed., Paris, Bibliothèque nationale, 1995.) Acrescentemos que em Lyon, no século XVI, o consumo de vinho é de 200 litros por cabeça e por ano (segundo R. Gascon [1971]).

24. Paris, exangue, tem cerca de 200.000 habitantes ao fim do cerco. Mas a população "normal" aí pelo período 1572-1600 devia situar-se entre 250.000 e 300.000 habitantes (Denis Richet) contra 415.000 ou até um pouco mais à altura de 1637 (Roland Mousnier), e mais de 500.000 habitantes por volta de 1680 (Denis Richet); ver também E. Le Roy Ladurie, *L'État royal*, t. II de l'*Histoire de France Hachette*, Paris, Hachette littérature, coll. "Pluriel", 1987, reed. 2000, início do capítulo XIII.

25. Será diferente no século XIX, especialmente depois de 1820 e sobretudo depois de 1850, quando o êxodo rural, com uma amplidão jamais vista até então, começará a esvaziar os campos: os camponeses emigrados para a cidade, muito mais numerosos e também com mais posses do que no passado, conservarão, mesmo se tornando cidadãos urbanos, o fragmento de terra de que eram donos e que transmitirão a seus descendentes. Nessas condições, o desmembramento do solo prosseguirá, mas em função de um impulso demográfico que deixa de ser rural para ser tornar preferencialmente urbano.

26. Fontanon, *Édits et Ordonnances des rois de France*, 1611, t. II, p. 277 (segundo Jean Jacquart).

27. Ver, quanto a isso, as monografias de Jean Jacquart em sua tese (J. Jacquart [1974]).

28. Para mais detalhes, ver Jean Jacquart (1974).

29. Ver, quanto a isso, os trabalhos de Pierre de Saint-Jacob sobre as concentrações territoriais dos reagrupadores de terras.

30. Ver também, quanto a isso, a tese de Christian Pouyez (1972).

31. Pierre Chaunu e Richard Gascon (ed.), *Histoire économique et sociale de la France*, t. I/1, *1450-1660*, Paris, PUF, 1977; reed., 1993.

32. David Rivault de Flurance, pp. 364-368 (referência assinalada por Corrado Vivanti, *Lotta politica e pace religiosa in Francia* [nos séculos XVI e XVII], Turim, Einaudi, 1974).

33. Fabricação de tecidos de lã ou sarjas leves (P. Deyon).

34. Serão referências aqui os grandes trabalhos de T. J. Markovitch, *L'Industrie française au XVIII siècle*, Genebra, Droz, 1968; e *Les Industries lainières de Colbert à la Révolution*, Genebra, Droz, 1976.

35. E. Le Roy Ladurie *et al.*, *Anthropologie du conscrit français (1819-1826)*, Paris, Mouton, 1972.
36. A Corvisier (1964), pp. 433, 537, 644 sg.
37. Em J. Goy e E. Le Roy Ladurie (1972-1982).
38. J. Jacquart (1974).
39. Ver *supra*, subtítulo *Inovações, e crescimentos setoriais: milho, vinho*, neste mesmo capítulo.
40. Pierre Chaunu e Richard Gascon (ed.), *Histoire économique et sociale de la France*, t.I/1, *op. cit.*

# Bibliografia

ABREVIAÇÕES

AESC    *Annales Économies Sociétés Civilisations*
AHRF    *Annales d'histoire de la Révolution française*
AN       *Annales de Normandie*
RH       *Revue historique*
RN       *Revue du Nord*

ABEL, Wilhelm (1973), *Crises agraires en Europe, XIIIe-XXe siècle*, trad. fr., Paris, Flammarion. [Ou ainda *Agricultural Flutuations in Europe. From the Thirteenth to the Twentieth Centuries*, Londres, Methuen, 1980.]

ADO, Anatoli (1906), *Paysans en révolution (1789-1794)*, Paris, Société des études robespierristes. [Apesar de um subtítulo pouco apropriado, relativamente às "jacqueries" dos cinco anos em causa, este livro é essencial.]

AGOULT, Charles d' (2001), *Mémoires*, Paris, Mercure de France. [Interessante quanto à Revolução Francesa nas Cevenas (agrárias), a partir de 1789, e sobre a vida rural no Sudeste.]

*Agricultural History Review* (editor: Gordon Mingay), Cantuária, Kent, universidade de Kent.

AGULHON, Maurice (1968), *Pénitents et Francs-maçons de l'ancienne Provence*, Paris, Fayard.

—— (1970), *La République au village*, Paris, Plon.

ALLAIN, Ernest (1875), *L'Instruction primaire avant la Révolution*, Paris, Palmé.

ANGEVILLE, Adolphe d' (1836), *Essai sur la statistique de la population française*, Bourg, Dufour; reed., Paris-Haia, Mouton, 1969, com uma introdução de E. Le Roy Ladurie.

ARBELLOT, Guy (1973), "La grande mutation des routes de France au XVIIIe siècle", *AESC*, vol. 28, n. 3, pp. 765 sg.

*Archéologie du village déserté*, Paris, EHESS, "Cahiers des Annales", n. 27, 1970.

*Architecture rurale française (L')*, volumes sucessivos, relativos a um certo número de províncias francesas, e publicados uns e outros sob a direção de Jean Cuisenier, Paris, Berger-Levrault, de 1977 a 1999.

ARNOULD, Maurice-A. (1956), *Les Dénombrements de foyers dans le comté de Hainaut*, Bruxelas, Palais des Académies.

ASSOUN, Paul-Laurent (1978), *Marx et la Répétition historique*, Paris, PUF. [Especialmente p. 180, sobre o "anti-ruralismo" de Karl Marx...]

BAEHREL, René (1961), Une croissance: la basse Provence rurale (fin XVIe siècle-1789). Essai d'économie historique et statistique, Paris, SEVPEN; nova edição, Paris, EHESS. [Importante.]

BARATIER, Édouard (1961), *La Démographie provençale du XIIIe au XVIe siècle*, Paris, SEVPEN.

BARTHÉLEMY, Dominique (1997), *La mutation de l'an mil a-t-elle eu lieu?*, Paris Fayard. [Importante.]

BAULANT, Micheline (1968), "Le prix des grains à Paris de 1431 a 1788", *AESC*, vol. 23, n. 3, pp. 520 sg.

—— (1971), "Le salaire des ouvriers du bâtiment à Paris, de 1400 à 1726", *AESC*, vol. 26, n. 2, pp. 463 sg.

BAULANT, Micheline, et MEUVRET, Jean (1960), *Prix des céreales extraits de la mercuriale de Paris, 1520-1698*, 2 vol., Paris, SEVPEN.

BÉAUR, Gérard (2000), *Histoire Agraire de la France au XIIIe siècle*, Paris, SEDES. [Importante.]

BÉAUR, Gérard *et al.* (1998), *La Terre et les Hommes. France et Grande Bretagne, XVIIe-XVIIIe siècle*, Paris, Hachette.

BELMONT, Alain (1998), *Des ateliers au village. Les artisans rurales en Dauphiné sous l'Ancien Régime*, Grenoble, Presses Universitaires de Grenoble.

BENNASSAR, Bartolomé, et JACQUART, Jean (1972), *Le XVIe siècle*, Paris, Armand Colin; nova ed., 2002.

BERCÉ, Yves-Marie (1974), *Histoire des Croquants. Étude des soulèvements populaires au XVIIe siècle dans le sud-ouest de la France*, 2 vol., Paris-Genebra, Droz. [Versão integral.]

BERGUES, Hélène, *et al.* (1960), *La Prévention des naissances dans la famille*, Paris, PUF, Cahiers de l'INED, n. 35.

BERNARD, L. (1964), "French society and popular uprisings under Louis XIV", *French Historical Studies*.

BINZ, Louis (1963), "La population dans la diocèse de Genève à la fin du Moyen

Âge", em *Mélanges d'histoire économique et sociale en hommage au Pr Anthony Babel*, Genebra.

BIRABEN, Jean-Noël (1975), *Les Hommes et la Peste en France et dans les pays européens et méditerranéens*, t. I, *La Peste dans l'histoire*, Paris, Mouton.

BLOCH, Marc (1931), *Les Caractères originaux de l'histoire rurale française*, Paris Armand Colin; reed., 1988. [Ver também, sobre Bloch e as origens da senhoria, E. Le Roy Ladurie, *L'Histoire, le Chiffre et le Texte*, Paris, Fayard, 1977, pp. 343 sg.]

BOCQUET, André (1969), *Recherches sur la population rurale de l'Artois et du Boulonnais pendant la période bourguignonne (1384-1477)*, Arras, Commission départamentale des monumentts historiques.

BOIS, Guy (1968), "Comptabilité et histoire des prix: le prix du froment à Rouen au XVe siècle", *AESC*, vol. 23, n. 6, pp. 1262 sg.

—— (1981), *Crise du féodalisme (Normandie, XIVe-XVIe siècle)*, Paris, Fondation nationale des sciences politiques. [Importante.]

BOIS, Paul (1971), *Paysans de l'Ouest*, Paris, Flammarion.

BOISLISLE, Arthur-Michel de (1874-1897), *Correspondance des contrôleurs généraux des finances avec les intendants des provinces*, Paris.

BOLLÈME, Geneviève (1969), *Les Almanachs populaires*, Paris-Haia, Mouton.

—— (1971), *La Bibliothèque bleue*, Paris, Julliard.

BORDES, Maurice (1957), *D'Étigny et l'Intendance d'Auch*, Auch, Cocharaux.

BOUDET, Marcellin (1895), *La Jacquerie des Tuchins*, Riom, U. Jouvet.

BOURDE, André (1967), *Agronomie et Agronomes en France au XVIIIe siècle*, Paris, SEVPEN.

BOUSQUET, Jacques (1969), *Enquête sur les commodités du Rouergue en 1552*, Toulouse, Privat.

BOUTELET, B. (1962), "Étude par sondage de la criminalité dans le bailliage de Pont-de-l'Arche", *AN*, vol. XII, n. 4.

BOUTRICHE, Robert (1947), *La Crise d'une société. Seigneurs et paysans du Bordelais pendant la guerre de Cent Ans*, Paris, Les Belles-Lettres; reed., 1963.

—— (1970), *Seigneurie et Féodalité*, t. II, Paris, Aubier-Montaigne.

BRANCOLINI, Julien, *Étude sur les cahiers de doléances de 1789 dans la région nîmoise*, inédito.

BRAUDEL, Fernand (1966), *La Méditerrannée et le monde méditerranéen au temps de Philippe II*, 2 vol., Paris, Armand Colin.

—— (1967), *Civilisation matérielle et Capitalisme*, Paris, Armand Colin.

BRAUDEL, Fernand, et LABROUSSE, Ernest (ed.) (1970), *Histoire économique et sociale de la France*, t. II, Paris, PUF.

BURGUIÈRE, André (1974), "La démographie", em Jacques Le Goff et Pierre Nora, *Faire de l'histoire*, Paris, Gallimard.

CABOURDIN, Guy (1975), *Terre et Hommes en Lorraine (XVIe-XVIIIe siècle)*, Lille, université Lille-III; reed., 2 vol., Presses Universitaires de Nancy, 1984.

CARPENTIER, Élisabeth (1962), "Famines et épidémies dans l'histoire du XIVe siècle", *AESC*, vol. 17, n. 6, pp. 1002 sg.

CELLARD, Jacques (2000), *Un génie dévergondé. Nicolas-Edme Rétif dit "de la Bretonne"*, *1734-1806*, Paris, Plon.

Centre de recherches historiques [EHESS]: ver PORQUERES I GENE, Enric.

CHAMOUX, Antoinette, et DAUPHIN, Cécile (1969), "La contraception avant la Révolution française: l'exemple de Châtillon-sur-Seine", *AESC*, vol. 24, n. 3, pp. 662 sg.

CHAUNU, Pierre (1971), *La Civilisation de l'Europe des Lumières*, Paris, Arthaud.

CHÉREAU, C. (1970), *Huillé, village d'Anjou, 1600-1836*, tese de terceiro ciclo da École pratique des hautes études.

CHEVET, Jean-Michel (1998), *La Terre et les Paysans en France et en Grande-Bretagne, du début du XVIIe siècle à la fin du XVIIIe siècle*, Paris, Messene.

COBB, Richard (1965), *Terreur et Subsistances*, Paris, Clavreuil.

COIGNET, Jean-Roche (capitaine) (1968), *Cahiers*, Paris, Hachette (poche), texto estabelecido por Jean Mistler. [Obra essencial, no item das autobiografias camponesas, quanto à infância rústica.]

COLLOMP, Alain (1983), *La Maison du père. Familles et villages en haute Provence (XVIIe-XVIIIe siècle)*, Paris, PUF.

CORVISIER, André (1964), *L'Armée française... (au XVIIIe siècle)*, Paris, PUF.

CORVOL, André (1987), *L'Homme au bois. Histoire des relations de l'homme et de la forêt (XVIIIe-XXe siècle)*, Paris, Fayard. [Importante.]

—— (2000), "Le bois, source d'énergie, naguère et aujourd'hui", *Cahiers d'études*, n. 10, *Forêt, Environnement et Société, XVIe-XXe siècle* (CNRD-IHMC).

CORVOL, André, *et al.*(1999), *Forêt et Marine*, Paris, L'Harmattan.

COULET, Noël (1973a), "Pourrières (1368-1430)", *Études rurales*, julho.

—— (1973b), "Encore les villages disparus. Dépeuplement et repeuplement autour d'Aix-en-Provence (XIVe-XVIe siècle)", *AESC*, vol. 28, n. 6, pp. 1463 sg.

CROIX, Alain (1974), *Nantes et le pays nantais au XVIe siècle. Étude démographique*, Paris, SEVPEN.

—— (1981), *La Bretagne aux XVIe et XVII siècles*, Paris, Maloine. [Essencial.]

DAINVILLE, François de (1952), "Un dénombrement inédit au XVIIIe siècle: l'enquête du contrôleur général Orry, 1745", *Population*, n. 1, janeiro-março, pp. 49-68.

—— (1955), Effectifs des collèges aus XVIIe et XVIIIe siècles dans le nord-est de la France, *Population*, n. 3, julho-setembro, pp. 455-488.

—— (1957), "Collèges et fréquentation scolaire au XVIIe siècle", *Population*, n. 3, julho-setembro, pp. 467-494.

DEBARD, Jean-Marc (1972), *Subsistances et Prix des grains à Montbéliard (1571-1793)*, Paris, EPHE-VI, tese de terceiro ciclo, e Paris, Hachette, 1973.

DELEUZE, Gilles, et GUATTARI, Félix (1972), *L'Anti-Oedipe*, Paris, Éd. de Minuit.

DELILLE, Gérard (1985), *Famille et Propriété dans le royaume de Naples (XVe-XIXe siècle)*, Paris, EHESS. [Trocas matrimoniais e "círculos fechados" genealógicos: para um estudo de comparação.]

DELUMEAU, Jean (1971), *Le Catholicisme entre Luther et Voltaire*, Paris, PUF.

DELVAILLE, Jules (1911), *La Chalotais peducateur*, Paris, Alcan.

DEMONET, Michel (1985), *Tableau de l'agriculture française au milieu du XIXe siècle. L'enquête de 1852*, tese, Paris I. [Fundamental.]

[Além disso, Michel Demonet, desenvolvendo alguns dados que vão além de seu livro aqui citado, transmitiu-nos o quadro que se segue:

### Indivíduos (franceses) vivendo da agricultura* em 1856
(ativos e pessoas dependentes)

|  | Homens | Mulheres | Total |
|---|---|---|---|
| Indivíduos vivendo da agricultura | 9.512.092 | 9.551.979 | 19.064.071 |
| População total da França | 17.857.439 | 18.155.230 | 36.012.699 |

*Os indivíduos vivendo da agricultura incluem também os lenhadores e carvoeiros.

Indivíduos vivendo da agricultura em 1856 (ativos e pessoas dependentes)

|  | Homens | Mulheres | Total |
|---|---|---|---|
| Proprietários morando em suas terras e cuidando da produção eles próprios | 3.611.326 | 3.664.287 | 7.275.613 |
| Proprietários morando em suas terras com um administrador ou um capataz cuidando da produção | 272.623 | 277.341 | 549.964 |
| Administradores e capatazes cuidando da produção para o proprietário | 133.078 | 133.558 | 266.636 |
| Arrendatários | 1.266.366 | 1.240.297 | 2.506.663 |
| Colonos e meeiros | 678.314 | 678.595 | 1.356.909 |
| Jornaleiros e trabalhadores rurais de todo tipo | 3.275.208 | 3.291.380 | 6.566.588 |
| Lenhadores e carvoeiros | 147.854 | 134.766 | 282.620 |
| Indíduos vivendo de outras profissões agrícolas | 127.323 | 131.755 | 259.078 |
| Total | 9.512.092 | 9.551.979 | 19.064.071 |

Este quadro de números é precioso para uma avaliação da população rural e especialmente agrícola da França, exatamente no momento que se seguiu ao apogeu do grande ciclo agrário de 1715-2001, apogeu demográfico rural situando-se, na verdade, por volta de 1846-1850.]

DEPAW, Jacques (1972), "Amour illégitime et société à Nantes au XVIIIe siècle", *AESC*, vol. 27, números 4/5, edição especial sobre *Famille et société*, pp. 1155 sg.

DESAIVE, Jean-Paul (1970), "Revenus des prêtres de campagne au nord de Paris", *Revue d'histoire moderne et contemporaine*, outubro.

DESCIMON, Robert (1975), "Structures d'un marché de draperie dans le Languedoc au milieu du XVIe siècle", *AESC*, vol. 30, n. 6, pp. 1414 sg. [Importante relativamente às produções e consumos têxteis no mundo rural.]

DEYON, Pierre: ver os Diplomas de Estudos Superiores e outros trabalhos dirigidos por Pierre Deyon relativamente à alta dos dízimos e das rendas territoriais na região do Norte no século XVIII. Os trabalhos mais notáveis dos alunos de P. Deyon referem-se especialmente, no "extremo norte" da França, às regiões de Isbergues (tese de Christian Pouyez) e Avesnes. Utilizei também alguns trabalhos de P. Deyon quanto à evolução da criminalidade na França na época moderna e contemporânea; e sua tese *Amiens, capitale provinciale* (1967).

*Diary of a Farmer's Wife (The), 1796-1797* [1937], Harmondsworth, Penguin Books, 1982. [Encantadora autobiografia de uma fazendeira do Antigo Regime. Ai de nós, parece que é falso. Sobre essa problemática geral, ver Elena Lappin, *L'Homme qui avait deux têtes*, Paris, Éd. de l'Olivier, 2000.]

DUBLED, H. (1959), "Conséquences économiques et sociales des 'mortalités' du XIVe siècle, essentiellement en Alsace". *Revue d'histoire économique et sociale.*

DUBY, Georges (1958), "Techniques et rendements agricoles dans les Alpes du Sud en 1338", *Annales du Midi.*

—— (1962), *L'Économie rurale et la Vie des campagnes dans l'Occident médiéval (France, Angleterre, Empire, IXe-XVe siècle)*, 2 vol., Paris, Flammarion. [Obra capital, a despeito de certas críticas, interessantes, de M. Barthélemy sobre a importância conjuntural ou não do ano mil, anterior, de qualquer modo, ao nosso período.]

—— (1973), *Hommes et structures du Moyen Âge*, Paris-Haia, Mouton.

DUBY, Georges, et DUBY, Andrée (1973), *Les Procès de Jeanne d'Arc*, Paris, Gallimard-Juillard, col. "Archives".

DUBY, Georges, et WALLON, Armand (ed.) (1975-1977), *Histoire de la France rurale*, 4 vol., Paris, Éd. du Seuil. [Ver, no t. II, 1975, as contribuições dos muito saudosos Jean Jacquart e Hugues Neveux.]

DUFAU DE MALUQUER, Armand DE (1901), *Le Pays de Foix sous Gaston Phébus. Rôles des feux du comté de Foix en 1390*, Foix, Gadrat Aîné.

DUPÂQUIER, Jacques (1968), artigo sobre a demografia histórica da França nos séculos XVII e XVIII em *RH*.

—— (ed.) (1988), *Histoire de la population française*, 4 vol., Paris, PUF. [Fundamental. Especialmente o t. II, p. 72: 21 milhões de habitantes rurais no mínimo na França de 1780, para comparar com nossa própria estimativa (*supra, in fine*). Sobre a inépcia das teses filosóficas relativas ao despovoamento da França no século XVIII, e sobre a superioridade intelectual de um Expilly ou de um Moheau a esse respeito, cf. igualmente J. Dupâquier, *ibid.*, t. II, pp. 514-533.]

—— (1977), *Statistiques démographiques du Bassin parisien*, Paris, Gauthier-Villars.

—— (1979), *La Population rurale du Bassin parisien à l'époque de Louis XIV*, Paris, EHESS.

DUPÂQUIER, Jacques, et LACHIVER, Marcel (1969), "Les débuts de la contraception en France ou les deux malthusianismes", *AESC*, vol. 24, n. 6, 1969, pp. 1391 sg.

DUPÂQUIER, Jacques, et LE ROY LADURIE, Emmanuel (1969), "Quatre-vingts villages (XIIIe-XXe siècle)", *AESC*, vol. 24, n. 2, pp. 424-433.

DUPARC, P. (1962), "Évolution démographique de quelques paroisses de Savoie depuis la fin du XIIIe siècle", *Bulletin philologique et historique*.

DURAND, Yves (1971), *Les Fermiers généraux au XVIIIe siècle*, Paris, PUF.

DUSSOURD, Henriette (1978), *Les Communautés familiales agricoles du centre de la France, XVIIe-XIIIe siècle*, Paris, Maisonneuve et Larose. [Especialmente sobre os Quittard-Pinon.]

EL KORDI, Mohammed (1970), *Bayeux aux XVIIe et XVIIIe siècles*, Paris-Haia, Mouton.

ENNEN, Edith, et JANSSEN, Walter (1979), *Deutsche Agrargeschichte. Vom Neolithikum bis zur Schwelle des Insdustriezeitalters*, Wiesbaden, Franz Steiner.

ESTÈVE, Christian (1998), "Les transformations de la chasse en France: l'exemple de la Révolution", *Revue d'histoire moderne et contemporaine*, vol. 45, n. 2, abril, pp. 404-424. [Os inícios do "animalicídio franco-francês".]

ETTORI, F. (1971), em P. Arrighi, *Histoire de la Corse*, Toulouse, col. "Univers de la France", Privat, especialmente p. 275. [Números a rever, totalmente.]

EXPILLY (padre) (1762-1770), *Dictionnaire géographique, historique et politique des Gaules et de la France*, 6 vol., Paris, Desaint et Saillaut.

FAIL, Noël DU (1965), "Propos rustiques", em *Conteurs français du XVIe siècle*, Paris, Gallimard, col. "Bibliothèque de la Pléiade".

FEBVRE, Lucien (1911), *Philippe II et la Franche-Comté*, Paris, Champion; reed., Paris, Flammarion, 1970.

FÉVRIER, P. (1959), "La basse vallée de l'Argens. Vie économique de la Provence aux XVe et XVIe siècles", *Provence historique*.

FIERRO, Alfred (1971), "Un cycle démographique: Dauphiné et Faucigny du XIVe au XIXe siècle", *AESC*, vol. 26, n. 5, pp. 941 sg.

FLANDRIN, Jean-Louis (1975), *Les Amours paysannes, XVIe-XIXe siècle*, Paris, Gallimard-Julliard, col. "Archives"; reed., Paris, Histoire Club, 2001.

FLEURY, M., et VALMARY, P. (1957), "Les progrès de l'instruction élémentaire de Louis XIV à Napoléon III", *Population*. [Para uma antropologia regional da França.]

FOISIL, Madeleine (1970), *La Révolte des Nu-Pieds et les Révoltes normandes de 1639*, Paris, PUF.

—— (2001), *Le Sire de Gouberville*, Paris, Flammarion.

FOLLAIN, Antoine, *et al.* (2000), *L'Argent des villages. Compatibilités paroissiales et communales (XIIIe-XVIII siècle)*, Rennes, Presses Universitaires de Rennes.

FORSTER, Robert (1960), *The Nobility of Toulouse in the 18th Century*, Baltimore, Johns Hopkins University Press.

—— (1970), *The House of Sauls-Tavannes*, Baltimore, Johns Hopkins University Press.

FOSSIER, Robert (1968), *La Terre et les Hommes en Picardie jusqu'à la fin du XIIIe siècle*, Paris Louvain; reed. Amiens, CRDP, 1987. [Importante.]

—— (1970), *Histoire sociale de l'Occident médiéval*, Paris, Armand Colin.

FOSSIER, Robert, et FOSSIER, Lucie (1955), "Aspects de la crise frumentaire du XIVe siècle en Artois et en Flandre gallicante", em *Recueil de travaux offerts a Clovis Brunel*, Paris, Société de l'École des chartes.

FOURNIAL, Étienne (1967), *Les Villes et l'Économie d'échange en Forez aux XIIIe et XIVe siècles*, Paris, Klincksieck.

FOURQUIN, Guy (1956), "La population de la région parisienne aux environs de 1328", *Le Moyen Âge*.

—— (1957-1958), "Villages et hameaux du nord-ouest de la région parisienne en 1332", em *Paris et Île-de-France*, vol. IX, pp. 141-156.

—— (1964), *Les campagnes de la région parisienne à la fin du Moyen Âge*, Paris, PUF.

—— (1969), *Histoire économique de l'Occidente médiéval*, Paris, Armand Colin.

—— (1970), *Seigneurie et Féodalité au Moyen Âge*, Paris, PUF.

—— (1972), *Le Paysan d'Occident au Moyen Âge*, Paris, Nathan.

FRÊCHE, Georges (1967), *Les Prix des grains, des vins et des légumes à Toulouse (1484-1868)*, Paris, PUF.

—— (1974), *Toulouse et la région Midi-Pyrénées, 1670-1789*. [As referências a este estudo vão aqui a partir de uma datilografia.]

FURET, François, et OZOUF, Jacques (1977), *Lire et écrire. L'alphabetisation des Français de Calvin à Jules Ferry*, Paris, Éd. de Minuit. [Fundamental.]

FURET, François, et RICHET, Denis (1965), *La Révolution française*, Paris, Hachette.

FURET, François, et SACHS, Wladimir (1974), "La croissance de l'alphabétisation en France (XVIIIe-XIXe siècle)", *AESC*, vol. 29, n. 3, pp. 714 sg.


GARDEN, Maurice (1970), *Lyon et les Lyonnais au XVIIIe siècle*, Paris, Les Belles Lettres ("Bibliothèque de la faculté des Lettres de Lyon", XVIII). [Precioso, especialmente sobre o problema das amas-de-leite... rurais.]

GASCON, Richard (1971), *Lyon et ses Marchands. Grand commerce et vie urbaine au XVIe siècle*, 2 vol., Paris, EHESS.

GÉGOT, J. (1966), "Étude par sondage de la criminalité du baillage de Falaise", *AN*.

GIGON, Stéphane-Claude (1906), *Contribution à l'histoire de l'impôt sous l'Ancien Régime. La révolte de la gabelle en Guyenne (1548-1549)*, Paris, Champion.

GLASS, David Victor, et EVERSLEY, David Edward Charles (ed.) (1965), *Population in History*, Londres, E. Arnold. [Coletânea de artigos; ver especialmente pp. 87 sg., e pp.101 sg.: artigo de Hajnal sobre a idade do casamento.]

GLÉNISSON, Jean, *et al.* (1971), *La France de la guerre de Cent Ans (1300-1450)*, Paris, Culture, art, loisirs, col. "Histoire de la France".

GODARD, J. (1944), "Contribution à l'histoire du commerce de grains à Douai du XIVe au XIXe siècle", *RN*.

GOUBERT, Jean-Pierre (1974), *Malades et Médecins en Bretagne, 1770-1790*, Paris-Haia, Mouton.

GOUBERT, Jean-Pierre, et PETER, Jean-Pierre (1972), em Jean-Paul Desaive et Emmanuel Le Roy Ladurie (ed.), *Médecins et Épidemies à la fin du XVIIIe siècle*, Paris, Mouton.

GOUBERT, Pierre (1960), *Beauvais et Beauvaisis au XVIIe siècle*, 2 vol., Paris, SEVPEN; reed., EHESS, 1982. [Essencial.]

—— (1969), *L'Ancien Régime*, t. I, *La Société*, Paris, Armand Colin.

—— (1973), *L'Ancien Régime*, t. II, *Les Pouvoirs*, Paris, Armand Colin (com a colaboração de Daniel Roche).

—— (1982), *La Vie quotidienne des paysans français au XVIIe siècle*, Paris, Hachette.

GOULEMOT, Jean-Marie: ver JAMEREY-DUVAL, Valentin.

GOY, Joseph, et LE ROY LADURIE, Emmanuel (1972-1982), *Les Fluctuations du produit de la dîme*, 3 vol. publicados, Paris-Haia, Mouton.

—— (1982), *Prestations paysannes, dîmes, rente foncière et mouvement de la production agricole à l'époque préindustrielle*, Paris, EHESS.

GRAMAIN, Monique (1972), "Démographie de la viguerie de Béziers vers 1300-1340", *Annales de la faculté de lettres de Nice*, n. 17, *La démographie médiévale*.

—— (1979), *Villages et communautés villageoises en bas Languedoc occidental (950-1350). L'exemple du Biterrois*, tese, Paris I.

*Grand cycle agraire*: expressão já empregada em nossos *Paysans de Languedoc* [1966]. Designa um ciclo multissecular de expansão e depois de retração do mundo rural. A presente obra abrange dois (para simplificar), na verdade três vastos episódios desse gênero: medieval (terminado em 1450), da época renascentista e clássica (1450-1715); "moderna final" e contemporânea (1715-2001). Sobre essa noção, ver o gráfico do Capítulo VI, "Refluxo e fluxo da população rural, no quadro convencional do Hexágono...".

GRAS, Pierre (1939), *Le Registre paroissial de Givry, 1334-1357, et la Peste noire en Bourgogne*, Paris, Bibliothèque de l'École des Chartes.

GRIFFON, Robert (2000), *Au Bonheur du pain*, Paris, Mazarine. [Agradável ficção cerealista e sobre o caminho percorrido da farinha ao pão...]

GROSPERRIN, Bernard (1984), *Les Petites Écoles sous l'Ancien Régime*, Rennes, Ouest-France.

GRUTER, Édouard (1977), *La Naissance d'un grand vignoble (Beaujolais XVIe-XVIIe siècle)*, Lyon, Presses Universitaires de Lyon.

GUENÉE, Bernard (1971), *L'Occident aux XIVe et XVe siècles: les États*, Paris, PUF.

GUÉRIN, Isabelle (1960), *La Vie rurale en Sologne aux XIVe et XVe siècles*, Paris, SEVPEN.

GUÉRY, Alain (1973), "La population du Rouergue de la fin du Moyen Âge au XVIIIe siècle", AESC, vol. 28, n. 6, pp. 1555 sg.

GUILLOU, André, *et al.* (1986), *Les Outils dans les Balkans du Moyen Âge à nos jours*, Paris, EHESS e Maisonneuve e Larose. [Coletânea iconográfica, preciosa para a história comparada.]


HABAKKUK, H.J., Population Growth and Economic Development since 1750, Leicester, 1971.

HAUDRICOURT, André G., et JEAN-BRUNHES DELAMARRE, Mariel (1953), *L'Homme et la Charrue à travers le monde*, Paris, Gallimard; reed., Lyon, La Manufacture, 1986.

HEERS, Jacques (1963), *L'Occident aux XIVe et XVe siècles. Aspects économiques et sociaux*, Paris, PUF.

—— (1968), "Les limites des méthodes statistiques pour les recherches de démographie médiévale", *Annales de démographie historique*.

—— (1974), *Le Clan familial au Moyen Âge*, Paris, PUF (especialmente pp. 23, 137 e *passim*).

HEMARDINQUER, Jean-Jacques, *et al.* (1970), *Pour une histoire de l'alimentation*, Paris, Armand Colin, "Cahiers des Annales", n. 28.

HENRY, Louis, et GAUTIER, Étienne (1958), *La Population de Crulai, paroisse normande*, Paris, PUF, "Travaux INED", n. 33.

HENRY, Louis, artigos diversos em *Population et Travaux et Documents de l'INED*, especialmente de 1953 a 1960.

HIGOUNET, Charles (1965), *La Grange de Vaulerent. Structure et exploitation d'un domaine cistercien dans la plaine de France, XIIe-XVe siècle*, Paris, SEVPEN.

HIGOUNET-NADAL, Arlette (1962), "Un dénombrement des paroisses et des feux de la sénéchaussée de Périgord en 1365", *Bulletin philologique et historique*.

HILTON, Rodney Howard (1974), "Medieval peasants", *Journal of Peasant Studies*, janeiro.

—— (1979), *Les Mouvements paysans du Moyen Âge et la Révolution anglaise de 1381*, trad. fr. de Catherine Cazier, Paris, Flammarion. [Para fins comparativos...]

HIRSCHMAN, Albert O. (1969), *The Strategy of Economic Development*, New Haven, Yale University Press [1ª ed., 1958].

*Histoire de la France rurale*: ver DUBY, Georges, et WALLON, Armand (ed.).

*Historia rerum rusticarum*, decênio de 1970. [Uma grande revista de história rural húngara e... européia.]

HOFFMANN, Philip T. (1996), *Growth in a Traditional Society. The French Countryside, 1450-1815*, Princeton, Princeton University Press. [O autor, bom conhecedor de nossa historiografia, esforça-se, freqüentemente com sucesso, para introduzir a econometria na história rural francesa. Insiste, quanto aos campos "vistos do interior", sobre o papel dos fatores externos (guerras, impostos, cidades, comércio...); recusa a idéia de um arcaísmo congênito das estruturas agrárias de outrora, supostamente devido ao conservadorismo da comunidade camponesa, e à falta de *enclosures*, etc. Obra muito importante.]

HUMM, André (1971), *Villages et Hameaux disparus en basse Alsace. Contribution à l'histoire de l'habitat rural (XIIe-XVIIIe siècle)*, Estrasburgo, Istra.

HUPPERT, George (1984), *Public Schools in Renaissance France*, Chicago, University of Illinois Press.


JACQUART, Jean (1956), "La production agricole", *XVIIe siècle, n. 70-71*.

―― (1974), *La Crise rural en Île-de-France, 1550-1670*, Paris, Armand Colin.

―― (1990), *Paris et l' Île-de-France au temps des paysans (XVIe-XVIIe siècle)*, Paris, Publications de la Sorbonne.

JAMEREY-DUVAL, Valentin (1929), *Mémoires*, ed. Maurice Payard, Tours, Arrault. [E a excelente edição, muito posterior, de Jean-Marie Goulemot, Sycomore, 1981.]


KOMLOS, John: os trabalhos (em vias de publicação) deste professor de Munique confirmam o impacto das crises de 1692-1694 quanto à diminuição da estatura dos jovens camponeses. Referem-se esses trabalhos à estatura, à alimentação e aos níveis biológicos na França do Antigo Regime. Cf. o artigo a ser publicado "História antropométrica da França do Antigo Regime", sobre as fomes e sua correlação com a diminuição da estatura dos jovens soldados.


LABROUSSE, Ernest (1933), *Esquisse du mouvement des prix et des revenus en France au XIIIe siècle*, Paris, Dalloz. [Essencial.]

―― (1944), *La Crise de l'économie française à la fin de l'Ancien Régime et au début de la Révolution*, Paris, PUF.

LA CHALOTAIS, Louis-René DE (1763), *Essai d'éducation nationale*, s. l. n. d.; reed., Raynal, 1825.

LACHIVER, Marcel (1969), Estudos (preparados sob a direção de Denos Richet) relativos à demografia de Touraine e de Berry, em *Annales de démographie historique*, vol. *Villes et villages de l'ancienne France*.

―― (1969-1970), *La Population de Meulan du XVIIe au XIXe siècle*, Paris, SEVPEN.

—— (1991), *Les Annales de misère. La famine ao temps du Grand Roi, 1680-1720*, Paris, Fayard. [Essencial.]

—— (1997), *Dictionnaire du monde rural. Les mots du passé*, Paris, Fayard.

LAGET, Mireille (1971), "Petites écoles en Languedoc au XVIIIe siècle", *AESC*, vol. 26, n. 6, pp. 1388 sg.

LARENAUDE, M.J. (1952), "Les famines en Languedoc aux XIVe et XVe siècles", *Annales du Midi*.

LARGUIER, Gilbert (1996-1999), *Le Drap et le Grain en Languedoc. Narbonne et Narbonnais, 1300-1789*, 3 vol., Perpignan, Presses Universitaires de Perpignan. [Excelente.]

LASLETT, Peter (1965), *The World We Have Lost*, Londres, Methuen & Co; 3ª ed., Nova Iorque, Macmillan, 1984; trad. fr. de Christophe Campos, *Un monde que nous avons perdu*, Paris, Flammarion, 1969.

LEBIGRE, Arlette (1976), *Les Grands Jours d'Auvergne. Désordres et répression au XVIIe siècle*, Paris, Hachette. [Importante.]

LEBRUN, François (1971), *Les Hommes et la Mort en Anjou, XVIIe-XVIIIe siècle. Essai de démographie et de psychologie historique*, Paris-Haia, Mouton.

LEFEBVRE, Georges (1972), *Les Paysans du Nord pendant la Révolution française*, Paris, Armand Colin, reed.

LE GOFF, Jacques (1964), *La Civilisation de l'Occident médiéval*, Paris, Arthaud; nova ed., 1984.

LEGUAI, A. (1967), "Émeutes et troubles d'origine fiscale pendant le règne de Louis XI", *Le Moyen Âge*.

LEMARCHAND, Guy (1989), *La Fin du féodalisme dans le pays de Caux. Conjoncture économique et démographique, et structure sociale dans une région de grande culture, de la crise du XVIIe siècle à la Révolution (1640-1795)*, Paris, Comité des travaux historiques et scientifiques. [Importante.]

LE ROY LADURIE, Emmanuel (1966), *Les Paysans de Languedoc*, Paris EHESS; reed. resumida, Paris, Flammarion, 1988; e Paris, Histoire Club, 2001.

—— (1967), *Histoire du climat depuis l'an mil*, 2 vol., Paris, Flammarion; reed. 1983, que retoma a edição anglo-americana amplamente acrescentada deste livro, *History of Climate since the Year 1000*, Nova Iorque-Londres, Doubleday, 1971-1971.

—— (1972), "La verdeur du bocage", introdução a Alexandre Tollemer (ed.), *Un sire de Gouberville...*, Paris-Haia, Mouton. Essa introdução foi reproduzida em E. Le Roy Ladurie, *Le Territoire de l'historien*, Paris, Gallimard, col. "Bibliothèque des histoires", t. I, 1973.

—— (1973a), "Un concept: l'unification microbienne du monde (XIVe-XVIIIe siècle)", *Revue suisse d'histoire*.

—— (1973b), "Pou un modèle de l'écnomie rurale française du XVIIIe siècle", *Mélanges de l'École française de Rome, Moyen Âge-Temps Modernes*, vol. 85, n. 1.

—— (1974a), contribuição a Gaston Roupnel, *Histoire de la campagne française*, Paris, Plon.

—— (1974b), "L'aiguillette", *Europe*, março.

—— (1974c), "L'histoire immobile", *AESC*, vol. 29, n. 3, pp. 673 sg.

—— (1975a), *Montaillou, village occitan de 1294 à 1324*, Paris, Gallimard, col. "Bibliothèque des histoires"; reed. 1982, e Paris, Histoire Club, 2001.

—— (1975b), "Un 'modèle septentrional': les campagnes parisiennes (XVIe-XVIIe siècle)", *AESC*, vol. 30, n. 6, pp. 1397 sg.

—— (1986), "Resumé des cours 1985-1986", *Annuaire du Collège de France*, 86e année. [Sobre a história rural.]

—— (1995 e 2000), *Le Siècle des Platter*, Paris, Fayard, 5 vol., dois dos quais já publicados. [Especialmente sobre a infância camponesa, e sobre a história rural meridional.]

—— (1997), *L'Historien, le Chiffre et le Texte*, Paris, Fayard.

LE ROY LADURIE, Emmanuel, DESAIVE, Jean-Paul, GOUBERT, Jean-Pierre, MEYER, Jean, PETER, Jean-Pierre, et ARON, Jean-Paul (1972), *Médecins, Climat et Épidémies à la fin du XVIIIe siècle*, Paris-Haia, Mouton.

LE ROY LADURIE, Emmanuel, et FIELD-RÉCURAT, Jeannine (1972), "Sur les fluctuations de la consommation taxée du sel dans la France du Nord aux XVIIe et XVIIIe siècles", *RN*, outubro-dezembro. [Números, cronologia e curvas amplamente bisseculares.]

LE ROY LADURIE, Emmanuel, et GOY, Joseph: ver GOY, Joseph, et LE ROY LADURIE, Emmanuel.

LE ROY LADURIE, Emmanuel, et PESEZ, Jean-Marie (1965), *Villages désertés et Histoire économique*, séculos XI-XVII, prefácio de Fernand Braudel, Paris, SEVPEN.

LE ROY LADURIE, Emmanuel, et VIGNE, Daniel, *Inventaire des campagnes*, obra que é uma continuação da série FR3 "Inventaire des campagnes", Paris, J.-C. Lattès et Gaumont-FR3, 1980.

LÉVI-STRAUSS, Claude (1967), *Race et Histoire*, Paris, Denoël, col. "Médiations"; reed., Gallimard, col. "Folio", 1987, e Albin Michel, 2002.

LICK, R. (1970), "Inventaires après décès, dans la région de Coutances", *AN*, n. 4, dezembro.

LORCIN, Marie-Thérèse (1974), *Les Campagnes de la région lyonnaise aux XIVe et XVe siècles*, Lyon, Bosc.

LOT, Ferdinand (1929), *L'État des paroisses et des feux de 1328*, Paris, Bibliothèque de l'École des chartes.

MARTIN-LORBER, O. (1957), "L'exploitation d'une grange cistercienne à la fin du XIVe siècle et au début du XVe siècle", *Annales de Bourgogne*.

*Marxisme* (dictionnaires, et vocabulaires): utilizamos, quanto a essa doutrina, que, de alguma forma, conhecemos um pouco, os repertórios de Jozef Wilczynski (*An Encyclopedic Dictionary of Marxism, Socialism and Communism*, Nova Iorque, French and European Publications, 1981), Gérard Bekerman (*Vocabulaire du marxisme: français-allemand*, Paris, PUF, 1981), Georges Labica *et al.* (*Dictionnaire critique du marxisme*, Paris, PUF, 1982; 3ª ed., 2001), e Tom Bottomore *et al.* (*A Dictionary of Marxism Thought*, Harvard, Harvard University Press, 1983): a propósito da economia, e da espontaneidade das revoltas, relativamente ao nosso assunto. Ver também nossas referências a Rosa Luxemburgo, no fim do Cap. V, *supra*.

MAURO, Frédéric (1966), *Le XVIe siècle européen. Aspects économiques*, Paris, PUF; reed., 1981.

MERLE, Louis (1958), *La Métairie et l'Évolution agraire de la Gâtine poitevine de la fin du Moyen Âge à la Révolution*, Paris, SEVPEN.

MESTAYER, M. (1963), "Les prix du blé et de l'avoine à Douai de 1329 à 1793", *RN*.

MEUVRET, Jean (1971), *Études d'histoire économique*, Paris, Armand Colin.

MEYER, Jean (1966), *La Noblesse bretonne au XVIIIe siècle*, 2 vol., Paris, SEVPEN.

—— (1970), "L'instruction populaire en Bretagne du XVIe au XIXe siècle" (segundo, especialmente, as lembranças de Souvestre), *Commission des travaux historiques et scientifiques, 95e Congrès des sociétés savantes (Reims, 1970), section d'histoire moderne et contemporaine*, t. I.

MEYNIER, André (1958 e 1970), *Les Paysages agraires*, Paris, Armand Colin.

MOGENSEN, Nels Wayne (1971), *Le Pays d'Auge aux XVIIe et XVIIIe siècles*, tese inédita, université Paris-IV.

MOLINIER, Alain (1985), *Stagnations et Croissance. Le Vivarais (XVIe-XVIIe siècle)*, Paris EHESS,

MOLLAT, Michel, et WOLFF, Philippe (1970), *Ongles bleus, Jacques et Ciompi. Les révoltes populaires en Europe aux XIVe et XVe siècles*, Paris, Calmann-Lévy.

MOORE JR, Barrington (1966), *Social Origins of Dictatorship and Democracy. Lord and Peasant in the Making of the Modern World*, Boston, Beacon Press. [A revolução camponesa de 1789, como uma das etapas para a democracia nacional, obrigatoriamente mais tardia.]

MORICEAU, Jean-Marc (1994), *Les Fermiers de l'Île-de-France. L'ascension d'un patronat agricole (XVe-XVIIIe siècle)*, Paris, Fayard; reed., 1998. [Possivelmente, a maior tese da história rural, pelo menos depois da época de historiadores como Goubert, Poitrineau, Saint-Jacob, François Lebrun, etc. Nessa obra, Jean-

Marc Moriceau acompanha a ascensão decisiva de um grupo de homens e de mulheres, essencial como coletividade de exploradores de terras, com a finalidade de reabastecer uma das maiores cidades do mundo: Paris. Há a retomada e avanços do citado grupo terminada a Guerra dos Cem Anos; crescimento, através das experiências dos conflitos religiosos e da Fronda; acesso às grandes áreas de terras de lavoura e a promoções sociais e culturais já consideráveis, senão brilhantes, no tempo das Luzes; e isso depois das alterações positivas impostas no intervalo da crise do fim do reinado "luís-catorziano", período fecundo por tantos motivos, como as modernizações já substanciais da grande agricultura setentrional. Simples nuança: essa mesma crise, para mim é um pouco mais tardia em relação ao período em que a situa J.-M. Moriceau: mais pós-colbertiana.]

MORICEAU, Jean-Marc, et al. (1999), "Autor de Camembert. De l'An Mil à l'an 2000...", *Cahiers de la Maison de recherche en sciences humaines*, Caen.

MORICEAU, Jean-Marc, BÉAUR, Gérard, et ANTOINE, Annie (1999), *La Terre et les Paysans aux XVIIe et XVIIIe siècles. France et Grande-Bretagne. Guide* [bibliográfico] *d'histoire agraire*, Rennnes, Presses Universitaires de Rennes.

MORINEAU, Michel (1968), *Le XVIe siècle*, Paris, Le Livre de Poche.

—— (1971), *Les Faux-semblants d'un démarrage économique: agriculture et démographie en France au XVIIIe siècle*, Paris, Armand Colin, "Cahiers des Annales", n. 30. [Texto engenhoso, certamente; mas, ao correr de quase cada página desse livro encontramos inumeráveis erros de adições, ai de nós, mesmo que esses erros fossem referentes somente a um ou dois números; cf. Le Roy Ladurie, *L'Historien, le Chiffre et le Texte*, Paris, Fayard, 1997, pp. 262-272 ("Au palmarès des pataquès" [Ao prêmio pelas silabadas]). Os trabalhos de Michel Morineau sobre as moedas parecem bem melhores.]

MOUSNIER, Roland (1958), "Recherches sur les soulèvements populaires en France avant la Fronde", *Revue d'histoire moderne et contemporaine*, pp. 81 sg. [Fundamental.]

—— (1967), *Fureurs paysannes. Les paysans dans les révoltes du XVIIe siècle*, Paris, Calmann-Levy.

—— (1969), *Les Hiérarchies sociales de 1450 à nos jours*, Paris, PUF.

NEVEUX, Hugues (1968), "La mortalité des pauvres... (1377-1473)", *Annales de démographie historique*.

—— (1971a), "Cambrai et sa campagne de 1420 à 1450. Pour une utilisation sérielle des comptes ecclésiastiques", *AESC*, vol. 26, n. 1, pp. 114 sg.

—— (1971b), "L'expansion démographique dans un village du Cambrésis: Saint-Hilaire", *Annales de démographie historique*.

—— (1972), "Valeur et revenu de la terre au milieu du XVIe siècle dans la région lilloise", *Revue d'histoire moderne et contemporaine*.

—— (1973), "Dîme et production cerealière: l'exemple du Cambrésis (fin XIVe-début XVIIe siècle)", *AESC*, vol. 28, n. 2, pp. 512 sg.

—— (1974), *Les Grains du Cambrésis (XIVe-XVIIe siècle)*, tese (universidade Paris IV, 1973), Lille-III.

—— (1980), *Vie et Déclin d'une structure économique. Les grains du Cambrésis, fin du XIVe-début du XVIIe siècle*, Paris EHESS. [Edição definitiva da tese citada na obra de 1974, imediatamente anterior.]

*New York Times (The)*, setembro-dezembro de 1971, investigação sobre a criminalidade nos Estados Unidos. [Para comparações estatísticas com a França.]

NICOLAS, Jean (1978), *La Savoie au XVIIIe siècle*, Paris, Maloine.

—— (2002), *La Rébellion française*, Paris, Éd. du Seuil.

OZOUF, Jacques (1967), *Nous, les maîtres d'école*, Paris, Julliard. [Ver também FURET, François, e OZOUF, Jacques (1977).]

PATAULT, Anne-Marie (1978), *Hommes et Femmes de corps* [servos] *en Champagne méridionale à la fin du Moyen Âge*, "Annales de l'Est", universidade Nancy-II, memória n. 58.

*Peasant Studies*, revista publicada pela universidade de Pittsburgh, departamento de História.

PÉRET, Jacques (1976), *Seigneurs et Seigneuries en Gâtine poitevine. Le duché de la Meilleraye (XVIIe-XVIIIe siècle)*, Poitiers, Société des antiquaires de l'Ouest. [Renda territorial e dízimo... Importante.]

—— (1998), *Les Paysans de la Gâtine poievine au XVIIIe siècle*, La Crèche, Geste.

PERROY, Édouard (1945), *La Guerre de Cent Ans*, Paris, Gallimard, col. "La Suite des temps", reed., 1976.

—— (1949), "À l'origine d'une économie contractée: les crises du XIVe siècle", *AESC*, vol. 4, n. 2, pp. 167 sg.

—— (1973), *La Terre et les Paysans en France aux XIIe et XIIIe siècles*, Paris, SEDES.

PESEZ, Jean-Marie: ver LE ROY LADURIE, Emmanuel, et PESEZ, Jean-Marie.

PETER, Jean-Pierre (1971), "Les mots et les objets de la maladie", *RH*, julho.

PIC, Xavier (1971), *La Bête qui mangeait le monde en pays de Gévaudan et d'Auvergne*, Paris, Albin Michel.

PILLORGET, René (1975), *Les Mouvements insurrectionels en Provence entre 1596 et 1715*, tese, Paris, Pedone. Ver também, sobre as revoltas rurais na Provença, o artigo do mesmo autor "Typologie des mouvements ruraux, 1596-1715", publicado em *Commission des travaux historiques et scientifiques. Actes du 92º congrès national des sociétés savantes, Strasbourg, 1967*, Seção de história moderna e contemporânea, Paris, Bibliothèque nationale, 1970, t. I, pp. 359-382.

PITAUD, Henri (2001), *Paysan et Militant. Autobiographie*, Beauvoir-sur-Mer, L'Étrave.

PITTE, Jean-Robert (1983), *Histoire du paysage français*, 2 vol., Paris, Tallandier; reed., Hachette, col. "Pluriel", 1994.

PIUZ, Anne-Marie (1989), *Mélanges d'histoire économique offerts au Pr Anne-Marie Piuz*, Genebra, ISTEC. [Especialmente pp. 299 sg., artigo importante sobre a história do clima no tempo de Luís XIV e Luís XV.]

PLAISSE, André (1961), *La Baronnie du Neubourg. Essai d'histoire agraire, économique et sociale*, Paris, PUF.

PLATELLE, Henri (1965), *Journal d'un curé de campagne (à Rumégies) au XVIIe siècle*, Paris, Éd. du Cerf.

POITRINEAU, Abel (1965), *La Vie rurale en basse Auvergne au XVIIIe siècle*, Paris, PUF; reed., Marselha, Laffitte, 1979. [Fundamental.]

POLONI-SIMARD, Jacques (2000), *La Mosaïque indienne*, Paris, EHESS. [História rural-urbana no Equador, séculos de XVI a XVIII: para fins comparativos.]

PORCHNEV, Boris (1963), *Les Soulèvements populaires en France de 1623 à 1648*, Paris, SEVPEN.

PORQUERES I GENE, Enric (1998), "La chaleur des cagots...", *Cahiers du centre de recherches historiques*, EHESS-MSH, n. 21, outubro. [Sobre uma categoria de "intocáveis", especialmente rurais.]

POSTAN, Michel (ed.) (1973), *Essays on Medieval Agriculture and General Problems of the Medieval Economy* (coletânea de artigos), Cambridge University Press. [Michel Postan como W. Abel *(supra)* é o pai, com É. Perroy, de uma visão neo-malthusiana da história rural e demográfica.]

POSTEL-VINAY, Gilles (1974), *La Rente foncière dans le capitalisme agricole. Analyse de la "voie classique" dans l'agriculture, à partir de l'exemple du Soissonnais*, Paris, Maspero. [Importante.]

POUMARÈDE, Jacques (1972), *Les Successions dans le sud-ouest de la France au Moyen Âge: géographie coutumière et mutations sociales*, Paris, PUF. [Problema do *ostal*.]

POUYEZ, Christian (1972), *Une communauté rurale d'Artois: Isbergues, 1598-1820*, 3 vol., Lille, datilografado; Paris, Hachette, 1973 (microfichas, BNF): tese sobre a história rural de Isbergues (Pas-de-Calais), defendida sob a direção de Pierre Deyon na Universidade Lille-III.

*Problèmes de la transmission des exploitations agricoles (XVIIIe-XXe siècle)*, coletânea publicada sob a direção de Joseph Goy, G. Bouchard e Anne-Lise Head-König, École française de Rome, 1998; com textos de J.-L. Viret, Gérard Béaur,

Bernard Derouet, Jean-Paul Desaive, Antoinette Fauve-Chamoux e Francine Rolley.

PROPP, Vladimir (1970), *Morphologie du conte*, Paris, Gallimard.

QUESNAY, François: em *François Quesnay et la Physiocratie*, Paris, Imprimerie nationale, 1958.

RAVEAU, Paul (1926), *L'Agriculture et les Classes paysannes. La transformation de la propriété en haut Poitou au XVIe siècle*, Paris, Marcel Rivière.

—— (1931), *Essai sur la situation économique et l'état social en Poitou au XVIe siècle*, Paris, Marcel Rivière.

REINHARD, Marcel (1962), texto deste autor publicado nas *Contributions à l'histoire démographique de la Révolution française. Mémoires et documents de la Comission d'histoire économique et sociale de la Révolution*, vol. XIV, Paris, Bibliothèque nationale.

REINHARD, Marcel, ARMENGAUD, André, e DUPÂQUIER, Jacques (1968), *Histoire générale de la population mondiale*, Paris, Montchestien.

RÉTIF DE LA BRETONNE, Nicolas (1959), *Monsieur Nicolas*, Paris, Pauvert; reed., Paris, Gallimard, col. "Bibliothèque de la Pléiade", 1989. [Reportar-se aos primeiros volumes das edições "Pauvert".]

—— (1970), *La Vie de mon père*, ed. de G. Rouger, Paris, Garnier.

RICHARD, Jules-Marie (1892), *Thierry d'Hireçon, agriculteur artésien*, Nogent-le-Rotrou, Daupeley-Gouverneur, "Bibliothèque de l'École des chartes".

RICHET, Denis (1968), "Croissance et blocages en France du XVe au XVIIIe siècle", *AESC*, vol. 23, n. 4, pp. 759 sg.

RIVALS, Claude (1976), *Le Moulin à vent et le Meunier dans la société traditionelle française*, Ivry, Serg.

ROBIN, Régine (1970), *La Société française en 1789, à Semur-en-Auxois*, Paris, Plon.

ROCHE, Daniel (1997), "Le cheval et ses élevages", *Cahiers d'histoire*, Lyon, t. 34, pp. 511-520.

—— (ed.) (2000), *Voitures, Chevaux, Attelages, XVIe-XIXe siècle*, Paris, Association pour l'Académie d'art équestre de Versailles.

ROMANO, Ruggiero (1956), *Commerce et Prix du blé à Marseille au XVIIIe siècle*, Paris, SEVPEN. [Especialmente p. 82.]

ROUPNEL, Gaston (1955), *La Ville et la Campagne au XVIIe siècle. Étude sur les populations du pays dijonnais*, Paris, Armand Colin.

ROUSSEAU, Jean-Jacques, textos relativos à educação elementar, especialmente em *La Nouvelle Héloïse*, Paris, Gallimard, col. "Bibliothèque de la Pléiade", 1969, pp. 534-535 e sobretudo pp. 566-567; e em *Émile*, Paris, Gallimard, col. "Bibliothèque de la Pléiade", 1969, pp. 267 e 767.

RUDÉ, Georges (1956 e 1961), "La guerre des farines", *AHRF*, 1956, pp. 139-179, e 1961, pp. 305-326.

SAHLMANN, M. (1974), *Les Biens communaux dans le nord de la France*, tese inédita, defendida em 1974 na École des Chartes.

SAINT-JACOB, Pierre de (1960), *Les Paysans de la Bourgogne du Nord au dernier siècle de l'Ancien Régime*, Dijon, Berniguad, e Paris, Les Belles Lettres. [Capital.]

SARRAMON, Armand (1968), *Les Paroisses du diocèse de Comminges en 1786*, Paris, Bibliothèque nationale, "Collection de documents inédits sur l'histoire économique de la Révolution française".

SCHMITZ, J. (1973), *Les Conceptions prénuptiales sous l'Ancien Régime*, Diploma de Estudos Superiores (DES), inédito, defendido em 1973 no departamento "Géographie, histoire, sciences de la société", da universidade Paris-VII.

SCALAFERT, Thérèse (1926), *Le Haut Dauphiné au Moyen Âge*, Paris, Sirey.

—— (1959), *Cultures en haute Provence. Déboisements et pâturages au Moyen Âge*, Paris SEVPEN.

SECHER, Reynald (1966), *La Chapelle-Basse-Mer, village vendéen: Révolution et Contre-révolution*, Paris, Perrin.

SEGALEN, Martine (1980), *Mari et Femme dans la société paysanne*, Paris, Flammarion.

*Serbonnes. Vie et Survie d'un petit village* [na região de Champagne], *Cahiers de l'IFOREP*, publicação dirigida por Maurice Caron, Orgeval, 1976.

SERPENTINI, Antoine (1995), *Bonifacio, une ville génoise aux Temps Modernes*, Ajaccio, La Marge.

—— (2000), *La Coltivatione. Gênes et la mise en valeur agricole de la Corse au XVIIe siècle*, Ajaccio, Albiana.

SERRES, Olivier de (1600), *Théatre d'Agriculture*; reed., Paris, Huzard, 1804, com a introdução de François de Neufchâteau [e também Grenoble, Dardelet, 1973.]

SHANIN, T. (1974), "Peasant economy", *The Journal of Peasant Studies*, janeiro.

SHEPPARD, Thomas F. (1971), *Lourmarin in the 18th Century*, Baltimore, Johns Hopkins University Press. [Especialmente pp. 219-222.]

SIVERY, Gérard (1997), *Structures agraires et Vie rurale dans le Hainaut à la fin du Moyen Âge*, Villeneuve-d'Ascq, Publications de l'université Lille-III.

SLICHER VAN BATH, Bernard H. (1963a), *The Agrarian History of Western Europe (AD 500-1850)*, Londres, E. Arnold.

—— (1963b), "Yield-ratios", *A.A.G. Bijdragen*, vol. IX.

SMEDLEY-WEILL, Anette (1989-1991), *Correspondance des intendants avec les contrôleurs généraux. Naissance de l'administration*, 3. vol., Paris, Archives nationales. [Importante.]

SNYDERS, Georges (1965), *La Pédagogie en France aux XVIIe et XVIIIe siècles*, Paris, PUF.

SOBOUL, Albert (1970), *La Civilisation et la Révolution française*, Paris, Arthaud. [Especialmente pp. 218-220.]

SOMAN, Alfred (1992), *Sorcellerie et Justice criminelle. Le parlement de Paris (XVIe-XVIIIe siècle)*, Aldershot (Reino Unido), Variorum. [Fundamental.]

SOULET, Jean-François (1974), *La Vie quotidienne dans les Pyrénées sous l'Ancien Régime: du XVIe siècle au XVIIIe siècle*, Paris, Hachette.

SOURIAC, Agnès, et ROLLET, Michèle (1971), *Démographie et Société en Seine-et-Oise au début du XIXe siècle*, tese de terceiro ciclo, Universidade Paris-I. [Especialmente t. II, p. 359.]

STOUFF, Louis (1986), *Arles à la fin du Moyen Âge*, 2 vol., Université d'Aix-Marseille.

TCHAIANOV, Aleksandr Vasilievitch (1990), *L'Organisation de l'économie paysanne*, trad. fr. de Alexis Berelowitch, Paris, Librairie du Regard.

*Terre (La)*, coleção, Paris, Flammarion. Mais de 100 volumes publicados desde os anos 1930: numerosos dados sobre a agricultura tradicional.

THOMAS, Keith (1983), *Man and the natural World. A History of the Modern Sensibility*, Nova Iorque, Pantheon Books. [A ecologia, já...]

THOMPSON, Edward Palmer (1971), "The moral economy of the crowd...", *Past and Present*, fevereiro.

TITS-DIEUAIDE, Marie-Jeanne, et NEVEUX, Hugues (1979), "Problèmes agraires et société rurale. Normandie et Europe du Nord-Ouest (XIVe-XIXe siècle)", *AN*, n. 11, Caen. [Em particular sobre os rendimentos.]

TODD, Emmanuel (1973), "Recherche sur la mobilité sociale et géographique dans deux villages du nord de la France", Universidade de Cambridge, inédito.

TOUTAIN, Jean-Claude, trabalhos sobre o crescimento da produção agrícola e do consumo alimentar, na França, desde o século XVIII inclusive (*Cahiers de l'Institut de sciences économiques et appliquées*, n. 116, julho de 1961, e novembro de 1971).

VAN DE WALLE, Étienne (1968), "Mariage and marital fertility", *Daedalus*, primavera.

VANDERPOOTEN, Michel (2001), *Éléments techniques d'une révolution agricole au début de l'époque contemporaine (notamment dans la France du Sud-Ouest)*, tese, Toulouse-le-Mirail.

VAN DER WEE, Herman (1963), *The Growth of the Antwerp Market and the European Economy*, Haia, Martinus Nijhoff.

—— (1978), *Productivity of Land and Agricultural Innovation in the Low Countries (1250-1800)*, Louvain, Leuven University Press.

VAUBAN, Sébastien LE PRESTRE de, *La Dîme royale*, Paris Alcan, 1933; reed., Paris, Imprimerie nationale, 1992. [Apresentação de Emmanuel Le Roy Ladurie.]

VENARD, Marc (1957), *Bourgeois et Paysans au XVIIe siècle. Recherche sur le rôle des bourgeois parisiens dans la vie agricole au sud de Paris au XVIIe siècle*, Paris, SEVPEN. [Bela obra, precursora.]

VERHULST, Adrian (1966), *Histoire du paysage rural en Flandre, de l'époque romaine au XVIIIe siècle*, Bruxelas, La Renaissance du Livre.

—— (1968), "Recherches d'histoire rurale en Belgique depuis 1959", *RH*, pp. 411 sg.

VIDAL-NAQUET, Pierre, FINLEY, Moses, SCHNAPP, Alain, MOSSÉ, Claude, *et al.* (1973), *Problèmes de la terre en Grèce ancienne*, Paris, Mouton, "Centre de recherches comparés sur les sociétés anciennes". [Para fins comparativos...]

*Villages disparus*: ver LE ROY LADURIE, Emmannuel, et PESEZ, Jean-Marie (1965).

VOLTAIRE, carta a La Chalotais, 28 de fevereiro de 1763, em *Oeuvres complètes*, Paris, Furne, t. XII, p. 561.

VOVELLE, Michel (1970), *Vision de la mort et de l'au-delà en Provence...*, Paris, Armand Colin, "Cahiers des Annales", n. 29.

—— (1972), *La Chute de la monarchie*, Paris, Éd. du Seuil, col. "Nouvelle Histoire de la France contemporaine", t. I. [Ver especialmente os mapas, pp. 13 e *passim*.]

—— (1973), *Piété baroque et Déchristianisation en Provence au XVIIIe siècle*, Paris, Plon; reed., Paris, Éd. du Seuil, 1978; nova e aumentada, Paris, Éd. du CTHS, 1997. [Fundamental.]

VRIES, Jan de (1974), *The Dutch Rural Economy in the Golden Age (1500-1700)*, New Haven, Yale University Press.

WEBER, Eugen (1978), *La Fin des terroirs. La modernisation de la France rurale (1870-1914)*, Paris, Fayard; reed., 2001. [Importante.]

WINDISCH, Uli (1976), *Lutte de clans, lutte de classes. Chermignon, la politique au village*, Lausanne, L'Âge d'Homme.

*Wirtschaftliche und soziale Strukturen im saekularen Wandel* [Miscelânea Wilhelm Abel], 3 vol., ed. por Günther Franz, Hanôver, Schaper, 1974.

WOLFF, Philippe (1954), *Commerce et Marchands de Toulouse*, Paris, Plon. [Incidência rural, não desprezível...]

YVES, Jean (1966), "Égalité entre héritiers et exclusion des enfants dotés". *Essai de géographie coutumière*, Paris, Sirey.

ZINK, Anne (1969), Azereix. *La vie d'une communauté rurale à la fin du XVIIIe siècle*, Paris, SEVPEN.

—— (1992), *L'Héritier de la maison. Géographie coutumière du sud-ouest de la France sous l'Ancien Régime*, Paris EHESS.

—— (1997), *Clochers et Troupeaux. Les communautés rurales des Landes et du Sud-Ouest avant la Révolution*, Talence, Presses Universitaires de Bordeaux.

—— (2000), *Pays ou Circonscriptions*, Paris, Publications de la Sorbonne, prefácio de Emmanuel Le Roy Ladurie.

ZOLA, Émile, *La Terre*. [Visão negra, injusta e muito incompleta, mas nem sempre inexata, do mundo rural: "As Geórgicas da devassidão" (A. France).]

ZYSBERG, André, grande obra a ser publicada pelas Éditions du Seuil, sobre a França do século XVIII.

# Índice dos nomes de pessoas

# Índice dos nomes de lugares

Vaugirard [aldeia perto de Paris, hoje engolida pela capital], 129

Védilhan ["celeiro" (= fazenda) pertencente aos cônegos de Narbonne], 104

Velho Mundo, 30

Veneza, 133

Verdun (Meuse), 211

Verfeil (Alto Garona), 436

Vermandois (alta Picardia), 211

Verrières (Essonne), 258

Vexin, 155, 158, 358, 419, 420, 454

Vienne (Isère), 344

Vienne [departamento], 349

Vierzay (Sologne), 79

Villebrosse (Sologne), 86

Villepey (baixa Provença), 152

Villiers-Cerney [convento de freiras em Île-de-France], 107

Villouette [lugarejo de Touraine], 23

Viviers (Ardèche), 331, 332, 335, 437

Vosges, 382

Wez (Bélgica, na região de Namurois), 357

Wissous (Essonne), 100

Yonne, 130, 346, 474

Ypres (Bélgica), 111

O texto deste livro foi composto em Sabon,
desenho tipográfico de Jan Tschichold de 1964
baseado nos estudos de Claude Garamond e
Jacques Sabon no século XVI, em corpo 11/15.
Para títulos e destaques, foi utilizada a tipografia
Frutiger, desenhada por Adrian Frutiger em 1975.

A impressão se deu sobre papel off-white 80g/m²
pelo Sistema Cameron da Divisão Gráfica
da Distribuidora Record.

Seja um Leitor Preferencial Record
e receba informações sobre nossos lançamentos.
Escreva para
**RP Record**
**Caixa Postal 23.052**
**Rio de Janeiro, RJ – CEP 20922-970**
dando seu nome e endereço
e tenha acesso a nossas ofertas especiais.

Válido somente no Brasil.

Ou visite a nossa *home page*:
http://www.record.com.br